NORDINDIEN
NEPAL
SIKKIM
BHUTAN
ASSAM
Darjeeling
Naxalbari
DESH
Patna
BIHAR
Varanasi
Gaya
SH
Dacca
WEST-
BENGALEN
ORISSA

Gerhard Schweizer

METROPOLE – MOLOCH – MYTHOS

Eine Reise durch die Megastädte Indiens

Klett-Cotta

Für Robert Niederer

Klett-Cotta

Printed in Germany
Schutzumschlag: Klett-Cotta-Design
Fotos: Gerhard Schweizer
Vorsatzkarten: Rudolf Hungreder, Leinfelden-Echterdingen
Gesetzt aus der Life von Offizin Wissenbach, Höchberg bei Würzburg
Auf säure- und holzfreiem Werkdruckpapier gedruckt
und gebunden von Kösel, Kempten
ISBN 3-608-93517-7

Bibliographische Information Der Deutschen Bibliothek
Die Deutsche Bibliothek verzeichnet diese Publikation in der
Deutschen Nationalbibliographie; detaillierte bibliographische
Daten sind im Internet über <http://dnb.ddb.de> abrufbar.

Inhalt

Indiens kulturelle Hauptstadt

Megastädte im Vergleich

Epilog

Anhang

Einleitung

Kalkutta – ein Modellfall für Megastädte der Dritten Welt

Städte, die innerhalb eines einzigen Jahrzehnts von einer Million auf drei, vier, fünf, sechs Millionen Einwohner wachsen ... Nur zögernd, ja ungläubig nehmen wir in Europa solche Fakten zur Kenntnis. Erst recht können wir nur schwer nachvollziehen, daß in naher Zukunft immer mehr Megastädte Asiens, Afrikas und Lateinamerikas die Grenze von 20 oder gar 30 Millionen Einwohnern beträchtlich überschreiten.

Soziale Konflikte sind vorprogrammiert. Zu Beginn des 21. Jahrhunderts leben in vielen Ballungsräumen der sogenannten Dritten Welt schon mehr als die Hälfte der Menschen in unkontrollierbar wuchernden Slums, ja in manchen Städten verdoppelt sich die Zahl der Bewohner von Elendssiedlungen alle fünf Jahre. Und so drängt sich die Frage auf, ob Megastädte dieser Art nicht irgendwann an ihren Widersprüchen zugrunde gehen – mit unabsehbaren Folgen für weite Regionen, denn solche Städte sind zugleich auch wirtschaftliche und kulturelle Zentren. Die Zukunft der Dritten Welt entscheidet sich am Schicksal dieser zu rasch wachsenden Städte.

Ich hatte Städte mit einer derartigen Entwicklung bereits vor drei bis vier Jahrzehnten im islamischen Orient, im indischen Kulturraum und in Ostasien kennengelernt. Die Erfahrungen hatten mich derart irritiert, bedrückt und über Jahre beschäftigt, daß ich sie 1987 in dem Buch *Zeitbombe Stadt* analytisch aufarbeitete. Damals konzentrierte ich mich auf die *weltweite Krise der Ballungszentren*, wie der Untertitel lautete. Ich untersuchte die Ursachen, weshalb in vielen Ländern Asiens, Afrikas und Lateinamerikas seit Mitte des 20. Jahrhunderts massenhaft Bauern ihre Dörfer verlassen, arbeitsuchend in die Städte strömen und dort in den immer größer werdenden Elendssiedlungen oft nur ein Auskommen als Gelegenheitsarbeiter finden. Die Kernfrage war für mich, weshalb die europäischen, nordamerikanischen und auch japanischen Megastädte eine völlig andere Entwicklung durchlaufen. Und damals schon war ich der Auffassung, daß es uns nicht gleichgültig lassen kann, was in den uns so weit entfernt erscheinenden Regionen geschieht. Denn die Ströme von Wirtschaftsflüchtlingen, die sich bisher noch überwiegend in die Industriezentren des eigenen Landes ergießen, bewegen sich, je unlösbarer dort die sozialen Probleme erscheinen, in immer größeren Massen auch auf reiche Großstädte unserer westlichen Welt zu.

Am Anfang des 21. Jahrhunderts lege ich nun zum gleichen Thema ein weiteres Buch vor, konzentriere mich aber allein auf den indischen Kulturraum – vor allem auf meine Erfahrungen in Kalkutta.

Warum Indien? Warum Kalkutta?

Indien, mit einer Milliarde Menschen nach China das bevölkerungsreichste Land der Welt, verfügt über eine besonders große Anzahl rasch wachsender Millionenstädte. Hatte es in Indien um 1950 überhaupt erst vier Millionenstädte gegeben, so registrierte die Zählung von 1991 bereits 23, und zu Beginn des 21. Jahrhunderts sind es sogar 40 oder mehr. Wenn auch noch immer fast 70 Prozent der Inder in Dörfern leben, drängt sich doch andererseits schon nahezu ein Zehntel der Bevölkerung in Millionenstädten unterschiedlicher Größe, wo die Slums zwischen einem Viertel und der Hälfte der Wohnbezirke ausmachen.[1] Indiens fünf bevölkerungsreichste Städte sind inzwischen Megastädte: Kalkutta, Bombay, Delhi, Madras, Bangalore. Sie alle zählen schon über 10 Millionen Einwohner, Kalkutta und Bombay gar schon über 15 Millionen. Damit ist Indien der Staat mit den meisten Megastädten der Welt.

Indien läßt hier bereits China hinter sich, das trotz seiner noch größeren Bevölkerungsmassen vorerst »nur« drei Städte-Agglomerationen mit solcher Größenordnung aufweist: Shanghai, Beijing (Peking), Tianjin. Indien übertrifft hier aber auch den Kontinent Europa, in dem sich ebenfalls nur drei Megastädte herausgebildet haben: Paris, London, Moskau. Allerdings haben diese europäischen Ballungszentren – im Unterschied zu indischen wie chinesischen – den Höhepunkt ihrer Zuwachsraten längst überschritten und werden kaum jemals mehr als etwa 10 bis 12 Millionen Einwohner haben.

Daß in Ländern der Dritten Welt Megastädte grundsätzlich viel rascher, viel unkontrollierbarer als in westlichen Industriestaaten wachsen – und daß deshalb dort auch die sozialen Probleme viel größer sind –, belegt am deutlichsten das Beispiel Indien. Was Kalkutta betrifft, prophezeite eine 1992 herausgegebene Studie der Vereinten Nationen für das Jahr 2015 rund 17 bis 18 Millionen Einwohner.[2] Ja, eine bereits 1982 veröffentlichte Studie hatte diesem Ballungsraum für das Jahr 2025 gar bis zu 26 Millionen Menschen vorausgesagt.[3] Dabei hatte Kalkutta im Jahr 1901 gerade erst die Grenze zu einer Million überschritten und war 1950 nicht weiter als auf rund drei Millionen Einwohner gekommen – also noch weit davon entfernt, eine »Megastadt« zu sein.

Der Begriff Megastadt oder Mega-City, der erst vor wenigen Jahrzehnten international in Umlauf kam, wird bekanntlich vom griechischen Wort »mega«, »groß« abgeleitet. Er orientiert sich aber nicht, wie oft angenommen, am Niveau urbaner Modernität und Industrialisierung einer »Groß«stadt, sondern allein an der Höhe der Einwohnerzahl. Fünf Millionen Menschen hatten Experten zunächst als Untergrenze festgelegt, inzwischen neigt man nach den Gepflogenheiten der Vereinten Nationen zu einer Untergrenze von acht Millionen.[4]

So problematisch es auch ist, zuverlässige Prognosen für die kommenden Jahrzehnte zu stellen, ist doch unumstritten: Gerade Indien kann als Modellfall dafür angesehen werden, wie einerseits die rapide Landflucht und andererseits die Bevölkerungsexplosion zahlreiche Städte zu monströsen Gebilden werden läßt. Besonders in Indien sind Reichtum und Armut, Entwicklung und Unterentwicklung extrem ungleich verteilt. Nach einem Bericht der Vereinten Nationen vom Jahr 2002 lebt in Indien nahezu die Hälfte aller Hungernden der Welt, die größte Armut konzentriert sich hierbei in den Dörfern.[5] Und gerade weil einige wenige Millionenstädte nur Inseln progressiver Entwicklung bilden, überschwemmt eine Masse arbeitsuchender Menschen aus Elendsgebieten die Städte. Eine nachhaltige Umkehr dieses Trends ist bisher nicht zu beobachten, obwohl erste Studien 2002 die bisherigen Prognosen vom monströsen Wachstum der Megastädte vorsichtig nach unten korrigieren.[6]

Bereits heute sind Indiens Ballungszentren völlig überfordert, einem Großteil ihrer Einwohner auch nur das Existenzminimum an Wohnraum, sauberem Wasser, Müllbeseitigung und Verkehrsverbindungen zu schaffen. Wenn aber in vielen dieser Millionenstädte oder Megastädte bald die dreifache Einwohnerzahl der Schweiz, Österreichs, Dänemarks leben wird, dann stellt sich die Frage, ob solche Gebilde noch etwas mit den herkömmlichen Strukturen einer Stadt zu tun haben. Mehr noch: Gehen nicht all diese Städte nahezu zwangsläufig einer unerträglichen Belastung und schließlich ihrem Untergang entgegen?

Was Indiens Ballungsräume betrifft, ist für nicht wenige

westliche Beobachter die Frage bereits entschieden: Unabwendbarer Niedergang oder zumindest Stagnation scheint dort unausweichlich. Indiens Megastädte hätten so gesehen keine größeren Entwicklungsmöglichkeiten als viele der ausufernden, an ihren Problemen erstickenden Millionenstädte Schwarzafrikas oder Lateinamerikas. Zukunft innerhalb der Dritten Welt könnten nach unserer landläufigen Meinung nur die rasch wachsenden Millionenstädte in China haben. Es böte sich also an, besonders China mit seinen schroffen Gegensätzen zwischen notleidenden Dörfern und aufstrebenden Industriestädten als ein exemplarisches Laboratorium der Zukunft zu betrachten. Mir aber geht es darum zu zeigen, daß auch im so hoffnungslos erscheinenden Indien genug Voraussetzungen gegeben sind, die unkontrollierbar erscheinenden Probleme von Megastädten auf lange Sicht zu bändigen – und Entwicklungsprozesse in Gang zu setzen, die Anlaß zur Zuversicht bieten. Indien steht hier für viele andere ebenfalls unterschätzte »Entwicklungsländer«.

Kalkutta ist in diesem Zusammenhang besonders interessant, denn Kalkutta kann innerhalb der gesamten Dritten Welt als eine jener Großstädte gelten, in denen am frühesten das sprunghafte Wachstum einsetzte und zu uferlos wuchernden Slums führte. Die Ursprünge reichen weit in die Zeit der britischen Kolonialherrschaft zurück. Deshalb sind in Kalkutta auch zu allererst die Symptome drohenden Zerfalls sichtbar geworden. Und aus diesem Grund ist auch von Sozialwissenschaftlern für Kalkutta der unabwendbare Zusammenbruch öfter prophezeit worden als für jede andere Stadt.

»Kalkutta ist eine sterbende Stadt!« Zu dieser Behauptung hatte sich Ende der achtziger Jahre sogar Indiens damaliger Premierminister Rajiv Gandhi hinreißen lassen. Neben Sozialwissenschaftlern und Politikern haben sich aber auch prominente Literaten in ähnlicher Weise geäußert. Der indobritische Literaturnobelpreisträger V. S. Naipaul bezeichnete Kalkutta nach seinem Besuch 1989 als eine »tote Stadt« und sprach vom »Elend des Todes«. In diese Untergangsszenarien fügt sich auch das 1988 erschienene Buch *Zunge zeigen* von Günter Grass, das der deutsche Literaturnobelpreisträger als Ausdruck seiner Irritation und seines Entsetzens nach sechs Monaten Kalkutta-Aufenthalt verfaßt hatte.[7] Soviel Prominenz wirkt einschüchternd, und so verstärken die negativen Aussagen international bekannter Augenzeugen das bei uns ohnehin weit verbreitete Bild einer vom Untergang bedrohten Stadt. Die meisten von uns denken, wenn sie den Namen Kalkutta hören, ohnehin zuerst einmal spontan an Mutter Teresa, deren Nonnenorden Kranke und Sterbende in den Elendsvierteln der bengalischen Metropole betreut.

Doch gerade an Kalkutta läßt sich zeigen, welche sozialen, kulturellen und politischen Kräfte das Überleben einer krisengeschüttelten Megastadt ermöglichen. Zum Vergleich werde ich auf andere Megastädte Indiens eingehen, die mehr oder weniger mit denselben Problemen zu kämpfen haben. Auch sie haben Überlebensstrategien, ja zukunftsweisende Formen der Krisenbewältigung entwickelt: Delhi, Bombay, Bangalore …

Jedoch hat mich nicht allein die soziale Problematik dazu angeregt, Kalkutta als exemplarischen Fall zu wählen. Kalkutta besitzt auch eine enorme Bedeutung für die indische Kultur, ja diese Stadt nimmt innerhalb der neueren geistigen und politischen Entwicklung Indiens eine Schlüsselrolle ein. Wer Indiens Moderne verstehen will, kommt um eine Beschäftigung mit Kalkutta nicht herum. Dabei ist die bengalische Metropole nach indischen Maßstäben eine noch sehr junge Stadt: Sie wurde erst 1690 durch die britischen Kolonialherrn nahe dem Fischerdorf Kali-Kutta, »Ort der Göttin Kali«, gegründet.

»Indiens kulturelle Hauptstadt«, so haben die Bengalen

selbstbewußt schon gegen Ende des 19. Jahrhunderts die bengalische Metropole genannt. Darüber hinaus hatten sie den Slogan geprägt: »Was Kalkutta heute denkt, wird Indien morgen denken.« Die Entwicklung über viele spätere Jahrzehnte hat diesen Schlagworten recht gegeben. Kalkutta wurde, weil es bis 1912 Indiens koloniale Hauptstadt war, zum wichtigsten Begegnungsort östlicher und westlicher Kultur. Deshalb ist vor allem Kalkutta ein hervorragendes Beispiel dafür, daß viele der sozial explosiven Megastädte gleichzeitig auch Zentren des Fortschritts sind. Gefährdete Zentren allerdings.

Die Kontraste gehen noch weiter. Zu meiner Überraschung konnte ich in der internationalen Ausgabe von *India Today* am 14. Juni 1999 lesen, Kalkutta sei noch immer Indiens reichste Stadt, nach wie vor konzentrierten sich in der Hauptstadt Westbengalens die größten Vermögenswerte. [8]

Hauptstadt der Kultur ... Hauptstadt des Elends ... Zentrum des Reichtums ... Solche Informationen stehen unvermittelt nebeneinander. Ein Widerspruch, mit dem der unvoreingenommene Beobachter sich auseinandersetzen muß. Eine Vielschichtigkeit, die für mich ein weiteres Motiv war, gerade diese Stadt zum Hauptthema des vorliegenden Buches zu machen. Eine Komplexität, die für mich eine besondere Herausforderung darstellte. Wenn Kalkutta auch stark durch westliche Einflüsse geprägt wurde, so ist Kalkutta doch eine zutiefst indische Metropole geblieben – mit einem Ordnungsgefüge, das für westliche Beobachter nicht leicht zu verstehen ist.

Um aber die Zukunftsmöglichkeiten einer solchen Stadt auszuloten, müssen wir uns zunächst eingehend mit ihrer Gegenwart befassen. Wir müssen die Organisationsformen, ja auch die psychischen und kulturellen Voraussetzungen verstehen, die es seinen Einwohnern ermöglichen, selbst unter extremen Bedingungen ihr Leben zu gestalten. Ich will hier gar nicht erst versuchen, eine so vielschichtige Stadt wie Kalkutta »objektiv« zu erfassen. Meine Annäherung beschreibe ich mit all den Befangenheiten und Irritationen, die einen westlichen Besucher mehr oder weniger begleiten, ja bedrängen. In Kalkutta wiederholte sich nur, was ich ohnehin in Indien – aber auch in vielen anderen Ländern der Dritten Welt – immer wieder erfahren hatte: daß ich bei meinen Beobachtungen und meinen Gesprächen mit Einheimischen auf mich als Europäer zurückgeworfen wurde. In der Konfrontation mit völlig fremden Lebensweisen war ich stets gezwungen, meine kulturbedingte Abhängigkeit zu reflektieren. Die Entdeckungsreise in das Fremde eröffnet so zugleich die Chance, die eigene Kultur aus neuem Blickwinkel zu sehen.

Ich hatte einen Entwicklungsprozeß vor mir.

DAS SCHEINBARE CHAOS

Abgaswolken. Die Sonne verschwamm im Smog. Schemenhaft nur hoben sich die Hindu-Tempel und Minarette aus dem blaugrauen Dunst ab, so unwirklich wie eine Fata Morgana. Kolonnen von Lastautos, Busse, auf deren Trittbrettern sich Menschentrauben ballten …

Ich war unterwegs vom Flughafen ins Zentrum von Kalkutta. Neben mir im klapprigen Taxi saß angespannt ein junger Deutscher, der mich eine halbe Stunde zuvor in der Warteschlange zur Paßkontrolle gefragt hatte, ob wir nicht gemeinsam ein Taxi nehmen könnten. Er sei das erste Mal in Indien. Nun betrachtete er mit wachsender Nervosität die Menschenmassen draußen, dieses Schieben und Drängen greller Farbtupfer, die auf dem Boden sitzenden Gruppen, die ab und zu hinter dem Strom von Passanten sichtbar wurden. Dazu Gruppen, die vor Zeltplanen und unter Plastikfetzen kauerten, Schlafende, über die die Fußgänger hinwegstiegen …

»Ist da eine Demonstration?« fragte mein Begleiter plötzlich. »Wo?« Ich folgte mit dem Blick seinem ausgestreckten Zeigefinger und sah vor uns an der Straßenkreuzung nichts als Menschen, ein Gewimmel von Saris und Hemden, hundert, zweihundert oder mehr Menschen, wer könnte sie zählen. »Die Leute sind unterwegs zur Arbeit«, antwortete ich und begegnete seinen ratlosen Augen.

Hütten aus Brettern, Wellblech und Palmstroh zogen am Autofenster vorbei, morastige Wege, eine Müllhalde, über der unzählige Vögel kreisten. Im jähen Kontrast Fassaden rußgeschwärzter Betonwohnblocks. Schriller Lautsprecherlärm aus Verkaufsbuden. »Wie halten die Leute das aus?! Wie können die das überleben?!«, schrie mein Begleiter in den aufwirbelnden Staub, die beißenden Gerüche, den Lärm hinein.

Und als ich die Antwort schuldig blieb, hörte ich ihn schreien: »Wie kann *ich* das überleben?!«

Ich weiß nicht, wie der junge Rucksacktourist Kalkutta während der nächsten Tage »überlebt« hat. Unsere Wege trennten sich im Zentrum, dort, wo Hochhäuser aus Beton und Glas eine koloniale Architektur von Kuppeln, dorischen und korinthischen Säulen überragen, dort, wo die Megastadt auch etwas vom Flair einer Metropole mit Zukunft ausstrahlt. Mein Begleiter hatte dafür keinen Blick mehr. Ohnehin wollte er keine indische Großstadt kennenlernen, ohnehin nicht Kalkutta, ihn zog es in den Himalaya, nach Darjeeling und Sikkim, »wo Indien noch unverdorben ist«, wie er meinte. Aber diese Tour glaubte er besonders günstig hier, in der Hauptstadt Westbengalens, beginnen zu können.

Ich wohnte wieder im selben Viertel wie achtundzwanzig Jahre zuvor. Und wie damals blickte ich vom Hotelfenster im vierten Stock auf ein Labyrinth ineinandergeschachtelter Mauern und Dachterrassen, auf verwinkelte Hinterhöfe, aus denen die Kronen von Luftwurzelbäumen und Kokospalmen ragten. Seitlich eine Straße. Trotzdem war jetzt, im Januar 1993, alles anders. Die Straße schräg unter mir quoll über von Menschen, Rikschas, Motorrädern, Autos, so daß es das Auge schwer hatte, eine Orientierung zu finden. Ein Hupen, ein Dröhnen, ein Schrillen, ein Schreien, die Geräusche schallten wie aus einem Trichter zu mir hoch. Achtundzwanzig Jahre zuvor hatte ich auf eine Straße ähnlicher Breite hinabgeblickt, in der sich neben Fußgängern hauptsächlich Fahrräder, Rikschas, Männer mit Handkarren und Fuhrwerken bewegten, Autos waren in die Seitenstraßen hier nur vereinzelt gekommen. Es hatte damals noch Raum in den Straßen gegeben. Und Stille.

Achtundzwanzig Jahre. Ich selber war innerhalb dieses Zeitraums immer wieder durch Indien gereist, aber nach Kalkutta war ich bis dahin nicht zurückgekehrt.

Achtundzwanzig Jahre. Die Statistiken sprechen ihre eigene Sprache. 1965 hatte Kalkutta »nur« zwischen vier und sechs Millionen Einwohner gezählt. 1993 schätzte man schon zwischen 12 und 14 Millionen Menschen. Kalkutta war also innerhalb dieser kurzen Zeitspanne nahezu um die Einwohnerzahl Österreichs gewachsen. Aber die Menschenmassen von möglicherweise 14 Millionen – fast so viele Einwohner wie Holland – drängten sich nun in einem Raum zusammen, der nicht ausgedehnter ist als der von Berlin, wo rund vier Millionen Menschen leben.

»Nichts wie weg! Zwei Tage Kalkutta sind mehr als genug!« Der Tourist im Korbstuhl atmete tief durch. Wir saßen bei einer Tasse Tee in einem Hotelgarten, dessen Atmosphäre sich drastisch von der engen Ummauerung meiner Unterkunft unterschied. Üppige Bäume, Blumen in tropisch kräftigen Farben, eine Hausfassade mit Säulen und Bögen im britischen Kolonialstil. Eine Oase abseits des Straßenlärms, ein weiterer Kontrast in dieser ohnehin kontrastreichen Stadt.

Wie lange ich in Kalkutta bleiben wolle, fragte er.

So genau wüßte ich das noch nicht.

Ungläubig sah er mich an. Zwei Tage? Drei Tage? Eine Woche? Er wollte es genau wissen.

Ganz bestimmt länger als eine Woche, antwortete ich und erklärte ihm, daß ich mich nach mehreren Aufenthalten in Indien nun besonders für die soziale und kulturelle Struktur einer Megastadt interessiere, die derart rasch wachse. Kalkutta empfände ich als exemplarisch – und das weit über Indien hinaus. Mich interessiere, wie es Menschen schaffen, unter solch extremen Bedingungen zu überleben. Mehr noch: ob nicht gerade auch Städte wie diese eine Zukunft haben. Ich wolle verstehen, nach welchen Gesetzmäßigkeiten die Menschen hier leben und überleben …

Das hier alles könne man als Europäer niemals verstehen, fiel er mir ins Wort. Nicht einmal die Inder selber könnten das verstehen. Kalkutta sei eine derart monströse Erscheinung, noch krasser als Delhi, noch krasser als Bombay …

»Wie kommen Sie mit der Armut zurecht?«, fragte mich seine Freundin, die geduckt neben ihm saß. Ihre Frage klang wie ein Vorwurf. Sie blinzelte mich mit rotgeränderten Augen an, als ob sie in letzter Zeit schlecht geschlafen hätte. »Diese Armut …«

Die Armut sei nicht das eigentliche Problem, schnitt er ihr erregt das Wort ab, Armut gebe es ja überall in den Entwicklungsländern. Was ihn an Kalkutta viel mehr beschäftige, ja fassungslos mache und ihm am wenigsten erträglich erscheine, sei das Chaos, dieses unbeschreibliche Chaos. In dieser Intensität habe er das noch nirgends erlebt. Chaos im Straßenverkehr, Chaos im Zusammenleben der Menschen, alles sei hier unberechenbar, alles Anarchie. Ihn würde es nicht wundern, wenn das alles hier bald zusammenkrache. Diese zwölf, dreizehn oder mehr Millionen Menschen auf derart engem Raum! Das könne höchstens noch ein paar Jahre gutgehen. Er finde es interessant, diese Erfahrung hier gemacht zu haben, deshalb habe er Kalkutta auch in seinem Programm, aber er wolle eine solche Erfahrung nicht wiederholen. Das eigentliche Indien befinde sich woanders, in den Tempeln, in den kleinen Städten, in den Dörfern. Er suche ein Indien jenseits solcher Großstädte, ein Indien, das noch nicht durch westlichen Einfluß derart gestört sei. Das typische Indien! Ob ich verstehen würde: das Typische dieses Landes …

Zum typischen Indien, unterbrach ich ihn, gehöre für mich die Mischung unterschiedlicher Kulturen. Gerade auch der westliche Einfluß. Man sollte sich hierfür genauso interessieren wie für die traditionelle indische Kultur …

Unsere Diskussion verlor sich in Details. Und wie ich das so oft erlebte, mündete auch dieser Wortwechsel in Erörterungen, wo es denn außerhalb der riesigen Städte sehenswerte Reiseziele gebe. Tips für malerische Pilgerorte, Bergregionen, Palmenstrände …

Überall im Stadtzentrum erlebte ich während der folgenden Tage die von Menschen überquellenden Gehsteige und Straßen, überall die lärmenden, im Stau sich verzahnenden Fahrzeugkolonnen. Nirgends mehr die Möglichkeit, geruhsam zu schlendern, zu verweilen, wie noch drei Jahrzehnte zuvor. Ich ging …, ging? Ich fühlte mich geschoben in Menschenströmen, hatte Mühe, den vielen Entgegenkommenden auszuweichen, mit niemandem zusammenzustoßen, fühlte mich bald überfordert, ständig angespannt auf das Gewimmel zu achten. Und schließlich war dann auch ich so weit, die Masse durcheinanderschwirrender Menschen, Autos, Motorräder, Rikschas, Ochsenkarren, Handkarren irritiert und gereizt – wie viele andere westliche Besucher – als »Chaos« zu empfinden. Dazu der Hustenreiz, der mich inmitten der Abgaswolken zu quälen begann, die zunehmend brennenden Augen … Diese Anpassungsschwierigkeiten meiner »europäisch« geschulten Sinnesorgane. Zwei Tage zuvor war ich noch durch die Straßen einer deutschen Großstadt gegangen.

Erst so nach und nach konnte ich die Konzentration aufbringen, die Fassaden der kolonialen Bauten entlang der Hauptverkehrsstraßen wieder genauer zu betrachten. Hatte sich auch hier viel verändert?

Kuppeln im Stil der Renaissance, korinthische, dorische, ionische Säulen, allegorischer Figurenschmuck an den Portalen, all das war noch vorhanden entlang der ehemaligen Prachtstraßen. Aber was drei Jahrzehnte früher noch mit deutlich erkennbaren Farben im Sonnenlicht geleuchtet hatte, lag nun in stumpfem Grau. Die Fassaden schillerten hier und da ins Grünliche, eine Belagmischung aus Ruß und Algen, sichtbare Spuren der Allianz von Abgasen mit Monsunregen. Kaum irgendwo konnte ich den Versuch einer Restaurierung entdecken, ausgenommen bei einigen Regierungsgebäuden an repräsentativen Plätzen. Viele der Häuser wirkten schon derart abgewohnt, als warteten die Besitzer auf den endgültigen Zusammenbruch, um die Ruinen dann durch moderne Bürotürme oder Betonwohnblocks zu ersetzen. Hier und da schoben sich bereits solche Blöcke als Vorboten eines zukünftigen Kalkutta in die historisch gewachsene Struktur.

In raschem Wechsel erlebte ich Hochhäuser mit reklamebestückten Einkaufszentren, Straßen mit viel Platz, europäischen Städten ähnlich … Rasenflächen, Kokospalmen, Villen … Minuten später wieder enge, menschenwimmelnde Gassen mit baufälligen Häusern … Bretterhüttenslums … Solch krasse Kontraste während meiner Fahrten in der Vorortbahn, im Bus, im Taxi waren mir durch ähnliche Eindrücke in Bombay und Delhi, ja auch in Kairo und Bangkok vertraut. In Kalkutta aber traf ich schließlich auf Viertel mit einer bisher noch kaum erlebten Wohndichte. Ich fand sie nördlich des historischen Zentrums mit seiner kolonialen Architektur, Viertel, die während des 18. und 19. Jahrhunderts noch der indischen Ober- und Mittelschicht als Wohnung gedient hatten.

Die Straßen hier waren verwinkelt, Autos fanden kaum Platz in dem Labyrinth. Einzig die von barfüßigen Läufern gezogenen Rikschas und lastenbepackten Handwagen hatten eine Chance, sich einen Weg durch das Gewimmel bunter Saris und weißer Hemden zu bahnen. Zu beiden Seiten reihten sich Häuser mit Ziegeldächern, Dachterrassen und Holzbalkonen, manche mit maurisch anmutenden Fensterbögen, Säulen und Kuppeln – Häuser, die noch immer etwas vom Flair einstigen Wohlstands erahnen ließen und dem westlichen Besucher beim ersten flüchtigen Hinsehen sogar noch als »malerisch« erscheinen mochten. Aber Risse überall im Mauerwerk, hier und da schiefhängende Fensterläden, herabgebrochene Balkone. Und vereinzelt schon geborstene Fassaden, aus deren Lücken Büsche, ja Bäume mit Saugwurzeln wucherten. Die Wandelgänge in den Höfen waren fast überall mit Kisten und Gerümpel vollgestellt, die Fenster mit Wäschestücken dicht verhängt. Lärm von Stimmen, Lachen, Schimpfen, Kindergeschrei drang geballt aus allen Richtungen. Wo vor einem Jahrhundert noch eine einzige wohlhabende Familie ein ganzes Stockwerk bewohnt hatte, hausten nun vier, fünf arme Familien auf engstem Raum.

Die auffallendste Veränderung aber erwartete mich im Straßenbild selber. Über weite Strecken sah ich Straßen und Gassen in Wohnungen verwandelt. Familien kampierten auf den Gehwegen, ungeachtet des zur Straße hin abgedrängten Fußgängerstroms. Mehr noch, sie kauerten auch auf der Fahrbahn, unbeeindruckt vom ständigen Vorbeiziehen der Karren und Rikschas. Sie wohnten, ja: sie wohnten. Wie anders sollte ich solche Szenen einschätzen: wenn Frauen auf Propangaskochern das Essen zubereiten; wenn Familien sich essend im Kreis um Blechgeschirre scharen; wenn Männer sich rasieren; wenn Kinder über Hefte gebeugt Schulaufgaben machen; wenn Männer, Frauen, Junge, Alte irgendwo in einem Winkel den Hintern entblößen und dort ihre Notdurft verrichten. Gab es für sie selbst im Stadtzentrum keine anderen Plätze? Waren die Wohnungen in den Häusern schon derart überfüllt? Würden sie sogar nachts hier draußen schlafen? Ich mußte über Liegende steigen, die sich zum Mittagsschlaf niedergelegt hatten, über spielende Kinder, über abgestellte Kochtöpfe …

Alle diese Straßenbewohner hier schienen gelassen den nie abreißenden Fußgängerstrom zu ignorieren, stoisch ruhig auch meinen fassungslos neugierigen Touristenblick. Gegenüber indischen Passanten brauchten die hier »Wohnenden« ohnehin keine Hemmungen zu haben, denn für Inder war das ein Stück Alltag, sie waren geübt in der Kunst des Wegsehens, in der gleichgültigen Akzeptanz. Mir aber wie vielen anderen westlichen Betrachtern erschienen diese Menschen schamlos ausgestellt wie in einem Schaukasten beim Essen, Trinken, Kochen, Lesen, Schlafen, Urinieren.

Kalkutta, die Stadt mit den meisten und größten Museen Indiens ... Das Zentrum von Literatur, Philosophie und des künstlerischen Filmschaffens ... Kalkutta noch immer »Indiens kulturelle Hauptstadt«? Wie unwirklich, wie fern erschienen mir besonders hier all diese Fakten, die mir doch aus Büchern vertraut sind.

Am Abend war ich in anderen Teilen der verwinkelten Altstadt unterwegs. Die Werkstätten und Verkaufsbuden waren hell erleuchtet, ebenso die Wohnungen. Im Erdgeschoß konnte ich überall in die Tiefe der Räume blicken, und überall sah ich das gleiche: Die »Wohn«zimmer waren meist ohne Möbel, zeigten kahle schmutzige Wände, waren nur hier und da durch Regale verbaut, wo Töpfe und Handwerkszeug lagen. Auf den Böden sah ich Matratzen oder Strohmatten ausgebreitet, worauf sich die Menschen zum Schlafen niedergelegt hatten – oft zehn oder zwanzig Körper eng aneinandergepreßt in einem Raum, den wir nach europäischen Maßstäben als »Einzelzimmer« einstufen würden. Und gegen Mitternacht, als die meisten Lichter schon erloschen waren, sah ich auch viele Hauseingänge unter Vordächern mit Schläfern belegt.

Dieses gedrängte Zusammenleben von Menschen ...

Nach unseren westlichen Maßstäben ist ein Ballungsraum bereits dicht bevölkert, wenn pro Quadratkilometer durchschnittlich etwa 3000 bis 4000 Menschen wohnen, so in vielen deutschen Großstädten. Und aus unserer Sicht hat ein Ballungsraum die Grenzen seiner Belastbarkeit erreicht, wenn auf einem Quadratkilometer über 4000 Menschen leben wie in London – erst recht, wenn es 10 000 sind wie in New York mit seinen Wolkenkratzern. Aber in vielen Vierteln Kalkuttas leben nach den Angaben schon Mitte der achtziger Jahre durchschnittlich 40 000 Menschen pro Quadratkilometer.[1] Und das trifft auf Wohngebiete zu, in denen es kaum Hochhäuser gibt, sondern die meisten Bauten sich auf ein, zwei oder drei Stockwerke beschränken. Dieser Durchschnittswert wird jedoch in etlichen der Altstadtviertel und Bretterhüttenslums noch beträchtlich überschritten, wo bis zu 100 000 oder gar 150 000 Menschen auf einem Quadratkilometer sich zusammendrängen. Das sind Zahlen, wie man sie inzwischen auch von etlichen heillos überbevölkerten Wohngebieten in Bombay, ebenso von Megastädten außerhalb Indiens, allen voran von den Slums in Kairo, kennt.

Zwei Drittel der Bevölkerung Kalkuttas lebt in unterversorgten, oft nur notdürftig mit Wasser- und Stromleitungen versehenen Vierteln – wobei der Übergang von »normalen« Wohngebieten und Slums fließend ist. Aber noch schlechter ergeht es den »Squatters«. Sie hausen als »wilde Siedler« in aus Jute- und Plastikplanen zusammengesetzten Zelten, die sie in der Nacht rasch an Hauswänden und auf Plätzen aufschlagen. Und am schlimmsten dran sind die knapp eine Million Obdachlosen, die auf der Straße »wohnen« und außer einem Blechnapf vielleicht gerade noch eine Bastmatte besitzen.[2]

Nur etwa die Hälfte aller Einwohner ist an ein Wasserleitungsnetz angeschlossen, die anderen schöpfen ihren Bedarf aus Hydranten auf der Straße oder gar aus verschmutzten Kanälen und Rinnsalen, sofern es ihnen nicht möglich ist, Wasserleitungen anzuzapfen. Daher ist es nicht verwunderlich, daß Darminfektionen, Ruhr und Cholera zu den Hauptkrankheiten vieler Bewohner geworden sind. Ohnehin sind Toiletten eine Seltenheit, weshalb die Exkremente überall auf den Straßen und an den Wasserläufen zusätzliche Infektionsherde bilden. Dabei besaß Kalkutta noch gegen Ende des 19. Jahrhunderts für die damals rund eine Million Einwohner ein Wasserversorgungssystem, das so gut organisiert war, daß in der indischen Kolonialhauptstadt weniger Menschen an Cholera starben als in London.[3]

Nicht minder bedrohlich ist die schlechte Qualität der Luft. Die Masse an Autoabgasen und der ungefilterte Qualm aus Fabrikschornsteinen erzeugt eine Luftverschmutzung, die zu den schlimmsten der Welt gehört. Entsprechend leidet nahezu die Hälfte der Einwohner an Erkrankung der Atemwege: Bronchitis, Lungenentzündung, Tuberkulose.[4] Einen Tag die Luft in Kalkutta einzuatmen, entspricht für einen Nichtraucher dem Konsum von mehr als zwei Schachteln Zigaretten.[5]

Bei meinem zweiten Besuch in Kalkutta war ich durch Lektüre als auch durch meine Beobachtungen in etlichen anderen Megastädten auf eine derartige Überbevölkerung, Armut und Luftverschmutzung vorbereitet. Trotzdem sollte ich in dieser Stadt, in der das explosive Wachstum früher als in vielen anderen Großstädten der Dritten Welt einsetzte, völlig neue Erfahrungen sammeln. Denn mehr als bisher konzentrierte ich mich nun auf die Frage, wie denn die Bewohner mit derart bedrückenden, bedrohlichen Verhältnissen zurechtkommen – und was das Überleben krisengeschüttelter Megastädte möglich macht.

Die ersten neuen Erfahrungen gewann ich dort, wo jedem westlichen Beobachter die sozialen Zustände am ehesten als »Chaos« erscheinen: in den rasch wachsenden Hüttensiedlungen.

In einem »offiziell anerkannten Slum«

Von einer Böschung blickte ich auf hunderte Hütten, die aus Brettern, Wellblech, Palmstroh und Plastikplanen zusammengebaut waren. Dazwischen ein- bis zweistöckige Backsteinbauten. Lehmwege. Abfall. Schwärme von Krähen und anderen Vögeln schwirrten krächzend über dem Labyrinth von Dächern und Gassen, auf Essensreste lauernd. Im Hintergrund Baukräne und die im Smog verschwimmende Silhouette von Hochhäusern. Wie arm waren die Bewohner hier? Stromleitungen zogen sich quer über die Siedlung, Radiomusik schallte lautstark hier und da aus offenen Eingängen und vermischte sich zu einem Lärmbrei.

Einige Männer auf den Lehmgassen hatten mich bemerkt und winkten. Kinder kamen zuerst die Böschung herauf gelaufen, blieben dann aber in respektvoller Entfernung stehen und tauschten Bemerkungen über mich aus, kicherten. Die ersten Erwachsenen folgten, auch sie blieben weiter weg stehen, noch schüchtern. Schließlich rückten sie näher und umringten mich, den Europäer, der hier wohl eine äußerst exotische Erscheinung war. »Hallo ...« Das war alles, was sie auf meine Fragen antworteten. Keiner schien auch nur ein Wort Englisch zu verstehen. Niemand streckte bettelnd die Hand aus. Einen »reichen« Fremden um ein paar Rupien zu bitten, schien hier noch völlig unbekannt. Wie sollte hier auch, wo alle relativ arm waren, eine solche Gewohnheit überhaupt entstehen? Aus den Gesichtern konnte ich eine unbefangene, ja freundliche Neugier ablesen. Einer der älteren Männer wies einladend zur nächsten Lehmgasse.

Ich zögerte nicht, der einladenden Geste zu folgen. Bereits in Bombay, Delhi und Madras hatte ich solche Slums flüchtig durchstreift, ohne daß die Bewohner mich belästigt oder mir gar aggressiv den Weg versperrt hätten. Vereinzelt nur hatte ich bisher irritierte und mißtrauische Blicke geerntet, Blicke, die sich vor allem auf meine umgehängte Kamera gerichtet hatten. Das war anders als in den Slums arabischer Städte, wo mich Menschen bettelnd umringten oder mir gar mit wurfbereiten Steinen drohten. Erst recht anders als in den USA. In New York hatten mir Fahrgäste geraten, den Bus auf keinen Fall zu verlassen, solange ich durch verwahrloste, von starker Kriminalität bedrohte Stadtteile in Harlem und der Bronx fuhr.

Männer, Frauen und Kinder redeten lebhaft auf mich ein,

als erwarteten sie, daß ich Bengali verstünde. Auf meine englischen Antworten kicherten oder lachten sie. So gingen wir durch die Gassen, wo sich uns weitere Bewohner in ausgelassen fröhlicher Neugier anschlossen.

An Bretterwänden wie Hausmauern entdeckte ich das rotgepinselte Symbol von Hammer und Sichel. Es war nicht das erste Mal. Immer wieder hatte ich das kommunistische Zeichen an Wänden von Wohnhäusern und Fabrikmauern im Zentrum wie in Vororten gesehen. Verwunderlich war das nicht, schließlich regierte im Bundesstaat Westbengalen seit 1977 eine Linkskoalition unter Führung einer kommunistischen Partei. Aus der Sicht westlicher Besucher konnte es eher überraschen, daß eine derartige Linkskoalition schon so lange an der Macht war und von den Einwohnern Kalkuttas durch demokratische Wahlen immer wieder im Amt bestätigt wurde. Wie ist dies trotz des doch offensichtlich wachsenden Elends möglich? Diese Frage sollte mich wiederholt während meiner Erkundigungsgänge in Kalkutta beschäftigen. Und in dem Slum hier sollte ich bereits eine erste, wenn auch nur vorläufige Antwort erhalten, was den Erfolg der Kommunisten gerade bei den sozial Benachteiligten ausmachte.

Wir erreichten eine Hütte, die zur Gasse hin offen war. Strohmatten bedeckten teilweise den Lehmboden, an der Wand standen zwei Bänke und Tische. Ein auf dem Boden kauernder Mann zündete nach ein paar Zurufen einen Propangaskocher an. »Tea ... tea ...« Das war das einzige, was ich verstand. Ich befand mich offenbar in einer der Teestuben der weit ausgedehnten Siedlung. Einer der Männer reichte mir eine dampfende Tasse, zwei weitere nahmen ebenfalls Tee, die anderen umringten uns. Die meisten der Männer waren mit Hemden westlichen Zuschnitts und dem traditionellen Wickelrock bekleidet. Zwei trugen Armbanduhren.

Ich hatte Zeit, mich umzusehen. An der Wand entdeckte ich wieder das kommunistische Symbol von Hammer und

Sichel. Aber unmittelbar daneben der Farbdruck der vierarmigen Göttin Kali mit der üblichen Ikonographie: schwarzes Gesicht, rote Zunge, ein bluttriefendes Schwert, einen abgeschlagenen Kopf und Blumenschalen in den vier Händen. Die Göttin im Tanz. Auch das ein für westliche Sehgewohnheiten ungewöhnlicher Kontrast: religiöse und kommunistische Symbole unmittelbar nebeneinander. Wie das? Eine Frage, die mich ebenfalls noch weiter beschäftigen sollte.

Ich bedankte mich für den Tee und wollte bezahlen. Die beiden anderen Männer seien eingeladen, gab ich durch Zeichensprache zu verstehen. Die Männer antworteten mit heftigen Gesten, ich sei *ihr* Gast. Die Blicke waren eindeutig, sie kamen einer Bitte gleich: Ich solle akzeptieren, daß hier Männer wohnten, die genug Geld verdienten, um einen Fremden als Gast behandeln zu können. Demonstrativ bezahlte einer der beiden den Tee für uns. Ein sanfter Stolz, eine Verletzlichkeit sprach aus seinen Augen. Ich akzeptierte und bedankte mich mit einer leichten Verbeugung, die Umstehenden lächelten.

Ein Labyrinth mal breiterer, mal engerer Gassen tat sich auf. Hütten wechselten mit Backsteinbauten, und überall zeigte sich in den zur Gasse offenen Erdgeschossen geschäftiges Leben von Kesselflickern, Schustern, Schneidern, Wäschern, die auf engstem Raum ihre Arbeit verrichteten. Beharrlich der Lärmbrei aus Transistorradios mit unterschiedlichen Programmen. Hier und da lagerten Kühe. Kühe vor Strohhütten. Eine überraschende Sequenz wie aus einem indischen Dorf. Frauen in bunten Saris knieten an einem Teich und wuschen Blechgeschirr in dem sehr trübe aussehenden Wasser.

Wir mußten über Abwasserrinnen und Pfützen mit giftgrüner Färbung steigen. Und dann der unkrautüberwucherte, unbebaute Streifen einer Böschung: voller Kot, die »öffentliche Toilette«. Wahrscheinlich gab es noch Dutzende weiterer solcher Plätze in der unübersehbar ausgedehnten Siedlung. Wie konnten die Bewohner das hier alles Tag für Tag durchhalten? Wie bloß? Die lachenden Gesichter, das fröhliche Grüßen bei meinem Anblick. Für mich war ihre Fröhlichkeit eine Antwort, die überhaupt nicht zu dieser Ungebung hier zu passen schien.

»Where do you come from?« Völlig überrascht, hier plötzlich englische Laute zu hören, blickte ich in ein rundliches Gesicht mit Hornbrille. Der Mann trug westliches Hemd und Hose. »Germany ...« Er wiederholte das Wort andächtig, musterte mich nun um so neugieriger und fragte mich nach meinem Beruf, Frau und Kindern, all das, was man als westlicher Besucher in Indien immer wieder gefragt wird.

Er sei Busfahrer und habe heute seinen freien Tag, antwortete er auf meine erste Frage. Ja, er wohne hier. Ja ja, er sei froh, hier zu wohnen, hier gebe es Wasser und Strom, hier seien die Mieten erschwinglich. Weiter drinnen in der Stadt sei alles viel teurer, dort habe er auch nirgends mehr Unterkunft gefunden. Seit acht Jahren wohne er hier. Er komme aus einem Dorf ... Er nannte mir den Namen, den ich wegen seiner vielen Silben sofort wieder vergaß.

Geschrei unterbrach uns. Wir hatten einen Platz erreicht, wo Frauen mit Tonkrügen, Plastikeimern und Blechkanistern in einer langen Schlange standen und sich zu einem turbulenten Knäuel ballten. Hochgeschobene Fäuste vorne. Es gebe zu wenig Zapfstellen mit sauberem Wasser hier in der Siedlung, erklärte er. Morgens drängten sich oft bis zu dreihundert Leute an den einzelnen Zapfstellen. Aber bald würden zusätzliche Wasserleitungen gelegt, und dann werde alles besser. – Wer für die Organisation zuständig sei? – Die Stadtverwaltung. Der Boden hier gehöre der Stadt. – Und er sei sicher, daß die Leitungen bald gelegt würden? – Ja. Es müsse etwas geschehen, die Leute hier seien unzufrieden. Das aber seien Wähler hier. Die Kommunisten wollten bei den nächsten Wahlen wieder die meisten Stimmen bekommen. – Ob die kommunistische Regierung wirklich etwas für die Bevölkerung tue? – Ja. Oh ja. Als er vor acht Jahren hierher gekommen sei, habe es weder Wasser noch Strom gegeben, nur elende Hütten. Inzwischen gebe es hier schon eine Reihe Backsteinhäuser. Es werde immer besser. Und deshalb würden die Kommunisten auch gewählt. Keiner der Zuwanderer hier würde vertrieben. Jeder könne bauen. Das hier nämlich sei ein offiziell anerkannter Slum.

Auf meinen fragenden Blick hin erklärte er: Offiziell anerkannt sei ein Slum dann, wenn die Regierung dessen Existenz anerkenne und dort für Wasserzufuhr sowie für Stromleitungen sorge. Solche Siedlungen seien geschützt und könnten nicht wieder abgerissen werden. So zahlten hier auch alle Bewohner Miete an die Stadtverwaltung. Anders sei das mit den Bretter- und Strohhütten, die über Nacht irgendwo auf privatem, brachliegendem Gelände errichtet würden. Dort würden die Eigentümer überhöhte Mieten kassieren oder die Bewohner früher oder später vertreiben.

Der Busfahrer wies mit einer weit ausholenden Bewegung die breiter gewordene, relativ sauber wirkende Gasse hinunter. Hier gebe es schon Backsteinhäuser, ein bis zwei Stockwerke hoch, das sei erst seit einigen Jahren so. Hier wohne er. Ob ich nicht eine Tasse Tee mit ihm trinken wolle? Er wies einladend zu einer Treppe. Wir stiegen eine Treppe an der Außenwand in das zweite Stockwerk hoch und ließen die Neugierigen, die mir noch immer gefolgt waren, zurück.

Ein schadhaftes, schon von Rost zerfressenes Blechgeländer säumte die Treppe. Beim Vorbeigehen konnte ich in verschiedene Zimmer blicken, deren karge Einrichtung ich inzwischen von vielen anderen Häusern kannte: die Wände mit Regalen bedeckt, auf dem Boden Strohmatten. Neugierige Blicke von Frauen, Männern und Kindern folgten mir. – Wie viele Menschen in diesem Haus wohnten, wollte ich wissen. – Vierzig, zweiundvierzig, nein, mehr … Er machte eine vage Handbewegung. – Und wie viele Zimmer es gebe? – Jedes Stockwerk habe zwei Zimmer. – Also sechs bis acht Personen pro Zimmer? – Ja.

In seinem Zimmer saßen zwei Frauen und ein kleines Mädchen, die Frauen nähend. Eine Türöffnung gab den Blick in das Nachbarzimmer frei, wo ich zwei weitere Frauen in bunten Saris sitzen sah. Lautstark klang von dort Musik aus einem Transistorradio. Seine Frau, seine Schwägerin, seine Tochter, stellte mein Gastgeber die Sitzenden im eigenen Zimmer vor. Er habe noch einen Sohn, der sei in der Schule. Sein Bruder arbeite in einer Maschinenfabrik. Der habe ebenfalls einen Sohn und eine Tochter, die jetzt gerade in der Schule seien. – In der Schule? – Ja, die Schule sei nicht weit von hier, erklärte er und registrierte mein Erstaunen mit hochgezogenen Augenbrauen. Schon vor etlichen Jahren sei hier eine Schule eingerichtet worden. Er gab den Frauen ein stummes Zeichen, worauf sie sich scheu lächelnd zur Wand zurückzogen und dort einen Propangaskocher für das Teewasser entfachten. In einer Nische entdeckte ich das Bildnis des elefantenköpfigen Gottes Ganesh und der Göttin Kali.

Am Eingang zum Nachbarzimmer tauchten zwei weitere Frauengesichter auf, neugierig. Die Frauen wechselten ein paar Worte mit meinem Gastgeber auf Bengali, dann musterten sie weiter aufmerksam jede meiner Gesten. Ob die Bewohner im Nachbarzimmer auch Verwandte seien, fragte ich. – Ein Vetter mit seiner Frau und drei Kindern wohne dort, erklärte er und setzte hinzu: Ein Schwager und ein Onkel wohnten ein paar Häuser weiter. Demnächst werde noch ein weiterer Schwager hier in der Siedlung ankommen und vorerst bei seinem Onkel Unterkunft finden.

Weshalb verlasse nun auch dieser Schwager das Dorf, fragte ich. – Keine Arbeit habe er dort, antwortete er. Wovon solle sein Schwager leben im Dorf? Es gebe zu viele Menschen in den Dörfern, zu viele würden geboren, der Boden könne nicht alle ernähren. – Und hier sei das wirklich besser? – Jeder hier in der Siedlung habe Arbeit. Jeder hier arbeite irgend etwas. Er selber habe vor acht Jahren nicht weit von hier als Arbeiter in einer Lagerhalle angefangen, jetzt sei er Busfahrer. Andere würden beschädigtes Werkzeug sammeln, es reparieren und wieder verkaufen. Es gebe viele Möglichkeiten.

Er sehne sich also nie nach seinem Dorf zurück? – Er könne gar nicht in sein Dorf zurück. – Ob er sich nicht trotzdem in sein Dorf zurücksehne?

Er zögerte mit der Antwort, lächelte dann. Er habe sein Dorf *hier*. Hier lebe sein Bruder mit Familie, etliche seiner Schwäger, seiner Onkel, dazu viele andere aus demselben Dorf. Oder es seien Zuwanderer aus Nachbardörfern. Oder aus demselben Distrikt. Mit ihnen feiere er dieselben Feste, gehe in denselben Tempel, es sei wie im Dorf. Hier habe er genauso seine Familie, seine Verwandten. Ohne Familie, ohne Verwandte, ohne Freunde aus dem Dorf sei man ein Nichts in einer fremden Stadt. Niemand sonst helfe einem. Hätte er hier in der Siedlung nicht schon seinen Onkel gehabt, dann hätte er anfangs auf der Straße wohnen müssen wie viele andere Zuwanderer auch. Der Onkel habe ihm sehr geholfen.

Viele würden also erst nach Kalkutta kommen, wenn andere schon den Weg in eine ganz bestimmte Siedlung geebnet hätten? – Das sei am besten, antwortete er. Auf diese Weise komme demnächst noch ein weiterer Schwager her. Das hier sei eine gute Siedlung. Hier wohnten nur Leute aus seinem Distrikt. Keine Zuwanderer aus anderen Regionen. Erst recht nicht aus anderen Bundesstaaten. Nicht weit von hier sei eine Siedlung mit Zuwanderern aus dem Bundesstaat Bihar. Sehr ärmlich. Mit sehr streitsüchtigen Leuten. – Er sei schon dort gewesen? – Nein, dorthin gehe er nicht. Niemand von hier gehe dorthin.

Ob denn Zuwanderer aus Bengalen immer in eigenen Siedlungen lebten, fragte ich, getrennt von Zuwanderern aus anderen Bundesstaaten, getrennt auch von Muslimen? Meine Frage schien ihn zu überraschen, denn jetzt zögerte er wieder mit seiner Antwort. Ja, jeweils in eigenen Siedlungen, sagte er dann. Er schien seiner Meinung nach etwas völlig Selbstverständliches zu formulieren, das gar nicht anders sein konnte.

Die Verhältnisse wären besser, sagte er schließlich, viel besser, wenn nicht Zuwanderer aus anderen Bundesstaaten nach Kalkutta kämen. Vor allem nicht die aus Bihar. Es habe Verbesserungen in vielen bengalischen Wohnvierteln gegeben, aber was nütze das, wenn immer neue Menschen aus anderen Bundesstaaten einträfen. Es seien zuviel Menschen hier, zu viele. – Aus bengalischen Dörfern würden doch auch viele zuwandern? – Nicht so viele wie aus Dörfern in Bihar, bei weitem nicht so viele. Die in Bihar seien um vieles ärmer.

Geschrei aus dem Nachbarzimmer unterbrach unser Gespräch. Kindergeschrei. Die beiden Frauen an der Türöffnung verschwanden, das Kind schrie weiter, die Frauen redeten beruhigend auf das Kind ein und erschienen schließlich mit einem Baby an der Tür.

Ich unterdrückte meine Frage, ob sich denn die Familien hier durch die bedrängten Wohnverhältnisse nicht sehr eingeengt fühlten. Diese ständigen Geräusche, mal Stimmen, mal Geschrei, mal ein Radio ... Statt dessen fragte ich, ob es hier in der Siedlung bei so vielen eng beieinanderlebenden Menschen nicht oft Streit gebe.

Der Busfahrer wiegte unschlüssig den Kopf. Manchmal gebe es Streit wegen des Wassers, Wasser sei eben knapp. Wer morgens nicht früh an der Zapfstelle draußen sei, müsse lange in der Schlange warten. Und möglicherweise bekomme man dann kein Wasser, weil nach ein bis zwei Stunden die Wasserzufuhr wieder abgedreht werde. Das nerve. Viele Familien müßten mit einem Eimer Wasser für den ganzen Tag auskommen – zum Trinken, Kochen und Waschen. Die Leute seien deshalb sehr reizbar. – Aber es entstehe kein Streit, wenn zum Beispiel ein Nachbar zuviel Lärm mache? – Wieso Lärm? Er schien meine Frage nicht zu verstehen. Es gebe nirgends Lärm. – Und Streit entstünde auch nicht wegen anderer Anlässe? Er überlegte, verlegen, wie mir schien. Er zögerte mit seiner Antwort. Eigentlich gebe es wenig Streit. Nein, keinen Streit. Er lächelte. Das Lächeln erschien mir gezwungen. Ich hatte den Eindruck, daß er auf solche Fragen nicht weiter eingehen wollte – und ich als Fremder solche Fragen auch nicht stellen sollte.

Er wollte nun wieder einiges über »Germany« wissen, wir plauderten noch eine weitere halbe Stunde, während die Frauen zunehmend Kommentare auf Bengali austauschten. Dann begleitete mich mein Gastgeber aus dem Gassenlabyrinth der Siedlung hinaus. Vorne an der Hauptstraße könne ich einen Bus bis ins Zentrum nehmen, sagte er zum Abschied. – Ich würde ein Taxi nehmen, antwortete ich. – Ein Taxi?! Ungläubig sah er mich an. Diese weite Strecke? – Einen Bus würde ich nehmen, korrigierte ich mich rasch.

Der Bus war brechend voll. Menschentrauben hingen wieder einmal auf den Trittbrettern. Ich weigerte mich einzusteigen. Zum zweiten Mal erntete ich nun den ungläubigen Blick meines Gastgebers, als ich erklärte, ein Taxi sei wohl doch besser. Er blieb mit mir stehen, anscheinend fühlte er sich verantwortlich, dem Chauffeur mein Fahrziel zu nennen und für mich den Preis auszuhandeln. Und während wir auf ein vorbeikommendes Taxi warteten, fühlte ich mich von meinem Begleiter durch ratlose, verstohlene Seitenblicke beobachtet. Er schien mich für sehr reich zu halten

Es war ein Warteplatz mit einer paradoxen Situation. Uns gegenüber zog sich eine Ansammlung besonders ärmlicher Stroh- und Bretterhütten hin. »No Problem. Buy Suzuki«. Eine monumentale Reklametafel mit groß aufgemaltem Motorrad überragte die Hütten. Die Bewohner unter ihr mochten wohl ihr ganzes Leben vergeblich davon träumen, wenigstens ein Fahrrad zu besitzen. Toyota, Siemens … Zwei weitere großflächige Reklameschilder, auch sie als Blickfang für die Autofahrer einer kaufkräftigen Ober- und Mittelschicht. Plakatwände auf Stelzen. Wie riesige Spinnen mit gespreizten Beinen überschatteten sie Hütten und morastige Lehmwege. Ihre Botschaft aus einer fernen, für die Bewohner hier kaum begreifbaren Welt lautete, daß auch das kommunistisch regierte Kalkutta sich dem Markt internationaler Konzerne geöffnet hatte – konform mit der Reformpolitik der Kongreßpartei, die 1991 erstmals den Versuch wagte, Indiens Wirtschaft globalen Bedingungen anzupassen.

Als ich im Taxi saß, glitt draußen eine weitere bemerkenswerte Reklamebotschaft, über Strohhütten schwebend, mit englischer Aufschrift vorbei: »1947 erlangte Indien die politische Freiheit. Nun haben Sie die Freiheit, alles zu kaufen.«

Die Ordnung hinter dem Chaos

Es herrschen chaotische Verhältnisse: So muß vielen westlichen Besuchern die Situation in ganz Kalkutta erscheinen. Chaotisch deshalb, weil ein ungeschulter Blick nur schwer eine Ordnung angesichts dieser Ballung an Menschen auf den Straßen und in den labyrinthisch anmutenden Wohnvierteln zu erkennen vermag. Man könnte meinen, es herrsche unter den ameisengleich wimmelnden Einwohnern ein beziehungsloses Nebeneinander – und dies müsse bei den engen Wohnverhältnissen zu immer neuen angestauten Aggressionen, zu schweren Konflikten, ja letztendlich zum Zusammenbruch des Gemeinwesens führen.

Aber der Rundgang in dem »offiziell anerkannten Slum« und das Gespräch mit dem Busfahrer dürften einen ersten Eindruck davon vermittelt haben, daß selbst im heillos übervölkerten Kalkutta Ordnungsprinzipien existieren – wie in andern Städten Indiens auch. Und daß diese Ordnung allen Umständen zum Trotz »irgendwie« funktioniert.

Kenner Kalkuttas haben das soziale Leben dieser Megastadt als eine »funktionierende Anarchie« bezeichnet. Es ist ein paradoxer Begriff, den man inzwischen in so manchen Zeitungen und Sachbüchern zitiert findet. Schon 1985 konnte ich im Merian-Heft *Indiens Norden* einen Artikel des Fernsehjournalisten Hans Walter Berg über Kalkutta mit dem Titel *Die funktionierende Anarchie* entdecken. Und 1994 erschien das Buch *Calcutta. Eine funktionierende Anarchie* des Kulturwissenschaftlers Martin Kämpchen. Aber geprägt worden ist dieser Begriff bereits während der sechziger Jahre durch den prominenten amerikanischen Wirtschaftswissenschaftler John Kenneth Galbraith, als er Botschafter in Delhi war. Er hat Indiens wirtschaftliche und soziale Struktur insgesamt ironisch und zugleich anerkennend als »die einzig funktionierende Anarchie der Welt« bezeichnet.[6] Und es war naheliegend, seine Formulierung besonders auf Kalkutta anzuwenden, wo sich die Entwicklung am krassesten zugespitzt hatte. Der Begriff läßt sich aber genauso auf viele andere Millionenstädte – auch außerhalb Indiens – übertragen. Zumindest aus unserer westlichen Sicht. Dabei ist es ein sehr mißverständlicher, ja letztlich falscher Begriff, der entstanden ist, weil europäische wie amerikanische Autoren glaubten, die völlig anders geartete indischen Verhältnisse an unseren Vorstellungen von Staat messen zu können.

Der aufmerksame Beobachter kann oft schon an Äußerlichkeiten erkennen, daß in Kalkutta – wie auch in anderen indischen Städten – die scheinbar unübersichtlichen Siedlungsgeflechte nach klaren Strukturen gegliedert sind. Von »Anarchie«, auch von einer »funktionierenden Anarchie«, kann also keine Rede sein.

Die auffälligsten Ordnungsmerkmale sind die strikt voneinander abgesonderten Wohnviertel der verschiedenen Religionsgemeinschaften. So bestimmen auf weiten Strecken Hindu-Tempel die Szenerie, dazu kleine Altäre in Häusernischen, aber plötzlich sind es ab der nächsten Straßenecke Moscheen und Bilder der Kaaba von Mekka.

Für westliche Beobachter nicht mehr ganz so leicht erkennbar sind ethnische Unterschiede. Nach Kalkutta kommen – wie auch in die Megastädte Delhi, Bombay, Madras und Bangalore – Menschen aus allen Teilen des Subkontinents. In der Stadt wimmelt es daher von unterschiedlichsten ethnischen Gruppen mit verschiedenen Sprachen. Längst ist das heimische Bengali in der multi-ethnischen Hauptstadt Westbengalens nur noch zu einer Sprache unter vielen geworden. Viele der Zuwanderer sprechen Hindi, Telugu, Oriya … Und sie siedeln sich dort an, wo sie Menschen ihrer Sprache antreffen. Denn wenn sie kein Englisch, die übergreifende Verkehrssprache der Ober- und Mittelschicht, beherrschen, müssen sie sich in vielen Vierteln der Vielvölkerstadt Kalkutta wie sprachunkundige Ausländer vorkommen. Als Zuflucht erscheint ihnen dann eben die eigene Sprachgruppe, in der sie sich wie »zuhause« fühlen können.

Aber die Ordnungsprinzipien reichen noch tiefer. Und auch hierfür hatte mir der Busfahrer in dem »offiziell anerkannten Slum« anschauliche Beispiele aus seinem eigenen Leben geliefert. Neu ankommende Zuwanderer suchen sich Wohnbezirke, in denen sie Familien aus demselben Landkreis oder wenigstens derselben Provinz mit denselben lokalen Traditionen finden können. Sogar in den elendesten Slumsiedlungen versuchen die Neuankömmlinge nach solchen Prinzipien ihr Unterkommen zu finden. Gerade für landflüchtige Bauern ist die Suche nach klar überschaubaren Gruppen mit denselben Wertvorstellungen wichtig, um nicht vom Schock einer bisher unbekannten Stadtzivilisation verstört und gelähmt zu werden. Der Busfahrer selber hatte ja damit rechnen können, daß ihm bereits ansässige Verwandte die ersten Orientierungsschritte erleichterten. Aber dabei war es ihm nicht nur um die bloße organisatorische Hilfe gegangen. Denn er wie die meisten anderen Zuwanderer brauchen für ihr seelisches Wohlbefinden die Familie und die Verwandtschaft in ständiger und unmittelbarer Nähe.

Der eigentliche Bezugspunkt ist die Großfamilie, ganz gleich, ob es sich um Hindus, Muslime, Jains, Sikhs oder indische Christen handelt. Das System der Großfamilie funktioniert sogar in einer Megastadt weitgehend wie in einem Dorf: Hilfe und Geborgenheit kann der Einzelne nur von dem ihm vertrautesten Ordnungssystem erwarten. Was außerhalb dieses Kreises geschieht, wird mißtrauisch beäugt oder gar grundsätzlich ignoriert.

Selbst viele Inder, die sich in Europa oder Nordamerika niedergelassen haben, denken in solchen Kategorien. Bezeichnend ist hierfür die Aussage des Leiters eines Hindu-Tempels in der englischen Industriestadt Leicester, der ersten Stadt Europas, in der Inder neben Pakistani die Mehrheit der Einwohner bilden. Er bekennt sich zwar zum harmonischen Zusammenleben mit den muslimischen Pakistani als auch den Briten – dennoch ist es für ihn auch noch zu Beginn des 21. Jahrhunderts selbstverständlich, ja notwendig, daß Hindus, Muslime und Europäer getrennt leben: die Inder vorrangig im Netz ihrer Großfamilie. Und erst auf dieser Basis können rege geschäftliche Kontakte mit anderen Gruppierungen gepflegt werden.[7]

Kalkutta besteht aus einem Nebeneinander von Tausenden solcher in sich geschlossener Sozialsysteme. Diese sind nicht nur durch eine gemeinsame Religion und Sprache miteinander verbunden, nicht nur durch lokale Traditionen, sondern auch durch die Kaste. Mit dem Kastensystem kommt nun ein Ordnungsprinzip zur Geltung, das sich zwar vorrangig in der hinduistischen Kultur entfaltet, sich aber in groben Umrissen auch mit dem familiären Ordnungsgefüge der indischen Muslime, Christen, Sikhs und Jains deckt.

Über ihre Kaste reden Hindus gegenüber westlichen Beobachtern kaum, es sei denn, man fragt sie ausdrücklich danach. Aber selbst dann reagieren sie zögernd, so als ob sie einem Nicht-Hindu von vornherein unterstellten, er würde dieses Phänomen ohnehin nicht verstehen – oder nur mißverstehen. Es ist bezeichnend, daß auch der Busfahrer ausgiebig nur über seine Bindung an die eigene Großfamilie und das Dorf erzählte, aber die Bezeichnung »Kaste« vermied. Dabei stehen im Hintergrund auch seiner Verhaltensmuster eben nicht nur die Normen der Familie, sondern auf das engste verbunden die übergeordneten Normen der Kaste.

Ich selbst habe in meinen Büchern *Indien. Ein Kontinent im Umbruch* und *Indien und China* ausführlich über das Kastensystem berichtet, so daß ich mich hier kurz fassen kann.

Nach wie vor bedeutet für die meisten Hindus das Kastensystem »Ordnung« schlechthin. Über viele Jahrhunderte hinweg ist ihnen allein die Funktionsweise der Kasten verläßlich und stabil erschienen. Die Fürstentümer mochten aufsteigen und an Machtkämpfen zerbrechen, die Politiker kommen und gehen – aber das Kastensystem, davon ist man überzeugt, würde alle Wechselfälle der Geschichte überstehen.

Das Wort »Kaste« ist allerdings europäischen Ursprungs, es stammt von den portugiesischen Kolonialherren in Kerala und Goa: »casta« bedeutet im Portugiesischen »unvermischt«, »rein«. Die Hindus selber sprechen, wenn sie nicht das englische Wort »cast« verwenden, von »jati«, »Geburt«, und meinen damit die mehr als 3000 Gruppierungen, in die sie hineingeboren werden. Nach hinduistischem Glauben ist es den Menschen vorbestimmt, daß sie je nach Verdienst oder der Schwere ihrer Vergehen aus einem früheren Leben für die nächste irdische Existenz in eine höhere oder niedere Kaste hineingeboren werden. Dieses »kosmische« und deshalb nicht hinterfragbare Weltgesetz macht das Kastensystem bis heute für die meisten Hindus unangreifbar. Es können zwar Fehlentwicklungen korrigiert, niemals aber kann das System als solches in Frage gestellt werden.

Entsprechend fühlt sich ein Hindu in seine Kaste gleichermaßen eingebettet wie in seine Großfamilie. Entsprechend erwartet er von beiden Institutionen Hilfe und Geborgenheit, während er der Welt jenseits dieser Institutionen – etwa dem Staat – nur wenig Aufmerksamkeit schenkt. Aus unserer westlichen Sicht ist das nur schwer nachzuvollziehen. Zu unseren typischen Vorstellungen gehört ja noch immer, Indiens Kastensystem werde sich unter dem Druck internationaler Modernisierung allmählich auflösen und zunehmend einer westlich beeinflußten Klassengesellschaft Platz machen. Aber Indien hat bis heute für breitere Volksschichten noch kein soziales Netz mit Krankenversicherung und Altersrente geschaffen. Nur wenige Großbetriebe, staatliche wie private, bieten bereits einen »provident fund« für die Altersrente, eine Sozialversicherung im unserem Sinn. Daher bleiben solche Funktionen – mal besser, mal schlechter – vorwiegend bei den einzelnen Großfamilien und den übergeordneten Kasten. Vielerorts hilft die Kaste sogar bei der Arbeits- und Wohnungssuche, vermittelt Posten im öffentlichen Dienst und in der Wirtschaft, gründet eigene Genossenschaften, Verbände, Sparvereine.[8] Und solange der Staat nicht zunehmend soziale Sicherheit schaffen kann, wird es der Kaste vorbehalten bleiben, nicht nur eine religiöse Institution zu sein, sondern auch eine beherrschende Stellung im Ordnungsdenken einzunehmen. Daher wird die Kaste auch weiterhin eine unverzichtbare soziale Funktion in der indischen Gesellschaft ausüben.

Solche Verhältnisse unterscheiden sich nicht grundsätzlich von denen in vielen anderen Staaten der Dritten Welt. Nur treten in Ländern mit anderer Religion und Kultur an die

Stelle der Großfamilie und der Kaste die Großfamilie und der Klan oder die Großfamilie und die stammesgebundene Gesellschaft als wichtige soziale Ordnungsmächte.

Ja sogar Megastädte der Volksrepublik China sind nach dem Prinzip in sich geschlossener sozialer Zellen geordnet, die sich selbst verwalten und mit ihrer Überschaubarkeit oft dorfähnliche Strukturen aufweisen – vergleichbar den indischen Städten. Weil auch das kommunistisch regierte China nur einer Minderheit seiner Bürger eine staatlich garantierte Sozialversicherung bietet, spielt dort die soziale Absicherung durch Großfamilie und Klan ebenfalls eine beträchtliche Rolle.[9]

Zurück nach Indien, Kalkutta. Es ist für die Mitglieder einer Kaste oder Unterkaste nicht entscheidend, ob sie eng beieinander im selben Wohnviertel leben. Denn die Kontakte funktionieren von einem Stadtteil, ja von einer Stadt zur andern. Aber eine gewisse Wohndichte von Angehörigen derselben Kaste entsteht oft schon dadurch, daß viele Großfamilien unter einem Dach oder wenigstens nahe beieinander wohnen, genauso wie sich Zuwanderer aus demselben Dorf möglichst im selben Viertel niederlassen wollen – auch sie gehören häufig derselben Kaste an. Oft ist bis heute ein bestimmter Beruf an eine Kaste gebunden, was sich sogar im Familiennamen ausdrückt. Nach wie vor leben bestimmte Berufsgruppen im selben Viertel, ja in derselben Straße.

Und so kommt es in indischen Städten zu zahlreichen nebeneinander bestehenden Ordnungszellen, die auf sich selber bezogen gut funktionieren – aber mit anderen Ordnungszellen in schwere Konflikte geraten können. Der Busfahrer hatte solche Konflikte angedeutet. Er hatte ja sehr abwertend über Zuwanderer aus dem Bundesstaat Bihar gesprochen, die in einer nahegelegenen Siedlung leben, ebenso über Muslime. Es konnte kein Zufall sein, daß diese Gruppierungen ebenso abgeschlossen in verschiedenen Siedlungen leben.

Aber manchmal können die Grenzen solcher zellartiger Organisationen sogar mitten durch einen Wohnbezirk verlaufen. Zuweilen drängt Raumnot Angehörige unterschiedlicher Volksgruppen, Religionen und Kasten auf ein- und demselben Platz zusammen. Um so explosiver kann dann die Situation werden, wenn diese Gruppierungen etwa um so alltägliche Belange streiten, wer zuerst von dem kargen Wasservorrat aus einem Brunnen schöpfen darf.

Die Konkurrenz zwischen den Gruppen verschärft sich, je knapper der Wohnraum, je knapper Wasser und andere Güter zum Überleben werden. All diese Gruppen kämpfen naturgemäß um bessere Lebensbedingungen – und hierbei gilt es Einfluß auf die Regierenden zunehmen. Bewohner von Armenvierteln und Slums haben dazu aber nur ein Druckmittel: die nächsten Wahlen für die örtlichen Selbstverwaltungsorgane. Die Slumbewohner im Verband von Großfamilien und Kasten können eine Wählergemeinschaft bilden und ihren Stimmenblock jener Partei anbieten, die ihnen verspricht, die beste Versorgung mit Wasser, Stromleitungen und medizinischer Betreuung zu verschaffen. Auf diese Weise war auch, wie mir der Busfahrer erzählte, seine Siedlung zu Strom gekommen und würde demnächst noch weitere Wasserleitungen erhalten.

Welcher Partei die Bewohner dort ihre Stimme nahezu geschlossen geben, hatte ja deutlich genug das rot an die Wand gepinselte Symbol von Hammer und Sichel verraten. Die Macht der Kommunisten hat sich schon mehr als zwei Jahrzehnte in Kalkutta erhalten, eben weil ihre Partei es besser als andere verstanden hat, durch gezielte Hilfsmaßnahmen in zahlreichen Slums eine massive und treue Wählerbasis zu schaffen.

Wahlberechtigt sind aber nur Bengalen, nicht die zahlreichen Zuwanderer aus den benachbarten Bundesstaaten Bihar, Orissa, Uttar Pradesh.[10] Allein den Bengalen kann es daher gelingen, die regierenden Kommunisten durch das Angebot ihrer Wählerstimmen unter Druck zu setzen. Deshalb können auch nur bengalische Siedlungen, sofern sie auf stadteigenem Boden entstehen, den Status eines »offiziell anerkannten Slum« erwerben. Ist ein Slum erst einmal offiziell anerkannt, sind ihre Bewohner durch Gesetz geschützt und dürfen nicht mehr vertrieben werden.

Weniger gut ergeht es den nicht wahlberechtigten Zuwanderern aus benachbarten Bundesstaaten. Sie hausen oft als »wilde Siedler«, »Squatters«, ohne jeden Rechtsanspruch unter Stoff- und Plastikplanen am Straßenrand.

Entsprechend benachteiligt sind nichtbengalische Siedler auch im Berufsleben. Zuwanderer aus den benachbarten Bundesstaaten Bihar, Uttar Pradesh und Orissa werden von den Bengalen ähnlich eingestuft und behandelt wie bei uns in Europa »Gastarbeiter« aus südlichen Ländern. Sie finden Beschäftigung vor allem dort, wo Bengalen nicht mehr arbeiten wollen: als Kanalreiniger, Straßenfeger, Müllbeseitiger – Tätigkeiten für die Unberührbaren – oder als Rikschazieher, Lastenträger, Arbeiter in Jutefabriken – Tätigkeiten für Angehörige niederer Kasten. Für Bengalen aus unteren Kasten oder bengalische Muslime bleibt besser bezahlte Schmutzarbeit in Maschinenfabriken reserviert – den Bengalen höherer Kasten ist die Arbeit als Ingenieure, technische Planer, besser bezahlte Schreibtischposten in der Verwaltung und den Bildungseinrichtungen vorbehalten.[11]

Es gibt Ausnahmen. So konnte unter den Zuwanderern aus dem weit entfernten Bundesstaat Rajasthan die Händlerkaste der Marwari (genannt nach ihrem Heimatdistrikt Marwar) in Kalkutta zu beträchtlicher Geltung kommen. Schon während der ersten zwei Jahrzehnte des 20. Jahrhunderts gelang es ihnen, neben den britischen Kolonialherren einen maßgeblichen Einfluß auf das Wirtschaftsleben der Metropole zu gewinnen. Zwar gelten die Marwari, obwohl sie schon lange in Kalkutta leben, immer noch als Fremde, auch sind sie wegen ihrer rüden Geschäftspraktiken bei den Bengalen unbeliebt. Aber dank ihrer wirtschaftlichen Potenz konnten sie das bengalische Bürgerrecht erwerben und zählen zu den einflußreichsten Kräften der Stadt. Bemerkenswert ist, daß sie von der Bevölkerung bis heute noch vor allem als Kaste betrachtet werden.

An dieser traditionellen Hierarchie einer nach Völkern und nach Kasten gegliederten Gesellschaft hat sich selbst unter der mehr als zwanzigjährigen Regierung der Kommunisten nichts grundlegend geändert. Allerdings waren in Bengalen die Gegensätze zwischen den Kasten schon Mitte des 20. Jahrhunderts nicht mehr so scharf ausgeprägt wie in vielen anderen Bundesstaaten Indiens. Denn in Kalkutta war bereits im frühen 19. Jahrhundert die Reformbewegung des sogenannten Neohinduismus entstanden, die, angeregt von westlicher Sozialphilosophie, Fehlentwicklungen des Kastensystems wirksam bekämpfte und milderte. (Ich werde an anderer Stelle noch ausführlich auf diese bemerkenswerte, für das moderne Indien unverzichtbare Bewegung zurückkommen.)[12]

Muslime, die ebenfalls in eigenen Wohnvierteln Gemeinschaften bilden, rangieren aber in der sozialen Hierarchie meist weit unten – selbst wenn sie Bengalen sind. Entsprechend niedrig ist oft ihre Arbeit und Entlohnung; hier sind sie den niederkastigen Einwohnern Kalkuttas gleichgestellt. Die Ursachen hierfür reichen weit zurück.

Unglücklicherweise war Bengalen unter britischer Kolonialherrschaft eine jener indischen Provinzen gewesen, in denen politische Gruppierungen besonders intensiv auf eine Spaltung in einen hinduistischen und einen islamischen Staat hinarbeiteten. Und als es dann bei der Unabhängigkeit Indiens 1947 tatsächlich zur Spaltung kam, verlief die Trennlinie mitten durch Bengalen: Es entstand Westbengalen als Provinz der

Republik Indien mit überwiegend hinduistischer Bevölkerung – aus dem östlichen Teil Bengalens wurde Ostpakistan und 1971 schließlich der Staat Bangla Desh mit überwiegend muslimischer Bevölkerung. Die politischen Folgen dieser Teilung hatte vor allem Kalkutta zu tragen, wohin viele Hindus aus dem östlichen Bengalen flohen. Umgekehrt wanderten zahlreiche wohlhabende Muslime nach Ostbengalen ab. Dagegen blieben viele der ärmeren Muslime, die sich eine neue Existenzgründung nicht leisten konnten oder nicht zutrauten, in Westbengalen. Sie haben bis heute im Durchschnitt ein niedrigeres Bildungsniveau als bengalische Hindus, und so gehören viele von ihnen in Kalkutta zur Masse der Unzufriedenen und sozial Benachteiligten – von den Hindus bis heute oft mißtrauisch beobachtet.

Jene Unruhen zwischen Hindus und Muslimen, die letztendlich zur blutigen Teilung des indischen Subkontinents führten, hatten Mitte der vierziger Jahre in Kalkutta begonnen. In beklemmender Erinnerung bleibt der 16. August 1946, als Muslime zu vielen Tausenden demonstrierend durch die Innenstadt zogen, in Viertel der Hindus eindrangen und über 4000 Bewohner töteten. Seither ist es immer wieder zu Ausschreitungen gekommen, wenn sie auch bei weitem nicht mehr derart fatale Auswirkungen haben. Die letzten großen Unruhen mit Mord und Brandschatzung zwischen Hindus und Muslimen hat es in Kalkutta 1992 gegeben, nachdem Hindu-Fanatiker die aus dem 16. Jahrhundert stammende Babri-Moschee in der nordindischen Pilgerstadt Ayodhya bis auf die Grundmauern niedergerissen hatten. Danach ist es in der bengalischen Metropole wieder ruhiger geworden, wenn auch das Zusammenleben von Hindus und Muslimen nach wie vor ein ungelöstes Problem darstellt.

Bei meinen Rundgängen in muslimischen Wohnvierteln konnte ich eine interessante Beobachtung machen. Auf den Schautafeln von Restaurants wie auch von Imbißbuden sah ich im vielsprachigen Kalkutta das Essensangebot auch englisch angeschrieben, und dort stand immer wieder in großen Lettern zu lesen: »Chicken. Mutton. No beef«. Um Spannungen mit Hindus in nahegelegenen Wohnvierteln zu vermeiden, gaben die muslimischen Wirte öffentlich zu verstehen, daß sie nur Huhn und Hammel anboten, nicht aber das Fleisch »heiliger Kühe«.

Straßenverkehr und soziale Verhaltensregeln

Fahren in Indien die Autos rechts wie bei uns in Deutschland oder links wie in Großbritannien? Das bin ich schon öfters von Touristen gefragt worden, die ihre erste Indien-Reise planten. Und meine Antwort lautet jedes Mal: Die Autos fahren links wie in Großbritannien und manchmal auch rechts wie in Deutschland.

Eine scheinbar paradoxe Antwort. Natürlich ist diese Antwort nicht ganz ernst gemeint. Tatsächlich ist in Indien Linksverkehr nach britischem Vorbild eingeführt. Aber Reisende werden die Ironie meiner Worte verstehen, sobald sie in einer indischen Großstadt erleben, wie oft Fahrer die Regeln nach einer uns nicht sofort durchschaubaren Logik durchbrechen. Viele von uns neigen zunächst zu einem Urteil, zu dem ich anfangs auch gekommen war: Indiens Straßenverkehr sei ein undurchschaubares, unberechenbares, gefährliches Durcheinander – ein »Chaos«.

Wieder sind wir beim »Chaos«. Und wieder entpuppt sich dies als eine typisch westliche Sehweise. Auch in diesem Fall braucht es eine längere Erfahrung, um zu verstehen, daß in einem solchen »Chaos« nichts unberechenbar ist, sondern nach strengen Gesetzmäßigkeiten funktioniert – genauer gesagt: nach klaren Hierarchien ausgerichtet ist. Und je flexibler wir uns diesen Gegebenheiten anpassen, desto reibungsloser bewegen wir uns im Straßenverkehr. Was ich im Folgenden schildere, könnten allerdings Beobachtungen auch aus manchen Millionenstädten Südostasiens, des Vorderen Orients, Afrikas und Lateinamerikas sein – Städte, über die die Motorisierung ebenfalls in kürzester Zeit überfallsartig hereingebrochen ist. Es handelt sich also um ein internationales Phänomen von Entwicklungsländern, in denen für moderne technische Neuerungen noch keine adäquate Form der Organisation gefunden wurde.

Meist war und bin ich in solchen Städten als Fußgänger unterwegs. Daher beschreibe ich zunächst einmal die Schwierigkeiten für einen Fußgänger, die Verkehrsregeln zu beherrschen. Zuallererst mußte ich meinen Platz in der vielfach abgestuften Hierarchie erkennen: ganz unten. Als Fußgänger zählte ich zu jenen, denen es nicht vergönnt ist, einen Bus oder ein eigenes Fahrzeug zu benützen. Damit zählte ich zu den Rechtlosen. Solange ich von einer derartigen Einstufung nichts wußte – oder sie nicht akzeptieren wollte –, handelte ich hartnäckig nach der bei uns eingeübten Erwartung: Autofahrer wie Motorradfahrer nehmen Rücksicht auf Fußgänger, die die Straße überqueren wollen. Das ist eine gefährliche, ja geradezu lebensgefährliche Illusion.

Sobald ich an einer Kreuzung die ersten Schritte auf die Straße machte, in der Annahme, daß die Fahrer in sicherer Entfernung meine Absicht erkennen konnten, begann der schweißtreibende Streß. Die Autos rasten auf mich zu, ohne ihre Geschwindigkeit auch nur im mindesten zu verringern. Da stand ich mit zitternden Knien, während die Fahrzeuge ohrenbetäubend hupend vor und hinter mir vorbeischossen. Ich mußte meine ganze Konzentration und meinen ganzen Mut aufwenden, um während der nächsten Minuten jedes kleine Stück freier Fahrbahn für ein paar weitere Schritte zu nutzen. Ein Zurück auf den sicheren Gehsteig war nicht mehr möglich, da nun die Autos von beiden Seiten tosten.

Solche Versuche gab ich bald auf und beobachtete voll Neid und Bewunderung, wie etliche Fußgänger sich einzeln allen Gefahren zum Trotz in den Verkehrsstrom wagten und den Nerventest bestanden. So als ob sie sich ihrer Sache absolut sicher sein könnten, daß es oberste Priorität der Autofahrer ist, auf keinen Fall einen Fußgänger zu überfahren. Man mußte den Fahrern nur energisch genug den eigenen Willen signalisieren. Aber ich verzichtete bald darauf, ein derartiger Einzelkämpfer zu sein, und zog es vor, das zu tun, was die meisten taten. Ich wartete, bis sich irgendwo Fußgänger zu einer Masse geballt hatten. Ihre Spitze bohrte sich dann aggressiv fordernd in das Verkehrsgewühl, allem anschwellenden Hupen zum Trotz. Im Schutz einer marschierenden Fußgängerkampftruppe konnte ich so die Straße überqueren – mit der neu gewonnenen Einsicht: Die Schwächeren müssen sich zu Gruppen zusammenschließen, um bei den Stärkeren ihre Rechte durchzusetzen.

Die Hierarchie ist entsprechend bei den Fahrzeugen. Ganz unten eingestuft sind die Rikschazieher, weil sie in Kalkutta ihrem Gefährt noch zu Fuß voranlaufen. Dann die Fahrradfahrer, weil sie sich immerhin schon auf Rädern bewegen. Dann die Motorrikschas und Motorräder, die sich durch moderne Technik von den anderen Kleinfahrzeugen abheben. Darüber dann die Autos. Aber ihre Hierarchie ist wiederum gestaffelt. Vorfahrt haben stets die Größten, also Busse und Lastautos, gefolgt von großräumigen Privatautos. Die Fahrer kleinerer Wagen dagegen müssen sich wendig dem Vorpreschen der Großen anpassen und unterordnen. Die Großen erzwingen durch rabiates Vordrängen ihre Bahn. Sie zeigen keine Hemmung, zum Überholen auf die Gegenfahrbahn zu wechseln und dort die Kleineren manchmal sogar auf den Gehsteig abzudrängen, wo die Fußgänger panisch auseinanderstieben.

Dieses Verhalten bildet für mich eine exakte Parallele zum

sozialen Leben: Auch dort besteht der Große gegenüber dem Kleinen herrisch auf »Vorfahrt«, der Reiche gegenüber dem Armen, der Fabrikant gegenüber dem Arbeiter, der Grundbesitzer gegenüber dem landlosen Bauern, der Politiker gegenüber dem einfachen Bürger, die höhere Kaste gegenüber der niederen. Wer diese Regeln *nicht* wendig akzeptiert, riskiert einen Zusammenstoß; Schwächere kommen dann im wahrsten Sinn des Wortes »unter die Räder«. Es fehlt die Demokratisierung des Straßenverkehrs, wie es auch an der Demokratisierung der sozialen Rechte mangelt.

Unfälle sah ich kaum einmal. Es scheint tatsächlich ein stilles Einverständnis darüber zu geben, dieses Vorfahrts»recht« des Größeren und Stärkeren zu akzeptieren. Umgekehrt fühlt sich der Größere und Stärkere auch verpflichtet, aufmerksam alle Bewegungen und Ausweichmanöver der Kleineren und Schwächeren zu beobachten und wenigstens herablassend zu respektieren. Zumindest erschien mir das in der Großstadt so, wo die Ströme von Fahrzeugen und Menschen den Autos ohnehin kaum Chancen zum schnellen Fahren bieten.

Anders auf Überlandstraßen. Kaum hatte ich die Stadt zu einem Ausflug verlassen und dabei auch noch das Pech, einen Sitzplatz oder Stehplatz unmittelbar hinter dem Busfahrer zu ergattern, begann für mich die Nervenprobe. Denn nun war ich gezwungen, die riskanten Fahrmanöver von exponierter Stelle aus zu beobachten. Grundsätzlich fuhr der Bus auf der Mitte der schmalen Straße, deren Seiten oft nicht befestigt sind. Naturgemäß bewegen sich aber entgegenkommende Fahrzeuge aus demselben Grund auf der Straßenmitte. Sofern das andere Auto um vieles kleiner ist als der Bus, scheint von vornherein geklärt, wer wem auf den unbefestigten Rand auszuweichen hat. Anders jedoch, wenn ein Lastauto, ein nahezu gleich Großer und gleich Starker, dem Bus entgegenbraust. Was entscheidet dann über die Vorfahrt? Lautstärkeres Hupen? Bessere Nerven? Beide Fahrzeuge brausen scheinbar unnachgiebig aufeinander zu. Für mich war es nie abzusehen, wer von beiden aus welchen Gründen – im letzten Moment – dem andern auswich und damit haarscharf am Zusammenstoß vorbeischrammte. Nach solchen schweißtreibenden Momenten glaubte ich zu verstehen, wieso Indien in der Statistik der Unfälle und Verkehrstoten weltweit zu den schlimmsten Ländern zählt. Aber das sind Unfälle meist auf Fernverkehrsstraßen, und nicht selten gilt der berüchtigte Sekundenschlaf wegen Übermüdung als Ursache.

Nach derartigen Ausflügen auf vielbefahrenen Landstraßen kam ich mir in den verkehrsverstopften Straßen Kalkuttas geradezu »geborgen« vor. Dennoch erschien mir das Straßennetz in Kalkutta wie ein Adernsystem unter Hochdruck, das zeitweise unter Überdruck litt. Kam es bei den zu vielen Autos und zu vielen Menschen nie zum Infarkt?

Mich irritierte, daß es in einer so großen verkehrsüberfluteten Stadt kaum einmal an großen Kreuzungen Verkehrsampeln gab. Mußte da nicht jede noch so meisterhafte Improvisation an der Masse der Autos scheitern? Es war doch immer wieder das gleiche Bild: Die Fahrzeuge schoben sich an Kreuzungen von allen Seiten laut hupend nach vorne, bis sie nicht mehr weiterkamen – ungeachtet der Tatsache, daß die Verstopfung zu verhindern wäre, wenn der eine oder andere Fahrer seinen Nachbarn rechtzeitig würde einscheren lassen. Dutzende Autos hupten dann gleichzeitig im Wettstreit miteinander, so als ob die lauteste Hupe am ehesten die Durchfahrt erzwingen könnte.

Immer wieder ein Verkehrsinfarkt … Zeitweise erlebte ich Straßenkreuzungen mit einer unheimlich anmutenden Erstarrung. Hunderte von Autos standen in sich verkeilt, nicht einmal die Hupen wurden mehr gedrückt. Die Fahrer saßen in scheinbarer Lethargie versunken am Steuer, fügten sich in das Unabänderliche. Eine Art Erschöpfung. Lähmung. Nur noch Fußgänger schlängelten sich hier und da zwischen dem Labyrinth von Blech hindurch, als einziges Anzeichen von Bewegung auf der Straße – wie die letzten Reflexe von Leben in einem verstopften Arteriensystem.

Acht Kilometer pro Stunde, das ist die Verkehrsgeschwindigkeit von Autos in weiten Teilen Kalkuttas zur Hauptverkehrszeit. So besagte 1996 eine Statistik.[13]

Würden Ampeln an neuralgischen Kreuzungen die Probleme nicht wesentlich mildern? Ich kam zu solchen Verkehrsknotenpunkten, an denen tatsächlich Ampeln installiert waren. Aber dort mußte ich erleben, daß die Fahrer das Aufleuchten von Rot oder Grün nur als Empfehlung betrachteten. Immer wieder schoben sich Autos trotz Haltesignal bis in die Mitte der Kreuzung vor, um sich dann mit Autokolonnen aus der Querstraße zu verkeilen. Auch dort blieb mir oft nichts anderes übrig, als mich in einen »Kampftrupp« von Fußgängern einzugliedern und den Übergang gegen nervtötend hupende Fahrzeuge zu erzwingen. Nur manchmal sah ich Verkehrspolizisten, die mitten auf der Kreuzung standen und durch herrische Handzeichen die Ampelsignale unterstützten. Tatsächlich nutzten diese doppelten Signale, tatsächlich floß dann der Verkehr etwas geordneter.

Ich saß im Taxi. Ich staunte über den Chauffeur, der blitzschnell auf überraschend querfahrende Autos reagierte und nicht einmal über den anderen Fahrer schimpfte oder auch nur die leiseste Geste des Unmuts zeigte. Er selber manövrierte aber genauso waghalsig. Er überfuhr das Stopsignal einer Ampel, um sich dann mit anderen Autos aus der Querstraße zu verkeilen. Er hupte, die anderen hupten. Wir standen im Stau. Er lachte, lachte mir zu.

Ich lachte nicht. Ich, der Europäer.

BEGEGNUNGEN

Unter Zuwanderern im überfüllten Zug

»Fahren Sie alle bis Kalkutta?«

Die Männer lächelten schüchtern auf meine Frage, schwiegen. Keiner verstand Englisch. Ihre Gesichter waren hager, kantig, die Haut lederartig von der Sonne gegerbt. Lange Hemden, Turbane, durch vieles Waschen zerschlissen. Nackt die Füße, keiner schien Schuhe zu besitzen.

Sieben Männer kauerten mir gegenüber auf der Holzbank des Eisenbahnwaggons, eng aneinandergepreßt auf Sitzen, die nur für drei, höchstens vier Fahrgäste bestimmt sind. Ich selber hockte in einer Reihe von fünf Körpern, unter meinen hochgezogenen Beinen wie auch der meiner Nachbarn stauten sich verschnürte Gepäckballen. Die Männer starrten mich mit stummer und doch unverhohlener Neugier an, anscheinend ratlos, weshalb ein Europäer mit ihnen viele Stunden in einem heillos überfüllten Zugabteil zweiter Klasse reiste. Ein Blick, den ich ohnehin immer wieder erneut erleben konnte, sobald ich mich in Züge und Busse zwängte.

Drei Wochen war ich durch den Nordosten Indiens unterwegs gewesen, um dann wieder von Bihar, dem ärmsten indischen Bundesstaat, nach Kalkutta zurückzukehren.

In der Pilgerstadt Gaya war ich zugestiegen, wo ich für die Nachtfahrt erwartungsgemäß nur einen Liegeplatz zweiter Klasse bekommen konnte. Der weite Bahnhofsvorplatz war bereits gegen Mittag voll von Wartenden gewesen, die sich inmitten von Gepäckballen niedergelassen hatten, vorwiegend Männer im traditionellen Hemd und Wickelrock. Ihrem Aussehen nach waren es Bauern, die aus eher entlegenen Dörfern kamen und nun vielleicht das erste Mal eine längere Bahnfahrt unternahmen. Wie ich die Situation einschätzte, handelte es sich um Wanderarbeiter oder gar um Menschen, die ihrem Dorf aus Not endgültig den Rücken kehrten. Eindeutig zu sehen war, daß bei der Menge ihres Gepäcks sich viele für einen längeren Aufenthalt in der Fremde gerüstet hatten. Auch reisten viele in kleineren Gruppen, so als ob sich jeweils mehrere beherzte Männer aus einem Dorf zu einem derart schwerwiegenden Schritt entschlossen und sich gegenseitig Mut gemacht hätten. Frauen fehlten weitgehend, erst recht Kinder. Wahrscheinlich waren diese im Dorf zurückgeblieben und warteten auf die Rückkehr der Männer. Oder sie würden ihnen Monate oder erst Jahre später in den benachbarten Bundesstaat Westbengalen nachreisen, sobald die Männer in einem Großstadtslum eine dauerhafte Unterkunft und Arbeit gefunden hatten.

Eine nahezu dreizehnstündige Bahnfahrt war zu überstehen. Viele Bahnhöfe unterwegs warteten mit weiterer hektischer Betriebsamkeit. Nach jeder Einfahrt drängten sich Hunderte Menschen vor den Zugtüren, gestikulierend, viele mit Gepäckballen oder eingerollten Matratzen als Schlaflager auf den Köpfen. Im Mittelgang schoben sich die Zugestiegenen an mir vorbei, stiegen und stolperten über gestapelte Gepäckstücke, drängten weiter, um im ohnehin schon überfüllen Zug vielleicht doch noch einen Sitzplatz oder wenigstens einen Stehplatz zu finden. Wie viele von ihnen wollten bis Kalkutta? Und wie viele würden auch von ihnen nicht wieder in ihre Dörfer und Kleinstädte zurückkehren?

Es war Nacht geworden. Im Abteil fehlte elektrisches Licht, desto intensiver hoben sich draußen die Silhouetten vorbeiziehender Mangobäume und Bananenstauden gegen den Sternenhimmel ab. Desto deutlicher schoben sich nun aber auch die Eisengitter vor den Fenstern ins Bewußtsein, die undisziplinierte Fahrgäste daran hindern sollten, von den drangvollen Bahnsteigen einen abgekürzten Weg in das Wageninnere zu nehmen; ebenso schützte das Gitter vor Bettlern und Dieben. Nun wirkte das Wageninnere wie ein überfülltes Gefängnis. Längst war der Mittelgang so vollgepfropft, daß die Fahrgäste gerade noch Platz finden konnten, um sich auf ihre mitgeschleppten Gepäckballen zu setzen. Ein Anblick, der mir das vorwegzunehmen schien, was Zuwanderer in Kalkutta erwartete: überfüllte Straßen, überfüllte Wohnviertel …

Holzpritschen, reservierte Schlafplätze, wurden heruntergeklappt. Im Dunkeln erregtes Stimmengewirr. Das schräg einfallende Licht bei der Einfahrt in den nächsten Bahnhof zeigte mir einen völlig veränderten Waggon: Rund achtzig Pritschen, zu dreien übereinander geschichtet, muteten wie eine große Ansammlung von Obststellagen an, und alle Pritschen in meiner Sichtweite waren mit zwei, ja manche gar mit drei Männern belegt, die sich die Gebühr für die Schlafstätten geteilt hatten. Annähernd zweihundert Fahrgäste drängten sich nun in einem Waggon, dessen Liegeplätze für weniger als die Hälfte Menschen vorgesehen sind. Ich bekam Atembeklemmungen in der stickigen, von zahlreichen Ausdünstungen durchsetzten Luft.

Im Liegewagenabteil entstand neue Unruhe. Eine Taschenlampe ließ ihr kegelförmiges Licht über die Pritschen schweifen, dahinter zeigte sich in Konturen die Uniform des Schaffners. Ich sah ihn von Pritsche zu Pritsche gehen, sah, wie er die Liegenden an den Schultern rüttelte, sah, wie er Männer von den überbelegten Plätzen herunterriß, sie anschrie, barsch ihre Fahrkarte forderte. Manche der Männer schrien zurück, weil sie offenkundig nicht weichen wollten, obwohl sie keine Liegeplatzreservierung besaßen. Meine Pritsche schien die einzige zu sein, die nach geltender Vorschrift nur mit einer Person belegt war. Warum hatten all die Männer hier hereingedrängt? Vermutlich waren die benachbarten Waggons, in denen es nur Sitzplätze gab, noch viel mehr vollgepfropft mit Menschen.

Der Schaffner stieß etliche der Männer unsanft gegen den Brustkorb, schob sie auf den Mittelgang. Nahezu zwanzig

Kehlen brüllten schließlich gleichzeitig, keiner der Männer wollte freiwillig gehen. Dann faßten sie schließlich doch ihr Gepäck, drängten murrend über andere Gepäckstücke hinweg zum Waggonausgang. Aber kaum hatte der Schaffner den Waggon verlassen, kehrten schon die ersten zurück, und nach einer halben Stunde hatten sich nahezu alle Liegeplätze wieder mit den zusätzlichen Männern gefüllt. Der Schaffner kam zu keiner zweiten Inspektion. Dabei mußte doch gerade er aus Erfahrung wissen, was die Gescholtenen hinter seinem Rücken taten. War er sich der Vergeblichkeit seiner Anordnung bewußt? Um so paradoxer erschien mir sein Gebaren. Oder sein Verhalten folgte einer Logik, die sich dem westlichen Beobachter nicht sofort erschließt. Möglicherweise hatte der Schaffner draußen von den Gescholtenen ein paar Rupien Bakschisch kassiert. Ja, eigentlich müßte ihm die Situation der überbelegten Betten geradezu willkommen erscheinen, denn wie könnte er sonst sein ohnehin karges Gehalt durch private Verteilung von Liegeplatzlizenzen, durch »Nebeneinnahmen«, aufbessern.

Der ständige Lärm hinderte mich am Schlafen. Und als es endlich ruhig wurde, lag ich aufgereizt da in der Erwartung, jederzeit könne neue Unruhe entstehen. Dabei erging es mir am besten, schließlich war ich der einzige, der sich auf einer Pritsche behaglich ausstrecken konnte. Der einzige, der hier nach indischen Maßstäben »reich« war. Der einzige, der also frei von der Versuchung bleiben konnte, die Gebühr eines Liegeplatzes und damit die Pritsche mit einem anderen Schläfer zu teilen.

Am nächsten Morgen kauerte ich wieder mit fünf Männern auf Sitzplätzen, die nur für drei bestimmt sind – meines Privilegs einer geräumigen Pritsche beraubt. Aber ich saß diesmal direkt am Fenster und konnte mich so wenigstens durch den Blick nach draußen ablenken, den Blick auf eine Gegenwelt.

Draußen zog eine üppige Tropenlandschaft vorbei: Reisfelder, Bambuswälder, Kokospalmhaine … Der Morgendunst verzauberte. Nebelschleier verwandelten Bäume und Büsche in bizarre Silhouetten, während die Sonne hinter einem seidigen Vorhang über der Ganges-Ebene Bengalens aufstieg. Eine kupferrote Scheibe. Ihr Spiegelbild huschte durch das Geflecht von Seen, Flußläufen, bewässerten Reisfeldern und begleitete die ratternde, hupende Bahn. Vor strohgedeckten Hütten drängten sich die Menschen an den Dorfteichen, wuschen sich, putzten sich die Zähne, manche winkten dem Zug. Die Luft dampfte, die Sonne brauchte lange, um die Dunstschleier aufzulösen. Reisfelder, Bananenstauden, Mangobäume und Palmen begannen unter den ersten Sonnenstrahlen in vielen Grünschattierungen zu leuchten. Ich verspürte Lust, in diese paradiesisch anmutende Landschaft hineinzuwandern, deren Dörfer noch von keinerlei sozialen Problemen berührt schienen.

Die ersten großen Ortschaften … Ein Labyrinth enger Straßen, ein Gewimmel bunter Saris, Turbane, Ochsenkarren … Noch immer vorindustrielles Indien, wie es vor hundert, zweihundert Jahren nicht viel anders ausgesehen haben mag – und doch schon so nahe an einem der wichtigsten Industriezentren des Subkontinents.Die erste Fabrik. Jäh und unerwartet tauchte sie auf: qualmende Schornsteine, düster rote Ziegelmauern. Ringsum aber Hütten aus Schilf, Stroh, Lehmziegeln, davor magere Büffel in Wassertümpeln, Hängebauchschweine, die im Morast einer Lehmstraße wühlten. Hier wohnten Industriearbeiter, deren Wohnstil noch viel von jenem bäuerlichen Milieu verriet, dem sie verhaftet bleiben. Die ersten Wohnblocks aus Beton, breitere Straßen, mit hupenden Lastautos verstopft. Eine geballte Ansammlung von Fabriken. Hatten die Vororte von Kalkutta schon begonnen? Ebenso jäh und unerwartet zogen draußen wieder Reisfelder, Palmenhaine und Strohhütten vorbei. Aber am Horizont kündigten sich die nächsten Industrieanlagen mit schwarz qualmenden Schornsteinen an.

Wo endeten die eigenständigen Orte, wann hatten wir endgültig die Ausläufer der Megastadt erreicht?

Nach einer weiteren halben Stunde war es soweit, daß die vorbeiziehenden Siedlungen keine Zwischenräume mehr für Felder ließen. Die Sonne verschwamm im schwefelgelben Smog. Ein Vorortzug begleitete uns auf dem Nebengleis, Männer hingen in Trauben selbst noch auf den Trittbrettern, kauerten auf den Dächern. Andere strömten in Kolonnen den Bahndamm entlang zu einer der nahegelegenen Fabriken, gingen teilweise auf den Schienen und machten nur behäbig dem schrill pfeifenden Vorortzug Platz, der sich nun fast in der Langsamkeit der Fußgänger bewegte. Auch unser Zug, schrill hupend, verlangsamte immer mehr seine Fahrt, als rechne der Lokführer ständig mit Menschen, die die Gleise überquerten.

Eingekeilt zwischen dem Bahndamm, den Betonwohnblocks und Industrieanlagen reihten sich zunehmend zeltartige Behausungen aus Sackleinen, Stroh, Plastikplanen und Wellblech, dort, wo die neuesten Zuwanderer eine erste Bleibe gefunden hatten. Abfallhalden häuften sich entlang des Bahndamms und der Hütten. Es wimmelte von Menschen, die sich reihenweise unmittelbar neben den Gleisen mit entblößten Hintern niedergehockt hatten, Männer, Frauen, Kinder gleichermaßen. Dazwischen eine Unzahl Kothaufen und Urinlachen. Die Hockenden ließen sich weder durch die Kolonnen vorbeiströmender Arbeiter noch durch die vorbeifahrenden Züge stören. Wie sollten sie auch? Wegen der überall fehlenden Toiletten war dies die einzige Möglichkeit für sie. Mich konnte dieser Anblick nach vielen Reisen in Indien ohnehin nicht mehr überraschen; in jeder indischen Großstadt bietet sich am frühen Morgen entlang der Bahngleise und Einfahrtsstraßen das gleiche Bild.

Ratternd und hupend durchquerte der Zug den Stadtteil Howrah und erreichte schließlich die Howrah Station, einen der größten Bahnhöfe Indiens, wo täglich über eine Million Menschen den Nah- und Fernverkehrszügen entsteigen. Meine Mitfahrer musterten mich zum letzten Mal mit jenem verstohlenen und zugleich ratlosen Blick, der mir verriet, wie wenig sie sich noch immer erklären konnten, weshalb ein Europäer mit ihnen in einem derart überfüllten Zug unterwegs war. Dann wurden sie fortgerissen von dem Menschenstrom auf dem Bahnsteig, wie auch ich geschoben, gestoßen, getrieben wurde. Wo würden sie die erste Nacht verbringen? Auf der Straße? Wo die zweite Nacht? Noch immer auf der Straße?

Ich bezog wieder mein Hotelzimmer, in dem ich drei Wochen zuvor gewohnt hatte.

Der Rikschazieher, Symbol der Rückständigkeit

Zuwanderer aus anderen Bundesstaaten lassen sich in Kalkutta nicht davon abschrecken, daß sie als Landesfremde mit anderer Sprache gegenüber den Bengalen von vornherein stark benachteiligt sind. Sie kommen selbst dann in die Megastadt, wenn sie wissen, daß sie nur jene Arbeiten übernehmen können, die vielen Einheimischen zu schwer, zu schmutzig, zu »niedrig« sind: so etwa die des Kanalreinigers, des Müllbeseitigers, des Straßenkehrers, des Lastenträgers. Oder die des Rikschaziehers.

Rikschazieher … Auch dieser Beruf wird zu den Tätigkeiten der untersten Hierarchiestufe gezählt. Und gerade er ist zu einer Domäne der Zuwanderer aus Bihar geworden, Indiens ärmstem Bundesstaat mit der größten Zahl von Analphabeten.

Die Arbeitsbedingungen des Rikschaziehers sind eines

näheren Blicks wert. Denn an kaum einem anderen Beruf läßt sich so anschaulich zeigen, was es bedeutet, in der Megastadt Kalkutta unter schwierigsten Bedingungen zu überleben. Zumal es sich hier um einen der wenigen »niedrigen« Berufe handelt, mit denen auch der eine oder andere westliche Besucher Erfahrungen macht. Ich selber kann hier von eigenen Erlebnissen berichten, die in mir jedesmal aufs neue zwiespältige Gefühle wachrufen.

Meine früheste Erinnerung reicht ins Jahr 1965 zurück, als ich nach einer mehrmonatigen Fahrt durch Indien das erste Mal in Kalkutta eintraf. Ich betrat den Vorplatz des Howrah-Bahnhofs mit seinem Menschengewimmel, seinen Bussen, Taxis und Rikschas. Mehrere Taxifahrer hatten mich umringt und mir durcheinanderschreiend einen »very cheap price« ins Stadtzentrum angeboten. Ich jedoch schob mich, wie immer in solchen Situationen, durch das Gedränge hindurch und hielt auf den Standplatz der viel billigeren Rikschas zu. Aber was war das? Dort warteten Männer vor zweirädrigen Fahrzeugen, die noch von Hand gezogen wurden. Von Hand! Überall sonst in Indien war der Rikscha ein Fahrrad vorgespannt, in Großstädten wie Delhi und Bombay verkehrten damals schon Motorrikschas – hier aber, ausgerechnet in Kalkutta, Indiens damals größter Stadt, gab es diese Fahrzeuge noch in ihrem Urzustand. Handgezogene Rikschas hatte ich für ein Relikt gehalten, das bestenfalls noch im Museum zu betrachten war.

Da stand ich nun, umringt von Rikschafahrern – nein, Rikschaziehern –, die mir, dem »reichen« Ausländer, mehr Aufmerksamkeit widmeten als allen indischen Reisenden. Hände griffen nach mir, versuchten mich zu einem Gefährt zu ziehen, andere Hände zerrten an mir, ein erbarmungsloser Wettkampf unterbeschäftigter Kulis um die wenigen Fahrgäste hatte begonnen. Ich riß mich los und flüchtete zur Rikscha eines jungen Burschen, der sich schüchtern im Hintergrund gehalten hatte. Anscheinend war es ihm verwehrt, in der obersten Hierarchie um die ersten Ankommenden aus dem Bahnhof zu kämpfen. Um so wütender tönten hinter mir die Rufe der anderen.

Ein magerer Bursche. Beklommen blickte ich auf seinen Rücken, wie er sich vor mir über die Deichsel beugte. Diese Schultern, die sich schon beim ersten Ziehen anspannten. Nackte Beine, sehnig, dreckverkrustet, staubgrau wie die Straße. Keine Schuhe. Ein Gefühl der Scham beschlich mich, kaum daß ich, eingezwängt mit meinem Rucksack, auf dem Kunstledersitz Platz genommen hatte. Neben anderen Rikschas schaukelte ich auf das mächtige Stahlgerüst der Howrah-Brücke zu, die nahe dem Bahnhof über den Hughli-Fluß ins Zentrum von Kalkutta führt.

Mein Rikschazieher bewegte sich im Laufschritt, beugte den Oberkörper noch tiefer über die Deichsel. Ich blickte auf Schultermuskeln, die plötzlich unter dem löchrigen Hemd in Anspannung hervortraten. Eine Steigung zur Brücke verursachte ihm diese Anstrengung. Schweißplatten verdunkelten sein ohnehin schon fleckiges Hemd. Ich hörte ihn keuchen, während sein Laufschritt in schwerfälliges Stampfen überging. Die Rikschazieher zu beiden Seiten zogen vorbei, anscheinend waren sie kräftiger als er. Ich wollte absteigen, wollte die Steigung neben dem Gefährt herlaufen. Er aber winkte mir hektisch, nahezu verzweifelt, als fühle er sich von den anderen Rikschaziehern beobachtet. Ich blieb sitzen, fühlte mich nun meinerseits von Hunderten Augen aus dem Fußgängerstrom kontrolliert und bereute, eine solche handgezogene Rikscha genommen zu haben. Den Blick hatte ich angespannt auf das löchrige, von Schweißplatten immer dunkler werdende Hemd meines Läufers gerichtet. Die vier Fahrbahnen über die Brücke mit Lastautos, Bussen, Ochsenkarren, handgezogenen Karren und den wimmelnden Menschen sah ich nur noch aus den Augenwinkeln.

Auf der Brücke blieben wir im Stau stecken. Ein Nadelöhr, diese Brücke. Die 1943 fertiggestellte Eisenträgerkonstruktion überspannt mit ihrem Netzwerk pfeilerlos den Hughli-Fluß, einen Seitenarm des Ganges, der hier in Kalkutta mehr als einen halben Kilometer breit ist. Sie war damals die einzige Brücke, die die übervölkerten Industrievororte im Westen mit dem übervölkerten Zentrum von Kalkutta am Ostufer verband. Täglich überqueren sie mehr als 60 000 Fahrzeuge und eine halbe Million Fußgänger, sie gilt damit als die meistbenutzte Brücke der Welt, wie man in Reiseführern der neunziger Jahre lesen konnte. Erst 1994 wurde eine weiter südlich gelegene Brücke über den Hughli in Betrieb genommen, die (vielleicht) eine Entlastung bedeutet. Ich jedenfalls lernte die Brücke 1965 und erst recht 1993 nur überfüllt und verstopft kennen.

Für meinen Rikschazieher zumindest bedeutete der Verkehrsstau eine willkommene Verschnaufpause. Aber kaum daß wir breitere Straßen erreichten, fing er wieder zu laufen an.

Rußige Abgaswolken. Mein Rikschazieher beugte sich mehrmals beim Laufen zur Seite, spuckte kräftig aus, ich hörte ihn husten. Hatte er etwas mit der Lunge? Ich sah vorerst nicht viel von der Stadt, sah nur meinen vor Anstrengung keuchenden Läufer. Er rannte unmittelbar die Gehsteige entlang, wo sich Abfall häufte, er war zur Seite gedrängt von Autos und Motorrädern, die herrisch die Fahrbahn beanspruchten. Er war ein Fremdkörper inmitten dieser Wagenkolonnen, Fremdkörper wie die vielen anderen Rikschazieher. Wie erging es denen? Wie den Fahrgästen? Träge hatte sich der Fahrgast unmittelbar vor mir zurückgelehnt, träge auch der neben mir, so als ob ihre Zieher nur Maschinen, nur Motoren wären. Ich schien der einzige zu sein, der den eigenen abgehetzten Rikschamann nicht aus den Augen ließ. Warum rannte er immerzu? Nur Steigungen konnten seine

Bewegung verlangsamen oder ließen ihn gar erschöpft kurz innehalten.

Ich stieg ab, stieg trotz seines inzwischen matt gewordenen Protestes ab und ging neben ihm her. Im ersten Moment war ich sogar versucht, beim Schieben der Rikscha zu helfen, zuckte dann aber doch zurück. Ich hätte vermutlich ein Tabu gebrochen, hätte ihn bloßgestellt. Wie erschöpft war er? Hatte er heute schon etwas gegessen? Hatte ich ihm eine viel zu lange Tour zugemutet? Vielleicht war es so. Aber er hatte doch das Fahrtziel akzeptiert. Ihm erschien wohl das vereinbarte Honorar so hoch, daß er die Schinderei des weiten Wegs vom Bahnhof bis ins Zentrum auf sich nahm. Anschließend würde er wohl wieder stundenlang vergeblich auf einen Kunden warten, er mußte die Chance nutzen.

Am Ziel drückte ich dem Rikschazieher zur Entlohnung drei Rupienscheine in die Hand. Er sah mich für eine Sekunde wie entgeistert an. Dann faltete er die Hände mit dem Geld vor der Stirn, verbeugte sich hastig und eilte davon, als ob er fürchtete, ich könnte meinen Irrtum bemerken und würde wenigstens einen der Scheine zurückfordern. Natürlich hatte ich ihm zuviel, viel zuviel gegeben, damit hätte ich mir ein Autotaxi für die doppelte oder gar dreifache Strecke leisten können. Ein irritierendes Gefühl: Ich war froh, ihm »irrtümlich« so viel gegeben zu haben. Bei einem Rikschafahrer, der mit dem Fahrrad durch die Gassen steuerte, wäre mir das nicht passiert.

Würde ich handgezogene Rikschas auch noch Jahrzehnte später in Kalkutta antreffen? Müßten an ihrer Stelle nicht endgültig Motorrikschas oder wenigstens Fahrradrikschas unterwegs sein? Diese Fragen hatte ich mir gestellt, bevor ich 1993 wieder nach Kalkutta kam. Und ich war überzeugt, daß es sie nicht mehr geben konnte in einer Stadt, die über ein U-Bahn-Netz verfügte. 1984 war in Kalkutta unter kommunistischer Regierung der erste U-Bahn-Abschnitt eingeweiht und seither sein Netz ständig erweitert worden. Indiens erste Metro! Weder das wirtschaftlich führende Bombay noch die Hauptstadt Delhi hatten selbst noch bis zum Anfang des 21. Jahrhunderts mit dem Bau einer U-Bahn begonnen. Um wie viel mehr glaubte ich also erwarten zu können, daß die Rikschazieher endgültig aus dem Straßenbild verschwunden wären. Ich hatte mich geirrt. Es gab sie immer noch, auch gegen Ende des 20. Jahrhunderts. Nur daß die Läufer jetzt bei dem viel stärkeren Autoverkehr um vieles mehr Abgase einzuatmen hatten.

Schon der Anblick hatte in mir wieder ein Gefühl der Scham erzeugt. Aber der Bursche, wieder eine magere, barfüßige Gestalt, ging beharrlich neben mir her und schlug mit einem Klöppel gegen die Ziehstange, immer ungeduldiger, immer nervöser, so daß ich hinsehen mußte. Ich blickte in nahezu flehende Augen. Hatte er heute schon etwas verdient? Hatte er heute schon etwas gegessen? Selber nervös geworden, handelte ich mit wenigen Worten den Preis zu meinem nahegelegenen Ziel aus, einen wieder einmal sehr großzügig bemessenen Preis, und bestieg die Rikscha.

Es waren die immer gleichen widersprüchlichen Gedanken, die mir in solchen Momenten durch den Kopf gingen. Durfte ich ihm überhaupt zumuten, mich zu ziehen? Die meisten Rikschamänner in indischen Großstädten sterben früh an Lungenkrebs, ihnen lassen die aggressiven Abgaswolken keine Chance. Aber ich konnte ihm doch wenigstens ein Honorar für zwei bis drei Mahlzeiten geben.

Wieder kauerte ich verkrampft auf einer kunstlederüberzogenen Sitzbank, durch die an verschiedenen abgeschabten Stellen bereits das Stroh der Polsterung hervorlugte. Und wieder blickte ich beklommen auf einen vor Anstrengung nach vorn gebeugten Körper. Und wieder wurde die Fahrt zur Nervenprobe, diesmal aber bei wesentlich dichterem Verkehr. Der Rikschazieher rannte, rannte gegen das Gewimmel an, bei dem es nach westlichem Ermessen kein Durchkommen geben konnte. Fußgänger, Lastträger, Fahrräder, Motorräder, Autos, alles schwirrte auf der schmalen Seitenstraße durcheinander. Aber blitzschnell reagierend nutzte der Rikschazieher jeden Zwischenraum, der sich vor ihm in Sekundenschnelle auftat und wieder schloß. Er war mit unheimlich anmutender Virtuosität darauf eingeübt, nach allen Seiten Rücksicht zu nehmen, weil er ja in der Hierarchie der Fahrzeuge ganz unten rangierte und bei einem Zusammenstoß den größten Schaden nehmen konnte. Natürlich durften er und ich als sein Fahrgast keine Rücksicht von größeren und stärkeren Fahrzeugen erwarten

Ungefähr 70 000 solcher Rikschazieher gibt es in Kalkutta. Oder sind es 80 000? Oder gar 100 000? Die Zahlenangaben schwanken, anscheinend existiert auch an der Wende zum 21. Jahrhundert keine verläßliche Statistik.

Drei Fragen drängen sich auf. Warum ist Kalkutta schon seit vielen Jahrzehnten Indiens einzige Stadt, in der Rikschas noch immer von Hand gezogen werden? Seit wann gibt es diese Fahrzeuge hier? Und wie lange werden sie sich noch behaupten können in einer Stadt, in der Indiens erste U-Bahn eingerichtet wurde?

Einst war Kalkutta Indiens erste Stadt, in der es überhaupt Rikschas gegeben hat. Aber diese handgezogenen Fahrzeuge sind keine vormoderne Erfindung, sie sind erst aufgekommen, als weiträumig Straßen mit fester Unterlage, Asphalt oder Steinpflaster, existierten. In Kalkutta waren die ersten Rikschas exakt im Jahr 1900 unterwegs. Doch erfunden worden sind diese Fahrzeuge nicht in Kalkutta, vielmehr hatte sie dort ein chinesischer Geschäftsmann zur eigenen Benutzung aus Shanghai eingeführt. In Shanghai, auch damals schon Chinas modernste Stadt, gab es Rikschas seit 1873. Aber ihr Ursprung liegt in Japan. 1865 war die handgezogene Rikscha in Kyoto erfunden worden, und 1870 existierte in Tokyo bereits die erste Rikschafabrik. Japanischen Ursprungs ist auch der Name: »Jin-riki-sha«, »Fahrzeug mit Menschenkraft«.

Erst gegen Mitte des 20. Jahrhunderts ist die Rikscha dahingehend verbessert worden, daß man dem Gefährt ein Fahrrad vorspannte und aus dem Rikschazieher einen Rikschafahrer machte. Damals gab es auch schon die ersten Motorrikschas. Innerhalb weniger Jahrzehnte hat sich dieser Wandel in ganz Süd- und Ostasien durchgesetzt. Als ich 1964 das erste Mal nach Indien gekommen war, hatte ich in keiner Stadt, nicht einmal in entlegenen Provinzstädten, Rikschazieher angetroffen – ausgenommen in der Millionenstadt Kalkutta, die damals noch den Ruf hatte, Indiens größte und neben Bombay reichste Industriemetropole zu sein. Was aber war der Grund dafür, daß es Rikschazieher nur noch hier gab?

Schon in den fünfziger und sechziger Jahren waren Kalkuttas Rikschazieher in einer Gewerkschaft organisiert, was zu dieser Zeit noch als Ausnahme galt. Die Gewerkschaft verhinderte durch immer neue Massendemonstrationen und Verkehrsblockaden jede Maßnahme der regierenden Kongreßpartei, die Ziehrikschas auch in Kalkutta durch Fahrradrikschas zu ersetzen. Ihr Argument: Die Kosten für die Umstellung sollten gespart werden, und damit könnten um so mehr Fahrer beschäftigt werden. Eine solche Politik kam aber hauptsächlich den Rikschabesitzern zugute, die ihre Fahrzeuge an Rikschazieher vermieteten, denn sie konnten bei guten Einnahmen die Investitionen weiterhin knapp halten. Erst an zweiter Stelle profitierte der Kuli selber, indem er seinen traditionellen Arbeitsplatz behielt.

Einen erneuten Anlauf zu einer Umstellung nahmen dann die Kommunisten, als sie 1977 in Westbengalen an die Regierung kamen. Sie verboten kurzerhand Kalkuttas Rikschaziehern, einen derart »menschenunwürdigen« Beruf auszuüben.

Ihre Absicht war es, Fahrradrikschas gar nicht erst zuzulassen, sondern neben den Autotaxis ausschließlich Motorrikschas einzuführen. Das erschien ihnen gut für ihr Image als Reformer, die sich nur mit der modernsten Lösung zufrieden gaben. Aber die Kommunisten scheiterten ebenfalls am Widerstand der Rikscha-Gewerkschaft, die mit einem Generalstreik aller Rikschazieher tagelang den Verkehr im Stadtzentrum lähmte und die Gefahr schwerer sozialer Unruhen heraufbeschwor. Rasch nahm die neue Regierung das Verbot zurück.

Doch der Konflikt ist geblieben. Im Verlauf von zwei Jahrzehnten ließ Kalkuttas kommunistische Regierung immer mehr Straßen im Zentrum für Rikschazieher sperren. Sie begründete das damit, daß die Rikschazieher mit ihren rückständigen Fahrzeugen das größte Verkehrshindernis darstellten und in Kalkutta die meisten tödlichen Unfälle verursachten. 1996 kündigte die Regierung wiederum ein allgemeines Verbot an und verursachte damit ein weiteres Mal Massenaufmärsche der Rikscha-Gewerkschaft. Und wieder zögerten die Kommunisten, die angekündigte »Modernisierung« umzusetzen.

Kalkuttas Regierung stand mit einer derartigen Politik im Zwielicht. Denn gerade die Kommunisten waren ja mit dem Wahlversprechen angetreten, soziale Reformen für den »kleinen Mann« durchzuführen, Reformen, die die Kongreßpartei nur halbherzig angegangen war. Während der folgenden zwei Jahrzehnte konnten die Kommunisten auch immer wieder Wahlen in Westbengalen wie in Kalkutta mit dem Versprechen gewinnen, das Los sozial Benachteiligter zu verbessern. Aber um die Stimmen der vielen tausend Rikschazieher mußten die Kommunisten nicht werben, denn die meisten dieser Kulis sind ja Zuwanderer aus den benachbarten Bundesstaaten, vor allem aus Bihar – und diese besitzen in Westbengalen eben kein Stimmrecht. Sie können daher auch nicht durch ihr

Wahlverhalten Druck auf die Regierung ausüben. Ein zynisches Kalkül der Machthaber.

Trotzdem schreckte die Regierung vor einem endgültigen Verbot zurück. Und dies letztendlich aus einer weiterführenden Überlegung: Etwa 70000 bis 80000 menschlicher Zugpferde wären plötzlich arbeitslos geworden, ohne daß die meisten in der ohnehin von Arbeitslosigkeit geplagten Stadt auf eine andere Erwerbstätigkeit hätten ausweichen können. Hinzu kam, daß jeder Rikschazieher im Durchschnitt eine fünfköpfige Familie zu ernähren hat, und damit wären rund 400000 Menschen vom Berufsverbot betroffen.[1] Mit ins Elend gerissen würden aber auch unzählige Kleinbetriebe, die damit beschäftigt sind, solche »primitiven« Rikschas herzustellen oder immer wieder zu reparieren.

Außerdem blieb die Ziehrikscha für die vielen schlecht verdienenden Einwohner unersetzlich. Nicht nur, daß ihnen die Autotaxis zu teuer sind. Straßenbahnen wie Busse sind meist heillos überfüllt und unpünktlich, die U-Bahn verkehrte Mitte der neunziger Jahre erst auf einem kleinen Schienennetz. Und so blieb die Ziehrikscha zumindest bei kürzeren Entfernungen in engen, winkeligen Gassen ein Fahrzeug ohne überzeugende Alternative. Fahrradrikschas fehlten weiterhin. Kinder werden oft noch immer mit Ziehrikschas in die Schule gefahren, ja Kranke ins Spital transportiert. Jeder Streik der Rikschazieher läßt daher einen Teil des Nahverkehrs zusammenbrechen und demonstriert stets aufs neue die Bedeutung dieses Fahrzeugs. Würden die Ziehrikschas auf längere Zeit ausfallen, würde das daraus folgende Chaos unweigerlich soziale Unruhen nach sich ziehen.

Das Überleben der Rikschazieher ist so – zumindest für etliche weitere Jahre – wieder außer Frage gestellt. Wenn es auch ein Leben nur am Rand des Existenzminimums bleibt. Umgerechnet ein bis zwei Euro verdient ein Rikschazieher am Tag, und das bei einer Zehnstundenschicht. Und weil er selber meist kein eigenes Gefährt besitzt, muß er die Rikscha auch noch mieten.[2] Hinzu kommt, daß die hart arbeitenden Zieher fürchten müssen, ein paar Rupien ihres kargen Lohns an einen Polizisten abtreten zu müssen. Immer wieder werden die Kulis aus nichtigen Gründen von einem Polizisten angehalten, der den schlechten Zustand der Rikscha bemängelt – tatsächlich aber nur ein Schmiergeld kassieren will, um sein eigenes mageres Gehalt aufzubessern.

Die eigentlichen Nutznießer des Rikschagewerbes sind, wie in anderen indischen Städten auch, die Maliks, die »Bosse«. Ein Malik hat im Durchschnitt rund fünfzig Vehikel für sich laufen; die Rikscha-Könige bringen es auf zwei- bis vierhundert, manche sogar bis zu tausend Fahrzeugen. Die Mieten, die sie für die Gesamtzahl ihrer Rikschas täglich kassieren, lassen sie nach indischen Maßstäben zu reichen Leuten werden.[3] Naturgemäß haben gerade sie ein reges Interesse daran, daß das Rikschagewerbe in seiner bisherigen Form erhalten bleibt, um Investitionskosten zu sparen. So schüren auch sie den Widerstand gegen alle Reformversuche der Regierung.

Dieses Wissen machte es mir jedes Mal schwer, abwehrend auf das Werben der Rikschazieher zu reagieren. Dabei erschien es mir oft lästig, wenn neben mir schon wieder eine magere Gestalt herging und auffordernd mit einem hölzernen Klöppel gegen die Ziehstange schlug. Immer ungeduldiger, immer nervöser schlagen sie, wohl in der Meinung, daß alle westlichen Besucher unendlich reich seien und viel mehr als jeder Inder bezahlen würden.

Nein, dieses Mal wollte ich keine Fahrt, diesmal nicht. Ich wollte mich nicht mehr diesem Gefühl der Scham aussetzen, wollte mich auch nicht auf einem derart ungeschützten Fahrzeug in den Horror des Straßenverkehrs begeben. Ich blickte in ein verhärmtes Gesicht. Ich nahm die Rikscha.

Straßen, von hohen Mauern gesäumt, über die Bougainvillea wucherte ... Hinter Bäumen halb verdeckt deuteten sich Dächer und Giebel von Villen an. Britischer Kolonialstil. Stille Straßen. Nur das tropisch fremdartige Gezwitscher und Trillern der Vögel im Gezweig weitausladender Banyan-Bäume. Nur das Geklingel der Händler, die am Vormittag mit ihren Handwagen an den Villen vorbeizogen und warteten, bis an den Gartentoren Dienstpersonal auftauchte und das Angebot an Lebensmitteln prüfte. Nur ab und zu ein Auto, vereinzelt mit einem Chauffeur in Livree am Steuer. Straßen, die den Fußgängern viel Platz lassen. Das andere Kalkutta ...

Die Erinnerung an diese aristokratischen Wohnbezirke südlich der Parkstreet mutet – im Rückblick – so unwirklich und fern wie eine Fata Morgana an. Gab es dieses andere Kalkutta noch? Konnte es dieses andere Kalkutta noch geben? 1965 war ich in einem dieser Viertel bei einer der reichen Familien Kalkuttas für einige Tage Gast gewesen. Drei Jahrzehnte war es her, drei lange, sehr lange Jahrzehnte. 1993 versuchte ich die Wohngegend von damals wiederzufinden.

Ich fand dieses Viertel mit seinen Villen und Gärten nicht mehr. Wohin ich auch in der mutmaßlichen Gegend kam, traf ich auf Betonwohnblocks mit acht, zehn, zwölf Stockwerken. Ihre Fassaden waren schon grau geworden, manche zeigten schwarze Schlieren, Spuren der heftigen Monsunregen, dabei mochte keine dieser Bauten älter als zehn oder fünfzehn Jahre alt sein. Wer wohnte hier? Die zahlreichen kastenförmigen Klimaanlagen an den Außenwänden deuteten auf höheren Standard hin, das Leben hier konnten sich wohl nur Inder der oberen Mittelklasse, in manchen der Häuser gar nur Reiche leisten. Entsprechend viele Autos parkten auf den Betonflächen zwischen den Häusern. Wenig Bäume. Nur ab und zu entdeckte ich noch Inseln jener Gärten, wo hinter üppigem Grün versteckt Villen im britischen Kolonialstil überdauert hatten. Aber das Buschwerk und die Rasenflächen dort wucherten dschungelartig, wirkten ungepflegt, in manchen der Häuser gähnten leere Fensterhöhlen. Die Villenbewohner von einst waren wohl längst in andere Viertel weiter draußen umgezogen, wo sie sich wahrscheinlich wieder Villen in üppigen Gärten errichtet hatten. Etliche mochten auch eine Wohnung in den neuen Wohnblocks bezogen haben, denn gemessen an den vielen anderen Stadtvierteln ließ es sich hier noch angenehm leben, mit viel Platz. Einmal traf ich auf einen kleinen Park mit Kokospalmen, einem Teich, einem Spielplatz, Frauen mit Kinderwagen waren hier unterwegs. Und doch: Der Park bildete nur eine bescheidene Insel.

Sollte ich mit Wehmut zurückblicken auf das Jahr 1965? Die vielen Gärten, das tadellos erhaltene Ensemble kolonialer Villenarchitektur ... Jene Zeit, in der auch noch die Chowringhee Road als Kalkuttas modernste Geschäftsstraße eine Flaniermeile mit viel Platz für die Fußgänger war? Der Gedanke an das einstige Flair mag die Erinnerung nostalgisch einfärben, aber sobald ich die Bilder im Einzelnen vorüberziehen lasse, sehe ich keinen Anlaß, das Kalkutta drei Jahrzehnte früher zu verklären.

Die Einladung bei einer der reichen Familien Kalkuttas hat eine deutsche Vorgeschichte.

Ein Jahr bevor ich das erste Mal Indien bereiste, hatte ich in Stuttgart einen jungen Bengalen, den Neffen eines Millionärs, kennengelernt. Er studierte dort Maschinenbau und arbeitete wie ich während der Semesterferien als Straßenbahnschaffner. Nach ausführlichen Gesprächen über die Unterschiede zwischen indischer und westlicher Kultur hatten wir uns angefreundet, eine Freundschaft, die noch intensiver wurde, als ich ihm Geld lieh. Obwohl er aus einer der reichen Familien Kalkuttas kam, fehlte es ihm zeitweise an Geld.

Damals hatte Indiens Regierung noch verboten, größere Beträge ins Ausland zu transferieren. Er mußte deshalb während der Semesterferien seinen Lebensunterhalt als Straßenbahnschaffner verdienen. Aber er beklagte sich nicht über solche Einschränkungen, im Gegenteil, er fand es gut, »gewöhnliche Arbeit« verrichten zu müssen, das habe seinen Horizont wesentlich erweitert. Seither wisse er, was Arbeit sei. Seither sehe er Kalkutta mit anderen Augen. Die reichen Familien seiner Heimatstadt lebten alle in einem Ghetto, abgeschirmt von den Problemen durchschnittlich verdienender Menschen, erst recht der Armen. Ja, ich müsse Kalkutta kennenlernen, sagte er. Kalkutta sei eine der interessantesten Städte Indiens, betonte er stolz.

Dankbar hatte mich der bengalische Student zu einem Essen mit anderen indischen Studenten eingeladen. Zu diesem Essen war auch sein Onkel erschienen, einer der großen Autohändler Kalkuttas, der sich gerade auf einer Ferienreise quer durch Europa befand. Wir saßen in einer geräumigen Stuttgarter Mietwohnung des Neffen mit gekreuzten Beinen im Kreis auf dem Boden, Tische und Stühle waren an die Wand gerückt. Wir aßen ein scharf gewürztes Gemüsecurry aus Blechschüsseln, die wohl aus Indien stammten. Besteck gab es keines, zum Essen benutzten wir die rechte Hand, kneteten mit den Fingern Reis und Gemüse in der Soße mundgerecht zu Kugeln. Traditionelles Indien mitten in Deutschland. Der Onkel aus Kalkutta, den die anderen Studenten mit Mr. Seth anredeten, war ein fülliger Bengale, penibel mit Anzug und Krawatte bekleidet, aber beim Essen schleckte er sich genauso geräuschvoll wie die anderen seine Finger ab. Ich war mit ihm ins Gespräch gekommen, er hatte anscheinend Gefallen an mir gefunden und lud mich ein, ihn doch einmal in Kalkutta zu besuchen. Er konnte nicht ahnen, daß ich schon im nächsten Jahr voller Neugier nach Indien aufbrechen und seiner Einladung folgen würde. Und er konnte sich wohl auch nicht vorstellen, daß ich – anders als er – nicht das Flugzeug nehmen würde.

Mitte der sechziger Jahre wäre es für einen deutschen Durchschnittsverdiener oder gar einen Studenten wie mich unvorstellbar gewesen, nach Indien zu fliegen, noch gab es keine Billigflüge. Auf dem Landweg über die Türkei, den Iran, Afghanistan und Pakistan war ich per Eisenbahn, per Bus oder gar per Anhalter auf dem Verdeck von Lastautos zweieinhalb Monate lang nach Indien unterwegs. Im Dezember 1964 betrat ich erstmals indischen Boden, brauchte aber noch einmal einen Monat quer durch den Norden Indiens, um Ende Januar in Kalkutta einzutreffen.

Nachdem ich mich in einem kleinen Hotel eingemietet hatte, nahm ich ein Taxi zur Villa des Mr. Seth. Ich war voller Erwartung, Einblick zu gewinnen in eine Gesellschaft, zu der ein Tourist im allgemeinen keinen Zugang hat.

Auf den ersten Blick war ich von der Villa enttäuscht. Inmitten eines weitläufigen Gartens erhob sich zwar ein blockiger Bau mit Säulen, Erkern und Giebeln im britischen Kolonialstil, aber viele der einst prächtigen Ornamente waren verwaschen, verwittert, und hier und da schaute roher Ziegelstein unter dem Verputz hervor. Unverändert vornehm und einschüchternd zugleich erschien allerdings am Eingang das Pförtnerhaus.

Der Pförtner rief einen Diener. Der Diener in Livree und Turban geleitete mich durch den Garten, dann durch weitläufige Flure und Zimmer. Nirgends sah ich Möbel, nirgends Bilder, nur dicke Matten auf den Böden, hier und da Kissen zum Sitzen. Den einzigen Schmuck bildeten Statuen von Hindu-Gottheiten, manche in Lebensgröße vor kahlen nüchternen Wänden, einige Statuen aus Metall, andere aus buntbemaltem Holz, manche aus Plastik. In einem der Zimmer sah ich im Vorbeigehen große Lautsprecherboxen. Der Reichtum des Mr. Seth äußerte sich weniger in erlesenem Mobiliar als in der Ausdehnung seiner Villa – und den vier Autos mit luxuriöser Ausstattung, die im Hof neben dem Portal parkten. Aber solche Gleichgültigkeit gegenüber einer Wohnungseinrichtung ist, wie ich später bei Besuchern auch in anderen vornehmen Häusern feststellte, eine weit verbreitete Eigenheit Indiens. Denn das familiäre Leben ist auf den Aufenthalt im Freien, nicht auf Innenräume konzentriert.

In einer Säulenhalle mit Blick nach draußen auf einen Springbrunnen und Blumenbeete hieß mich der Diener warten, Mr. Seth werde sofort erscheinen. Im ersten Moment erkannte ich ihn nicht wieder. Sein Gesicht war von einem dunklen struppigen Bart umrahmt, ebenso lang und struppig war sein Haar. Der füllige Körper war in einen weißen Umhang gehüllt. Er entschuldigte sich für sein Äußeres und erklärte, seine Mutter sei gestorben, die Tradition schreibe ihm daher für die nächsten Tage den Bart, das ungeschnittene Haar und solche Kleidung vor.

Mr. Seth geleitete mich in ein Zimmer, das mit protzigen Ledersesseln und einem Tisch ausgestattet war – anscheinend das einzige Mobiliar dieser Art im ganzen Haus und wohl bevorzugt für den Empfang westlicher Gäste hergerichtet. Er setzte sich in einen der Sessel, wobei er die Beine hochzog und kreuzte; mit dieser »orientalischen« Art hätte er sich ebenso auf dem Boden niederlassen können. Sessel bedeuteten ihm vermutlich wenig, er benutzte sie wohl nur ab und zu aus purer Höflichkeit. Leider könne er mir keine Übernachtung in seinem bescheidenen Haus anbieten, erklärte er, denn heute abend komme die ganze Verwandtschaft zum Totenritual angereist, jedes Zimmer sei dann belegt. Auch würden ihn die gesellschaftlichen Verpflichtungen hier im Kreise seiner Familie festhalten. Aber einer seiner Söhne werde mich zu den Sehenswürdigkeiten der Stadt führen, der Sohn werde mich im Hotel abholen.

Sein Sohn, ein etwa dreißigjähriger Mann, mit dem runden

Gesicht seinem Vater verblüffend ähnlich, kam gegen zehn Uhr am nächsten Morgen mit dem Auto. Ein Chauffeur in Uniform und großem Turban öffnete mir die Wagentür, dann saß ich in einer langgestreckten Luxuslimousine mit getönten Scheiben und leise surrender Klimaanlage. Ich hatte beim Einsteigen gezögert. Aber wie hätte ich Mr. Seths Sohn erklären sollen, daß ich mir eine Stadtbesichtigung eigentlich anders vorstellte? Höflichkeit und Verlegenheit zugleich hinderten mich daran, etwas zu sagen.

Lautlos glitt die Limousine durch die Straßen, lautlos zogen draußen die Gebäude, die Fahrzeuge, die Menschen vorbei, abgeschirmt und seltsam entrückt durch die dicke, hermetisch schließende Tür mit dunkel getöntem Glas. Und doch: Hundert Augenpaare gleichzeitig fühlte ich auf das Auto, auf mich gerichtet, ich, der ich als nur schemenhaft wahrnehmbare Gestalt hinter den Scheiben saß. Ich fühlte die Blicke von Rikschaziehern, Lastenträgern, Bettlern … Die Limousine blieb im Stau, im Geschiebe von Autos, sich verkeilenden Handkarren und Rikschas stecken, neugierige Gesichter kamen nun ganz nahe. Aber keine Bettler klopften an das Autofenster, wie ich das sonst unterwegs in indischen Städten gewohnt bin – eine Limousine dieser Art schien von vornherein eine einschüchternde Distanz zu schaffen.

Wir fuhren die Chowringhee Road, Kalkuttas Hauptgeschäftsstraße, entlang, die damals noch nicht in Jawaharlal Nehru Road umbenannt war. Schöne Bauten … Bröckelnder Verputz an den Säulen und Abfall in den Arkadengängen fielen beim raschen Vorbeigleiten nicht so auf. Wir erreichten das Regierungsviertel mit seinen im Schachbrettmuster angelegten Straßen, seinen Baumalleen, Teichen, Springbrunnen. Gut gepflegt, wie es schien. Mein Begleiter gab kurze Erklärungen zu den Bauten im Kolonialstil ab … Writer's Building … Raj Bhavan … High Court … Er redete mit tonloser Stimme, so als langweile ihn die Stadtführung, die ihm sein

Vater auferlegt hatte. Meine Fragen beantwortete er kurz und höflich, ohne allzuviel mitzuteilen. Wieviel wußte er wirklich über seine Heimatstadt?

Ich deutete auf einen Rikschazieher draußen. »Warum gibt es in Kalkutta noch diese Art Rikschas? In keiner anderen Stadt Indiens ist das so.« Er schwieg, als ob ihn die Frage peinlich berühre. Mehr noch: als ob ich ein Tabu verletzt hätte. Er spürte meinen wartenden Blick von der Seite, aber er tat so, als hätte ich die Frage nicht gestellt. »Sehen Sie ...« Er deutete auf eine Industrieanlage. »Autobatterien werden hier produziert. Weiter draußen gibt es riesige Industriezonen, ich könnte Ihnen da viel zeigen. Maschinenbau, Petrochemie. Kalkutta produziert für den Weltmarkt. Ich sage Ihnen, Kalkuttas industrielle Bedeutung wird im Ausland unterschätzt.« Plötzlich war seine bisher so tonlose Stimme lebhaft geworden. Er sah mich herausfordernd an. Ich nickte zustimmend, um nicht noch einmal einen Fauxpas zu begehen.

Unser Programm, das ohnehin nur zwei Stunden umfaßte, konzentrierte sich auf »sightseeing« im Zentrum. Zum Abschluß besuchten wir einen Hindu-Tempel, einen Jain-Tempel, eine Moschee, die alle erst im 19. Jahrhundert entstanden und meist nur blasse Kopien des traditionellen Stils waren. Mr. Seth Junior ging ziemlich eilig durch die Räume, ohne sich genauer umzusehen. Daß ich dem jeweiligen Führer, der uns begleitete, etliche Fragen stellte oder ihn gar in ein längeres Gespräch verwickelte, quittierte er mit nur mühsam unterdrückter Ungeduld. Mit stummer Gebärde gab er mir außerdem zu verstehen, daß er als Sohn des Gastgebers für das Bakschisch an die jeweiligen Führer zuständig sei. Er tat es dann jedes Mal betont beiläufig und herablassend, und der Führer bedankte sich unterwürfig. Auch in diesem Fall schien die Luxuslimousine einschüchternd zu wirken, die am Eingang parkte. Dabei gab er jedes Mal nur einen Bruchteil dessen, was ich bei solchen Anlässen zu geben pflegte.

»Geben Sie ihnen nichts!« Unwillig winkte er ab und würdigte die Bettler keines Blickes, die in respektvoller Entfernung zur Limousine stehenblieben und, zögernd nur, die Hände ausstreckten. Er hatte gesehen, daß ich den Geldbeutel gezückt hatte und Münzen herausholte. »Geben Sie ihnen nichts«, wiederholte er. Sein eindringlich schneidender Ton provozierte mich. Demonstrativ ging ich zu den zerlumpten Gestalten und verteilte die Münzen in dem Gefühl, doch irgend etwas tun zu müssen. Er musterte mich sichtlich irritiert, als ich im Auto neben ihm Platz nahm. »Warum haben Sie das getan?« – »Warum sollte ich es nicht tun?« – »Sie sind für diese Menschen nicht verantwortlich«, sagte er eindringlich. – »Wer ist für sie verantwortlich?« – »Andere.« – »Wer sind diese anderen?«

Er schwieg, während die Limousine wieder durch die Straßen glitt. In seinem Gesicht arbeitete es, sein bisher blasiert gelangweilter Ausdruck war sichtlicher Erregung gewichen. »Ich fühle mich für meine eigene Familie verantwortlich«, erklärte er schließlich weitschweifig, »für meine Frau, meine Kinder, meine Eltern, meine Geschwister, meine vielen Verwandten. Hunderte Menschen sind das, eine große, sehr große Familie ist das. Alle fühlen wir uns in einer großen Familie füreinander verantwortlich, jeder sorgt für jeden, jeder paßt auf jeden auf. Hat einer meiner Brüder oder einer meiner Neffen kein Geld, dann helfe ich, hilft der Vater, hilft ein anderer Bruder oder ein Onkel. Wir lassen niemanden im Stich. Eine Tante wird alt, wird gebrechlich, kein Problem, für sie wird im Kreis der Familie gesorgt. Niemand schiebt eine alte Frau oder gar die eigenen Eltern in ein Altersheim ab, da unterscheiden wir uns von den Europäern und Amerikanern. Indien ist vorbildlich für seine Familienmoral, für sein Verantwortungsbewußtsein innerhalb der Familie. Ich habe England besucht, ich habe die USA besucht, und was ich dort gesehen habe – nein. Nirgendwo habe ich einen derartigen

Zusammenhalt in den Familien gesehen wie in Indien. Der Inder besitzt Verantwortungsbewußtsein …«

»Wer aber sorgt für die Armen, wer für die Bettler?« unterbrach ich seinen Redefluß. – »Dafür sind deren Familien da«. – »Wenn aber deren Familien nicht das nötige Geld besitzen?« fragte ich beharrlich. »Oder wenn jemand gar keine Familie hat? Was dann?« Er schwieg wieder. »Tut der Staat nichts für diese Menschen?« fragte ich in sein Schweigen hinein. – »Der Staat …« Er dehnte verächtlich die Stimme. »Der Staat … Welcher Staat denn? Indien ist eine Ansammlung von Großfamilien, Sippen und Kasten, die es gewohnt sind, für sich selbst zu sorgen. So wie auch die Politiker für sich selber sorgen, nur für sich selber.« Ich schwieg. »Wenn jede Großfamilie«, sagte er in mein Schweigen hinein, »ihre Pflichten gewissenhaft wahrnehmen würde, so wie es meine Großfamilie tut, dann gäbe es in Indien längst keine Probleme mehr. Dann wäre für jeden gesorgt.« Ich schwieg. Wir schwiegen. Das Gespräch war zu Ende.

Zwei Tage später fand ich mich wieder in der Villa des Mr. Seth ein. Rund fünfzig Menschen standen gruppenweise auf dem gepflasterten Vorplatz und den Rasenflächen, Männer und Frauen getrennt, ein Großteil der Männer westlich gekleidet. Nur einige Ältere im traditionellen Wickelrock. Diener gingen mit Tabletts herum und boten Getränke an. Die Mitglieder der Großfamilie, die gestern dem Totenritual zu Ehren der verstorbenen Mutter des Mr. Seth beigewohnt hatten, warteten nun auf den gemieteten Bus für eine Ausflugsfahrt. Etliche der Männer scharten sich sofort um mich, neugierig auf meine Auskünfte über »Germany« und »Europe«. Sie alle, Angehörige einer hohen Kaste, waren wie Mr. Seth Kaufleute, manche Autohändler, andere Lieferanten von Maschinenteilen. Etliche waren schon mehrfach im Ausland gewesen, teils auf Geschäftsreise, teils in Ferien.

Einer war gerade aus London zurückgekommen, vom

Shopping, wie er sagte, und zeigte sich sehr verwundert, daß ich nicht das Flugzeug nach Indien benutzt hatte. Auf dem Landweg sei ich gekommen? Er lachte ungläubig. Ein Flug zu teuer? Und zu wenig interessant? Er betrachtete mich irritiert. Dann mit leicht verächtlich nach unten gezogenen Mundwinkeln. Was ich über Indien dächte, fragte er noch immer sichtlich aus der Fassung gebracht. – Besonders beeindruckt hätten mich das Taj Mahal in Agra, die Tempel von Khajuraho, Städte wie Jaipur und Udaipur, erwiderte ich und vermied es, über meine zwiespältigen Eindrücke von Millionenstädten wie Delhi, Bombay und Kalkutta zu reden. – »Taj Mahaaal … Khajurahoooo …« Er dehnte die Worte und lächelte dünn. Wieder die leicht herabgezogenen Mundwinkel. Das alles sei nicht das moderne Indien. Ob ich das Stahlwerk von Rourkela besichtigt habe? – Nein. – Nein? Das sei eines der modernsten Stahlwerke der Welt, übrigens von den Deutschen gebaut und liege gar nicht so weit weg von hier, erklärte er. – Wie ihm das Taj Mahal gefalle, stellte ich die Gegenfrage. – Er sei nie dort gewesen, das sei etwas für Ausländer.

Ja, ja, für Ausländer… Mr. Seth, der sich als Gastgeber zwischen den Gruppen quirlig hin und her bewegte, hatte anscheinend die letzten Sätze mitgehört. Sein Bruder sei ein weitgereister Mann, er wisse mehr über London, New York und Frankfurt als über indische Städte. Ein leicht ironischer Tonfall. Mr. Seth ging schmunzelnd weiter, ohne auf meine Antwort zu warten.

Ich blieb ratlos zurück und stand für eine Weile alleine inmitten der vielen Menschen, nachdem sich auch Mr. Seths Bruder zu einer anderen Gruppe begeben hatte. In was für eine Gesellschaft war ich da geraten?

Aus der Sicht meines Gastgebers konnte ich es als eine Ehre betrachten, überhaupt diese exklusive Insel des Wohlstandes, diese durch Mauern und wachsame Pförtner abgeschirmte Festung betreten zu dürfen. Inder der gehobenen

Business Class haben kein Interesse, ihre private Sphäre Außenstehenden zu öffnen – zumal nicht einem Touristen wie mir, dem der Verdacht anhaftete, in billigen Hotels zu übernachten und überfüllte Eisenbahnabteile zweiter Klasse zu benutzen. Die Einladung verdankte ich eben nur dem Umstand, daß ich einem Neffen Mr. Seths Geld geliehen hatte. Seine Großfamilie fühlte sich mir gegenüber verpflichtet – vorübergehend.

Wie typisch war das, was ich hier erlebte? Diese Frage stellte ich mir rückblickend, nachdem ich in Kalkutta und anderen indischen Städten mit Studenten Gespräche geführt hatte. Viele stammten ebenfalls aus wohlhabenden oder gar reichen Familien. Aber mit einigen von ihnen konnte ich über Religion, Philosophie, soziale Probleme und nötige politische Reformen diskutieren. Sie repräsentierten eine Bildungsschicht, die sich weltoffen mit den Krisen ihres Landes, ihrer Stadt auseinandersetzt. Die Begegnung mit der Großfamilie Seth hatte mir nichts derartiges vermittelt. Ihre Vorstellung von Modernität beschränkte sich anscheinend nur darauf, Technologie und industrielles Know-how aus dem Westen zu importieren. Mit keinem ihrer Mitglieder wäre es möglich gewesen, über Indiens soziale Probleme auch nur im Ansatz zu reden. Sie schienen selber ein Teil dieses sozialen Problems zu sein. Ausgenommen der Neffe, den ich in Deutschland kennengelernt hatte. Er hatte es immerhin geschafft, sich im Ausland kritisch mit Indien auseinanderzusetzen.

Vier Tage hatte ich in Kalkutta Kontakt mit der Großfamilie Seth. An jenem Vormittag, als ich im Villengarten mitten unter den vielen plaudernden Menschen stand, hatte ich mehr als bisher das Gefühl, daß mein Gastgeber für mich nur ein vages höfliches Interesse übrig hatte. Er tat, was die Konvention gebot.

Aber noch war es zu früh zum Abschied. Noch stand der Ausflug bevor, der das Familientreffen abschließen sollte. Ziel war der Botanische Garten, einer der schönsten Erholungsplätze in Kalkutta, wie mir Mr. Seth versicherte. Ich bekäme dort Eindrücke, die ich nicht so bald vergessen würde.

Er sollte recht behalten. Aber die Eindrücke waren anders als erwartet.

Der gemietete Bus für die rund fünfzig Fahrgäste der Großfamilie Seth und das Begleitauto für die Dienerschaft bewegte sich endlos lange durch Kalkutta, wo die Großfamilie bei einem Tempel ausstieg und Blumengirlanden vor Statuen niederlegte, vor allem vor der Göttin Kali. Mich wunderte, wie eilig und mechanisch sich Männer und Frauen vor der Statue verneigten, einige Worte murmelten, sich von einem Priester einen Punkt grauen Pulvers auf die Stirn drücken ließen und sich dann wieder entfernten. Endlos lange bewegten sich dann die Fahrzeuge, nachdem sie die Howrah-Brücke überquert hatten, durch Industrieviertel des Stadtteils Howrah, bis wir den Botanischen Garten ereichten.

Eine ausgedehnte Parkanlage mit Alleen von Königspalmen und Rabatten seltener Blumen erwartete uns. Die größte Attraktion dort war ein Banyan-Baum, der mit seinen weit ausladenden Ästen und herabhängenden Luftwurzeln einen Durchmesser von sechzig bis siebzig Metern hatte. Kaum zu glauben, daß dies ein einziger Baum sein sollte, er wirkte wie ein Mangrovenwald. Der größte Banyan-Baum der Welt, erklärte Mr. Seth pathetisch und gab mir mit schwungvoller Geste zu verstehen: eine würdige Kulisse für das Picknick der Großfamilie Seth!

Mr. Seth schritt prüfend den Rasen ab, wobei ihm der Troß von Dienern folgte, auf den Köpfen metallene Eimer und verschnürte Bündel. Mr. Seth wählte einen Platz, von dem aus wir sowohl einen Blick auf den mächtigen Banyan-Baum als auch auf den breiten Strom des Hughli mit seinen vorbeigleitenden Lastkähnen und Dampfern hatten.

Die Diener breiteten in einem weiten Kreis Kissen zum Sitzen aus, und nachdem wir uns niedergelassen hatten, schöpften sie aus den Eimern Reis, verschiedene Gemüse, Soßen, Yoghurt, Früchte. Sie servierten ein vegetarisches Essen, wie es für viele höherkastige Hindus aus rituellen Gründen selbstverständlich ist. Aber bei dem Wohlstand der Familie Seth war das Essen entsprechend üppig und raffiniert in den Geschmacksnuancen angerichtet. Gegessen wurde traditionell. Die Männer, die während ihrer Geschäftsreisen im Ausland gewohnt waren, zu Tisch mit Messer und Gabel zu essen, hockten hier wie ihre Frauen mit gekreuzten Beinen auf dem Boden. Vor ihnen war das Essen auf einem Bananenblatt ausgebreitet. Sie kneteten mit der rechten Hand den Reis und das Gemüse in der Soße zu Kugeln, wie ich das in Deutschland schon bei den bengalischen Studenten erlebt hatte, und schoben sie in den Mund. Zwischendurch schleckten sie sich die fettigen Finger mit sichtlichem Wohlbehagen geräuschvoll ab.

Eine unbeschwerte Atmosphäre, anscheinend weit weg von der ausufernden Millionenstadt Kalkutta mit ihren scharfen sozialen Kontrasten. Sonnenschein, Vogelgezwitscher, bei den Essenden Scherzen und Lachen, während die Diener aus den Eimern ständig nachschöpften, sobald die Portionen auf den Bananenblättern kleiner wurden.

Unbeschwert? Niemand außer mir schien die Menschen zu bemerken, die sich aus allen Richtungen unserer Runde näherten, stumm in nur zwei Meter Abstand stehenblieben und sich schließlich ins Gras hockten. Männer, Frauen, Kinder, alle ziemlich mager, ja abgemagert, in zerschlissenen Lendenschürzen und Saris, in Fetzen, in Lumpen, manche mit Händen ohne Finger, vermutlich Leprakranke, mit Arm- und Beinstümpfen, mit Krücken. Die Augen, diese Augen. Große, brennende Augen in knochigen, faltigen, viel zu mageren Gesichtern, gierige Augen, die jede Bewegung der Essenden verfolgten.

Niemand außer mir schien diese Menschen zu bemerken,

wie sie um unseren Kreis herum nach und nach einen stummen, hartnäckigen Belagerungsring schlossen. Der Mann neben mir, dickbäuchig sich zurücklehnend, satt rülpsend als Ausdruck besonderen Wohlbehagens, warf eine nur halb gegessene Melonenscheibe hinter sich. Keines der Geräusche schien ihn zu erreichen, als sich hinter seinem Rücken etliche der zerlumpten Kinder schreiend balgten. Innerhalb von Sekunden war die Melonenscheibe in Teile zerrissen und in hastig kauenden Mündern verschwunden.

Die Sitzenden ließen sich nach dem Essen von den Dienern Schalen mit heißem, zitronengesäuertem Wasser reichen, in die sie ihre fettigen Finger tauchten. Sie plauderten, manche scherzten, lachten, ein heiterer Ton, der uns das ganze Essen hindurch begleitet hatte. Ruhe war wieder in den Belagerungsring rund um uns gekommen, die Wartenden zwangen sich zur Ruhe, wohl in der Angst, sonst verjagt zu werden. Geduld schienen diese Menschen gelernt zu haben, endlose Geduld war wohl eine Überlebensfrage.

Fingerschnipsend gab Mr. Seth schließlich das Zeichen zum Aufbruch. Scheu öffneten die zerlumpten Gestalten ihren Belagerungsring und ließen uns gehen. Keiner der Abziehenden warf ihnen auch jetzt einen Blick zu, so als seien die Wartenden unsichtbar – mehr noch: als würden sie gar nicht existieren. Die Diener, die die Eimer und Töpfe zusammenräumten, blieben zurück und wurden weiterhin vom stummen Ring der Belagerer beobachtetet. Scheinbar achtlos und sehr eilig kippten die Diener das übriggebliebene Essen auf die zerstreut herumliegenden Bananenblätter, teils aber auch ins Gras. Dann packten sie die leeren Eimer und folgten uns. Das war das Signal. Jäh sprangen die Belagerer hoch, stürzten an den Dienern vorbei nach vorn, die Kinder voraus, stürzten auf die Überreste und balgten sich schreiend um die Reste, viel zu viele Menschen für das bißchen Essen.

Ich war als einziger stehengeblieben und sah zurück. An

meinem Arm spürte ich plötzlich eine Hand und blickte in das Lächeln von Mr. Seth, dieses immer charmante und verbindliche Lächeln. Mit sanftem Druck führte er mich fort. »Ist es nicht schön hier?« fragte er und wies in einem weiten Bogen vom Banyan-Baum bis hin zum Hughli mit seinen weißen Dampfschiffen.

Ich nickte zögernd. Sein Gesicht spannte sich, ihm schien das zu wenig zu sein. »Ja«, sagte ich höflich.

WO DAS FREMDE FREMD BLEIBT

Menschen auf den Hoteltreppen ... Manche hatten sich auf Bastmatten zum Schlafen niedergelegt, andere saßen lautstark redend zusammen. Neugierig beobachteten mich die Männer, als ich wie jeden Abend in den vierten Stock zu meinem Zimmer hinaufstieg. Niemand schien ihnen das Nachtlager im Untergeschoß zu verwehren, wahrscheinlich zahlten sie Miete für die Schlafplätze, wie ich das in den billigen Quartieren der Altstadt von Bombay und Delhi erlebt hatte. Tagsüber waren die Stufen hier leer.

Im vierten Stock war nichts mehr von diesen Mitbewohnern zu spüren. Hier herrschte Ruhe. Ruhe? Nicht diesmal. Etliche der Türen waren geöffnet, Stimmen schallten aus den Zimmern. Gelächter. Eine ganze Gruppe hatte sich diese Nacht einquartiert, denen die Wände und Türen zwischen den Zimmern hinderlich schienen. Desto lauter, desto schriller die Stimmen von Tür zu Tür. Eine Frau kam auf den Flur, sah mich, rief etwas, Köpfe schnellten aus allen Türöffnungen. Anscheinend hatte die Frau meine Ankunft gemeldet. Neugierig musterte mich ein Dutzend Augenpaare, Männer und Frauen, die völlig überrascht waren, hier in einem billigen Mittelklassehotel einen Europäer als Zimmernachbarn anzutreffen. Die Männer in westlichen Hemden, aber mit Wickelrock, die Frauen durchwegs im traditionellen Sari, bildeten eine Gruppe vermutlich aus einer bengalischen Kleinstadt.

Einer der Männer nannte mir den Namen seines Heimatortes, den ich nur undeutlich verstand, so wie sein spärliches Englisch überhaupt nur schwer verstehbar war. Sichtlich gut gelaunt redete er mit mir und musterte mich dabei mit staunender Neugier, so als wäre es für ihn völlig ungewohnt, mit einem Ausländer zu reden. Soweit ich seine Ausführungen verstehen konnte, war seine Großfamilie zu einem religiösen

Fest zu Ehren des Gottes Shiva im Ganges-Delta unterwegs, mit kurzer Zwischenstation in Kalkutta. Er bot mir Kekse an, wobei ich in sein Zimmer blicken konnte, das nicht größer war als meines. Auch dort standen drei Betten, nur daß bei ihm fünf Männer im Raum zwischen allerlei Gepäckballen kauerten.

Unser Gespräch bestand aus wenigen englischen Wörtern, vielen Handzeichen, vielem Kopfnicken, vielem Lächeln. Und erschöpfte sich daher bald. Schließlich gab ich ihm in Gebärdensprache zu verstehen, daß ich schlafen wolle, seine Großfamilie solle bitte alle Zimmertüren schließen. »Yes, Sir«. Männer und Frauen verabschiedeten sich mit freundlichem Kopfnicken. Erleichtert ging ich in mein Zimmer und schloß die Tür hinter mir – draußen aber dröhnten weiter die Stimmen von Zimmer zu Zimmer, niemand hatte seine Tür geschlossen, niemand dämpfte seine Stimme. Hatten sie nicht verstanden, um was es mir ging? Anscheinend nicht.

Es war meine fünfte Nacht hier, nachdem ich von der Rundreise durch den Nordosten Indiens zurückgekehrt war. Bisher war es im Hotel relativ ruhig gewesen, der Lärm von zwei, drei, vier Personen in unmittelbarer Nachbarschaft war erträglich geblieben und hatte jedes Mal bald aufgehört. Nun aber?

Der Blick aus dem Fenster lenkte mich vorerst ab. Unter mir das Labyrinth ineinander verschachtelter Flachdächer. Es herrschte reges Leben auf ihnen, denn jetzt waren die Familien aus ihren engen Wohnungen in die Abendkühle herausgekommen. Sie lagerten in Gruppen, Kinder kreischten, von irgendwo tönte ein Radio mit dem kehligen Singsang einer Schlagersängerin. Durch das geschlossene Fenster erreichten mich die Geräusche allerdings nur gedämpft.

Ich konnte nicht einschlafen, trotz der bleiernen Müdigkeit. Immer wieder gellten Stimmen vom Flur her. Ich sah nach draußen: Alle Türen standen noch offen, noch immer unterhielten sich Männer und Frauen lautstark von Zimmer zu Zimmer. Ich ging nach draußen und bemerkte im Vorbeigehen, daß in manchen Zimmern die Gäste schon schliefen, ohne aber die Tür geschlossen zu haben – so, als ob sie selbst noch im Schlaf die Verbindung zu ihrer Gruppe brauchten. Ich traf auf jenen Mann, mit dem ich vorher gesprochen hatte, und gab ihm zu verstehen, daß es nun schon sehr spät sei und ich nun wirklich schlafen wolle. Er und seine Reisebegleiter sollten doch endlich alle Türen zumachen. »Yes, Sir.« Er rief einige Worte durch den Flur, von überall kamen Köpfe an die Tür, um mich – irritiert, wie mir schien – zu betrachten, dann schlossen sie tatsächlich die Türen. Erleichtert zog ich mich in mein Zimmer zurück, legte mich nieder … Wie lange war es ruhig gewesen? Zehn Minuten … eine Viertelstunde … Wieder eine Stimme durch eine geöffnete Tür, wieder antwortete eine Stimme aus dem Nachbarzimmer bei ebenfalls offener Tür.

Ich gab es auf, noch einmal um Ruhe zu bitten. Es würde nichts nützen, auch wenn die Angesprochenen besser Englisch verstünden. Es wiederholte sich, was ich im Verlauf der Jahre immer wieder bei indischen Gruppen erlebt habe: Der Sinn meiner Bitte wurde gar nicht verstanden. Weshalb sollte ich bei dem lebhaften Treiben ringsum nicht schlafen können, wenn es die anderen doch auch vermochten?

Die Eindrücke meiner Stadtrundgänge zogen an mir vorbei. Ich mußte an die vielen Schlafenden denken, die sich inmitten des Menschengewühls ausgestreckt hatten, ungeachtet der über sie steigenden Fußgänger, des Motorenlärms, der lauten Radiomusik … Menschen, die gar keine Möglichkeiten hatten, sich in einen Schonraum ohne Gedränge, ohne Lärm zurückzuziehen … Menschen, für die es zur Überlebensstrategie gehörte, überall und jederzeit störende Eindrücke im Bewußtsein auszublenden. Es sind Menschen, die seit ihrer frühesten Kindheit nichts anderes kennen als übervölkerte Straßen und drangvoll enge Wohnquartiere. Menschen, die oft mit ihrer ganzen Familie in einem einzigen Raum von wenigen Quadratmetern zusammenleben. Können bei solcher Gewöhnung Geräusche überhaupt noch als störend empfunden werden? Oder sogar umgekehrt: Vermitteln Geräusche vielleicht sogar das angenehme Gefühl der Nähe einer Gruppe? So gesehen mußte es meinen Zimmernachbarn unvorstellbar erscheinen, daß mich ihre Lautstärke stören könnte. So wie es mir schwerfiel, ihr »mangelndes Einfühlungsvermögen« in meine Situation zu verstehen.

Ich blieb wach, die ganze Nacht. Längst waren draußen im Hotelflur alle Geräusche verstummt, längst schliefen alle – ich aber hörte überempfindlich Geräusche durch das geschlossene Fenster. Drei Uhr nachts. Der summende ferne Ton eines Automotors schrillte in den Ohren, das seltene Holpern eines Fuhrwerks schlug an die Schläfen. Jetzt wäre Ruhe, aber ich fand die Ruhe nicht mehr. Ich würde wohl auch die nächste Nacht wachliegen und nervös auf jedes Geräusch horchen. Einmal aufgereizt! Selbst wenn die Großfamilie dann wieder ausgezogen wäre, würde ich nervös und aufgedreht bleiben, in der Furcht, ähnlich laute Nachbarn könnten nachfolgen. Es war vorbei. Ich mußte das Hotel wechseln. Dabei legte ich Wert auf solche Hotels, in denen ich dem indischen Alltag relativ nahe bin. Aber wieder einmal hatte ich zuviel »Alltagsnähe« erlebt und brauchte ein Hotel, in das ich mich wie in eine bergende Hülle zurückziehen konnte – ein Hotel mit westlichem Standard.

Am nächsten Morgen bezog ich unmittelbar an der Nehru Road, der ehemaligen Chowringhee Road, ein entsprechendes Zimmer: mit Bad, Klo, Klimaanlage, sogar einem Fernsehapparat – und doppelten Fensterscheiben zur Straße hin, eine doppelte Tür zum Flur hin. Ich brauchte nun viel Raum um mich, freien, menschenleeren, stillen Raum. Ein zwanzig Quadratmeter leeres Hotelzimmer – eine Ausdehnung, die nach

Ansicht zahlreicher Inder rund zehn Menschen Platz zum Wohnen bieten könnte. Pro Nacht kostete das neue Zimmer umgerechnet 30 Euro. Die Nacht zuvor hatte ich umgerechnet nur sechs Euro bezahlt, etwa so viel, wie ein Rikschakuli in einem halben Monat verdient. Nun aber gab ich für bereits eine Übernachtung mehr als zwei solcher Monatslöhne aus.

Geborgenheit nur in der Gruppe

Die schlaflose Nacht im Hotel, als die lärmende Großfamilie meine Bitte um Ruhe überhaupt nicht verstehen konnte, bot mir Anlaß zum Nachdenken.

Ich erinnerte mich an eine Reihe Einladungen, die ich unterwegs durch Indien von Angehörigen wohlhabender Familien erhalten hatte. Jedesmal war ich in ein großräumiges Haus gekommen, und jedesmal fand ich zu meiner Überraschung, daß die meisten Zimmer nicht durch geschlossene Türen voneinander getrennt waren. Ja, daß Türen oft sogar völlig fehlten. Ich konnte die sehr lauten Stimmen von Menschen zwei bis drei Räume weiter hören; niemand schien sich Mühe zu geben, die Stimme zu dämpfen. Alle schienen sich absolut sicher zu sein, daß ihre Geräusche von anderen Bewohnern oder auch von Besuchern als angenehm empfunden würden.

Bisher hatte ich geglaubt, fehlende Türen in einem Haus bedeuteten, daß die Besitzer sich keine Türen leisten konnten. Demnach gäbe es diese Gleichgültigkeit gegenüber Lärm oder gar die fröhliche Gelassenheit bei Geräuschen aus Nachbarzimmern nur bei armen Hausbewohnern – sozusagen ein Anpassungsprozeß an unvermeidbare Zustände. Aber wohlhabende Großfamilien verhalten sich nicht anders, obwohl sie ihre Wohnräume ganz nach eigenen Bedürfnissen gestalten können.

Geschlossene Türen in weiträumigen Häusern der Wohlhabenden haben nur die eine Funktion: Es sind familiäre Räume, vor allem für Frauen, die es gegen fremde Besucher abzuschirmen gilt. Dagegen scheint der Wunsch weitgehend unbekannt, sich innerhalb der eigenen Familie oder Großfamilie in einen privaten Raum zurückzuziehen. Ein solches Verlangen gilt als »nicht normal«, es würde signalisieren, daß sich ein Einzelner freiwillig isolieren möchte. Die Tatsache, daß ich selber allein unterwegs war – ohne meine Familie, ohne Freunde, ohne Geschäftspartner –, konnte aus ihrer Sicht nur einen erzwungenen, höchst bedauerlichen Zustand bedeuten.

Solche Beobachtungen lassen sich aber nicht nur in Indien, sondern in vielen Ländern außerhalb des westlichen Kulturkreises machen. Besonders erinnere ich mich hier an Dörfer in feuchtheißen Regionen Südostasiens, wo die Bewohner oft in luftigen, palmstrohgedeckten Hütten dichtgedrängt auf Matten schlafen. Zwischenwände fehlen hier völlig. Zwar begünstigt das feuchtheiße Klima den Wunsch nach wandlosen zugigen Großräumen, aber die tiefste Ursache für diese Art des Wohnens ist anderswo zu suchen: Die Bewohner möchten sich gar nicht von ihren Mitbewohnern abgrenzen, ja sie würden eine solche Abgrenzung als einen Verlust an Lebensqualität empfinden, sie würden sich einsam fühlen.

Es ist ein Grundgefühl, wie es bei uns bis ins 18. Jahrhundert weithin auch noch bestanden hat, in Dörfern wie in Städten. Erst als in Westeuropa zu Beginn des industriellen Zeitalters eine bürgerliche Gesellschaft entstanden war – und mit ihr das Ideal der individuellen Freiheit –, hat sich auch bei uns ein anderes Wohnverhalten herausgebildet. Seither gibt es bei uns das Bedürfnis, sich in einem Einzelzimmer von anderen Mitbewohnern intim abzugrenzen. Und ein solches Bedürfnis konnte sich nur entwickeln, weil die moderne Erwerbsgesellschaft dem Einzelnen auch die Chance bietet, finanziell unabhängig von familiären Zwängen zu existieren.

Außerhalb unseres westlichen Kulturraums sind bis heute solche Rahmenbedingungen kaum gegeben. Nach wie vor bietet dort die Familie, Großfamilie oder der Klan den alleinigen sozialen Schutz, nach wie vor fehlt es dort noch weitgehend an staatlich gewährter Sozialversicherung. So können sich die meisten Menschen dort nicht im entferntesten vorstellen, außerhalb der Gruppe zu leben. Das gilt oft sogar für Angehörige der reichen Oberschicht, für Menschen also, die noch am ehesten mit westlichen Lebensgewohnheiten vertraut sind. In Gesprächen konnte ich immer wieder feststellen, daß solche Inder den westlichen Individualismus zwar nicht von vornherein gänzlich ablehnen, ihn aber doch sehr skeptisch beurteilen. Auch sie halten es nicht für richtig, daß sich ein Einzelner mit eigener Meinung und Lebensweise auffallend von seiner Familie und der übergeordneten Gruppe abhebt. Sie setzen einen derartigen »Individualismus« mit »Egoismus« gleich.

Interessant ist in diesem Zusammenhang eine Untersuchung indischer Sozialwissenschaftler, die sie in Kalkutta bei hundert armen und hundert reichen Familien durchführten. Das war zwar im Jahr 1964, aber im Prinzip sieht das Resultat dieser Untersuchung heute nicht viel anders aus. Das Ergebnis lautete, daß 57 Prozent der Armen und rund 80 Prozent der Reichen noch in Großfamilien leben, entweder im gemeinsamen Haus oder in unmittelbarer Nachbarschaft.[1] Diese Erhebungen zeigen, daß weder die Urbanisierung noch der Einfluß westlichen Denkens die Lebensform der Großfamilie einschneidend veränderte. Sonst müßte bei Angehörigen der Oberschicht der prozentuale Anteil an Großfamilien um vieles niedriger sein als bei mittleren oder unteren Schichten. Tatsächlich ist es umgekehrt. Aber das ergibt sich nur so, weil viele Arme durch äußere Zwänge daran gehindert sind, ebenfalls im festgefügten Verband ihrer Großfamilie zu leben. Besonders gilt das für notleidende Zuwanderer aus Dörfern.

Sie setzen jedoch alles daran, den Zustand der Vereinzelung rasch zu überwinden. Neuankömmlinge versuchen stets dort unterzukommen, wo schon Mitglieder ihrer Großfamilie oder wenigstens ihres Dorfes wohnen.

Ob also arm oder reich, bäuerlich oder städtisch: weitgehend stimmen die Menschen in dem Lebensgefühl überein, daß der Rückzug eines Einzelnen in eine sogenannte Privatsphäre unvorstellbar ist. Sogar in Dörfern mit viel Platz und freier Natur sind es die Menschen gewohnt, von einer Geräuschkulisse aus Menschenstimmen und Arbeitsgeräten umgeben zu sein, von beobachtenden Blicken, von Körpernähe.

Demnach ist die Unempfindlichkeit gegenüber der ständigen Gegenwart von Menschen und ihren Geräuschen nicht erst in übervölkerten Großstädten entstanden. Die Zuwanderer aus Dörfern bringen bereits die entsprechenden psychischen Voraussetzungen mit, um selbst unter härtesten Bedingungen überfüllter Wohnquartiere und lärmender Straßen zu überleben.

Ich aber war schutzlos. Mir fehlte dieser Lernprozeß von frühester Kindheit an. Entsprechend lag ich Wand an Wand mit lebhaften Zimmernachbarn lärmgestreßt im Bett, ohnehin schon überreizt durch meine bisherigen Erlebnisse in Kalkutta.

Der Schutz der Göttin Kali

Ich war unterwegs in Vorortvierteln. Am Busfenster draußen zogen moderne Wohnblocks vorbei, deren graue Betonfassaden eine sterile Traurigkeit ausstrahlten. Wer wohnte hier? Fabrikarbeiter? Nach dem Wohlstandsmaßstäben westlicher Beobachter konnte der Standard nicht höher sein. Später sollte ich aber von Studenten erfahren, daß in solchen Vierteln indischer Millionenstädte Kaufleute, Beamte, Techniker, Ingenieure, ja leitende Angestellte kleinerer Firmen wohnen. Aussteigen wollte ich hier nicht. Doch gerade hier sollte ich eine Überraschung erleben. Ausgerechnet hier konnte ich eine Beobachtung machen, daß es für die Einwohner einer extremen Megastadt noch ganz andere Möglichkeiten gibt, schwierige Lebensbedingungen psychisch zu verarbeiten. Zum Schlüsselerlebnis wurde mir eine religiöse Zeremonie.

Vom Busfenster aus hatte ich ein Zelt gesehen. Ich stieg aus. Das Zelt hatte meine Neugierde geweckt, ein großes Zelt, mit Girlanden bunter Wimpel bespannt, einem Zirkuszelt ähnlich. Musik dröhnte aus Lautsprecherboxen, es waren langgezogene Töne von Saiteninstrumenten und Flöten und ein für westliche Ohren melancholisch klingender Gesang, eine Musik, wie ich sie schon in Pilgerzentren am Ganges kennengelernt hatte. Ich fand mich bald in einem Strom von Männern, die sich ebenfalls auf das Zelt zubewegten. Im Zelt reihten sich bereits Hunderte Sitzende auf Strohmatten, so daß den neu Ankommenden nur noch Stehplätze an den Rändern blieben. Den Blickfang aber bildete eine überlebensgroße, nahezu drei Meter hohe bunt bemalte Frauenstatue aus Pappmaché: Kali. Derart groß hatte ich die Göttin bisher in keinem Tempel gesehen.

Furchterregend war ihr Anblick auch hier im Zelt: Das schwarzbemalte Gesicht war zu einer Grimasse verzerrt, die rote Zunge hatte sie weit herausgestreckt, ein Kranz von Männerköpfen hing um ihren Hals. Vier Arme waren weit ausgebreitet, in der einen Hand hielt sie ein bluttriefendes Schwert, in einer anderen den abgeschlagenen Kopf eines Mannes, in zwei anderen aber Blumenschalen.

Welch extreme Kontraste bei einer einzigen Gottheit. Auf den ersten Blick scheint das Gewalttätige, Bedrohliche, Zerstörerische zu überwiegen. Um dann auf den zweiten Blick erst das Gegensätzliche zu erfassen: neben Blut und Zerstörung das Schöne, Lebendige in Form von Blumenschalen. Keine Gottheit im hinduistischen Pantheon erscheint westlichen Betrachtern schon mit ihren äußeren Attributen derart auffällig und fremdartig, ja befremdend wie Kali, die »Schwarze« (so die wörtliche Übersetzung ihres Namens). Gerade sie ist aber die meistverehrte Gottheit in Kalkutta. Ihr verdankt die Megastadt sogar ihren Namen, schließlich hieß das einst hier gelegene Fischerdorf »Kali-Kutta«, »Ort der Göttin Kali«. Und Kali ist zur Schutzgöttin einer großen Gruppe von Gläubigen geworden. Aber ihr Bild findet man nicht nur bei den Hindus, die die Mehrzahl der Einwohner bilden, sondern manchmal auch bei Muslimen und indischen Christen, sozusagen als Talisman.

Die Konfrontation mit der Göttin Kali bedeutet für mich jedesmal aufs neue eine geistige Herausforderung. Als ich nun das Zelt in einem Vorortviertel Kalkuttas betrat, erwartete mich zudem ein besonderer Kult, wie ich ihn bisher nicht erlebt hatte.

Männer tanzten vor der Göttin, sie bewegten sich wie in Zeitlupe, dem langsamen Fließen der melancholischen Lautsprechermusik angepaßt. Ein, zwei Dutzend Männer. Etliche im traditionellen kragenlosen Hemd, viele aber westlich gekleidet, als wären sie direkt aus dem Büro hierher gekommen. Einen Priester mit der weißen Schnur des Brahmanen konnte ich im Zelt nirgendwo entdecken. Nicht nur die Zuschauer, auch alle Tanzenden schienen Laien zu sein. Männer aus den Reihen der Sitzenden erhoben sich, drängten nach vorne und fingen ebenfalls zu tanzen an. Ich schob mich nach vorne, um die Männer aus nächster Nähe beobachten zu können. Dieser Ausdruck in ihren Augen: glasig … verzückt … ekstatisch. Etliche hatten sich bereits in Trance getanzt bei diesem schwermütigen Fließen der Musik, diesem monotonen und doch aufpeitschenden Klang. Ein Mann brach zusammen, wälzte sich in Zuckungen auf dem Boden.

Ein zweiter folgte. Andere umarmten sich. Weitere Männer in den Sitzreihen sprangen auf, streckten die Arme aus, wiegten sich ebenfalls im Tanz, versuchten ebenfalls den Zustand der Trance zu erreichen, um sich dann mit der Seele der Gottheit vereinigt zu fühlen.

Diese Göttin mit blutigem Schwert, mit Blumenschalen … Diese verzückt Tanzenden … Eine Szenerie so archaisch wie die Rituale zu Ehren einer antiken Fruchtbarkeitsgöttin. Zweitausend Jahre müßte man in Europa, ja auch im vorderasiatischen Raum zurückgehen, um eine derartige Form öffentlich ausgelebter kollektiver mystischer Verzückung zu erleben. In Indien hätte ich dies höchstens noch in Dörfern erwartet. Oder wenn schon in einer Großstadt, dann in dörflich anmutenden Altstadtbezirken, wo sich an vielen Hauswänden und Straßenecken Götterbilder befinden. Oder in Hüttensiedlungen, in denen Zuwanderer aus Dörfern ihr Dasein fristen. Aber das Zelt stand in keinem Dorf mit Ochsenkarren und strohgedeckten Lehmhütten. Draußen fuhren Autos und Straßenbahnen, draußen reihten sich Betonwohnblocks. Und die Versammelten hier waren keineswegs einer bäuerlichen Schicht von Zuwanderern zuzuordnen, dem Aussehen und der Kleidung nach eher der bürgerlichen Mittelschicht.

Ich verließ das Zelt mit dem Gefühl, nichts wirklich verstanden zu haben, nichts wirklich verstehen zu können – sondern wieder einmal als westlicher Beobachter an die Grenze meiner Wahrnehmungsfähigkeit gelangt zu sein. Ich konnte zunächst nur Widersprüche und Gegensätze entdecken.

Kali, die allgegenwärtige Göttin in Kalkutta: gleichermaßen verehrt von reichen wie armen, von städtisch wie dörflich geprägten, gebildeten wie ungebildeten Einwohnern … Lag nicht gerade darin etwas Symbolisches? Kali als die Göttin, in deren Eigenschaften sich so schroffe Gegensätze ballen wie in der sozialen und kulturellen Struktur der Megastadt? Kali, die im Kern ihres Wesens so unergründlich ist wie diese

Stadt Kalkutta mit ihren Schrecknissen und Schönheiten, so vielfältig und unüberschaubar »chaotisch«?

Westliche Reisende, auch Journalisten habe ich so argumentieren hören. Derartige metaphorische Vergleiche haben etwas Verführerisches. Ich zögere mit solchen Vergleichen, solchen Erklärungen. Es ist *unser* Blickwinkel.

Ich wußte über Kali, daß sie ihren Verehrern als Göttin der Geburt wie des Todes, des Werdens wie des Vergehens, der Fruchtbarkeit wie der Zerstörung gilt. In ihr symbolisiert sich gleichermaßen das Heilbringende wie das Unheildrohende kosmischer Kräfte. Ein solcher Glaube steht diametral dem christlichen und islamischen entgegen, da Christen und Muslime dualistisch zwischen den metaphysisch wirkenden Mächten Gott (gut) und Teufel (böse) unterscheiden.

Westliche Beobachter muß es zunächst verwirren, wenn sie von Indern Einzelheiten der Kali-Verehrung erfahren. In vielen Wohnungen Kalkuttas findet sich ein Bild der Göttin mit den schrecklichen Attributen der abgeschlagenen Männerköpfe. Aber die Hindus beten am frühen Morgen vor dem Bildnis, nennen die Gottheit »Mutter« und bezeichnen sie als »gütig« und »liebevoll«. Wie das? Sie bitten um Schutz vor bösen Mächten. Der Kranz von Männerköpfen um den Hals und der abgeschlagene Kopf in der Hand zeigt nicht etwa, wie es der erste Anschein vermuten läßt, getötete Menschen, sondern besiegte Dämonen in Menschengestalt. Kali hatte dem Mythos zufolge in wildem Tanz eine ganze Armee von Dämonen vernichtet und damit die Welt vor dem Untergang bewahrt. Aber, und hier offenbart sich der ambivalente Charakter der Gottheit, Kali konnte nach dem Sieg über die Dämonen in ihrem Zerstörungsrausch nicht mehr innehalten. Völlig außer Kontrolle geraten wütete sie sogar gegen Gott Shiva, ihren Gatten, der bei vielen Kali-Statuen unter den stampfenden Füßen der Göttin liegend abgebildet ist. Kali konnte erst im letzten Moment erkennen, daß sie nun selber beinahe die ganze Welt zerstört hätte. Im ersten Anflug des Entsetzens streckte sie aus Scham die Zunge weit heraus (auch diese Geste ein häufiges Attribut ihrer Statuen). Und schon verwandelte sich Kali wieder in die gütige, segenspendende »Mutter«.

Der Kult um die Göttin Kali zeigt augenfällig, wie das Andenken an die großen Muttergottheiten der indischen Frühzeit beharrlich bis in unsere Gegenwart überdauert hat. Und oft mit sehr archaischen, blutigen Begleiterscheinungen. Noch im 19. Jahrhundert wurden der Göttin Kali Menschen geopfert, heute noch Tiere. Ein Zentrum dieser Tieropfer ist nach wie vor Kali-Ghat, Kalkuttas bekanntester Kali-Tempel, im Süden der Stadt gelegen.

Der Glaube an Kali ist in ganz Indien verbreitet. Auch wenn die Göttin selber unter verschiedenen Namen verehrt wird: Durga (die »Unzugängliche«), Bhairavi, Chamundi, Mahishmardini und vielen anderen. Sie alle gelten nur als verschiedene Erscheinungsformen. Entscheidend ist also weniger der Name als die vielen übereinstimmenden Eigenschaften. Diese Eigenschaften finden sich auch bei einer Reihe männlicher Gottheiten, allen voran Shiva, einem der meistverehrten Götter Indiens. Nicht zufällig erscheint Shiva in der Mythologie sowohl als Gatte der Kali als auch der Durga.

Bedrohung und Rettung, Tod und Geburt, Zerstörung und Aufblühen, Chaos und neu entstehende Ordnung liegen unmittelbar beieinander ... Dieses Lebensgefühl hat in Indien seit Jahrtausenden Tradition. Es ist so alt wie Indiens bäuerliche Gesellschaft und ihre Erfahrung mit einer extremen Natur, dem reichen Erntesegen einerseits, der Bedrohung durch Überschwemmungskatastrophen und Dürreperioden andererseits. Für den Gläubigen sind es kosmisch gewollte Gegensätze. Doch den Gläubigen bleibt die Gewißheit, daß auf Zerstörung und Chaos wieder neues Aufblühen und Ordnung folgt, daß Untergang in eine neue Schöpfung mündet –

daß also das Dasein in einem letztlich unzerstörbaren Gleichgewicht erhalten bleibt. Auch hier eine Ordnung hinter dem »Chaos«.

Gottheiten wie Kali und Durga, Shiva und viele andere sind Sinnbilder für den als ewig verstandenen Kreislauf von Sterben und Werden – Sinnbilder für eine Einheit, die hinter den extremen Gegensätzen existiert. Und diese Einheit kann jeder Gläubige erfahren, sobald er sich auf den mystischen Pfad begibt. Das kann heißen, sich in Meditation zu versenken, oder auch, sich vor der Statue einer solchen Gottheit in Trance zu tanzen. Der Tanz kann ihn für kurze Zeit wenigstens aus seiner menschlichen Einzelexistenz erlösen und seine Seele mit der »kosmischen Seele« verschmelzen. Genau eine solche Zeremonie hatte ich erlebt.

Aber es war eben keine Zeremonie in einem Dorf, wo die Traditionen seit vielen Jahrhunderten unverändert geblieben waren. Nahezu ungebrochen überdauern solche Kulte selbst in einer Megastadt. Und zu wundern braucht dies – bei genauerem Hinsehen – nicht. Denn die Gegensätze in einer Megastadt mit einerseits unermeßlichem Reichtum, andererseits lähmender Unterentwicklung sind extremer als die in einer ländlichen, naturabhängigen Gesellschaft. Gerade deshalb hat der Glaube an die Göttin Kali auch noch im Anblick von Betonhochhäusern seine Funktion behalten. Er bietet den Stadtbewohnern nicht minder die tröstliche Gewißheit, daß selbst die schroffsten sozialen Gegensätze nach dem Gesetz des kosmischen Ausgleichs viel von ihrer elementaren Bedrohung verlieren.

Aus westlicher Sicht muß ein solcher Glaube allerdings sehr archaisch, ja erschreckend unmodern und fortschrittshemmend erscheinen. Verleitet nicht gerade diese Art von Religiosität dazu, extreme Lebensverhältnisse hinzunehmen? Und schlittert nicht gerade deshalb eine Stadt wie Kalkutta immer tiefer in Armut und Chaos?

Wenn auch die hier geschilderte Religiosität den Hinduismus nur in einer seiner Varianten zeigt, so wird eines deutlich: Zwar schafft dieser Glaube keinen Ansporn, die Verhältnisse in Kalkutta aktiv zu verändern – aber er weist einen Weg, extreme Lebensbedingungen psychisch zu verkraften.

ENTWICKLUNG EINER KRISE

Krise schon unter der Kolonialherrschaft

Der Dalhousie Square ist Kalkuttas schönster und repräsentativster Platz. Gestaltet hatten ihn die britischen Kolonialherren während der zweiten Hälfte des 19. Jahrhunderts. Die Mitte ziert ein künstlich angelegter See, in dessem Wasser sich Regierungsgebäude und das Hauptpostamt mit makellos frisch getünchten Fassaden spiegeln. Der Platz heißt heute Benoy-Badal-Dinesh-Platz, benannt nach drei Bengalen, die sich im Freiheitskampf gegen die britische Herrschaft hervorgetan hatten, aber er wird weiterhin von vielen Indern aus Gewohnheit bei seinem englischen Namen genannt. Dieser Platz strahlt immer noch britisches Flair aus mit seiner Dominanz klassizistischer Kuppeln und Säulen.

»Ein Stück London«, hatte ich 1965 in mein Reisetagebuch eingetragen. Drei Jahrzehnte später, als ich wieder den Spazierweg um den See ging, hätte ich mit einer derartigen Notiz gezögert angesichts der Menschenmassen, den abfallübersäten Rasenflächen, dem nervtötenden Hupkonzert sich stauender Autos auf der parallel verlaufenden Straße. Trotzdem vermittelt dieser Platz mit den vielen Regierungsgebäuden in seiner Umgebung noch am stärksten einen Eindruck davon, wie Kalkutta zur kolonialen Zeit ausgesehen hat und was für eine herrschaftliche Stadt sie einmal gewesen ist. Hier, im Zentrum einstiger kolonialer Macht und dem heutigen Regierungsviertel Westbengalens, scheint sich Kalkuttas einziger Ort zu befinden, wo es den Indern wert ist, historische Bausubstanz zu erhalten.

»Stadt der Paläste«, so hatten Briten wie Inder Kalkutta zu seiner Glanzzeit genannt. »Zweite Stadt des britischen Imperiums«, hatten die Kolonialherren mit schwärmerischem Lob ergänzt. Mit »erster Stadt« war natürlich London gemeint.

Tatsächlich war Kalkutta nach dem architektonischen Vorbild Londons gebaut worden: mit Regierungs- und Verwaltungsbauten im neugotischen oder klassizistischen Stil, mit weiträumigen Geschäftsvierteln und Industriebezirken, mit alleengesäumten Straßen und stuckverzierten Wohnhäusern. Die aus rotem Backstein errichteten Papierfabriken und Jutespeicher könnten ebensogut in einer nordenglischen Industriestadt des 19. Jahrhunderts stehen. Inmitten eines fremden Kulturraums hatte sich hier britisches Flair Geltung verschafft – mit dem Anspruch, richtungsweisend für diese andere Welt zu sein. Was London für Großbritannien, das sollte die britische Schöpfung Kalkutta für Indien werden.

»Stadt der Paläste« … Noch gegen Ende des 19. Jahrhunderts schien Kalkutta die Hoffnung der Kolonialregierung zu erfüllen, eines der großen Wirtschafts- und Finanzzentren Asiens zu werden. »Stadt der Armut« … Nur ein halbes Jahrhundert später erscheint aber diese Bezeichnung für Kalkutta angemessener. Wie hatte es innerhalb derart kurzer Zeit dazu kommen können?

Kalkuttas Aufstieg und drohender Niedergang sind exemplarisch für die Entwicklung vieler Megastädte der Dritten Welt. Werfen wir einen Blick zurück in die Geschichte.

1990 feierte Kalkutta seinen dreihundertsten Geburtstag. Für Indien mit seiner mehr als dreitausend Jahre alten Hochkultur ist dies ein sehr geringes Alter. Gegründet wurde Kalkutta ja nicht von Indern, sondern von Engländern, von Kaufleuten und Soldaten des ältesten Industriestaates der Welt. Dies hat die Entwicklung der Stadt einschneidend geprägt – im Guten wie im Schlechten.

Auch zwei weitere Megastädte Indiens mit inzwischen explosiven Wachstumsproblemen sind englische Gründungen: Bombay und Madras. Selbst die Namen sind kolonialen Ursprungs, weshalb sie in den achtziger und neunziger Jahren von indischen Nationalisten »indisiert« wurden: Aus Bombay wurde Mumbai (benannt nach einer Schutzgottheit der Einheimischen), aus Madras wurde Chennai (benannt nach einem früher dort gelegenen Dorf). Einzig Delhi, Indiens heutige Hauptstadt und die vierte unter den herausragenden Megastädten, kann auf eine längere indische Tradition zurückblicken. Deshalb finden wir allein dort auch ältere historische Bausubstanz. Doch selbst Delhis moderne Entwicklung ist ohne den Einfluß des britischen Kolonialismus nicht vorstellbar.

Madras stand am Anfang. 1639 gründeten Mitglieder der Ostindischen Handelskompagnie die Stadt. Ihr folgte 1661 Bombay, wo zuvor schon die Portugiesen eine Handelsniederlassung errichtet hatten. Dann erst Kalkutta im Jahr 1690. Gemeinsam ist allen drei Städten, daß sie aus dem Nichts in unmittelbarer Nachbarschaft von Fischerdörfern entstanden. Und alle drei wurden von den Briten rasch zu großen Handelsstützpunkten und schließlich zu Indiens führenden Häfen ausgebaut. Daß Kalkutta bald an die Spitze dieser Entwicklung rückte, hatte mit der besonderen Situation in Bengalen zu tun.

Schon während des 17. Jahrhunderts hatte sich die britische Kolonialpolitik auf Bengalen konzentriert. Denn das Fürstentum dort hatte den größten Reichtum des Subkontinents erwirtschaftet. Es gab in Bengalen landwirtschaftliche Überschüsse wie auch eine reichhaltige Produktion von Baumwolle, Seide und Musselin in derartiger Qualität, daß Europäer reges Kaufinteresse zeigten. Aber das wirtschaftlich blühende Fürstentum war militärisch schwach, und hinzu kam noch, daß es von der zerfallenden Zentralmacht des Mogul-Reiches keine Hilfe mehr erwarten konnte. Daher mußte sich Bengalen nach einigen Kämpfen dem zahlenmäßig kleinen, aber waffentechnisch weit überlegenen Heer der Briten und ihrer einheimischen Verbündeten beugen. Unter britischer Herrschaft verlor Bengalen seine bisherige wirtschaftliche Selbständigkeit und damit auch seinen Wohlstand, von dem breite Volksschichten profitiert hatten. Die Briten stutzten das wirtschaftlich autarke Land auf die Rolle eines Lieferanten für koloniale Bedürfnisse zurück. Allein aus Bengalen kam noch während des 18. Jahrhunderts rund 60 Prozent aller indischen Einfuhr nach Großbritannien.[1] Kalkutta war in diesem Zusammenhang von Anfang an als die beherrschende Hafenstadt konzipiert, in der die Rohstoffe industriell verarbeitet und dann zur weiteren Feinarbeit nach Großbritannien verschifft wurden.

Während der ersten Hälfte des 19. Jahrhunderts errichteten die Briten in Kalkutta zahlreiche Jute- und Papierfabriken. Parallel dazu entstanden aber auch schon in Bombay, dem zweiten großen Ausfuhrhafen, viele Baumwollspinnereien. Diese Produktionszweige sollten in Indien bis zum Ende der Kolonialherrschaft vorherrschend bleiben. Rigoros unterbanden die Briten alle Industrien, die nicht in ihr Konzept paßten, etwa Eisen- oder Stahlverarbeitung, erst recht den Maschinenbau. Mit solchen Erzeugnissen sollte das Mutterland marktbeherrschend bleiben – und an die Inder verkaufen. Auch gestatteten die Kolonialherren Fabriken nur an solchen Orten, die ihnen strategisch günstig erschienen: in küstennahen Städten und den Ausfuhrhäfen nach Europa. Daher haben sich bis ins 20. Jahrhundert hinein außer in Kalkutta und Bombay nur noch in Madras und Ahmedabad Industrien gebildet, die aber an Bedeutung weit hinter denen der beiden anderen Städte zurückblieben. Kalkutta und Bombay, diese Exporthäfen an den äußersten Rändern eines riesigen Landes, wurden zu den maßgebenden Wirtschaftszentren ausgebaut. Indiens ursprüngliche Struktur verzerrte sich damit entscheidend.

Kein indisches Fürstentum konnte die Kolonialmacht an einer solchen Politik hindern. Denn die Mogul-Dynastie, die im 16. Jahrhundert ein Großreich mit blühender Kultur geschaffen hatte und weite Teile des Subkontinents beherrschte, war im Zerfall begriffen. Die Briten unterstützten aufständische Hindu-Fürsten gegen die Zentralmacht der Moguln und gewannen damit wertvolle Verbündete, um nun selber eine neue, noch erheblich wirksamere Zentralgewalt durchzusetzen.

Gerade Indiens reichste Gebiete hatten die Briten im Verlauf von zwei Jahrhunderten erbarmungsloser geplündert, als dies muslimischen Herrschern in den Sinn gekommen wäre. Es begann mit der horrenden Besteuerung der Bauern. Unter den Hindu-Königen hatten die Bauern durchschnittlich ein Zwölftel bis ein Sechstel der Ernteerträge an die Feudalherren abzuliefern. Die muslimischen Mogul-Kaiser erhöhten die Abgaben bis auf ein Drittel. Aber die britischen Kolonialherren steigerten die Abgaben noch einmal um das Doppelte. Was jedoch die Situation grundsätzlich gegenüber früheren Despoten verschlimmerte: Die Briten richteten die Steuerhöhe nicht mehr am Ernteertrag jedes Jahr neu aus, sondern orientierten sich an der Grundstücksgröße und verlangten sogar bei katastrophalen Mißernten die gleiche Summe.[2]

Nun verloren in bisher nicht gekanntem Ausmaß Kleinbauern ihren Besitz an Zamindars, mächtige Grundbesitzer und Steuereintreiber, die mit den Briten zusammenarbeiteten. Die Folge war, daß sich die sozial Entwurzelten als Wanderarbeiter für einen Hungerlohn in der Fremde verdingen mußten, sofern sie überhaupt noch ein Auskommen fanden. Millionen Bauern sind allein während des 18. Jahrhunderts unter solchen Umständen an Hunger gestorben.

Die erste große Hungersnot aus diesen Gründen brach 1770 über Bengalen herein. Ein Drittel der Bevölkerung verhungerte damals. Bengalens letzte verheerende Hungersnot, an der schätzungsweise 1,5 Millionen Bauern starben, gab es im Jahr 1943 – auch dies noch unter britischer Kolonialherrschaft; nun allerdings schon in aufkeimenden Bürgerkriegswirren zwischen Hindus und Muslimen. Die Hungersnot von

1943 war die letzte in Indien, die mit vielen Toten weltweit Aufsehen erregte.

Daß besonders in Bengalen zahlreiche Kleinbauern ihre Existenz verloren, hatte für Kalkutta enorme Folgen. Schon Mitte des 19. Jahrhunderts strömten viele der verelendeten Bauern in die Kolonialhauptstadt in der Hoffnung, dort Arbeit zu finden. Die Briten setzten damit einen Prozeß in Bewegung, wie er ähnlich während des 18. und 19. Jahrhunderts auch in westlichen Industriestaaten eingesetzt hatte. Und sie taten nichts, um den anschwellenden Zustrom Arbeitsuchender einzudämmen, lag ihnen doch in Indien auch mehr an einem bäuerlichen Proletariat, an einem unerschöpflichen Reservoir billiger Arbeitskräfte für die expandierende Industrie.

Die Industrialisierung der Hafenstädte betrieben anfangs allein die Kolonialherren. Aber auf die Dauer konnten sie nicht verhindern, daß auch indische Kaufleute zur wirtschaftlichen Macht drängten. Schon Mitte des 19. Jahrhunderts hatten die Briten zögernd dem Druck indischer Nationalisten und reicher Händler nachgegeben, eigene Fabriken gründen zu dürfen. An Einfluß gewannen indische Kaufleute zuallererst in Bombay, wo die Parsen und Jains als Religionsgemeinschaften ohne die hemmenden Schranken des Kastensystems die besten Voraussetzungen für modernes Wirtschaften mitbrachten. Durch ihre Initiative entstanden die ersten indischen Großfirmen, vor allem im Textilbereich. 1854 gründete ein Parse Bombays erste dampfgetriebene Baumwollspinnerei. Und 1860 gab es bereits sechs solcher Firmen, alle von Parsen geleitet. Ein Parse sollte auch Ende des 19. Jahrhunderts in Bombay Indiens größten nationalen und später multinationalen Konzern begründen: Jamsetjee Tata. Allerdings mußten die indischen Fabrikanten weiterhin alle Maschinen aus Großbritannien beziehen.

In Kalkutta blieb zwar die Industrie weiterhin vorwiegend

in britischem Besitz, aber auch hier zeichneten sich entscheidende Veränderungen ab. Zur Galionsfigur eines schrittweisen Wandels wurde der Kaufmann Ganshyandas Birla, ebenfalls Begründer eines großen nationalen und später multinationalen Firmenkonzerns. Er war allerdings nicht in Kalkutta geboren, ja war nicht einmal Bengale, sondern war wie viele andere Inder aus wirtschaftlich notleidenden Gebieten zugewandert.

Ganshyandas Birla, ein Hindu, war Angehöriger der Marwari-Händlerkaste, auf die wir schon bei der Beschreibung der nach Kasten und Sprachen gegliederten Wohnviertel gestoßen sind. Birla wurde 1894 in einem unscheinbaren Marktflecken im Distrikt Marwar, Bundesstaat Rajasthan, geboren. Er zog aber mit seinen jüngeren Brüdern schon in früher Jugend nach Kalkutta, um in der damals größten Handelsmetropole Indiens sein Glück zu suchen. Den ersten Reichtum erwirtschaftete er, indem er die britische Kolonialregierung nach dem Ausbruch des Ersten Weltkrieges mit strategisch wichtigen Rohstoffen belieferte. 1919 begründete er zusammen mit seinen drei jüngeren Brüdern in Kalkutta den Industriekonzern Birla Brothers.

Kalkutta mit der Firma Birla und Bombay mit der Firma Tata wurden so zu den Geburtsstätten einer indischen Industriebourgeoisie. Diese Fabrikanten versuchten als erste, ihr Personal jenseits der hemmenden Kastenschranken auf eine moderne industrielle Arbeitsdisziplin – nach westlichem Vorbild – auszurichten. Nicht zufällig geschah dies in den beiden größten und modernsten Städten Indiens.

Aber die britischen wie indischen Kapitalisten setzten neben der positiven Dynamik auch eine negative in Gang. Schon zu Beginn des 20. Jahrhunderts hatte sich die Entwicklung angebahnt, daß zu viele Menschen aus dem wirtschaftlich vernachlässigten Hinterland kamen, ohne daß die Industrie im gleichen Maß gewachsen wäre und weiterhin unbegrenzt billige Arbeitskräfte gebraucht hätte. Damit setzte ein Prozeß ein, der – anders als in westlichen Industriestaaten – immer mehr aus der Kontrolle geriet. 1914 wurden in Kalkutta bereits die ersten Obdachlosen registriert, die ohne Hoffnung auf eine sichere Bleibe ihre Dauerwohnung unter Zeltplanen auf Gehsteigen einrichteten – ohne Hoffnung auch, jemals wieder in ihre verelendeten Dörfer zurückzukehren. Das waren die ersten Symptome einer zu rasch wachsenden Stadt. Um 1850 hatte Kalkutta erst 390000 Menschen gezählt (und war damals schon die größte Stadt Indiens), aber nur fünfzig bis sechzig Jahre später war die Millionengrenze überschritten.

Zu Beginn des 20. Jahrhunderts zehrte Kalkutta zwar noch immer von dem Mythos einer Stadt der Paläste. Aber zunehmend sah sich die Metropole mit dem weniger schmeichelhaften Ruf belastet, auch eine unruhige, sozial und politisch gärende Stadt zu sein. In den sich rapide ausdehnenden Armenvierteln entluden sich immer heftiger die Gegensätze zwischen alteingesessenen Bewohnern und arbeitsuchenden Zuwanderern, überlagert von ethnischen Spannungen zwischen Bengalen und Nicht-Bengalen, von religiösen Konflikten zwischen Hindus und Muslimen.

Diese krisenhafte Entwicklung ließ es den Kolonialherren immer weniger attraktiv erscheinen, die bengalische Metropole als Hauptstadt beizubehalten. Hinzu kam, daß gerade in Kalkutta der Widerstand einer nationalistischen Befreiungsbewegung gegen die britische Kolonialherrschaft besonders heftig wurde. Und so faßten die Briten 1911 den folgenschweren Entschluß, ihre Hauptstadt nach Delhi, eines der traditionellen Machtzentren der Mogul-Dynastie, zu verlegen.

Dieser Wechsel versprach beträchtliche strategische Vorteile. Während Kalkutta sich am östlichen Rand des Subkontinents befindet, wo die Briten politisch zuerst Fuß faßten, liegt Delhi zentral im Norden. Von Delhi verlaufen die Verkehrswege gleichmäßig nach allen Teilen des riesigen Landes. Diese geographisch günstige Lage erlaubte es, die Provinzen effizienter zu überwachen, so das Kalkül. 1931 übersiedelte die Kolonialregierung endgültig in das fertiggebaute Regierungsviertel von New Delhi. Seit diesem Zeitpunkt vernachlässigten die Briten die bisher bevorzugte Provinz Bengalen, und um so mehr verdichteten sich die Anzeichen für eine wirtschaftliche Dauerkrise der Metropole Kalkutta.

Die Katastrophe kam 1947. Was ein Jahr der Hoffnung hatte werden sollen, nämlich Indiens Weg von der Kolonialherrschaft in die Unabhängigkeit, wurde zum Alptraum. Durch einen jäh aufflammenden Bürgerkrieg zwischen Hindus und Muslimen, durch ungelöste Konflikte zweier ungleicher Religionsgemeinschaften, zerbrach Britisch-Indien in die von Hindus dominierte Republik Indien und das islamische Pakistan. Bengalen wurde ein wesentlicher Brennpunkt dieser Katastrophe, die Trennlinie lief mitten durch die Provinz. Aus Ostbengalen wurde Ostpakistan (das heutige Bangla Desh), aus Westbengalen ein von Hindus regierter Bundesstaat der Republik Indien. Zahlreiche Hindus aus Ostbengalen flohen nach Westbengalen – die meisten nach Kalkutta, auch sie mit der Hoffnung, in der vitalen und reichen Metropole am ehesten überleben zu können. Rund vier Millionen Hindus wechselten nach offizieller Schätzung zwischen 1946 und 1958 von Osten nach Westen, davon nahezu drei Millionen in die westbengalische Hauptstadt.[3] Kalkutta, das zu Beginn des 20. Jahrhunderts noch knapp unter einer Million Einwohner gezählt hatte, war bis 1958 schon auf rund vier Millionen angewachsen. Die inoffiziellen Schätzungen gingen bereits darüber hinaus.

»Stadt der Flüchtlinge«, diesen Beinamen trug Kalkutta seit den traumatischen Bürgerkriegswirren von 1947. Und die Ereignisse damals werden von vielen Indern, aber auch von vielen westlichen Beobachtern als die eigentliche Ursache betrachtet, weshalb sich das einst blühende Kalkutta in eine unkontrolliert ausufernde Megastadt mit bedrückenden Anzeichen des Niedergangs verwandelte.

Aber das ist nur die halbe Wahrheit. Denn auch im unabhängigen Indien strömten zahlreiche arbeitsuchende Bauern nach Kalkutta, um dem Elend des Landlebens zu entkommen. Auch im unabhängigen Indien bestand das in der Kolonialzeit verursachte Problem der Landflucht weiter.

Die Macht hatte nach dem Abzug der Briten in allen indischen Bundesstaaten die Kongreßpartei übernommen. Sie war mit dem Programm angetreten, energisch Reformen durchzuführen und damit die Fehler der Kolonialherrschaft zu überwinden. Was ist daraus geworden?

Reformversuche der Kongreßpartei

Von 1950 bis 1980 sind die Einwohnerzahlen gerade in Indiens größten Städten dramatisch nach oben geschnellt.

Innerhalb dieser drei Jahrzehnte, als Kalkutta von drei Millionen auf nahezu 10 Millionen wuchs, nahm auch Bombay, Indiens zweitgrößte Industriemetropole, beträchtlich zu: von 2,5 auf über acht Millionen. Madras wie Delhi vergrößerten sich von einer auf rund fünf Millionen. Selbst kleinere Städte begannen plötzlich schneller als zuvor zu wachsen. Und auch dort waren die meisten Zuwanderer nicht mehr Flüchtlinge aus bürgerkriegsgeplagten Regionen, sondern arbeitsuchende Bauern.

Weshalb aber strömten gerade jetzt mehr Bauern denn je in die Städte? Die Antwort ist ernüchternd: An der verheerenden Armut in vielen Dörfern hat sich selbst ein halbes Jahrhundert nach dem Abzug der britischen Kolonialherren nicht viel geändert – und dies, weil die Machthaber eines unabhängigen Indien trotz aller lautstarken Ankündigungen keine entscheidend neuen Akzente setzten.

Daß eine solche Entwicklung nicht allein auf die Politik der indischen Regierung zurückzuführen ist, sondern zur gleichen Zeit in zahlreichen Staaten der Dritten Welt einsetzte, ist ein anderes Problem. Ich werde auf diese größeren Zusammenhänge noch zurückkommen.

Konzentrieren wir uns zunächst auf jene drei bis vier Jahrzehnte, während denen die Kongreßpartei fast ununterbrochen die Zentralregierung stellte. Die Armut in den Dörfern hat sich innerhalb dieses Zeitraums sogar vergrößert. 1960 registrierte die Statistik 38 Prozent der bäuerlichen Haushalte unterhalb der offiziellen Armutsgrenze; 82 Prozent der Bauern besaßen nur ein Drittel aller Äcker.[4] Aber 1973 lebten 45 Prozent der indischen Bauern unter dem Existenzminimum, 1977 gar 48 Prozent.[5] Bis zum Beginn des 21. Jahrhunderts hat sich nichts daran geändert, daß rund die Hälfte der Inder unterernährt ist und weitgehend ohne sanitäre Einrichtungen und medizinische Versorgung auskommen muß.

Was sind die Ursachen dieser zunehmenden Verelendung? Die Bevölkerungsexplosion gilt nach übereinstimmender Meinung von Experten in vielen asiatischen, afrikanischen und lateinamerikanischen Ländern als ein zentrales Problem. Vielerorts beeinträchtigt eine zu rasch wachsende Bevölkerung die Reformen in Dörfern und Großstadtslums, ja, droht anfänglich vielversprechende Erfolge zunichte zu machen. Daß dies auch für Indien bis heute eine erhebliche Gefahr bedeutet, werde ich im folgenden Kapitel erörtern. Zunächst aber möchte ich zu klären versuchen, inwieweit die einzelnen Regierungen durch ihre Politik dazu beitrugen, das Elend in den Dörfern zu verringern – oder zu vergrößern.

Bereits unter Jawaharlal Nehru spitzten sich die Probleme zu. Dabei hatte er, der erste Premierminister eines unabhängigen Indien (der von 1947 bis zu seinem Tod 1964 regierte), eine Landreform zugunsten sozial benachteiligter Bauern energisch propagiert. Gerade er, der sich als »Sozialist« verstand, hatte die zahllosen Pächter aus der Abhängigkeit landbesitzender Großbauern lösen wollen. Aber sein anfänglicher Elan wurde durch mächtige Mitglieder seiner eigenen Partei gebremst. Viele Großbauern saßen als Abgeordnete der regierenden Kongreßpartei im Parlament. Hätte Nehru ihre Einwände ignoriert, hätte er eine Spaltung der Partei riskiert, die ohnehin schon in zahlreiche Interessengruppen aufgeteilt war. Nehru sah sich gezwungen, einen Kompromiß auszuhandeln: Für jedes Stück enteignetes Land mußte eine Entschädigung gezahlt werden. Nehru ließ sich so weit in die Defensive treiben, daß er es auch nicht wagte, brachliegende Äcker verarmten Bauern zu überlassen, ohne die reichen Besitzer aus der Staatskasse zu entschädigen. Mit dieser Haltung überforderte er aber bald die Finanzkraft des Staates, und damit fehlte seiner Reform die entscheidende Stoßkraft.

Auch die Gründung von Genossenschaften scheiterte an vielen Orten. Zwar versuchte Nehru, die Kleinbauern zu Gruppen zusammenzuschließen, die das Saatgut, Düngemittel und Ackergerät gemeinsam anschaffen sollten. Aber in diesem Fall brauchte es gar nicht den Widerstand der reichen Bauern, daß das Projekt rasch an Kraft verlor. Die meist analphabetischen Landbewohner, durch jahrhundertelange Unterdrückung lethargisch geworden, zeigten sich in ihrer Mehrheit von vornherein unfähig, die staatlich geförderten Freiheiten ausreichend zu nutzen. Vielen Kleinbauern fehlte es an Mut wie an Initiative, außerhalb ihrer traditionell fest eingefahrenen Regeln zu handeln und etwas Neues zu wagen.

Es wäre also verfehlt, die Verantwortung für das Scheitern allein Nehru und seiner Regierung anzulasten. Wie die angeführten Beispiele zeigen, waren die herkömmlichen Strukturen einer Kasten-Gesellschaft noch übermächtig, sie zementierten besonders in Dörfern die Vorherrschaft einer hochkastigen Oberschicht und lähmten die Masse der Niederkastigen politisch wie geistig. Nehru scheiterte zudem am Widerstand regionaler Regierungen und Verwaltungsapparate, die allein am Fortbestand ihrer traditionellen Privilegien interessiert waren.

Indiens Regierung hatte hier mit ähnlichen Schwierigkeiten zu kämpfen wie eine Reihe anderer reformwilliger Regierungen in asiatischen, afrikanischen und lateinamerikanischen Ländern. Unabhängig von der regionalen Kultur und Religion zeigt sich so, daß jahrhundertealte, traditionell erstarrte Feudalstrukturen nur in einem sehr langwierigen Prozeß aufzubrechen sind – oft zu spät, um die katastrophale Abwanderung aus Dörfern in Großstadtslums zu verhindern.

Die Enttäuschungen verleiteten Nehru dazu, von seinem Projekt einer umfassenden Landreform abzuweichen. Nun sah er sich darin bestärkt, seinen zweiten großen Wunschtraum um so energischer umzusetzen: Indien möglichst rasch zu industrialisieren. Dabei stützte er sich vorwiegend auf die westlich gebildete Ober- und Mittelschicht der Großstädte. Diese relativ kleine, aber tatkräftige Gruppe betrachtete er als wichtigsten Verbündeten bei dem Vorhaben, aus dem »Entwicklungsland« Indien einen aufstrebenden Industriestaat zu machen. Ohnehin gab es zu diesem Ziel keine Alternative. Aber Nehru wie auch seine Nachfolger setzten Akzente, die auf die spätere Entwicklung problematische Auswirkungen hatten.

Indiens Politiker förderten zuallererst den Aufbau von Schwerindustrie und hier bevorzugt Großbetriebe in Staatsbesitz, die von einer schwerfälligen Staatsbürokratie kontrolliert wurden. Entwicklungsgelder ließen sie zuerst einmal in die ohnehin schon aufgeblähten Ballungszentren mit ihren bereits vorhandenen Industrien fließen, während sie das ebenfalls propagierte Konzept der »Small Scale Industries« nur sehr zögernd und halbherzig in die Tat umsetzten. Viele der westlich ausgebildeten Funktionäre blickten oft mit der gleichen Verachtung wie einst die Kolonialherren auf ein »rückständiges«, »mittelalterliches« Hinterland. Sie glaubten, die Landwirtschaft getrost vernachlässigen zu können, denn mit den Gewinnen einer florierenden Großindustrie würden sich letzlich auch im Hinterland Reformen finanzieren lassen. Auf Umwegen also würde der industrielle Reichtum den entlegensten Dörfern zugute kommen. Indiens Politiker beschritten aber auch mit diesem Konzept nur einen Weg, wie ihn viele andere Politiker in den Entwicklungsländern ähnlich entschieden eingeschlagen hatten.

Die Bilanz ist zwiespältig. Einerseits konnte es den Reformern gelingen, Indien innerhalb von zwei bis drei Jahrzehnten zu einem Industriestaat zu machen, der mit der Masse an Produktion den zehnten Platz auf der Weltrangliste einnimmt. Ja, Indien verkauft Industriegüter ins Ausland. Aber andererseits gelang es nicht, in vielen Dörfern auch nur die elementarsten Grundbedürfnisse zu befriedigen. Weiterhin fehlt es in zahlreichen ländlichen Regionen an Straßen, sauberem Trinkwasser, Schulen, sanitären Einrichtungen.

Auch in der Nachfolge von Nehru fiel es den Regierungen schwer, die kolonialen Strukturen im Kern zu überwinden. Gegen Ende der britischen Herrschaft hatten sich rund 70 Prozent aller Fabrikanlagen Indiens in Kalkutta und Bombay befunden. Um 1975, als Indira Gandhi regierte, waren noch immer knapp 40 Prozent aller Industriebetriebe in den Großräumen Kalkutta und Bombay konzentriert.[6]

Der Ballungsraum Kalkutta rangierte allerdings Mitte der sechziger Jahre in seiner Bedeutung noch knapp vor dem Ballungsraum Bombay. Vor allem war die Ausdehnung des ersteren noch beträchtlich größer. Denn Kalkutta war nicht nur mit Howrah, der Industriestadt auf der anderen Seite des

Hughli, zusammengewachsen, vielmehr bildete dieses Konglomerat das Kerngebiet eines Geflechts von 74 kleineren und größeren Siedlungen, die sich zu beiden Seiten des Flusses rund 80 Kilometer nach Norden hinzogen. Schon zu Beginn der siebziger Jahre waren die einzelnen Ortschaften fast übergangslos miteinander verschmolzen. Die günstige Verkehrslage und die im Hinterland ausgiebig vorhandenen Rohstoffe schufen die Voraussetzungen dafür, daß sich gerade hier im Mündungsraum des Ganges Indiens massivste Ballung an Fabriken herausbildete: der Baumwoll- und Wirkwarenindustrie, der Metallverarbeitung, der Elektro-, Papier-, Kunststoff- und anderer Zweige der Leichtindustrie. Zu gut entwickelt war die Infrastruktur rund um den ehemals kolonialen Hauptausfuhrhafen Kalkutta, als daß sich Indiens Großbetriebe auf die unbequeme Aufgabe einlassen wollten, im vernachlässigten Landesinneren mühsame Entwicklungsarbeit zu leisten. Und so blieb es dabei, daß der Großraum Kalkutta vorerst mehr als jedes andere indische Ballungszentrum eine Wachstumsinsel in einem Meer der Armut bildete – um so anziehender für Bauern, die im Elend lebten.

Gerade zwei Jahre an der Macht, setzte Indira Gandhi 1968 zu einem weiteren Versuch an, die marode Landwirtschaft zu reformieren. Die Premierministerin propagierte die »Grüne Revolution«. Das Schlagwort und das gesamte Konzept waren allerdings aus dem Westen eingeführt, und dies paßte wiederum zum bisher propagierten Programm einer raschen Industrialisierung. »Grüne Revolution« bedeutete konkret, daß Indien Agrartechnologie vorrangig aus den USA übernahm, wo agrar-industrielle Forschungsinstitute überdurchschnittlich ertragreiche Reis- und Getreidesorten hatten züchten können. Der Erfolg schien anfangs den »grünen Revolutionären« recht zu geben. Seit den siebziger Jahren ist es Indien möglich, so viel Reis, Getreide und Gemüse zu produzieren, daß es seine Bevölkerung ausreichend zu ernähren vermag. Trotzdem hungern Millionen Inder, ja ihre Zahl ist im Steigen begriffen. Und erst recht wandern notleidende Bauern in die Städte ab. Wie das?

Die vielgerühmte »Grüne Revolution« ist ganz auf die Möglichkeiten der wohlhabenden Bauern zugeschnitten. Denn nur sie können Geld für das wissenschaftlich gezüchtete Saatgut, den industriell hergestellten Kunstdünger und die landwirtschaftlichen Maschinen aufbringen. Nur sie verfügen über weitausgedehnte Felder, auf denen Erntemaschinen auch rationell einzusetzen sind. In Westbengalen dagegen konnten die Bauern kaum von den Errungenschaften der »Grünen Revolution« profitieren – trotz vieler äußerst fruchtbarer Landstriche. Denn dort leben überwiegend Kleinbauern, auf deren winzigen Parzellen sich die moderne Agrartechnologie nicht anwenden ließ. Um so mehr profitierten die wenigen Großbauern, die nun versuchten, die Äcker armer Bauern an sich zu reißen, um den eigenen Besitz noch auszudehnen. Weiterhin wanderten daher notleidende Kleinbauern in Massen nach Kalkutta, der größten Industriezone, ab. Dieser plötzlich wieder rasch anwachsende Strom von Zuwanderern trug erheblich dazu bei, Kalkutta einer erneuten sozialen Zerreißprobe auszusetzen.

Zu Beginn der siebziger Jahre verstärkten außerdem politische Umbrüche im östlichen Teil Pakistans die Krise der westbengalischen Hauptstadt. 1971 spalteten sich die Muslime in Ostbengalen nach einem Bürgerkrieg von der Islamischen Republik Pakistan ab und gründeten den Staat Bangla Desh. Aus diesem wirtschaftlich schwer geschädigten Gebiet strömten nun zusätzlich Flüchtlinge nach Kalkutta, vor allem Hindus, denn nach wie vor bekannten sich in Ostbengalen rund 12 Prozent der Bevölkerung zu dieser Religion. Und so wuchs die Megastadt innerhalb weniger Jahre um weitere zwei bis drei Millionen Menschen, die nur unzureichend Unterkunft finden konnten. Kalkutta wurde so wieder einmal seinem Ruf gerecht, Indiens unruhigste und sozial explosivste Stadt zu sein.

Die Kongreßpartei scheiterte an dieser neuen Herausforderung. 1977 verlor sie in Westbengalen die Wahlen. Die Niederlage machte auch in Europa Schlagzeilen, denn es siegte nicht wie in etlichen anderen indischen Bundesstaaten eine regional verwurzelte Partei, es siegten die Kommunisten. Eine neue Ära begann in Westbengalen.

Doch bevor wir uns dieser Zeit zuwenden, soll ein anderes Problem zur Sprache kommen, das erheblich zum Scheitern bisheriger Reformpolitik beigetragen hat – und weiterhin eine Gefahr bedeutet: die Bevölkerungsexplosion.

Die Bevölkerungsexplosion verschärft die Krise

Das Plakat ist bunt. Eine Familie steigt in einen Zug, Vater, Mutter, ein Kind. Unter der bengalischen Aufschrift sah ich englisch angeschrieben: Man solle eine Reise gut planen – aber ebenso exakt die Geburten in der Familie.

Das Plakat war an einer Wand des Howrah-Bahnhofs befestigt, wo täglich Tausende von Menschen vorbeiströmen. In Sichtweite lagerten Dutzende Familien zwischen Gepäckballen, ausgebreiteten Decken, Strohmatten. Zahlreiche Kinder. Warteten sie auf einen Zug? Oder waren es Zuwanderer, die noch nicht wußten, wohin sie sich in der riesigen Stadt wenden sollten? Die Männer überwiegend in bäuerlicher Kleidung, Lendenschurz, oft mit nacktem, magerem Oberkörper … Welch ein Gegensatz zu dem Familienvater auf dem Plakat: westlicher Anzug, Krawatte, Aktentasche … Ein Plakat, das in seiner Optik wie in seiner Sprache auf das Fassungsvermögen einer bürgerlichen Mittel- und Oberschicht zugeschnitten war.

Propaganda für Menschen einfacherer Bildung, ja für

Analphabeten zum selben Thema entdeckte ich immer wieder an Hausmauern, ob nun als Plakat oder großflächig aufgemalt: in stereotyper Wiederholung die gleichen vier Köpfe von Vater, Mutter, einem kleinen Sohn, einer kleinen Tochter. Ihre Köpfe sind graphisch mit wenigen dicken Linien festgehalten, einprägsam selbst bei flüchtigem Hinsehen. Mühelos kann die Botschaft auch ohne bengalische Aufschrift verstanden werden und ist so allen Indern unabhängig von ihrer Sprache und Bildung zugänglich.

Unserem westlichen Bewußtsein ist der Subkontinent Indien zu einem herausragenden Beispiel für die Bevölkerungsexplosion geworden. Tatsächlich ist es unmöglich, Indiens schwer lösbare soziale Probleme von dem der raschen, allzu raschen Bevölkerungszunahme zu trennen. Und um so dringender erscheint es, eine Geburtenkontrolle politisch durchzusetzen.

Zu Beginn des 20. Jahrhunderts lebten auf dem Gebiet der heutigen Republik Indien gerade erst 150 Millionen Menschen. Damals waren die Zuwachsraten noch vergleichsweise gering. Aber fünfzig Jahre später, als der Subkontinent sich in zwei Staaten aufspaltete, lebten in der Republik Indien schon rund 350 Millionen Menschen. Und als ich 1964 das erste Mal nach Indien kam, waren es bereits 450 Millionen. Im Herbst 1999 überschritt Indien mit seiner Einwohnerzahl schließlich die Milliardengrenze, und damit hatte das Land innerhalb der letzten fünfzig Jahre die Zahl seiner Menschen nahezu verdreifacht. Bis zum Jahr 2040 könnte Indien China als den bisher bevölkerungsreichsten Staat der Welt mit 1,5 Milliarden Einwohnern eingeholt, ja sogar schon überholt haben.

Wenn ein solch explosives Wachstum nicht zu stoppen ist, dann wird eine weitere Landflucht in die Großstädte nicht aufzuhalten sein, werden sogar energisch vorangetriebene Reformen durch eine zu rasche Bevölkerungszunahme gebremst, ja erstickt. Schon jetzt scheinen die Möglichkeiten weitgehend ausgeschöpft, den Ertrag der Felder noch weiter zu steigern – zumindest solange die Errungenschaften der »Grünen Revolution« nur den reicheren Bauern zugute kommen.

Westbengalen mit seiner Hauptstadt Kalkutta bietet ein repräsentatives Beispiel dieser Situation. Schon seit etlichen Jahrzehnten hat Westbengalen an dem Los zu tragen, die zweitgrößte Bevölkerungsdichte aller indischen Bundesstaaten aufzuweisen. Nur im Bundesstaat Kerala leben die Menschen noch dichter gedrängt. Was eine derartige Überbevölkerung konkret bedeutet, kann ein Vergleich mit dem nach unseren Maßstäben dicht besiedelten Deutschland verdeutlichen. Westbengalen ist an Fläche nur ein Viertel so groß wie Deutschland. Aber in Westbengalen leben zu Beginn des 21. Jahrhunderts über 70 Millionen Menschen (in Deutschland sind es rund 82 Millionen). Damit ist die durchschnittliche Bevölkerungsdichte nahezu dreimal so hoch.

Dabei hatte Westbengalen 1955 erst 26 Millionen Einwohner gezählt. Also hat sich die Bevölkerung innerhalb von rund 45 Jahren fast schon verdreifacht. Die unabwendbare Konsequenz ist, daß der Bundesstaat trotz seiner äußerst ertragreichen Böden in der Ganges-Ebene immer weniger Lebensraum für neue Esser bietet – und schon deshalb viele Bauern selbst aus fruchtbarsten Gegenden zum Abwandern zwingt.

Was sind die Ursachen für ein derartiges, immer rascheres Bevölkerungswachstum?

Am Anfang steht die moderne Medizin, der es gelungen ist, die Ausbreitung von Seuchen erheblich einzudämmen. Seither ist die Sterberate bei jungen Indern, besonders bei Kindern, drastisch zurückgegangen. Dagegen hat sich an der Geburtenzahl viel weniger geändert, sie ist bereits vor dem Siegeszug der Medizin hoch gewesen. Schließlich sahen sich die Familien gezwungen, die vielen Todesfälle im frühen Kindesalter durch neue Geburten auszugleichen. Erst die Tatsache, daß in Indien die durchschnittliche Lebenserwartung von dreißig auf fünfzig, sechzig und mehr Jahre gestiegen ist, hat die Bevölkerungs»explosion« ausgelöst. Aber bekanntlich ist eine solche Entwicklung nicht nur für Indien typisch, sondern auch für viele andere Staaten der Dritten Welt; unterschiedlich ist nur die Höhe der Wachstumsrate.

Sogar Europa hat aus den gleichen Gründen ein plötzlich einsetzendes, ungeahnt rasches Ansteigen der Bevölkerungszahl erlebt. Dort, wo die moderne Medizin ihren Ursprung hat, zeichnete sich schon zu Beginn des 19. Jahrhunderts ab, daß die Geburtenrate die Sterberate übersteigen würde. Aber von Anfang an gab es einen entscheidenden Unterschied zu Indien und anderen Entwicklungsländern: In Europa war das Bevölkerungswachstum bis zu seinem allmählichen Absinken um 1900 nie über einen jährlichen Zuwachs von 0,6 Prozent hinausgekommen – was sich bescheiden ausnimmt gegenüber der explosiven Zunahme in der Dritten Welt von heute. In vielen Ländern Asiens, Afrikas und Lateinamerikas werden Wachstumsraten zwischen durchschnittlich zwei bis vier Prozent registriert. In Europa hatten politische und soziale Barrieren einen derartigen Geburtenüberschuß gebremst: Heirat war in vielen Ländern nicht vor dem zwanzigsten Lebensjahr, oft sogar erst später, erlaubt; späte Heirat verkürzte die Ehedauer und damit den zeitlichen Spielraum des Kindergebärens.[7]

Soziale und politische Rahmenbedingungen, nicht bloße Biologie, hatten in den westlichen Industriestaaten auch dazu beigetragen, daß die Geburtenraten sanken. Zum einen fühlten sich die Ehepaare angesichts verbesserter medizinischer Versorgung nicht mehr genötigt, zum Ausgleich für die vielen Todesfälle möglichst viele Kinder in die Welt zu setzen. Zum andern gelangten die Betroffenen mehr und mehr zu der Einsicht, daß ein Geburtenüberschuß die sozialen Entfaltungsmöglichkeiten der Familien einschränkt, ja gefährdet; sie akzeptierten daher den Gebrauch von Verhütungsmitteln. Aber für einen derartigen Gesinnungswandel mußte der Staat eben auch die nötigen Rahmenbedingungen schaffen: ein Rentensystem für die arbeitsunfähigen Alten, sozial Schwachen, Arbeitslosen, Kranken. Dieses neue Bewußtsein von der Notwendigkeit einer Geburtenkontrolle hat sich zuerst in den hochindustrialisierten Regionen Europas und Nordamerikas durchgesetzt – dort also, wo am frühesten soziale Absicherung und Wohlstand für breitere Bevölkerungskreise möglich geworden ist.

Erfolgreich praktiziert wird Geburtenkontrolle heute aber auch schon in einer ganzen Reihe Fernoststaaten. Und das ist kein Zufall, denn auch dort kommt der erwirtschaftete Reichtum ebenfalls schon breiter gestreut der Bevölkerung zugute: zuerst in Japan, dann in Taiwan, Südkorea und Singapur. Erfolge lassen sich sogar in relativ armen Staaten beobachten, sofern es dort nur gelingt, das soziale Gefälle zwischen Reichen und Armen beträchtlich zu verringern. Einen in dieser Hinsicht überzeugenden Erfolg hat die Volksrepublik China vorzuweisen – zumindest in seinen entwickelten städtischen Ballungsgebieten, weniger in ländlichen Regionen.[8]

Indien hat erst sehr vage Ansätze zu einer derartigen Entwicklung ausgebildet. Dabei sind gerade in Indien die Erfolge einer verbesserten Medizin und Gesundheitsbetreuung beträchtlich. So konnte von 1950 bis 1980 die durchschnittliche Lebenserwartung unter der Regierung der Kongreßpartei drastisch von 32 auf 52 Jahre erhöht werden.[9] Aber diesen Erfolgen sind keine Reformen gefolgt, die einer breiteren Volksschicht ebenfalls soziale Sicherheit beschert hätten. Nur für die vergleichsweise wenigen Beschäftigten in den großen Staatsbetrieben wie auch privaten Großfirmen wurde eine Rentenversicherung geschaffen, vor allem in einigen Millionenstädten, so auch in Kalkutta. Der weitaus größte Teil der

Inder bleibt auf die eigene Familie als die alleinige soziale Stütze angewiesen. Und deshalb setzt der durchschnittliche Inder immer noch auf viele Kinder, die später die alt gewordenen Eltern unterstützen sollen. In der Regel streben die Ehepaare drei Kinder an, davon sollen möglichst zwei Söhne geboren werden.[10]

Warum drei Kinder, warum in der Mehrzahl Söhne? Fatale Traditionen einer patriarchalisch orientierten Gesellschaft diktieren den Wunsch nach möglichst vielen Söhnen. Eine Frau muß so lange Kinder gebären, bis endlich ein, zwei oder drei Söhne zu Welt kommen – Mädchen zählen nicht. Allein ein Sohn im Erwachsenenalter, nicht aber eine Tochter, darf die Totenriten für die verstorbenen Eltern vollziehen. Möglichst mehrere Söhne sollen zur Verfügung stehen, da in armen Familien das Erreichen des Mannesalters immer noch sehr ungewiß ist. Falls ein Sohn fehlt, muß ein männlicher Verwandter das Ritual übernehmen, was aber das Ansehen der Familie schmälert und nach traditioneller Ansicht die Chance für eine gute Wiedergeburt im nächsten Leben mindert. Je ungebildeter eine Familie ist, desto unreflektierter bleibt sie solchen Traditionen verhaftet – und ist auf die Geburt gleich mehrerer Söhne fixiert.

Trotzdem ist auch in Indien die Bevölkerungsexplosion kein unabwendbares Schicksal. Der Höhepunkt der Zuwachsraten wurde in den siebziger Jahren mit knapp 2,5 Prozent erreicht, seither sinkt die Wachstumskurve langsam. Dies ist im Vergleich zu vielen anderen »Entwicklungsländern« ein eindrucksvoller Erfolg. Der Anteil der indischen Ehepaare, die Verhütungsmittel benutzen, ist von 1971 bis 1993 von 12 auf 43 Prozent gestiegen.[11]

Dies gibt Anlaß zur Hoffnung. Allerdings ist der Wandel ein viel zu langsamer Prozeß, als daß er in naher Zukunft schon auffallende Veränderungen bewirken könnte.

Außerdem verläuft die Entwicklung in den einzelnen

Regionen Indiens sehr unterschiedlich. In etlichen Bundesstaaten ist die Wachstumsrate der Bevölkerung von früher durchschnittlich 2,5 Prozent bereits auf nahezu ein Prozent abgesunken, allen voran in Kerala, gefolgt von Haryana, Maharashtra, Gujarat, Tamil Nadu.[12] Es sind Bundesstaaten, in denen in gewissem Umfang schon ein breiterer Mittelstand mit steigendem Einkommen entstanden ist. Entsprechend hat dort die Schulbildung zugenommen, und damit sind vor allem Frauen aus ihrer geistigen Unmündigkeit befreit worden. Ein weiterhin ungebremstes Bevölkerungswachstum haben dagegen Bihar, Uttar Pradesh, Madhya Pradesh, Orissa, Rajasthan. Es sind Bundesstaaten mit einem relativ niedrigen Urbanisierungs- und Bildungsgrad, geringen Fortschritten in der Frauenemanzipation und einem mangelhaft entwickelten Gesundheitswesen. In ganz Indien verringert sich so die Geburtenzahl bei Familien mit steigendem Einkommen und Bildungsgrad, wobei die zunehmende Schulbildung bei Frauen die Bereitschaft zur Geburtenkontrolle erheblich verstärkt.[13]

Der Bundesstaat Westbengalen nimmt innerhalb dieser Entwicklung eine Mittelstellung ein. Erfolg hat die Propaganda für Geburtenkontrolle dort hauptsächlich in den Städten, vor allem in der Megastadt Kalkutta. Zum einen konzentrieren sich in der bengalischen Metropole die Schichten der Wohlhabenden und Gebildeten, zum andern eine Arbeiterschaft, die in etlichen Industriebetrieben zumindest eine bescheidene Kranken- und staatlich geförderte Altersvorsorge genießt. Unberührt von solchem Bewußtseinswandel bleiben naturgemäß auch in Kalkutta die zahlreichen Slumbewohner und Obdachlosen, die ohne jede soziale Absicherung einen Überlebenskampf von einem Tag auf den anderen führen. In solchen Slums sind sowohl die Sterberaten als auch die Geburtenraten sehr hoch. Erheblich größer ist jedoch der Geburtenüberschuß in westbengalischen Dörfern. Nach wie vor zählen etliche der bäuerlichen Regionen Westbengalens zu den ärmsten in ganz Indien – trotz der vielversprechenden Reformansätze der Kommunisten, die seit 1977 regieren.

Wie haben sich aber die sozialen Verhältnisse in Westbengalen nach der Wahlniederlage der Kongreßpartei 1977 entwickelt? Die Kommunisten waren mit dem Versprechen angetreten, die versäumten Reformen der abgewählten Regierungspartei nachzuholen. Und das hieß konkret: die sozialen Gegensätze in der Megastadt Kalkutta ebenso zu entschärfen wie in den Dörfern, das Bildungsniveau weiter anzuheben und die Geburtenrate weiter zu senken. Was ist daraus im einzelnen geworden?

Kommunisten bilden die Regierung

Hunderte Männer, Frauen, ein Gewoge bunter Hemden und Saris ... Tausende ... Ein unübersehbarer Strom von Menschen wälzte sich über Kalkuttas Hauptgeschäftsstraße, die Chowringhee Road. Ein Meer von Transparenten. Hämmernde Parolen lautstark aus Megaphonen. Die Demonstranten hoben rhythmisch die Fäuste und skandierten zum Stakkato ihrer Wortführer die Schlagworte. In englischer Sprache waren manche der Forderungen auf Tafeln und gespannte Tücher geschrieben: Höhere Löhne für die Textilarbeiter! Kampf den überhöhten Preisen! Rote Fahnen flatterten hier und da über den Köpfen. Zu meiner Überraschung entdeckte ich auf dem flammenden Rot der Tücher das kommunistische Emblem von Hammer und Sichel.

Die Chowringhee Road mit ihren Kaufhäusern, noblen Geschäften, Restaurants und Kinos blieb über Stunden verstopft von Demonstranten. An den Eingängen von Kaufhäusern und Stoffläden, in deren Sichtweite Bettler und obdachlose Familien mit ihren wenigen Habseligkeiten kauerten, postierten breitbeinig junge Männer und versperrten den Kunden den Eintritt. »Don't buy here!« riefen mir verschiedene Posten zu, als ich neugierig stehengeblieben war. Ausbeuter dürfe man nicht unterstützen, erklärten sie mit nahezu gleichem formelhaften Wortlaut.

Diese Demonstration erlebte ich 1965 während meines ersten Aufenthaltes in Kalkutta. Wer die Demonstration veranstalte, fragte ich einen der Posten. – Die kommunistische Partei, antwortete der junge Mann im weißen Hemd. – Eine derart große Demonstration? Der junge Mann, offensichtlich ein Student, lächelte über mein Erstaunen, das er eindeutig als naiv einstufte. Die kommunistische Partei sei stark in Kalkutta wie in ganz Westbengalen, erklärte er. – Nirgendwo sonst in Indien hätte ich bisher eine Demonstration von Kommunisten erlebt, sagte ich. – Oh, da hätte ich eben bisher wenig von Indien gesehen. Ob ich schon in Kerala gewesen sei? In Kerala hätten die Kommunisten schon einmal regiert, und sie würden bei den nächsten Wahlen wieder eine gute Chance haben. Ich schwieg verdutzt. Der Student zog die Augenbrauen hoch, anscheinend deutete er mein Schweigen als Zweifel. »Ganz legal werden sie wieder an die Macht kommen, demokratisch gewählt wie das erste Mal auch.« – »Und in Kalkutta?« – »In Kalkutta, warum nicht?« – »Demokratisch gewählt?« – »Demokratisch gewählt«, wiederholte er mit Nachdruck und gefurchter Stirn, offensichtlich pikiert über meinen skeptischen Tonfall. Kalkutta habe sehr kritische Wähler. Kalkutta sei die modernste Stadt Indiens. Kalkutta sei in der Lage, seine sozialen Probleme auf demokratischem Weg zu lösen. Ausländer sollten das endlich zur Kenntnis nehmen.

Es blieb ein Gespräch mit offenen Fragen. Nachdem ich eine Weile überlegend neben ihm gestanden und die Demonstration beobachtet hatte, umringten Passanten den Studenten und verwickelten ihn auf Bengali in eine Debatte. Nun stand ich nur noch wie ein stummer Statist abseits, der nur noch das temperamentvolle Gebärdenspiel der Akteure beobachten konnte. Offenbar stritten sie erhitzt über sehr unterschiedliche politische Standpunkte, ich als Ausländer war vergessen.

Eine Woche später geriet ich auf der Chowringhee Road in die nächste Demonstration. Hunderte hatten sich auf der vierspurigen Fahrbahn zum Sitzstreik niedergelassen und den Verkehr zum Erliegen gebracht. Ihnen gegenüber stand ein Trupp Polizisten mit Schlagstöcken. Autobusse im Hintergrund brachten weitere Demonstranten. Wieder rote Fahnen mit Hammer und Sichel.

»Wer demonstriert da?« Zwei junge Männer, die ich als englischsprachige Studenten einschätzte, antworteten auf meine Frage: Hier hätten sich Lehrer aus Kalkutta und anderen Städten Westbengalens zu einer Demonstration versammelt. Sie demonstrierten für ein höheres Gehalt, die gegenwärtige Teuerungsrate fresse das Einkommen auf, man könne kaum mehr seine Familie ernähren. Jetzt sei auch der Mittelstand bedroht. – Gegenwärtig gebe es fast jede Woche eine Demonstration, ergänzte der andere, mal seien es Lehrer, mal Studenten, mal Arbeiter. Alle hätten sie ausreichend Grund dazu. – Und die kommunistische Partei organisiere das? – Ja, sie sei die einzige Partei, die für echte Reformen eintrete. – Die Kongreßpartei nicht? – Die Kongreßpartei?! Beide lachten, verächtlich, wie mir schien.

Kommunisten in Indien … Daß ich sie in Kalkutta antraf, konnte ich mir noch am ehesten erklären, schließlich war Kalkutta 1965 Indiens größte Industriestadt mit dem schärfsten sozialen Gegensätzen. Trotzdem hätte ich Kommunisten auch hier nicht erwartet, zumindest nicht mit derart auffallenden Demonstrationen, derart geballter Energie. Das widersprach allem, was ich bis dahin während meiner ersten Indien-Reise hatte beobachten können. Es widersprach aber auch dem üblichen Indien-Bild, das westliche Medien bis heute vermitteln: Demnach spielten Kommunisten im zutiefst religiös und traditionell geprägten Indien kaum eine Rolle.

Zwei Jahre später hatte es den ersten politischen Paukenschlag gegeben, und auch das wurde von den westlichen Medien nicht ausreichend registriert. 1967 war in Westbengalen die »Communist Party of India (Marxist)« an die Macht gekommen, in einer Koalition mit anderen Linksparteien. Damals hatte ihre Herrschaft allerdings nur wenige Monate gedauert, denn es gelang der Kongreßpartei, das fragile Bündnis sehr unterschiedlicher Gruppierungen zu spalten und kleinere Parteien zum Koalitionswechsel zu überreden. 1969 hatten dann die Kommunisten wieder für einige Monate die Regierung übernommen, um noch einmal der Kongreßpartei weichen zu müssen. Krisenreiche, instabile Jahre folgten, in denen Westbengalen, besonders die Hauptstadt Kalkutta, von schweren sozialen Unruhen erschüttert war. Doch seit den Wahlen von 1977 regiert in Westbengalen unangefochten eine Linkskoalition, innerhalb deren die Kommunisten tonangebend sind.

Der bengalische Königstiger setzt zum Sprung an ... Das Wappentier der Bengalen auf flammend rotem Grund, knallig mit Hammer und Sichel – so prangte bald nach dem Wahlsieg von 1977 die Propaganda allgegenwärtig auf Plakaten vor Slumhütten, an Hauswänden, vor denen Obdachlose sich zum Schlafen niederlegen, und an teilweise eingestürzten Gebäuden, in denen noch immer Menschen wohnen. Dazu Portraits von Lenin in Buchläden, aber auch in Verkaufsständen nahe den Tempeln. Und das Paradoxe an dieser Situation: Während in Osteuropa nach dem Zusammenbruch der kommunistischen Herrschaft Hammer und Sichel sowie Lenin-Bilder weitgehend verschwunden sind, bleiben sie in Kalkutta noch zu Beginn des 21. Jahrhunderts präsent. Eine Straße ist nach Lenin benannt; eine weitere Straße, wie ich dem Stadtplan entnehmen konnte, trägt den Namen Ho Chi Minhs, des legendären Führers der Kommunisten Vietnams.

Kommunisten in Indien – auf demokratischem Weg an die Macht gekommen und in Wahlen immer wieder erneut als Regierungspartei bestätigt. Das war nicht nur in Westbengalen der Fall, sondern auch im Bundesstaat Kerala. Aber in Kerala regierten die Kommunisten nur vorübergehend und wurden immer wieder von der Kongreßpartei oder regional verwurzelten Parteien abgelöst. Was macht die Herrschaft der bengalischen Kommunisten dauerhafter?

Bevor ich diese Fragen im einzelnen erörtere, möchte ich zunächst auf die besonderen Ausgangsbedingungen in Westbengalen eingehen. Dort besitzt die kommunistische Partei eine stärkere Tradition als in jedem anderen indischen Bundesstaat – wenn auch ihr Weg bis zum historischen Wahlsieg 1977 von vielen Krisen und Rückschlägen überschattet war.

Die »Communist Party of India« (in der Kurzform CPI) entstand 1920 und ist damit sogar um ein Jahr älter als die Partei der chinesischen Kommunisten. Doch die CPI hatte sich unter dem Druck der britischen Kolonialherrschaft nur wenig entfalten können, viele ihrer Funktionäre arbeiteten daher zunächst mit Politikern des linken Flügels der Kongreßpartei zusammen, ohne selber mit ihrer eigenen Partei auffällig in Erscheinung zu treten. Legal wirken konnten Kommunisten erst seit der Unabhängigkeit 1947, als die Republik Indien den Parteienpluralismus zuließ. Und den besten Nährboden fand die CPI von Anfang an in Kalkutta, denn dort bestanden am ehesten die Voraussetzungen, wie sie der klassischen Theorie des Marxismus entsprachen: Dort gab es bereits in großer Zahl ausgebeutete Industriearbeiter, ebenso landflüchtige Bauern, die, herausgerissen aus ihren Traditionen, in Slums ein Leben als »Proletarier« fristeten.

Hinzu kam noch, daß in der Kolonialhauptstadt Kalkutta mit ihren renommierten Universitäten mehr als in anderen indischen Metropolen die Ideen der englischen Aufklärung auf die einheimische Bildungsschicht Einfluß ausgeübt hatten. Besonders in Kalkutta konnte daher bei intellektuellen Gruppierungen der Gedanke auf Interesse stoßen, soziale Ungleichheit sei nicht gottgewollt, beruhe also nicht auf kosmischen Gesetzen, sondern sei von Menschen verursacht und könne deshalb auch von Menschen beseitigt werden. Deshalb strömten zuallererst westlich beeinflußte Intellektuelle der Mittelschicht in die kommunistische Partei Bengalens.

Bezeichnenderweise engagierten sich jene Intellektuellen am stärksten für die »Entwurzelten« und sozial Benachteiligten in den Slums, die sich selber vom sozialen Abstieg bedroht sahen oder sich bereits als »intellektuelles Proletariat« fühlten. Viele von ihnen waren anfangs von den sozialreformerischen Ideen der Kongreßpartei begeistert gewesen und hatten sich dann enttäuscht abgewandt.

Aber indem sie sich der kommunistischen Partei anschlossen, brachten sie in diese ihre Herkunft und ihre kastengebundenen Verhaltensregeln mit. Und so gehört es zu den Eigenheiten auch der Kommunisten in Westbengalen, daß sich in ihrer Partei die hierarchischen Kastenstrukturen widerspiegeln. In den Führungspositionen etablierten sich durchwegs Angehörige höherer Kasten. Der Parteiführer Jyoti Basu, der von 1977 bis Ende des 20. Jahrhunderts als Ministerpräsident regierte, ist Brahmane, ebenso sein Nachfolger Buddhadeb Bhattacharya.

Naturgemäß hatten es die indischen Kommunisten schwer gehabt, kulturelle Traditionen Indiens mit einer aus dem Westen importierten Ideologie zu verbinden. Und so ist es nicht verwunderlich, daß es bei der Diskussion um die richtige Politik zu Zwist und schließlich zu Spaltungen kam. 1964 hatte es die erste Spaltung gegeben. Indiens Kommunisten stritten darüber, inwieweit sich die Partei am Vorbild der Sowjetunion orientieren oder einen »indischen Weg« einschlagen solle – eine Frage, die mit der damaligen Außenpolitik verknüpft war. Den ursprünglichen Namen »Communist Party of India« mit dem Kürzel CPI behielt die sowjetisch ausgerichtete Partei, dagegen legte sich die Partei des »indischen Wegs« noch die Bezeichnung »Marxist« zu, ihr Kürzel lautet seither CPI(M). Diese sollte die stärkste Anhängerschaft behalten und 1977 in Westbengalen schließlich mit stabiler Mehrheit die Regierung übernehmen.

An beiden Parteien fällt aber auf, daß sie sich bei allen Unterschieden im Detail gleichermaßen zur demokratischen Verfassung der Republik Indien bekennen. Beide finden es selbstverständlich, sich in Konkurrenz mit anderen Parteien demokratischen Wahlen zu stellen und nach einer Niederlage ohne Widerstreben die Regierung wieder abzugeben. So hatte dies 1959 erstmals die CPI im Bundesstaat Kerala praktiziert, so 1967 die CPI(M) in Westbengalen. Beide lehnen den bewaffneten Kampf gegen die etablierten Mächte, die gewaltsame Veränderung der Gesellschaft ab. Beide bekennen sich anstelle einer Revolution zur Evolution, zu einer Politik des friedlichen Wegs, um mit Hilfe parlamentarischer Mehrheiten Reformen durchzusetzen.

Aus westlicher Sicht ist dies ein erstaunliches Phänomen, denn wir haben zum Vergleich die kommunistische Partei Chinas und entsprechende Parteien der ehemaligen Ostblockstaaten vor Augen. Aber Indiens Kommunisten folgen hier nur – wie alle anderen indischen Parteien – der realpolitischen Einsicht, daß im gesellschaftlich tief zerklüfteten Subkontinent Indien keine Partei stark genug ist, die politische Vielfalt zu unterdrücken. Der Versuch, eine Diktatur zu errichten, würde dem Land nur endlose, ausweglose Bürgerkriegswirren bescheren.

Indiens kommunistische Parteien entwickelten sich damit nahezu zwangsläufig zu Parteien, die sich ideologisch nicht allzusehr vom demokratischen »Nehru-Sozialismus« der

Kongreßpartei unterschieden. Allerdings traten sie mit dem Anspruch auf, konsequenter als die Kongreßpartei für eine Landreform zugunsten besitzloser Bauern, für mehr Sozialhilfe zugunsten notleidender Stadtbewohner einzutreten und den Zerfall Kalkuttas zu stoppen.

Letztlich näherten sich Indiens Kommunisten ähnlich wie der linke Flügel der Kongreßpartei ideologisch den Grundsätzen sozialdemokratischer Parteien in Westeuropa an. Auch sie bekennen sich ausdrücklich zum Recht auf Privateigentum. In Westbengalen an die Macht gekommen unterschieden sie sich in ihrer Wirtschaftspolitik nur noch in Nuancen von der Kongreßpartei. Anfangs zeigten sich die kommunistischen Führer zwar von sowjetischer Planwirtschaft beeindruckt, um dann nach und nach davon abzurücken und die 1991 eingeleitete Reformpolitik der Kongreßpartei mitzutragen. Das hieß konkret, Indiens schwerfälliges, bürokratisch gegängeltes Wirtschaftsleben in ein flexibler agierendes System der Marktwirtschaft umzuwandeln.

Aus westlicher Sicht muß es daher um so mehr verwundern, daß Indiens Kommunisten weiterhin mit dem Emblem von Hammer und Sichel werben. Mehr noch: daß sie teilweise noch immer Portraits von Lenin auf ihren Plakaten zeigen. Welche Funktion kann Lenin für sie noch haben? Zum ehernen Prinzip des Leninismus gehört doch der Einparteienstaat, in dem die Kommunisten als die »Avantgarde des Fortschritts« die alleinige Macht ausüben. Auf genau dieses Ziel haben die indischen Kommunisten aber verzichtet. Lenin ohne Leninismus, das ist letztendlich das Ergebnis. Lenin kann unter solchen Umständen nur noch als entschiedener Vorkämpfer für sozial Benachteiligte verehrt werden. Indiens zwei kommunistische Parteien hatten somit früh ihre Lektion gelernt, daß es verhängnisvoll wäre, nach dem Vorbild sowjetischer oder chinesischer Kommunisten einen gewaltsamen Umsturz herbeiführen zu wollen.

Nur eine Gruppierung hat sich dem allgemeinen Konsens verweigert. Ende der sechziger Jahre entstand eine dritte kommunistische Partei: die der indischen Marxisten-Leninisten. Bekannt geworden ist sie aber vor allem als Bewegung der Naxaliten. Für sie sollte die Vokabel »Revolution« mehr sein als ein bloßes Schlagwort – mit blutigen Folgen.

Der Aufstand der Naxaliten

Naxalbari ... Dieser von Teeplantagen umgebene Ort im Bezirk Darjeeling, rund 600 Kilometer nördlich von Kalkutta gelegen, ist in keinem Reiseführer beschrieben. Für Touristen gibt es dort nichts Auffallendes. Aber der Name ist unlösbar verbunden mit der Bewegung der Naxaliten, benannt nach der Ortschaft Naxalbari.

Die Naxaliten vertraten Prinzipien, die mit den Zielen einer orthodoxen kommunistischen Partei übereinstimmen: Ihre Anhänger propagierten den totalen Umsturz sozialer und politischer Verhältnisse. Und sie beriefen sich dabei nicht nur auf Lenin in seiner ursprünglichen ideologischen Funktion, sondern darüber hinaus auf Mao Zedong. Nach chinesischem Vorbild forderten die Naxaliten einen »revolutionären Volkskrieg« und eine »Diktatur der Bauern und Arbeiter«.

Diese dritte kommunistische Partei entstand 1969 in Kalkutta. Ihre Anhänger waren überwiegend Studenten. Um aber zu verstehen, weshalb der rund 600 Kilometer entfernte Ort Naxalbari sich mit den Zielen der radikalen Partei verband, müssen wir in das Jahr 1967 zurückgehen. Damals war für eine Reihe Kommunisten noch keineswegs geklärt, welchen ideologischen Weg sie einschlagen sollten.

1967 brachen in Naxalbari zum ersten Mal Unruhen aus. Zu jener Zeit stellte in Westbengalen die CPI(M) erstmals für einige Monate mit einer sehr labilen Parteienkoalition die

Regierung. Kleinbauern sowie Arbeiter auf den Teeplantagen Naxalbaris revoltierten gegen die Ausbeutung durch die Gutsbesitzer, besetzten brachliegendes Land und erklärten es zum »Eigentum des Volkes«. Etliche Kader der CPI(M) hatten die Unterdrückten zu der Revolte ermutigt, ja hatten ihnen erklärt, ihr Aufstand bedeute den Beginn einer Agrarrevolution. Dabei glaubten die kommunistischen Funktionäre noch im stillschweigenden Einverständnis ihrer Partei zu handeln. Um so größer war die Ernüchterung, als die Regierenden in Kalkutta erklärten, die Situation sei »nicht reif für eine Revolution«, der Aufstand sei von »politischen Abenteurern« geplant, daher sollten die Funktionäre diesen Aktionen mäßigend entgegenwirken.

Als die angesprochenen Funktionäre den Appell aus Kalkutta ignorierten und sogar weiterhin die Aufrührer anstachelten, schickte die kommunistische Regierung Truppen nach Naxalbari. Aufständische wurden in die Flucht geschlagen, etliche kommunistische Funktionäre verhaftet. Die Landesregierung in Kalkutta hatte sich zu diesem harten Vorgehen entschlossen, um der Zentralregierung in Delhi keinen Vorwand zu liefern, das »President's Rule« anzuwenden und Westbengalens Regierung abzusetzen. Die CPI(M) verlor trotzdem bald ihre Macht, weil die von ihr geführte Koalition sehr unterschiedlicher Parteien zerbrach. Und schon flammten in Naxalbari die Unruhen wieder heftig auf, ja mehr noch, sie breiteten sich bald auf andere Landstriche aus.[14]

Die Konflikte spitzten sich zu, als 1969 die CPI(M) nach einem Wahlsieg zum zweiten Mal mit einer sehr labilen Koalition die Regierung in Westbengalen übernahm. Für die Kommunisten stellte sich nun verschärft die Frage, wie mit dem Unruheherd Naxalbari umzugehen sei. Sollten sie weiterhin das »politische Abenteurertum« verurteilen und den Weg geduldiger Reformarbeit empfehlen? Die Diskussionen innerhalb des kommunistischen Lagers waren heftig. Eine

Gruppierung knüpfte an die radikale Konsequenz etlicher kommunistischer Funktionäre von 1967 an: Sie forderte, den Aufruhr gegen reformunwillige Gutsbesitzer aktiver zu unterstützen, ja einen gewaltsamen Umsturz der gesamten korrupten Feudalordnung herbeizuführen.

Die Einigung unter den verschiedenen Gruppierungen blieb aus – mit dem Ergebnis, daß es zu einer weiteren Spaltung der kommunistischen Bewegung kam. Neben der CPI und CPI(M) bildete sich im April 1969 in Kalkutta die dritte Partei, »Communist Party of India (Marxist-Leninist)« mit dem sperrigen Kürzel CPI(ML). Ihre Anhänger waren vorwiegend Studenten an den Colleges und Universitäten der westbengalischen Hauptstadt, Söhne eines mit dem »Sozialismus« sympathisierenden Mittelstandes. Ihnen erschien die Kompromißbereitschaft der bisherigen kommunistischen Parteien als »Verrat« am »wahren Sozialismus«.

Die Region Naxalbari wurde für die jugendlichen Funktionäre der CPI(ML) zu dem Ort, von dem sie glaubten, sie könnten hier ihre Ideale zum ersten Mal in die Praxis umsetzen. In Naxalbari und Dörfern der Umgebung richteten sie »revolutionäre Zellen« ein und setzten sich damit in schroffen Gegensatz zur Politik der kommunistischen Regierungspartei. Der Bruch war endgültig, als Mitglieder der CPI(ML) sich zu Führern der unruhigen Bauernschaft machten. Dadurch gewann die Revolte an neuer Dynamik und aggressiver Schärfe.

Die Naxaliten, wie man seither die Mitglieder dieser Bewegung nannte, überfielen mit Guerillatrupps Großbauern und Geldverleiher, plünderten sie aus und verteilten das Geld an mittellose Pächter und Landarbeiter. Darüber hinaus veranstalteten sie in den eroberten Gebieten – nach dem Vorbild Mao Zedongs – »Volksgerichte« über die »Klassenfeinde«, erklärten die Ländereien der hingerichteten Großbauern zu »befreiten Gebieten« und siedelten dort landlose Bauern an.

Dieser »Volkskrieg« der Naxaliten schien ein Zeichen dafür zu sein, daß die Zeiten vorbei waren, in denen landlose Bauern aus niederen Kasten die Willkürherrschaft hochkastiger Gutsherren mit religiöser Demut ertrugen. Die Gewalt der Landlosen schien ihnen als legitimes Mittel, um auf die Gewalt der Besitzenden zu antworten, ja als das einzige wirksame Mittel für eine bessere Zukunft. Diese Sicht der ideologischen Führer der Naxaliten fand breite Zustimmung bei Kleinbauern und Landarbeitern.

Der unbändige Haß auf die Gutsherren läßt sich aber nur verstehen, wenn man das Ausmaß kennt, in dem die Feudalherrn die von ihnen abhängigen Bauern unterdrückten. Vielen Indern war es bis dahin selbstverständlich, von Niederkastigen und Unberührbaren absolute Unterwürfigkeit zu erwarten. Entsprechend skandalös empfanden es Höherkastige vor allem in ländlichen Regionen, daß Kleinbauern und Landarbeiter es zunehmend wagten, ausbleibende Lohnzahlungen einzufordern, oder gar auf einem gesetzlich festgelegten Mindestlohn beharrten. Gerade in besonders rückständigen Regionen kam es dann vor, daß reiche Gutsherren zur Einschüchterung gedungene Schlägertrupps in die Hüttensiedlungen der Protestierenden schickten. Die Folgen solcher »Strafexpeditionen« waren meist schrecklich: Häuser und Hütten wurden angezündet, die Bewohner verprügelt oder auch totgeschlagen, ja in ihre Behausungen eingesperrt und bei lebendigen Leib verbrannt.

Daß es sich bei solchen Greueltaten nicht um regionale Einzelfälle handelte, belegt die Statistik für ganz Indien. Allein während der Jahre 1977 und 1978 waren 12 746 blutige Ausschreitungen von Höherkastigen gegen Niederkastige registriert, darunter 354 Morde.[15] Diese Statistik wurde etliche Jahre nach dem Aufstand der Naxaliten veröffentlicht und zeigte, in welchem Ausmaß die Mißstände immer noch Bestand hatten. Wahrscheinlich liegt die Dunkelziffer der Verbrechen um ein Vielfaches höher, da es sich ja nur um offiziell registrierte Delikte indischer Behörden handelt. Viele regionale Machthaber sind daran interessiert, solche Vorfälle zu vertuschen. Kaum jemand ruft die Polizei, denn die Polizisten, die selber meist einer höheren Kaste angehören, sympathisieren überwiegend mit den Gutsherren.

Um so heftiger explodierte die Wut der unterdrückten Bauern und Landarbeiter, nachdem die Naxaliten ihnen Mut zum Widerstand gemacht hatten. Aber der Aufruhr stand von Anfang an unter ungünstigen Vorzeichen. Nicht nur, weil viele der Bauern schlecht bewaffnet waren und nur unzureichend Disziplin besaßen. Die Bauern und Landarbeiter fanden wegen ihrer unterschiedlichen niederen Kasten nicht wirklich zu einer schlagkräftigen Einheit zusammen. Ein Shudra konnte meist nur schwer Sympathien für einen Unberührbaren aufbringen, der in der Kasten-Hierarchie noch viel tiefer angesiedelt war. Und so grenzten sich die Aufrührer auch untereinander ab und führten getrennt ihre eigenen Kriege. Von Anfang an gab es also keine Solidarität der Ausgebeuteten gegen die Ausbeuter, allen revolutionären Parolen der naxalitischen Führer zum Trotz.

Gerade weil die Aufrührer nicht vereint Widerstand gegen die anrückenden Regierungstruppen leisteten, konnte die in sich uneinige Bewegung zerschlagen werden. Die Folgen für die Besiegten waren schrecklich. Mit erbarmungsloser Härte töteten die Soldaten Tausende Aufständische und brannten Dörfer nieder. Dann gab die Regierung den geflohenen Großbauern ihre Ländereien zurück. Zu diesem Zeitpunkt war allerdings schon wieder die Kongreßpartei an der Macht. Aber die gemäßigten Kommunisten billigten das brutale Vorgehen gegen die radikalen Kommunisten.

Die städtischen Kader der Naxaliten, frustrierte Studenten, die in Kalkutta ihre Revolutionstheorien entwickelt hatten, flohen in die Hauptstadt zurück. Dort trafen sie mit der trügerischen Hoffnung ein, sie könnten nun aus den Slums von Kalkutta heraus einen Guerillakrieg gegen den »Klassenfeind« führen. Aber die städtischen Slumbewohner, die nicht im selben Maß wie landlose Bauern einer despotischen Herrschaft ausgeliefert waren, zeigten überhaupt kein Verständnis für radikale Parolen. Damit scheiterten die Stadtpartisanen noch krasser als die Dorfpartisanen. Die Revolutionstheorien von Mao Zedong ließen sich nun mal nicht auf Indien übertragen, dies war die bedrückende Erfahrung der jugendlichen Rebellen. Erschreckend hoch war die Zahl derer, die nach jahrelangen Unruhen ihre Freiheit oder gar ihr Leben verloren hatten. 1971 befanden sich über 30 000 Naxaliten in den Gefängnissen von Kalkutta, etliche tausend wurden gefoltert, viele von ihnen hingerichtet.[16]

Damit hatte die Bewegung der Naxaliten ein blutiges Ende gefunden. Seit Mitte der siebziger Jahre sind die Naxaliten und Maoisten weitgehend aus dem indischen Bewußtsein verschwunden. Nur noch sehr vereinzelt war in indischen Zeitungen über Naxaliten zu lesen, die versprengt in einigen Elendsgebieten der Bundesstaaten Bihar, Uttar Pradesh und Orissa letzte Widerstandsnester bildeten.

Trotzdem wäre es verfrüht, den endgültigen Niedergang dieser Bewegung zu prophezeien. Dies aus dem einfachen Grund, daß sich die strukturellen Bedingungen für Gewalt nicht grundlegend geändert haben. Immer noch gibt es Regionen, in denen reiche Gutsherren jede Reformbewegung mit blutigem Terror unterdrücken.[17] So formierten sich bei den landlosen Bauern in den neunziger Jahren wieder verstärkt Gruppen, die mit Gewalt auf die Ausbeutung der Feudalherren antworteten. Und wieder waren sie angeführt von Studenten und anderen Angehörigen des städtischen Mittelstandes, die sich selber durch soziale Not »proletarisiert« sahen. Ausdrücklich beriefen sich die neuen »revolutionären« Aktivisten auf das Vorbild der Naxaliten, so vor allem in den

Elendsgebieten der Bundesstaaten Bihar und Orissa.[18] Ja, der Einfluß ihrer Bewegung reichte schließlich über die indischen Grenzen hinaus. 1996 begannen sich im hinduistischen Königreich Nepal maoistische Guerillakämpfer nach indisch-naxalitischem Vorbild zu organisieren, und sechs Jahre später kontrollierten sie bereits die Hälfte der nepalesischen Provinzen. Allerdings zeigen die Beispiele, daß die Saat »revolutionärer« Gewalt nur in jenen Regionen aufgehen konnte, wo der Boden durch besonders krasse soziale Ungleichheit und Unterentwicklung bereitet war.

Im Bundesstaat Westbengalen selber fand die Bewegung der Naxaliten keinen Nährboden mehr. Die Zukunft gehörte dort der CPI(M), jener Partei des »indischen Weges«, die sich zur Demokratie wie zum Recht auf Privateigentum bekannte.

1977 errang die gemäßigte CPI(M) einen glänzenden Wahlsieg über die krisengeplagte Kongreßpartei. Sie regiert bis ins 21. Jahrhundert herein unangefochten in Koalition mit anderen Linksparteien, unter ihnen auch die einst sowjetisch orientierte Schwesterpartei CPI.

Was garantiert die Dauer ihrer Macht? Diese Frage kann nur mit Blick darauf gestellt werden, daß die gemäßigten Kommunisten einen »indischen Weg« propagieren – und religiöse Traditionen nicht grundsätzlich in Frage stellen.

Dharma und Karma statt Revolution

Ein religiöses Fest hatte mich an das Ufer des Hughli gelockt. Pilger, unter ihnen Sadhus mit nacktem Oberkörper und zottigem Bart, tauchten zu Hunderten im Fluß unter, der als Seitenarm des Ganges den Hindus heilig ist. Die Atmosphäre mutete so archaisch an wie in Indiens buntester Pilgerstadt Varanasi (Benares), nur daß sich hier in der Nähe als Kontrast die Stahlkonstruktion der Howrah-Brücke mit donnerndem

Großstadtverkehr über den Fluß spannt. Ein weiterer Kontrast: Das kommunistische Emblem von Hammer und Sichel prangte hier in Sichtweite der Pilger auf Hausmauern, und Lenins Portrait wurde in Bretterbuden neben den Bildern von Vishnu, Shiva und Kali zum Verkauf angeboten.

Wie können Gläubige im tiefreligiösen Indien das Nebeneinander von sakralen und kommunistischen Symbolen widerspruchslos akzeptieren? Das Zeichen von Hammer und Sichel steht doch nach unserer Erfahrung für eine Partei, die in Anlehnung an Karl Marx Religion als »Opium des Volkes« bezeichnet. Und Lenin hat schließlich Religionsgemeinschaften politisch unterdrückt. Trotz alledem konnte es in Westbengalen einer kommunistischen Partei gelingen, über Jahrzehnte die Wählergunst zu behalten – bei Gebildeten wie Ungebildeten, bei Studenten, Angestellten, Arbeitern, Tagelöhnern, Bauern. Dabei ist doch selbst in Kalkutta der Alltag durchtränkt von Religion, ob nun in Wohnvierteln der Hindus, Muslime, Christen, Sikhs, Jains und anderen, ob nun bei Wohlhabenden oder sozial Benachteiligten.

Bei meinen Streifzügen durch die bengalische Metropole gewann ich auf Schritt und Tritt einen Eindruck von der Allgegenwart des Religiösen: Bildnisse und Symbole aller Religionsgemeinschaften sah ich an zahlreichen Wohnhäusern, Portalen, Basarbuden, ja sogar an den Windschutzscheiben vieler Autos. Auch in Kalkutta entdeckte ich Altäre und Schreine bisweilen sogar an Straßenecken. Auch in Kalkutta traf ich auf »heilige Bäume« – weitausladende, knorrige Bäume, die mit einem Götterbild und bunten Wimpeln versehen sind. Solche Bäume stehen oft mitten auf der Straße, so daß sich Autos, Ochsenkarren, Fahrräder und Rikschas nur mühsam durch die Engpässe zu beiden Seiten hindurchquälen müssen. Niemand würde auf die Idee kommen, solche Bäume als Verkehrshindernis zu betrachten und sie zu fällen. Manche dieser Bäume in Kalkutta ragen direkt vor Betonbauten auf und wirken mit ihrem sakralen Schmuck wie archaische Überbleibsel aus einer Zeit, als hier noch Reisfelder, staubige Landstraßen und strohgedeckte Bauernhäuser das Bild bestimmten.

Aber dann Hammer und Sichel als zusätzlicher Kontrast.

Bei der Beurteilung dieser Situation gehen westliche Beobachter von falschen Voraussetzungen aus – zumindest, solange sie sich an der schroffen Abgrenzung der Christen gegenüber dem Atheismus orientieren. Für Hindus gibt es eine derart eindeutige Abgrenzung nicht, denn für sie ist die höchste Macht keine persönliche Gottheit, aus der die ganze Schöpfung hervorgegangen ist. Hindus sehen in der höchsten Macht ein unpersönlich waltendes Weltgesetz, das selbst die Gottheiten hervorbringt: den Dharma.

Das Sanskrit-Wort »Dharma« ist vielschichtig. Im Hinblick auf die kosmischen Gegebenheiten läßt sich »Dharma« als »Einssein mit der Wahrheit der Dinge« verstehen, im Hinblick auf den gelebten Alltag als »Weg«, »Lebensweise«, »richtiges Handeln«. Entscheidend ist, daß jeder Hindu in dieser gestaltlosen Macht des Dharma die höchste Instanz sieht – wogegen nicht jeder Hindu den Glauben an personale Gottheiten wie Vishnu, Shiva, Kali teilt. Alle Gottheiten gelten ja nur als Erscheinungsformen des All-Einen, sind in ihrer jeweiligen Gestalt »Maya«, »Täuschungen« der sinnlichen Wahrnehmung und werden von jedem Menschen anders »erlebt«. Hier liegt der gravierende Unterschied zu unserem Denken. Gerade weil der Dharma eine unpersönliche Macht ist, werden für Hindus die Grenzen zum Glauben der Atheisten fließend. Schließlich gehen Atheisten ebenfalls davon aus, daß das Dasein von einem anonymen, unpersönlichen Weltgesetz bestimmt wird.

Indischen Kommunisten muß es daher fremd bleiben, schroff wie etwa Christen und Muslime zwischen dem Glauben an Gott und der Leugnung Gottes zu unterscheiden –

und daher eine strikte Trennung zwischen religiösem »Glauben« und atheistischem »Unglauben« zu ziehen. Fremd bleibt ihnen auch die Haltung europäischer Kommunisten, die auf den Absolutheitsanspruch der Christen ebenso intolerant – nämlich religionsfeindlich – antworten.

Größere Schwierigkeiten ergeben sich für indische Kommunisten dagegen, den Glauben an das Kastensystem mit marxistischer Ideologie in Einklang zu bringen. Denn der Marxismus als Ideologie westlicher Herkunft gründet ja auf der Überzeugung, alle Menschen hätten Anspruch auf gleiche Rechte, weshalb die schroffen gesellschaftlichen Hierarchien als ungerecht gelten und beseitigt werden müßten. Für die Hindus dagegen erscheint das Kastensystem als eine kosmisch verwurzelte Ordnung, in der die hierarchische Einordnung und Unterordnung des Menschen unaufhebbar festgeschrieben ist.

Wie ich an anderer Stelle schon darlegte, bekommt das Kastensystem durch den Glauben an die Wiedergeburt eine zusätzliche metaphysische Dimension. Ob der Mensch in eine höhere oder eine niedere Kaste hineingeboren wird, hängt davon ab, wie er sich in seinem vorherigen Leben verhalten hat. Nach traditionellem Glauben hat der Hindu zu akzeptieren, daß seine Geburt in einer Elendshütte auf Verfehlungen in einer früheren Erdenexistenz zurückgeht. Er darf also gegen ein solches Schicksal nicht grundsätzlich aufbegehren. Umgekehrt kann ein Lumpensammler oder Lastenträger hoffen, nach seinem Tod in eine hohe Kaste hineingeboren zu werden und deren Vorrechte zu genießen. Vorausgesetzt, er hat seine bisherige »Kastenpflicht«, das Dienen, klaglos als selbstverständlich hingenommen.

Was also den Christen und Muslimen Paradies und Hölle im Jenseits, ist für den Hindu der Lohn oder die Strafe im Diesseits mit einer guten oder schlechten Wiedergeburt. Es ist ein kosmisches Gesetz der absoluten Gerechtigkeit, auf das keine Gottheit einen Einfluß hat. Hindus nennen dieses Gesetz »Karma« (die Tat). Das Karma aber ist Bestandteil des unpersönlichen, nicht hinterfragbaren Weltgesetzes: des Dharma.

Ein Hindu kann an so viele Gottheiten glauben wie er will, er kann sogar Christus oder Mohammed als quasi göttliche Erscheinungsformen des All-Einen verehren, niemand wird ihn deshalb tadeln. Aber sobald er grundsätzlich am Kastensystem mit seiner »kosmisch« verankerten Hierarchie zweifelt, kann er sich nicht mehr als Hindu betrachten. Denn wenn er einem derartigen Zweifel nachgibt, muß er fürchten, mit einem schlechten »Karma« für die nächste Erdenexistenz bestraft zu werden.

Die Konsequenzen für das soziale Leben sind beträchtlich. Kaum ein Hindu wird es wagen – und kann es sich meist auch nicht vorstellen –, die vorgegebenen sozialen Hierarchien grundsätzlich in Frage zu stellen. Und so ist es nicht verwunderlich, daß bei der Masse der traditionell Gläubigen der westliche Begriff »Revolution« auf Unverständnis oder gar tiefe Ablehnung stößt.

Aber wieso kommt es dann trotzdem in den Slumvierteln großer Städte immer wieder zu Unruhen, ja gar zu blutigen Ausschreitungen? Und wieso formieren sich Menschenmassen in den Straßen indischer Städte, besonders häufig in Kalkutta, zu Demonstrationen und fordern lautstark bessere Lebensbedingungen?

Demonstranten und Aufrührer dieser Art müssen nicht das Gefühl haben, mit ihren Aktionen gegen die »ewigen« Gesetze des Dharma zu verstoßen. Im Gegenteil: Sie wehren sich nur gegen Machthaber, die den Notleidenden die ohnehin kargen Lebensmöglichkeiten auf ein unerträgliches Maß reduzieren – und damit die kosmisch vorgegebene »Harmonie« des Kastensystems aus dem Gleichgewicht bringen. Wenn auch die Höherkastigen mit »natürlichen« Vorrechten ausgestattet sind, so gehört es doch zu ihrer »Kastenpflicht«, als Herrschende für ein bescheidenes Wohlergehen der Niederkastigen zu sorgen und damit eine Gegenleistung für das bereitwillige Dienen zu erbringen. Die Mächtigen sollen also lediglich gezwungen werden, ihre vom Dharma vorgegebene »Pflicht« gegen »Niedriggeborene« zu erfüllen. Ein solcher Protest richtet sich gegen fehlbare Menschen, nicht aber grundsätzlich gegen das hierarchisch abgestufte Gesellschaftssystem.

Der prominente indische Psychoanalytiker und Sozialwissenschafter Sudhir Kakar bringt die Probleme auf den Punkt, indem er folgert: Was die sozialen Widersprüche und extremen Gegensätze zwischen reich und arm angehe, befinde sich Indien in einer Situation, die eine revolutionäre Veränderung erfordere – aber weder bei der Masse des Volkes noch bei den politischen Eliten sei das Bewußtsein so weit fortgeschritten, revolutionäre Veränderung zu akzeptieren. Es komme bei Indiens Notleidenden zwar immer wieder zu Revolten, es fehle jedoch der geistige Ansatz für eine Revolution. Sogar blutige Unruhen würden meist schon dann enden, wenn die bedrängten Politiker, Fabrikanten oder reiche Bauern Minimalforderungen wie die einer bescheidenen Lohnerhöhung erfüllt hätten.[19]

An solchen Gegebenheiten hatten sich die Kommunisten in Westbengalen mit ihrer Politik von Anfang an orientiert. Undenkbar wäre es für sie gewesen, als eine Partei groß angelegter Sozialutopien und revolutionärer Umgestaltung aufzutreten, wie es das Erbe westlichen Denkens geboten hätte. Vielmehr konzentrierten sie sich auf Reformen der kleinen Schritte: den Slumbewohnern die Lebensbedingungen zu erleichtern oder landlosen Bauern durch Zuteilung einiger brachliegender Felder der Großbauern ein besseres Leben zu ermöglichen. Solche Sozialreformen korrigierten zwar die schlimmsten Auswüchse, stellten aber nicht grundsätzlich die wirtschaftlichen Unrechtsverhältnisse und Kasten-Hierarchien in Frage.

Die Naxaliten, jene Kommunisten, die einen »revolutionären« Wandel nach dem Vorbild Maos forderten, waren daher von vornherein zu einer Außenseiterposition verdammt. Doch selbst bei vielen von ihnen ist der Wunsch nach einer »Revolution« keineswegs mit dem Konzept chinesischer oder europäischer Kommunisten gleichzusetzen. Nur die westlich erzogenen Studenten, die ihre Ausbildung an Schulen in Kalkutta genossen hatten, verfügten über die Vision einer tiefgreifenden Neuordnung der Gesellschaft. Dagegen war für die Masse der naxalitischen Bauern und Landarbeiter das Ziel des blutigen »revolutionären« Kampfes bereits erreicht, wenn sie die tyrannischen Gutsherren vertrieben oder getötet hatten. Letztlich blieben viele dieser Naxaliten selbst noch in ihrem Aufbegehren traditionell denkende Hindus, die die soziale Hierarchie nicht grundsätzlich verändern wollten. Auch ihnen genügte es, anstelle der ungerechten Gutsherren gerechte Gutsherren einzusetzen. Viele von ihnen fürchteten auch, durch einen radikalen Umsturz gegen das Gesetz des Dharma zu verstoßen und mit einer schlechten Wiedergeburt bestraft zu werden.

Weshalb konnten aber selbst die gemäßigten Kommunisten nur in Kalkutta und Westbengalen eine lang andauernde stabile Regierungsmehrheit zustande bringen? Weshalb nicht in anderen großen Ballungsräumen wie Bombay, Delhi, Madras, Bangalore, warum nicht in anderen Bundesstaaten? Dort hat es nur vereinzelt kommunistisch inspirierte Bewegungen gegeben, sie blieben jedoch trotz ihrer Ideologie eines »indischen Weges« isoliert. Dabei müßte sich nach dem klassischen Verständnis der Marxisten in jedem industriellen Ballungsraum mit notleidenden und zudem sozial entwurzelten Zuwanderern ein »Klassenbewußtsein« entwickeln.

Aber wie schon das Beispiel Kalkutta zeigt, war die kommunistische Partei sogar in der Hauptstadt Westbengalens gezwungen, sich der Mentalität ihrer Wähler stark anzupassen. Selbst in Kalkutta haben sich die Kommunisten mit ihrer Politik an den noch immer vorhandenen Kasten-Hierarchien orientiert. Und dies geschah, obwohl in Bengalen hinduistische Reformbewegungen bereits während des 19. Jahrhunderts begonnen hatten, die sozialen Schranken des Kastensystems stärker als anderswo abzubauen. Vermutlich sind im übrigen Indien die Barrieren gegen eine revolutionäre Veränderung noch entschieden höher. Insofern war es für die kommunistische Partei nahezu aussichtslos, in Indien breitenwirksam eine Alternative zur Kongreßpartei bieten zu können.

Nachdem die Kongreßpartei nicht nur in Westbengalen, sondern auch in vielen anderen Bundesstaaten als Reformbewegung in eine Krise geraten war, warben sogenannte Kasten-Parteien erfolgreich um die Wählergunst der sozial Unzufriedenen. Es sind Parteien, die nur noch die politischen Interessen einer einzigen, meist niederen Kaste vertreten und sich oft vehement sogar gegen sozial Benachteiligte anderer niederer Kasten abgrenzen. Dieser Typus einer reinen Klientelpartei konnte in Indien viel erfolgreicher als eine kommunistische Partei jene Wähler gewinnen, die sich enttäuscht von der Kongreßpartei abgewandt hatten. Denn der Typus der Kasten-Partei entspricht in vielem der traditionellen hinduistischen Vorstellung: So wie jede indische Stadt aus einer Vielzahl in sich geschlossener Sozialsysteme von Kasten nebeneinander besteht, so gibt es eben auch viele Parteien, die ebenfalls eine jeweils eigene Interessengemeinschaft einer Kaste bilden.

Allerdings bedeutet das Phänomen einer Kasten-Partei einen Rückschritt, denn solche Parteien leisten nicht jenen Interessenausgleich, den die Kongreßpartei in ihren besten Zeiten hervorragend zustande gebracht hatte. Die Kongreßpartei hat es sogar bis in die siebziger, ja achtziger Jahre herein noch relativ gut vermocht, ein Sammelbecken für alle Religionsgruppen und Kasten zu bilden. Erst als die Politiker in immer größerer Zahl diese Ideale ignorierten und nur noch Angehörige der eigenen Kaste begünstigten, ist dieses System des Interessenausgleichs zwischen unterschiedlichen Gruppen ausgehöhlt worden. Seit den achtziger Jahren ist Indien mit der Tatsache konfrontiert, daß die Kasten-Parteien durch ihre rigorose Interessenpolitik die Gegensätze zwischen den Kasten verschärfen anstatt sie zu mildern.

Inder sprechen über solche Sachverhalte nicht gerne mit westlichen Beobachtern. Und falls trotzdem eine Diskussion darüber zustande kommt, erleben wir oft heftige Reaktionen.

Gerade in Kalkutta mußte ich eine entsprechende Erfahrung machen. Einem Studenten gegenüber hatte ich bemerkt, daß das Kastensystem für das Bewußtsein vieler Hindus noch sehr bestimmend sei, auch in der Politik. – Oh nein. Er wehrte entrüstet ab. Das sei vor hundert Jahren noch so gewesen, vor hundert Jahren! Ob mir nicht aufgefallen sei, daß es inzwischen schon viele Reformen gegeben habe? In Kalkutta habe alles begonnen, hier sei die Entwicklung am weitesten vorangeschritten, auch für viele andere Teile Indiens gelte das. In entlegenen Dörfern vielleicht nicht.

Ich nannte die Namen einiger Parteien, die einzig und allein die Interessen einer Kaste vertreten, und gab zu bedenken, daß sich hier höhere und niedere Kasten mit der Unterstützung von Parteien heftige Interessenkämpfe lieferten.

Er musterte mich empört. Das sei ja gerade so, wie wenn er umgekehrt behaupten würde, in Europa und Amerika gebe es noch immer eine Klassengesellschaft. Eine Klassengesellschaft sei doch auch eine historisch längst überholte Erscheinung.

Ich widersprach: Es habe zwar im Westen wie in Indien Reformen gegeben, aber Konflikte zwischen den einzelnen

Klassen wie Kasten existierten unter veränderten gesellschaftlichen Bedingungen weiter.

Er musterte mich irritiert. Er habe in London studiert, aber von einer Klassengesellschaft habe er dort nichts bemerkt.

Unser Gespräch verebbte.

Reformversuche der Kommunisten

»Reis-und-Curry-Kommunismus«. Mit diesem Begriff wird in Westbengalen gerne die Politik der »Communist Party of India (Marxist)« bezeichnet. Der Begriff erinnert an den »Gulasch-Kommunismus« der Ostblockstaaten, wo die Machthaber seit den sechziger und siebziger Jahren pragmatisch nur noch auf die Verbesserung des Lebensstandards setzten und von einer grundsätzlichen Umgestaltung der Gesellschaft abrückten. Aber mit ihrer Reform der kleinen Schritte hatte sich die CPI(M) nicht nur in Kalkutta eine Schar verläßlicher Stammwähler geschaffen. Westliche Beobachter muß überraschen, daß die Kommunisten auch nahezu zwei Drittel der westbengalischen Bauern gewinnen konnten.

Westbengalens Kommunisten waren mit dem Wahlversprechen angetreten, die verschleppten Reformen der Kongreßpartei zügig durchzuführen, und diesem Anspruch sind sie – zumindest in wichtigen Teilaspekten – gerecht geworden. Erst einer kommunistischen Regierung gelang es, für Kleinbauern, Landarbeiter und Pächter jene Rechte durchzusetzen, die ihnen schon lange versprochen waren.

Bereits in den fünfziger Jahren hatten die Kommunisten, damals noch als mächtige Opposition, Gesetze zum Schutz landloser Bauern gegen die Ausbeutung durch die Großbauern durchgesetzt. Das hieß vor allem: Landarbeiter durften einen erheblich größeren Ernteanteil als bisher behalten. Und kaum an der Macht, setzten die Kommunisten in den Dörfern zu einem Kernstück ihrer Landreform an: Die CPI(M) verteilte bereits während der ersten vier Jahre ihrer Regierung rund 600 000 Acre brachliegende Felder der Großbauern an Pächter und Landarbeiter. Zum Vergleich: Die Kongreßpartei, die zwar immer wieder ähnliche Wahlversprechen gab, hatte während ihrer nahezu zwanzigjährigen Herrschaft in Westbengalen gerade mal 450 000 Acre Überschußland an landlose Bauern vergeben.[20] (Acre ist ein englisches Maß. Ein Acre entspricht 40 Ar. 600 000 Acre machen damit rund 2400 Quadratkilometer aus, dies kommt der Ausdehnung des österreichischen Bundeslandes Vorarlberg gleich). Wenn auch solche Reformen noch nicht grundsätzlich das Armutsproblem beseitigten, so schafften es die Kommunisten doch, daß Westbengalen einer der wenigen indischen Bundesstaaten wurde, in denen die Landreform einen spürbaren Erfolg zeigte. Seither ist der Zustrom landflüchtiger Bauern Westbengalens in die Megastadt Kalkutta stark zurückgegangen – eine Tendenz, die sich schon in den achtziger Jahren deutlich abzeichnete.[21]

Aber im Verlauf der nun mehr als zweieinhalb Jahrzehnte dauernden Regierung der Linkskoalition sind auch immer deutlichere Anzeichen von Korruption und Machtmißbrauch zutage getreten. In dieser Anfälligkeit unterschieden sich die Kommunisten nur wenig von der Kongreßpartei und anderen indischen Parteien. Die Krise der CPI(M) wurde erstmals in ganz Indien wahrgenommen, als 1998 die Oppositionspolitikerin Mamata Banerjee mit dem Ziel antrat, die politisch erstarrende CPI(M) bei den Bezirkswahlen 1999 und auch bei den Landtagswahlen 2001 zu besiegen. Ursprünglich war Banerjee die Führerin der westbengalischen Kongreßpartei gewesen, aber ihre Gruppierung hatte sich wegen politischer Differenzen von der Kongreßpartei abgespalten und eine eigene Partei unter dem Namen »Trinamool Congress« (mit dem Kürzel TC) gegründet. Anläßlich der bevorstehenden Bezirkswahlen attakierte Banerjee die CPI(M) scharf: Die

Landreform der Kommunisten habe bisher keinen durchschlagenden Erfolg gebracht, genützt habe sie nur einigen wenigen Gruppen, die als Gegenleistung stets die Kommunisten wählten. Banerjees Reden gipfelten in dem Vorwurf, viele Bauern würden weiterhin bettelarm bleiben, während sich die Funktionäre der CPI(M) schamlos bereichert hätten.

Solche Reden fanden starken Widerhall bei jenen Bauern, die tatsächlich noch immer – vergeblich – auf die Segnungen einer Landreform warteten. Aber die bisherige Reformpolitik der Kommunisten litt nicht nur unter der persönlichen Unzulänglichkeit einer Reihe von Funktionären. Die eigentliche Ursache der Krise war, daß die Bevölkerung rascher wuchs, als es Land zu verteilen gab. Immer knapper wurde damit die Landfläche pro Person. Den Kommunisten lief die Zeit davon.

Vor dem Hintergrund eines überbevölkerten Bundesstaates wird die wachsende Unzufriedenheit vieler Bauern begreiflich. Westbengalen hat seit Jahrzehnten an dem Los zu tragen, die zweitstärkste Bevölkerungsdichte aller indischen Bundesstaaten zu besitzen. Zwar zeigt die Propaganda für Geburtenkontrolle in den Städten Wirkung, vor allem in der Megastadt Kalkutta, wo die Bildungsschicht am größten ist. Aber nach wie vor geht in einer Reihe ländlicher Gebiete die Aufklärungsarbeit für die Notwendigkeit einer Geburtenkontrolle nur schleppend voran oder bleibt gar völlig aus.

Als am 5. Juni 1999 Bezirkswahlen stattfanden, errang die Trinamool-Congress-Partei unter Führung von Mamata Banerjee beachtliche Stimmengewinne gerade in solch überbevölkerten bäuerlichen Regionen. Im Distrikt Midnapur konnte sie sogar die absolute Mehrheit erringen und die Regionalregierung der CPI(M) ablösen. Für die Landesregierung in Kalkutta war das Wahlergebnis ein Schock. Erstmals seit 22 Jahren gab es für die Linkskoalition eine ernstzunehmende Herausforderung.

Die Spannungen zwischen der machtvoll wachsenden Oppositionspartei Trinamool Congress und der alteingesessenen Regierungspartei CPI(M) wurden allerdings nicht friedlich, nicht auf demokratischem Weg beigelegt. Vielmehr explodierte der Konflikt in Gewalt. Schon Monate vor den Landtagswahlen versuchten Schlägertrupps der CPI(M), Sympathisanten der TC einzuschüchtern und von der Wahlurne fernzuhalten, indem sie eine Reihe Bauern folterten, andere gar töteten. Indische Zeitungen veröffentlichten Fotos von Bauern und Landarbeitern, denen kommunistische Terroristen zur Abschreckung die Hände abgehackt hatten. Es dauerte nicht lange, bis Schlägertrupps der bedrohten Oppositionspartei mit dem gleichen Terror antworteten. Seit der Gründung der TC 1998 bis Mitte 2000, in nur knapp zwei Jahren also, sind bei gewaltsamen Zusammenstößen zwischen Anhängern beider Parteien 230 Menschen getötet worden, 130 davon allein in jenem Bezirk Midnapur, in dem die TC die größten Stimmengewinne erzielt hatte.[22]

Für die Landesregierung wurden die Massaker in bengalischen Dörfern zur schweren Belastung. Der Anstoß zu solchem Terror war nicht von höchster Stelle, sondern von regionalen Gruppierungen ausgegangen. Falls es der Regierung nicht gelang, die regionalen Kräfte politisch zu disziplinieren, drohte dem Bundesstaat Westbengalen größere Zerrüttung. Die bisherigen Erfolge der Landreform wären damit endgültig zunichte gemacht.

Bereits ein Jahr vor der überregionalen Landtagswahl im Mai 2001 setzte die CPI(M) erste Signale, die Krise zu überwinden. Iyoti Basu, der achtzigjährige Parteiführer, hatte nach 23 Jahren das Amt des Ministerpräsidenten an seinen Stellvertreter Buddhadeb Bhattacharya abgeben. Seinem Nachfolger gelang es innerhalb weniger Monate, mit neuen Akzenten in der Reformpolitik Sympathien bei verlorenen Wählerschichten zurückzugewinnen. So vor allem bei der bürgerlichen Mittelschicht, die in den Anfangsjahren ein wichtiges Wählerreservoir der Partei gebildet hatte. Der neue Ministerpräsident konnte bei der Mittelschicht mit dem Versuch punkten, die Macht der allgegenwärtigen Parteifunktionäre, der »Babus«, einzuschränken. Er sprengte das System der verkrusteten Günstlingswirtschaft und machte mit der Gewohnheit ein Ende, daß die Postenvergabe für Beamte wie auch Sozialprogramme für Notleidende nur den willigsten Gefolgsleuten zugute kamen. Werbewirksam benutzte Bhattarachya für diese Maßnahmen das aus der Sowjetunion entlehnte Schlagwort »Perestroika«. Gestärkt ging die CPI(M) den Landtagswahlen im Mai 2001 entgegen und konnte einen eindrucksvollen Sieg über die Oppositionspartei Trinamool erringen.

Wenn aber der neue Ministerpräsident nach Umfragen von indischen Journalisten bereits im ersten Amtsjahr als einer der tatkräftigsten Ministerpräsidenten Indiens eingestuft wurde[23], bleibt dennoch die Frage: Wieso wenden sich die sozialen Verhältnisse in Kalkutta nicht zum Besseren? Unaufhaltsam wuchern die Slumviertel weiter, strömen weiterhin massenweise notleidende Bauern in die Hauptstadt. Dabei ist doch während der letzten zwei Jahrzehnte die Landflucht aus den Dörfern Westbengalens auffallend zurückgegangen.

Die Antwort ist einfach: Die Mehrzahl der Zuwanderer kommt längst nicht mehr aus westbengalischen Dörfern, sondern aus Bundesstaaten mit viel schlimmeren sozialen Bedingungen, allen voran aus Bihar, aber auch aus Uttar Pradesh, Madhya Pradesh, Orissa …

Zuwanderer aus anderen Bundesstaaten

Westbengalen mit seinen rund 70 Millionen Einwohnern hat das Pech, daß ausgerechnet der benachbarte Bundesstaat

Bihar mit rund 90 Millionen Einwohnern die ärmsten und unterentwickeltsten Regionen ganz Indiens besitzt. Dabei sind beide Bundesstaaten überbevölkert und tun sich schwer, bei dem immer knapper werdenden Lebensraum die wachsende Masse ihrer Menschen zu ernähren.

Das soziale Gefälle ist beträchtlich. In Westbengalen beläuft sich nach einer indischen Statistik des Jahres 2000 die Zahl der Menschen, die unter der absoluten Armutsgrenze leben, auf 27 Prozent der Gesamtbevölkerung – in Bihar auf 42,6 Prozent.[24] In Westbengalen sind 43 Prozent Analphabeten, in Bihar 61 Prozent.[25]

Entsprechend problematisch sind die politischen Verhältnisse in Bihar. Bis 1991 hatte dort die Kongreßpartei regiert. Schon unter ihrer Herrschaft sind viele Regionen, besonders ländliche, stark vernachlässigt worden, und die Schere zwischen reich und arm hat sich immer weiter geöffnet. So lagen in Bihar bereits während der siebziger und achtziger Jahre die statistischen Werte von Armut, Unterernährung und Analphabetismus über dem indischen Durchschnitt. Aber es kam noch schlimmer, als 1991 eine Koalition sogenannter Kasten-Parteien einen Wahlsieg über die Kongreßpartei errang und an die Regierung gelangte. Bihar wurde zum ersten Bundesstaat Indiens, in dem Kasten-Parteien als politisches Phänomen die herausragende Rolle spielten. Doch gerade in Bihar wurde auch am frühesten deutlich, worin die Nachteile und Gefahren dieses Parteientypus lagen.

Die Yadav-Kaste besaß in der neuen Regierung von Bihar das stärkste politische Gewicht. Diese niedere Bauernkaste hat erst während des 20. Jahrhunderts wirtschaftlich an Bedeutung gewonnen. Eine Kaste also, die lange Zeit unter extremer Benachteiligung gelitten hatte und sich nur mühsam aus dieser Unterdrückung löste. Die Partei der Yadav-Kaste vertrat ausdrücklich die Interessen der niederkastigen »Ausgebeuteten« gegen die hochkastigen »Ausbeuter«. Ihr Vokabular klang – in deutlicher Konkurrenz zu den kommunistischen Parteien – sehr »sozialistisch«. Aber die neuen Machthaber vertraten keineswegs die Interessen aller sozial Benachteiligten, sondern nur die der eigenen Kaste. Die Nöte anderer Gruppen ignorierten sie. Mehr noch: Sie scheuten nicht davor zurück, sich bei Gelegenheit sogar auf Kosten der Ärmsten zu bereichern.

Unter der Führung des Ministerpräsidenten Laloo Yadav Prasad plünderten die Funktionäre der Yadav-Kaste die Staatskasse noch rücksichtsloser und ließen noch unverfrorener als ihre Vorgänger öffentliche Gelder in die eigene Tasche fließen. Die Angehörigen der anderen Kasten unterdrückten sie noch brutaler als zuvor die hochkastigen Politiker der Kongreßpartei. Widerstand gegen diese Art von besonders rücksichtsloser »Interessenpolitik« würgten sie ab, indem sie Schlägerbanden anheuerten und politische Gegner verprügeln oder gar töten ließen. Die demokratisch gewählte Regierung tat also genau das, was Großbauern oft zur Einschüchterung gegenüber landlosen Bauern tun. Aus dem Umkreis von Ministern kamen nun Befehle, Häuser niederzubrennen oder Menschen zu ermorden. Deutlich verflochten sich so in Bihar Politik und Kriminalität auf mafiose Weise. Eine derartige Entwicklung ließ sich zwar auch in manch anderen Regionen Indiens beobachten, aber in Bihar waren die Exzesse bald am schlimmsten. Indische Journalisten der angesehenen Zeitung »Times of India« bezeichneten bereits 1992 Bihar als »Königreich des Verbrechens«. 40 der 325 Abgeordneten des Landesparlaments seien notorische Kriminelle, die bei der Durchsetzung ihrer wirtschaftlichen Interessen nachweislich nicht vor Raub, Entführung und Mord zurückschreckten.[26]

Bereits Mitte der neunziger Jahre war Bihar nicht nur der ärmste Bundesstaat Indiens, sondern hielt auch einen beklemmenden Rekord an sozialen, bürgerkriegsähnlichen

Unruhen. Jene Organisation der Naxaliten, die in Westbengalen entstanden war und dort während der siebziger Jahre blutig ausgerottet wurde, ist in Bihar neu aufgeblüht und zum Schrecken wohlhabender Bauern geworden. Daß die totgesagte Bewegung der Naxaliten seit den achtziger Jahren in Bihar immer mehr Zulauf findet, aber in Westbengalen weiterhin keine Chance hat, liegt an den völlig unterschiedlichen politischen Entwicklungen. In Westbengalen hat eine Landreform das Leben der Kleinbauern zumindest in einer Reihe Regionen entscheidend verbessert. In Bihar dagegen hat es nirgendwo Ansätze zu einer ernsthaften Landreform gegeben. Und weil in Bihar die reichen Grundherrn vor allem durch Terror gegen landlose Bauern Reformbewegungen zu stoppen versuchen, ist dort die Bereitschaft der Landlosen zum Gegenterror besonders gewachsen.

Auch Touristen bekommen in Bihar die explosive Situation zu spüren. Das gilt in erster Linie für die von Pilgern wie von westlichen Ausländern vielbesuchten Orte Gaya und Bodh Gaya. Der erstere ist ein Wallfahrtsziel für Hindus, der letztere für Buddhisten, denn in Bodh Gaya soll Buddha seine Erleuchtung gehabt haben. Einem 1998 aktualisierten Reiseführer konnte ich die ausdrückliche Warnung an Touristen entnehmen, es sei inzwischen sehr gefährlich, nach Anbruch der Dunkelheit noch mit der Motorrikscha oder dem Privatauto die 13 Kilometer lange Strecke zwischen Gaya und Bodh Gaya zu fahren. Es komme hier immer wieder zu nächtlichen Raubüberfällen.[27] Wer die Räuber sind, ist schwer auszumachen in einem Bundesstaat, dessen Ordnungsgefüge sich durch immer schlimmere Mißstände und Korruption zersetzt.

Westbengalen hat aber das Pech, daß in seinem Einzugsbereich noch weitere Bundesstaaten liegen, die ähnlich überbevölkert und verarmt sind wie Bihar. So Uttar Pradesh mit rund 140 Millionen Einwohnern, wovon 31 Prozent unter der absoluten Armutsgrenze leben und rund 60 Prozent Analphabeten sind. So Madhya Pradesh mit rund 70 Millionen Einwohnern, davon 37 Prozent extrem Arme und rund 60 Prozent Analphabeten. So Orissa mit rund 32 Millionen Einwohnern, davon 42 Prozent extrem Arme und rund 51 Prozent Analphabeten.[28]

Die unter dem Existenzminimum lebenden Menschen dieser Bundesstaaten sind zwar nicht derart massiv wie in Bihar durch den Terror mafioser Banden bedroht. Aber auch vielen von ihnen muß das besser entwickelte Westbengalen, besonders die Megastadt Kalkutta, als ein Ort der Verheißung erscheinen. So ist es völlig unerheblich, welche Partei in Westbengalen regiert und soziale Reformen versucht – das Faktum bleibt: Kalkutta ist trotz sozialer Reformen dazu verurteilt, weiterhin mit einem starken Zustrom an notleidenden Zuwanderern konfrontiert zu sein.

Kalkutta – eine sterbende Stadt?

Bei meinem ersten Aufenthalt 1965 war es mir noch ein selbstverständliches Bild gewesen, daß große Frachtschiffe und Ozeandampfer vom rund 90 Kilometer entfernten Golf den Hughli-Fluß hinauf bis nahe der Howrah-Brücke fahren konnten. Die Straßen im Stadtzentrum, die zum Hafen führten und dort unmittelbar am Wasser endeten, gaben zwischen den Häusern den Blick frei auf massige Dampfer. Diese Schiffe waren so groß, daß sie mit ihren Schornsteinen so hoch aufragten wie die zwei- bis dreistöckigen Gebäude. Damals besaß Kalkutta noch einen der größten Häfen Indiens.

Nichts mehr davon drei Jahrzehnte später. 1993 befuhren nur noch kleinere Frachtschiffe, Lastkähne und Dschunken den Hafen. Der breite Strom des Hughli war während der letzten Jahrzehnte zunehmend versandet. Ursache waren und sind die Erdmassen, die der Ganges aus dem Landesinnern nach Abholzen vieler Bergwälder in sein weitgefächertes Delta, und hier auch in den Seitenarm Hughli, schwemmt. Ozeanriesen können seitdem den Hughli nicht mehr befahren und löschen nun ihre Fracht direkt an der Flußmündung zum Golf in einer neu erbauten Hafenanlage. Die Daten waren schon Ende der sechziger Jahre alarmierend. 1965 hatte der Güterumschlag im Hafen von Kalkutta noch 10 Millionen Tonnen betragen, war aber nur vier Jahre später auf 6,9 Millionen Tonnen gesunken.[29]

Diese rapide schwindende Bedeutung von Kalkutta als Hafenstadt demonstrierte damals schon, daß die Industriemetropole am Hughli-Fluß insgesamt an wirtschaftlicher Dynamik beträchtlich eingebüßt hatte. Andere indische Metropolen begannen zu dieser Zeit Kalkutta zu überflügeln, allen voran Bombay, das schon seit vielen Jahrzehnten um die Vorrangstellung konkurrierte. Und nur noch ein bis zwei weitere Jahrzehnte brauchte es, damit auch Delhi und Bangalore mit ihrem industriellen Wachstum an Kalkutta vorbeizogen. Die westbengalische Metropole mit ihrer Ballung an chemischer Industrie, Maschinenbau und Autoproduktion verlor wegen technischer Überalterung nicht nur international, sondern auch auf dem indischen Binnenmarkt stark an Attraktivität. Sogar die Produktion von Jute, noch immer die größte der Welt, konnte angesichts sinkender Nachfrage nicht mehr die satten Gewinne von einst erzielen.

Indische und erst recht ausländische Unternehmern schrecken daher immer mehr davor zurück, in Kalkutta in größerem Umfang zu investieren. Schwer wiegt, daß besonders Investoren aus westlichen Industriestaaten, die ohnehin nur zögernd Kapital nach Indien fließen lassen, die Industriemetropole Kalkutta immer mehr vernachlässigen. Ein anschauliches Beispiel liefert die Indo-German Chamber of

Commerce. Ihr Bericht von 1997 steht stellvertretend für die Sicht westlicher Kapitalgeber auf die Rangordnung von Indiens Wirtschaftszentren: 43 Prozent der deutschen Direktinvestitionen in Indien entfielen auf die Region Bombay, 27 Prozent auf New Delhi und Umgebung – aber nur noch 7 Prozent auf die Region Kalkutta.[30]

Der weitere Niedergang schien angesichts solcher Daten und der immer noch wachsenden Slumviertel vorprogrammiert. Trotzdem läßt die Apokalypse auf sich warten. Kalkutta hat zwar seit den späten sechziger Jahren endgültig seine führende wirtschaftliche Stellung in Indien eingebüßt – und nichts deutet darauf hin, daß sie diese jemals wiedererringen könnte. Aber immerhin ist es der Linkskoalition unter Führung der Kommunisten innerhalb von drei Jahrzehnten gelungen, die Industrieproduktion auf einem bescheideneren Niveau konstant zu halten und so Arbeitsplätze zu sichern. Mehr noch: Kalkuttas führende Banken, die in den neunziger Jahren schwache Bilanzen vorzuweisen hatten und als »kränkelnd« galten, verzeichneten in den Jahren 2000 und 2001 wieder einen kräftigen Aufwärtstrend mit Nettogewinnen, was auf einen wirtschaftlichen Aufschwung hindeutet.[31]

Außerdem hat es die Koalition der Linksparteien geschafft, die Abwanderung aus westbengalischen Dörfern beträchtlich einzudämmen. Durch eine Landreform in vielen Regionen konnte die schlimmste Not beseitigt werden. Daher kommen arbeitsuchende Bauern in ihrer Mehrzahl inzwischen aus anderen Bundesstaaten, in denen entsprechende soziale Verbesserungen nach wie vor ausbleiben. Kalkuttas Elendsviertel wachsen zwar weiterhin, aber doch bei weitem nicht mehr so rasch wie noch vor ein bis zwei Jahrzehnten – eben weil der Zustrom aus westbengalischen Dörfern deutlich nachgelassen hat.

So haben auch Sozial- und Bevölkerungswissenschaftler ihre Prognosen für das steil nach oben gehende Bevölkerungswachstum der Megastadt Kalkutta nach unten korrigiert. 1982 hatten Experten in einer Studie der Vereinten Nationen Kalkutta für das Jahr 2025 noch eine Einwohnerzahl von unvorstellbaren 26 Millionen vorhergesagt, ähnlich für Bombay.[32] Aber in einer Studie der Vereinten Nationen von 1996 fielen die Prognosen für Kalkutta und Bombay ganz anders aus: Bereits im Jahr 2015 könnte Bombay die Zahl von 27 Millionen erreicht haben, Kalkutta dagegen »erst« 17 bis 18 Millionen.[33] Nach heutigem Ermessen wird also das bedrohliche Bevölkerungswachstum Kalkuttas bis zum Jahr 2025 weit hinter den Voraussagen zurückbleiben, die 1982 noch unter gänzlich anderen Voraussetzungen getroffen wurden.

Gegen Ende des 20. Jahrhunderts hat Kalkutta aber auch erste Zeichen gesetzt, daß die Stadt in der Lage ist, die Lebensqualität ihrer Bewohner insgesamt zu verbessern. In manchen Bereichen erzielt Kalkutta schon bessere Ergebnisse als Indiens Hauptstadt Delhi. So etwa, wenn es darum geht, Engpässe in der Stromversorgung zu vermeiden. Auch sind während der neunziger Jahre energische Anstrengungen unternommen worden, um Wohnsiedlungen für mittelständische Familien zu schaffen.[34] Ein beträchtlich ausgebautes Netz von U-Bahnen und S-Bahnen, das 1986 in ersten Abschnitten fertiggestellt wurde, hilft inzwischen zusehends die Staus im Straßenverkehr zu den Hauptgeschäftszeiten zu verringern. Bis zu Beginn des 21. Jahrhunderts ist Kalkutta Indiens einzige Stadt mit dem Ausbau eines derartigen Verkehrsnetzes geblieben, bevor auch Delhi ähnliche Anstrengungen unternahm.

Entgegen bisherigen Prognosen vor allem westlicher Wissenschaftler kommt es auch nicht unter dem Druck der Armut zum rapiden Zerfall sozialer Bindungen. Selbst bei den ärmsten Slumbewohnern, sogar bei vielen Obdachlosen bleibt eine soziale Organisation weitgehend intakt – zusammengehalten durch das eng geknüpfte Netz der Großfamilien und darüber hinaus der Kasten. Dieses System schafft eine Ordnung, die erstaunlich vielen Zerreißproben standhält. Anstelle einer übergeordneten Regierung und eines ordnenden Staates erfüllen Großfamilien und Kasten die nötigen Funktionen in kleinen überschaubaren Kreisen. Deshalb gibt es in den Slums indischer Städte, gerade auch von Kalkutta, erheblich weniger Kriminalität als etwa in den Slums schwarzafrikanischer und lateinamerikanischer Millionenstädte, ja auch weniger als in den Elendsvierteln der weltweit reichsten Wirtschaftsmacht USA.[35] Eben weil die Großfamilien und die Kasten viele Menschen sogar noch unter elenden Bedingungen besser in ein festes Gefüge einbinden. In Kalkutta konnte ich Slums ohne größere Angst vor Aggressivität betreten – in vielen amerikanischen Großstadtslums könnte ich solche Streifzüge nicht wagen. Zwar lassen sich in indischen Großstadtslums ethnische und religiös strukturierte Gruppen immer wieder gegeneinander aufhetzen. In Kalkutta jedoch sind solche Gegensätze auf die Spannungen zwischen Hindus und Muslimen beschränkt geblieben und auch immer wieder rasch abgeebbt.

Ungeachtet solcher Tatsachen hat Kalkutta in der Weltöffentlichkeit – ja teilweise auch bei Indern – den Ruf einer besonders problematischen Stadt behalten. Mehr noch: daß die Stadt unaufhaltsam zerfällt, ja stirbt.

»Kalkutta ist eine unruhige Stadt«, hatte sich Premierminister Nehru zu Beginn der sechziger Jahre noch relativ diplomatisch über die bengalische Metropole geäußert – über eine Stadt, die mit ihrer Einwohnerzahl gerade erst die Viermillionengrenze überschritten hatte und unter dem Druck immer größerer Zuwandererströme von sozialen Unruhen erschüttert wurde.

»Kalkutta ist eine sterbende Stadt«, sagte Ende der achtziger Jahre sein Enkel, Premierminister Rajiv Gandhi. Er sagte dies angesichts der Tatsache, daß innerhab von nur drei Jahrzehnten diese Stadt von rund vier Millionen auf über zehn Millionen Einwohner angewachsen war, eine Megastadt, in der nahezu zwei Drittel der Menschen in übervölkerten Slums lebten.[36] Protestdemonstrationen empörter Bengalen waren die Antwort auf den Kommentar Rajiv Gandhis, im Parlament kam es gar zu Tumulten. Die Protestierenden warfen dem Premierminister vor, zu wenig über Kalkutta mit seiner noch immer beachtlichen Industrie, zu wenig über das immer noch bedeutsame kulturelle Leben zu wissen.

Für Empörung sorgte wenig später auch eine Erklärung des indo-britischen Schriftstellers und späteren Literaturnobelpreisträgers V. S. Naipaul. Bei seinem Besuch 1989 in der Hauptstadt Westbengalens knüpfte Naipaul offensichtlich an die Worte des Premierministers an, äußerte sich aber noch radikaler: »Schon seit langem hat man gesagt, Kalkutta sei eine Stadt im Sterben. Jetzt ist es eine tote Stadt. Die Politik der Stadt ist eine Politik des Todes. Das ganze Elend der Stadt ist das Elend des Todes. Ich kenne keine Stadt, die einen bedrückenderen Eindruck hinterließe.«[37] Auch Naipaul erntete damit den wütenden Vorwurf, nichts über Kalkutta zu wissen und sich mit oberflächlichen Wahrnehmungen zu begnügen. Die kritischen Antworten trafen in diesem Fall allerdings einen Autor, der von der Herkunft zwar Inder ist, aber in England lebt und erst kurz vor seinem dreißigsten Lebensjahr erstmals nach Indien kam – Indien also mit den Augen eines Fremden betrachtete.

Westliche Beobachter registrieren solche Auseinandersetzungen kaum, und wenn sie es tun, dann stimmen viele dem Urteil eines Rajiv Gandhi oder gar eines Naipaul zu. Selbst Touristen, die von indischer Kultur fasziniert sind und immer wieder nach Indien zurückkommen, besuchen kaum einmal Kalkutta. Vielen von uns fällt spontan nur Mutter Teresa und ihr 1952 gegründeter Nonnenorden für Sterbebetreuung ein, wenn der Name Kalkutta erwähnt wird. »Sterbende Stadt«, »Stadt des Todes«, solche Äußerungen überwiegen in westlichen Berichten und Büchern. Gerade im deutschen Sprachraum sind die Versuche rar, solche Teilwahrheiten einer »Elendsmetropole« zu relativieren oder zu widerlegen. Vereinzelt nur stößt man in Zeitungen auf differenziertere Artikel. Auch fehlt es in der deutschsprachigen Fachliteratur weitgehend an gründlichen Darstellungen.

Eine bemerkenswerte Ausnahme ist das 1994 erschienene Buch *Calcutta. Eine funktionierende Anarchie* von Martin Kämpchen. Der seit Jahren in Westbengalen lebende Autor kritisiert vehement die einseitige Sicht vieler westlicher Beobachter und liefert Belege dafür, daß Kalkutta allen düsteren Prognosen zum Trotz eine vitale Stadt geblieben ist. Aber darüber hinaus beschränkt sich seine Analyse auf Teilaspekte des kulturellen Lebens; die vielfältigen sozialen Probleme einer Megastadt erörtert er nur am Rand.

Breit angelegte Darstellungen wie auch berühmte literarische Zeugnisse mit hohem Bekanntheitsgrad konzentrieren sich bis heute vorwiegend auf die Probleme der Armut in Kalkutta. So auch der Dokumentar-Roman und Bestseller *Stadt der Freude*, den der französische Journalist Dominique Lapierre 1985 nach jahrelangen Recherchen über die Slums von Kalkutta veröffentlichte. Oder die persönlichen Erfahrungen des Literaturnobelpreisträgers Günter Grass, die 1988 in seinem Tagebuch-Roman *Zunge zeigen* ihren Niederschlag gefunden haben. Lapierre bietet zumindest über weite Strecken eine sorgfältig recherchierte Studie und möchte auch mit seinem Buchtitel einen Kontrapunkt zu den Negativklischees setzen. Dagegen bietet Grass vorrangig impressionistische Eindrücke des Schreckens und hinterfragt das Erlebte kaum einmal analytisch. Aus indischer Sicht gelten beide Bücher, ungeachtet ihrer unterschiedlichen literarischen Durchdringung des Themas, nur als prominente Beispiele für eine typisch westliche Art der Wahrnehmung. Inder kritisieren, daß sogar diese international anerkannten Autoren das Image der Stadt als eine Metropole des Elends verfestigen und kaum Raum für weitere Aspekte lassen.

Aus dem Blickwinkel der meisten Europäer und Amerikaner scheint weiterhin das unverblümt brutale Urteil einer »sterbenden Stadt« zu stimmen. Es gibt deshalb in den letzten zwei Jahrzehnten spürbare Auswirkungen auf touristische wie geschäftliche Reisen. Viele internationale Fluggesellschaften haben Kalkutta aus ihren Routen gestrichen. Touristen meiden in ihrer Mehrzahl ohnehin die Stadt. Sogar viele Inder aus anderen Bundesstaaten verzichten zunehmend darauf, die Hauptstadt Westbengalens zu besuchen – zu stark lastet auf ihr der negative Ruf einer Elendsmetropole, einer bedrohlichen, krisengeschüttelten Stadt.[38]

Aber dies ist das eine Kalkutta, das vor allem in den westlichen Medien seinen Niederschlag findet.

Kommen wir nun zu dem anderen Kalkutta, das in unserem westlichen Bewußtsein keine nennenswerte Rolle spielt – um so mehr aber im Bewußtsein einer indischen Bildungsschicht: Kalkutta ist seit dem 19. Jahrhundert ein kulturelles Zentrum Indiens, ja für viele Bengalen sogar das Kulturzentrum schlechthin. Es ist eine Metropole, in der sich wie nirgends sonst indische und westliche Kulturströme vermischen. Eine Stadt mit einer eminent historischen Bedeutung, denn dort haben die meisten modernen Denkansätze Indiens ihre Wurzeln.

INDIENS KULTURELLE HAUPTSTADT

Indiens Moderne beginnt unter der Kolonialherrschaft

»Was Kalkutta heute denkt, wird Indien morgen denken.« Mit diesem Slogan hatten die Bengalen schon während des 19. Jahrhunderts signalisiert, daß sie ihre Metropole vor allen anderen indischen Städten in der geistigen Führungsrolle sahen. Kalkutta definierten sie als Indiens »kulturelle Hauptstadt«, als die Stadt der Künstler, Philosophen und Wissenschaftler schlechthin. Entsprechend bezeichneten sie sich selber elitär als das »Volk der Dichter und Denker«.

Was mag wohl von all den klingenden Bezeichnungen heute noch wirklich zutreffen? So wird sich der ratlos gewordene westliche Besucher fragen, der es schwer hat, sich in dieser übervölkerten, verarmten, chaotisch anmutenden Stadt zurechtzufinden. Aber sobald er seine ersten Irritationen überwunden hat und bereit ist, sich der Kultur der bengalischen Metropole unvoreingenommen zu öffnen, erlebt er auch heute noch Überraschungen. Dann entdeckt er, daß sich gerade in Kalkutta eine Reihe geistiger Strömungen noch immer intensiver entfaltet als in anderen Metropolen. Das gilt, auch wenn Kalkutta längst die politische Zentralgewalt an Delhi und die wirtschaftliche Führung an Bombay hat abgeben müssen. Das gilt, auch wenn die maßgeblichen Vertreter indischer Philosophie, Literatur, Kunst und Wissenschaft sich schon seit einigen Jahrzehnten nicht mehr alleine in der bengalischen Metropole konzentrieren.

Bevor wir uns jedoch den Einzelheiten dieser überaus lebendigen Kultur im Kalkutta von heute zuwenden, wollen wir sehen, wie es während des 18. und 19. Jahrhunderts zu dieser kulturellen Blüte kam. Wieso hat sich damals die koloniale Metropole Kalkutta, nicht aber die Rivalin Bombay zum kulturellen Zentrum Indiens entwickelt? Und warum haben nicht die traditionsreichen Städte Delhi oder Agra, einst die glanzvollen Machtzentren des Mogul-Reiches, die kulturelle Führungsrolle im modernen Indien übernehmen können?

Die Antwort ist einfach: Weil Kalkutta mehr als drei Jahrhunderte lang Indiens koloniale Hauptstadt war, bildeten sich dort auch die wichtigsten Anstöße für eine moderne Weiterentwicklung der Kultur. Viele neuere geistige Strömungen Indiens, ob nun innerhalb der Religion, Politik, Philosophie, Kunst und Wissenschaft – sie alle haben ihren Ursprung in der Kolonialhauptstadt Kalkutta. Ihre Entstehungsbedingungen sind nicht von der Herrschaft der Briten zu trennen.

In der Kolonialhauptstadt hatten die Briten ihre besten Schulen und Universitäten eingerichtet, wo sie Inder als wichtige Kräfte im kolonialen Verwaltungsdienst ausbildeten. Und so waren die Bengalen als erstes indisches Volk gezwungen gewesen, sich mit westlichem Denken auseinanderzusetzen. Deshalb konnte es den Bengalen auch als ersten intellektuell überzeugend gelingen, aus dem Zusammenprall derart unterschiedlicher Kulturen Anregungen für die eigene Hochkultur fruchtbar zu machen. In der bengalischen Metropole entwickelte sich auf diese Weise schon während des frühen 19. Jahrhunderts ein erster geistiger Austausch zwischen westlichen und indischen Intellektuellen.

Das geschah zu einer Zeit, als Delhi und Agra, die islamischen Kulturzentren des zerfallenden Mogul-Reiches, nur noch unschöpferisch an erstarrten Traditionen festhielten und hilflos auf alle politischen wie kulturellen Umbrüche reagierten. Aber auch die Hindus lebten damals im Netz einschnürender Traditionen und waren kaum noch fähig, Fehlentwicklungen zu korrigieren. Um so größeren Eindruck machte auf Indiens gebildete Oberschicht die Zivilisation der britischen Fremdherrschaft mit ihrer überlegenen Technologie, ihren wissenschaftlichen Errungenschaften, ihrer sozialen Organisation und Disziplin. Den Indern stellte sich wie vielen anderen unterworfenen Völkern die beklemmende

Frage, auf welche kulturellen Kräfte sich die Überlegenheit der Kolonialmacht gründete.

Einen Umbruch bedeutete vor allem, daß die Briten den Indern ein völlig neues Verständnis von Staat und Nation brachten. Aus diesem westlichen Import sollte sich schließlich der indische Nationalismus mit tiefgreifenden Folgen bis heute entwickeln. Und es war naheliegend, daß die neue Ideologie nur in Metropolen keimen konnte, in denen der westliche Einfluß schon früh sehr prägend war: allen voran in der Kolonialhauptstadt Kalkutta, unmittelbar gefolgt von Bombay und Madras. Es würde allerdings den Rahmen der Darstellung sprengen, im einzelnen auf solche politischen Veränderungen einzugehen, die ich aber in meinem Buch *Indien. Ein Kontinent im Umbruch*[1] ausführlich beschrieben habe. Ich möchte mich hier deshalb mit knappen Hinweisen begnügen.

Bevor die Briten Indien unterwarfen, hatte es noch nie eine Regierung gegeben, die den ganzen Subkontinent unter einer Herrschaft vereinigt hätte. Bis ins 18. Jahrhundert herein war das riesige Gebiet, das nahezu drei Vierteln der Fläche Europas entspricht, in unterschiedliche Völker mit einer eigenen Sprache und in rivalisierende Fürstentümer aufgespalten. Auch die wenigen Großreiche, die im Verlauf der Jahrhunderte entstanden waren, hatten nie den ganzen Subkontinent politisch einigen können. Dies gelang erst den britischen Kolonialherren, nachdem sie die verschiedenartigen Regionen durch ein modernes Verkehrsnetz, eine effiziente Verwaltung und eine einheitliche Amtssprache, das Englische, miteinander verklammerten. Neu an diesem Gebilde waren nicht nur die Strukturen, neu waren sogar der Staatsname »Indien« und der Nationalbegriff »Inder«. Dabei haben die Namen eine weit zurückreichende Tradition. Sie leiten sich von »Sindhu« ab, dem größten Fluß des Subkontinents, der gar keinen Eigennamen besaß und von den Einheimischen in der Sanskrit-Sprache nur »Fluß« genannt wurde (so die Übersetzung von »Sindhu«). Als die Griechen unter Alexander dem Großen die Flußebene erreichten, prägten sie die ungenau gehörte Bezeichnung in »Indos« um und nannten die Einheimischen »Inder«. Der Name ist also eine Fremdbezeichnung, die über viele Jahrhunderte nur in Europa gebräuchlich war und von den Briten wieder nach Asien gebracht wurde.[2]

Für viele Einheimische der Bildungsschicht bedeutete die politische Einigung eines ganzen Subkontinents unter dem englischen Namen »India« eine faszinierende Erfahrung: Es gab ein Ordnungssystem, in dem sich die bisher zersplitterten Völker jenseits ihrer unterschiedlichen Sprachen, Religionen und Kasten als »Inder« verbunden fühlen konnten. Hinter der Vielfalt mit ihren starken Gegensätzen zeichnete sich zunehmend die Vision einer überwölbenden »nationalen Einheit« ab. Indiens Nationalisten übernahmen somit von den Kolonialherren bereitwillig ein politisches Instrument, das seine europäische Herkunft nicht verleugnen konnte.

Ohnehin hatten die nationalistischen Führer der 1885 gegründeten Kongreßpartei ihre Ausbildung an englischen Schulen erhalten und bekämpften anfangs keineswegs die Kolonialherrschaft, was der programmatische Ausspruch eines ihrer wegweisenden Organisatoren aus der Anfangszeit belegt. Der »Congress« bekenne sich ausdrücklich zu England als dem »politischen Führer und moralischen Lehrer«, verkündete 1895 der Bengale Surendranath Banerjee in Kalkutta.[3] Erst später, als die Briten den Indern hartnäckig die politische Emanzipation verweigerten, forderte die Kongreßpartei das Ende der Kolonialherrschaft und ein »unabhängiges Indien«.

Die Kolonialhauptstadt Kalkutta wurde dabei zur politisch unruhigsten und intellektuell lebendigsten Stadt im Freiheitskampf gegen die Briten. Denn dort konzentrierte sich bis weit ins 20. Jahrhundert der größte Anteil einer gebildeten, von westlichem Nationalismus beeinflußten Oberschicht. Hierzu paßte, daß in Kalkutta die Kolonialherren noch offensiver als anderswo ihre eigene westliche Kultur arrogant den »unterentwickelten Eingeborenen« präsentierten – und damit den Stolz der Inder verletzten, die sich als Angehörige einer sehr alten Hochkultur verstanden.

Englische Sprache und Bildung sollten nach den Richtlinien, die die Kolonialregierung 1835 in Kalkutta erließ, zur alleinigen Grundlage des höheren Erziehungswesens für junge Inder werden. Bis zur Unabhängigkeit Indiens 1947 haben diese Richtlinien uneingeschränkt gegolten. Inder im gehobenen Verwaltungsdienst der Kolonialregierung sollten ihr eigenes Land mit den Augen ihrer westlichen Vorgesetzten sehen: Indien sei zutiefst »rückständig«, seine Kultur ruiniert durch Aberglauben und ein degeneriertes Kastensystem. Den Indern könne daher nichts Besseres passieren, als sich weitgehend zu »verwestlichen«.

Aufgrund solcher historischer Ausgangsbedingungen ergeben sich für westliche Beobachter eine Reihe Fragen. Indiens Modernisierung ist zwar untrennbar mit der Kolonialherrschaft verknüpft – aber mußte für die meisten Inder rückblickend nicht das Trauma arroganter Bevormundung und brutaler Ausbeutung durch die Briten dominierend sein? Mußte es demnach für Indiens Bildungsschicht nicht beträchtliche emotionale Barrieren geben, kritisch würdigend die positiven Anstöße aus kolonialer Zeit zu verarbeiten? Eine erste, wenn auch nur vorläufige Antwort lieferten mir 1993 Eindrücke unterwegs in Kalkutta.

Anfangs hatte ich bei meinen Streifzügen durch die Megastadt Schwierigkeiten bei der Orientierung. In etlichen Ausgaben deutscher Reiseführer waren die Straßen und Plätze selbst noch viereinhalb Jahrzehnte nach dem Abzug der Briten mit englischen Namen versehen. Solche Namen bezogen sich oft auf Persönlichkeiten der Kolonialgeschichte. Ich beschaffte mir Reiseführer, in denen die englischen durch indische Namen ersetzt sind. Unterwegs in Kalkutta konnte ich so, in »political correctness«, den Taxifahrern als Fahrtziel die postkolonialen Namen nennen. Aber schon begannen die Überraschungen.

Manche der angesprochenen Taxifahrer reagierten auf die indischen Namen verdutzt und schienen sichtlich angestrengt nachzudenken. Bei manchen mußte ich sogar mit der englischen Benennung nachhelfen, bevor sie verstehend nickten. Und bald wurde mir klar, daß viele Einwohner Kalkuttas auch noch gegen Ende des 20. Jahrhunderts die früheren englischen Namen häufiger benutzten als die neuen. So sprachen viele noch immer von der Chowringhee Road anstatt von der Jawaharlal Nehru Road, noch immer von der Harrison Road anstatt von der Mahatma Gandhi Road, noch immer vom Dalhousie Square anstatt vom Benoy-Badal-Dinesh Bagh (benannt nach drei bengalischen Freiheitskämpfern, »Bagh« bedeutet Platz).

Ich erfuhr, daß die Umbenennungen großen Stils erst während der achtziger Jahre – also vier Jahrzehnte nach dem Ende der Kolonialherrschaft – eingeleitet worden sind. Das geschah exakt zu jener Zeit, als in Indien hindu-nationalistische Parteien an Einfluß gewannen und in vielen Städten die »Nationalisierung« der Namen forderten. Aber selbst namhafte Zeitungen behalten teilweise bis ins 21. Jahrhundert herein die Benennung aus britischer Kolonialzeit bei. In der renommierten *Indian Today* konnte ich noch im Juli 2002 den Namen Dalhousie Square anstatt der sperrigen indischen Bezeichnung Benoy-Badal-Dinesh Bagh entdecken.[4]

Dann ein gegenläufiger Eindruck. In Kalkutta findet sich immer wieder die Statue eines Mannes in militärischer Uniform, der die Hand meist gebieterisch zum Gruß erhoben hat. Diese Standbilder stellen den bengalischen Freiheitskämpfer Subhas Chandra Bose dar, den viele Bengalen nach wie vor respektvoll »Netaji«, »verehrter Führer«, nennen.

Subhas Chandra Bose, 1897 geboren, ist neben Mahatma Gandhi und Nehru eine der bekanntesten Führergestalten der Unabhängigkeitsbewegung. 1938 wurde er sogar zum Präsidenten der Kongreßpartei gewählt – um dann allerdings ein Jahr später wegen seiner radikalen Positionen wieder abgewählt zu werden. Im Gegensatz zu seinen Rivalen Gandhi und Nehru befürwortete Bose einen bewaffneten Kampf gegen die britische Kolonialherrschaft und trat sogar für ein Bündnis mit den faschistisch regierten Staaten Deutschland und Japan ein. Beim Ausbruch des Zweiten Weltkrieges stellte er eine 3500 Mann starke »Indische Legion« auf und kämpfte in Südostasien an der Seite der Japaner gegen die Briten.

Das Andenken an den Netaji, den »verehrten Führer«, steht damit für eine besonders aggressive, unversöhnliche Form des Widerstands gegen die Kolonialherrschaft. Und dieses Andenken wird besonders in Bengalen gepflegt, ungeachtet der Tatsache, daß Bose nach der Niederlage der Japaner 1945 auf der Flucht nach Japan mit seinem Flugzeug unter nie ganz geklärten Umständen abstürzte. Der frühe gewaltsame Tod trug zum Mythos bei. Zuweilen bekommt die Verehrung sogar religiöse Züge. So wird der Netaji zusammen mit der Göttin Durga (in anderer Erscheinungsform Kali) abgebildet. Bose, der im Kampf sich opfernde Held, überreicht der Göttin seinen abgeschlagenen Kopf. Ein Bild, wie ich es noch 2002 in der Zeitung *India Today* entdecken konnte.[5] Es ist eine für westliche Beobachter verblüffende Symbolik: Die Göttinnen Durga und Kali werden ja auch als kriegerische Heldinnen, als Siegerinnen über dämonische, götterfeindliche Armeen verehrt.[6]

Standbilder des Subhas Chandra Bose in militärischer Uniform finden wir in Städten ganz Indiens. Aber sie sind bei weitem nicht so häufig wie die von Mahatma Gandhi und Nehru, jener Führer der Unabhängigkeitsbewegung, die ihre Ziele friedlich durchsetzen wollten. Das Andenken an Bose spielt eben nicht die gleiche Rolle. Sein radikal antibritischer Kurs mit Aufruf zu bewaffnetem Widerstand ist in Indien nie mehrheitsfähig gewesen, nicht einmal in Bengalen selber, jener Provinz, aus der Bose stammt. Obwohl die bengalischen Nationalisten den Aufruhr gegen die Kolonialherren besonders heftig schürten, sind auch die Bengalen weit entfernt davon, die Herrschaft der Briten undifferenziert zu verdammen.

Ich machte eine irritierende Erfahrung, als ich in Kalkutta das Victoria Memorial besuchte. Dieser mächtige Kuppelbau aus weißem Marmor, eine bizarre Mischung aus europäischer Neo-Renaissance und indo-sarazenischem Stil, gilt als das protzigste Monument der britischen Kolonialherrschaft. 1921 war das Victoria Memorial nach nahezu zwanzigjähriger Bauzeit fertiggestellt worden. Die politische Symbolik des Namens ist bemerkenswert: Unter der Regierung der englischen Königin Victoria war Indien zu einer Kronkolonie des britischen Weltreiches erklärt worden, weshalb Victoria 1877 in einer feierlichen Zeremonie den Titel »Kaiserin von Indien« angenommen hatte. Mußten die Inder ihre Affekte nicht vor allem gegen ein derartiges Monument richten?

Bei meinem ersten Besuch in Kalkutta 1965 hatte ich bewußt einen Bogen um das Victoria Memorial gemacht, weil mir das monströse Bauwerk in einem unabhängig gewordenen Indien reichlich deplaziert erschien. 1993 aber näherte ich mich dem Monumentalbau, um zu sehen, in welchem Zustand er sich denn viereinhalb Jahrzehnte nach dem Abzug der britischen Kolonialmacht befand. Oft genug hatte ich in Indien, besonders aber in Kalkutta, Bauwerke früherer Jahrhunderte in sehr vernachlässigtem Zustand vorgefunden – um wieviel mehr erwartete ich Entsprechendes bei diesem Monument europäischer Fremdherrschaft. Aber was für eine Überraschung: Die Fassaden waren frisch renoviert, die Blumenrabatte ringsum gepflegt.

Mich zu wundern hatte ich noch weiteren Anlaß. Das Gebäude war zur Besichtigung freigegeben, und an der Kasse drängten sich Inder, um eine Eintrittskarte zu lösen. Was gab es zu besichtigen? Etwa Ausstellungsräume, die der indischen Unabhängigkeitsbewegung gewidmet sind und zudem Greuel der britischen Kolonialherrschaft ausgiebig dokumentieren? In diese Richtung gingen meine ersten Gedanken, schließlich hatten mich Beobachtungen in vielen Ländern Asiens und Afrikas gelehrt, daß Regierungen nach ihrem gewonnenen Freiheitskampf Monumente der Kolonialherrschaft derart umfunktionierten. Anders hier. Zahlreich sah ich Inder durch die 25 Säle strömen, wo laut Auskunft von Prospekten rund 3500 Exponate ausgestellt sind: Statuen, Gemälde, Uniformen und Prunkgewänder britischer Gouverneure, Generäle, hoher Kolonialbeamter und jener Maharajas, die auf seiten der fremden Landesherrn halfen, die Aufstände von Einheimischen niederzuschlagen. Dazu Urkunden, Bücher, Möbelstücke, unter anderem ein Klavier, auf dem Königin Victoria als junges Mädchen gespielt hatte. Zu meiner Überraschung traf ich auch auf eine Statue von Robert Clive, der 1757 mit seinem legendären Schlachtensieg über den Nabob von Bengalen die Unterwerfung Indiens eingeleitet hatte. Auch diese Statue unangetastet. Die indischen Besucher erschienen ihrem Gebaren nach hauptsächlich als Angehörige einer städtischen Ober- und Mittelschicht. Wie das? Gerade sie mußten doch wissen, welche Wunden der britische Kolonialismus Indien sozial und ökonomisch zugefügt hat.

Sie wußten es. In Gesprächen mit Indern dieser Schichten lernte ich die Affekte kennen, sobald wir auf das Thema Fremdherrschaft kamen. Manche betonten sogar, daß es besonders in Bengalen große Hungersnöte mit Millionen Toten gegeben habe. Hierfür sei die Ausbeutung durch die Kolonialherren verantwortlich zu machen. Aber man müsse unterscheiden zwischen den vielen negativen Aspekten des Kolonialismus und dem Fortschritt, den die Briten gebracht hätten.

Worin besteht dieser Fortschritt im einzelnen? Und wie haben die Inder die geistigen Anstöße aus dem Westen verarbeitet?

Wir werden im Folgenden sehen, daß der Zusammenprall zwischen indischem und westlichem Denken nicht nur die politischen und ökonomischen Strukturen veränderte. Der Wandel erfaßte selbst das sozialreligiöse Gefüge des Hinduismus, er brachte neue Impulse in das philosophische Denken der indischen Oberschicht und leitete damit jene folgenreiche Bewegung ein, die wir im Westen unter dem Namen »Neohinduismus« kennen.

Aber bevor eine solche Bewegung sich formieren konnte, mußte der geistige Boden bereitet sein. Hierzu trugen anfangs weniger die Inder selber bei als vielmehr europäische Gelehrte. Europäer begründeten in Kalkutta eine Wissenschaft, die nachhaltig Wirkung zuerst auf die Bildungsschicht Bengalens und später ganz Indiens haben sollte. Es entstand die Indologie, die Wissenschaft zur Erforschung der indischen Kultur.

Kalkutta wird Zentrum der Indologie

Kalkutta im Jahr 1783. Das von englischen Kaufleuten gegründete Handelszentrum am Hughli-Fluß war gerade erst seit neun Jahren offiziell zur Hauptstadt von British India ernannt worden. Damals war das Kolonialreich noch auf Bengalen am Unterlauf des Ganges und einige weitverstreute Handelsplätze an der indischen Küste, so Madras und Bombay, begrenzt; noch war wenig von der späteren Bedeutung zu ahnen.

In jenem Jahr trat am High Court, dem Hohen Gerichtshof

von Kalkutta, Sir William Jones als neuer Oberrichter seinen Dienst an. Jones, mit dem Schiff aus London angereist, betrat zwar erstmals indischen Boden, war aber auf die fremde Kultur gründlich vorbereitet. Der gelernte Jurist galt in England bereits als ein Orientalist von Rang, hatte dort mehrere Bücher über arabische Kultur veröffentlicht und wollte sich nun in Bengalen eingehend mit indischer Kultur beschäftigen. Elf Jahre, von 1783 bis zu seinem Tod 1794, wirkte er in Kalkutta, und diese Zeit sicherte ihm einen wichtigen Platz in der Geschichte der Orientalistik: William Jones wurde zum »Vater der Indologie«.

1784 gründete Jones, bereits ein Jahr nach seiner Ankunft in Kalkutta, die »Asiatische Gesellschaft«. Rückblickend ist dies ein Meilenstein in der Geschichte der Orientalistik als wissenschaftliche Disziplin gewesen. Schon fünf Jahre später veröffentlichte Jones zusammen mit anderen britischen Gelehrten erste Forschungsergebnisse unter dem Titel *Asiatische Forschungen*. Das Werk erregte zuerst an Universitäten in England Aufsehen und wirkte dann im Verlauf der nächsten Jahrzehnte auf Kalkutta zurück.

Jones hatte nach intensivem Studium indischer Sprachen als erster die These vertreten, daß die altindischen Gelehrtensprache Sanskrit mit dem Lateinischen, Griechischen und Gotischen verwandt sei. Eine solche Verwandtschaft galt seiner Auffassung nach auch für eine Reihe der modernen indischen Sprachen, die vom Sanskrit abgeleitet sind, so zum Beispiel für das Bengali und Hindi. Jones regte damit Forschungen an, die dazu führten, daß wir heute von »indoeuropäischen« Sprachen sprechen (seine Thesen sind im 19. Jahrhundert von deutschen Indologen durch intensives Quellenstudium bestätigt worden). Jones wurde zum Wegbereiter der Sanskrit-Forschung und darüber hinaus der systematischen quellenkritischen Sichtung hinduistischer Religions- und Geistesgeschichte. Mehr noch: Mit seiner

Methodik sind die wissenschaftlichen Grundlagen erarbeitet worden, auf denen sich indisches Kulturbewußtsein – nach einer langen Phase des Niedergangs – wieder ausgeprägt entwickeln konnte.

Sir William Jones, in seiner Doppelfunktion als Oberrichter von Bengalen und Sanskrit-Forscher, war allerdings in der kolonialen Gesellschaft eine Ausnahmeerscheinung. Zwar glaubte auch er, daß die Inder von den Briten regiert werden müßten, da die westliche Moderne einen unverzichtbaren Fortschritt in Indiens erstarrte, von Traditionen gelähmte Gesellschaft bringen würde. Aber im Gegensatz zu den meisten seiner europäischen Zeitgenossen, ja selbst zu den wenigen Liberalen unter den Kolonialbeamten, sprengte er die übliche eurozentrische Denkweise. Er bestritt, daß allein das Abendland eine zukunftsweisende Kultur besäße. Jones gehörte zu jener Minderheit von Forschern, die betonten, der »Westen« und der »Osten«, das »Abendland« und der »Orient«, Europa und Indien könnten voneinander lernen.

Die Forschungen des Sanskrit-Gelehrten Jones lernten unter den Indern zunächst nur jene gebildeten Bengalen kennen, die in Kalkutta an westlichen Schulen zum Verwaltungsdienst der Kolonialmacht ausgebildet wurden. Sie aber griffen die Thesen begierig auf. Diese schmale Ober- und Mittelschicht war ja zutiefst in ihrem Selbstwertgefühl verletzt durch den Anspruch der Kolonialbeamten, Indiens unterlegene Kultur müsse sich völlig nach dem Vorbild des Westens entwickeln. Nun konnte ihr Minderwertigkeitsgefühl angesichts der siegreichen Kolonialmacht aber neuem Selbstbewußtsein weichen. Jones trug so wesentlich dazu bei, daß sich im Verlauf des 19. Jahrhunderts eine indische Oberschicht herausbildete, die zunehmend selbstsicher den intellektuellen Dialog mit dem »Westen« suchte.

Etliche britische Gouverneure sowie andere ranghohe Kolonialbeamte unterstützten bald mit wachsenden Geldmitteln die Forschungsarbeit der Indologen in der Nachfolge des Sanskrit-Gelehrten William Jones. Sie hatten den strategischen Nutzen erkannt. Indem die Kolonialherren einen philosophisch-religiösen Dialog zwischen europäischen und hinduistischen Gelehrten förderten, konnten sie die Sympathien wichtiger Vertreter der Hindu-Oberschicht gewinnen. Mit um so mehr Verbündeten konnten die Machthaber beim Ausbruch sozialer Unruhen rechnen.

Anlaß genug gab es ja, Unruhen zu befürchten. Schließlich beuteten die Kolonialherren im Bündnis mit einheimischen Großgrundbesitzern die Bauern brutal aus – bis unter das Existenzminimum. Schlimme Folgen hatte diese Politik bereits während des 18. Jahrhunderts gezeitigt und gipfelte schließlich in der Hungersnot von 1770. Dreizehn Jahre bevor William Jones nach Indien kam, war innerhalb weniger Monate ein Drittel der bengalischen Bevölkerung verhungert, weil die Regierung in Kalkutta viele Kleinbauern durch drastisch erhöhte Steuern ruiniert hatte.[7] Die Kolonialherrschaft zeigte hier, wie ja in vielen Ländern der Dritten Welt, ihr doppeltes Gesicht: Fortschritt brachte sie für eine schmale Oberschicht, Stagnation oder gar Verelendung jedoch für das einfache Volk.

Aus strategischen Erwägungen förderte die Kolonialregierung auch intensiv die kulturellen Aktivitäten der »Asiatischen Gesellschaft«. Deren Mitglieder durchstreiften forschend halb Indien und führten archäologische Grabungen im Umkreis zerfallener Tempel durch, die von den Hindus im Verlauf der Jahrhunderte verlassen und vergessen worden waren. Sie legten zahlreiche kostbare Statuen unter dem Schutt frei und brachten sie nach Kalkutta, wo die Sammlung 1814 für ein zukünftiges Museum gestiftet wurde. 1875 errichtete die Regierung an der Chowringhee Road jenes weitläufige Gebäude des »India Museum«, das mit seiner Fülle an Statuen und Tempelfriesen einen weitreichenden Überblick über die Kulturgeschichte des Hinduismus und Buddhismus gibt. Diese Sammlung archäologischer Funde aus dem gesamten indischen Raum ist bis heute nicht nur die größte in Indien geblieben, sie gehört zu den bedeutendsten der Welt. Gesammelt haben aber damals nur Europäer – nicht die Inder.

Darüber hinaus wurde die Kolonialhauptstadt Kalkutta während des 19. Jahrhunderts zu einem wissenschaftlichen Zentrum, in dem sich die Indologen über die Unterschiede zwischen Hinduismus und Buddhismus klar wurden. Bis Mitte des 19. Jahrhunderts hatten europäische Religions- und Kulturwissenschaftler nur verschwommene Vorstellungen über die Religion des Buddhismus gehabt – erst recht aber die Inder selber.[8] Den Hindus war Buddha nur noch vage als eine mythische Gestalt geläufig gewesen. Sie hatten Buddha lediglich als eine Inkarnation des Gottes Vishnu verehrt, seit seine Lehre während des 10. und 11. Jahrhunderts nach langen Machtkämpfen zwischen hinduistischen und buddhistischen Fürstentümern aus Indien verdrängt worden war. Erst als europäische Religionswissenschaftler sich intensiv mit buddhistischen Quellen befaßten, rückte Buddha auch für die Hindus als eine große historische Persönlichkeit ins Bewußtsein. 1892 gründeten britische Indologen die »Buddhist Text Society«, und es war kein Zufall, daß sie dafür Kalkutta, die Geburtsstätte der Indologie, wählten.

Das India Museum in Kalkutta ist voll von Zeugnissen buddhistischer Kultur, ausgegrabenen Statuen und Figurenfriesen ehemaliger Tempel – zusammengetragen von europäischen Archäologen. Die Briten hatten sich während des 19. Jahrhunderts als erste um die längst verfallenen Heiligtümer von Sarnath, Bodh Gaya und Sanchi gekümmert und bis in die dreißiger Jahre des 20. Jahrhunderts eine Reihe der entdeckten Ruinen sorgfältig restauriert. Westlich gebildete Inder hatten damit einen weiteren Anlaß, auf die eigene Kultur stolz zu sein: Indien war die Heimat zweier großer Weltreligionen – des Hinduismus und des Buddhismus. Und wieder waren bengalische Intellektuelle in Kalkutta die ersten unter den Indern, die sich durch Anregung aus dem Westen mit dieser Horizonterweiterung auseinandersetzten. Es war daher nur folgerichtig, daß gerade in Kalkutta die meisten jener Reformbewegungen des Hinduismus entstanden, die sich gegen erstarrte Traditionen, gegen religiöse Ignoranz wandten.

Modernisierung und Religiosität sind so bis heute eng miteinander verbunden. Denn selbst in Kalkutta, dem Zentrum moderner Umbrüche, hat sich die Verklammerung von Religion und Gesellschaft kaum gelockert. Anhand etlicher persönlicher Beobachtungen habe ich bereits zeigen können, daß sogar die kommunistische Regierung diese Allgegenwart des Religiösen nicht eingedämmt hat, ja nicht einmal die Absicht dazu zeigte.

Eine Statistik aus dem Jahr 1998 belegt, daß die Religiosität gerade in Indiens größten Ballungszentren nicht nur ungebrochen weiterexistiert, sondern bei der Jugend sogar zunimmt. Die Untersuchung, die im Oktober 1998 in der renommierten Wochenzeitung *India Today* veröffentlicht wurde, beginnt mit dem Satz: »Religion ist das neue Opium der Jungen und Ruhelosen«. Gemeint sind junge Leute in den Megastädten Kalkutta, Bombay, Delhi, Madras und Bangalore, jener fünf Metropolen also, die als Indiens kulturelle Brennpunkte der Moderne gelten.

Auf die Frage, ob sie an Gott oder Götter glaubten, antworteten 94 Prozent der jungen Leute mit ja, 6 Prozent nur mit nein. 30 Prozent bezeichneten sich als »sehr religiös«, 56 Prozent als »mäßig religiös« (»somewhat«), aber nur 9 Prozent als »nicht sehr religiös«, 5 Prozent als »nicht religiös«. 62 Prozent beten laut Auskunft regelmäßig, 35 Prozent manchmal, und nur 3 Prozent niemals.[9]

Die im Interview befragten jungen Leute nannten für ihre

zunehmende Religiosität konkrete Ursachen. Sie fühlten sich irritiert durch die wachsende soziale Unsicherheit, die mehr und mehr auch die Mittelschicht erfaßt. Sie beklagten den Verlust an Werten in der modernen Gesellschaft und waren zu der Überzeugung gelangt, daß in einer solchen Krise nur die Religion Kraft geben konnte.

Diesen Hintergrund sollten wir vor Augen haben, wenn ich in den folgenden Kapiteln etwas ausführlicher auf religiöse Reformbewegungen des sogenannten Neohinduismus eingehe. Der Neohinduismus – mit seinen Wurzeln in Kalkutta – prägt bis heute entscheidend die sozialreligiösen Vorstellungen der indischen Bildungsschicht. Ja mehr noch: Er prägt überwiegend auch unsere westliche Vorstellung vom »Hinduismus«.

Brahma Samaj, Indiens erste Reformbewegung

Den Namen »Brahma Samaj«, »Gemeinde des Gottes Brahma«, hatte ich 1965 das erste Mal gehört, als ich in Kalkutta mit einem Studenten ins Gespräch gekommen war. Er erklärte mir, daß er als Anhänger der Brahma-Samaj-Bewegung kaum einmal einen Tempel besuche. Rituale vor Götterbildern sehe er als völlig wertlos an. Diese vielen Götter existierten gar nicht wirklich, sie seien bloße Produkte menschlicher Phantasie. – Ob er Atheist sei, fragte ich. Ihn für einen Atheisten zu halten sei ein Mißverständnis, erwiderte der Student. Der ursprüngliche Hinduismus habe Rituale, habe Götterstandbilder nicht gekannt. Das alles seien spätere Entwicklungen. Es gebe nur Brahma, den einen Gott, er aber sei ohne Gestalt, er könne auch mit Worten nicht hinreichend beschrieben werden. Brahma verkörpere die Weltseele. Die anderen Gottheiten seien nur Symbole für eine höhere Wirklichkeit, die man irrigerweise in Bildern, in Statuen dargestellt und zu verehren begonnen habe. Wichtig sei es, sich wieder auf die Ursprünge eines bilderlosen Hinduismus zu besinnen.

Für mich kamen damals solche Argumente völlig überraschend. In Erinnerung blieb mir, daß der Student darauf hinwies, daß diese Auffassung allerdings nur bei Intellektuellen verbreitet sei. Man müsse gebildet sein, um festgefahrene, sehr populäre Traditionen derart kritisch zu überprüfen. Und er räumte ein, daß auch viele gebildete Hindus sich von Ritualen in Tempeln und der Verehrung vieler Gottheiten nicht distanzierten.

Brahma Samaj ... Der Student hatte von Debrendranath Tagore, dem Vater des Dichters Rabindranath Tagore, gesprochen, der die Reformbewegung geleitet hatte. Den Begründer der Organisation hatte er dagegen nicht erwähnt, wohl, weil er (zu Recht) vermutete, daß ich als junger Tourist aus Europa zwar Tagore, aber nicht Ram Mohan Roy kannte.

Um aber Indiens geistigen Aufbruch in die Moderne zu verstehen, ist es unerläßlich, sich mit Ram Mohan Roy näher zu befassen. Historiker sehen in ihm nahezu übereinstimmend den »Vater des modernen Indien«.

Ram Mohan Roy, der einer einflußreichen Familie bengalischer Brahmanen entstammte, war ein Zeitgenosse Goethes, Schillers und Hegels. Er wurde 1772 in der Kleinstadt Radhanagar geboren, wirkte jedoch einen Großteil seines Lebens in Kalkutta. 1828 gründete er die Reformbewegung Brahma Samaj. Dies war die erste geistige Bewegung nicht nur Indiens, sondern ganz Asiens, die versuchte, auf die kulturelle Herausforderung des Westens intellektuell eigenständig zu antworten. Roy kann auch als der erste Hindu der Oberschicht gelten, der sich demonstrativ über einengende Kastenregeln hinwegsetzte. 1830 reiste er nach Europa, um die fremde Zivilisation der Kolonialmacht an ihren Ursprungsorten kennenzulernen. 1833 starb er im Alter von 61 Jahren in der englischen Stadt Bristol.

Ungewöhnlich für einen Hindu waren Argumente, wie sie Roy bereits um 1820 gegen starren Traditionalismus in einer bengalischen Zeitschrift äußerte: »Viele Leute gehen in der Liebe zu ihren Vorfahren zu weit. Nur die niederen Tiere folgen dem ausgetretenen Weg ihres Stammes. Wie kann ein Mensch mit einem Gefühl für Recht und Unrecht sein Verhalten allein damit rechtfertigen, daß seine Vorfahren einen bestimmten Weg einschlugen? Blinder Glaube an eine Autorität verträgt sich nicht mit dem Fortschritt. Wir sehen zudem, daß, ungeachtet dieser Behauptung, unsere Landsleute in früheren Zeiten alten Bräuchen nie diese absolute Autorität beigemessen haben.«[10] Unverkennbar zeigte Roy sich hier beeinflußt vom historisch kritischen Denken der Europäer, die den Verlauf der Geschichte als eine fortschreitende Entwicklung ansahen, bei der es hemmende Traditionen zu überwinden galt.

Roy setzte sich aber nicht nur intensiv mit westlicher Philosophie, sondern auch mit dem Christentum auseinander. Was ihn an der westlichen Religion faszinierte, war das Ideal der Nächstenliebe über alle Grenzen von Rasse und sozialem Stand hinweg. Er entdeckte hier eine Menschlichkeit, die er im erstarrten Kastensystem des 18. und 19. Jahrhunderts vergeblich suchte. Wie andere Brahmanen aus führenden Kreisen begann er, die ererbten Vorrechte seiner eigenen Kaste für übertrieben und ungerechtfertigt zu halten. Er sah darin einen Schwachpunkt, den zwei Jahrtausende zuvor schon Buddha kritisiert und mit einer Reformreligion beantwortet hatte. Nun, in der Begegnung mit dem Christentum, fühlte sich ein unabhängig denkender Hindu wie Roy wieder zu kritischem Überdenken der Tradition aufgefordert.

»Ich habe die Lehre Christi für dienlicher und für den Gebrauch vernunftbegabter Menschen passender gefunden als alle anderen, die ich kenne.« Diese Worte finden sich in einem Buch, das Ram Mohan Roy 1820 unter dem Titel *Die Gebote Jesu. Ein Führer zu Frieden und Glückseligkeit* veröffentlichte.[11] Angesichts solcher Formulierungen muß es einem Europäer so erscheinen, als habe sich der Verfasser längst vom Hinduismus gelöst und sei womöglich bereits zum Christentum übergetreten. Aber Ram Mohan Roy war Hindu geblieben. Er mißbilligte den Absolutheitsanspruch des Christentums mit der Begründung, die christliche Wahrheit sei nur ein Teilaspekt des »Ganzen«. Was Roy am Christentum faszinierte, war die »weitherzige« Morallehre, nicht die »enge« Dogmatik. Er reihte Jesus als Verkünder der Nächstenliebe in den Pantheon des Hinduismus ein und polemisierte in dessen Namen gegen die Ungerechtigkeiten des Kastensystems, die Unterdrückung der Frau, die Witwenverbrennung und die Kinderehe.

Roy verurteilte darüber hinaus die traditionelle Gottesverehrung vieler Hindus. Er wandte sich gegen den Glauben, daß Shiva und Vishnu, Ganesh, Kali und andere leibhaftige, real existierende Gottheiten seien. Er billigte ihnen lediglich den untergeordneten Rang von »Symbolen« zu, die sich die menschliche Phantasie geschaffen hatte, um den Eigenschaften des Brahma bildhaft Ausdruck zu geben. Daher konnte die Reformbewegung programmatisch auch nur den Namen »Brahma Samaj«, »Gemeinde des Brahma«, tragen. Aber bezeichnenderweise wollte Roy den Namen mit »Gemeinde der Gottgläubigen« ins Englische übersetzt haben: Damit sollte das Abstrakte, Vergeistigte, Ausschließliche dieser Verehrung auch gegenüber Europäern betont werden.

Roy hatte mit Brahma auf eine Gottheit zurückgegriffen, die als Verkörperung der »Weltseele«, des »Brahman«, gilt. Ihre Bedeutung ist schon daran zu erkennen, daß sich von »Brahma« und »Brahman« der Name der höchsten Kaste, die der Brahmanen ableitet. Allerdings hat Gott Brahma bei der

Masse der Gläubigen seit dem Mittelalter zunehmend an Geltung verloren. Im 19. Jahrhundert jedoch rückte der Brahmane Roy diese Gottheit in das Zentrum, mehr noch, er erklärte Brahma zur einzig existierenden Gottheit. Deutlich ist in dieser ausschließlichen Verehrung eines bilderlosen Gottes der Einfluß monotheistischer Religionen wie Christentum und Islam zu erkennen.

Roy übte mit seiner Radikalität einer »Erneuerung« beträchtliche Wirkung auf die indische Bildungsschicht zunächst in Kalkutta und später im ganzen Subkontinent aus. Aber eine so entschieden vertretene Lehre eines bilderlosen, vergeistigten Hinduismus stieß auch bald an Grenzen. Nicht wenige andere herausragende Denker neohinduistischer Bewegungen haben sich dieser Radikalität verweigert, wie wir noch sehen werden. Trotzdem hat die Arbeit der Reformbewegung Brahma Samaj so viel Aufsehen erregt, daß sie eine Reihe anderer – konkurrierender – neohinduistischer Bewegungen ins Leben rief und zu eigenen Reformkonzepten anregte.

Ram Mohan Roy wandte sich mit seinen Appellen an die Hindus, um sie aus ihrem dumpfen Traditionsdenken aufzurütteln. Und er hat, trotz aller Anfeindungen traditionalistischer Hindus, einige Reformen durchsetzen können. Es gelang ihm, bei der einheimischen Oberschicht das Bewußtsein für die Niedergangserscheinungen der hinduistischen Kultur zu schärfen. Seinem Einfluß war es zu verdanken, daß der britische Generalgouverneur Lord Bentinck es 1831 wagen konnte, die Witwenverbrennung und das religiöse Kinderopfer zu verbieten, ohne bei den Brahmanen auf allzuviel Widerstand zu stoßen.

Ihre größte Breitenwirkung bei Indiens Bildungsschicht erreichte die Bewegung Brahma Samaj durch Roys Nachfolger, den bereits erwähnten Brahmanen Debrendranath Tagore. Er wurde 1817 in Kalkutta geboren und starb dort 1907.

Debendranath Tagore richtete die Bewegung noch stärker auf politische Ziele aus und betonte die praktischen Konsequenzen, die sich aus der geistigen Begegnung mit dem Christentum und westlicher Philosophie ergaben. Nun begannen die Verkünder eines »modernen Hinduismus«, eines »Hinduismus der Tat«, Krankenhäuser und Waisenhäuser für sozial Bedürftige zu errichten. Sie leisteten Sozialhilfe im Sinne einer Nächstenliebe über alle Kastenschranken hinweg; beides hatte es bis dahin bei den Hindus nicht gegeben.

Brahma Samaj gab aber den Anstoß für weitere Reformbewegungen. Und viele von ihnen sind während des 19. und frühen 20. Jahrhunderts ebenfalls in Kalkutta entstanden. Es würde allerdings den Rahmen der Darstellung sprengen, ihrer ganzen Vielfalt gerecht zu werden. Im Folgenden möchte ich exemplarisch nur eine der neohinduistischen Strömungen näher erörtern: die Ramakrishna-Mission. Denn wie keine andere spielt sie bis heute in Kalkutta, in Indien, ja auch international eine wichtige Rolle.

Die Ramakrishna-Mission und ihre großstädtischen Wurzeln

Der bengalische Brahmane Ramakrishna ist so volkstümlich geworden, daß man seine ikonenhafte Darstellung in ganz Indien verbreitet sieht: ein bärtiger Mann, der in Meditationshaltung vor einem vieltürmigen Tempel sitzt. Sein Gesicht ist von einem Heiligenschein umrahmt, wie wir es auch von christlichen Bildern kennen. Was aber westliche Betrachter am meisten überraschen mag: Über die meditierende Gestalt ist nicht nur das OM-Zeichen als religiöses Symbol des Hinduismus gemalt, sondern unmittelbar daneben das christliche Kreuz und der islamische Halbmond.

Dieser Mann, dessen bäuerlich wirkendes Gesicht an einen

Dorfheiligen erinnert, ist zum Anreger und Namensgeber der Ramakrishna-Mission geworden.

Ich besuchte den Tempel, der auf den volkstümlichen Farbdrucken meist im Hintergrund gezeichnet ist. Nahezu eine Stunde brauchte ich, um mit dem Bus die im Norden Kalkuttas gelegene Kultstätte Dakshineswar zu erreichen. Dakshineswar bildet eine weitläufige Anlage mit zahlreichen Kuppeln, Türmen und Schreinen, die ein halbes Jahrhundert früher noch in Palmenhaine und Felder eingebettet am Ufer des Hughli lag. Nun aber hatten sich auch hier, wie überall im einst dörflichen Einzugsbereich der Megastadt, Straßen mit Wohnblocks und Bretterhaussiedlungen in die Landschaft gefressen, bis dicht an die Mauern der Pilgerstätte. Der Tempelhof war voll von Menschen, die zum Schrein im vieltürmigen Hauptgebäude strömten. Immer neue Besucher kamen mit Blumengirlanden, Blumentellern sowie Fruchtschalen und brachten die Gaben der Göttin Kali zum Opfer. Der weiträumige, von Kokospalmen gesäumte Hof quoll schließlich über von Besuchern.

Ramakrishna war Priester der Göttin Kali in Dakshineswar. Priester einer derart archaisch anmutenden Gottheit? Ist Kali nicht meist mit bluttriefendem Schwert, mit einem abgeschlagenen Kopf und Blumenschalen in den Händen dargestellt? Aber Ramakrishna wird als Ahnherr einer modernen Reformbewegung verehrt, die nicht nur das Kastensystem von Fehlentwicklungen befreien möchte, sondern auch geistige Brücken zu Christentum und Islam schlägt.

Wir im Westen tun uns schwer, solch unterschiedliche Phänomene in Einklang zu bringen. Nicht jedoch die Inder. Bei näherem Hinsehen stellen wir fest, daß die Ramakrishna-Mission viel »indischer«, viel weniger von westlichem Denken beeinflußt ist als etwa die um ein halbes Jahrhundert ältere Brahma-Samaj-Bewegung.

Ramakrishna wurde 1836 in dem bengalischen Dorf

Kamarpukur rund hundert Kilometer nordwestlich von Kalkutta geboren. Er starb 1886 knapp fünfzigjährig an Kehlkopfkrebs in der bengalischen Metropole. Als Zwanzigjähriger war er in die Kolonialhauptstadt gekommen, weil er einer mittellosen Familie entstammte und das arme Dorf einem Brahmanen kein Auskommen als Priester oder Lehrer bieten konnte. Den Heiligennamen Ramakrishna legte er sich erst in Dakshineswar zu. Eigentlich hieß er Gadadhar Chattopadyaya (englisch: Chatterjee).

So abgeschieden der Tempel damals noch in grüner bäuerlicher Landschaft am Ufer des Hughli lag, es blieben aber auch hier die Priester nicht unberührt von den kulturellen Gärungsprozessen der Kolonialhauptstadt. Von Ramakrishna selber, der ja aus dörflichen Verhältnissen kam, ist zwar nicht belegt, daß er je Kontakt mit westlichen Ausländern gehabt hätte – sehr wohl jedoch, daß er gebildete Bengalen kennenlernte. Kontakt hatte er besonders mit College-Studenten, die von westlicher Kultur beeindruckt waren und andererseits an ihrer eigenen Religion und Kultur unverbrüchlich festhalten wollten. Nicht wenige von ihnen hatten sich bereits mit dem Ideengut der Brahma Samaj auseinandergesetzt. Gerade diese Kontakte sollten Folgen für Ramakrishna haben: Sein Weg zu einem Reform-Hinduismus ist ohne den Einfluß der Brahma Samaj nicht zu denken.

Angestoßen von der älteren Reformbewegung sah auch Ramakrishna, daß das Kastensystem durch erhebliche Fehlentwicklungen belastet war. Wie die Anhänger der Brahma Samaj war er vom Ideal christlicher Nächstenliebe über alle Grenzen von Rasse, sozialer Herkunft und Kaste fasziniert, und auch er glaubte, die Hindus könnten von dieser christlichen Ethik lernen. Demonstrativ verrichtete er, der Brahmane, vor den Augen irritierter Hindus die Arbeit von Unberührbaren und säuberte Latrinen. Wie später Mahatma Gandhi wollte Ramakrishna mit einer solchen symbolischen Tat bereits um das Jahr 1870 ein Zeichen dafür setzen, daß die sozial und religiös Verachteten aus ihrem Ghetto-Dasein befreit werden müßten.

Trotzdem konnte Ramakrishna nur eingeschränkt den geistigen Weg der Brahma Samaj gehen und blieb stärker in hinduistische Traditionen eingebunden. An den Anhängern der Brahma Samaj kritisierte er, daß sie ihre Vorstellung von »Gott« oder dem »Göttlichen« zu sehr am strengen Monotheismus der Christen und Muslime orientierten, der »Vielgötterei« des Volkes jedoch nur Verachtung entgegenbrachten. Ramakrishna dagegen wies der Volksfrömmigkeit mit ihren sinnenfreudigen Ritualen vor Götterbildern einen Platz auch innerhalb des Reform-Hinduismus zu. Für ihn waren alle Glaubensformen »wahr«, der Polytheismus ebenso wie der Monotheismus, die naive bildhafte Vorstellung ebenso wie die philosophische Abstraktion. Diese unterschiedlichen Glaubensformen seien nur verschiedene – notwendige – Stufen innerhalb einer vielschichtigen Entwicklung. In diesem Sinne bejahte er auch die Kulte zu Ehren der Göttin Kali, die er für Tempelbesucher in Dakshineswar praktizierte. Und gerade weil es Ramakrishna gelang, Elemente der Volksfrömmigkeit in den Reform-Hinduismus zu integrieren, konnte seine Bewegung sogar bei intellektuellen Hindus erheblich populärer werden als die Brahma Samaj.

Was macht nun die Faszination der Ramakrishna-Bewegung aus?

Ramakrishnas eigentliche Bedeutung liegt in seiner mystisch-philosophischen Religiosität. Er wies einen »Weg«, durch Meditation die Einzelseele mit dem »Göttlichen« – oder wie es die Hindus nennen: mit dem »All-Einen« – zu vereinen. Auf dem Weg der Meditation erfahre der Gläubige, daß die Gottheiten des Hinduismus, des Buddhismus, des Islam, des Christentums und aller anderen Religionsgemeinschaften nur vordergründige Erscheinungsformen des All-Einen seien.

Die Gottheiten sämtlicher Religionen bildeten jenseits ihrer »äußeren« Unterschiede einen einheitlichen »Kern«. Für einen Anhänger mystischer Religiosität, lehrte Ramakrishna, sei es daher nicht anstößig, sowohl Hindu-Gottheiten als auch den Gott der Christen und der Muslime zu verehren. Ramakrishna bestritt nicht, daß Jesus der Sohn Gottes sei, aber dasselbe müsse auch für Rama oder Krishna gelten, die die Menschen andere Aspekte der vielperspektivischen göttlichen Wahrheit gelehrt hätten. Von Ramakrishna stammt der bezeichnende Satz: »In einem Töpferladen gibt es Gefäße von unterschiedlicher Gestalt und Form: Krüge, Tiegel, Schüsseln, Teller und so weiter, aber alle sind sie aus demselben Ton gemacht. So ist Gott auch einer, wird aber in verschiedenen Zeiten und Ländern unter verschiedenen Namen und in verschiedenen Aspekten verehrt.«[12]

Solche Sätze waren bemerkenswert zu einer Zeit, da sich in Indien Christen und erst recht Muslime noch sehr starr gegen alle anderen Glaubensrichtungen abgrenzten. Muslimische Eroberer und teilweise auch christliche Kolonialherren, so die Portugiesen, haben in ihrer Intoleranz Hindu-Tempel sogar zerstört. Bemerkenswert erscheinen Ramakrishnas Sätze aber auch, wenn wir uns vergleichend die Situation in Europa Ende des 19. Jahrhunderts vergegenwärtigen: Bei uns hatten sich damals selbst noch die einzelnen christlichen Konfessionen schroff gegeneinander abgegrenzt. Allerdings konnte Ramakrishna mit seiner uns ungewöhnlich anmutenden Toleranz nicht so weit gehen, daß er die Gleichwertigkeit aller Glaubensbekenntnisse verkündete. Letztlich blieb er wie die meisten Hindus davon überzeugt, daß die eigene Religion die am höchsten entwickelte Glaubensform sei. Denn seiner Ansicht nach ist allein den Hindus die Fähigkeit gegeben, hinter allen vordergründigen Gegensätzen das Gemeinsame, »Universale«, aller Glaubensgemeinschaften zu entdecken und so auch Andersgläubigen Denkanstöße zu geben.

Mit dieser Haltung brachte Ramakrishna aber nichts grundsätzlich Neues in den Hinduismus. Denn Hindus haben schon in früheren Jahrhunderten fremde Gottheiten dem eigenen Pantheon einverleibt und auf diese Weise fremde Religionen »hinduisiert«. Aber Ramakrishna gehörte – neben den Anhängern der Brahma Samaj – zu den ersten, die konkret eine geistige Brücke zu den Religionen der Fremdherrschaft, zu Islam und Christentum, schlugen.

Ramakrishna hat seiner Bewegung allerdings nicht selber die endgültige Form gegeben, sondern erst sein bedeutendster Schüler Vivekananda. Der Nachfolger systematisierte die Lehren des Meisters und gab ihnen durch weiterführende eigene Interpretation eine besondere Überzeugungskraft.

Vivekananda hieß ursprünglich Narendranath Datta, bevor er sich den Asketennamen zulegte. Er entstammte einer bengalischen Familie der oberen Mittelschicht, die der Kaste der Kayasta (Schreiber) angehörte. 1863 wurde er in Kalkutta geboren und starb dort 1902 im Alter von nur 39 Jahren an Diabetes. Bei ihm hatte die multi-kulturelle, multi-religiöse Atmosphäre von Kalkutta zu tiefen geistigen Erschütterungen geführt. Und das war kein Zufall, denn er war in das intellektuelle Milieu einer Metropole hineingeboren, wo der Zusammenprall östlicher und westlicher Kultur bereits innerhalb des Elternhauses einen prägenden Einfluß ausübte. Sein Vater praktizierte als Anwalt am High Court von Kalkutta, wo schon William Jones, der Pionier der Sanskrit-Forschung, als Oberrichter von Bengalen gewirkt hatte. Er verstand sich als Agnostiker, der allen religiösen Dogmen ablehnend gegenüberstand und den westlichen Rationalismus schätzte. Dagegen fühlte sich Vivekanandas Mutter als zutiefst religiöse Frau ganz dem traditionellen hinduistischen Lebensgefühl verbunden und bezog ihre Wertvorstellungen vorwiegend aus den Epen Mahabharata und Ramayana. Diese Kombination eines westlich orientierten Vaters und einer traditionell hinduistischen Mutter, so stellt der indische Psychoanalytiker Sudhir Kakar fest, sei im heutigen Indien bei den höheren Kasten und der oberen Mittelschicht nicht ungewöhnlich. Ja, es sei sogar auffallend, daß viele religiöse Erneuerer wie auch Reformpolitiker einer solchen Familienkonstellation entstammten. Denn wenn bereits innerhalb der eigenen Familie modernistische und traditionelle Haltungen nebeneinanderstünden, schärfe die spannungsgeladene Situation den Blick für tieferliegende Spannungen in der Gesellschaft.[13]

Vivekananda besuchte, wie es für einen Sproß aus der oberen Mittelschicht nahezu selbstverständlich war, eine englische Schule. Und wie sein Vater geriet er in den Sog westlicher Kultur und fühlte sich zunehmend den hinduistischen Traditionen entfremdet. Anfangs, als er in Kalkutta das Scottish Church College, eine christliche Missionsschule, besuchte, fühlte er sich stark vom Christentum mit seiner allumspannenden Nächstenliebe jenseits der Kastengrenzen angezogen. Aber nachdem er die naturwissenschaftlichen und philosophischen Schriften von Charles Darwin und Herbert Spencer gelesen hatte, wandte er sich vom Christentum ab, verachtete jede Religion als »Aberglaube« und akzeptierte allein den Atheismus als vernunftgemäßes Bekenntnis eines »modernen« Menschen. Dann aber stürzte ihn sein einseitiger, nur naturwissenschaftlich orientierter »Fortschrittsglaube« in eine tiefe Sinnkrise. Als rastlos Suchender wandte sich der College-Student verschiedenen Glaubensformen zu, anfangs wieder dem Christentum, dann dem Islam. Zuletzt jedoch, nach etlichen Besuchen im Tempel von Dakshineswar und nach langen Gesprächen mit dem charismatischen Guru Ramakrishna, kehrte er zum Hinduismus zurück. Und innerhalb kürzester Zeit wurde er nicht nur Ramakrishnas bedeutendster Schüler, sondern auch sein Nachfolger und gab der erst vage existierenden Bewegung feste Konturen.

Im Unterschied zu Ramakrishna wirkte Vivekananda aber

weit über Kalkutta, weit über den bengalischen Sprachraum, ja weit über den indischen Kulturkreis hinaus. Vivekananda war der erste Neohinduist, der mit seinen philosophischen Schriften ein breiteres intellektuelles Publikum im Westen erreichte. Zum einen, weil er, anders als Ramakrishna, seine Gedanken in vorzüglichem Englisch ausdrücken konnte, zum andern, weil er von früh an in englischen Schulen gelernt hatte, seinen Schreibstil westlichen Denkgewohnheiten anzupassen.

In Vivekanandas gesammelten Schriften finden sich Schlußfolgerungen, wie sie auch jeden Europäer ansprechen müssen, der an der Erkenntniskritik westlicher Aufklärung geschult ist. Etwa: »Da uns als Menschen durch unsere Konstitution auferlegt ist, Gott als Menschen zu sehen, würden – wenn wir dies als Beispiel nehmen wollen – Büffel ihren Gott ihrer Natur gemäß als großen Büffel verehren; ebenso erginge es den Fischen, die, um ihn zu verehren, Gott ihrer Vorstellung gemäß als großen Fisch empfinden. [...] Der Mensch, der Büffel und der Fisch stellen, um einen neuerlichen Vergleich zu gebrauchen, Gefäße Gottes dar. [...] Und trotz der verschiedenen Formen ist zu guter Letzt doch in jedem dieser Gefäße das gleiche Wasser aus Gottes Meer«.[14]

Für Vivekananda können Widersprüche zwischen den Religionen nur entstehen, weil die Menschen durch ihre unterschiedliche kulturelle Herkunft unterschiedliche Vorstellungen entwickeln – und hierbei die Relativität dieser Prägungen nicht erkennen wollen. Das war eine Botschaft an Christen wie Muslime, die dazu neigten, ihre Glaubensvorstellungen mit aggressivem missionarischen Eifer Andersgläubigen als »unfehlbar richtig« aufzudrängen.

Eine solche Einsicht in die Relativität menschlichen Erkennens scheint auf den ersten Blick ein Erbe europäischer Aufklärung zu sein. Aber Vivekananda führte seinen überraschten westlichen Lesern vor, daß es solch grundsätzliche

Zweifel gerade auch in der hinduistischen Tradition gibt. Für den Hindu kann es kein absolut richtiges rationales Erkennen geben, eben weil ja alles irdische Dasein nur »Maya«, nur »Illusion«, eine an die trügerischen Sinne gebundene Wahrnehmung ist.[15]

Das Jahr 1893 brachte Vivekananda endgültig den internationalen Ruhm. Damals wurde er von liberalen christlichen Kreisen der USA anläßlich der Weltausstellung in Chicago eingeladen, um bei dem dort tagenden »Weltparlament der Religionen« als »Botschafter des Hinduismus« einen Vortrag zu halten. In Chicago trat Vivekananda dann als erster Hindu vor einem westlichen Publikum auf, und der Erfolg seines Vortrages brachte es mit sich, daß er vier weitere Jahre lang Vorträge in den USA und Großbritannien hielt. Aufsehen erregte er bei den westlichen Zuhörern, weil er betonte, den Hindus gehe es nicht darum, Andersgläubige zu einer indischen Religion zu bekehren. Ein Christ solle Christ, ein Muslim solle Muslim bleiben. Den Andersgläubigen solle jedoch der Blick geweitet werden für den mystisch gemeinsamen Kern *aller* Religionen.

Vivekananda eröffnete die Reihe jener neohinduistischen Gurus, die einem westlichen Publikum »indische Spiritualität« zu vermitteln versuchen. Es ist kein Zufall, daß im Verlauf der ersten Jahrzehnte noch fast alle »missionierenden« Gurus aus Bengalen kamen. Nicht wenige dieser Gurus hatten wie Vivekananda lange in Kalkutta gelebt, wo gebildete Hindus, Christen und Muslime mehr als in jeder anderen indischen Stadt miteinander Kontakte pflegten. Und nicht wenige hatten auch als Angehörige einer städtischen Ober- und Mittelschicht ihre Ausbildung an englischen Schulen genossen und waren im selben Maß aufgefordert, westliches sowie östliches Denken geistig zu verarbeiten. Etliche dieser neohinduistischen Gurus der Frühzeit sind neben Vivekananda im Westen ebenfalls zu bleibendem Ruhm gekommen, so, um nur die beiden bekanntesten zu nennen, der Bengale Sri Aurobindo (1872–1950) und der Bengale Yogananda (1893–1952).

1897 begründete Vivekananda die Ramakrishna-Mission. Ihr spirituelles Zentrum errichtete die Organisation am Ufer des Hughli gegenüber dem Dakshineswar-Tempel, wo einst Ramakrishna als Guru gewirkt hatte. Die Architektur des kultischen Hauptgebäudes drückt die religiöse Philosophie der Bewegung aus: Die Stilelemente der Eingangsfront erinnern an ein buddhistisches Heiligtum, die gewölbten Bogenfester und Vordächer an islamische Mogul-Bauten, das kegelförmig zulaufende Turmdach ist einem Hindu-Tempel nachempfunden, und das kathedralenähnliche Mittelschiff kann seine Nähe zu einer Kirche nicht verleugnen. Dieser Sakralbau ist bewußt als eine Mischung aus dem architektonischen Reservoir der großen Weltreligionen konzipiert worden. Belur Math (Belur-Kloster), wie der Name des spirituellen Zentrums lautet, steht inmitten von Kokospalmenhainen und weiten Rasenflächen, wenn sich auch an dessen Außenmauern längst die Häuserzeilen und verkehrsdröhnenden Straßen des Vororts Belur drängen. Gläubige aller Religionen und Nationen können an diesen Ort zu Gebet, Meditation wie auch zu einem interreligiösen Dialog kommen.

Vivekananda konzentrierte sich jedoch nicht allein auf eine spirituelle, philosophische Erneuerung. Er propagierte einen »Hinduismus der Tat«, rückte damit deutlich von den weltflüchtigen Tendenzen vieler anderer Gurus ab und leistete – parallel zur Reformbewegung Brahma Samaj – auch konkrete soziale Arbeit. Die Ramakrishna-Mission errichtete in ganz Indien neben spirituellen Zentren Hospitäler, Schulen, Studentenwohnheime und landwirtschaftliche Institute. Eine Publikation dieser Vereinigung von 1991 berichtet über rund 100 solcher Niederlassungen in Indien, ja auch von einem Dutzend in Amerika und drei in Europa.[16] Aber während außerhalb Indiens die spirituelle Missionierung die tragende Rolle spielt, ist es im Mutterland das Engagement für sozial Benachteiligte. Indiens Ramakrishna-Mission kümmert sich vorrangig um arme Bauern der unteren Kasten, aber auch um Slumbewohner in den Großstädten. Ihnen wird kostenlos Anleitung zur Selbsthilfe gegeben, hier vergleichbar der Tätigkeit westlicher Entwicklungshilfe-Organisationen. Bemerkenswert an dieser Einrichtung ist aber schon seit ihrem frühesten Wirken gegen Ende des 19. Jahrhunderts: Kastenzugehörigkeit spielt keine Rolle.

Die Sozialarbeit der Ramakrishna-Mission war von Anfang an verknüpft mit dem Bemühen, die schroffen Hierarchien und Ausbeutungsverhältnisse zwischen den Kasten zu beseitigen – ein Bemühen, das für alle neohinduistischen Reformbewegungen typisch ist. Und dieses Ziel hat wohl erheblich dazu beigetragen, daß im gebildeten Bürgertum Kalkuttas die Kastenunterschiede längst eine viel geringere Rolle spielen als bei Gebildeten in vielen anderen Teilen Indiens.

Inder – und hier nicht nur die Einwohner Kalkuttas – sind stolz gerade auf die Sozialarbeit der Ramakrishna-Mission. Aber gleichzeitig sind viele darüber verärgert, daß diese Organisation im Westen kaum bekannt ist. Schließlich bleiben die meisten Europäer und Amerikaner auf Mutter Teresa und ihren Nonnenorden fixiert, wenn es um soziale Wohltätigkeit in Kalkutta geht.

Tagore macht Kalkutta zum Zentrum der Literatur

An einer weißgetünchten Gartenmauer sah ich das Portrait des Dichters Rabindranath Tagore gepinselt, mannshoch, unverkennbar der schlanke Kopf mit silbrig grauem Bart und langem Haupthaar. Ich befand mich nahe seinem Geburts-

und Sterbehaus im nördlichen Stadtteil Jorasanko. Auf der schmalen Zufahrtsstraße ragten zu beiden Seiten Mauern auf, über deren oberes Ende Buschwerk und Baumäste wucherten. Im Hintergrund aber Mietskasernen, wäscheverhangen, bröckelnder Verputz. Hinter mir dröhnte der Verkehr einer von Autos, Motorrädern und Rikschas überquellenden Straße.

Vor der Gartenmauer schrubbten Frauen Wäsche, die Seifenlauge rann quer über den Weg rann und vermengte sich dort mit dem verstreuten Abfall und den Fäkalien. Ich beobachtete die Frauen, wie sie quer über das Tagore-Portrait entlang der Mauer eine Leine spannten und dann Wäsche aufhängten. In wenigen Minuten war das Gesicht des Dichters mit tropfnassen Kleidungsstücken verdeckt. Die Frauen gingen mit dem Bild so achtlos um wie mit einer an die Wand gepinselten Reklame.

Rabindra Bhavan ... Ich betrat das weitläufige Gebäude, in dem Tagore 1861 geboren wurde und 1941 achtzigjährig starb. Mit den weißen Säulenkolonnaden an der Vorderfront und den großen lichtdurchfluteten Innenräumen ist es ein typisches Stadthaus, wie es während des 19. Jahrhunderts Familien der bengalischen Oberschicht in Anlehnung an den britischen Kolonialstil errichteten. Heute nimmt sich das vornehme Gebäude wie eine exklusive Insel inmitten eines übervölkerten, heruntergekommenen Stadtviertels aus, ein Haus, das einst wahrscheinlich von großen Gärten umgeben war. Vor dem Eingang zum Sterbezimmer Tagores mußte ich die Schuhe ausziehen, es war, als würde ich ein Heiligtum betreten. Im Umkreis dieses Zimmers ist der weitverzweigte Gebäudekomplex zu einem Museum mit regionalen Möbelstücken und vielen Fotos aus Tagores Leben umgestaltet. Die vielen anderen Räume beherbergen die Rabindra-Bharati-Universität, die, 1962 gegründet, im Sinne des Dichters ein Zentrum für indische Literatur, Musik und Malerei bildet.

Zahlreiche Studenten bevölkerten die Flure, Vortragsräume und Lesezimmer.

Rabindranath Tagore ist bis heute für die Weltöffentlichkeit der bekannteste Dichter Indiens geblieben. Seinen Weltruhm verdankt er vor allem der Tatsache, daß er 1913 als erster Schriftsteller außerhalb des westlichen Kulturkreises mit dem Nobelpreis für Literatur geehrt wurde und selbst zu Beginn des 21. Jahrhunderts noch immer der einzige Inder mit dieser Auszeichnung ist. (Der Inder V. S. Naipaul, der 2001 den Literaturnobelpreis bekam, kann nicht dazugezählt werden; er ist weder in Indien geboren noch aufgewachsen und lernte das Land nur als kritisch beobachtender Tourist kennen.)

Tagore trug entscheidend zur Entwicklung einer zeitgemäßen bengalischen Literatursprache bei und wurde zu einem der Wegbereiter moderner indischer Literatur. Mehr noch: Tagore wurde zu einem maßgebenden Philosophen, der es verstand, vermittelnd zwischen östlicher und westlicher Kultur zu wirken. Mit seinem Werk hat er jeden Bereich der damaligen künstlerischen Kultur beeinflußt: die Lyrik, den Roman, das Drama, ja sogar die Musik und die Malerei, ebenso den künstlerisch ambitionierten Spielfilm. In seiner bengalischen Heimat ist Tagore selbst vielen analphabetischen Bauern zumindest dem Namen nach so bekannt, daß es genügt, von »Kabi«, dem »Dichter«, zu sprechen, und jeder weiß, wer gemeint ist.[17]

Tagore ist außerdem zu der seltenen Ehre gelangt, daß aus seinen Liedern Texte für die Nationalhymne sogar zweier Staaten ausgewählt wurden: einerseits für die Republik Indien, andererseits für den Nachbarstaat Bangla Desh. So kommt es zu dem paradoxen Phänomen, daß in Indien, wo die offizielle Staatssprache das Hindi ist, der Text der Nationalhymne auf einem Lied in bengalischer Sprache gründet. Und Bangla Desh, wo überwiegend Muslime wohnen, hat einen Tagore-Text übernommen, weil der Dichter, obwohl

Hindu, auch von den bengalisch sprechenden Muslimen im Nachbarstaat besonders verehrt wird.[18]

Ein Blick auf die Herkunft des Dichters zeigt, wie intensiv Tagore bereits durch seine Familie mit wesentlichen geistigen Strömungen der indischen Moderne verknüpft war. Tagore entstammte einer der kulturell einflußreichsten Sippschaften im kolonialen Kalkutta, dem Brahmanengeschlecht Thakur (englisch »Tagore« geschrieben und so bei uns bekannt geworden). Sein Vater Debrendranath Tagore hatte ja, wie schon erwähnt, als Nachfolger des 1833 verstorbenen Brahmanen Ram Mohan Roy die einflußreiche neohinduistische Reformbewegung Brahma Samaj geleitet und dabei viele religiöse Traditionen als »rückständig« abgelehnt. Daß sein Vater sich zu einem »Hinduismus der Tat« bekannte und während der zweiten Hälfte des 19. Jahrhunderts Spitäler und Waisenhäuser für sozial Bedürftige errichten ließ, hat den Sohn zutiefst geprägt.

Rabindranath Tagore hatte als Sproß einer begüterten Oberschicht außerdem die Gelegenheit, sich gründlich mit westlicher Kultur auseinanderzusetzen. Zuerst in der Kolonialhauptstadt Kalkutta, wo er die besten englischen Schulen besuchte. Dann in Großbritannien, wohin er zum Studium der Rechtswissenschaften reiste, sich aber auch ausgiebig mit englischer Literatur beschäftigte. Und diese Begegnung mit dem Westen verstärkte noch seine Neigung, auf kritische Distanz zu erstarrten Traditionen der indischen Kultur zu rücken.

Die Auseinandersetzung mit westlicher Literatur beeinflußte tief sein eigenes literarisches Schaffen. Beeindruckt von europäischer Naturlyrik und vom poetischen Realismus englischer Romane revolutionierte Tagore die bengalische Literatur und leitete darüber hinaus eine Revolution der gesamten indischen Literatur ein. Tagore war zwar nicht der erste Autor Indiens, der – westlich beeinflußt – soziale Probleme seiner Gegenwart behandelte. Aber er entwickelte konsequenter als seine Vorgänger eine ungekünstelte Sprache, die auf den Schwulst epigonaler, mythologisch überfrachteter Bilder verzichtete. Und entschiedener als alle anderen rückte er von der unpersönlichen Tradierung der immer gleichen religiösen Motive ab. Er beschrieb individuelle Gefühle und beobachtete genauer als seine Zeitgenossen das soziale Leben der eigenen Gesellschaftsschicht.

Für westliche Leser erschließt sich Tagores Realitätsnähe am anschaulichsten in seinen Romanen. Leider sind nur wenige von ihnen ins Deutsche übertragen, oder sie sind schon wieder vergriffen. Bei uns am ehesten bekannt geworden ist der 1901 veröffentlichte Ehe-Roman *Das zerstörte Nest* (zuletzt 1985 in einer deutschen Ausgabe erschienen). In Romanen wie diesen setzt sich Tagore sozialkritisch, oft ironisch mit den Problemen der bengalischen Oberschicht auseinander. Erstmals in der indischen Literatur sind hier Menschen psychologisch differenziert dargestellt. Besondere Beachtung verdient, wie einfühlsam Tagore die Schicksale von Frauen der Oberschicht beschreibt, die an der Schwelle zum 20. Jahrhundert die Emanzipation wagen und am Widerstand ihrer Umgebung, ja auch an eigenen psychischen Hemmungen scheitern.

Indem Tagore kritisch die indischen Traditionen reflektierte, rückte er zwangsläufig auf Distanz auch zu vielen alltäglichen Verhaltensformen der Hindus. Ganz im Sinne der traditionskritischen Hindu-Bewegung Brahma Samaj fand er es unnötig, Tempel zu besuchen und dort vor Götterstatuen Rituale zu vollziehen. Dabei bekannte sich Tagore ausdrücklich zum Hinduismus und schöpfte literarisch aus hinduistischen Quellen. Er fußte auf Traditionen des Vishnuismus wie der Upanishaden. Aber wenn er das Göttliche definierte, dann nur als die vergeistigte abstrakte Form eines Weltgeistes – auch hier ganz dem Vorbild der Brahma Samaj verpflichtet.

Entsprechend hielt Tagore Abstand zu der in Bengalen weit verbreiteten Verehrung von Muttergottheiten mit ihren sinnlich prallen Ritualen, auch zum Kult der Göttin Kali.[19]

Diese radikale Abneigung gegen Strömungen der Volksreligiosität brachte ihn auf Distanz auch zur Reformbewegung der Ramakrishna-Mission. Ja, Tagore lehnte es ab, die mönchische Spiritualität von Sadhus und Yogis als besonderen Weg der Erlösung zu betrachten. Ebensowenig respektierte er die scharfen Trennlinien der Kasten.[20] Darin traf er sich dann doch wieder mit den Intentionen der Ramakrishna-Mission.

Tagore verurteilte am Kastensystem vor allem die Ausbeutung, die die Hochkastigen an den Niederkastigen betreiben. Umgekehrt beklagte er als Brahmane aber auch die Unterwürfigkeit, ja Lethargie der sozial Schwachen. Scharf kritisierte er an den Mitgliedern hoher wie niederer Kasten, daß sie kritiklos im Verhaltenskodex ihrer eigenen Gruppierung befangen blieben und nicht flexibel auf soziale und kulturelle Umbrüche reagieren konnten. In einem seiner Aufsätze, die er mit *Berührungsängste* betitelte, fand er dafür ein beklemmendes Bild: »Nun liegen alle, Brahmanen wie Shudras, in einem ganz Indien umspannenden riesigen Spinnennetz mit gebundenen Händen und Füßen regungslos wie tot.«[21]

Wie kaum ein anderer Hindu ist Tagore in der ersten Hälfte des 20. Jahrhunderts zur Symbolfigur eines weltoffenen Indien geworden, das sich westlichen Einflüssen öffnet und sich andererseits auf seine kulturelle Identität besinnt. Bei uns im Westen allerdings ist bis heute mehr sein Name als sein Werk geläufig. Und im Indien von heute? Hält dort die Nachwirkung des Dichters an?

Zwei Stunden blieb ich im Geburts- und Sterbehaus von Rabindranath Tagore und studierte die zahlreichen Fotos aus seinem Leben, die die Begegnung mit Persönlichkeiten aus Politik und Kultur in aller Welt dokumentierten. Aber bei meinem Rundgang konnte ich mich nur schwer des Eindrucks erwehren, mich auf einer museal-nostalgischen Insel zu befinden. Daran änderten auch die vielen geschäftig hin und her eilenden Studenten nichts. Etliche der Fenster boten einen Ausblick auf düstere Hinterhöfe mit bröckelnden Hausfassaden, Müllhalden und trüben Wasserlachen. Nur das Innere des Tagore-Hauses wirkte gepflegt, notdürftig gepflegt. Nachlässigkeit und Schlamperei sogar hier. Desto stärker die verklärende Erinnerung an eine bessere Vergangenheit?

Der Eindruck trügt. Belege für eine literarisch vitale Gegenwart gibt es genug, und oft lassen sich Verbindungslinien zur überragenden Symbolfigur Tagore ziehen. Zwar fehlen heute in der Megastadt Kalkutta die großen literarischen Persönlichkeiten, deren Werke in westliche Sprachen übersetzt werden, es gibt aber eine beträchtliche Anzahl von Lokalgrößen, die vom Erbe des großen Bengalen zehren und den heimischen Buchmarkt beleben. Bis in unsere Gegenwart herein teilen sich die bengalischen Schriftsteller in »rabindrische« und »anti-rabindrische« Gruppierungen. Beeinflußt von Rabindranath Tagore sind selbst noch die Gegner in ihrer Abwehrreaktion, in ihrer Suche nach neuen Ausdrucksmöglichkeiten.[22]

Tagore hat selbst gezielt dazu beigetragen, daß Bengalen auch Jahrzehnte später ein kulturelles Zentrum des indischen Subkontinents blieb. Aber entsprechende Aktivitäten entfaltete er nicht in Kalkutta, sondern 150 Kilometer nordwestlich entfernt auf dem Landgut seiner Familie. Dort gründete er 1901 eine Schule, aus der sich schließlich eine Universität entwickelte. Ihr gab er den Namen Santiniketan, »Stätte des Friedens«. Tagore, der dem Großstadtleben wenig abgewinnen konnte und seine Werke lieber in ländlicher Abgeschiedenheit verfaßte, hielt sich einen Großteil seines späteren Lebens hier auf und wohnte nur dann im Stadthaus, wenn ihn literarische, politische und soziale Aufgaben in Kalkutta festhielten. Eine Zeitlang leitete er die Universität von Santiniketan. Gelehrt wurden und werden vor allem Philosophie und künstlerische Fächer. An dieser Bildungsstätte, zu der heute Studenten aus ganz Indien wie auch aus dem Ausland kommen, hat eine Reihe bedeutender Bengalen einen Teil der Ausbildung genossen, von deren manche später zu Weltruhm kamen. Hier sind vor allem der Filmregisseur Satiyajit Ray sowie Amartya Sen, ein Nobelpreisträger für Wirtschaftswissenschaften, zu nennen (über sie später mehr).

Das literarische Leben in Kalkutta war aber nicht nur der Nährboden, auf dem eine eigenständige Literatur indischsprachiger Autoren entstehen konnte. Kalkutta bildete auch die Wiege einer modernen indischen Literatur in englischer Sprache. Bis in die achtziger und neunziger Jahre des 20. Jahrhunderts kamen fast alle namhaften englisch-schreibenden Inder entweder aus Kalkutta oder haben eine Zeitlang dort gelebt, so Anita Desai, Bharati Mukerjee, Amitav Ghosh, Sashi Taroor und Vikram Seth.[23] Erst in neuerer Zeit verblaßt Kalkuttas Ruhm als Zentrum der anglo-indischen Literatur. Die heute bei uns bekanntesten Autoren, die englisch schreiben, stammen überwiegend aus anderen Teilen Indiens und haben keinerlei Bezug mehr zur bengalischen Metropole. Ich erinnere in diesem Zusammenhang an Arundhati Roy (Kerala), Salman Rushdie (Bombay) und Rohinton Mistry (ebenfalls Bombay).

Bis heute ist aber Kalkutta jene Stadt Indiens geblieben, in der sich die meisten Verlage befinden, ebenso die größten Bibliotheken. Etwa 700 literarische Zeitschriften erscheinen hier[24], und die um 1850 errichtete Nationalbibliothek beherbergt über eine Million Bücher. Seit 1975 findet in Kalkutta jeweils am Jahresanfang eine Buchmesse statt, die »Calcutta Book Fair«. Dann ist auf der Maidan, einer über vier Kilometer langen, baumbestandenen Rasenfläche nahe der Chowringhee Road, eine Bretterbudenstadt aufgebaut. Rund 400 indische Verlage, die meisten mit Stammsitz in Kalkutta, haben hier ihre Bücher ausgestellt – vor allem Bücher in Bengali, aber auch in Hindi und Englisch. 1990 kamen zu dieser Messe, so berichteten bengalische Zeitungen, rund eine Million Menschen. Die »Calcutta Book Fair« wäre damit nicht nur die größte Veranstaltung dieser Art in Indien, sondern in ganz Asien.[25] Diese Buchmesse hat zwar schon Mitte der neunziger Jahre durch eine ähnlich große Veranstaltung in Delhi Konkurrenz bekommen, aber der Schwerpunkt künstlerischer, literarischer Produktion bleibt in Kalkutta.[26] Erstaunlich hoch erscheinen die Besucherzahlen, wenn man bedenkt, daß in Indien nach wie vor die Hälfte der Bevölkerung Analphabeten sind. Auch nur rund 60 Prozent der Westbengalen können lesen und schreiben.

Ähnlich ausgeprägt ist das Theaterleben in Kalkutta. Dabei kannte Indien bis zum Beginn der britischen Kolonialherrschaft kein Sprechtheater mit psychologisch gestalteten Figuren und sozialkritischer Thematik. Bis dahin gab es nur religiös-mythisches Tanztheater, bei dem auf öffentlichen Plätzen vor Tempeln Tänzer und erzählende Sänger Szenen aus Epen wie dem Mahabharatha, dem Ramayana und anderen darstellten. Das Sprechtheater kam erst durch die Europäer, und natürlich nahm es seinen Anfang ebenfalls in der Kolonialhauptstadt Kalkutta.

In englischer Sprache für ein englisches Publikum, so begann das Theaterleben in der bengalischen Metropole. Aber bereits 1795 gelangten englische Stücke in bengalischer Übersetzung auf die Bühne und fanden rasch auch ein indisches Publikum. Diese Entwicklung machte die Bengalen nicht nur mit europäischen Themen und entsprechender Bühnentechnik vertraut, sondern veranlaßte sie, nun selber nach westlichem Vorbild Stücke in ihrer Heimatsprache zu schreiben. Bereits Mitte des 19. Jahrhunderts kamen auf diese

Weise in Kalkutta erste Theaterstücke mit sozialen Themen erfolgreich zur Aufführung, so mit Kritik am Machtmißbrauch brahmanischer Kasten oder am Elend von Plantagenarbeitern.[27]

Daneben blieben englische Dramatiker bei der indischen Bildungsschicht populär. Shakespeare ist bis heute auf indischen Bühnen der meistgespielte Autor geblieben. An Beliebtheit kennt er nur einen Rivalen: Bertolt Brecht. Der deutsche Dramatiker findet mit seinen sozialkritischen Stücken besonders in Kalkutta begeisterte Aufnahme. Weshalb aber ausgerechnet Brecht?

Nachdem Westbengalen seit 1977 von einer Linkskoalition unter Führung der Kommunisten regiert wird, werden Stücke von Brecht nahezu vollständig in englischer Sprache gespielt. Auch in anderen Regionen Indiens sind Stücke von Brecht bei einer schmalen Bildungsschicht populär geworden, so in Kerala und Maharashtra. In Brechts Thematik der Ausbeutung, der scharfen Kritik an einer korrupten Oberschicht und am mangelnden Selbstbewußtsein der Unterdrückten sehen gebildete Inder einen Schlüssel zum Verständnis ihrer eigenen Situation. Darüber hinaus fasziniert das ästhetisch-formale Element des Verfremdungseffekts, der Einsatz von Kommentatoren und Sängern, denn dies ist den Indern durch ihre religiösen Tanzdramen vertraut. Inzwischen wird Brechts Werk in Westbengalen und hier besonders in Kalkutta oft auch von lokalen Unternehmen in bengalischer Sprache aufgeführt, ja wird in Straßentheatern auch dem einfacheren Volk zugänglich gemacht.[28]

Tagore … Shakespeare … Brecht … Welche Kontraste in der Publikumsgunst. Aber gerade das Nebeneinander östlicher und westlicher Autoren mit ihrem Themen und Stilelementen hat Kalkutta bis ins 21. Jahrhundert herein die literarisch lebendigste Stadt Indiens bleiben lassen.

Eine ähnlich erstaunliche Entwicklung können wir jedoch

auch bei der Entwicklung von Indiens künstlerischen Filmen beobachten. Hier sind die Anfänge ebenfalls in Kalkutta zu finden.

Indiens erste große Filmregisseure

Er war Student in Santiniketan. Er hatte Tagore noch persönlich gekannt. Sein Großvater wie sein Vater waren eng befreundet mit der Familie Tagore. Er, Satiyajit Ray, sollte zu Indiens international bekanntestem Regisseur werden, dessen beste Werke zu den großen Klassikern der Filmgeschichte zählen.

Satiyajit Ray wurde 1921 in Kalkutta geboren, wo er 1992 siebzigjährig starb. Er stammte aus einer angesehenen bengalischen Brahmanenfamilie, in der die Beschäftigung mit Kunst und Literatur Tradition hatte. Sein Großvater war Schriftsteller und Musiker, sein Vater ein bekannter Maler, Fotograf und Dichter.

Ray studierte zunächst, von 1936 bis 1940, Wirtschaftswissenschaften am renommierten Presidency College von Kalkutta, wo er mit einem Diplom abschloß, bevor er von 1940 bis 1942 in Santiniketan ein Studium der Graphischen Kunst begann. Ohne Abschluß kehrte er allerdings vorzeitig nach Kalkutta zurück, denn er vermißte die intellektuelle Dynamik des Großstadtlebens. 1943 begann er als Graphiker und Buchillustrator in einer britischen Werbeagentur zu arbeiten, die in Kalkutta ansässig war. Aber damals schon interessierte er sich für eine Tätigkeit im Bereich des künstlerischen Films, obwohl solche Filme zu jener Zeit in Indien noch gar nicht gedreht wurden. Damals bot sich auch nur vereinzelt die Gelegenheit, die Filme großer westlicher Regisseure in den Kinos von Kalkutta zu sehen und von ihrer Gestaltung zu lernen. Trotzdem hatte 1947, im Jahr der indischen

Unabhängigkeit, eine optimistische Gruppe von Intellektuellen die künstlerisch ambitionierte »Calcutta Film Society« gegründet. Ray gehörte zu ihren wesentlichen Initiatoren.

1949 wurde für Ray ein entscheidendes Jahr. Als ihn seine Werbeagentur für viereinhalb Monate zur beruflichen Weiterbildung nach London schickte, hatte er dort Gelegenheit, westliche Filme von besonderer künstlerischer Qualität zu sehen. Nach eigenen Angaben lernte er in der kurz bemessenen Zeit 99 Filmklassiker kennen. Spielfilme des italienischen Neorealismus beeindruckten ihn ganz besonders, allen voran das legendäre Meisterwerk *Fahrraddiebe* von Vittorio de Sica (1948 entstanden). Über *Fahrraddiebe* sagte er, dieser Film habe ihm endgültig den Beweis geliefert, daß man auch mit Amateurschauspielern auf offener Straße, ohne Kunstlicht und ohne alle Kulissen künstlerisch überzeugend arbeiten könne. Für ihn bedeutete das eine wesentliche Voraussetzung, denn wenn er in seiner Heimatstadt Kalkutta Filme jenseits des indischen Massengeschmacks drehen wollte, dann standen ihm keine aufwendigen Studios großer Produktionsfirmen zur Verfügung.

Anfang der fünfziger Jahre, als Satiyajit Ray zu filmen begann, existierte in Indien schon ein Jahrzehnt lang ein großes Kinopublikum. Aber die Spielfilme, die seit den vierziger Jahren in den Studios von Kalkutta und Bombay produziert wurden, waren ausnahmslos auf den Massengeschmack zugeschnitten – Filme, in denen rasante Verfolgungsjagden und Kämpfe, sentimentale Liebesszenen und der stereotype Gegensatz von Gut und Böse dominierten. Es waren Filme, die die soziale Realität weitgehend ausblendeten und letztlich dem Schema des Märchens folgten.

Indiens erste künstlerisch ambitionierte Filme drehten Regisseure in Kalkutta – Jahrzehnte früher, als eine derartige Entwicklung in anderen indischen Städten und Bundesstaaten einsetzte. An vorderster Stelle der Pioniere sind hier drei

Namen zu nennen: Satiyajit Ray, Ritwick Ghatak sowie Mirinal Sen. Auf die ersten beiden möchte ich näher eingehen, Mirinal Sen aber zumindest mit einem exemplarischen Zitat erwähnen. Sen, der 1923 im heutigen Ostpakistan geboren wurde und 2003 in Kalkutta seinen 80. Geburtstag feierte, hat die Grundeinstellung der Regisseure dieses indischen »New Cinema« in einem Interview mit wenigen Sätzen zusammengefaßt: »Ich verweigere es, populäre Filme zu machen. Der indische Zuschauer versucht im Kino seiner Alltagsexistenz zu entfliehen. Meine Arbeiten sind zu nahe am alltäglichen Leben, um populär zu sein.«[29]

Satiyajit Ray gehörte unter den künstlerisch kompromißlosen Regisseuren zu den wenigen, denen es gelang, international bekannt zu werden. Und was fast noch schwieriger war: auch von einem breiten indischen Publikum angenommen zu werden.

Ray verfilmte Anfang der fünfziger Jahre den ersten Teil einer Roman-Trilogie unter dem Titel *Pather Panchali* (deutscher Titel: *Das Lied der Straße*). Den Roman des bengalischen Autors Bibhutibusan Banerjee hatte Ray Ende der vierziger Jahre als Graphiker illustriert und war seither von der Idee getrieben, ihn zu verfilmen. Das Thema war der Überlebenskampf einer verarmten Brahmanenfamilie in einem bengalischen Dorf. Wie schon der Roman war auch der Film weit entfernt davon, das Dorfleben klischeehaft zu beschönigen. Erstmals wurde in einem indischen Spielfilm dörflicher Alltag mit seiner Armut und seinen Konflikten dargestellt. Für die Echtheit der Atmosphäre sorgten die vorzüglich geführten Laiendarsteller wie auch die Kamera, die ihren Blick nicht auf geschminkte Gesichter von Schauspielern und arrangierte Kulissen, sondern auf bäuerliche Durchschnittsgesichter, Lehmhütten und staubige Dorfstraßen richtete – gerade hier vom Vorbild des italienischen Neorealismus geleitet. Ray gelang es, die sozialen Konflikte durch eine Vielzahl nur sparsamer Gesten und unspektakulärer Details sichtbar zu machen. Hinzu kam seine Fähigkeit, Naturstimmungen atmosphärisch dicht einzufangen, so die flimmernde Hitze über den Reisfeldern, das Heraufziehen von Monsunwolken, die ersten Regentropfen in einem Teich …

Um solch ein Dorf zu finden, das noch weitgehend unbeeinflußt von einer nahegelegenen Stadt seinen traditionellen Rhythmus lebte, mußte Ray Anfang der fünfziger Jahre nur ein paar Kilometer außerhalb der Millionenstadt Kalkutta suchen. Aber drei bis vier Jahrzehnte später, noch zu seinen Lebzeiten, gab es dieses Dorf und seine Reisfelder nicht mehr, es war aufgesogen von Bretterhüttensiedlungen der ausufernden Megastadt.[30]

1955 konnte Ray seinen ersten Spielfilm *Pather Panchali* fertigstellen. Geldnot und mangelnde technische Ausrüstung hatten die Dreharbeiten nach vielerlei Unterbrechungen auf nahezu vier Jahre ausgedehnt. Aber schon mit diesem ersten Film erntete Ray bei indischen Journalisten und bald auch bei der Bildungsschicht indischer Großstädte Beifall. Und bereits ein Jahr nach seiner Uraufführung wurde *Pather Panchali* zum Wettbewerb nach Cannes geschickt und erhielt den Sonderpreis der Jury. Erstmals erregte damit ein indischer Film im westlichen Ausland wegen seiner künstlerischen Bedeutung Aufsehen.

Ray drehte im Verlauf der nächsten drei Jahrzehnte 27 Spielfilme. Etliche konnten mit der gleichen sozialkritischen und poetischen Intensität Anerkennung wie der Erstling ernten – nun aber mit professionellen Schauspielern besetzt.

Drei dieser Filme haben auch bei uns im Westen einen bleibenden Eindruck hinterlassen und gelten inzwischen ebenfalls als international anerkannte Klassiker. Zuerst der 1958 gedrehte Film *Jalsagar (Das Musikzimmer)*. Das Werk bietet eine beklemmende Studie über die Situation des indischen Feudaladels zu Beginn des 20. Jahrhunderts. In subtilen Bildern schildert Ray eine dekadent gewordene Kaste, die nicht mehr zur politischen Führung fähig ist, aber noch immer durch ihre verfeinerte Kultur zu beeindrucken vermag. Im Mittelpunkt der Handlung steht ein Schloßherr, der sich kurz vor dem finanziellen Ruin realitätsflüchtig nur noch mit Musik beschäftigt. Der harten Tatsache, daß er seine Macht an eine neureiche Schicht von Gutsbesitzern und Fabrikanten abgeben muß, entzieht er sich schließlich durch Selbstmord.

Noch rascher zu internationaler Anerkennung kam der 1963 entstandene Film *Mahanagar (Die große Stadt)*, der noch im selben Jahr bei den Filmfestspielen in Berlin den Silbernen Bären für die beste Regie gewann. Sein Thema ist der Emanzipationsversuch einer jungen Ehefrau in einer Mittelstandsfamilie Kalkuttas. Die Frau möchte berufstätig sein, zum einen, um das schmale Familieneinkommen aufzubessern, zum andern, um der Enge der alles kontrollierenden Großfamilie zu entkommen. Sie hat es schwer, gegen den Widerstand der traditionell denkenden Familie anzukämpfen.

Den Gipfel seines internationalen Ruhms erreichte Ray mit *Charulata*. Mit diesem 1964 gedrehten Film konnte er in Berlin ein Jahr später den Goldenen Bären für die beste Regie gewinnen. Wieder hatte Ray das Thema Frauenemanzipation aufgegriffen, diesmal gespiegelt am Schicksal einer intellektuellen Frau aus brahmanischer Familie. Gestaltet war der Film nach Motiven des von Tagore 1901 verfaßten Romans *Das zerstörte Nest*.

1992 starb Ray siebzigjährig an einem Herzleiden. Als die Nachricht von seinem Tod bekannt wurde, strömten in Kalkutta spontan Zehntausende Menschen auf die Straßen, während die Behörden für den Rest des Tages schlossen. Das indische Unterhaus ehrte den Toten mit einer Schweigeminute, und sogar das Fernsehen des bengalisch-sprachigen Nachbarstaates Bangla Desh zeigte zum Gedenken Ausschnitte aus seinen Filmen.[31]

Ein beispielloser Ruhm also, wie er bisher noch keinem indischen Regisseur zuteil wurde.

Völlig anders verhielt es sich mit dem zweiten großen Filmemacher Bengalens, den um vier Jahre jüngeren Ritwick Ghatak. 1976 starb er in Kalkutta nahezu unbemerkt von einer breiteren Öffentlichkeit. Ghatak war nur fünfzig Jahre alt geworden. Eine nachlässig behandelte Tuberkulose sowie übermäßiger Alkoholkonsum trugen erheblich zu seinem frühen Tod bei. Sein Werk fand zunächst selbst bei einer kritischen Minderheit der Bildungsschicht keine ausreichende Beachtung. Während Ray 27 Filme hinterließ, waren es bei Ghatak nur acht. Während Ray unzählige Preise erhielt, bekam Ghatak keinen einzigen. Aber an der Wende zum 21. Jahrhundert übt dieser verkannte Filmemacher als eines der großen Vorbilder einen stärkeren Einfluß auf die junge Generation künstlerisch ehrgeiziger Filmregisseure aus als Satiyajit Ray. Über Ghatak hat Ray selber einmal als einer der wenigen hellsichtigen Kenner gesagt: »Im indischen Film hat es keiner geschafft, ihn an Heftigkeit und epischer Schönheit der Bilder zu übertreffen.«[32]

Ritwick Ghatak wurde 1925 in der ostbengalischen Stadt Dacca (heute in Bangla Desh) geboren und floh 1948 während der Bürgerkriegswirren zwischen Hindus und Muslimen nach Kalkutta. Anders als Ray fühlte sich der aus dem bürgerlichen Mittelstand kommende Ghatak von der kommunistischen Partei angezogen und arbeitete anfangs im kommunistisch geführten »Indian People's Theatre Movement«, der Gesellschaft für indisches Volkstheater. Dieser Gruppe lag daran, Elemente traditioneller Volkskultur wiederzubeleben und sie mit sozialkritischen Tendenzen zu bereichern. Auf diese Weise sollte das Bewußtsein für soziale Veränderungen geschärft werden. Aber wie Ray orientierte sich Ghatak am Vorbild des italienischen Neorealismus. Etliche der klassischen Werke von Vittorio de Sica und Roberto Rossellini hatte er auf einem Filmfestival in Kalkutta kennengelernt. Allerdings griff Ghatak stärker als Ray auf traditionelle indische Stilmittel zurück, so die Einschübe von erzählendem Gesang und Tanz, was die Handlung – zumindest für westliche Zuschauer – verfremdet.

Nahezu zur selben Zeit wie Ray drehte Ghatak seinen ersten Spielfilm. *Nagarik (Der Bürger)*, 1953 entstanden, durchbrach ähnlich revolutionär wie Rays *Pather Pachali* alle bisherigen indischen Filmkonventionen. Geschildert wird das Schicksal einer mittelständischen Familie, die 1947 bei der Teilung Bengalens aus einer ostbengalischen Stadt nach Kalkutta geflohen ist und dort nur in ohnehin schon überfüllten Altstadtquartieren ein notdürftiges Unterkommen findet. Ghatak zeigt in bis dahin nie erreichter Wirklichkeitsnähe schäbige, vom Zerfall gezeichnete Wohnquartiere, und ebenso unerbittlich bringt er die psychischen und sozialen Probleme der Flüchtlinge ins Bild. Er schildert das Schicksal von Menschen, die zuvor als Lehrer, Chemiker, Kaufleute gearbeitet hatten und nun auf ungewisse Zeit als Gelegenheitsarbeiter oder gar als Arbeitslose leben müssen. Erstmals thematisierte hier ein Spielfilm drastisch die Verelendung der Millionenstadt Kalkutta.

Aber vergeblich bemühte sich Ghatak, für den Film einen Verleiher zu finden. Niemand wollte an den finanziellen Erfolg eines derart heiklen politischen Films glauben. Widerstand signalisierten auch die Behörden, die damals noch von der Kongreßpartei dominiert waren und die »kommunistische« Tendenz nicht schätzten. *Nagarik* konnte zu Ghataks Lebzeiten nicht den Weg in die Kinos finden. Erst ein Jahr nach seinem Tod, als 1977 die Kommunisten in Westbengalen die Regierung übernahmen, konnte der Film aufgeführt werden. Aber selbst dann blieb *Nagarik* nur ein Geheimtip für eine intellektuelle Minderheit.

Besser erging es Ghatak mit seinem 1960 gedrehten Film

Meghe Dhaka Tara, (Der verborgene Stern). Dieser Film sollte der einzige werden, der bei einem breiteren Publikum Anklang fand und für kurze Zeit sogar ein Kassenerfolg wurde. Wieder schilderte Ghatak das Schicksal einer mittelständischen Flüchtlingsfamilie aus Ostbengalen, die in Kalkutta um das wirtschaftliche Überleben kämpft. Im Mittelpunkt steht eine junge Frau, die sich für die Karriere ihres Bruders bis hin zur Selbstaufgabe opfert. Die Art der Kritik an der familiären Ausbeutung der Frauen wurde sowohl von den Filmkritikern als auch von einem gebildeten Publikum begeistert aufgenommen. Denn eine solche Kritik stand auch schon während der sechziger Jahre im Einklang mit einer breiteren intellektuellen Strömung.

Weniger Glück hatte Ghatak dann wieder mit dem 1962 gedrehten Film *Subarnarekha (Der Fluß Subarna Rekha)*. Dieser Film wird heute zwar von vielen Kritikern als der eigentliche Höhepunkt in Ghataks Schaffen angesehen und gilt als eines der großen Meisterwerke des indischen Films. Aber das Werk brauchte drei Jahre, um eine Verleihfirma zu finden und in die Kinos zu kommen. Nur eine kleine Schar intellektueller Jugendlicher in Kalkutta bejubelte *Subarnarekha* bei seiner Uraufführung 1965, sonst stieß der Film aber auf heftige Ablehnung. Nicht nur, weil Ghatak in beißender Schärfe die zwischenmenschlichen Spannungen in einer mittelständischen Familie beschrieb. Hinzu kam die Schilderung von Konflikten zwischen hohen und niederen Kasten – ein Handlungsmotiv, das Mitte der sechziger Jahre noch kein indischer Filmregisseur derart direkt gestaltet hat, auch nicht Satiyajit Ray.

Der Film erzählte erstmals vom Schicksal einer höherkastigen jungen Frau, die einen niederkastigen Mann liebt und damit einen tragischen Konflikt heraufbeschwört. Die Frau lehnt sich gegen den Druck ihrer Familie auf, »standesgemäß« zu heiraten. Es kommt zum Skandal, als die Frau mit dem niederkastigen Mann kurz vor der arrangierten Hochzeit aus ihrer Kleinstadt nach Kalkutta flieht und ihn dort heiratet. Sie wird von der Familie verstoßen und endet nach dem frühen Unfalltod ihres Mannes als Prostituierte in einem Slumviertel von Kalkutta.

Gerade dieser Film mit seiner mutigen Thematisierung der Kasten-Problematik hat zum Nachruhm des zu Lebzeiten mißachteten Regisseurs beigetragen. Der Nachruhm setzte 1978, zwei Jahre nach Ghataks Tod, ein. Damals fand in Madras, der Hauptstadt des Bundesstaates Tamil Nadu, eine erste Werkschau statt. In den achtziger und neunziger Jahren folgten Retrospektiven in ganz Indien wie auch im Ausland. Ghatak wurde nun endgültig als ein großer Filmemacher der indischen Moderne anerkannt. Besonders die junge Generation künstlerisch ehrgeiziger Regisseure sah nun in Ghataks Filmen mit ihren extremen Dissonanzen exemplarisch zugespitzt *die* Umbruchsituation des modernen Indien dargestellt.

Kalkutta war bis in die siebziger Jahre hinein, als Ray und Ghatak ihre großen Filme schufen, das überragende Produktionszentrum für Indiens künstlerische Filme. Ein bedeutendes Zentrum ist Kalkutta bis heute geblieben, aber seit mehr als drei Jahrzehnten werden auch in anderen Regionen Indiens, vor allem in den Bundesstaaten Kerala und Karnataka, mehrere brisante sozialkritische Filme produziert – Filme, die, angeregt vom bengalischen Vorbild, gegen die Übermacht des indischen Kommerzkinos, gegen die Massenware vor allem aus den Studios von Bombay ankämpfen.

Dieser Kampf bleibt schwierig. Auch an der Wende zum 21. Jahrhundert besteht ja nahezu die Hälfte der indischen Bevölkerung aus Analphabeten. Außerdem kann nur ein Fünftel der Inder ökonomisch wie kulturell zum Mittelstand gezählt werden. Schon von daher mußte der Einfluß des künstlerisch ehrgeizigen Films mit seiner Neigung, soziale Probleme unverfälscht darzustellen, begrenzt bleiben.

In Kalkutta war ich mit zwei Physikstudenten ins Gespräch gekommen und war völlig überrascht, daß es in der Hauptstadt Westbengalens nicht nur bedeutende geisteswissenschaftlich orientierte Universitäten, sondern auch eine naturwissenschaftliche Fakultät von Rang gab. Physiker von internationaler Bedeutung hätten hier gelehrt, betonten die Studenten. Sie nannten mir einen Namen, den ich notierte: Satyendra Nath Bose.

Zurück in Deutschland fand ich diesen Namen in jedem Lexikon: 1894 in Kalkutta geboren, seit 1927 Professor für Physik, seit 1945 am Presidency College in Kalkutta lehrend, 1974 in Kalkutta gestorben. Zu internationalen Ruhm kam Satyendra Nath Bose, als er 1924 die Statistik für Lichtquanten begründete. Während eines mehrmonatigen Aufenthalts in Berlin Mitte der zwanziger Jahre hatte Bose Kontakt mit einer Reihe international bekannter deutscher Physiker wie Otto Hahn, Max Born, Werner Heisenberg und Lisa Meitner, besonders aber mit Albert Einstein. Aus der Zusammenarbeit mit Einstein resultierten wissenschaftliche Erkenntnisse, die bis heute die Physik nachhaltig beeinflussen. Die »Bose-Einstein-Statistik« zur Zählung von Elementarteilchen wurde später unentbehrlich für die Chip-Herstellung.

Neben diesem berühmten Namen stieß ich in derselben Textspalte der Lexika auf einen ebenfalls international anerkannten Physiker mit dem gleichen Nachnamen: Jagadis Chandra Bose, 1858 in Kalkutta geboren, 1937 in Girlit (Bengalen) gestorben, Professor in Kalkutta, bekannt vor allem durch seine wachstumsphysiologischen Forschungen. Kalkutta hat aber noch einen dritten Physiker vorzuweisen, der durch seinen internationalen Bekanntheitsgrad Eingang auch in deutschsprachige Lexika gefunden hat: Meghnad

Saha, 1893 in Ostbengalen geboren, 1956 in Delhi gestorben. Der Astrophysiker, Professor in Allahabad und Kalkutta, arbeitete an einer Theorie der Sternenatmosphären.

Bis in die siebziger Jahre genoß vor allem das Presidency College in Kalkutta mit einer Reihe seiner Wissenschaftler Ansehen weit über Indien hinaus. Das galt besonders für den Bereich der Physik. Aber dieses College war nur das berühmteste neben rund zweihundert weiteren Colleges, die der 1857 gegründeten University of Calcutta angeschlossen sind. 196 000 Studenten waren Ende der sechziger Jahre an der Universität eingeschrieben.[33] Daneben gibt es noch zwei weitere, wenn auch kleinere renommierte Universitäten: die Jadavpur University, 1955 gegründet, wo Ende der sechziger Jahre rund 5000 Studenten eingeschrieben waren, und die Rabindra-Bharati-University, 1962 im Geburts- und Sterbehaus Tagores eingerichtet, das zur gleichen Zeit 3900 Studenten besuchten.[34] Hinzu kommen etliche Institute für Kernforschung, Lepraforschung, Kunstgeschichte. Ohnehin spielen die geisteswissenschaftlichen Fakultäten eine weit über Bengalen hinausreichende Rolle.

1998 wurde die Weltöffentlichkeit noch einmal auf einen Wissenschaftler aufmerksam, der seine geistigen und emotionalen Wurzeln in Kalkutta hat: In diesem Jahr erhielt der Bengale Amartya Sen den Nobelpreis für Wirtschaftswissenschaften. Amartya Sen wurde 1933 in Santiniketan geboren, jenem Ort, an dem Tagore seine »Weltuniversität« gründete. Den Dichter hatte er noch persönlich erlebt, da seine Eltern eng mit dem Kreis um Tagore verbunden waren. In Santiniketan besuchte Sen die Schule, bevor er zum Studium der Wirtschaftswissenschaften an das renommierte Presidency College in Kalkutta überwechselte. Bereits im Alter von 23 Jahren erhielt er eine Professur an der Jadavpur University in Delhi.

Die Lehrtätigkeit in Indien sowie der enge Kontakt mit

dem indischen Alltag bestimmten die späteren Schwerpunkte von Amartya Sens wissenschaftlicher Arbeit. Sen blieb an den wirtschaftspolitischen Problemen von »Entwicklungsländern« orientiert, hier bevorzugt an Indien und damit auch der Megastadt Kalkutta: Ihn beschäftigte vor allem die Frage, mit welchen ökonomischen Strategien die Verelendung in der sogenannten Dritten Welt gestoppt und die immer größer werdende Kluft zwischen reich und arm verringert werden kann. Allerdings konnte Sen die wissenschaftlichen Ergebnisse, für die er den Nobelpreis bekam, nicht in seiner Heimat erarbeiten. Gute Universitäten Indiens wurden ihm nur zum Sprungbrett für eine Karriere im englischsprachigen Ausland. Von 1987 bis 1998 hatte er eine Professur für Politische Ökonomie in Harvard (USA), von 1998 bis 2003 am Trinity College in Cambridge (Großbritannien), um dann wieder nach Harvard zurückzukehren.

Diese Karriere eines Wissenschaftlers von internationaler Bedeutung zeigt deutlich, wo heute die Grenzen der Kulturmetropole Kalkutta liegen. Wäre Amartya Sen in der Hauptstadt Westbengalens geblieben oder nur zu einer anderen indischen Universität übergewechselt, so hätte man ihn zeitlebens außerhalb Indiens kaum wahrgenommen. Vorbei sind die Zeiten, als in Kalkutta arbeitende Wissenschaftler in einen fruchtbaren Austausch mit Kollegen von Weltrang treten konnten wie einst der Physiker Bose.

Kalkuttas Universitäten haben seit den siebziger und achtziger Jahren sogar innerhalb Indiens viel von ihrer einstigen Attraktivität eingebüßt. Dazu trug wesentlich die erdrückende, immer stärkere Verelendung der Megastadt bei, so daß den Universitäten die nötigen Gelder für eine effiziente Forschungsarbeit fehlen. Hinzu kam, daß die kommunistische Regierung Westbengalens versuchte, die Lehrenden wie die Studenten für die Ziele der Partei zu mobilisieren, was eine freie Forschung beeinträchtigte. Und so ist die zuvor undenkbare Situation eingetreten, daß ein Teil der bengalischen Wissenschaftler es vorzieht, in Delhi und anderen indischen Städten, etwa Bombay und Bangalore, zu arbeiten.[35] Es sind Wissenschaftler, die aber in ihrer Mehrzahl als stolze Bengalen keinen Moment zögern, Kalkutta weiterhin als »Indiens kulturelle Hauptstadt« zu bezeichnen.

Delhi … Bombay … Bangalore … Längst sind diese indischen Städte zu einer Konkurrenz für Kalkutta geworden, wenn es darum geht, eine zentrale Rolle nicht nur in Indiens Wirtschaft, sondern auch in wissenschaftlichen Disziplinen zu spielen. Bei näherer Betrachtung zeigt sich allerdings, daß der Aufstieg anderer Städte zu größerer Geltung mit ähnlichen Problemen und Krisen wie Kalkutta behaftet ist.

1 In vielen Vierteln der Megastädte Indiens leben pro Quadratkilometer durchschnittlich 40 000 Menschen – das ist mehr als das Zehnfache der höchsten Wohndichte in westeuropäischen Großstädten. Hier der Blick auf eine »normal« bevölkerte Altstadtstraße in Kalkutta.

2 In Kalkutta machen die Slums rund 40 Prozent des Stadtgebietes aus, in Bombay nahezu die Hälfte, in Delhi etwa ein Drittel. In manchen dieser Viertel »wohnen« pro Quadratkilometer über 100 000 Menschen oft ohne alle sanitären Einrichtungen.

3 Die Lebensbedingungen in den einzelnen Slums sind aber sehr unterschiedlich. Manche Viertel verfügen bereits über eine geordnete Versorgung von Wasser und Strom, auch haben viele Bewohner Arbeit. Entsprechend niedriger ist dort die Kriminalitätsrate.

4 Eines der vielen vom Zerfall bedrohten älteren Häuser in Kalkutta. Wo noch vor sechs bis acht Jahrzehnten eine wohlhabende Familie ein ganzes Stockwerk bewohnte, teilen sich nun schon oft bis zu zehn Menschen ein Zimmer.

5 Das klassizistische, von den Briten erbaute Rathaus in Kalkutta. Im Hof kampieren Zuwanderer aus Dörfern, die noch keine Unterkunft in einem Slum gefunden haben. Solche Bilder bieten sich auch in anderen Städten.

6 Der Oberste Gerichtshof von Kalkutta, frisch renoviert, vermittelt noch das Flair einstiger Pracht im Regierungsviertel. Der Baukomplex entstand 1872. So wenig bevölkert wie hier sind die Straßen allerdings nur am frühen Morgen.

7 Unmittelbar neben dem Obersten Gerichtshof beginnen die Wohnviertel. Der Hydrant auf offener Straße dient der Wasserversorgung für viele Menschen. Nur etwa die Hälfte aller Wohnungen in Kalkutta ist an ein Wasserleitungsnetz angeschlossen.

8 Das andere Kalkutta: viel Platz, ein Park, moderne Wohnblocks, Bürobauten. Kalkutta hat zwar die wirtschaftliche Führungsrolle an Bombay verloren, aber in jüngerer Zeit zeichnet sich wieder ein ökonomischer Aufwärtstrend ab.

9 Vor modernen Fassaden andererseits auch wieder Anzeichen einer Stagnation: 1960 verkehrten noch große Frachtdampfer im Hafen von Kalkutta, zwei Jahrzehnte später hat sich jedoch das Zentrum des Überseehandels endgültig nach Bombay verlagert.

10 Kalkutta hat 1986 als erste indische Metropole damit begonnen, eine Metro zu bauen – und bleibt trotzdem die einzige Stadt ganz Asiens, in der die Rikschas noch immer von Männern zu Fuß gezogen werden.

11 Tagore, Indiens bisher einziger Literaturnobelpreisträger, im Portrait an einer Mauer. Er ist wie kein anderer zum Symbol für Kalkuttas Rolle als »Indiens kulturelle Hauptstadt« geworden.

12 Bombay mit seiner amerikanisch anmutenden Skyline ist seit den siebziger Jahren Indiens führende Wirtschaftsmetropole. Ein Drittel des indischen Steueraufkommens wird von seiner expandierenden Industrie erwirtschaftet.

13 Bombay hat Kalkutta aber auch in der Zahl seiner Slums und Straßen»bewohner« überholt. In keiner anderen Megastadt Indiens öffnet sich heute derart stark die Schere zwischen unermeßlichem Reichtum und großer Armut.

14 Der 1929 von den Briten im pompösen Kolonialstil erbaute Victoria-Bahnhof in Bombay ist wie der Howrah-Bahnhof in Kalkutta einer der belebtesten Verkehrsknotenpunkte Indiens – und für viele landflüchtige Bauern das Tor in eine neue »Heimat«.

15 Indiens schlimmste Armut konzentriert sich nicht in den Großstadtslums, sondern noch immer in den Dörfern. Über 70 Prozent der Inder sind Bauern, von denen mehr als die Hälfte unterernährt ist. Eine umfassende Bodenreform blieb bisher aus.

16 Der ästhetische Charme vieler indischer Dörfer trügt. Denn eine verfehlte Entwicklungspolitik zwingt zahlreiche Bauern zur Abwanderung in Industriezentren. Aber in den Städten kommt es bei den Zuwanderern teilweise zu neuen Lebensformen jenseits verkrusteter Traditionen.

MEGASTÄDTE IM VERGLEICH

Delhi: In der Nachfolge von Kalkutta

Monumental und leer zugleich ... Das war mein erster Eindruck, als ich auf der Prachtstraße Rajpath in New Delhi aus der Motorrikscha stieg. Von den angrenzenden Rasenflächen aus hatte ich einen freien Blick auf die imperiale Achsenkonstruktion dieser »Straße des Reiches« (wie der Name Rajpath auf Deutsch lautet). Die Straße führt vorbei an palastartigen Ministerien zum Präsidentenpalais, das wegen seiner hohen weißen Kuppel auch das »Weiße Haus Indiens« genannt wird und Schauplatz prunkvoller Zeremonien bei Staatsbesuchen ist.

New Delhi. Der Name sagt es schon: Es ist eine neue Stadt, die bewußt als Gegensatz zu einer älteren Stadt geplant wurde. Bauherren waren die Briten. Sie hatten 1911 den Entschluß gefaßt, ihre Residenz von Kalkutta nach Delhi zu verlegen, nachdem die bengalische Metropole ein intellektuelles Zentrum der indischen Unabhängigkeitsbewegung geworden war und ganz Bengalen in politische Unruhe stürzte. Die Kolonialherrn versprachen sich eine bessere strategische Position, indem sie das Regierungszentrum aus seiner bisherigen geographischen Randlage ins Landesinnere verlagerten. Mit Gespür für politische Symbolik hatten sie sich auf Delhi, das traditionelle Machtzentrum des Mogul-Reiches, besonnen.

Allerdings eignete sich das historisch gewachsene, eng bebaute Stadtgebiet von Delhi selber nicht dazu, ein modernes Regierungsviertel aufzunehmen, und so entschlossen sich die Briten, eine neue Stadt südlich der alten zu errichten. 1912 begannen die Bauarbeiten für New Delhi, und 1931 wurden die Regierungsgebäude im neoklassizistischen Kolonialstil eingeweiht. Damals war ein Großteil der modernen Stadt mit breiten Achsenstraßen, Baumalleen, Verwaltungsbauten, Wohnblocks und Villen, umgeben von Gärten, bereits fertig.

Die Monumentalität der Bauten im Regierungsviertel erweckt den Eindruck, als hätten die Briten geglaubt, Indien noch weitere Jahrhunderte beherrschen zu können. Tatsächlich waren ihnen nach der offiziellen Einweihung des Regierungszentrums 1931 gerade noch 16 Jahre vergönnt, bis sie dem wachsenden Druck der indischen Unabhängigkeitsbewegung unter der Führung von Mahatma Gandhi und Nehru nachgeben mußten. Am 15. August 1947 zogen die Briten ab und übergaben ihre Residenz einer indischen Regierung.

Old Delhi ... Nur neun Kilometer nördlich der modernen Viertel liegen die traditionellen Wohngebiete aus der Mogulzeit. Aber längst sind die beiden Städte zusammengewachsen. Als ich Mitte der achtziger Jahre mit der Motorrikscha ins historisch gewachsene Zentrum fuhr, bewegte ich mich durch verkehrsverstopfte, menschenwimmelnde, von Betonbauten und Hütten gesäumte Straßen, ohne noch Ausblick auf Felder zu haben, ohne noch eine klare Trennlinie zwischen New Delhi und Old Delhi zu erkennen.

Old Delhi ... Trotz der längst überbevölkerten Wohnhäuser und Straßen, trotz der vielen vernachlässigten, verwahrlosten Gebäude erfüllt die Altstadt ungebrochen ihre traditionelle Funktion. Nach wie vor befinden sich auf weiten Strecken Basare, Werkstätten und Wohnräume eng beieinander. Und im Unterschied zu Kalkutta haben viele Bauten ihren indisch-orientalischen Stil aus vorkolonialer Zeit behalten. Weitgehend unverändert sind im Zentrum auch die öffentlichen Plätze mit Moscheen und anderen repräsentativen Gebäuden der islamischen Mogul-Dynastie.

Allerdings gibt es in Delhi kaum Hindu-Tempel aus älterer Zeit, denn nahezu sieben Jahrhunderte lang hatten islamische Dynastien das Erscheinungsbild und die Kultur dieser Stadt geprägt. Den Höhepunkt bildete die Herrschaft der Mogul-

Kaiser, denen es während des 16. und 17. Jahrhunderts gelungen war, ihr Reich auf zwei Drittel Indiens auszudehnen. Als schließlich der Mogul Shahjahan 1638 seine Residenz aus dem rund 200 Kilometer entfernten Agra nach Delhi verlegte, wurde die neue Hauptstadt zu einer Metropole, die mit ihrer urbanen Zivilisation dem Niveau westeuropäischer Metropolen dieser Zeit, etwa London und Paris, gleichkam. Aber damals hatte Delhi gerade noch eineinhalb Jahrhunderte Blütezeit vor sich. Als das Mogul-Reich gegen Ende des 18. Jahrhunderts durch interne Machtkämpfe, Kriegswirren und Dekadenz zerfiel, geriet auch die Residenzstadt in den Sog des Niedergangs. Endgültig in provinziellen Dämmerschlaf versank Delhi, als die Briten die Mogul-Dynastie vollends entmachteten. Indiens neue Machthaber hatten ja Kalkutta zur kolonialen Hauptstadt gemacht.

Impulse für die Erneuerung indischer Kultur konnten daher kaum aus Delhi kommen. Nicht nur, weil die einstige Residenzstadt auf provinzielles Niveau abgesunken war. In Delhi hatten muslimische Herrscher die hinduistische Kultur mehr oder weniger unterdrückt, und hinzu kam, daß Indiens islamische Kultur seit dem 18. Jahrhundert selber in unschöpferischem Traditionalismus erstarrt war. Als dann die Funktion der Hauptstadt seit 1912 von Kalkutta nach und nach auf Delhi überging, blieb Indiens kulturell pulsierendes Zentrum in Kalkutta. Delhi konnte nur politisches Zentrum der Republik Indien werden.

Es gelang Delhi nicht einmal, die wirtschaftliche Führungsrolle zu übernehmen, sie ging an Bombay. Allerdings verstand es die neue Hauptstadt, die Megastadt Kalkutta während der achtziger und neunziger Jahre endgültig an wirtschaftlicher Bedeutung zu überrunden. Dies zeigte sich nicht zuletzt am Ausmaß ausländischer Investitionen. Ich habe dies bereits am Beispiel deutscher Firmen erläutert: 1996 gingen nur 7 Prozent der Direktinvestitionen an Kalkutta, 24 Prozent jedoch an Delhi.[1] Ein wichtiger Wirtschaftsfaktor in Delhi wurde neben der Textil- und Metallindustrie die Software-Industrie (wenn sie auch nicht die Bedeutung von Bangalore erreichte). Aber erst gegen Ende des 20. Jahrhunderts scheint es der Hauptstadt Delhi zu gelingen, von dem wenig schmeichelhaften Ruf wegzukommen, »nur« politisches Machtzentrum zu sein. Inzwischen sind aus anderen Metropolen Künstler und Intellektuelle nach Delhi zugewandert, weil die Regierung dort durch neue Universitäten und wissenschaftliche Institute ein attraktiveres kulturelles Klima geschaffen hat.[2]

Solange sich Delhi politisch, wirtschaftlich und kulturell im Abseits befunden hatte, blieb die Einwohnerzahl im Vergleich zu Kalkutta bescheiden. 1901 waren in Delhi gerade mal 207 000 Menschen registriert, in Kalkutta dagegen über eine Million. Aber 1941 hatte auch Delhi die Millionengrenze überschritten, nachdem die Metropole offiziell schon drei Jahrzehnte Hauptstadt war. Und 1951 war die Einwohnerzahl bereits auf zwei Millionen gestiegen (Kalkutta lag damals bei 3,5 Millionen), 1985 schon auf sechs Millionen. An der Wende zum 21. Jahrhundert sind es in Delhi zwischen 13 und 15 Millionen, in Kalkutta zwischen 15 und 16 Millionen.

Delhi dehnt sich dabei nicht nur bestürzend rasch in die ringsum liegende dörfliche Ebene aus, sondern hat vor allem in der dicht bebauten Altstadt eine überdurchschnittliche Bevölkerungsdichte erreicht. Im 17. Jahrhundert war die Stadt mit rund 500 Hektar Ausdehnung für höchstens 60 000 Menschen erbaut worden und hatte bis weit in das 19. Jahrhundert hinein diese Einwohnerzahl nicht überschritten. Aber um 1980 hatte sich auf derselben Fläche des historisch gewachsenen Zentrums bereits das Zehnfache an Menschen gedrängt, mehr als eine halbe Million; und drei Viertel aller Haushalte mußten bereits zusammengepfercht in einem einzigen Zimmer leben.[3]

Zu Beginn des 21. Jahrhunderts ist Delhi – neben Bangalore – die am raschesten wachsende Megastadt in Indien. Was sind die Ursachen? Was sind die Folgen?

Der erste Anstoß für ein explosives Bevölkerungswachstum ging auf dieselbe politische Tragödie zurück wie in Kalkutta. 1947, als der Subkontinent in zwei Staaten geteilt wurde, war Delhi nicht anders als die bengalische Metropole zur Flüchtlingsstadt geworden. Der blutige Bürgerkrieg zwischen Hindus und Muslimen hatte nicht nur die Provinz Bengalen geteilt, sondern auch die an das Stadtgebiet von Delhi grenzende Provinz Punjab. Der westliche Teil des Punjab fiel der »Islamischen Republik Pakistan« zu, der östliche der »Republik Indien«. Hindus, von Muslimen aus dem westlichen Teil vertrieben, fluteten massenhaft nach Osten, viele in die Hauptstadt Delhi. Und wie Kalkutta hatte Delhi durch einen solch großen Flüchtlingsstrom innerhalb weniger Jahre seine Einwohnerzahl verdoppelt.

Aber auch in Friedenszeiten kommen Zuwanderer zahlreich aus dem Punjab in das eigenständige Territorium Delhi. Nun sind es vorwiegend landflüchtige Bauern. Trotzdem gibt es einen beträchtlichen Unterschied zu Kalkutta: Der Punjab hat andere soziale Strukturen als Westbengalen.

Der Name Punjab ist allerdings, auf heutige Verhältnisse bezogen, mißverständlich. Richtiger ist: Punjab und Haryana. Denn der östliche Teil des Punjab, seit 1947 ein Teil der Republik Indien, wurde 1970 noch einmal aufgeteilt: in die Bundesstaaten Punjab und Haryana; im ersteren lebt vorwiegend die Glaubensgemeinschaft der Sikhs, im letzteren die der Hindus. Regiert werden beide Bundesstaaten von Chandigarh aus, einer (vorläufig) gemeinsamen Hauptstadt. Sehr ähnlich ist auch das soziale Gefüge und der Lebensstandard. Insgesamt wohnen hier rund 37 Millionen Menschen, nur halb soviel wie in Westbengalen. Die Alphabetisierungsquote ist im Punjab/Haryana mit 59/56 Prozent etwa so hoch wie in Westbengalen. Aber während in Westbengalen die durchschnittliche Lebenserwartung bei 58 Jahren liegt, sind es in Punjab/Haryana 65 Jahre. Und während Westbengalen mit seinem Lebensstandard nur eine mittlere Stellung innerhalb Indiens einnimmt, gelten Punjab und Haryana als Indiens wohlhabendste Bundesstaaten. Das Pro-Kopf-Einkommen in Punjab und Haryana ist doppelt so hoch wie der Landesdurchschnitt. Auch besitzen diese beiden Bundesstaaten Indiens ertragreichste Agrarregionen: 34 Prozent des indischen Weizens und 30 Prozent der Molkereiprodukte werden hier erzeugt.[4]

Wieso aber wandern gerade aus solch landwirtschaftlich blühenden Regionen immer noch notleidende, arbeitsuchende Bauern nach Delhi ab?

Hier treffen wir auf eine Situation, die sich beträchtlich von der in Westbengalen unterscheidet. In den Bundesstaaten Punjab und Haryana kam die sogenannte Grüne Revolution, wie sie Indira Gandhi Ende der sechziger Jahre einführte, mehr als anderswo in Indien zur Wirkung – im Guten wie im Schlechten. Hier gab es von vornherein eine breite Schicht von Bauern, die das Geld für das wissenschaftlich gezüchtete Saatgut, den industriell hergestellten Kunstdünger und die landwirtschaftlichen Maschinen aufbringen konnte. Und hier in den weiten Ebenen mit ihren fruchtbaren Feldern ließen sich auch ohne Hindernisse Maschinen für Saat und Ernte einsetzen. Aber indem die Großbauern erfolgreich ihre Landwirtschaft mechanisierten, verloren Millionen Kleinbauern und Landarbeiter, die sich bisher auf den Feldern der Wohlhabenden verdingt hatten, ihre Arbeit. Ihnen blieb oft nichts anderes übrig, als in Großstädten, hier vor allem in Delhi, ein Auskommen als Tagelöhner zu suchen.

Notleidende Zuwanderer kommen aber nicht nur aus dem Punjab und Haryana. Delhi hat darüber hinaus das Problem, im Einzugsbereich etlicher wirtschaftlich schwacher Bundesstaaten zu liegen – hier wieder Kalkutta ähnlich –, und naturgemäß ist von dort der Zustrom erheblich stärker. So aus Rajasthan, einem Bundesstaat, der mit rund 44 Millionen Einwohnern zu den rückständigsten in ganz Indien zählt, und Uttar Pradesh, das mit seinen 150 Millionen Einwohnern ebenfalls viele sehr rückständige Regionen besitzt. Und daher muß es nicht verwundern, daß Indiens Hauptstadt im Verlauf von drei Jahrzehnten auf dem Weg ist, eine ähnlich überfüllte, von schroffen sozialen Gegensätzen und Umweltproblemen behaftete Megastadt zu werden wie die bengalische Metropole Kalkutta.

Delhi schockiert bereits jetzt durch seine Zersiedlung, lawinenartig anwachsende Motorisierung und die daraus resultierende Luftverschmutzung. Als ich 1964 das erste Mal nach Delhi kam, erlebte ich eine noch relativ geruhsame Metropole: New Delhi noch eine Gartenstadt mit vielen Bäumen, Grünflächen, Villen, Old Delhi noch eine verwinkelte Altstadt mit viel Platz für Fußgänger. Nun aber, zu Beginn des 21. Jahrhunderts, ist New Delhi zersiedelt und verbaut durch Betonwohnblocks und Bürotürme, die Wohnungen in Old Delhi sind restlos übervölkert, die Gassen quellen über von Menschen und Fahrzeugen.

Bereits Mitte der achtziger Jahre ist Delhi von einer beispiellosen Motorisierung erfaßt worden, die das enge Straßennetz längst nicht mehr verkraften kann. Bewegten sich 1947 erst rund 11 000 Fahrzeuge in einer Stadt von nicht einmal zwei Millionen Einwohnern, so waren es Ende der neunziger Jahre rund vier Millionen Fahrzeuge in einer rund 13 Millionen Einwohner zählenden Megastadt. Auf Indiens Hauptstadt entfällt zwar nur ein Prozent der Gesamtbevölkerung, aber rund 10 Prozent aller in Indien zugelassenen Fahrzeuge.[5] Und so gehörte Delhi neben Kalkutta und Bombay alsbald zu jenen indischen Städten mit den verheerendsten Verkehrsverstopfungen. Anzeichen einer Entspannung deuteten sich allerdings im Dezember 2002 an, als in der indischen Hauptstadt nach vierjähriger Bauzeit das erste, rund acht Kilometer lange Teilstück einer U-Bahn und S-Bahn eröffnet wurde. Delhi ist somit dabei, zweieinhalb Jahrzehnte nach Kalkutta Indiens zweite Stadt mit einem derartigen Verkehrsnetz zu werden. Bis zum Jahr 2005 soll eine 62 Kilometer lange Strecke fertiggestellt sein.[6] Aber es bleibt abzuwarten, wie lange es tatsächlich mit dem Ausbau dauert und die dringend nötige Entlastung spürbar wird.

Ein weiteres schwerwiegendes Problem in Delhi ist der massive Schadstoffausstoß von Kohlekraftwerken und zahlreicher neu entstandener Industriebetriebe. Zusammen mit den Abgasen des Straßenverkehrs hat er bewirkt, daß Delhi innerhalb von nur drei Jahrzehnten zu einer der am schlimmsten luftverpesteten Städte der Welt geworden ist – neben Kalkutta, Bombay, Bangkok und Mexico City. In Delhi liegen die Erkrankungen der Atemwege, der Augen und Haut sogar noch höher als in Kalkutta und Bombay. Jeder Nichtraucher, so lauten die Berechnungen, atmet täglich das Äquivalent von etwa 20 Zigaretten ein. Mit 70 Tonnen Blei, die jeden Tag in die Luft gelangen, ist diese Form der Vergiftung die schlimmste in ganz Indien.[7]

Nur in der Ausdehnung der Slums hat Delhi noch nicht ganz den traurigen Rekord der konkurrierenden Megastädte Kalkutta und Bombay erreicht: In Delhi machen die Slums etwa ein Drittel der Wohngebiete aus, in Kalkutta dagegen rund 40 Prozent, in Bombay sogar schon mehr als die Hälfte.[8]

Bombay: Rivalität mit Kalkutta

Bürotürme aus Beton und Glas, manche bis zu 30 Stockwerken hoch … Im ersten Moment läßt die moderne Skyline an der weitgeschwungenen Meeresbucht vergessen, eine indische Stadt vor sich zu haben. Der Vergleich mit einer amerikanischen Metropole drängt sich auf, zumindest aus der Ferne. Zahllose Baukräne ragen seitlich auf, wo noch zweigeschossige Häuser im britischen Kolonialstil stehen, die wohl bald einer ähnlich monumentalen Hochhausfront weichen müssen. Ein Bauboom hat die Metropole erfaßt, wie ich ihn in Kalkutta nirgends habe beobachten können, so mein Eindruck bereits Mitte der achtziger Jahre.

Auf den ersten flüchtigen Blick macht Bombay den Eindruck einer Stadt, die »Zukunft« atmet und Fortschrittsoptimismus versprüht. Die Wirtschaftsdaten scheinen dies unwiderlegbar zu bestätigen. 25 Prozent der gesamten indischen Industrie konzentriert sich in Bombay, entsprechend bringt die Metropole ein Drittel der gesamten indischen Einkommensteuer auf. Auch besitzt Bombay Indiens größten Hafen, in dem 50 Prozent aller Exportwaren des Landes verladen werden. Bombay produziert im großen Stil Textilien, Maschinen, Autos, elektrische und elektronische Geräte, und viele dieser Produkte finden Abnehmer weit über Indien hinaus, ja auch in Europa und den USA. Außerdem ist Bombay Zentrum der indischen Filmindustrie. Hier werden pro Jahr mehr Filme produziert als in Hollywood, weshalb Bombay auch gerne »Bollywood« genannt wird (dieses spöttische Kompliment bezieht sich nicht nur auf die Vielzahl der Filme, sondern auch auf die betont kommerzielle Ausrichtung).

Zu dem Eindruck wirtschaftlicher Blüte paßt auch, daß ausländische Firmen vorrangig in dieser Megastadt ihre Niederlassungen und Geschäftsverbindungen haben. So auch deutsche Firmen. 43 Prozent aller deutschen Direktinvestitionen in Indien entfallen auf die Region Bombay, dagegen nur noch 7 Prozent auf Kalkutta. Deutlicher könnte nicht illustriert werden, daß Bombay längst die ökonomische Führung in Indien übernommen hat.

Was Kalkutta noch zu Beginn des 20. Jahrhunderts

anstrebte, eines der großen Finanzzentren Asiens zu werden, das könnte Bombay zu Beginn des 21. Jahrhunderts gelingen. Die größte Börse Indiens, die Bombay Stock Exchange, nahm 1998 in Asien bereits den vierten Platz ein; 1980 hatte dort die Kapitalanhäufung erst ein Zehntel dieses Umfangs betragen. Etliche Wirtschaftsexperten glauben sogar, daß die unsichere Zukunft Hongkongs ebenso wie die immer wieder eintretenden Konjunkturkrisen in Ostasien dem Finanzmarkt Bombay zugute kommen könnten.[9]

Offiziell heißt die Megastadt seit November 1995 Mumbai. Der Name Bombay, der vermutlich eine verballhornte Form des portugiesischen Wortes »Boa Bahia« (gute Bucht) ist, wurde auf Betreiben hindu-nationalistischer Parteien durch den Namen einer Göttin ersetzt. Mumbai (oder Mumbadevi) gilt als Schutzgottheit der alteingesessenen Bevölkerung. Diese Rückbesinnung auf religiöse »Wurzeln« erscheint zumindest westlichen Beobachtern als ein seltsamer Kontrast zu der raschen Expansion von Hochhäusern nach amerikanischem Vorbild, zu dem Anspruch, eine der führenden Handelsmetropolen und Industriezentren des ganzen asiatischen Raums zu werden.

Werfen wir einen Blick auf Bombays Geschichte, dann sehen wir, daß die Handelsstadt schon zu einem sehr frühen Zeitpunkt zur aufstrebenden Konkurrentin für Kalkutta wurde, auch was die Einwohnerzahl betrifft.

Als die Briten 1665 den Portugiesen die Bucht wegnahmen, trafen sie dort etwa 10 000 Menschen an, die verstreut in verschiedenen Dörfern lebten. Um 1830 zählte das Handelszentrum 236 000 Einwohner, 1896 bereits rund 800 000, und 1911 waren es rund 900 000 Einwohner. Drei Viertel der Bevölkerung war nicht in Bombay geboren, sondern zugewandert. Das rasche Bevölkerungswachstum blieb bis in die achtziger Jahre des 20. Jahrhunderts hinter dem von Kalkutta zurück. 1941, gegen Ende der britischen Kolonialherrschaft, zählte Bombay 1,5 Millionen Einwohner, Kalkutta schon über 2 Millionen. 1965, als ich Bombay zum ersten Mal besuchte, lebten dort rund 3,5 Millionen Menschen, in Kalkutta dagegen zwischen 4 und 5 Millionen. Aber zu Beginn des 21. Jahrhunderts wohnen in Bombay bereits rund 17 Millionen Menschen, in Kalkutta dagegen »erst« zwischen 14 und 16 Millionen. Für das Jahr 2015, so lauten die Prognosen eines 1996 veröffentlichten Expertenberichts der Vereinten Nationen, könnten es in Bombay rund 27 Millionen sein, im Gegensatz zu Kalkutta, für das zur selben Zeit »nur« rund 18 Millionen geschätzt werden.[10] Bombay wäre dann nicht nur Indiens bei weitem größte Stadt, sondern hinter Mexico City und São Paulo eine der größten Megastädte der Welt.

Gerade weil Bombay die größte Wachstumsrate in der Wirtschaft hat, wächst ebenso rasch die Zahl arbeitsuchender Zuwanderer und übertrifft schließlich die in allen anderen indischen Megastädten. Inzwischen hat Bombay aber auch die größte Zahl an unkontrolliert wuchernden Slums. Mehr als die Hälfte aller Einwohner Bombays lebt nach offiziellen Angaben von 1997 in übervölkerten Quartieren der verwinkelten Altstadt, in völlig überbelegten Wohnblocks verwahrloster Vorstädte oder in weit ausgedehnten Bretterhüttensiedlungen. Rund zwei Millionen »wohnen« auf der Straße – auch diese Zahl übersteigt inzwischen jene von Kalkutta. Und wie in Kalkutta und Delhi sind die meisten Flußläufe und Kanäle entlang der Wohnviertel durch Industrieanlagen und den Abfall der Anwohner völlig verschmutzt, werden nicht gereinigt und bilden eine Brutstätte für Krankheitserreger, Ungeziefer und Moskitos. Viele Anwohner leiden daher an Erkrankungen des Darms, des Magens und der Atemwege.[11]

Die Schere zwischen Reichtum und Armut öffnet sich in Bombay besonders weit. Stiegen hier die Reallöhne nach dem Beginn von Indiens Wirtschaftsreformen 1991 durchschnittlich um etwa fünf Prozent pro Jahr, so wuchs gleichzeitig das

Einkommen bei der schmalen Schicht der »young urban professionals« um 20 Prozent und mehr. Dagegen leben rund 40 Prozent der Haushalte unter der offiziellen Armutsgrenze.[12]

Entsprechend ungleich verteilt sind die Chancen für eine gute Ausbildung. Zwar besitzt Bombay etliche ausgezeichnete Forschungsinstitute auf internationalem Niveau, etwa das Tata-Institut für Grundlagenforschung und ein Atomforschungszentrum, ebenso sehr gute, traditionsreiche Colleges und Universitäten. Aber all diese Institutionen sind nur einer sehr schmalen Schicht der Bevölkerung zugänglich. Rund 80 bis 90 Prozent ihrer Studenten gehören zu den fünf Prozent der oberen Einkommensgruppen, da die Zulassung an hohe Studiengebühren gebunden ist (Von Gebühren ausgenommen sind hochbegabte Stipendiaten).[13]

Immer neue Slumviertel entstehen, denn der Zustrom von Arbeitsuchenden aus notleidenden Regionen hält unvermindert an, ja nimmt sogar noch zu. Pro Jahr kommen inzwischen über eine halbe Million Zuwanderer in die Stadt. Großteils sind es landflüchtige Bauern, teilweise aber auch gut ausgebildete Jugendliche, die in ihren Heimatorten keine Arbeit finden. Woher stammen sie? Wie bei Kalkutta ist zu beobachten, daß die Zuwanderer zum einen aus nahegelegenen Landstrichen kommen – zum andern aber auch schon aus weiter entfernten Regionen, ja aus anderen Bundesstaaten.

Bombay ist die Hauptstadt des Bundesstaates Maharashtra. Mit 85 Millionen Einwohnern, so die Zählung zu Beginn des 21. Jahrhunderts, bildet Maharashtra einen der bevölkerungsreichsten Staaten Indiens und wird darin nur noch von Uttar Pradesh und Bihar übertroffen.

Wieso kommen Zuwanderer auch aus Maharashtra? Dies erscheint auf den ersten Blick paradox, denn im Vergleich mit vielen anderen Bundesstaaten weist Maharashtra Spitzenwerte im Lebens-und Leistungsniveau auf. So lag das jährliche

Pro-Kopf-Einkommen nach den Berechnungen des World Bank Report 1995 bei umgerechnet 446 US-Dollar (im Vergleich der indische Durchschnittswert: 330 US-Dollar).[14] Maharashtra wird hier nur noch von den agrar-industriell entwickelten Bundesstaaten Punjab und Haryana übertroffen. Wie beachtlich dieses Niveau ist, zeigt der Abstand zu Bihar, dem Bundesstaat mit Indiens niedrigstem Lebensstandard: 161 US-Dollar Jahreseinkommen pro Kopf. Aber Maharashtra hat andererseits mit beträchtlichen Problemen zu kämpfen, denn das Einkommensniveau innerhalb der einzelnen Regionen ist höchst ungleich verteilt. Vom Boom profitiert neben Bombay hauptsächlich die wirtschaftlich ebenfalls aufsteigende Millionenstadt Puna sowie das zwischen beiden Städten entstehende großräumige Industrierevier. Dagegen verharren viele landwirtschaftliche Gebiete mit ihrem Standard teilweise weit unter dem indischen Durchschnitt: Dort sind Bauern so unterversorgt wie in Elendsgebieten von Uttar Pradesh oder Rajasthan. Gerade deshalb wandern Bauern im sonst reichen Bundesstaat Maharashtra nach Bombay ab, neuerdings auch nach Puna.[15]

Die einzelnen Parteien haben bisher wenig am Zustand dieser wirtschaftlich so ungleichen Entwicklung geändert: weder die Kongreßpartei, die über Jahrzehnte in Maharashtra regierte, noch die hindu-nationalistischen Parteien Shiv Sena und Bharatiya Janata (BJP), die von 1994 bis 2001 in Koalition die Macht innehatten. Und auch als die Kongreßpartei anschließend in Koalition mit Regionalparteien wieder die Regierung übernahm, hat sich die Situation nicht grundsätzlich gewandelt.

Die sozialen Spannungen im Großraum Bombay verschärften sich, nicht zuletzt weil massenhaft Zuwanderer auch aus benachbarten Bundesstaaten in die Megastadt strömten – so aus Gujarat, Karnataka, Andhra Pradesh, ja sogar aus dem weiter entfernten Tamil Nadu und Kerala.

Aber obwohl die Slums immer größer werden, droht Bombay keineswegs der Kollaps. Nicht anders als in Kalkutta und Delhi bieten oft selbst Hüttensiedlungen bessere Arbeitsmöglichkeiten, bessere Überlebensbedingungen als verelendete Dörfer. Nicht nur, weil das Angebot zumindest an Gelegenheitsarbeiten viel reichhaltiger ist. Auch in Bombay besitzt schon eine beträchtliche Anzahl Slums Wasserleitungen, Stromzufuhr, florierende Kleinbetriebe, vereinzelt medizinische Versorgung und Schulen. Mehr noch: In Bombay haben sich bisher stärker als in jeder anderen indischen Megastadt wirtschaftlich überaus vitale Slums entwickelt.

Ein beeindruckendes Beispiel dieser Art bietet Dharavi, eine auch schon mehrfach in westlichen Publikationen beschriebene Slumsiedlung. Dort leben äußerst dicht zusammengedrängt etwa 500 000 bis 750 000 Menschen, so die Schätzungen zu Beginn des 21. Jahrhunderts. Äußerlich unterscheidet sich diese Elendssiedlung kaum von vielen anderen in Indien: Sie besteht aus einem Gemisch von Wellblechbehausungen, Bretterverschlägen und zwei- bis dreistöckigen Mietshäusern, wo in einem Raum oft eine vielköpfige Familie, bis zu zwölf Personen, wohnt. Dazu Straßen und Gassen, in denen sich nicht mehr verwertbarer Unrat häuft und sich das Wasser in verschmutzen Tümpeln staut. Überwiegend wohnen hier Unberührbare und Muslime. Aber in eben dieser Siedlung werden massenhaft hochwertige Steingut- und Keramikwaren, Stickereien ebenso wie Ledertaschen, Schmuck, ziselierte Metallwaren, Holzschnitzereien und Möbel erzeugt. Es sind Waren, die in den reichen Haushalten Indiens wie im Ausland Abnehmer finden. Den Rohstoff für ihre Produktion gewinnen die dort lebenden Armen, indem sie penibel jedes weggeworfene Konsumgut sammeln, ausrangiertes Metall, Glas, Holz, Plastik, Lumpen, Pappe, und für die Weiterverarbeitung verwenden. Was in vielen Slums ohnehin praktiziert wird, ist in Dharavi zu höchster

Effizienz gesteigert und zu einem Musterbeispiel besonders erfolgreichen Recyclings geworden.[16]

Die Zukunft Bombays hängt letztlich wie in vielen anderen Megastädten davon ab, ob es gelingt, die vielen Slumsiedlungen in den wirtschaftlichen Kreislauf zu integrieren – und damit die Gefahr sozialer Unruhen zu bannen. Dharavi bildet hier ein sehr ambivalentes Modell. Zwar ist es möglich geworden, ärmliche Wohnviertel zu einer riesigen Produktionsstätte zu machen und damit das schlimmste Elend zu beseitigen. Aber nach wie vor sind in Dharavi öffentliche Einrichtungen erst in Ansätzen vorhanden. Die Bewohner verfügen weder über ein ausreichendes Gesundheitswesen noch den Zugang zu sauberem Wasser noch gute Schulen. Sie pflegen allerdings intensive soziale Kontakte untereinander. Allein durch die Bindung an die eigene Großfamilie, Kaste oder Gemeinschaft aus demselben Dorf kann sich ein Slumbewohner gesellschaftlich integriert fühlen. Die Kontakte zur Welt außerhalb des Slums sind minimal.[17] Es sind die gleichen Strukturen, wie ich sie bei den Slumsiedlungen von Kalkutta beschrieben habe.

Die Gefahr, daß solche wirtschaftlich aktiven Slums in größere Arbeitslosigkeit absinken, ist nicht wirklich gebannt. Und so lange muß offen bleiben, ob der Niedergang ganzer Stadtviertel nicht doch jede weitere positive Entwicklung erheblich stört.

Bangalore: ein neues Kalkutta?

Bangalore ist anders.

Staunend und skeptisch zugleich las ich zu Beginn der neunziger Jahre in mehreren deutschen Zeitungen, daß sich die aufstrebende Industriemetropole und Hauptstadt des Bundesstaates Karnataka von allen anderen Wirtschaftsmetropolen Indiens »vorteilhaft« unterscheidet. Bangalore sei Indiens modernste Stadt, eines der großen internationalen Zentren der Computer-Industrie mit einer sehr urbanen, weltläufigen Bevölkerung. Darüber hinaus sei Bangalore trotz des raschen Wachstums noch immer eine Gartenstadt ohne Slums und entsprechende Umweltbelastungen anderer indischer Ballungsräume, dabei selber schon ein Ballungsraum.

1971 war ich erstmals in Bangalore gewesen, damals aber nur flüchtig, weil mich zwar die Atmosphäre einer geruhsamen »Gartenstadt« angesprochen hatte, aber die stereotyp moderne Architektur langweilte. Damals zählte Bangalore etwa eine Million Einwohner. 1997 kam ich wieder. Die Stadt war während dieser 26 Jahre von einer Million auf 7 bis 8 Millionen Einwohner angewachsen, hatte sich also von der Großstadt zur Megastadt gewandelt. Inzwischen ist Bangalore neben Delhi zur am raschesten wachsenden Millionenstadt Indiens geworden.

Vom Fenster des einfahrenden Zuges blickte ich 1997 auf die übliche Szenerie wie in vielen anderen indischen Millionenstädten: entlang des Bahndamms Hütten aus Palmstroh, Brettern, Plastikplanen, Sackleinen, im Hintergrund ein bis zweistöckige Bauten mit Ziegeldächern, in jähem Übergang Hochhäuser, Betonwohnblocks und Fabrikanlagen – ein Konglomerat aus Armut und Reichtum, dörflichen und großstädtischen Elementen. Schroffe Gegensätze erwarteten mich auch im Stadtinnern: zerfallende Kolonialbauten neben Bürotürmen mit futuristisch anmutenden Glasfassaden. Ich ging über breite Straßen, die von Bäumen mit weit ausladenden Ästen gesäumt waren, ein Anblick, der den Besucher im ersten Moment tatsächlich an das vielzitierte Attribut der »Gartenstadt« erinnert. Aber die Straßen quollen über von ratternden Autos, Motorrädern und Motorrikschas. Schutzlos war ich dem Qualm der Auspuffrohre ausgesetzt, besonders als ich selber im offenen Verdeck einer Motorrikscha saß.

Die Masse an Abgasen ließ die Umrisse von Fahrzeugen, Menschen und Gebäuden in einem blaugrauen Dunstschleier zittern und verschwimmen. Bereits nach der ersten Viertelstunde juckten und tränten mir die Augen, schließlich bekam ich einen Hustenreiz, den ich während der folgenden Tage in Bangalore nicht mehr loswurde. Später las ich in verschiedenen Zeitungen, daß die Stadt inzwischen einen ähnlich hohen Grad an Luftverschmutzung erreicht hatte wie Kalkutta, Delhi und Bombay. Vom Charme der »Gartenstadt« konnte ich erst recht nichts mehr in den älteren Stadtteilen entdecken, wo sich Autos und Menschen den geringen Platz in engen Gassen streitig machten.

Bangalore war die letzten Jahrzehnte der britischen Kolonialherrschaft noch eine verschlafene Provinzstadt gewesen. Dorthin zogen sich britische wie indische Beamte wegen des angenehmen Hochlandklimas auf Urlaub zurück oder wählten die von Parks und Gärten durchzogene Stadt als Alterswohnsitz. 1925 hatte Bangalore erst 125 000 Einwohner gezählt. Der Name »Bangalore« bedeutet »Bohnenstadt« und deutet auf einen ländlichen Ursprung hin.

Die Situation änderte sich grundlegend, als in den fünfziger Jahren die Kongreßpartei unter Führung von Nehru daranging, aus dieser Stadt ein Zentrum für Elektronik- und Flugzeugindustrie (auch für militärische Zwecke) zu machen. Den Anstoß gab einerseits das günstige Hochlandklima, noch entscheidender aber war die strategische Lage: Bangalore befand sich weit außerhalb der Reichweite pakistanischer Panzer und Raketen. Ein rapides Wachstum der Stadt setzte ein. Ende der fünfziger Jahre zählte Bangalore rund 500 000 Einwohner, 1970 aber schon eine Million, 1990 bereits 2,5 Millionen.

Der größte Wachstumsschub für Bangalore kam aber erst während der neunziger Jahre, nachdem die Kongreßpartei unter Premierminister Rao 1991 die indische Wirtschaft aus den bisherigen Fesseln staatlicher Planungsbürokratie gelöst und der Marktwirtschaft mehr Raum verschafft hatte. Raos Regierung beseitigte die hohen Einfuhrzölle und schuf durch Steuerbegünstigung für ausländische Firmen bei einer Ansiedlung in Indien beträchtliche Anreize. Hatte bisher das Wirtschaftswachstum bei 2 bis 3 Prozent stagniert, so stieg es durch diese neue Politik im Landesdurchschnitt Anfang der neunziger Jahre plötzlich auf 5 bis 6 Prozent.

Die Reformen von 1991 setzten besonders in der Industriestadt Bangalore bisher gebremste Energien frei. Vor allem beschleunigten sie den Aufstieg Bangalores zu Indiens Zentrum der Software-Industrie. Denn nun war es europäischen und amerikanischen Firmen möglich, eng mit indischen Firmen zusammenzuarbeiten, ja Filialen zu eröffnen und indische Software-Programmierer für sich arbeiten zu lassen. IBM, Texas Instruments, Siemens und andere Software-Großkonzerne richteten während der folgenden Jahre in Bangalore Filialen ein, wo sie für einen Bruchteil an Steueraufkommen und Lohnkosten des eigenen Staates hochqualifizierte indische Spezialisten beschäftigten. Die Regierungen des Bundesstaates Karnataka waren wendig genug, diese Entwicklung zu fördern (zu Beginn der neunziger Jahre die Kongreßpartei, nach dem Landtagswahlen von 1994 eine Koalition von Regionalparteien).

Indem Bangalore aber zu einer der führenden Wirtschaftsmetropolen Indiens aufstieg, schnellte auch innerhalb von nur zehn Jahren die Einwohnerzahl von 3 auf 7 bis 8 Millionen hoch. Bangalore hat sich also während dieser kurzen Zeitspanne durch massive Zuwanderung um die Einwohnerzahl Dänemarks oder Finnlands vergrößert.

Bangalores rascher Wandel von der Großstadt zur Megastadt hat den Mythos von Indiens modernster Vorzeigestadt weltweit verbreitet – und gleichzeitig auch schon wieder ins Wanken gebracht. Inzwischen zeichnen sich in Bangalore all jene problematischen Entwicklungen ab, die in anderen indischen Megastädten ebenfalls sichtbar geworden sind. Die Unterschiede liegen bisher nur in der Größendimension. Bangalore ist einerseits Ziel von Zuwanderern der technisch gebildeten Intelligenzschicht aus ganz Indien, die sich angesichts der weit verbreiteten Akademikerarbeitslosigkeit hier die besten Chancen verspricht. Andererseits kommen massenhaft Bauern aus bettelarmen Regionen. Sie erhoffen sich in der Boomstadt Bangalore ein Auskommen als ungelernte Industriearbeiter, als Bauarbeiter, als Rikschafahrer oder auch nur als Abfallbeseitiger und Straßenkehrer. Längst drängen daher auch nach Bangalore zu viele Menschen, die keinen Arbeitsplatz finden oder bestenfalls zeitweise eine Gelegenheitsarbeit ergattern. Etwa 700 Slumviertel mit Hütten ohne stabiles Dach und Fußboden, ohne Kanalisation und Strom, ohne medizinische Versorgung gibt es inzwischen im Stadtgebiet, oft in Sichtweite moderner Wohnblocks und Industrieanlagen.[18]

Woher kommen die notleidenden Zuwanderer? Nur teilweise stammen sie aus dem eigenen Bundesstaat, was an die Situation in Kalkutta und Bombay erinnert. Der Bundesstaat Karnataka, dessen Hauptstadt Bangalore ist, nimmt mit seinen rund 50 Millionen Einwohnern im Pro-Kopf-Einkommen sowie seinem Ausbildungsniveau und der ärztlichen Versorgung eine Mittelstellung in Indien ein. Trotzdem existieren dort weiterhin extrem unterversorgte Dörfer – ein Kontrast wie in Westbengalen. Ähnlich steht es aber auch mit Karnatakas benachbarten Bundesstaaten Andhra Pradesh, Kerala und Tamil Nadu, wo insgesamt etwa 160 Millionen Menschen leben. Auch dort gibt es entwickelte, wohlhabende Zonen. Kerala hat es gar zu einem überdurchschnittlich hohen Ausbildungsniveau gebracht. Aber auch dort konnte es bisher nicht gelingen, die bäuerliche Armut an der Wurzel zu bekämpfen.

In Bangalore zeigten sich bereits Mitte der neunziger Jahre deutliche Symptome einer sozialen Krise. Allerdings bedrohte nicht nur die wachsende Zahl an Slums den weiteren wirtschaftlichen Aufstieg der Stadt, sondern auch das Verhalten der Politiker.

Mitte der neunziger Jahre war den Berichten deutscher Zeitungen immer häufiger zu entnehmen, daß Korruption und Schlendrian zunehmend die bürokratischen Abläufe hemmten. Minister und deren Verwaltungsbeamte gewährten ausländischen Firmen oft erst nach langen Verzögerungen die Eröffnung von Filialen und behinderten die Zulieferung dringend benötigter Ersatzteile, solange nicht die obligaten Bestechungsgelder entrichtet waren. Die verantwortlichen Politiker hielten zudem ihr Versprechen nicht ein, endlich die Infrastruktur zu verbessern. Gerade in Bangalore brach das Stromnetz wegen ständiger Überlastung oft zusammen, so daß über viele Stunden die Computer nicht funktionierten. Trotzdem wurden nicht ausreichend, wie angekündigt, weitere Kraftwerke gebaut. Auch wurde kein internationaler Flughafen errichtet, um die Anreise aus dem Ausland zu erleichtern. Viele Firmen warteten auch weiterhin vergeblich auf bessere Zufahrtswege zu ihren modern ausgestatteten Produktionsstätten. Und nur wenige der ständig verkehrsverstopften Hauptverkehrsstraßen wurden durch den Bau von Umgehungsstraßen entlastet. Schlaglöcher blieben selbst im Stadtzentrum weiterhin eine Gefahr für Autos.[19]

1997 bekam ich in Bangalore einen Eindruck vom Flair der Bürokratie, als ich das Regierungsgebäude besuchte. Der Baukomplex, eine pompöse Mischung aus klassizistischen und traditionell südindischen Stilelementen, erweckte in mir zwiespältige Gefühle. Einschüchternd in ihrer Monumentalität empfand ich die Eingangskuppelhalle. Die Menschen mußten sich angesichts der riesigen Säulen wie Ameisen fühlen – ein wohl beabsichtigter Effekt von Herrschaftsarchitektur: Jedem Eintretenden wird so das Gefühl vermittelt, nur ein unbedeutender Bittsteller zu sein. Aber welch ein Kontrast zu den Amtsstuben selber! Die Räume, die ich zu sehen bekam, waren überwiegend eng, in denen dicht gedrängt die Beamten hinter Schreibtischen kauerten. Auf den Tischplatten, in den Regalen, ja auf den Böden stapelten sich Akten, zu Bündeln geschnürt, oft sehr vergilbt und verstaubt wirkend. Viele Akten sahen so aus, als lägen sie hier unberührt schon seit Monaten oder gar Jahren.

Welcher Bearbeiter konnte sich in einem derartigen Durcheinander von Aktenbergen und Aktentürmen überhaupt noch zurechtfinden? Alles schien ohne erkennbares System aufeinander oder durcheinander geschichtet. Diesen Eindruck gewann ich zumindest als außenstehender Betrachter. Amtsstuben dieser Art habe ich auch in anderen indischen Städten angetroffen, sie sind typisch für ganz Indien. Hier aber in Bangalore, der vielzitierten »Hauptstadt« der Software-Industrie, habe ich mich erst recht gefragt: Wo sind die Computer? Ich habe Computer in den Buchungsbüros des Bahnhofes angetroffen, nicht aber in den Amtsstuben des Regierungsgebäudes, zumindest nicht in den rund drei Dutzend Zimmern, in die ich einen Blick werfen konnte.

Mangelhafte Infrastruktur. Auch hier erhielt ich beklemmenden Anschauungsunterricht. Für die rund 380 Kilometer von Madras nach Bangalore, einer Hauptverkehrsstrecke, brauchte ich mit dem »Express«, dem schnellsten aller Züge, über siebeneinhalb Stunden. Oft zuckelten die Waggons mit einer »Geschwindigkeit« von 50 oder gar 30 Kilometer pro Stunde dahin, da es unmöglich war, auf den schlecht vernieteten Gleisen schneller zu fahren.

Eine schwerfällige Bürokratie einerseits, eine mangelhafte Infrastruktur andererseits – das waren die maßgeblichen Ursachen, weshalb Bangalores atemberaubender Wirtschaftsaufschwung gegen Ende der neunziger Jahre auch schon wieder ernsthaft ins Stocken geriet. Westliche Firmen, die bisher in der Hauptstadt Karnatakas investiert hatten oder dort größere Investitionen planten, wanderten teilweise in andere indische Bundesstaaten ab. Bevorzugtes Ziel war Hyderabad, die Hauptstadt des benachbarten Bundesstaates Andhra Pradesh, die sich als ein weiteres Zentrum der Computer- und Software-Industrie zu etablieren begann. Etliche westliche Firmen aber zogen es seit Mitte der neunziger Jahre auch schon vor, angesichts ausbleibender Reformen Indien überhaupt den Rücken zu kehren und in konkurrierenden Ländern des Fernen Ostens zu investieren.[20]

Aber trotz derartiger Gefahren droht Bangalore nicht die Stagnation. Denn gerade in dieser Metropole, die seit den achtziger Jahren einen überdurchschnittlich hohen Zustrom akademisch ausgebildeter Inder erlebt, hat eine besonders weltoffene Bildungsschicht großen Einfluß gewonnen. Es sind Inder von unterschiedlichster religiöser, sozialer und ethnischer Herkunft, die oft im selben Büro zusammenarbeiten. Ein solches Nebeneinander verstärkt ein sozio-kulturelles Klima, in dem die Bindung an einengende Regeln einer Kaste und andere hemmende Traditionen weitgehend überwunden wurden. Hinzu kommt, daß rund 70 Fachhochschulen und 11 Universitäten in Bangalore einen sehr hohen Ausbildungsstandard vermitteln, was wiederum die Basis für eine reformorientierte, demokratische und säkulare Gesinnung bei der heranwachsenden Generation verbreitert. Nach vorsichtigen Schätzungen macht inzwischen der hochqualifizierte, wirtschaftlich abgesicherte und politisch interessierte Mittelstand in Bangalore zu Beginn des 21. Jahrhunderts etwa 10 Prozent der Bevölkerung aus.[21]

Von diesem Emanzipationsprozeß sind in zunehmendem Maße auch Frauen erfaßt. Für Frauen, soweit sie dem aufstrebenden Mittelstand angehören, bedeutet der Einstieg in die Elektrotechnik und Informationstechnologie die Chance, der jahrhundertelangen Tradition der Frauenunterdrückung zu entkommen. Mehr als die Hälfte aller Software-Programmierer in Bangalore sind inzwischen Frauen, laut einer Statistik aus dem Jahr 1997. Und die Konsequenzen für die traditionellen Familienstrukturen sind beträchtlich: Die eigene Karriere als Ziel, ziehen es viele Frauen vor, ledig zu bleiben, weshalb Bangalore eine der niedrigsten Geburtenraten aller indischen Städte aufweist.[22]

Naturgemäß nahm und nimmt eine derart emanzipierte Bildungsschicht immer stärkeren Einfluß auch auf die Politik, indem sie von den Regierenden energisch bessere Rahmenbedingungen für ihre Arbeitswelt einfordert. Unter dem Druck der von ihr gesteuerten öffentlichen Meinung formierten sich regionale Parteien, die dann auch bei den Landtagswahlen im Frühjahr 1999 in einer Koalition an die Macht kamen. Die neue Regierung ging entschiedener als die vorherigen daran, die verkrusteten Strukturen der Bürokratie aufzubrechen und sie zu modernisieren. In einem ersten Schritt wurde der Verwaltungsapparat mit den Hilfsmitteln einer modernen Informationstechnologie ausgestattet, um ihn effizienter zu machen – und damit die Kluft zu beseitigen, die zwischen flexibel agierenden Firmen und einer bisher schwerfälligen Bürokratie bestand.

Der Druck auf die Reformer ist enorm, denn inzwischen bewerben sich nicht nur konkurrierende Städte in Indien um Zusammenarbeit mit ausländischen Technologie-Firmen, sondern auch fernöstliche Industriestaaten. Ob aber die Reformen in Bangalore durchgreifend und schnell genug sind – oder ob die vielversprechenden Ansätze bald wieder erneut in Schlendrian und Korruption versacken –, bleibt vorerst eine offene Frage.

Tatsache ist, daß viele indische Software-Experten gegenüber allen Reformversuchen skeptisch bleiben. Wie in westlichen Zeitungen immer wieder zu lesen ist, äußern viele den

Wunsch, im Ausland zu arbeiten, ja auf Dauer dort zu leben. Zahlreiche hochqualifizierte Unternehmer und Wissenschaftler, die in Indien mit hohen Kosten ausgebildet wurden, verlassen das Land. Zum einen fühlen sie sich nach wie vor durch die mangelhafte Infrastruktur und eine einschnürende Bürokratie in ihrer Arbeit erheblich behindert. Zum andern können sie in westlichen Industriestaaten eine erheblich bessere Bezahlung und Lebensqualität erwarten. Jedes Jahr wandern daher rund 100 000 Experten allein in die USA aus, wo sie bereitwillig aufgenommen werden. Dies belegt eine 2001 in Delhi veröffentlichte Studie. Die massive Abwanderung kostet die indische Volkswirtschaft pro Jahr umgerechnet mehr als zwei Milliarden US-Dollar.[23]

In Indien herrscht eine paradoxe Situation. Software-Produzenten, allen voran in Bangalore, bringen zwar jährlich Wachstumsraten von 50 Prozent zustande. Aber ihr Anteil an Indiens Bruttoinlandsprodukt macht gerade mal 1,5 Prozent aus.[24] Die Computer- und Software-Industrie existiert in der Weite des indischen Subkontinents, ähnlich vielen anderen Industriezweigen, nur auf einigen Entwicklungsinseln – und bleibt umgeben von notleidenden, rückständigen Regionen.

EPILOG

Die Megastadt: Experimentierfeld für die Zukunft

Überlebt die Megastadt in Indien? Und überlebt sie in anderen Teilen der Dritten Welt?

Noch immer wachsen die Slums. Noch immer strömen viele Millionen arbeitsuchender Zuwanderer aus Elendsgebieten in ohnehin schon äußerst dicht bevölkerte Megastädte, die Zentren moderner Entwicklung, und setzen sie einer gefährlichen sozialen Zerreißprobe aus. Aber wie die bisherigen Beispiele gezeigt haben: Die Apokalypse läßt – trotz teils beklemmender Prognosen – auf sich warten.

Gerade Kalkutta, jene Metropole, der viele westliche Beobachter wegen ihrer Überbevölkerung in Elendsvierteln am häufigsten das »Chaos«, ja den Untergang prophezeiten, taugt nicht für ein undifferenziert negatives Szenario. Ausgerechnet Kalkutta hat es geschafft, bis in unsere Gegenwart ein kulturelles Zentrum mit großer Ausstrahlung zu bleiben und die soziale Krise in ihren krassesten Auswüchsen einzudämmen.[1] Indiens Megastädte insgesamt haben nach und nach Strategien entwickelt, um soziale, kulturelle und politische Umbrüche zu meistern.

Die Frage ist nun, ob es übervölkerten Megastädten wie den indischen darüber hinaus gelingen kann, neue – zukunftsweisende – Formen des Zusammenlebens zu entwickeln. Dringendes Handeln ist angesagt. Denn immer deutlicher wird, daß derart große Städte nur dann zu mehr Stabilität finden, wenn ihre Einwohner sich noch mehr als bisher aus traditionellen Bindungen lösen und sich veränderten Gegebenheiten anpassen können.

Überlebt die Megastadt?

Natürlich läßt sich diese Frage nicht auf Indien beschränken. So habe ich immer wieder auf ähnlich verlaufende Entwicklungen in verschiedenen Ländern Asiens, ebenso Afrikas und Lateinamerikas hingewiesen. Im Folgenden werde ich kurz auf parallele Prozesse in anderen Kulturräumen der Dritten Welt eingehen. Die indische Situation unterscheidet sich nicht grundsätzlich von der in vielen anderen Entwicklungsländern, wie sich herausstellen wird.

Entscheidend für die – relative – Stabilität im sozialen und kulturellen Gefüge einer Megastadt ist eine reformorientierte, handlungsfähige Bildungsschicht. Daß es sie in Indien zumindest in Ballungszentren gibt, habe ich ausführlich dargestellt. Diese Bildungsschicht hat weitgehend die Bindung an einengende Regeln einer Kaste und die rigide Abgrenzung gegenüber Lebensformen anderer Religionsgemeinschaften überwunden. Weltoffen versteht sie es, westliche Einflüsse aufzunehmen und in die eigene Kultur zu integrieren. Bei ihr hat sich bereits die Tendenz angebahnt, das eigene Leben individuell, jenseits von Gruppenzwängen zu gestalten (ohne aber die stabilisierende und sichernde Bindung an die angestammte Gruppe aufzugeben). In diesem Zusammenhang konnte es auch schon Frauen gelingen, sich aus ihrem bisherigen Status des bloßen Dienens zu lösen und im Berufsleben eine größere Unabhängigkeit zu erlangen. All das sind Entwicklungen, die außerhalb der großstädtischen Umbruchsituation Indiens noch kaum vorstellbar erscheinen.

Maßgeblich haben in Indien verschiedene Reformbewegungen des sogenannten Neohinduismus den Boden für derartige Veränderungen bereitet. Sie aber konnten eben nur in einer Metropole entstehen, deren Oberschicht sich geistigen Anregungen auf internationaler Ebene geöffnet hat. Weil allerdings die neohinduistischen Bewegungen nahezu alle in Kalkutta ihre Wurzeln haben, bestätigt dies wiederum die ungebrochene Ausstrahlung der bengalischen Metropole. Und diese religiös-philosophischen, sozialpolitisch orientierten Strömungen werden weiterhin im Denken der Bildungsschicht eine wichtige Rolle spielen. Denn im mehrheitlich hinduistisch geprägten Indien werden Religion und gesellschaftliche Normen auch zukünftig miteinander verbunden bleiben.

Die reformorientierte Bildungsschicht macht allerdings nur rund 10 Prozent der gesamten Einwohnerzahl in Indiens Megastädten aus. Eine solche Zahl, wie ich sie für das Beispiel Bangalore genannt habe, läßt sich mehr oder weniger auf die anderen vier Metropolen übertragen. Die Bildungsschicht allein bleibt also zu schwach, um den sozialen und kulturellen Wandel nachhaltig voranzutreiben. Ihr stehen selbst in der Ober- und Mittelschicht hindu-nationalistische Gruppierungen gegenüber, die im Namen »hinduistischer« Tradition tiefgehende Reformen zu verhindern versuchen. Hinzu kommt die Masse jener Einwohner, die noch immer mehr oder weniger unreflektiert nach sozial-religiös geprägten Regeln lebt. Woher also der Optimismus für eine größere Stabilität?

Viel hängt davon ab, wie sich die Millionen sozial Benachteiligter, die Armen und Ungebildeten, verhalten. Ihnen muß es gelingen, trotz der radikal veränderten Wohnbedingungen in großen Städten aus eigener Kraft das soziale Zusammenleben zu organisieren. Mehr noch: Sie müssen eine Zukunftsperspektive gewinnen. Andernfalls droht die Gefahr, daß die immer größer werdenden Slums sozial explodieren, alle Reformansätze ersticken und die Städte als ganze immer unregierbarer machen. Für nicht wenige Megastädte der Dritten Welt spitzen sich die Probleme auch auf diese Weise zu.

In den heillos übervölkerten Bretter- und Wellblechsiedlungen der Ballungszentren Indiens läßt sich aber ein für uns Europäer erstaunliches Phänomen beobachten: Es gelingt dort den meisten Zuwanderern, eine stabile Ordnung zu erhalten. Angesichts von Elend und Überbevölkerung kommt es zwar hier und da zu blutigen Unruhen zwischen neuen Siedlern und alteingesessenen Bewohnern, zwischen ethnisch unterschiedlichen Gruppierungen wie auch zwischen Hindus und Muslimen. Aber sogar innerhalb der Hüttensiedlungen bietet ein eng geknüpftes Netz der Großfamilien, Kasten und religiösen Gemeinschaften psychischen und sozialen Halt für den Einzelnen. Die Gefahr, sich entwurzelt zu fühlen, ist durch diese Netzwerke beträchtlich gemildert. Was für eine Leistung das ist, zeigt ein Vergleich mit anderen Kulturräumen. In vielen Slums schwarzafrikanischer, lateinamerikanischer, ja auch nordamerikanischer Städte sind ähnlich geartete Netzwerke von Großfamilie und Klan nicht gleichermaßen stabil geflochten, entsprechend gibt es dort prozentual erheblich mehr sozial Entwurzelte und daher auch mehr Kriminalität.[2]

Von der Masse der ärmeren, ungebildeten Einwohner indischer Megastädte gehen aber noch weitere positive Impulse aus. Nur auf den ersten Blick scheinen die meisten von ihnen weiterhin unreflektiert an herkömmlichen Traditionen festzuhalten. Bei genauerem Hinsehen zeigt sich, daß sich nicht nur bei einer gebildeten Ober- und Mittelschicht, sondern auch bei einem Großteil der ärmeren Einwohner tiefgreifende Veränderungen – wenn auch langsamer – vollziehen. Sogar viele aus Dörfern zugewanderte Slumbewohner setzen sich zunehmend über eine Reihe einengender, erstarrter Traditionen hinweg. Und das geschieht aus einem einfachen Grund: Die Verhältnisse in einer Großstadt erzwingen von allen, ob reich oder arm, gebildet oder ungebildet, mehr oder weniger eine Anpassung an neue Gegebenheiten.

Der Veränderungsprozeß wird bereits durch viele der öffentlichen Einrichtungen in Großstädten provoziert, etwa durch die öffentlichen Verkehrsmittel. Ein kastenhöherer Hindu wird im Menschengedränge einer Vorortbahn, die ihn täglich zur Arbeit bringt, keineswegs mehr wie im Dorf oder der Kleinstadt auf herkömmliche Weise seine »rituelle Reinheit« bewahren können. Eingezwängt zwischen viele andere Fahrgäste kann er nicht verhindern, daß ihn zeitweilig ein Unberührbarer streift und ihn damit »verunreinigt«. Ihm bleibt gar nichts anderes übrig, als in den meist überfüllten

Waggons seine anerzogenen Berührungsängste zu überwinden. Die Schwierigkeiten setzen sich für ihn fort, sobald er ein Restaurant oder ein Kino betritt. Anders als im Dorf, wo jeder die Religionszugehörigkeit oder Kaste seiner Mitbewohner kennt, kann er hier nur schwer abschätzen, ob ein Höher- oder Niederkastiger neben ihm sitzt. Allein der Geldbeutel entscheidet über die Wahl des Sitzplatzes. Oft sitzen eben auch schon Niederkastige in besseren Restaurants, weil es ihnen unter den günstigeren Rahmenbedingungen der Großstadt gelungen ist, beruflich erfolgreich und entsprechend zahlungskräftig zu sein. Umgekehrt müssen sich Höherkastige teilweise mit der Einkehr in sehr ärmliche Imbißstuben begnügen, weil sie selber aus armen Dörfern kommen und Einkünfte nur aus Gelegenheitsarbeiten beziehen.

Besonders für Niederkastige eröffnen sich hier neue Möglichkeiten. Um bei dem gerade angeführten Beispiel der Restaurants zu bleiben: Niederkastige, die in Kleinstädten und erst recht in Dörfern teilweise noch immer damit rechnen müssen, daß sie Lokale nicht betreten dürfen, können nun ohne Zögern ein solches Recht in Anspruch nehmen. 1965 sah ich in Bombay noch an den Eingängen etlicher Teestuben und Restaurants das Schild auch mit englischer Aufschrift: »Für alle Kasten erlaubt.« Zwei Jahrzehnte später fehlte überall der Hinweis – ein Zeichen dafür, daß nun eine derartige Ermutigung, hemmende Tabus zu überschreiten, gar nicht mehr nötig ist. Ein durchmischtes Publikum ist selbstverständlich geworden.

Die Problematik herkömmlicher Kasten-Trennung spitzt sich am Arbeitsplatz zu, manchmal mit dramatischen Konsequenzen. Ein Zuwanderer aus einer höheren Kaste hat oft keine andere Chance zum Überleben, als in einer Fabrik eine von ihm traditionell verachtete Handarbeit auszuüben. Meist bleibt ihm dabei auch nicht erspart, daß die Arbeiter neben ihm Niederkastige sind. Wollte nun ein Höherkastiger seinen Platz wechseln und Kastengleiche als Nachbarn haben, würde er mit großer Wahrscheinlichkeit vom Abteilungsleiter den Bescheid erhalten: Entweder gibt er seine Vorbehalte auf, oder er wird fristlos entlassen. Meist fügt sich der Betroffene, gerade weil es für ihn eine Überlebensfrage ist, seinen Arbeitsplatz zu behalten. Aber mehr noch: Dem Betroffenen gelingt es oft ohne substanzbedrohenden Konflikt, sich über Tabus seiner bisherigen dörflichen oder kleinstädtischen Lebenswelt hinwegzusetzen. Denn er kann seinen Verhaltenswandel mit der höchsten Kastenpflicht rechtfertigen: alles zu tun, um der eigenen Familie den Lebensunterhalt zu sichern. Auf diese Weise nehmen die Berührungsängste auch in den Fabrikhallen unter dem Druck andersgearteter Arbeitsbedingungen rasch ab.

All diese Beispiele zeigen, daß nicht nur bei einer schmalen Bildungsschicht Bewegung in das starre hierarchische Gefüge des Kastensystems gekommen ist. Wenn es auch für die meisten Hindus noch immer unvorstellbar erscheint, an der Sinnhaftigkeit dieser tief verwurzelten sozial-religiös vorgegebenen Ordnung zu zweifeln, so sind doch durch die Erfordernisse des großstädtischen Alltags viele traditionelle Abgrenzungen zwischen den Kasten aufgehoben.

Und das bedeutet, daß nicht nur erheblich mehr Berufe als bisher den Angehörigen aller Kasten offenstehen. Die moderne industrielle Arbeitswelt mit einer Reihe völlig neuer Berufe führt auch dazu, daß die bisher traditionelle Trennung zwischen Kopfarbeit (für Höherkastige) und Handarbeit (für Niederkastige) mehr und mehr aufgehoben wird. Weder ein Ingenieur noch ein Facharbeiter kann aufgrund der bisher üblichen Abgrenzungen seine Arbeit effizient verrichten. Großstadt und industrielle Arbeitswelt bilden somit ideale Voraussetzungen, daß sich das Kastensystem von einschnürenden Regeln befreit – also modern wird, ohne daß sich das sozial-religiöse Ordnungsgefüge schon in seiner Substanz auflösen müßte.

Das eigentliche Konfliktpotential, das dann noch bleibt, sind die oft scharfen Trennlinien zwischen den Wohlhabenden und den Armen. Sie aber decken sich nur noch teilweise mit den Kastengrenzen.

Auch wenn Zuwanderer aus bäuerlichen Regionen, meist Niederkastige, in der Stadt weiterhin unter drückenden Abhängigkeitsverhältnissen zu leiden haben, sind die Freiräume für sie dennoch größer geworden. Die Auflösung scheinbar »ewig« festgefügter Regeln führt zunehmend zu der Einsicht, daß man sich nicht mehr widerspruchslos in jede Diskriminierung fügen muß – sondern daß soziale Reformen möglich sind. Als nächstes führt das zu dem Bewußtsein, daß es sich lohnt, aktiv in Gruppen bessere Lebensbedingungen anzustreben, ja notfalls dafür zu kämpfen. So organisieren sich sozial benachteiligte Zuwanderer zunehmend in Gewerkschaften, deren Bewegungen sich naturgemäß am besten im kulturellen Klima einer Großstadt entfalten können. »Stadtluft macht frei«, diese im europäischen Spätmittelalter entstandene Losung läßt sich so, trotz anderer Rahmenbedingungen, auf die Situation indischer Zuwanderer übertragen.

Weiterhin halten zwar viele daran fest, daß man sich gemäß der Tradition in vorgegebene soziale Hierarchien einfügen müsse. Weiterhin ergeben sich damit beträchtliche Spannungen zwischen Beharrung und dem Willen zur Veränderung. Trotzdem ist der Prozeß eines schrittweisen Wandels unumkehrbar. Indiens Megastädte können als exemplarische gesellschaftliche Experimentierfelder für die Zukunft betrachtet werden. Gerade dort, wo wie nirgendwo sonst eine Vielzahl kulturell unterschiedlicher Gruppierungen nebeneinander wohnt, werden nahezu zwangsläufig neue Formen des Zusammenlebens erprobt. Dabei ist es eine Überlebensfrage, daß es den einzelnen Gruppierungen gelingt, Konflikte friedlich untereinander auszutragen. Das Ergebnis könnte tatsächlich eine multi-kulturelle Moderne bedeuten.

Nicht nur Angehörige einer schmalen Bildungsschicht werden dann über die Grenzen von Religion und Kaste hinweg miteinander kommunizieren. Auch Menschen aus einfachen Verhältnissen werden mehr als bisher Barrieren überwinden. Anstelle des zersplitterten sozial-religiösen Systems mit seinen hierarchischen Abgrenzungen würde ein weniger exklusives, weniger autoritäres, ein mehr egalitär-demokratisches System treten. Reformbewegungen des Neohinduismus könnten in diesem Zusammenhang endlich über die schmale Bildungsschicht hinaus nachhaltig an Boden gewinnen. Ein nächster – vorerst nur utopisch anmutender – Schritt wäre dann, daß solche Entwicklungen von den Megastädten auf Kleinstädte, ja Dörfer ausstrahlen.

Derartige Möglichkeiten sind natürlich nicht nur für indische Verhältnisse repräsentativ. Die Megastädte in nahezu allen Ländern der Dritten Welt haben die beträchtliche Spannung zu bewältigen, die zwischen jahrhundertealten sozialreligiösen Traditionen und modernen, westlich beeinflußten Reformvorstellungen besteht. Entscheidend für das Schicksal der Megastädte in weiten Teilen der Dritten Welt wird daher sein, ob es den dort ansässigen Bildungsschichten gelingt, traditionelle Systeme derart umzubauen, das sie den Anforderungen einer Megastadt gerecht werden. Voraussetzung ist überall, daß sich in diesen großen Städten eine starke (wenn meist auch schmale) Bildungsschicht konzentriert. »Stark« bedeutet in diesem Zusammenhang: eine Bildungsschicht, die einerseits auf den Traditionen einer eigenen weit zurückreichenden Hochkultur gründen kann und andererseits fähig ist, westliche Einflüsse schöpferisch zu verarbeiten.

Auf den ersten Blick scheint die indische Kultur aber einen Sonderfall innerhalb der Dritten Welt darzustellen. Denn der Hinduismus, zu dem sich rund 82 Prozent der Inder bekennen, sowie das dazugehörige Kastensystem scheinen keinerlei Entsprechungen in anderen Gesellschaften zu finden. Die

Unterschiede betreffen allerdings nur die religiös-philosophischen Inhalte der Religion, weniger die Organisationsformen des Zusammenlebens.

Anhand des Kastensystems habe ich ja bereits erörtert, daß es in vielen Staaten jenseits des indischen Kulturkreises Sozialgebilde mit ähnlichen Mechanismen gibt: den Klan wie auch die stammesgebundene Gemeinschaft. Die Parallelen gehen zumindest in einer Richtung weit: Auch außerhalb Indiens braucht der Einzelne oft dringend den Schutz nicht nur der Großfamilie, sondern einer übergeordneten Gruppe, weil ein politisch schwacher Staat diesen Schutz nicht bietet. Um so stärker bestimmen dann Klans oder stammesgebundene Gemeinschaften ähnlich wie die Kasten mit ihren strengen Normen das soziale Leben einer Stadt. Dies geschieht nicht selten in schroffer Abgrenzung zu anderen Gruppierungen, was erheblichen Konfliktstoff bietet und das Zusammenleben in einer großen Stadt sehr labil gestaltet.

Die Parallelen gehen noch weiter. Auch die Klans und stammesgebundenen Gemeinschaften haben – wie das Kastensystem – oft Schwierigkeiten, sich an die Gegebenheiten dynamischer Stadtentwicklung anzupassen. Trotzdem werden auch diese vor-modernen Ordnungsmächte noch über längere Zeiträume hinweg erheblichen Einfluß auf das soziale Leben des Einzelnen ausüben. Denn ähnlich wie in Indien fehlt noch in vielen anderen Ländern der Dritten Welt eine staatliche Macht, die in der Lage wäre, eine ausreichende soziale Absicherung für die Mehrheit ihrer Einwohner zu schaffen. Daher wird es auch in Zukunft entscheidend sein, wie flexibel eben nicht nur die Kaste, sondern parallel der Klan und die stammesähnliche Gemeinschaft auf moderne Umbruchsituationen reagieren. Besonders in dieser Hinsicht müssen wir einen grundsätzlichen Unterschied zwischen der Struktur moderner Industriegesellschaften und den Entwicklungsländern sehen.

Eine Reihe Staaten außerhalb unseres westlichen Kulturraums hat die Entwicklung ihrer Megastädte schon weit besser im Griff als Indien. Dazu gehören nicht nur fernöstliche Industriestaaten, die sich aufgrund ihrer konfuzianischen Tradition leichter einer westlich geprägten industriellen Arbeitsdisziplin und Leistungsethik öffnen. Dazu gehört inzwischen auch schon China, das sich – in vielerlei Hinsicht immer noch ein »Entwicklungsland« – verstärkt auf seine konfuzianischen Wurzeln besinnt.[4]

Zahlreiche Staaten der Dritten Welt verfügen aber in viel geringerem Maß über eine funktionsfähige Bildungsschicht als Indien. Und dort muß es offen bleiben, ob es selbst in ferner Zukunft gelingt, die traditionellen Systeme so weit umzubauen, daß sie den Anforderungen rasch wachsender Millionenstädte gerecht werden. Entsprechend sind dort auch die traditionellen Netzwerke von Klans oder stammesorientierten Gesellschaften nicht wendig genug, um anstelle eines sozialpolitisch schwachen Staates auch nur notdürftige Ordnungsfunktionen auszuüben. Dies gilt für etliche Megastädte der islamischen Welt ebenso wie des lateinamerikanischen Kulturraums. Besonders aber haben sich in vielen schwarzafrikanischen Millionenstädten die Probleme von Armut, Unterentwicklung, Kriminalität und bürgerkriegsähnlichen Unruhen beträchtlich verschärft.

Die Entwicklung der Megastädte in Ländern der Dritten Welt verläuft damit sehr ungleichmäßig. Immer weiter öffnet sich die Schere zwischen den Metropolen, die die Krisen zunehmend meistern, und jenen Städten, die an den wachsenden sozialen und politischen Problemen zu scheitern drohen. Der Begriff »Megastadt«, soweit er sich mit Entwicklungsländern verbindet, wird damit etwas zutiefst Beunruhigendes behalten. Dennoch gibt es Anlaß zu vorsichtigem Optimismus. Dafür steht nicht zuletzt eine Megastadt wie Kalkutta.

ANHANG

Anmerkungen

Einleitung

1 *Indien. Das andere Land.* In: NZZ Folio, Beilage der *Neuen Zürcher Zeitung,* Nr. 11, Nov. 2001, S. 47.
2 Hall/Pfeiffer: *Urban 21*, S. 14. Vgl. auch: Pilz: *Zum Beispiel Mega-Städte*, S. 47.
3 Heilig: *Das Städtewachstum,* S. 195.
4 Pilz: *Zum Beispiel Mega-Städte*, S. 45 f.
5 *Der Standard*, 24.10.2002, S. 6.
6 Vgl. *Der Spiegel* 44/2002, S.158.
7 Vgl. hierzu meine ausführliche Darstellung im Kapitel: Kalkutta – eine sterbende Stadt?
8 *India Today*, Internationale Ausgabe, 14.6.1999, S. 47.

Das scheinbare Chaos

1 *Die Zeit*, 4.6.86; »Indien«. *Time Life* (1986), S. 140.
2 Barkemeier: *Indien – der Norden*, S. 463.
3 »Indien«. *Time Life* (1986), S. 153 f.
4 Barkemeier: *Indien – der Norden*, S. 463.
5 *Der Spiegel* 43/1996, S. 194 f.
6 Vgl. hierzu Rahul P. Das: *Wie stellen wir uns der Herausforderung des neuen Südasiens?*, S. 32.
7 *Der Spiegel* 22/2001, S. 192.
8 Vgl. *Frankfurter Allgemeine Zeitung (FAZ)*, 23.10.1987, Magazin, S. 60 ff.
9 Vgl. hierzu die ausführliche Darstellung in meinem Buch: *Indien und China. Asiatische Wege ins globale Zeitalter*, S. 90 ff.
10 *Der Spiegel* 43/1996, S. 195.
11 Schmitt: *Indien*, Bd 2, S. 341.
12 Vgl. die Kapitel: »Brahma Samaj, Indiens erste Reform-

bewegung« und »Die Ramakrishna-Mission und ihre großstädtischen Wurzeln«.

13 *Der Spiegel* 43/1996, S. 194 f.

Begegnungen

1 *Der Spiegel* 43/1996, S. 194 f.

2 Ebd.

3 Krack: *Kulturschock Indien*, S. 175.

Wo das Fremde fremd bleibt

1 Kakar: *Kindheit und Gesellschaft in Indien*, S. 142.

Entwicklung einer Krise

1 »Indien«. *Time Life* (1986), S. 26.

2 Harry Sichrowsky: *Dschai Hind. Indien ohne Schleier* (Halle 1956), S. 148 f., S. 151.

3 Kämpchen: *Calcutta*, S. 16.

4 Heinrich Bechtoldt: *Indien oder China. Die Alternative in Asien* (München 1964), S. 112.

5 Schmitt: *Indien*, Bd 1, S. 191 f.

6 Ebd. S. 117.

7 Opitz: *Die Dritte Welt in der Krise*, S. 51 f.

8 Vgl. hierzu die Analyse in meinem Buch: *Indien und China*, S. 207 ff.

9 *Der Spiegel*, 27.8.1984, S. 118.

10 *Indien. Informationen zur politischen Bildung* (1997), S. 17.

11 Ebd.

12 Ebd.

13 Ebd.

14 Schmitt: *Indien*, Bd 1, S. 146 f.

15 Ebd. S. 245 u. 252.

16 Ebd. S. 146 f.

17 Vgl. *Profil* Nr. 35, 27.8.2001, S. 65.

18 Vgl. dazu: *India Today*, Int. Ausg., 6.5.2002, S. 20 f.
19 Kakar: *Kindheit und Gesellschaft in Indien*, S. 56–58.
20 Uwe Hoering: »Landreform in Westbengalen«. In: *Das Parlament*, 19./22.2.1993, S. 7.
21 Ebd.
22 *India Today*, Int. Ausg., 14.8.2000, S. 25 ff.
23 *India Today*, Int. Ausg., 11.2.2002, S. 22.
24 *India Today*, Int. Ausg., 19.3.2001, S. 25.
25 *Indien. Informationen zur politischen Bildung* (1997). Vgl. Schaubild S.N.
26 *Der Spiegel*, 46/1992, S. IV.
27 Barkemeier: *Indien – der Norden*, S. 456.
28 *India Today*, Int. Ausg., 19.3.2001, S. 25.
29 *Meyers Enzyklopädisches Lexikon*, Bd. 12 (1974), S. 337 f.
30 *Newsletter*: *Österreichisch-Indische Gesellschaft*, Frühjahr 1998, S. 5.
31 *India Today*, Int. Ausg., 1.7.2002, S. 22.
32 Heilig: *Das Städtewachstum*, S. 155.
33 Hall/Pfeiffer: *Urban 21*, S. 14.
34 Thomas Barthlein: »Schauplatz Kalkutta. Am Puls der Zeit. Renommee und Realität einer indischen Metropole«. In: *Neue Zürcher Zeitung*, Internationale Ausgabe, 29.4.1998, S. 33.
35 Vgl. hierzu die allgemeinen, auf Kontinente und Kulturkreise bezogenen Angaben bei Hall/Pfeiffer: *Urban 21*, S. 130.
36 Radeshyam Purovit: »Das Elendsviertel des Subkontinents«. In: *Das Parlament*, 14./26.2.1993, S. 8.
37 Zitiert nach Rahul Singh: »Naipaul über Indien«. In: *NZZ Folio*. Eine Beilage der *Neuen Zürcher Zeitung*, Nr. 11, November 2001, S. 86.
38 *Das Parlament*, 19./26.2.1993, S. 8.

Indiens kulturelle Hauptstadt

1 Vgl. hierzu die Darstellung in meinem Buch: *Indien. Ein Kontinent im Umbruch*, S. 57–83.

2 Ebd. S. 72

3 Zitiert nach Rothermund: *Der Freiheitskampf Indiens* (Stuttgart 1961), S. 22.

4 *India Today*, Int. Ausg., 1.7.2002, S. 22.

5 *India Today*, Int. Ausg., 12.8.2002, S. 51.

6 Vgl. Dazu: Keilhauer, Anneliese u. Peter: *Die Bildsprache des Hinduismus. Die indische Götterwelt und ihre Symbolik* (Köln 1986), S. 198.

7 Vgl. dazu das Kapitel: Krise schon unter der Kolonialherrschaft.

8 Vgl. hierzu Küng / Bechert: *Christentum und Weltreligionen, III. Buddhismus* (Gütersloh 1988), S. 43 u. S. 46.

9 *India Today*, Int. Ausg., 5.10.1998, S. 37.

10 Zitiert nach Glasenapp: *Indische Geisteswelt* (Wiesbaden o.J.), Bd. 1, S. 265.

11 Zitiert nach Will Durant: *Das Vermächtnis des Ostens* (Bern 1956), S. 547.

12 Zitiert nach Glasenapp: *Indische Geisteswelt*, Bd 1, S. 292.

13 Kakar: *Kindheit und Gesellschaft in Indien*, S. 204.

14 Vivekananda: *Erkenntnisse des Hinduismus*, (Wien 1953), S. 57f.

15 Vgl. hierzu meine Darstellung in: *Indien. Ein Kontinent im Umbruch*, S. 94f.

16 Kämpchen: *Calcutta*, S. 23.

17 Tagore: *Mein Vermächtnis*, S. 13.

18 Rahul P. Das: *Wie stellen wir uns der Herausforderung des neuen Südasiens?*, S. 12.

19 *Ritwick Ghatak* (Trigon Film), S. 29f.

20 Tagore: *Mein Vermächtnis*, S. 13.

21 Ebd. S. 56.
22 Kämpchen: *Calcutta*, S. 31.
23 »Indien«. *Time Life* (1986), S. 142.
25 Kämpchen: *Calcutta*, S. 32.
26 *FAZ*, 3.4.1996, S. 42.
27 Vgl. dazu Glasenapp: *Indische Geisteswelt*, Bd. 2, S. 165.
28 *Süddeutsche Zeitung*, 15.2.2001, S. 18; *Das Parlament* 19/26.2.1993, S. 25.
29 Zitiert nach dem *Programmheft des Österreichischen Filmmuseums*, Wien, »Neue Filme aus Indien«, 10.12.1986.
30 Kämpchen: *Calcutta*, S. 33.
31 *Der Spiegel*, 18/1992, S. 304.
32 Zitiert nach: *Retrospektive Ritwick Ghatak*. Februar 2002, Österreichisches Filmmuseum.
33 *Meyers Enzyklopädisches Lexikon*, Bd12, 1974, S. 33.
34 Ebd.
35 Thomas Barthlein: »Schauplatz Kalkutta. Am Puls der Zeit. Renommee und Realität einer indischen Metropole«. *Neue Zürcher Zeitung*. Internationale Ausgabe, 24.4. 1998, S. 33.

Megastädte im Vergleich

1 Vgl. das Kapitel: Kalkutta – eine sterbende Stadt?
2 Vgl. das Kapitel: Ruhmreiche Universitäten und ihre Probleme.
3 *Merian*: »Indiens Norden« (1982), S. 38.
4 Barkemeier: *Indien – der Norden*, S. 317.
5 *FAZ*, 4.6.1996; S. 3.
6 *FAZ*, 27.12.2002, S. 9.
7 *FAZ*, 4.6.1996, S. 3.
8 *Salzburger Nachrichten*, 12.8.1997, S. 7.
9 Heinz Nissel: »Mumbai. Eine indische Metropole auf

dem Weg zur Weltstadt?« In: *Newsletter, Österreichisch-Indische Gesellschaft*, Frühjahr 1998, S. 5.

10 Hall/Pfeifer: *Urban 21*, S. 14.

11 Ebd. S. 32 u. S. 43.

12 Nissel: *Mumbai*, S. 5.

13 Malchow/Tayebi: *Menschen in Bombay*, S. 12.

14 Nissel: *Mumbai*, S. 4.

15 Ebd. S. 3–6.

16 Vgl. Hall/Pfeifer: Urban 21, S. 32–33, S. 39–40. Die in westlichen Publikationen immer wieder auftauchenden Beschreibungen gründen meist auf der Untersuchung von J. Seabruck: *In the Cities of Southern World. Scenes from a Developing World*. London 1996.

17 Ebd.

18 *Die Zeit*, 22.12.1999.

19 Vgl. *Der Spiegel* 48/1997, S. 137.

20 Ebd.

21 *Die Zeit*, 22.12.1999.

23 *Der Standard*, 11.7.2001, S. 11.

24 *Der Spiegel* 11/2000, S. 224.

Epilog

1 Vgl. Kapitel: Kalkutta – eine sterbende Stadt?

2 Vgl. die Kapitel: Eine Ordnung hinter dem Chaos; Kalkutta – eine sterbende Stadt?

3 Vgl. Kapitel: Eine Ordnung hinter dem Chaos.

4 Vgl. hierzu meine ausführliche Darstellung in: *Indien und China. Asiatische Wege ins globale Zeitalter*.

Ausgewählte Literatur

Barkemeier, Thomas: *Indien – der Norden*. 4. aktual. Aufl. Bielefeld 2000.

Das, Rahul Peter: *Wie stellen wir uns der Herausforderung des neuen Südasiens?* Halle 2000.

Grass, Günter: *Zunge zeigen*. Darmstadt 1988.

Hall, Peter / Ulrich Pfeifer: *Urban 21. Der Expertenbericht zur Zukunft der Städte*. Stuttgart, München 2000.

Heilig, Gerhard: »Das Städtewachstum« In: Opitz: *Die Dritte Welt in der Krise*. S. 186–207.

Höpker, Wolfgang: *Metropolen der Welt. Wirkliche und heimliche Hauptstädte.* Stuttgart, Bonn 1986

Kakar, Sudhir: *Kindheit und Gesellschaft in Indien. Eine psychoanalytische Studie*. Frankfurt 1988.

Kämpchen, Martin: *Calcutta. Eine funktionierende Anarchie*. Göttingen 1994.

Krack, Rainer: *Kulturschock Indien*. 2. Aufl., Bielefeld 1990.

Lapierre, Dominique: *Stadt der Freude*. München 1985.

Malchow, Barbara / Keyumars Tayebi: *Menschen in Bombay. Lebensgeschichten einer Stadt*. Hamburg 1986.

Moraes, Dom: *Bombay (Die großen Städte)*. Amsterdam 1979.

Naipaul, V.S.: *Indien. Ein Land in Aufruhr*. Köln 1992.

Naipaul, V.S.: *Indien. Eine verwundete Kultur*. Zug 1978

Nissel, Heinz: *Bombay. Untersuchung zur Struktur und Dynamik einer indischen Metropole*. Berlin 1977.

Opitz, Peter J.: *Die Dritte Welt in der Krise. Grundprobleme der Entwicklungsländer*. 2. aktual. Aufl., München 1985.

Pilz, Brigitte: *Zum Beispiel Mega-Städte*. Göttingen 2001.

Rothermund, Dietmar: *Staat und Gesellschaft in Indien*. Mannheim 1993.

Schmitt, Eberhard: *Indien. Politik, Ökonomie, Gesellschaft*. 2 Bde. Berlin 1982–1984.
Schweizer, Gerhard: *Indien. Ein Kontinent im Umbruch*. 2. Aufl. Stuttgart 2001.
Schweizer, Gerhard: *Indien und China. Asiatische Wege ins globale Zeitalter*. Stuttgart 2001.
Schweizer, Gerhard: *Zeitbombe Stadt. Die weltweite Krise der Ballungszentren*. 2. Aufl. Stuttgart 1991.
Tagore, Rabindranath: *Mein Vermächtnis*. Hrsg. Von Rahul Peter Das. München 1997.

Bildnachweis

Mit freundlicher Genehmigung zum Abdruck der Fotos Nr. 1, 5, 11 © Robert Niederer; alle anderen Fotos stammen aus dem privaten Besitz des Autors Gerhard Schweizer.

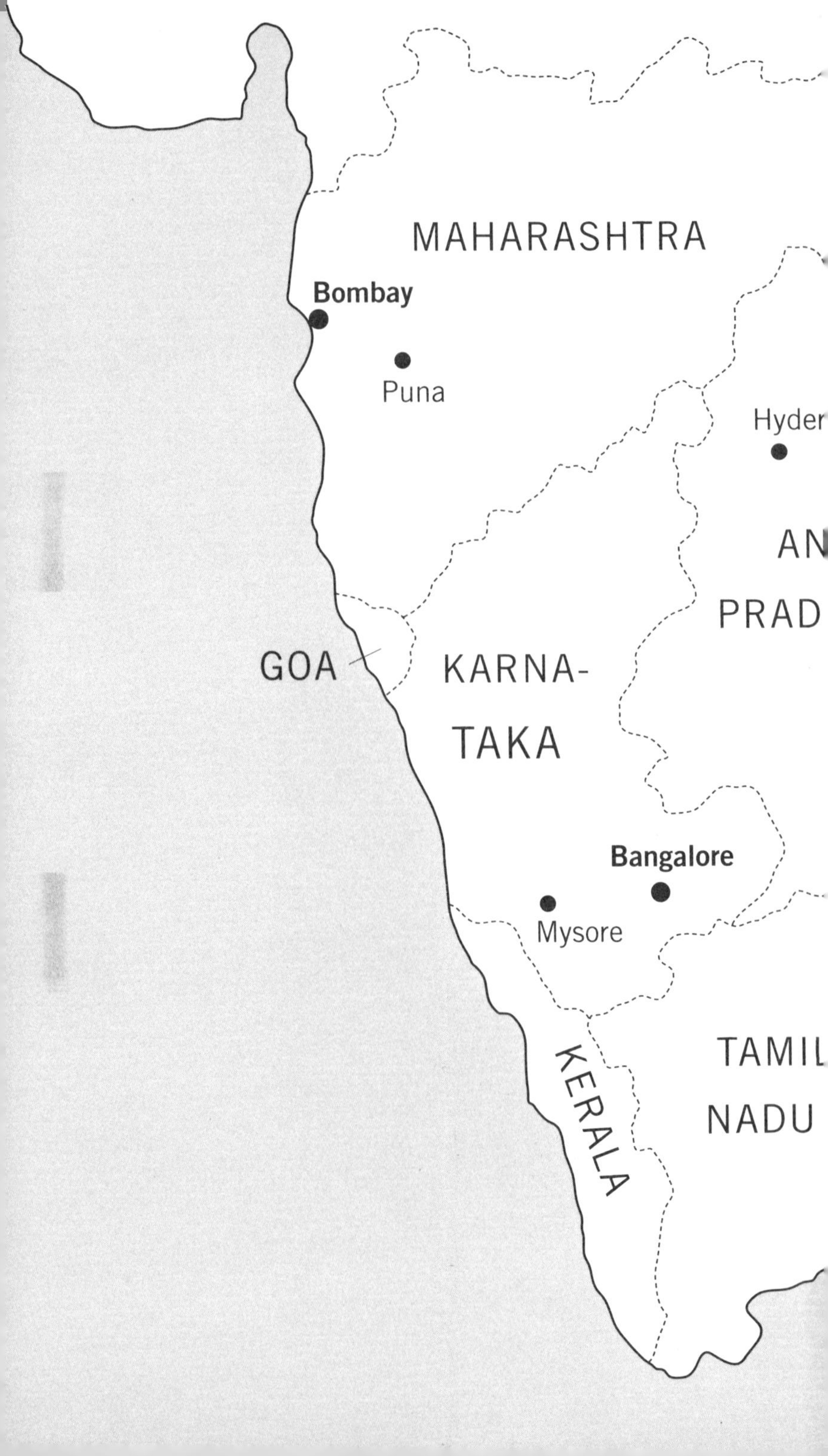
MAHARASHTRA
Bombay
Puna
Hyder
AN
PRAD
GOA
KARNA-
TAKA
Bangalore
Mysore
KERALA
TAMIL
NADU

SAMUEL BJØRK

De jongen in de sneeuw

Vertaald door Renée Vink

UITGEVERIJ LUITINGH-SIJTHOFF

Eerste druk, oktober 2018
Elfde druk, mei 2023

Oorspronkelijke titel *Gutten Som Elsket Rådyr*
Vertaling Renée Vink
Omslagontwerp Studio Jan de Boer
Omslagfotografie Arcangel Imagenes SL
Auteursfoto Harald Øren
Opmaak binnenwerk ZetSpiegel, Best

ISBN 978 90 245 9806 9
ISBN 978 90 245 6560 3 (e-book)
ISBN 978 90 245 7927 3 (luisterboek)
NUR 332

www.lsamsterdam.nl
www.boekenwereld.com

Uitgeverij Luitingh-Sijthoff vindt het belangrijk om op milieuvriendelijke en verantwoorde wijze met natuurlijke bronnen om te gaan. Bij de productie van dit boek is daarom gebruikgemaakt van papier waarvan het zeker is dat de vervaardiging ervan niet tot bosvernietiging heeft geleid.

Op eerste kerstdag 1999 reed een gepensioneerde weduwnaar van eenenzeventig door de bergen van Oslo naar Hemsedal na de kerstdagen bij zijn dochter te hebben doorgebracht. Normaal vond hij dit om twee redenen een fijne route. Ten eerste hield hij niet van de stad. Het was altijd prettig om van al die mensen af te zijn die voortdurend van alles wilden. Ten tweede vond hij het heerlijk om door de schitterende natuur hier te rijden. Bossen, vlakten, bergtoppen, water – het hele jaar door allemaal even fantastisch. Noorwegen op z'n best. Ware schoonheid, zo ver het oog reikte. De winter was dit jaar vroeg en nu de magische sneeuw was gevallen, leek het of hij door een mooie ansichtkaart reed. Onder normale omstandigheden dan. De oude man zag niet zo goed meer en had zijn uiterste best gedaan om op tijd te vertrekken, zodat hij van de rit naar huis kon genieten terwijl het nog licht was. Maar dit keer had hij niet vroeg genoeg weg kunnen komen. Duisternis. Daar hield hij niet van. Wanneer hij thuis bij de kachel zat ging het prima; dan had hij er geen bezwaar tegen dat de aardbol zo ver gedraaid was dat het zijn beurt was om in het donker te zitten. Nee, dat kon zelfs erg gezellig zijn. Dan schonk hij zichzelf een lekker glaasje in en kroop hij onder zijn plaid op de bank, terwijl buiten de nachtdieren ontwaakten en het zo koud werd dat de dikke houten wanden kraakten. Maar in de auto? Zo ver van huis? Nee, dat vond hij maar niks. De oude man minderde vaart en boog zich nog dichter naar de voorruit. Hij had nieuwe schijnwerpers voor zijn auto gekocht, met sterke lampen voor noodgevallen als dit. Die zette hij aan nu de lucht dichttrok en het laatste beetje maneschijn dat hem had bijgelicht achter de wolken verdween. Nu was de duisternis plotseling ijskoud en pikzwart.

De oude man haalde diep adem en vroeg zich even af of hij niet beter kon stoppen en wachten. Idioot, natuurlijk. Lieve hemel, het vroor op z'n minst twintig graden en hij was ver van de bewoonde wereld. Hij moest gewoon volhouden en zich zo goed mogelijk zien te redden. Hij wilde net de radio aanzetten om een programma op te zoeken dat hem wakker kon houden, toen de extra lampen plotseling iets beschenen waardoor hij allebei zijn voeten schrap zette tegen de bodem van de auto.

Jezus.

Een gestalte voor hem op de weg.

Wat krijgen we n...?

Vijftig meter.

Twintig meter.

Tien meter.

Hij trapte als een bezetene op de rem. Zijn hart klopte in zijn keel en hij klemde het stuur zo stevig vast dat zijn knokkels wit werden. Hij zag de wereld zowat in elkaar storten voor de auto eindelijk stilstond.

De man van eenenzeventig zat naar adem te happen...

Goeie god.

Op de rijbaan voor hem stond een jongetje. Onbeweeglijk. Met blauwe lippen.

En een reeëngewei op zijn hoofd.

1

April 2013

1

De tienjarige jongen met de krullen probeerde zo stil mogelijk op het bankje van het roeibootje te blijven zitten. Hij keek even naar zijn vader, die aan de riemen zat, en merkte dat hij helemaal warm werd vanbinnen. Hij was weer bij papa. Eindelijk. Sinds de vorige keer had het een poosje geduurd, nadat mama had gehoord wat er tijdens zijn vorige bezoek was gebeurd. In het huisje van papa diep in het bos, bijna boven op de berg, dat mama een krot noemde. Hij had geprobeerd uit te leggen dat hij het niet erg vond dat papa geen eten kookte zoals mama en dat hij in huis rookte en dat hij een geweer in de woonkamer had. Dat was om op ruigpoothoenders te schieten, niet op mensen, maar mama had niet willen luisteren en zelfs de politie gebeld, of misschien niet de politie, maar wel iemand die aan de keukentafel met hem was komen praten en aantekeningen in een boekje had gemaakt. Daarna had hij papa niet meer gezien. Tot vandaag.

De jongen van tien zou graag vertellen dat hij sinds de vorige keer boeken had gelezen. Over vissen. Uit de bibliotheek. Dat hij nu van veel vissen de namen wist – marene, trekzalm, forel, Atlantische zalm – en dat hij wist dat er in meertjes als dit geen snoeken zaten, omdat die zich graag tussen het riet verstopten. Hier was geen riet, alleen zachte veengrond bij de oever, maar hij zei niets, want dat had hij afgeleerd. Als je uit vissen was, kon je beter niet praten, of alleen heel zachtjes als papa eerst iets zei.

'Ons eerste tochtje op het Svarttjønn dit jaar,' fluisterde papa, en hij lachte tegen hem van achter zijn baard.

'Ieder jaar weer magisch,' fluisterde de jongen terug, en hij voelde die zalige warmte weer door zijn lijf stromen toen hij zijn vader zag knipogen.

De jongen had al vaak geprobeerd om het mama uit te leggen. Dat van papa. Dat hij hier zo graag kwam. De vogels voor het raam. Dat het naar bomen rook. Dat geld niet altijd belangrijk was, dat het niet papa's schuld was dat ze zijn tekeningen niet wilden kopen, dat je best warm kon eten zonder eerst je handen te wassen, en zonder tafelkleed. Maar daar wilde ze niets over horen, en hij had soms zoveel moeite om de woorden te vinden dat hij het maar had opgegeven.

Bij papa zijn.

Hij keek naar de wolken op en hoopte dat ze gauw zouden wegtrekken. Een heldere sterrenlucht. Dan kwamen de vissen. Hij richtte zijn ogen weer op zijn vader, op de sterke armen die de riemen zonder geluid door het bijna inktzwarte water trokken, en hij had zin om te zeggen dat hij ook een beetje had geoefend en dat hij het binnenkort zelf zou kunnen, de boot roeien, maar hij zei niets. Hij had niet geoefend op de sportschool waar mama naartoe ging – daar mochten geen kinderen komen –, maar thuis op zijn kamer. Hij deed nu al bijna een jaar bijna elke middag push-ups en sit-ups, maar ja, hij had zichzelf in de spiegel bekeken en zijn spieren waren niet zoveel steviger geworden. Toch had hij een plan. Volgende zomer misschien. Dan had het misschien gewerkt. De jongen met de krullen zag het voor zich. Hij zou het hek uit komen met zijn rugzak om, misschien met een van die T-shirts aan die de mannen op mama's sportschool droegen, met forse armen en sterke spieren waarmee je de boot goed kon roeien; dan kon papa op het bankje achterin zitten, terwijl hij de riemen door het water trok.

'Geen vistochtje zonder een biertje,' fluisterde zijn vader, en hij knipoogde weer, terwijl hij een hand tussen zijn benen door stak en nog een bierblikje opentrok.

De jongen knikte, al wist hij dat dit een van de dingen was

waarover mama had gepraat met de mensen die bij hen thuis waren geweest: dat papa te veel dronk en hoe onverantwoordelijk dat was. Het Svarttjønn. Dat geheime, heerlijke bergmeertje waar maar weinig mensen vanaf wisten, en nu waren ze hier met zijn tweeën, dus probeerde hij er niet aan te denken. Dat mama had gezegd dat er een eind aan zou komen. Aan die bezoekjes bij papa. Dat dit misschien voor het laatst was.

'De eerste hengel?' fluisterde zijn vader en hij legde de riemen in de boot.

'Vlieghengel of werphengel?' fluisterde de jongen terug. Hij wist dat dit belangrijk was, ook al begreep hij nog niet precies waarom.

Zijn vader nam een slok uit het bierblikje, keek even naar de wolken en staarde over het donkere water.

'Wat denk jij?'

'Werphengel?' zei de jongen, eerst een beetje onzeker, maar hij voelde zich helemaal warm worden toen zijn vader glimlachend knikte en de hengeldoos opende die naast hem op het roeibankje stond.

'Voor vliegvissen is het te donker, vind je ook niet?'

'Vind ik ook,' zei de jongen. Hij keek even naar de wolken, alsof hij nog niet had gemerkt dat de hemel niet zo helder was als hij zou moeten zijn.

'Hier,' zei zijn vader toen hij het felgekleurde vishaakje aan het einde van de lijn had bevestigd.

Het moment waarop zijn handen de stok van zijn vader overnamen, voelde plechtig aan. En al wist de jongen wat zijn vader wilde zeggen, hij deed net alsof hij iets nieuws leerde toen papa nog eens fluisterde: 'Niet te ver uitwerpen, zodat we niet tot op de bodem komen, oké?'

'Oké,' zei de jongen, en hij zwiepte de hengelstok over de rand van de roeiboot.

Haspel vasthouden. Stok optillen. Naar achteren. Precies

op het juiste moment loslaten. Opnieuw werd de jongen helemaal warm toen de gekleurde vishaak door de lucht vloog, met een haast geluidloos plonsje op het zwarte water neerkwam en hij aan zijn vaders blik zag dat hij alles goed had gedaan.

'Niet te ver,' fluisterde zijn vader, terwijl hij een nieuw biertje van onder uit de boot opentrok. 'Een klein rukje. Voorzichtig.'

Hij deed wat zijn vader zei en kreeg meteen zin om aan zijn moeder te vertellen dat ze het mis had. Deze boot. Dit meertje. Hij wilde graag bij papa zijn, wat die mensen met hun notitieboekjes ook beweerden. Misschien kon hij hier wel komen wonen. De vogels voeren. Helpen met het dak. De losse planken van de trap repareren. De gedachte aan hoe heerlijk dat zou zijn nam hem zozeer in beslag dat hij bijna vergat dat hij de hengel vasthield.

'Beet!'

'Wat?'

'Je hebt beet!'

De jongen schrok op toen hij de hengelstok zag doorbuigen. Hij draaide aan de haspel, maar kon er bijna geen beweging in krijgen.

'Groot!' riep hij, en hij vergat helemaal dat hij eigenlijk stil moest zijn.

'Shit,' zei zijn vader, die op het bankje aan de achterkant ging zitten. 'Bij de eerste worp al. Ben je niet aan de bodem blijven hangen?'

'Geloof... het... niet...' zei de jongen, terwijl hij uit alle macht draaide. Dat ging zo zwaar dat de boot langzaam naar de oever afdreef.

'Het is hier ook zo ondiep,' zei zijn vader, en hij stak zijn arm over de rand.

De jongen voelde zich weer warm worden.

'O, jezus!'

'Wat is er?'

'Niet kijken, Thomas,' riep zijn vader plotseling, terwijl datgene wat er aan de haak zat naar boven kwam.

'Papa?'

'Ga in de boot liggen. Niet kijken!'

Hij had best willen luisteren, maar zijn oren werkten niet mee. 'Papa?'

'Liggen, Thomas, niet kijken!'

Dus keek hij toch. Naar het meisje dat beneden in het water lag. Haar blauwwitte gezicht. Haar wijd open ogen. De natte kleren die om haar heen dreven – niet genoeg om mee door het bos te lopen.

'Papa?'

'Ga nou goddomme liggen, Thomas!'

Meer zag de jongen niet, want zijn vader schoot plotseling over de roeibanken heen en duwde hem op de bodem van het bootje.

2

Niet dat Karoline Berg aan vliegangst leed. Dat gebruikte ze alleen maar als smoes. In werkelijkheid was ze bang om waar dan ook naartoe te gaan. Ze bleef het liefst thuis. De dagelijkse sleur beviel haar prima. Sterker nog: die had ze nodig.

'Kun jij niet naar mij toe komen, mama?'

'Dat zou ik graag doen, Vivian, maar je weet: die vliegangst van mij...'

'Dan kom je toch met de trein?'

'Zestien uur hermetisch opgesloten zitten in een doos, samen met een stel onbekenden?'

'Nee, dat snap ik, maar ik wil zo graag dat je me ziet dansen.'

'Maar ik heb je toch al zien dansen? Heel vaak zelfs.'

'Jawel, maar dit is het Cultuurhuis van Bodø niet. Dit is de Opera van Oslo, mama. De Opera, weet je wel? Ik heb je toch verteld dat ik tot het ensemble van Alexander Ekman ben toegelaten? Ik ga *Het Zwanenmeer* dansen. *Het Zwanenmeer!* Retegoed, toch?'

'Vivian, dat is fantastisch. Gefeliciteerd, schat.'

'Je roest daar vast in het noorden, mama, zo helemaal in je eentje. Kun je nou niet eens naar Oslo komen? Dan gaan we uit eten. Ken je Maaemo? Dat staat in de Michelin-gids en zo, we kunnen toch...'

Natuurlijk wilde ze haar dochter zien dansen. God nog aan toe, ze wilde niets liever.

'We zien elkaar wanneer je weer thuiskomt – zullen we het zo afspreken?'

'Natuurlijk, mama. Zeg, ik moet ervandoor, we hebben repetitie. Alles goed met jou?'

'Alles goed, maak je maar niet druk om mij.'

'Oké, mama, we spreken elkaar nog.'

'Doen we.'

Hoe had het in godsnaam zover kunnen komen dat de dagen gewoon maar verstreken?

Hoe zag haar leven eruit, dat leven waarvan ze had gedroomd?

Tweeënveertig was ze, maar ze voelde zich honderd. Iedere zaterdag smörrebröd met garnalen in Sydvest, en ze zeiden het niet hardop, maar in haar hart wist ze dat ze uitgelachen werd. Door haar vriendinnen. Nog steeds dezelfde als jaren geleden op de middelbare school. Eindexamen, en zij was degene die iets wilde. Naar India. Naar Afrika. Appels plukken in Guatemala. Op straat in Amsterdam gitaar spelen. De anderen hoefden niet zo nodig; die gingen trouwen en kinderen krijgen, bij de gemeente werken, in de supermarkt. Ze wilden in elk geval niet uit Bodø weg, maar nu leek het wel alsof iedereen overal was geweest, alleen zij niet.

Twee jaar geleden was Vivian in het voorjaar in Oslo op auditie geweest. Die sterke, lieve Vivian, die zich zo plotseling had aangediend, bijna uit het niets. Het vliegveld van Bodø. Waarvandaan vliegtuigen naar de hele wereld vertrokken en waar NAVO-soldaten op oefening kwamen. Karoline Berg was twintig geweest, een zorgeloos type. Hij kwam uit Engeland en had haar met een dikke buik en zonder zijn adres achtergelaten.

Zijn schuld? Luke Moore, uit Leeds, die vlotte piloot met zijn donkere krullen.

Dat je nooit ergens bent geweest, Karoline, dat heb je alleen maar aan jezelf te wijten.

Ze woonde in een flatje op tweehonderd meter van het vliegveld, maar ze was er nog nooit geweest. Ze was nergens geweest.

Gaan jullie nou toch naar Alicante, daar is het toch zooo mooi.

Mette. Die eigenlijk haar beste vriendin was geweest, maar nu niet meer – man, kinderen, mooi huis in Hundstad, iedere zomer met vakantie naar verre bestemmingen.

Allemachtig, Key West, ik had wel gehoord dat het daar mooi was, maar ben je niet goed bij je hoofd?

Synnøve. Die op de lagere school nauwelijks tot tien kon tellen, maar later een ondernemer uit Harstad aan de haak had geslagen die van zeilen hield en in onroerend goed in het buitenland investeerde.

Ze lachten haar uit, zo was dat. Zodra ze de Coop binnenliep. Niet hardop, maar ze zag het aan hun gezicht. 'Wilt u de bon? Een tasje?'

De boodschappen op de lopende band, en altijd dat geluid. *Goeie god, wat had ze de pest aan dat geluid.*

Volkorenbrood. *Bliep*. Melk. *Bliep*. Vier cola, in de aanbieding. *Bliep*. Jij bent lelijk. *Bliep*. Jij krijgt nooit iemand. *Bliep*.

Maar toen had ze in het geniep – ze hadden het eens moeten weten – een nummer gebeld dat ze op internet had gevonden. Ze had meer dan één glas rode wijn gedronken voordat ze het had aangedurfd. En ze had de eerste keren weliswaar zonder iets te zeggen met het zweet in haar handen opgehangen, maar uiteindelijk had ze bij de derde poging haar mond open durven doen.

Een psycholoog. Lieve god, nog meer stof tot roddelen, nóg een reden om haar uit te lachen, maar ze had het toch gedaan. *Gelukkig.*

Het vliegveld van Bodø. Daar woonde ze nu al vijfendertig jaar vlakbij, maar ze was de deur nog niet door geweest. Karoline Berg trok de grote nieuwe rode koffer de laatste meters achter zich aan naar de ingang en bleef staan om diep adem te halen.

Wat had die psycholoog ook alweer gezegd? *Stapje voor stapje. Oké, je kunt dit, Karoline.*

Ze zag haar eigen spiegelbeeld in de glazen schuifdeuren. Ze kon ze bijna aanraken, maar toch leek het alsof ze zich op een andere planeet bevonden. Ze had nieuwe kleren gekocht. Ze was naar de kapper geweest. Nadat het haar eindelijk was gelukt die telefoon op te pakken, had ze alles gedaan wat hij had gezegd. De eerste keren niet, want toen had ze het gevoel gehad dat alles smerig was. Alsof er stront uit haar mond kwam zodra ze die opendeed. Hij had haar een heleboel persoonlijke vragen gesteld. Dingen waar ze nog nooit over had nagedacht. Hoe was je relatie met je vader? Hoe stond je tegenover je moeder? Lieve hemel, ze was er duizelig van geworden, onpasselijk; gedachten en gevoelens waarvan ze niet had geweten dat ze die had, raasden door haar heen; ze had er 's nachts niet van kunnen slapen. Maar na een paar weken was er iets losgekomen. Als een lawine. Toen ze zich eenmaal liet gaan, was er geen houden meer aan geweest.

Ze lachte haar spiegelbeeld toe. Wat ben je mooi, Karoline. Wat ben je flink, Karoline. Nieuwe jas, Karoline? Mooi, hoor.

Dat soort opdrachten had hij haar gegeven. *Je moet van jezelf leren houden.*

Oslo? De hoofdstad. Daar had ze al zo lang naartoe gewild. Het slot zien. Het Storting. De Karl-Johans gate. Het Nationale Theater. Het Frogner-park met al die beelden. En niet in de laatste plaats de Opera.

Ze haalde nog één keer diep adem en dwong zichzelf de laatste stappen te zetten. Haar ene voet. Daarna de andere. Toen was ze binnen. Ze was in de vertrekhal. Even duizelde het haar, maar ze bleef niet staan. Het gaat goed, Karoline. Nog een kleine stukje. Daar verderop. Dat blauwe scherm. SK4111 SAS. Oslo. Vertrektijd 12.35 uur.

Ik kom eraan, Vivian. Mama komt om je te zien dansen!

3

Holger Munch stond voor het raam van zijn flatje zijn vierde sigaret van die dag op te steken met het gevoel dat hij niet goed wijs was. Het was lente geworden in Oslo en de bomen rondom het Bislett-stadion waren groen, maar dat was dan ook de enige reden waarom hij zich wat beter voelde. Het was een zware winter geweest. *Nee, het was een goede winter geweest, en juist daarom voelde hij zich zo dom.* Hij was met verlof gegaan. Zijn dochter Miriam had een ongeluk gehad. Hij had vrij genomen van zijn werk om haar weer op de been te helpen. Door dat ongeluk was de familie weer nader tot elkaar gekomen. Hij had zijn oude huis in Røa al tien jaar geleden verlaten, maar deze hele winter lang leek al die tragiek van destijds vervlogen te zijn, alsof de scheiding van Marianne eigenlijk nooit had plaatsgevonden. Eerst had Miriam in het ziekenhuis gelegen, maar toen ze aan de beterende hand was, hadden ze haar naar hun oude huis gehaald. En hij was daar ook naartoe verhuisd. De nieuwe man van zijn ex, Rolf, was eruit getrokken om plaats te maken voor de herstellende patiënt en Munch had zijn kans schoon gezien om zijn plaats in te nemen. En toen waren ze bijna weer een gezin geweest. *Hij had verdomme moeten begrijpen dat daar geen sprake van kon zijn.* Godallemachtig, wat was hij stom geweest. Avondeten aan de dure tafel in de woonkamer. Die ze heel lang geleden, toen hij pas rechercheur Moordzaken was geworden en ze voor het eerst wat meer te besteden hadden, samen hadden gekocht. Op vrijdagavond als een doodgewoon gezin voor de televisie zitten. Marianne en hij op dezelfde bank met hun kleindochter Marion tussen hen in. Ze waren Miriam bijna kwijt geweest en hij had moeten begrijpen dat ze zich daarom zo had gedragen. Alsof het vroeger was. Alsof ze nog bij elkaar waren.

Ze had hem niets verweten, ook al was hij er de oorzaak van dat hun dochter bijna niet meer had geleefd. Of nou ja, de oorzaak... De eenheid Moordzaken had jacht gemaakt op een gestoorde moordenaar en Miriam was zijn laatste slachtoffer. Of dat had ze althans kunnen worden. Hoofdschuddend nam Munch weer een trekje van zijn sigaret. De schrik zat er nog steeds een beetje in, merkte hij. *Wat als...? Stel je voor dat...* Maar het was goed afgelopen. Gelukkig. En vervolgens had hij zichzelf lekker in slaap gesust: Marianne en hij. Miriam. En de kleine Marion. Hij had zelfs zijn trouwring weer omgedaan. Stompzinnig, want dat moest ze gezien hebben. Nog maar een paar dagen geleden was ze op het trapje voor het huis komen staan, terwijl hij buiten stond te roken.

Holger, we moeten even praten...

Hij had het aan haar blik gezien.

Rolf komt morgen terug...

Hij had alleen maar geknikt. Zijn boeltje bij elkaar gepakt en met zijn staart tussen zijn benen het huis verlaten. Alweer.

Wat een idioot. Net een stompzinnige puber. Wat had hij dan gedacht?

Holger Munch drukte de half opgerookte sigaret uit in de asbak bij het raam en wilde net een nieuwe opsteken toen zijn telefoon overging.

Die naam op het display. Die had hij al een hele tijd niet meer gezien.

Anette Goli. De blonde politieadvocate die van wanten wist en die in zijn afwezigheid de eenheid Moordzaken in stand had gehouden.

'Ja, met Munch?'

'Hallo, Holger,' zei de vriendelijke stem.

Holger had de speciale onderzoekseenheid aan de Mariboes gate ruim tien jaar geleid en in die tijd de beste mensen van het land aangetrokken. Anette Goli hoorde daar absoluut bij. Dat er conflicten tussen de eenheid en de leiding in Grønland waren geweest, viel niet te ontkennen. Holger Munch ging bij voorkeur zijn eigen weg, en niet iedereen was daar even blij mee. De chef, Mikkelson, was zo iemand. Als hun opheldertingspercentage niet zo onberispelijk was geweest – daar was Munch vrijwel zeker van –, had Mikkelson ze weer naar het hoofdbureau gehaald om de gang van zaken in het oog te kunnen houden. Politiek. Controle. Anette Goli was meestal de diplomaat. De lijm die zorgde dat het systeem niet uit elkaar viel.

'Alles in orde?' vroeg Goli. 'Hoe gaat het met haar?'

'Met Miriam gaat het goed,' antwoordde Munch, en hij pakte zijn volgende sigaret. 'Steeds beter zelfs. Ze praat nu weer, nog niet helemaal verstaanbaar, maar dat komt nog wel.'

'Goed om te horen,' zei Goli. Haar stem werd ernstiger. 'Sorry als ik je stoor, maar ik moet het nu eenmaal weten.

Mikkelson wil de eenheid weer aan het werk hebben. Ik wil je uiteraard niet onder druk zetten, maar ben je er klaar voor om terug te komen?'

'Is dat vanwege het meisje in dat meertje?'

'Ja,' zei Goli. 'Dat heb je dus meegekregen?'

Munch had zich in Røa in zijn privébubbel verschanst en geprobeerd de realiteit op afstand te houden, maar hier had hij zich natuurlijk niet aan kunnen onttrekken. De media hadden er bol van gestaan. Een jong meisje in een balletpakje dat dood was gevonden in een meertje ver van de bewoonde wereld, hoog in de bergen.

'Min of meer,' zei hij. 'Weten we wie het is?'

'Vivian Berg, tweeëntwintig, lid van het Nationale Ballet.'

'Juist ja,' zei Munch. 'Dus ze kwam hiervandaan?'

'Eigenlijk kwam ze uit Bodø, maar ze woonde hier, dus Mikkelson wil ons op de zaak zetten.'

'Was ze als vermist opgegeven?' Munch merkte dat hij al op de terugweg was. Net als zijn politiebrein. Een meisje in een balletpakje? In een meertje hoog in de bergen?

Hij had het dus van zich af gezet, maar dat had nu geen zin meer. Hij was terug in zijn flatje, alleen. Zijn trouwring veilig opgeborgen in het badkamerkastje.

'Nee, om een of andere reden niet.'

'Hoe zijn we er dan achter gekomen om wie het gaat?'

'Haar moeder kwam op verrassingsbezoek uit Bodø, maar trof haar niet thuis.'

'Jezus,' zei Munch.

'Zeg dat wel,' zei Goli. 'Nou, wat denk je? Ben je er klaar voor? Laten we de machine weer draaien? Brengen we de eenheid weer op de been?'

'Wie zit er nu op de zaak?'

'De nationale recherche, maar alleen voorlopig. Als jij zover bent, nemen wij het over.'

'Zit je op kantoor?'

'Ja,' zei Goli.

'Ik ben er over twintig minuten,' zei Munch, en hij beëindigde het gesprek.

4

Mia Krüger wilde net de laatste kartonnen doos dichtplakken toen Skype aanfloepte op de laptop die in de woonkamer voor haar op tafel stond. De vierendertigjarige vrouw glimlachte toen ze zag wie haar opriep.

Endless Summer. Zes maanden op een zeilboot in de Caribische Zee.

Ze pakte haar koffiekop van de vloer en ging met opgetrokken benen op de bank zitten. 'Hallo Mia, hoe gaat het? Heb je je vliegticket al gekocht?'

Viktor Vik. Een collega van vroeger die zowel het ijskoude Noorwegen als het politieapparaat al jaren geleden de rug had toegekeerd om zijn droom na te jagen.

'Gisteren,' beaamde Mia. 'Ik vlieg via New York naar het zuiden.'

'Mooi zo.' Op het zongebruinde gezicht aan de andere kant verscheen een glimlach. 'Wanneer kom je aan?'

'Volgende week dinsdag. Jullie zitten toch op St. Thomas?'

Achter hem dook een donkere ober op die een drankje met een parapluutje op tafel zette.

'Nee, we liggen in de haven van Road Town, op Tortola. Verderop is het zo'n drukke bedoening.'

'Op St. Thomas?'

'Ja, dat is een cruisehaven. Bovendien komen alle Amerikaanse toeristen daar aan.'

'Zal ik naar jullie toe komen?'

'Nee, nee,' zei Viktor Vik, en hij viste een paar dollarbiljetten uit de zak van zijn hawaïshirt.

De ober knikte en verdween. Mia zag een palm op de achtergrond. Een ventilator aan het plafond. Een stelletje dat innig gearmd en glimlachend voorbijliep, allebei met een drankje in de hand, zij in een witte bikini, hij met ontbloot bovenlijf.

De Cariben. Het leek nog steeds ongelofelijk.

'We komen je ophalen. Geen punt. Verdomme, wat is het hier vandaag heet. Hoe is het bij jullie? Nog steeds winter?'

'Nee, het begint nu toch op lente te lijken,' zei Mia met een blik uit het raam.

Een flets zonnetje wierp vriendelijke stralen op de bijna lege vloer van de woonkamer. April. Lente in Oslo. Dertien graden. De dichte duisternis die de hele winter zwaar op de hoofdstad had gedrukt was eindelijk weg, maar vergeleken met wat ze in het vooruitzicht had, stelde dit niets voor.

De Maagdeneilanden.

'Hier is het het hele jaar zomer,' zei Vik, en hij nam nog een slok van zijn drankje. 'Hartstikke leuk dat we dit hebben georganiseerd, Mia. Ik kijk ernaar uit je weer te zien. Bel me voor je in het vliegtuig stapt, ja? Dan weet ik dat je onderweg bent.'

'Tuurlijk,' zei Mia. 'Ik denk dat ik dinsdag rond één uur op St. Thomas ben.'

'Dat kan wel kloppen – de ochtendvlucht uit New York,' beaamde Viktor. 'Laat het even weten als we ergens anders heen moeten tuffen, oké?'

'Klinkt goed.'

'*Endless Summer* wacht op je,' zei Vik, en hij hief nog een laatste keer zijn glas voordat hij op zijn toetsenbord tikte en verdween.

Met een warm gevoel vanbinnen klikte Mia het venster weg. Zes maanden op een zeilboot. Waarom was dat niet eerder bij haar opgekomen?

Papa, thuis in de keuken in Åsgårdstrand, gebogen over het

vaarmagazine waar hij op geabonneerd was. 'Hé, kijk hier eens, Mia, een J-Class Endeavour. Heb je ooit zoiets moois gezien?'

Zij, acht jaar. Een ogenblik waarop ze met hem alleen kon zijn. Haar tweelingzusje Sigrid was ergens heen. Ballet. Het zangkoor. Paardrijden. Zo verschillend waren ze geweest. Sigrid, altijd actief. Zij, rustiger. Niet zo op de voorgrond. Twee meisjes die samen geboren en voor altijd met elkaar verbonden waren, maar toch enorm verschilden.

Wil jij Sneeuwwitje zijn? Dan ben ik Doornroosje.

Waarom moet ik altijd Sneeuwwitje zijn, Sigrid?

Omdat jij donker haar hebt en ik blond, snap je dat dan niet?

Nee. Ik ben dom.

Dom? Dat mag je nooit meer zeggen. Ik ken niemand die slimmer is dan jij, Mia.

Mia Krüger sloot haar laptop af en zette de koffiekop weer op de vloer. Niet meer aan denken. Dit was nu verleden tijd.

Ze plakte de tape over de bovenkant van de kartonnen doos en pakte de viltstift. Nam even de tijd om te beslissen wat ze erop zou zetten, maar koos uiteindelijk voor iets simpels: FOTO'S.

Mia tilde de doos op en bracht die naar het kleine slaapkamertje, waar ze hem bij de rest neerzette. Haar herinneringen. Ze had het eindelijk kunnen opbrengen om ze door te nemen, om met die hele problematiek af te rekenen. De laatste doos was de ergste geweest. Vooral een van de fotoalbums had ze maar heel moeilijk kunnen doorbladeren: *Mia's album*. Dat had haar moeder voor haar gemaakt. Zijzelf als baby op de voorkant, in een kinderwagen, bij uitzondering eens alleen in beeld, en vervolgens keurig op rij binnenin: *Mia en Sigrid op hun tweede verjaardag. Sigrid en Mia naar dansen. Papa heeft een nieuwe auto gekocht!* Haar hele jeugd in Åsgårdstrand, gedocumenteerd zoals dat alleen maar mogelijk was in een fotoalbum uit de jaren tachtig. Verbleekte herinneringen in kleur, waardoor ze onmiddellijk zin had gekregen om de badkamer in te lopen en haar pillendoosje open te draaien om zichzelf te verdoven, maar dat had ze natuurlijk niet gedaan.

Alles was daar nu leeg. *Geen pillen meer.* Niets meer in de kastjes. *Geen flessen meer.*

Vier maanden geleden had hierbinnen haast nog meer winter geheerst dan buiten. Alcohol en pillen. Eén voortdurende verdoving tegen een wereld die ze niet aankon.

Tien jaar geleden hadden ze haar tweelingzus Sigrid in een smerige kelder in Tøyen gevonden, overleden aan een overdosis heroïne. Overmand door verdriet waren haar ouders dezelfde kant op gegaan – verdwenen, gestorven.

Een jaar geleden had ze haar flat in Oslo verkocht, in Trøndelag een huisje aan zee gekocht en besloten hen achterna te gaan. Zelfmoord te plegen.

Kom, Mia, kom.

Haar tweelingzus Sigrid, die met een witte jurk aan door een geel korenveld liep en haar riep als in een hypnotische droom.

Allemachtig, wat was ze dom geweest. Ze schaamde zich er nog steeds voor.

Mia wierp een laatste blik op de kartonnen dozen, trok de deur achter zich dicht en liep terug naar de woonkamer.

Een nieuw leven.

Zes maanden op een zeilboot.

Weer glimlachte ze bij zichzelf. Ze zette haar lege kop op het aanrecht en wilde net de badkamer in lopen om een douche te nemen, toen de deurbel ging. Ze liep de gang in, en toen ze door het deurspionnetje keek zag ze een bekend gezicht. Haar buurman Alexander, even in de twintig, samen met een blond meisje. Zijn zus, nam ze aan.

Kun je je flat niet zolang verhuren? Als je er zelf niet bent? Ze zit momenteel een beetje in de problemen.

Mia Krüger had overwogen de flat te verkopen, schoon schip te maken met deze stad, maar ze was in zulke gevallen altijd een beetje weekhartig. Hulp in nood bieden. Ze waren ook op dat punt heel verschillend geweest, Sigrid en zij. Sigrid was altijd veel harder geweest. Mia was algauw voor de druk van haar omgeving bezweken; soms had ze zelfs het gevoel gehad dat ze lucht was. De politie. Natuurlijk had ze zo nodig voor iets heel anders moeten kiezen. Zo nu en dan deed al die slechtheid haar bijna de das om. Eigenlijk had ze literatuur willen studeren. Al van kinds af aan was ze in de wereld van de verbeelding gedoken, een toevluchtsoord voor al die krachtige indrukken van buitenaf. Ze had een halfslachtige poging gedaan, zich bij de universiteit aangemeld, een paar colleges gevolgd, maar uiteindelijk nooit tentamen gedaan. Het was haar zo nutteloos voorgekomen: boeken lezen, terwijl Sigrid op straat leefde en een spuit zette in een of ander portiek. Nee, ze moest iets concreters gaan doen. Dus had ze zich bij de politieacademie ingeschreven, bijna per ongeluk, en om de een of andere merkwaardige reden had ze het buitengewoon goed gedaan. Alsof ze ervoor gemaakt was. Munch had haar nog voordat ze haar studie goed en wel had afgerond naar de eenheid Moordzaken gehaald. Ze had het meteen geweldig gevonden. De saamhorigheid in het team. Uiterst bekwame en intelligente mensen. Het gevoel dat ze een bijdrage leverde. Een schild vormde tegen al die ellende. Maar het was een tweesnijdend zwaard geweest. Heel sterk, maar tegelijkertijd erg kwetsbaar.

Dat maakt je juist zo bijzonder, Mia. Daarom ben je juist mijn beste kracht.

Holger Munch was de afgelopen tien jaar bijna als een vader voor haar geweest, en ze was hem eeuwig dankbaar, maar nu was de tijd rijp. Een nieuwe bladzij. *Zes maanden vrij.*

Ze voelde de vreugde weer in zich opborrelen toen ze de deur opende en de twee jonge mensen binnenliet.

5

Mia bestelde een koffie en een mineraalwater, en zocht een rustig tafeltje in een hoek van restaurant Justisen op. Een maand of wat geleden zou ze nog met een biertje en een Jägermeister zijn begonnen. Dat leek nu een vorig leven. Alleen al van het idee werd ze bijna onpasselijk. Munch was er nog niet, en terwijl ze wachtte zat Mia te spelen met de armband om haar pols. Ze had kortstondig overwogen die samen met alle andere spullen op te bergen, maar besloten om het niet te doen. Ze hadden er allebei een gekregen voor hun confirmatie. Een zilverkleurig armbandje met een hartje, een ankertje en een letter eraan. Een M voor haar en een S voor Sigrid. Na afloop hadden ze ze samen bekeken in het licht dat door het raam van hun meisjeskamer viel, en het voorstel was van Sigrid afkomstig geweest.

Wil jij de mijne hebben? Dan neem ik de jouwe.

Mia had het armbandje sindsdien niet meer afgedaan. Volgens haar telefoon was het vandaag 10 april. Over acht dagen zou het precies elf jaar geleden zijn. Dat van die overdosis. Daarom had ze juist deze datum uitgekozen om te vertrekken. Een bezoek aan het graf bracht ze niet meer op. Ze was bang voor wat zich dan in haar hoofd zou afspelen. Vier maanden zonder alcohol. Bijna dagelijks getraind. Ze had zich nog nooit zo goed gevoeld. De confrontatie met die grafsteen zou haar weer de afgrond in kunnen trekken, en dat risico wilde ze domweg niet lopen.

Sigrid Krüger.

Zuster, vriendin, dochter.

Geboren 11 november 1979. Overleden 18 april 2002.

Innig geliefd. Intens gemist.

Nee, ze was er niet in geslaagd dat armbandje in te pakken. De foto's en al die andere spullen moesten maar voldoende zijn.

Een S voor Sigrid.

Een M voor Mia.

Ze nam een slok mineraalwater en keek naar de bar, waar een oudere man zojuist een nog beslagen blikje bier had gekocht. Nee. Geen problemen. Daar had ze nu eens geen zin in.

Munch was een halfuur te laat. Hij trok zijn beige duffelse jas uit en omhelsde haar, waarna hij ging zitten en een map op tafel legde.

'Heb je iets te eten besteld?' vroeg hij met een blik op de bar.

'Nee, ik heb geen honger,' zei Mia.

Munch wenkte een ober en bestelde een smörrebröd met garnalen en een appelsap. 'Zeg Mia,' zei hij, en hij boog zich wat naar haar toe, 'ik heb met Mikkelson gepraat, en we zijn het volledig eens. Hij is niet goed bij zijn hoofd. Je schorsing is opgeheven. Dat was een fout van zijn kant. We hebben je weer nodig op het werk. Oké?'

Mia glimlachte flauwtjes. 'Ik vertrek over een week, Holger.'

'Is de kogel door de kerk?'

'Ja.'

'Zeker weten?'

Mia knikte.

Met een zucht krabde Munch even in zijn baard. 'Ik snap het. En ik had je er natuurlijk graag bij gehad, maar het is je van harte gegund. Ik zal je niet meer lastigvallen. Maar ik moest het nou eenmaal vragen.'

'Draait de eenheid weer?'

'Ja.'

'Gaat het om dat meisje dat ze in dat meertje hebben gevonden?'

Munch knikte, terwijl de ober zijn bestelling bracht. 'Vivian Berg. Balletdanseres. Ze hebben haar gevonden met haar balletpakje aan. Een jongetje en zijn vader, tijdens een vistocht.'

'Waar was het?'

'Het heet het Svarttjønn. Een meertje hoog in de bergen. Een eigenaardig scenario.'

'Hoe bedoel je?'

Munch viel aan op zijn garnalensmörrebröd en antwoordde met volle mond: 'Ze was donderdag uit haar flat verdwenen en werd zaterdag in vol ornaat in de bergen gevonden – wat is daar níét merkwaardig aan?' Hij zette zijn vinger op de map tussen hen in. 'Alles staat hierin.'

'Leuk geprobeerd, Holger, maar mijn besluit staat vast.'

'Duidelijk,' zei Munch.

'Wat bedoel je met "vol ornaat"?'

'Opgestoken haar. Balletjurk met zo'n rokje, een tutu. Witte maillot. En spitzen.'

'Had ze spitzen aan? Wat raar.'

'Ja, hè?'

'Hoe ver ligt dat meertje van de weg?'

'Tja, zo'n drie kwartier lopen, over tamelijk steil terrein.'

'Hij heeft haar erheen gedragen?'

'Jij weet net zoveel als ik,' zei Munch schouderophalend. Hij keek haar over zijn smörrebröd heen aan, en nu kon ze het aan zijn gezicht aflezen.

'Wat?' zei ze met haar hoofd scheef.

'Wat bedoel je?' vroeg Munch.

'Wat verzwijg je voor me?'

Munch keek haar ernstig aan en veegde met zijn servet zijn mond af. 'Ik denk dat ze er zelf naartoe is gelopen,' zei hij ten slotte.

'Hoezo?'

'Die spitzen zitten vol scheuren en gaten. De zolen. Ik bedoel, het is duidelijk dat ze erheen is gelopen.'

'Wil je zeggen dat het zelfmoord was?'

'Nee, absoluut niet. Ze is vermoord met een naald in het hart.'

'Een injectienaald?'

'Ja.'

'Wat zat erin?'

'Ethyleenglycol.'

'En dat is?'

'Antivries.'

'Godallemachtig...'

'Ja, hè? Levensgevaarlijk, en iedereen kan het zo bij een tankstation kopen.'

'Maar waarom denk je dat ze het water niet in gelopen is en zich vervolgens zelf heeft geïnjecteerd?'

'Wat denk jij?' vroeg Munch. 'Dat is ontzettend pijnlijk. Had jij het zo gedaan?' Het was eruit voor hij het wist.

Precies een jaar geleden. Een tafel vol pillen in alle kleuren. Alleen op een eilandje voor de kust van Trøndelag. *Kom, Mia, kom.*

'Sorry,' zei Munch, en hij boog zich naar haar toe. 'Ik bedoelde natuurlijk niet...'

'Geeft niks, Holger,' zei Mia, en ze stak een hand op.

'Hoe gaat het trouwens met je?' vervolgde Munch, die nog steeds berouwvol keek. 'Dat ben ik helemaal vergeten te vragen. Sorry. Je weet hoe dat gaat.'

'Tuurlijk, Holger. Snap ik best. En het gaat goed met me. Uitstekend zelfs.' Ze pakte het flesje mineraalwater, hief het even naar hem op en nam een slok.

'Mooi,' zei Munch. 'Je ziet er trouwens verdomd goed uit, als ik het zeggen mag. Het is lang geleden dat ik je zo... hoe zeg je dat...'

'Nuchter?' zei Mia spottend.

Munch glimlachte flauwtjes. 'Niet helemaal, maar ach, waarom ook niet? Hoelang nu al?'

'Vier maanden.'

'Wauw, gefeliciteerd!'

'Dat moest er nog bij komen ook,' verzuchtte Mia. 'Ik leverde tenslotte verdomd slecht politiewerk, en dat spijt me echt.'

'Geen sprake van,' zei Munch, en hij schudde zijn hoofd. 'God weet wat er zonder jou zou zijn gebeurd. Ik moet er verdorie niet aan denken. Jij hebt de zaak opgelost. Wat kan het mij verdommen wat je allemaal naar binnen moest gieten om zover te komen? Maar hoe dan ook, het is goed om je nu zo... alert te zien.'

Mia glimlachte. Ze merkte dat hij het meende. 'Hoe gaat het met haar?'

'Miriam? Steeds beter. Ze is sterk. Ze redt het wel. Ik moest je trouwens de groeten van haar doen. Je moet haar gauw eens opzoeken.'

'Ik zal proberen dat nog voor mijn vertrek te doen,' zei Mia.

'Fijn. Dat zou ze leuk vinden.' Munch glimlachte vriendelijk en stak zijn hand in de zak van zijn duffelse jas. 'Hou je me gezelschap terwijl ik een sigaretje rook?'

Mia knikte en liep onder de lampen achter hem aan naar de achtertuin. Lente in Oslo, maar natuurlijk nog niet erg warm. Ze sloeg haar armen om zichzelf heen, terwijl Munch zijn sigaret opstak. Zijn gezicht werd weer ernstig.

'Als je me nu eens zeven dagen gaf?' zei hij behoedzaam.

'Ik weet het niet, Holger.'

'Een week. Meer niet. Ik wil alleen dat je gaat kijken. Me vertelt wat je denkt.'

Mia kneep haar lippen op elkaar en speelde even met de gedachte. *Een jong meisje met een balletpakje aan. Ver weg in een bergmeertje. Een spuitje met antivries?*

'We hebben wat merkwaardige zaken op de plaats delict gevonden.' Munch kuchte en keek haar aan met die blik die ze al zo vaak had gezien. *Hier klopt iets niet, Mia.*

'Wat dan?'

‘Krijg ik die week?’ Nu zette hij bijna hondenogen op.

‘Oké,’ verzuchtte Mia ten slotte.

‘Prachtig,’ zei Munch en hij gaf haar even een schouderklopje.

‘Nou, wat hebben jullie gevonden?’

‘Waar zal ik eens beginnen?’ zei Munch lijzig. ‘Hij had een camera neergezet.’

‘Wat bedoel je?’

‘Een fototoestel op een statief.’

‘Op het lichaam gericht?’

Munch knikte ernstig en nam een uitvoerige trek van zijn sigaret.

‘Zaten er foto’s in?’

‘Nee, niets. Er kon een geheugenkaart in, maar die had hij meegenomen.’

‘Hoezo hij? Weet je dan dat het om een man gaat?’

‘Voetafdruk in de grond. Maat 43.’

‘Lag ze bij de oever?’

‘Ja.’

‘En dat fototoestel was recht op haar gericht?’

‘Ja,’ beaamde Munch.

‘Merkwaardig,’ mompelde Mia.

‘Vertel mij wat.’

‘En verder?’

‘Ik weet niet zeker of het relevant is, maar een eindje verderop hebben we een bladzij uit een kinderboek gevonden.’

‘Welk boek?’

‘Astrid Lindgren, *De gebroeders Leeuwenhart*. Wil je het voor me doen – een kijkje nemen? Dat zou veel voor me betekenen.’ Munch drukte zijn sigaret uit en knikte in de richting van het restaurant.

‘Volgens mij heb ik dit al eens eerder meegemaakt, Holger. Jij komt opduiken met foto’s waar ik naar moet kijken.’

‘Eventjes maar?’

'Best, Holger, omdat jij het bent,' zei Mia met een zucht, en ze liep achter hem aan terug naar het tafeltje.

6

Munchs geweten speelde even op toen hij zijn sigaret tussen zijn lippen stak en door het raam keek. Vakantie. Vrij van alles wat er gebeurde en was gebeurd. Lieve help, hij gunde niemand zo een verzetje als Mia, maar hij had haar nodig, daar was niets aan te doen. *Een zaak voor Mia*, had hij gedacht zodra hij de foto's van de plaats delict had gezien. Holger Munch was nu al bijna dertig jaar rechercheur Moordzaken, en een zaak als deze had hij nog maar zelden meegemaakt. *Koel. Berekenend. Zorgvuldig gepland. Alsof iemand van iedere tel had genoten.* Moord. Er was iemand doodgemaakt. Voor het grote publiek klonk zoiets uiteraard vreselijk, en dat was het natuurlijk voor alle betrokkenen ook, maar meestal was de oplossing heel eenvoudig. De motieven waren altijd duidelijk. Jaloezie. Haat. Wraak. Zwaar onder invloed, bij voorkeur in combinatie met de vorige drie. De menselijke aard. Niet zo moeilijk te verklaren. De zaken waarbij Munch niet onmiddellijk voor zich had kunnen zien hoe het zich had afgespeeld en de dader vervolgens in de kring van de meest voor de hand liggende verdachten had kunnen vinden, waren op de vingers van één hand te tellen. Het kon natuurlijk even duren, maar zijn eerste ingeving klopte meestal. Maar dit? Hij schudde even zijn hoofd en nam net weer een trekje van zijn sigaret toen de telefoon in de zak van zijn beige duffel trilde.

'Met Anette, heb je even?'

'Ja hoor, zeg het maar,' zei Munch.

'Ik heb inmiddels contact gehad met het Ullevål-ziekenhuis, en het ziet ernaar uit dat Karoline Berg nu in staat is om ondervraagd te worden.'

'Mooi,' zei Munch. 'Hebben ze gezegd hoe laat?'

'Zeg maar wanneer je wilt komen, dan neem ik het op met de dienstdoende arts daar.'

'Oké, prima. En de directeur van het ballet?'

'Christiane Spidsøe,' zei Goli. 'Die is vandaag op haar werk in de Opera. Ik kreeg de indruk dat ze in alle staten was, maar ze wil je wel ontvangen wanneer dat zo uitkomt.'

'Zijn we wat aan de weet gekomen over de auto?'

Kripos had een grijze Mercedes gevonden, achtergelaten aan de kant van de weg bij wat eruitzag als het begin van een pad. De TR had op de vloer onder een stoel een ketting gevonden. Vivians moeder had bevestigd dat die van haar dochter was. Allemaal heel vreemd. Had hij haar erheen gereden? En was ze toen zelf verder gelopen? Waarom had iemand die auto met geopende portieren achtergelaten? En waarom was die helemaal daar neergezet?

'De Mercedes is afgelopen woensdag als gestolen opgegeven door een zekere Thomas Lorentzen, een advocaat.'

'Hebben we informatie over hem?'

'Voor zover ik kan zien niet, maar ik heb Grønlie gevraagd om wat telefoontjes te plegen. Ik vertrouw die nieuwe databases hier niet helemaal.'

'Oké, prima.' Munch zag beweging aan het tafeltje in Justisen.

'Hoe staat het met jullie?' vroeg Anette.

'Ze neemt op dit moment de foto's door.'

'Doet ze mee?'

'Ik denk het wel,' zei Munch.

'Fijn,' zei Goli. 'Ik heb de gerechtsarts verteld dat je eraan komt, wil je dat als eerste doen?'

'Dat doe ik in de loop van de dag wel. Was het Ernst-Hugo?'

'Nee, Vik is meen ik met pensioen. Een nieuwe, een vrouw. Lillian Lund.'

'Oké. Ik denk dat we maar met Karoline Berg beginnen, als ze ons tenminste te woord kan staan.'

'Neem je Mia mee?'

'Hopelijk wel,' zei Munch.

'Goed, succes dan maar. Bel me als zich iets nieuws voordoet,' zei Goli, en ze verbrak de verbinding.

Munch mikte de peuk op het droge asfalt en liep Justisen weer in. Hij schraapte even zijn keel en schoof voorzichtig op de stoel aan de andere kant van het tafeltje. 'En, wat denk je?' Hij had die blik al heel vaak gezien. Die heldere, blauwe ogen die weliswaar op hem gericht waren, maar toch mijlenver weg leken.

'Volgens mij is mijn vakantie voorbij,' mompelde Mia, en ze haalde een hand door haar ravenzwarte haar.

'Zeker weten?' zei Munch.

'Hè?' vroeg Mia.

'Wat vind je ervan?' vroeg Munch, en hij legde behoedzaam zijn hand op de map tussen hen in.

'Er ontbreekt iets.'

'Wat dan?'

'We kunnen niet zien wat het fototoestel zag. Is er op die plek geen foto vanuit dezelfde hoek genomen?' Ze bladerde wat door de foto's en keek naar hem op, nu iets minder afwezig.

'Niet als die daar niet tussen zit,' zei Munch.

'Ik...' begon Mia, en ze was alweer mijlenver weg.

Munch reageerde niet. Liet haar gewoon maar verdwijnen. Het team met of zonder Mia Krüger? Een verschil van dag en nacht. Ze mocht net zo lang de tijd nemen als ze wilde.

'Wat zie je?'

'Ik snap niet helemaal waarom hij die plek heeft uitgekozen,' zei ze ten slotte, terwijl ze weer naar hem opkeek.

'Hoe dat zo?'

'Hij wilde eerst met haar alleen zijn – is het dat?'

'Wat bedoel je met "eerst"?'

Ze hield haar hoofd een beetje schuin en keek hem aan.

Dat had Munch ook al heel vaak gezien, die blik die zei: *Zie jij niet wat ik zie?*

'Hij heeft die camera achtergelaten. Heeft haar zomaar open en bloot in het water laten liggen zonder een poging te doen haar weg te werken.'

'Ja, en...?' zei Munch.

'Dan wilde hij dat we haar zouden vinden,' zei Mia, en ze stak haar hand uit naar iets op de tafel, bijna verrast dat het er niet stond.

Een borrel. De vorige keren dat hij haar op die manier naar foto's had zien kijken, had ze altijd een fles bij de hand gehad, en het leek alsof haar lichaam even niet snapte dat daar verandering in was gekomen.

'Denk je?' vroeg Munch.

'Jij dan niet?' zei Mia, en ze nam toen maar een slokje mineraalwater.

'Ik weet het niet. Kun je het me uitleggen?'

'Ze krijgen altijd een beetje spijt, toch? Ze werken het lijk weg om voor zichzelf te verdoezelen dat het is gebeurd, dat heb jij me toch geleerd? Wel verdomme...' Ze raakte weer afwezig. 'Hij wilde tijd om met haar alleen te zijn.'

Munch zei niets.

'Dat was wat je wilde, hè?' vervolgde Mia met een blik die nu heel ver naar binnen was gekeerd, en de woorden kwamen zachtjes haar mond uit. 'Jij en zij. Alleen daar in het bos. Je klimt met haar naar boven. Hoe heb je haar meegenomen? Kende je haar? Jullie gingen samen naar boven. Vertrouwde ze je?'

'Wat denk je van dat boek?' vroeg Munch.

'Wat?' zei Mia verward.

'Die bladzij uit dat boek. Is die relevant?'

'Jazeker.'

Mia sloeg de map open en draaide de foto naar hem toe. 'Zie je het?'

'Waar zoek ik naar?'

'Ze is donderdag verdwenen?'

'Ja?'

'Vorige week heeft het geregend, deze week niet. Die bladzij lag daar nog niet lang. De vochtvlek hier komt waarschijnlijk van de grond. Hij heeft hem voor ons achtergelaten.'

Mia leunde naar achteren en haalde haar hand weer door haar haar.

'*De gebroeders Leeuwenhart* – wat zou dat betekenen?'

'Te vroeg om daar iets over te zeggen,' zei Mia, en ze dwaalde weer even af.

'Dus je doet mee?' zei Munch.

'De kortste vakantie ooit,' mompelde Mia met een berustend lachje. 'Zei je net iets over haar moeder?'

'Die was uit Bodø overgekomen om haar te zien dansen,' zei Munch. 'Ze kon haar nergens vinden en gaf haar als vermist op.'

'Waar is ze nu?'

'Ze is in shock geraakt en in Ullevål opgenomen.'

'Maar we kunnen haar wel spreken?'

'Ik heb daarnet groen licht gekregen,' zei Munch met een knikje.

'Geef me twee minuutjes,' zei Mia, en ze verdween richting wc.

7

Jon Larsen, de politieman die beter bekendstond als Curry, had zo'n knallende koppijn dat hij bijna niets zag door de voorruit. Hij nam een slok uit de waterfles tussen zijn benen, kneep zijn ogen tot spleetjes en kwam er niet goed uit of hij zijn opdracht van die dag nu wel of niet leuk vond. Observeren. Geen actie dus. Hij keek op naar het flatje aan de Kyrre

Grepps gate. Lotte. Een junkie van zeventien. Weer zo iemand die zich ver onder in de drugshiërarchie bevond, maar om een of andere reden moest ze toch in de gaten worden gehouden. Wie weet kwamen ze via haar bij iemand uit die hoger stond. Hij had niet de hele briefing meegekregen; hij had er al genoeg moeite mee gehad om zijn ogen open en zijn ontbijt binnen te houden. Had hij een andere bar moeten uitkiezen? Maar dat was toch weer op hetzelfde neergekomen. Meer bier. Meer whisky. En vervolgens was hij weer in hetzelfde bed wakker geworden, met dat jeugdige gezicht op het andere kussen en een kater van heb ik jou daar.

Luna. Wat was dat verdomme nou voor naam? Eenentwintig, met dreadlocks en een neuspiercing. Een tatoeage op haar arm van een figuur waar Curry zelfs nog nooit van had gehoord. Luna – wie noemde zijn kind nou zo? Hij realiseerde zich nu dat hij zo over haar dacht: een kind. Nou ja, niet echt een kind, maar toch wel veertien jaar jonger dan hij. Een barmeid. Nee, zo ging het niet langer. Hij moest iets doen.

Hij probeerde zijn hoofd op gang te brengen, een soort plan te bedenken, maar hij was nog niet ver gekomen toen het portier openging en zijn collega naast hem schoof. Allan Dahl, in veel opzichten de tegenhanger van Curry. Lang en slungelig, met een baard die hij al had gehad toen Curry de vorige keer bij de drugsbrigade had gezeten en die nu plotseling weer in de mode was zonder dat zijn collega daar veel belang aan leek te hechten.

'Nog iets gebeurd?'

'Niks,' prevelde Curry.

'Er zijn hier toch geen andere uitgangen?'

'Nee, tenzij ze er na onze laatste controle eentje bij gemaakt hebben.'

Dahl pakte zijn koffie uit de houder aan het dashboard zonder zich iets van zijn zwaar aangezette sarcasme aan te trekken. 'Een mokka latte voor mij, een gewone zwarte koffie voor jou.

Sorry dat het zo lang duurde, maar ik moest helemaal naar die koffietent in de Vogts gate om iets fatsoenlijks te vinden.'

Curry proefde van zijn koffie, maar merkte eigenlijk geen verschil met wat ze elders serveerden.

'Nou,' zei Dahl, en hij gluurde nieuwsgierig opzij. 'Ik heb gisteren je beste vriendin gesproken. Gaat ze op reis?'

'Hè?'

'Die superdetective. Ze kreeg op de begane grond een nieuwe pas uitgereikt. Heeft ze soms een baantje in het buitenland op de kop getikt?'

Curry nam nog een slok water en begon nu te begrijpen wie zijn collega bedoelde.

Mia Krüger.

Hij schudde even zijn hoofd. De superdetective – hoe kwam de man erop? Hij had haar voor een heleboel rare dingen horen uitmaken, maar deze had hij nog niet eerder gehoord. De andere collega's in het korps waren doorgaans nogal jaloers op haar. Het team van Munch werd hoog aangeslagen en wie niet uitverkoren was, was altijd geneigd overhaast te oordelen. Hij had de drugsbestrijding destijds met opgestoken veren verlaten en ze daar vergenoegd zien grijnzen toen hij weer aan hen werd uitgeleend.

O ja? Is de eenheid weer opgeheven? Liep het niet zo lekker?

Curry beschouwde zichzelf niet als de slimste of meest belezen persoon, maar soms vond hij dat de mensen in zijn omgeving zich bijna kinderachtig gedroegen. Haat en nijd in de wandelgangen, gehak op alles en iedereen, een voortdurend gevecht om de beste plaatsen in de pikorde, alsof ze op de basisschool of in het kippenhok zaten.

Ach, wat kon het hem ook schelen. Vanavond geen gezuip. Hij hakte nu de knoop door. Deze week iedere avond dezelfde bar, hetzelfde jonge meisje naast hem in bed. Wat zag ze eigenlijk in hem?

'Of heb je misschien geen contact meer met haar?' Dahl wist van geen opgeven.

'Jawel, we bellen elkaar zo nu en dan,' zei Curry.

'Was het destijds zelfverdediging, of klopt het dat ze die vent eenvoudigweg heeft afgemaakt?'

Curry deed alsof hij plotseling uitermate geïnteresseerd was in wat zich in de flat daarboven afspeelde, maar er was geen ontkomen aan.

'Ze zeggen dat ze domweg door het lint is gegaan. Dat ze niet helemaal goed snik is. Zij heeft die vent toch koud gemaakt? Niet Munch?'

Curry zuchtte.

Het was een grote zaak geweest, een paar jaar geleden. Hij was ook die keer weer in Grønland terechtgekomen. Munch en Mia hadden een spoor gevolgd naar een caravan bij het Tryvann, op jacht naar een verdwenen meisje. Bij aankomst hadden ze iets heel anders aangetroffen. Een bekende pusher en junk, Markus Skog, de ex van Mia's tweelingzus Sigrid. Mia had hem twee keer in zijn borst geschoten. Ze was onmiddellijk geschorst, en omdat Munch haar had verdedigd, had hij er ook aan moeten geloven. De stad uit gestuurd. En de eenheid was opgeheven.

'Het was zelfverdediging,' zei Curry, en hij hoopte dat ze nu van onderwerp konden veranderen.

'Maar zij heeft geschoten?'

'Dat klopt. Munch is pas later de caravan in gegaan, geloof ik.'

'Dus hoe kon hij haar dan verdedigen?' Dahl nam een slok koffie en keek hem met knipperende ogen aan. 'Heeft ze die bijnaam trouwens van de kranten gekregen?'

Weer slaakte Curry een zucht. Kennelijk moest het vandaag per se hierover gaan. De media hadden de zaak opgepikt en in een vloek en een zucht was Mia Krüger de bekendste persoonlijkheid van het land geworden. Vrij wild. Het nieuwste speeltje van de paparazzi. Het was gelukkig vrij snel overgewaaid, de gieren hadden zich op hun volgende slachtoffer gestort, maar in het korps was de nieuwsgierigheid blijkbaar nog volop aanwezig.

'Welke bijnaam?'

'Mia Manestraal.'

'Nee, die had ze van haar oma gekregen.' Curry zette zijn koffiebeker weg en keerde zich geërgerd naar zijn collega. 'Omdat ze eruitziet als een indiaanse, denk ik. Je weet wel, lang zwart haar. Wordt 's zomers snel bruin. Ze is trouwens geadopteerd, wist je dat?'

'Wat? Nee...'

'Jawel, allebei de tweelingzussen,' bevestigde Curry. 'Meteen na de geboorte. Mia en Sigrid. Door een stel in Åsgårdstrand. Erg aardige mensen, heb ik gehoord. Zijn inmiddels overleden, de hele club ligt op hetzelfde kerkhof en zij is nu alleen op de wereld. O ja, en ze heeft een litteken boven haar ene oog. Een kerel tijdens een verhoor, *flats*, ze bofte dat ze niet blind was geworden. Verder mist ze een vingerkootje. Zo'n rottweiler, dacht ik. Zette z'n tanden zomaar in haar hand. Ik geloof dat ze het beest moest doodschieten.'

Dahl haalde een hand door zijn dunne haar en knikte hem met een flauwe grijns toe.

'O ja, en dan heeft ze meen ik nog een tatoeage van een vlinder, ergens op haar heup.' Curry trok zijn trui omhoog. 'Hier, geloof ik.'

'Zo kan-ie wel weer,' mompelde Dahl. 'Het was maar een vraag. We zitten hier verdomme de hele dag nog.'

'Ja, waarom eigenlijk?' vroeg Curry. 'Die meid gaat toch duidelijk nergens heen? Ze zal wel op een roze wolk zweven, en intussen hadden wij voor hetzelfde geld onze tijd beter elders kunnen besteden.'

'Orders,' zei Dahl nors, en hij haalde zijn schouders op. 'Wat is er vandaag met jou aan de hand? Niet ontbeten, of zo?'

Curry schudde zijn hoofd en nam nog een slok uit zijn waterfles. De jongens van de drugsbrigade. Geen spat veranderd. De stad was de afgelopen weken overspoeld met heroïne, volgens het gerucht van eersteklas kwaliteit. Het overdosisteam had op topsnelheid gedraaid, en net als de anderen twijfelde Curry er geen seconde aan dat het systeem niet deugde. Hier in het zogenaamd beste land ter wereld. Misschien konden ze die troep beter legaliseren. Om alles netjes op orde te krijgen. De mensen hadden er behoefte aan om high te worden, dat was zo klaar als een klontje, dus waarom dan niet de hele handel door de staat laten reguleren? De heroïne misschien niet, maar wel de softdrugs, hasj, marihuana, de teugels wat laten vieren, het winstbejag elimineren, de boel decriminaliseren? Alles zou er zoveel simpeler op worden. Een junk van zeventien in de gaten houden die net genoeg had om de dag mee door te komen, waar sloeg dat verdomme op?

Op de stoel naast hem deed Dahl er het zwijgen toe; hij begreep blijkbaar hoe de vlag erbij hing.

Kwaadspreken over Mia? Vergeet het maar. Niet waar hij bij was. De jaloerse klootzakken.

Na een poosje schraapte Dahl zijn keel. 'En,' vroeg hij, duidelijk in een poging zijn imago op te krikken, 'dat meisje dat ze in dat meertje hebben gevonden – rare zaak toch, met dat complete balletkostuum aan? Weet jij daar meer over?'

'Nee,' zei Curry.

'Raar dat we niks te horen krijgen, vind je ook niet? Ik bedoel, het is al twee dagen geleden. Dat had inmiddels toch wel verder naar buiten moeten komen.'

'Tja, Kripos,' zei Curry. 'Daar laten ze zich nou eenmaal niet in de kaart kijken.'

'Ik weet het niet, hoor,' zei Dahl. 'Volgens mij zit er meer achter.'

'O ja?'

'Je hebt het niet van mij, maar ik heb een vriendin bij de TR zitten die zei dat ze iets geks hadden gevonden.'

'Wat dan?'

'Dat zei ze niet. Ik geloof dat iedereen daar momenteel zwijgplicht heeft.'

'Zo?' zei Curry, en hij nam weer een slok koffie.

'Ja, er is geheid iets aan de hand wat wij niet mogen weten,' zei Dahl. 'Jezus, wat heb ik een honger. Wil jij er niet even vijf minuten tussenuit? Ik kan hier best even alleen blijven zitten. Misschien kun je iets te eten voor ons halen?'

'Jij bent toch verdorie net weggeweest? Waarom heb je dan niks meegebracht?'

Dahl haalde zijn schouders op en knikte naar de flat daarboven, alsof hij wilde zeggen dat hij zo weinig mogelijk wilde missen.

Curry zuchtte nog maar eens. Hij snapte echt niet waarom ze zo nodig de hele dag een junk van zeventien die Lotte heette moesten observeren. Hij wilde net uit de auto stappen toen er een bericht op zijn telefoon binnenkwam. Terwijl hij het las, kon Curry een glimlach niet onderdrukken.

'Wat?' vroeg Dahl.

'Je zult zelf achter je eten aan moeten.'

'Hoezo?'

'Dat was Anette Goli. De eenheid draait weer. Succes met die junk.'

Curry grijnsde en gaf zijn collega een vriendelijk schouderklopje. Toen stapte hij uit en hield een taxi richting centrum aan.

8

Karoline Berg zat duidelijk onder de medicijnen, maar geen middel ter wereld kon verbergen dat er binnen in haar iets was gestorven wat nooit meer tot leven zou komen. Ze was begin veertig, had halflang blond haar en wilde per se haar bed uit om hen te begroeten, ook al was het zonneklaar dat ze nauwelijks op haar benen kon staan.

'Zoals gezegd stellen we het erg op prijs dat je ons te woord wilt staan,' zei Munch toen de formaliteiten achter de rug waren en Karoline weer in bed zat.

Mia Krüger had hier geen goed gevoel bij. De blondine uit het noorden leek helemaal van de wereld en totaal afwezig, in elk geval niet klaar voor een grondig verhoor. Ze was het liefst meteen de deur weer uit gelopen.

'Ik kan maar niet bevatten dat ze er niet meer is.' Een iel stemmetje onder een wazige blik.

'Dat snap ik best,' zei Munch, die op een stoel naast het bed was gaan zitten. 'En nogmaals: het spijt ons dat we je op deze manier lastigvallen, maar we willen heel graag begrijpen wat er is gebeurd.'

De ontmoeting met de nabestaanden van het slachtoffer greep haar altijd veel te veel aan. Gelukkig was Munch wat dat betreft precies het tegendeel. Ze had al herhaaldelijk meegemaakt dat de hartelijke teddybeer in hem ontwaakte en zoiets als dit uitstraalde. Iets kalms. Iets vaderlijks. Waardoor de rouwenden het gevoel kregen dat ze in veilige handen waren. Als Munch niet zo weinig gelovig was geweest, had hij een goede dominee kunnen zijn, had ze vaak gedacht.

'Ik geloofde eerst niet dat zij het was,' mompelde Karoline Berg terwijl ze uit het raam staarde. 'Ze zag er heel anders uit. Ze was altijd zo levendig. Er zat niets van Vivian meer in, en dus kon zij het niet zijn.'

'Ik snap het,' zei Munch met een vriendelijk knikje. 'En nogmaals, Karoline: als het je te veel wordt, zeg het dan. We doen dit in jouw tempo.'

'Die oorbellen met de parels,' vervolgde Karoline zonder te merken dat Munch iets had gezegd. 'Dat zou zij nooit hebben gedaan. Ze had een hekel aan gaatjes in haar oren. Ik heb het nog geprobeerd, want ze zeggen dat alle meisjes dat willen, maar nee, zij zag het echt niet zitten.'

Met licht opgetrokken wenkbrauwen keek Munch naar Mia. 'Dus die oorbellen waren nieuw voor je?'

Karoline knikte zonder haar blik van het raam af te wenden.

'Het spijt me echt, maar we moeten dit vragen,' zei Munch. 'Heb je enig idee wie Vivian dit kan hebben aangedaan? Heeft ze ooit verteld dat er iets was gebeurd? Had ze vijanden?'

De blonde vrouw uit het noorden keerde zich naar Munch toe. Haar lome blik wekte de indruk dat diens aanwezigheid nog steeds niet helemaal tot haar doorgedrongen was.

'Ik geloof niet dat Sebastian en zij iets met elkaar hadden. Voor zover ik weet waren ze gewoon vrienden. Vivian wilde altijd alleen maar dansen, ze is nooit zo met jongens bezig geweest.'

Mia kuchte even in een poging de aandacht van Munch te trekken. Karoline Berg was hier duidelijk niet klaar voor. Ze gaf niet eens antwoord op de vragen die haar werden gesteld.

'Sebastian?' zei Munch voorzichtig. 'Weet je zijn achternaam nog?'

'Oorbellen met parels? Dat was toch niets voor jou, Vivian? Wilde je op oma lijken? Je zei toch altijd dat zoiets niet mooi was? Je vond het toch ijdel?'

Karoline lachte zachtjes bij zichzelf, terwijl haar ogen half dichtvielen. Mia zag alleen het oogwit nog. De arme vrouw bleef even zo liggen en kwam toen weer een beetje bij haar positieven, maar het leek net alsof ze hen voor het eerst zag. 'O, sorry,' prevelde ze, en ze kwam overeind.

Munch legde behoedzaam zijn hand op de hare. 'Geeft niet, Karoline. Maar ik vraag me af of het niet beter is als we later nog eens terugkomen, zodat je eerst wat kunt uitrusten.'

Hij keek even naar Mia, die instemmend knikte en overeind kwam.

'Gaan jullie nu al weg? Nee, nee, ik wil graag helpen. Laat me jullie helpen. Ze kan daar niet alleen blijven liggen, iemand moet haar helpen. Vivian, mama komt eraan.' Karoline probeerde op te staan, maar haar handen konden de rand van het dekbed niet vinden.

'Rustig maar,' zei Munch kalmerend, terwijl hij de rode knop naast het bed indrukte.

'We hebben niets met hem te maken!' barstte Karoline plotseling uit.

'Met wie?' vroeg Munch.

'Vivian, beloof het me. Hij is geen familie meer van ons!'

Het tengere lichaam sidderde nu. De deur ging open en er kwamen twee verpleegsters binnen. De eerste legde een hand op haar voorhoofd en keerde zich naar Munch. 'Ik denk dat jullie beter kunnen gaan.'

'Natuurlijk,' zei Munch, en hij stond op.

'Karoline? Ben je er nog?' De deur ging weer open. Ditmaal was het een dokter.

Eenmaal buiten op de parkeerplaats constateerde Mia dat het lang geleden was dat ze Munch zo razend had gezien.

'Wie heeft hier in godsnaam toestemming voor gegeven? We hadden nooit mogen gaan.'

'Dat moet je niet aan mij vragen,' zei Mia, terwijl ze in de auto stapte. 'Wat vinden we ervan?'

'Van die Sebastian?'

'Ik dacht meer aan het laatste wat ze zei.'

'Bel naar kantoor,' zei Munch met een knikje. Hij startte de auto. 'Gabriel. Die heeft bij de fiscale recherche gezeten, maar ik geloof dat hij weer terug is.'

Mia haalde haar telefoon uit haar leren jasje. 'Waar gaan we naartoe?'

'Naar de balletdirecteur van de Opera,' zei Munch, terwijl hij de Ullevålsveien op draaide.

'Oké,' zei Mia en ze belde het nummer van Gabriel Mørk.

9

Terwijl Gabriel Mørk op het liftknopje drukte, besefte hij dat hij die kriebel in zijn lijf al een hele tijd niet meer had gevoeld. Uitgeleend aan de fiscale recherche. Niet slecht, maar het was in de verste verte niet hetzelfde geweest als dit.

Mariboes gate 13. *De eenheid was terug.*

Hij lachte tegen zijn spiegelbeeld op de liftdeur en dacht eraan hoezeer zijn leven was veranderd. In die korte tijd. Op zijn kop gezet. Hij was een compleet ander mens geworden. Nog geen jaar geleden had Holger Munch hem uit zijn eenzame hackersbestaan achter zijn computers in de kelder gevist en bij de politie gehaald. Nu woonde hij in een nieuwe flat in Torshov en stond hij iedere ochtend op om naar zijn werk te gaan. En niet in de laatste plaats: hij had een dochtertje gekregen.

Emilie.

Een schok die hij eigenlijk nog niet te boven was. Hij, vader? Gabriel wist niet precies meer hoe hij zijn leven voor zich had gezien, maar in elk geval niet zo. De innerlijke rust. Het idee dat zijn leven een doel had. Iets wat groter was dan hijzelf. Soms werd hij 's nachts alleen maar wakker om op te staan en naar haar te gaan kijken. Die kleine vingertjes, losjes over haar zachte handpalmen gebogen. Zijn hand op haar buikje, alleen maar om te voelen dat ze ademde.

Wat doe je?

Ik kijk alleen maar even.

Lieve help, Gabriel, ze slaapt, het gaat prima met haar.

Ja, maar...

Terwijl hij bij zichzelf glimlachte, schoof de liftdeur open.

Het vorig najaar hadden ze gewerkt aan een zaak waarbij Munchs dochter Miriam betrokken was. Ze had het er maar net levend afgebracht, was blindelings een afgrond in gerend en bijna doodgevallen, maar ze had het gelukkig overleefd.

Munch was met verlof gegaan om voor haar te zorgen en de eenheid had zich naar alle windstreken verspreid. Curry had bij de drugsbrigade gezeten, Ylva bij de zedenpolitie, hijzelf bij de fiscale recherche, Anette Goli en Ludvig Grønlie hadden de eenheid op een laag pitje laten doorsudderen en Mia – nee, hij wist niet waar Mia had uitgehangen, maar hij merkte dat hij zich erop verheugde haar terug te zien.

Weer terug. Eindelijk.

Toen hij de lift uit stapte, stuitte hij onmiddellijk op een bekend gezicht.

'Nee maar, is dat zowaar papa Mørk niet?' De buldog Curry kwam de koffiekamer uit en gaf hem een klap op zijn schouder. 'Is het Mia geworden?'

'Hè?' zei Gabriel.

'Laat die jongen met rust, Curry,' zei Ludvig Grønlie. 'Ha Gabriel, goed om je te zien.'

'Ik vroeg het alleen maar,' zei Curry. 'We hadden toch een weddenschap?'

'Wat bedoel je?'

'Hij is je alleen maar aan het stangen,' zei Grønlie, en hij verdween door de gang.

'O?'

'We vroegen ons alleen af of het Mia was geworden,' zei de buldog.

'Nee.' Gabriel snapte eindelijk waar het over ging. 'Emilie.'

'Potdorie, daar gaat m'n geld,' zei Curry met een knipoogje en nog een dreun op zijn schouder.

'Ha,' zei Gabriel en hij liep zijn kantoor in.

Het was een publiek geheim dat Gabriel Mørk dol was op Mia Krüger. En jawel, hij had het inderdaad overwogen, maar daar had zijn vriendin Tove een stokje voor gestoken. Allemaal goed en wel dat hij met zulke bekwame mensen werkte, maar was het nu echt nodig dat hij het zo vaak over die ene collega had? Dus nee, Mia was het niet geworden.

Emilie.

Hij glimlachte en dacht vol warmte aan zijn kleine meisje. Nog voor hij goed en wel achter zijn bureau zat en zijn pc op het netwerk had aangesloten, ging zijn telefoon over. 'Ja?'

'Hoi, met Mia. Je moet iets voor ons natrekken, oké?'

'Natuurlijk. Wat precies?'

'Hebben we haar telefoon en haar laptop al binnen van de TR?'

'Weet ik niet, maar ik kijk wel even. Hoezo?'

'Het lijkt erop dat ze een vriend had, maar we hebben alleen zijn voornaam.'

'En die luidt?'

'Sebastian. Kun je erachter proberen te komen wie dat is?'

'Jazeker.' Gabriel schoof de telefoon tussen kin en schouder en bracht zijn handen naar het toetsenbord. Hij haalde de Facebookpagina van Vivian Berg op. 'Ik heb hier een Sebastian Falk. Ze zijn in elk geval Facebookvrienden... Even kijken...'

'Wat kun je over hem ontdekken? Danst hij ook?' Op de achtergrond hoorde hij Munch iets brommen.

'Nee, daar ziet het niet naar uit,' zei Gabriel met een korte blik op de pagina waarop hij was beland. 'Hij ziet er eerder uit als zo'n type dat aan *extreme sports* doet. Er staat dat hij survivalinstructeur is, wat dat ook wezen mag.'

Een jongeman boven op een berg. In een klimhal. Drie mannen in een pub, alle drie achter een biertje. Een helikopter waar iets onder bungelde. Een kajak in een bruisende stroomversnelling. Het had Gabriel altijd verbaasd hoeveel van hun privéleven mensen op deze site deelden.

'Foto's van, laat ik zeggen, activiteiten in de buitenlucht, een link naar het extreme sports-weekend in Voss, foto's van parachutespringen en bergbeklimmen – dat soort dingen. Er staat niets over een relatie, maar dat zegt natuurlijk weinig.'

'Hebben we een adres?'

Gabriel opende een nieuw scherm en haalde de telefoongids op. 'Er staat hier maar één Sebastian Falk. Als het dezelfde is woont hij in Tøyen, ik heb hier zijn nummer.'

'Geef maar aan Ludvig en vraag hem of hij dit onmiddellijk oppikt.'

'Natuurlijk.'

Het bleef even stil aan het andere einde. Gabriel hoorde Munch op de achtergrond iets blaffen, maar ving niet op wat.

'En dan moet je nog iets voor me doen. Dit is wat vager, maar we denken dat iemand in de familie misschien ergens bij betrokken is geweest.'

'Waarbij?'

'Dat weten we niet. Kun je kijken of we iets hebben over een familielid?'

'Zeker,' zei Gabriel.

'Mooi,' zei Mia. 'Geef je me een belletje als er iets boven water komt?'

'Doe ik. Zijn jullie op weg hierheen?'

'Nee, naar de Opera,' zei Mia.

'Oké, ik bel je als...' begon de jonge hacker, maar Mia had al opgehangen.

Gabriel trok zijn jas uit, viste een cola uit zijn zak en logde in op het systeem.

Tijdens zijn stage was het bijna een schok voor hem geweest hoeveel informatie de staat eigenlijk over doodgewone burgers had opgeslagen. Iets meer dan een jaar geleden had hij deze netwerken nog gebruikt om via een achterdeurtje bij die websites in te breken, maar nu hij er met één muisklik moeiteloos binnenkwam, had het in eerste instantie bijna te makkelijk geleken.

Bij diverse databases, inclusief de DNA-databank, de registers voor foto's en vingerafdrukken, de Basisregistratie Personen en niet in de laatste plaats het justitieel documentatiesysteem, waarin een groot deel van de politiemacht niet alleen informatie kon opslaan van degene die een strafblad hadden, maar ook van mensen die alleen maar ergens van werden verdacht, hun familieleden, hun kennissenkring en hun collega's inbegrepen.

Big data. Big Brother is watching.

Zijn vroegere anarchistische collega's op internet zouden het ongetwijfeld acuut aan hun microchips krijgen als ze wisten waar hij op dat moment mee bezig was, maar eerlijk gezegd boeide dat hem niet meer. Aanvankelijk wel; in een paar IRC-chatrooms waar hij lid van was had hij een aantal sarcastische berichten naar zijn hoofd gekregen.

Changed sides, have we?

Stak dat nog steeds een beetje? Ach, welnee! Kleine meisjes van zes die met een bordje om hun hals in een boom hingen. Een tienermeisje dat in een cirkel van kaarsen naakt op een bed van veren lag. Vivian Berg, tweeëntwintig, gevonden in een bergmeertje en vermoord met een antivriesinjectie, recht in het hart.

Ze konden de pot op. Hij zat nu bij de politie.

Terwijl hij een slok cola nam en op de eerste database inlogde, merkte Gabriel Mørk dat hij er zelfs een beetje trots op was.

10

Christiane Spidsøe was een gracieuze, donkerharige vrouw van halverwege de dertig en het was duidelijk dat ze danseres was geweest. Ze liep als een ballerina door het kantoortje en schonk koffie in alsof dat bij een voorstelling hoorde, met opgeheven hoofd en een glimlach om haar lippen. Maar al deed deze mooie vrouw nog zoveel moeite dit op een doodgewoon gesprek te laten lijken, Mia kon duidelijk zien hoezeer de moord haar had aangegrepen.

'Melk of suiker?'

De elegante balletdirecteur boog zich over het tafeltje en gebaarde naar een zilveren potje.

'Voor mij niets,' zei Munch.

'Wat een tragedie,' zei Spidsøe met een korte blik op Mia.

'Gecondoleerd. Het zal wel een grote schok zijn geweest,' zei Munch, terwijl hij zijn duffelse jas openknoopte.

'Verschrikkelijk,' zei Spidsøe hoofdschuddend. 'Bijna niet te geloven. Nog steeds niet. Vivian. Zij was ons... ons zonnestraaltje.' Met een lachje bracht ze de kop naar haar mond. 'Het klinkt misschien stom, maar dat was ze echt. Vivian was anders dan de rest – niet zo met zichzelf bezig, als jullie begrijpen wat ik bedoel.'

'Eigenlijk niet,' zei Munch met een kuchje.

'Nou ja,' vervolgde Spidsøe. 'Je weet wel: balletdansers.'

'Nog steeds niet helemaal,' zei Munch vriendelijk.

'Mijn zusje danste,' zei Mia.

'O ja? Professioneel?'

'Nee, alleen toen we klein waren. Schoolvoorstellingen en zo.'

'Wat leuk,' zei Spidsøe met een knikje. 'Ballet is een kunstvorm die helaas ondergesneeuwd raakt onder een lawine van boeken, maar we doen wat we kunnen. De gewone man en zo.'

Munch schraapte zijn keel. 'Kende je haar goed?'

'Vivian? Ja en nee.' Spidsøe zette haar koffiekop neer. 'Als artistiek directeur Ballet ben ik verantwoordelijk voor bijna zestig dansers, plus balletmeesters, danspedagogen en de administratieve staf, maar ik probeer iedereen zo veel mogelijk persoonlijk te begeleiden.'

'Wanneer heb je haar voor het laatst gezien?' vroeg Mia.

'Woensdagmiddag,' zei Spidsøe. 'We zitten tussen twee voorstellingen in, en daarom had iedereen donderdag en vrijdag vrij. Vivian is zelfs nog bij me op kantoor geweest om te vragen of ze maandag ook vrij kon krijgen. Ze wilde geloof ik een tripje maken.'

'Heeft ze ook gezegd waarheen?'

Spidsøe stak haar hand uit naar het zilveren potje en liet een suikerklontje in haar koffie vallen. 'Naar familie, geloof ik. Sorry, maar ik was met iets anders bezig. We hebben een gat in onze begroting gehad, dus het is de laatste tijd een beetje druk geweest.'

'Maar je hebt gezegd dat het goed was?'

Ze knikte. 'In de periode dat we voorstellingen hebben werkt iedereen de klok rond, dus ik vind het prima als mijn dansers een poosje vrij nemen zodra dat kan.'

'Enig idee waar ze naartoe wilde?'

'Helaas,' zei Spidsøe. Ze staarde uit het raam. In de verte zag Mia een zeilbootje.

'Wat een tragedie. Weten jullie ook...?'

'Jammer genoeg nog niet,' zei Munch.

'Had Vivian gaatjes in haar oren?' vroeg Mia.

'Hè?' Spidsøe keek haar verbaasd aan.

'Je weet wel.' Mia trok aan haar oorlelletjes.

'Eh... nee, niet dat ik weet. Hoezo?'

Mia kon nu nog duidelijker zien dat dit niet meer dan een façade was. Christiane Spidsøe had een grotemensengezicht opgezet om de dag door te komen, maar eigenlijk kon ze elk moment instorten. Haar schoteltje rinkelde toen ze het koffiekopje er met trillende hand op terugzette. 'Het spijt me, ik...' Ze glimlachte zwakjes en er rolde een traan over haar wang. Ze veegde hem met haar hand weg en ging weer rechtop zitten.

'Nee, het spijt óns,' zei Munch. 'We beseffen hoe moeilijk dit voor je moet zijn. We stellen het erg op prijs dat je de tijd neemt om ons te helpen.'

'Dat moest er nog aan ontbreken,' zei Spidsøe, terwijl de volgende traan de plaats van de vorige innam.

Mia werd bijna misselijk. Al dat verdriet. Ze werd gered doordat de telefoon in de zak van haar leren jasje trilde. Ludvig Grønlie.

'Deze moet ik eigenlijk wel aannemen,' zei ze verontschuldigend, en ze liep de gang op. 'Ja?'

'Ik heb hem te pakken gekregen,' zei Grønlie. 'Sebastian Falk. Hij is met vakantie naar Zwitserland – bergbeklimmen. De arme jongen, hij had nog niet eens gehoord dat ze dood was.'

'Hoe reageerde hij?'

'Hij schrok zich een ongeluk,' mompelde Ludvig. 'Kon geen woord uitbrengen. Hij moest ophangen en mij terugbellen.'

'Heb je gevraagd of ze een relatie hadden?'

'Ik kreeg het gevoel dat ze dikke vrienden waren, maar meer ook niet. Hij wilde in het eerstvolgende vliegtuig springen.'

'Heb je hem gevraagd of hij zich wil melden zodra hij er is?'

'Hij wilde graag helpen. Ik heb hem gevraagd of hij mij wilde bellen.'

'Mooi, dank je, Ludvig,' zei Mia, en ze hing op. Ze wilde net het kantoor van de balletdirecteur weer binnenlopen toen ze opnieuw werd gebeld.

'Hai,' zei Gabriel Mørk. 'Is er iets mis met je telefoon?'

'Ja, die doet een beetje raar. Zodra ik tijd heb, ga ik een nieuwe kopen. Heb je iets gevonden?'

'Jazeker,' zei Gabriel, en nu hoorde ze hoe opgewekt hij klonk. 'Het heeft even geduurd, maar uiteindelijk heb ik het boven tafel gekregen.'

'Wat?'

'Ik heb in het politieregister iets over Karoline Berg gevonden in verband met ene Raymond Greger.'

'Is ze bij de politie in beeld geweest?' zei Mia verrast.

'Nee, zij niet, maar hij. Het rare was alleen dat er niets in het dossier stond, behalve de naam van een politieadvocate in Bodø.'

'Was het politiedossier leeg?'

'Op die namen na, maar ik heb wel die politieadvocate gebeld. Heel interessant, denk ik. Heb je even de tijd?'

'Ja, laat maar horen.'

'Naar blijkt,' vervolgde Gabriel, 'gold die Raymond Greger een paar jaar geleden als verdachte in een hoogst eigenaardige zaak.'

'En wat is het verband tussen hem en Vivian?'

'Ja, sorry, hij is haar oom.'

'De broer van Karoline Berg?'

'Halfbroer.'

'En waarvan werd hij verdacht?'

'Dat is het interessante,' ging Gabriel verder. 'Bij twee verschillende gelegenheden zijn er een paar jaar geleden in Bodø twee kleine meisjes verdwenen. Later doken ze weer op, en ze vertelden allebei hetzelfde merkwaardige verhaal.'

'Wat voor verhaal?'

'Ze waren door een man meegenomen naar een huis buiten de stad.'

'Misbruikt?'

'Niet echt. Hij had met ze gespeeld.'

'Hoe bedoel je, gespeeld?'

'Als in: samen spelletjes gedaan. Met poppen, een theeserviesje, verkleedkleren aangetrokken...'

'Hè?'

'Ik weet het. Ik heb al heel lang niet meer zoiets geks gehoord.'

'Waarom stond dat dan niet in dat dossier?'

'Nou, en nu komt het,' zei Gabriel ijverig. 'Allebei de meisjes wezen Raymond Greger aan, maar de zaak werd geseponeerd.'

'Waarom?'

'Dat snapte ik niet helemaal. Een technisch detail, misschien kan Anette dat beter uitleggen. Maar hoe dan ook, hij werd ontslagen van rechtsvervolging en nam een advocaat in de

arm om te zorgen dat er niets over hem in het register kwam.'
'Merkwaardig. Zei die politieadvocate ook waarom?'
'Naar het schijnt om te zorgen dat hij kon doorgaan.'
'Waarmee?'
'Met zijn werk. Hij is onderwijzer.'
'Hè?'
'Zeg dat wel.'
'In Bodø?'
'Nee, hij is verhuisd.'
'Weten we waar hij nu zit?'
'Jawel,' zei Gabriel triomfantelijk. 'Ik heb hem opgespoord. Hij werkt tegenwoordig op de basisschool van Hedrum. Vlak buiten Larvik.'
'Godver.'
'Inderdaad. Denk je dat we beethebben?'
'Zeker,' zei Mia. 'Hartstikke goed, Gabriel.'
'Die politieadvocate wil graag dat we contact houden.'
'Prima, geef maar door aan Anette.'
'Komt in orde.'
'Fantastisch gedaan, Gabriel. We zien elkaar straks.' Mia stak haar telefoon in haar zak en liep het kantoor van de balletdirecteur weer in.

11

De advocaat Thomas Lorentzen zat in zijn kantoor aan de Gabriels gate nerveus naar het telefoontoestel voor zijn neus te kijken. Hij wachtte op het onvermijdelijke telefoontje. Dat moest haast wel komen. Ze zouden hem nu geheid bellen. *Verdomme, hoe had zoiets kunnen gebeuren?* Zijn Mercedes was minder dan een week gestolen terwijl hij pal voor het kantoor stond. En nu was de auto opgedoken in een moordzaak.

Allejezus, hoe kan dat nou?

De telefoon lag nog steeds rustig voor hem op tafel. Het zwarte, blinkende dode ding lachte hem uit, zo voelde het. Kwelde hem door geen geluid te laten horen. Hij had zin om hem tegen de muur te smijten. *Ga nou toch verdorie eens over. Je weet dat het niet lang meer kan duren, waarom laat je me dan wachten?* Lorentzen wierp een verbolgen blik op het toestel, maakte zijn das los en stond op. Onderweg naar zijn minibar ving hij in het raam een glimp van zijn gezicht op. Oogde hij vermoeid? Hij voelde zich niet moe, of toch wel. Natuurlijk eiste dit zijn tol, maar hij had toch verdomme niets met die moord te maken?

Of wel? Hield dit verband met dat andere?

Lorentzen opende de minibar en schonk een kristallen glas van de plank aan de muur vol met whisky. Pas toen hij weer achter het grote mahoniehouten bureau zat, besefte hij dat hij teruggelopen moest zijn. Die klotetelefoon ook. Mooi was hij ook al niet. Niet zoals zijn eigen telefoon, die hij speciaal uit Engeland had laten komen: een vergulde iPhone. Hij wist natuurlijk dat hij daar niet mee moest gaan lopen zwaaien – wist heus zelf wel hoeveel geld hij had –, maar hij had het niet kunnen laten. Iets mocht hij zichzelf toch wel gunnen, na alles wat hij had gedaan? Wisten ze verdomme wel wat een enorm risico hij liep? Hij merkte nu dat hij zich begon te ergeren.

Godver, een lijk? En dan niet een van die jonge junkies die geen hond iets konden schelen. Het nieuws had er bol van gestaan. Een jonge vrouw. Een balletdanseres. In een bergmeertje. Hij had zich suf zitten piekeren of er een verband zou kunnen zijn, maar nee. Het moest toeval zijn, iets anders kon hij er niet van maken. De politie had hem eerder die dag gebeld. Ene Grønlie.

'Spreek ik met Thomas Lorentzen?'

'Ja.'

'Ben jij de eigenaar van een grijze Mercedes Benz E 220, kenteken DN 871 78?'

'Ja.'

'Die auto is gestolen, zeg je?'

'Ja, afgelopen woensdag.'

'Dat weet je zeker?'

Zeker? Natuurlijk wist hij dat zeker. De auto had pal hierbuiten geparkeerd gestaan, op zijn privéplek. Eigenlijk had hij er hier aan de achterkant binnen het hek voor gevrijwaard moeten zijn, maar hij was desondanks verdwenen.

'Bel ons als je nog iets te binnen schiet, oké?'

Lorentzen deed zijn das af en merkte dat hij zweette onder zijn oksels. Als hem iets te binnen schoot? Wat dan? Hadden ze het ontdekt? *Was het allemaal een opzetje om hem te grazen te nemen? Was het alleen maar...*

Op dat punt beheerste hij zich, liet zich achteroverzakken op zijn stoel en moest bijna glimlachen. Hij was belangrijk, dat wel. Maar doen alsof er een balletdanseres dood in een bergmeer was gevonden, het hele gillende mediacircus op gang brengen, alleen maar om hem te ontmaskeren – nee. Ha, ha, natuurlijk niet.

Beheers je, Thomas. Relax. Denk aan wat de dokter heeft gezegd. Lorentzen haalde een doosje uit een la en spoelde met zijn volgende slok whisky twee ronde witte pillen weg.

De politie? Waarom belde die? *Ze hadden daar toch een mannetje zitten? Hoorde die hen niet voor dergelijke dingen te behoeden?*

Lorentzen stond weer op, nog steeds met zijn blik op het toestel op zijn bureau gericht.

Ga over, goddomme.

Hij leegde zijn whiskyglas en schonk het weer vol, waarbij hij zijn spiegelbeeld in het raam ditmaal probeerde te negeren. Ondertussen dwaalden zijn gedachten af in de richting waar ze de laatste tijd zo vaak heen gingen. Niet alleen omdat dit was gebeurd, maar ook omdat het zo langzamerhand misschien wel tijd was.

Om zich met het geld uit de voeten te maken. Te verdwijnen. Hij veegde het zweet van zijn voorhoofd. Waarom niet? Hij had toch genoeg? Al een hele tijd. Alleen...

Hij zonk weer op zijn stoel en merkte dat hij wel degelijk moe was. *Ze zouden hem vinden.* Waar hij ook naartoe ging. Ja toch?

Ze waren overal.

Hij had zijn ziel aan de duivel verkocht. *Uit vrije wil.* Hij kon geen kant op, hadden ze dat niet gezegd?

Lorentzen schudde zijn hoofd en maakte nog een knoopje van zijn overhemd open. Jezus, wat was het warm hierbinnen. *Beheers je nou toch, idioot.* Verzin een plan.

Hij zette het glas op zijn bureau en klapte zijn laptop open. Toetste het gevraagde wachtwoord in en kreeg toegang. Het bedrag op het scherm was extreem hoog. De familie Doorsnee zou ongeveer honderd jaar nodig hebben om zelfs maar een fractie van wat hier stond in handen te krijgen.

Genève. In zijn hoofd begon zich een plan te vormen en om zijn mondhoeken krulde het begin van een glimlach. *De volgende zending.*

Zijn vingers vlogen over het toetsenbord, en hij keek naar het tijdschema en het kaartje dat voor hem verscheen. Hij had contacten, natuurlijk had hij die. Contacten waar zij niets vanaf wisten. *Nu alleen dit nog doen, en dan...*

Lorentzen glimlachte breed, dronk zijn whisky op en zwalkte door zijn kantoor om nog een glas te halen. Met het glas in zijn hand bleef hij staan.

Ik neem de benen. Ik verdwijn. Hij knikte zwijgend naar het raam. *Het is nu achter de rug.* Met een glimlach hief hij het glas om zichzelf toe te drinken, toen het voorwerp op zijn bureau plotseling trilde.

De telefoon ging over. Het glas gleed abrupt uit zijn hand; hij hoorde het niet eens op de vloer neerkomen. *Godver.*

Een paar tellen lang bleef Thomas Lorentzen stokstijf staan. Toen nam hij ten slotte de telefoon op zijn bureau op. 'Hallo?'

12

De regen kletterde op de motorkap van de zwarte Audi, terwijl Munch als een verzopen kat de parkeerplaats over kwam rennen en achter het stuur schoof.

'Ik ben van gedachten veranderd. We gaan er niet heen.'

'Waarom niet?'

'Raymond Greger heeft zich ziek gemeld. En hij neemt zijn telefoon niet op. Hij kan overal wel zijn.'

Terwijl de regen in hevigheid toenam, viste Mia een pastille uit de zak van haar leren jasje. De zondvloed buiten de auto roffelde als een drumband en de mensen op straat schoten als geschrokken katten alle kanten op om ergens te schuilen.

'Ik heb een patrouillewagen gestuurd. Als ze hem te pakken krijgen kunnen we alsnog gaan, maar ik heb nu geen fut om voor niks drie uur te rijden.'

'De politie van Larvik?'

Munch knikte en haalde zijn pakje sigaretten uit de zak van zijn natte jas. 'Wat vond je van Spidsøe?'

'Ze leek me wel eerlijk, toch?' zei Mia.

Munch haalde zijn schouders op. 'Ik kreeg het gevoel dat ze iets voor ons verzweeg, maar daar ben ik niet helemaal zeker van.'

Hij stak zijn sigaret op en liet het raampje een eindje omlaagzakken. Van opzij waaiden er regendruppels naar binnen, die zich vermengden met de grijze rook, maar Mia zei er niets van.

'Hoe kan het dat een vent die kleine meisjes ontvoert weer

een baantje als leerkracht vindt?' zei Munch, terwijl hij geïrriteerd uit het raam staarde.

'Als er niets over hem in het politieregister staat, is hij niet tegen te houden,' zei Mia kortaf.

Munch schudde zijn hoofd. 'Dan is er iets goed mis met het systeem,' mompelde hij, en hij nam nog een trek van zijn sigaret. Op hetzelfde moment ging Mia's telefoon over.

'Ja?'

'Spreek ik met Mia Krüger?' zei een mannenstem.

'Ja.'

'Hallo, met Torfinn Nakken, bewakingsdienst van Bislett. Klopt het dat jij op Sofies plass 3 woont?'

'Ja. Waar gaat dit over?'

'Op de derde verdieping?' vervolgde de zware stem.

'Waarvandaan zei je dat je belde?'

'De bewakingsdienst van Bislett. Wij zijn verantwoordelijk voor het gebouw. Sorry als ik je stoor, maar we hebben hier een inbraak gehad en nu zijn we een aantal lopers kwijt. Heb jij in je flat nog iets raars meegemaakt?'

Mia wuifde de rook van Munchs sigaret opzij en deed het raampje aan haar kant open. 'Wat bijvoorbeeld?' zei ze.

'Nou ja, dat er onbekenden binnen zijn geweest. Dat er dingen zijn verdwenen – iets in die richting.'

'Voor zover ik weet niet.'

'Da's mooi,' zei Nakken opgelucht. 'Die lopers zijn verdomd duur, maar om nou alle sloten in het hele gebouw te vervangen... Dat kost honderdduizenden kronen. We krijgen dat wel van de verzekering vergoed, maar het heeft weinig zin om daar tijd in te steken als niemand weet waar die sleutels op passen, toch?' Hij lachte kort.

'Zeg, ik ben eigenlijk bezig,' zei Mia met een blik op Munch, die duidelijk een bericht had gekregen.

'Ja, natuurlijk, sorry, maar ik moest het even natrekken. Dan noteer ik dat bij Mia Krüger alles in orde is.'

'Ja, doe dat,' zei Mia.

'Fijne dag nog.'

'Jij ook,' zei Mia, en ze brak het gesprek af.

'Anette,' zei Munch.

'Ja.'

'We hebben de naam van de psycholoog.'

'Welke psycholoog?'

'Heb ik dat niet gezegd? Neem me niet kwalijk. Er zijn medicijnen gevonden in haar flat. Antidepressiva op doktersvoorschrift, op aanbeveling van deze man.' Munch hield haar zijn telefoon voor.

'Wolfgang Ritter?'

'Klinkt dat bekend?' zei Munch hoorbaar vergenoegd.

'Nee.'

'Nee, echt? Wolfgang Ritter? Kijk je niet naar het nieuws?'

Mia schudde haar hoofd en haalde nog een pastille uit haar zak. Ze had haar televisie al lang geleden de deur uit gedaan en meed de kranten zo veel mogelijk. In haar kindertijd was het verplicht geweest om met het hele gezin thuis in de woonkamer in Åsgårdstrand naar het journaal te kijken, maar dat kon ze niet meer opbrengen. Vroeger hadden de media nog enige maatschappelijke verantwoordelijkheid gevoeld om de bevolking te informeren. Nu heerste het grootkapitaal. Bangmakerij en bekende landgenoten die om het hardst om zendtijd en hits op internet concurreerden. Zelfs in de supermarkt keek ze liever niet naar de voorpagina's en ontweek ze die zo veel mogelijk.

– *Wat is de oorzaak van het conflict tussen Israël en Palestina?*
– *Hoe heet de schrijver over wie Ayatollah Khomeini een fatwa heeft uitgesproken?*
– *Waarvoor demonstreerden de Chinese studenten op het Plein van de Hemelse Vrede?*

Mama Eva Krüger. Die lesgaf op de school van Åsgårdstrand en er veel belang aan hechtte dat de meisjes daar hard werkten en goed op de hoogte waren. Sigrid had het uiteraard het best gedaan. In alle opzichten. Mia had zich vaak afgevraagd of dat een van de redenen was geweest, of al die perfectie haar uiteindelijk te veel was geworden, of die drugs niet een daad van rebellie waren geweest, maar het had toch niet helemaal in het plaatje gepast. Mama en papa. Eva en Kyrre. Hij verkocht verf. Een kinderloos echtpaar. Dat ze de tweeling hadden kunnen adopteren was een geschenk uit de hemel geweest. Mama kon bars zijn, maar zeker niet te vaak. Misschien was ze thuis iets te belerend, maar dat was dan ook alles.

Markus Skog. Het was zijn schuld.

'Dokter Lsd?' klonk de stem van Munch weer.

'Wat?'

'Wolfgang Ritter. De chef de clinique in Blakstad? De psychiater die ervoor heeft gepleit in ernstige probleemgevallen psychedelica te gebruiken?'

'Nooit van gehoord.'

'Maar daar is toch een week geleden een lange documentaire over uitgezonden?' zei Munch. 'In een actualiteitenprogramma.'

'Niet gezien. Waren ze daar niet al in de jaren zeventig mee bezig?'

'Jawel, maar nu niet meer. Op welke planeet woon jij eigenlijk?' Munch keerde zich opzij en keek haar aan.

'Sorry,' zei Mia, en ze rukte zich los uit haar mijmeringen. 'Ik ben er weer bij.'

'Een meisje dat ogenschijnlijk fysiek en mentaal gezond is? Ons zonnestraaltje? Dat zware antidepressiva slikt? Vind je dat niet een beetje merkwaardig?' Munch krabde in zijn baard en wilde een nieuwe sigaret pakken, maar bedacht zich.

'Zeker weten.' Mia knikte. 'Hebben we hem te pakken gekregen?'

'We hebben eerst een gerechtelijk bevelschrift nodig.'

'Zijn zwijgplicht?'

'Anette is ermee bezig. Een formaliteit, dat is zo geregeld.' Munchs telefoon ging weer over. 'Ja?'

Ze had hem doodgeschoten. Twee schoten in de borst. Markus Skog.

'En jullie zijn bij hem thuis geweest?'

Nee, ze was er nu wel klaar mee.

'Heeft hij familie? Neem contact met de school op om te kijken of iemand van zijn collega's iets weet.'

De herinneringen thuis in een doos opgeborgen.

'Zet een wagen voor zijn huis. En laat een algemeen opsporingsbevel uitgaan. Jazeker, hij is belangrijk voor ons. Zo mogelijk alle middelen inzetten. Hou me op de hoogte. Prima, bedankt.' Met gefronste wenkbrauwen beëindigde Munch het gesprek.

'Larvik?'

'Ja. Ze kunnen hem niet vinden. Hij is niet thuis en zijn buren hebben hem al een week niet gezien.'

'Juist, ja.'

'Beetje erg toevallig, vind je ook niet?' zei Munch.

'Zeker,' zei Mia met een knikje. 'We moeten haar maar weer aan de tand voelen, toch?'

'Karoline Berg?'

'Ja.'

'Het idee staat me tegen, maar het zal wel moeten.' Munch zuchtte en trommelde met zijn vingers op het stuur. 'Ga je mee naar het forensisch instituut?'

'Nee, ik ga naar de TR, met Halvorsen praten. Raar dat ze niets voor ons hebben, vind ik.'

'Oké, dan zet ik je onderweg af,' zei Munch, en hij draaide de parkeerplaats af.

'Vraag haar naar die wondjes om haar mond,' zei Mia toen ze het gebouw van Kripos aan de Brynsalléen hadden bereikt.

'Welke wondjes?'

'Die Vivian Berg om haar mond had. Ik kan me niet herinneren dat ik zoiets ooit eerder heb gezien.'
'Oké.'
'Vanavond een gemeenschappelijke briefing?'
'Rond een uur of zeven, acht,' beaamde Munch.
'Tot ziens dan,' zei Mia, en ze stapte uit de auto.

13

Munch drukte op de bel en wachtte op de stem. De nieuwe forensisch patholoog, Lillian Lund. Hij merkte dat hij eigenlijk wel nieuwsgierig naar haar was.
'Ja?'
'Holger Munch hier.'
'O ja, mooi, hallo. Kom erin. Ik zit in kamer één. Helemaal achter aan de gang. Ga maar op de muziek af.'
De muziek? Munch begreep pas wat ze had bedoeld toen hij binnen stond. De klanken zweefden hem tegemoet vanuit een kamer verderop in de gang, een bijzonder positief element in het anders zo sombere gebouw. Hij moest even glimlachen toen hij hoorde wat het was: Bach, een van zijn grote favorieten. En niet zomaar een uitvoering. Glenn Gould. De Goldberg-variaties. Die cd had hij thuis. Hij had hem zo vaak gedraaid dat hij hem bijna uit zijn hoofd kende. De pianist Glenn Gould. Ongetwijfeld een genie, maar als kunstenaar ook op het randje van gestoord. Terwijl hij naar de kamer liep waar de muziek vandaan kwam, moest Munch onwillekeurig aan Mia denken.
'Hallo?'
Munch klopte en wilde net naar binnen stappen toen hij werd tegengehouden door een jongeman met een wit plastic schort, een mondkapje en plastic handschoenen.
'Wie ben jij?'

'Munch,' zei Munch, en hij liet zijn ID zien. 'Eenheid Moordzaken, Mariboes gate. Lillian Lund?'

De muziek klonk hier luider. Milde, prachtige klanken die scherp contrasteerden met de kille, grauwe kamer en niet in de laatste plaats met het lijk op de tafel achter de deur.

'Hallo Munch,' zei een stem die plotseling uit de achtergelegen ruimte opdook. Er werd ter begroeting een handschoen uitgetrokken.

Ze had een mondkapje voor, maar trok dat nu omlaag. 'Lillian Lund,' zei de vrouw met een glimlach.

Donker haar. Heldere blauwe ogen. Ongeveer zijn leeftijd, als hij zou moeten raden.

'Dit is niet die van jou,' zei ze met een knikje naar het lichaam op de tafel. 'Die heb ik in twee liggen. Ik maak dit even af en dan kom ik bij je.'

'Ik wacht wel buiten op de gang,' zei Munch.

'Prima,' zei Lillian Lund, en ze keerde zich naar de jongeman toe die hem had tegengehouden. 'Kun je me de monsters waarom ik had gevraagd nog eens brengen?'

'Nog eens?'

'Ik denk dat ze misschien vervuild zijn. De waarden zijn veel te hoog.'

'Ja, ja, natuurlijk,' zei de jonge blonde man met een verstolen blik op Munch. Daarop verdween hij naar waar hij vandaan was gekomen.

Munch liep de gang weer in, zocht een stoel op en overwoog een sigaret op te steken. Vroeger zou dat geen probleem zijn geweest. Ernst-Hugo Vik, de oude forensisch patholoog die de lijken in het merendeel van Munchs zaken had onderzocht, was een excentriekeling geweest, en bovendien een kettingroker die de voorschriften aan zijn laars lapte. Ergens had Munch het gevoel dat er onder het nieuwe regime van Lillian Lund andere regels golden, dus zag hij er maar van af.

Het duurde maar een paar minuten voordat ze weer voor

hem stond. 'Sorry,' zei Lund. 'Poeh, poeh, vier lijken in vier dagen. Jouw meisje en drie keer een overdosis. Het lijkt wel of de stad er tegenwoordig mee overspoeld wordt.'

'Jullie nemen hier junks met een overdosis?' vroeg Munch verrast.

'Jazeker. Hoezo?'

'Nee, dat is gewoon nieuw voor me.'

'Nieuwe baas, nieuwe regels,' zei Lillian Lund vriendelijk. 'Ik wil ze allemaal zien, of vind jij dat niet juist?'

'Ja hoor, zeker wel,' zei Munch, en hij vond deze nieuwe patholoog nu al aardig. Alert en gedecideerd. En dan ook nog Glenn Gould via de luidsprekers.

'Dus je wilt haar zien? Of klopt het wat ik heb gehoord – dat je alleen de foto's wilt bekijken?'

'Wat bedoel je?'

'Klopt het niet,' vroeg Lund nieuwsgierig, 'dat jij als rechercheur de lijken niet zo nodig hoeft te zien?'

'Ik denk dat je Mia Krüger bedoelt,' zei Munch.

'Aha, oké, sorry.'

'Geeft niet. Wat heb je tot dusverre?' Munch stond op.

'Wat bedoel je met "tot dusverre"?' zei Lund. 'De kleding zit trouwens in die kast daar.'

Moest hij zich in wit plastic hullen om het lijk te kunnen zien? Dat had bij Vik toch echt niet gehoeven. In het forensisch instituut waren nieuwe tijden aangebroken, zoveel was duidelijk.

'Nou, ik bedoel dat je nog niet veel tijd hebt gehad,' verklaarde Munch.

'O, dat is een fabeltje, dat alles zoveel tijd kost. Soms wel, ja, maar in dit geval was alles zo klaar als een klontje.'

Lund deed haar mondkapje weer voor en gebaarde dat hij haar naar de onderzoekskamer kon volgen. Ze trok het witte laken van het lijk en zette een vinger ergens op de borstkas. Die was na de autopsie met zulke grove steken dichtgenaaid dat Munch even het gevoel kreeg dat hij geen echt lichaam voor zich had. Die zeldzame keren dat hij naar televisieseries keek waarin geharde rechercheurs zich zonder een spier te vertrekken over een dode bogen, had hij bijna altijd zin om te bellen en een klacht in te dienen. Zo weinig serieus. En volstrekt irreëel.

'Daar is de naald naar binnen gegaan. Je hebt het verslag gekregen dat ik naar Kripos heb gestuurd? Ethyleenglycol.'

Munch knikte.

'Ik kan me niet herinneren dat ik zoiets ooit eerder heb meegemaakt. Jij wel?'

Munch gaf geen antwoord. Weer was hij ten prooi aan een diep respect voor het witte opengesneden lijk dat ontzield voor hem lag. Na dertig jaar als rechercheur was hij hier nog steeds niet aan gewend. De dood. Een leven dat voorbij was. Gereduceerd tot een voorwerp op een tafel in een grijs souterrain van het Ullevål-ziekenhuis.

'Zal ik haar toedekken?' vroeg Lund, en ze keek hem vriendelijk aan.

Munch schraapte zijn keel. 'Het gaat wel.'

'Ik snap het best, hoor,' zei Lund. 'Ik doe dit aan de lopende band, maar zelfs ik heb er moeite mee.'

'Wat zei je daarnet?' vroeg Munch, terwijl hij zijn professionele masker weer opzette.

'Heb je dit wel eens meegemaakt: antivries?'

'Niet zo, nee, nooit,' zei Munch. 'We hebben diverse zaken gehad waarbij mensen ermee waren vergiftigd, maar altijd oraal en beetje bij beetje. Over het algemeen loopt dat goed af. Het brengt schade toe, maar ze overleven het. Je hebt er een heleboel van nodig.'

'Ik weet het,' beaamde Lund, en ze beet even op haar lip. 'Nogal een kouwe kikker, vind je niet?'

'Wat bedoel je?'

'Tja, ik ben de rechercheur niet. Maar niet iedereen is in

staat om een ander mens van zo dichtbij een naald in het hart te steken...'

'We zijn nog maar in de beginfase,' zei Munch.

'Snap ik,' zei Lund, terwijl ze verder langs het witte lichaam liep. 'De vagina. Geen tekenen van gewelddadige penetratie. Geen spoor van zaad. Het lijkt erop dat het motief niet seksueel is, in elk geval niet voor zover ik kan beoordelen.'

Munch knikte.

'De nagels en de handen.' Lund wees. 'Opvallend weinig. Nergens een spoor van te vinden. Het lijkt wel of iemand haar heeft gewassen.'

'Zo?' zei Munch nieuwsgierig.

'Ja,' zei Lund met gefronste wenkbrauwen. 'En grondig ook. Het lichaam is bijna helemaal schoon.'

'Maar ze lag toch in het water toen ze haar vonden?'

'Dat weet ik, maar toch hadden er sporen moeten zijn. Geen enkel wondje? Geen enkele blauwe plek? Geen schrammetje? Ze moet toch... tja... wat tegengestribbeld hebben. Ik bedoel, een sterke jonge meid als zij?'

'We hebben een theorie dat ze zelf naar de plaats delict is gelopen,' zei Munch zachtjes.

'Wat?' Lund keek hem verbaasd aan.

'Zeg dat wel,' zei Munch. 'Verder zijn we niet gekomen.'

'Jullie hebben niemand in het vizier?'

'Er zijn een paar mensen die we onderzoeken, maar nog geen serieuze verdachten, helaas.'

'Dit is het enige wat ik nog niet helemaal snap,' zei Lund, terwijl ze weer naar het hoofdeinde van de tafel liep. 'Zie je haar mond?'

'Ja.'

'Daar zat toch tape overheen? Ik had er eerst niet goed naar gekeken, maar er was toch iets mee... Zie je dit?' Ze wees naar de huid rondom de mondhoeken. 'Dat is niet normaal.'

'Wat precies?'

'Die blaasjes. Het zijn net brandblaren, zie je wel?'

'Inderdaad,' zei Munch. 'Mia heeft me gevraagd of ik ernaar wilde informeren.'

'Die wondjes om haar mond? Goed gezien, of liever gezegd: opgemerkt,' zei Lund. 'Die zijn niet door dat tape veroorzaakt. Ik weet niet wat het is, maar ik laat er wat monsters van onderzoeken.'

'Wanneer komt de uitslag, denk je?'

'Dat duurt niet lang. In de loop van morgen, zou ik zeggen.'

'Mooi,' zei Munch.

Ze werden plotseling onderbroken doordat de jonge blonde assistent zonder kloppen de kamer binnenkwam. Om de een of andere reden vermeed hij het deze keer om Munch aan te kijken. 'Sorry dat ik stoor, maar er komt er weer een binnen.'

'Overdosis?' vroeg Lund.

'Ja.'

'Verdomme. Sorry voor mijn taalgebruik, maar wat is er in vredesnaam in deze stad aan de hand?' Ze schudde geërgerd haar hoofd en liep naar de deur, gevolgd door Munch. 'Neem me niet kwalijk, maar ik moet het hierbij laten.' Lillian Lund trok een handschoen uit, deed haar mondkapje af en gaf hem een hand.

'Bedankt voor de hulp,' zei Munch.

'Graag gedaan. Ik bel je zodra ik iets weet,' zei de donkerharige patholoog, en ze liep snel weg door de gang, op de muziek af.

14

Theo Halvorsen zat in het laboratorium over een microscoop gebogen, maar stond snel op toen hij haar binnen zag komen.

'Manestraal,' zei de technisch rechercheur van middelbare leeftijd. 'Da's lang geleden! Waar ben je naartoe geweest?'

'Nergens naartoe, helaas,' antwoordde Mia.

'Was je weer geschorst? Dus dat klopt?' vroeg Halvorsen, terwijl hij zijn bril afzette.

'Zeggen ze dat?'

'Dat hangt ervan af aan wie je het vraagt.' De sympathieke technicus haalde zijn schouders op. 'Sommigen beweerden dat je eruit was gegooid. Anderen zeiden dat je uit zeilen was gegaan.'

'Dat laatste klopt, maar ik ben niet erg ver gekomen. Jij bent toch met die ballerina bezig?'

'Jawel,' verzuchtte Halvorsen, 'en met een hoop andere klussen. Het lijkt wel of ik nooit genoeg tijd heb. Wat denk jij: kom ik hier ooit nog vanaf?'

De technicus spreidde zijn armen en keek om zich heen. Het langgerekte lab was van de vloer tot het plafond met papieren en dozen gevuld. Het vertrek had geen ramen en gaf haar het gevoel dat ze in een kelder zat, ook al bevonden ze zich op de derde verdieping. Ze wist dat Halvorsen de ramen had laten blinderen om niet afgeleid te worden.

Theo Halvorsen. Mia kende de technisch rechercheur, die de vijftig gepasseerd was, nu al bijna tien jaar. Hij klaagde weliswaar voortdurend dat hij te veel te doen had, maar er was niemand tot wie ze zich liever wendde wanneer ze antwoorden wilde. Halvorsen was een soort Einstein in zakformaat. Hij werkte liever niet met anderen samen en deed bij voorkeur alles zelf, maar het resultaat was altijd beter en correcter dan wat ze op de tweede verdieping produceerden.

'Niet naar je vakantiehuisje geweest?' vroeg Mia, terwijl ze achter hem aan door het vertrek liep.

'Wanneer had ik daar tijd voor moeten hebben?' zei Halvorsen, die zijn bril weer opzette. Hij pakte een krukje en trok een kleine kartonnen doos van een plank.

‘En hoe gaat het met Britt?’

‘Die is nog steeds niet bij me weg. Des te erger voor haar,’ zei Halvorsen met een knipoog, terwijl hij met de kartonnen doos naar zijn microscoop terugliep.

‘Is die voor mij?’ vroeg Mia met een knikje naar de doos. ‘Waarom heb je een nieuwe zaak zo ver weg opgeborgen?’

‘Manestraal,’ zei Halvorsen, en hij schudde even zijn hoofd. ‘Ik weet dat iedereen voor je rent en vliegt en zich door je victoriaanse charme laat verblinden, maar ik niet. Hier gaat alles volgens de voorschriften.’

‘Wat is dit dan?’

‘Tanden,’ zei hij, terwijl hij een paar plastic handschoenen aantrok. ‘Niet alle moorden zijn namelijk esthetisch verantwoord, schat. Gepleegd met verstand en joie de vivre, zodat Hercule Poirot of de jonge Krüger hun grijze cellen in werking kunnen stellen om vervolgens in de geschiedenisboeken te belanden.’ Met een zucht deed hij de doos open.

‘Een jonge drugsdealer, met een breekijzer doodgeslagen achter het Manglerud-winkelcentrum, en nu willen ze weten of er een verband is met een andere gangster die ze bloedend uit zijn mond in het Sofienberg-park hebben gevonden. Leuk toch?’

Om dat geklaag over alles en iedereen stond Halvorsen dus bekend, maar Mia mocht hem desondanks graag. De technicus op leeftijd had met zijn scherpe blik al meermalen de benodigde bewijzen geleverd in zaken waarmee ze waren vastgelopen, en ze wist dat dit alleen maar een façade was die hij optrok zodra het hem tegenzat in het leven.

‘Dus geen vakantiehuisje?’

‘Ja hoor, soms wel,’ zei Halvorsen, en hij bracht zijn oog naar de microscoop.

Ze wachtte geduldig tot de kapotte tanden die hij had bestudeerd weer in de doos zaten en hij aantekeningen had gemaakt op de laptop die op de bank achter hem stond.

'En dan is het nu onze beurt,' zei hij, waarna hij zijn bril weer afdeed.

'Vivian Berg?' vroeg Mia, en ze viste nog maar weer eens een pastille uit haar jaszak.

Halvorsen rolde op zijn stoel over de vloer en kwam terug met een map, die hij voor haar neus legde.

'Die hebben we toch al eerder gekregen?' zei Mia nadat ze er wat in gebladerd had.

'Klopt,' zei de technicus, 'maar dit is alles wat ik heb.'

'Deze is toch naar Kripos gegaan?'

Halvorsen knikte. 'Ja. En tegen hen heb ik hetzelfde gezegd.'

'Wat dan?'

'Dat dit flauwekul is. Wat moet ik hiermee?'

'Wat bedoel je?' vroeg Mia.

'Heb je het niet gelezen?'

'Jawel, of... eigenlijk niet. Wat staat erin?'

Halvorsen zuchtte weer. 'Dat het een circus is, dát staat erin.'

'Een circus?'

'Heb je het echt niet gelezen? Waarvoor doe ik dit werk eigenlijk? Dat vraag ik me elke ochtend weer af.' Hij slaakte een diepe zucht, rolde weer weg op zijn stoel en kwam terug met een vel papier, dat hij naar haar toe schoof.

'Wil je het me even uitleggen?' zei Mia nadat ze ernaar gekeken had.

'Overdaad,' zei Halvorsen.

'Wat bedoel je?'

'Iemand is jullie aan het naaien.'

'Leg eens uit?'

Weer zuchtte Halvorsen, en hij wees naar de lijst die hij haar had gegeven. 'DNA.'

'Ga door.'

'Uit heel Noorwegen, op één plaats? Hoe moet ik mijn werk doen als de auto en de plaats delict meer haar en huidschilfers bevatten dan de afvoer van het Frogner-bad?'

‘Komt dit uit de Mercedes?’

‘En uit het Svarttjønn,’ bevestigde de technicus, en hij rolde op zijn stoel naar een laptop aan de andere kant. ‘Omdat jij het bent, Manestraal.’ Hij bracht de laptop naar haar toe en haalde een document op. ‘Hier.’

Mia keek naar het scherm, maar begreep het nog steeds niet. ‘Wat is hier te zien?’

‘Allemaal rotzooi.’ Halvorsen wees.

‘Wat bedoel je?’

‘Haar van eenenzestig verschillende personen. Huid van negenenveertig. Uitwerpselen van acht. Geen collectieve DNA-match voor één persoon. Volgens deze uitslag zijn er meer dan honderd mensen op de plaats delict en tegelijkertijd in die auto geweest. Wat hadden jullie gedacht dat ik hiermee aan moet?’

‘Hij heeft de plaatsen delict vervuild?’

‘*No shit*, Sherlock,’ zei Halvorsen, en hij liet zijn bril aan het touwtje op zijn borst vallen. ‘De vraag is eerder hoe hij er in godsnaam allemaal aan gekomen is. Heeft hij haren en huidschilfers lopen verzamelen? Uitwerpselen? Wie doet er nou zoiets, Mia? Trouwens...’ Halvorsen sprong op en liep verder het laboratorium in. Hij kwam terug met een fototoestel. ‘Hier zie je wat er gebeurt als je te veel te doen hebt.’

‘Dit hebben ze op de plaats delict gevonden?’

‘Yep. Een Nikon E300. Geen vingerafdrukken natuurlijk, noch op de camera, noch op het statief, maar...’ Hij glimlachte sluw en gaf haar de camera. ‘Kijk er eens doorheen.’

Mia hield het toestel tegen het licht en keek erin.

‘Zie je iets?’

Het duurde even, maar toen kreeg ze het plotseling in de gaten.

Het krasje op de lens.

‘Verdomme,’ mompelde ze. ‘Het is niet waar.’ Nu zag ze het duidelijk. *Een getal.* ‘Jezus.’ Ze keek nog eens goed om er zeker van te zijn.

'Volgens mij is het een vier, maar jij bent de detective,' zei Halvorsen nonchalant.

Mia merkte dat haar hart bonsde. Een getal? Ze bracht het toestel weer naar haar oog.

Ja, het was er echt. Geen twijfel mogelijk.

'Ik heb een foto genomen,' zei hij, terwijl hij weer opstond.

'Met deze camera?'

'Ja. Kijk hier maar,' zei Halvorsen.

Mia bestudeerde de foto snel. Geen twijfel aan. *Een vier. Op een amateuristische manier in de lens gekrast.* 'Mag ik die meenemen?'

'Natuurlijk.'

'Heel erg bedankt, Theo,' zei Mia, en ze stak de afdruk in haar zak. 'Serieus.'

'Dat spreekt toch vanzelf, Manestraal?'

'Doe Britt de groeten van me.'

'Die zal binnenkort wel bij me weggaan, als ze weet wat goed voor haar is.'

'Hou je me op de hoogte als je nog iets vindt?'

'Uiteraard,' zei Halvorsen met een knikje. 'En bel jij mij als je nog meer wilt weten?'

'Doe ik, Theo. We spreken elkaar binnenkort.'

'Altijd tot je dienst, Manestraal,' zei de sympathieke technisch rechercheur, en hij salueerde met een vinger tegen zijn slaap.

15

'We moeten in korte tijd veel doornemen, dus het zou fijn zijn om dat zo efficiënt mogelijk te doen,' zei Munch bij het grote scherm.

Gabriel zette zijn cola neer en wist nog net op een stoel neer te strijken voordat het licht uitging.

'Kijk je mij nou aan?' vroeg Curry.

'Als je al je vragen tot het laatst wilt opsparen, zou dat heel fijn zijn, ja,' mompelde Munch, terwijl hij snel de papieren op het tafeltje naast zich doorbladerde.

Enig gelach onder de aanwezigen, maar toen de eerste foto op het scherm verscheen, werd het algauw weer stil.

'Vivian Berg, tweeëntwintig,' zei Munch, en hij ging snel door de eerste reeks foto's heen. 'Verdween donderdagmiddag uit haar flatje aan St. Hanshaugen en werd zaterdagmorgen vroeg gevonden terwijl ze in het Svarttjønn dreef.'

'Weten we dat zeker?' zei Curry.

'Wat, Jon?' zei Munch met een zucht.

'Dat ze op donderdag uit haar flat is verdwenen?'

'Anette?' zei Munch met een knikje naar Goli. Die stond op.

'Twee getuigen in de portiek hebben gezien dat Vivian Berg op donderdagmiddag tussen vijf en kwart over vijf haar flat verliet. Uit de videobeelden die we zojuist hebben gekregen, blijkt dat dat wel kan kloppen, maar...'

'Videobeelden?' vroeg Curry, die blijkbaar niet helemaal bijgepraat was. Ze hadden zojuist de beelden van een bewakingscamera aan een kiosk binnengekregen waarop Vivian Berg haar flat zou hebben verlaten.

'Wat zei ik nou over vragen aan het einde?' zei Munch.

'Ja, maar allemachtig...' begon Curry.

'Voor degenen die het niet meegekregen hebben,' zei Anette enigszins berustend, 'we hebben nu dus drie filmpjes binnen. Van de Mercedes die via de E18 de stad verlaat. Van de Mercedes die langs het winkelcentrum in Sandvika naar het noorden rijdt, en nu dus dit laatste filmpje waarop Vivian haar flat heeft verlaten en vermoedelijk op weg naar haar auto de trap af loopt.

Volgens de forensisch patholoog had ze minder dan vierentwintig uur in het water gelegen toen ze werd gevonden,' vervolgde Anette. 'Uit het filmpje uit Sandvika blijkt dat de auto het winkelcentrum op donderdagavond even voor zevenen is gepasseerd, zodat we een tijdvenster van een tot anderhalf etmaal hebben?' Ze keek Munch vragend aan. Die knikte.

'Sorry,' zei Ylva. 'Maar anderhalf etmaal waarvoor?'

De jonge IJslandse was het vorig najaar bij het team gekomen, en zoals altijd wist niemand precies waar Munch haar had opgeduikeld, maar ze was soepel naar binnen gegleden. Gabriel was heel blij geweest dat hij niet meer het jongste lid was. Er waren veel dingen die de meer ervaren rechercheurs als vanzelfsprekend aannamen, en nu kon Ylva die vragen voor hem stellen zonder dat hij een amateuristische indruk maakte.

'Vanaf de laatste keer dat ze gesignaleerd is totdat ze werd gevonden,' zei Munch.

'En hoelang duurt de rit van Sandvika naar het Svarttjønn?'

'Hooguit twee uur,' zei Anette.

'Heeft ze meer dan vierentwintig uur in de auto zitten wachten?' zei Ylva.

'Daar komen we later op terug,' zei Munch. Hij gaf Anette nog een knikje.

'Dus,' hernam Goli, 'Vivian verdwijnt op donderdagmiddag. Volgens Kripos leek het erop dat ze in grote haast van huis was vertrokken. Haar telefoon lag daar nog. Haar laptop stond opengeklapt op tafel in de woonkamer. Er stond eten in de oven. De indruk is dat ze bezig was met het avondeten, toen ze plotseling haar jas aantrok, de gang door liep, de deur van het slot draaide en rustig het gebouw verliet.'

'Wat?' zei Curry, die zich toch weer niet kon inhouden. 'Ze rent in alle haast haar flat uit zonder iets mee te nemen, maar loopt toch rustig naar buiten?'

'Andere opvallende zaken die in haar flat zijn aangetroffen, zijn de medicijnen,' vervolgde Goli. 'Zoals jullie inmiddels allemaal weten, zijn er antidepressiva en kalmerende middelen gevonden. Veel wijst erop dat het niet helemaal goed ging met Vivian. We hebben contact opgenomen met haar huisarts en haar psycholoog, en nu proberen we toegang tot haar dossier te krijgen.'

'Dank je, Anette,' zei Munch toen Goli weer ging zitten.

'Raymond Greger,' zei Ludvig Grønlie, terwijl hij overeind kwam. 'Mysterieuze figuur. Ik vind maar heel weinig over hem. In Bodø waren ze erg vaag. Er zijn daar advocaten in beeld geweest die hoogstwaarschijnlijk dreigementen hebben geuit. In ieder geval is die zaak tegen hem van een paar jaar geleden, waarbij twee kleine meisjes verdwenen, niet iets waarvoor we hem kunnen pakken of waar we iets mee kunnen. Los daarvan is dit wat we weten. Hij is achtenvijftig. Ongetrouwd. Geen kinderen. Als leerkracht werkzaam aan de basisschool van Hedrum bij Larvik en momenteel ziek gemeld vanwege...' Grønlie zette zijn bril op en keek even in zijn papieren. 'Tja, daar ben ik ook niet achter gekomen, maar we hebben hem hoe dan ook in de kijker. De politie van Larvik is naar hem op zoek en ik heb ze uitgelegd dat hij op dit moment onze eerste prioriteit is.'

Gabriel deed voor het eerst zijn mond open. 'Zijn telefoon?'

'Die staat volgens Telenor uit, en wel sinds donderdag,' zei Grønlie, en hij ging weer zitten.

'Stond er iets op haar telefoon?' Nieuwsgierig keerde Ylva zich naar hem toe.

'Niet volgens de lijst die ik heb gekregen,' zei Gabriel. 'Ze heeft geen contact gehad met haar oom. Op Facebook waren ze ook niet bevriend. Niets wijst erop dat ze iets met elkaar te maken hadden.'

'Raymond Greger,' zei Munch, terwijl hij doorklikte, 'is op dit moment zonder meer onze nummer één. Zoals gezegd: Larvik is naar hem op zoek, en als we hem niet vinden, wordt de jacht op hem vannacht uitgebreid. Mia?'

'Een paar dingen,' zei Mia, en ze ging bij het scherm staan. Ze knikte naar Munch. Er werd een nieuwe foto zichtbaar, die Gabriel nog niet eerder had gezien. 'Dit stond op de lens van het fototoestel gekrast.'

'Wat is dat?' vroeg Ylva, en ze schoof haar bril wat verder omhoog.

'Een getal. Het cijfer vier,' zei Mia.

Ze knikte naar Munch, die nog eens klikte. Nu was het beter te zien.

'Eerst dacht ik,' zei ze, 'dat die camera... Nou ja, je weet wel... dat hij foto's van de moord had genomen. Dat dat zijn díng was: alles visualiseren, vastleggen. Maar nu ben ik daar niet meer zo zeker van.'

'Hoe weten we dat het een hij is?' onderbrak Curry haar.

'De voetafdrukken rondom het statief zijn maat 43,' zei Mia kalm.

'En als het een vrouw is met mannenschoenen aan?'

'Dan zouden de afdrukken in het midden dieper en aan de randen onscherper zijn,' zei Mia, en ze knikte weer naar Munch.

De volgende foto. Die was van de bladzijde uit het boek.

'Het paginanummer is eraf gekrabd, kijk maar,' vervolgde Mia. 'Hij laat ons weten dat dat getal niet van belang is.'

'Wat?' begon Ylva, maar Mia negeerde haar en Munch klikte verder.

'Nu kom ik bij dat moeilijke,' zei Mia, en ze knikte naar de pagina op het scherm. 'Waar ik haast niet aan kan denken. Maar toch aldoor aan moet denken. *De gebroeders Leeuwenhart*. Hier vertelt het jongste broertje, Karel de Leeuw, over de brand. Karel is ziek en heeft hulp nodig, en de held van het verhaal, zijn grote broer Jonathan, offert zich op voor zijn kleine broertje. Naderhand wenst iedereen dat hij in Jonathans plaats was gestorven.'

Het werd stil in de kamer.

'Dus we hebben het getal vier,' vervolgde Mia. 'Dat is één. En we hebben die pagina uit het boek. Dat is twee. Hiermee moeten we beginnen.'

'Maar,' zei Ylva, om meteen weer onderbroken te worden.

'En dan moeten we hiernaar kijken,' zei Mia. 'Dit lijkt me erg belangrijk. Het filmpje uit de bewakingscamera dat laat zien hoe Vivian die donderdag haar flat verlaat. Let vooral op haar manier van lopen, ja? Ik heb veel danseressen meegemaakt. Die zijn soepel, ze bewegen zich als katten en hebben iedere spier van hun lichaam onder controle.'

'Wat bedoel je?' vroeg Curry.

'Dit is geen danseres,' zei Mia zachtjes met een knikje naar Munch, die op de afstandsbediening drukte. 'Dit is de echte Vivian Berg niet.'

16

Kurt Wang had nog nooit zo'n stem gehoord. Wel op een cd natuurlijk, maar nooit in het echt. Billie Holiday. Radka Toneff. Amy Winehouse misschien. Toen de kleine jonge vrouw met het lange rode haar glimlachend naar de microfoon liep en haar soepele stem zich verspreidde door de grote ruimte die ook als oefenzaal fungeerde, was het alsof de tijd stilstond. Alsof de wolken wegtrokken. Alsof de koude winter in zomer veranderde. Alsof de buitenwereld niet bestond. Kurt wist eigenlijk niet of hij verliefd was op die stem of op het meisje zelf.

Zij. Zij. Zij. Natuurlijk was zij het. Hij kon niet slapen. Kon niet ademhalen. Kon zijn saxofoon zelfs bijna niet aan zijn mond krijgen.

Het Nina Wilkins Quartet. Ze hadden elkaar op de jazzopleiding in Trondheim leren kennen. De beste instelling voor jonge musici van zijn kaliber. Hij was meteen toegelaten. Hoeveel saxofonisten hadden zich aangemeld? Veel. Bijzonder veel. En wie was er onmiddellijk aangenomen? Drie keer proef gespeeld en het met groot gemak gehaald, bijna met een staande ovatie. Hij, Kurt Wang. De slungelige, verlegen jongen uit de Oslose wijk Manglerud, waar jongens alleen meetelden als ze ijshockey speelden. Verdomme nog aan toe, eigenlijk had hij bol moeten staan van het zelfvertrouwen. Zich niets van een half-Zweedse jazzzangeres moeten aantrekken. Daar waren er in Trondheim zoveel van: charmante, bijzonder getalenteerde jonge meisjes die zongen. Maar nee. Zodra Nina Wilkins haar mond had opengedaan, waren zijn knieën gaan knikken en sindsdien had hij zich net een klein hondje gevoeld. Nee, verdorie, geen hondje, hij was zijn eigen baas. Alleen maar wat slapjes. Niet in staat om helder na te denken.

Zij had voorgesteld dat ze met de hele band naar Oslo zouden verhuizen, en hij had geknikt en 'Ja, natuurlijk' gezegd.

Ook al had hij het in Trondheim geweldig naar zijn zin. Zijn flat in Møllenberg. De uitgaansgelegenheden. De Negen Muzen. Antiquariaat Ramp. Wat een fantastische stad. Met een jazzscene om je vingers bij af te likken.

Zij had voorgesteld om Mulle door een andere drummer te vervangen, een Portugees van wie hij zelfs nooit had gehoord. Ja, ja, natuurlijk, Nina, als jij dat wilt.

Ook al hadden Mulle en hij altijd samengespeeld. Ze waren net tweelingbroers; ze hadden geïmproviseerd alsof ze één lijf met twee hoofden waren.

Zij had voorgesteld dat hij op de sopraansax zou overschakelen en de tenor een poosje zou wegleggen, een octaaf hoger, lichter, kwetsbaarder, hectischer zou gaan spelen, zoals John Coltrane tegen het einde van zijn Miles Davis-periode. Jazeker. Natuurlijk, Nina. Natuurlijk kon hij sopraansax spelen, dat had hij zelf ook altijd voor ogen gehad, toch?

Nee, dat was zijn moeder geweest. Jan Garbarek op vinyl thuis in de woonkamer in Manglerud. Hem was de volle klank van de tenor altijd beter bevallen.

Nee, nu moest hij zich vermannen. Zo ging het niet langer. Het Nina Wilkins Quartet. Nina. Nina. Nina. Die stem waar zijn hoofd vol van was, waar hij zich ook bevond.

In elk geval nadat die Portugees in Oslo was gearriveerd. De nieuwe drummer. Heel goed, zonder meer. Dat was het niet. Technisch, soepel. Muzikaal tot in zijn haarwortels, maar beter dan Mulle? Nee, dat vond hij niet. Verdomme, wat was hij stom geweest. Hij had het van mijlenver kunnen zien aankomen. Nina en die Portugees, in innige omhelzing op de bank. Natte zoenen tijdens het repeteren. Hand in hand over straat op weg naar de nachtclub.

Hij had ermee moeten stoppen. Moeten zeggen dat hij het zat was. Natuurlijk had hij dat moeten doen. Als hij ruggengraat had gehad. Maar hoe had hij dat verdomme moeten aanpakken?

Die stem. Jezus, wat een stem. Als honing en schuurpapier. Als de openbaring van een geheim. Zodra ze haar mond opendeed.

Dus was hij maar gebleven. Stompzinnig.

Het Nina Wilkins Quartet. Gelukkig was het beter geworden. Vorig jaar, op het jazzfestival in Voss. Ze hadden op een van de kleinste podia gespeeld, maar de beste kritieken van allemaal gekregen. De freaks waren uit hun dak gegaan. Toen het festival in Kongsberg. Precies hetzelfde. Bomvol. De mensen hadden om de toegangskaartjes gevochten. Het plan was om maar twee sets te spelen, maar het publiek wilde hen niet laten gaan. Helemaal in extase. Hij had bloed gespuugd en dagenlang zijn lippen niet gevoeld, maar het was het waard geweest. Natuurlijk. En nu speelden ze in Molde. Het neusje van de zalm. En niet op een van de mindere locaties, maar in de domkerk zelf. Als zijn moeder nog had geleefd, zou ze apetrots zijn geweest.

'Het voelt vandaag niet helemaal lekker,' prevelde Nina, terwijl ze bij de microfoon wegliep. Ze greep naar haar hals, keek tersluiks naar het drumstel en kreeg een veelzeggende blik terug.

Alweer. Het kwam steeds vaker voor en het beviel hem niets.

Billy Holiday had het gedaan. Charlie Parker. Coltrane. Miles.

Wat was dat verdomme voor argument? 'We spuiten toch niet, Kurt, wat mankeert jou?'

Wel of geen lage dosis. Een spuit of een pijpje? Ja, hij was verliefd. Ja, ze had een stem als een engel. Maar heroïne? Nooit van zijn leven.

Hij kon niet eens in de kamer blijven. Ging altijd de straat op als ze begonnen. Zag bij zijn terugkeer altijd die wazige blikken, die lachjes die zeiden dat ze mijlenver weg waren. En ze gingen er niet beter door spelen, ook al dachten ze zelf van wel. Ze voelden zich alleen beter, dat was alles, maar de heroïne had niets te maken met de muziek die eruit kwam. Hij vond haar stem veel mooier als ze clean was. En die Portugees? *Breek me de bek niet open.* Altijd een halve tel te laat. Of een kwart tel te vroeg.

Nee, hij trok het niet meer. Na Molde. Tot hier en niet verder. Hij had nog meer ijzers in het vuur. Een heleboel zelfs. Hij was per slot van rekening Kurt Wang.

Voor de spiegel in de gang, nadat Nina en de Portugees de keuken in waren geglipt, alweer hand in hand, haar mond giechelend tegen zijn wang. Hij bekeek zichzelf, schudde zijn hoofd en deed zijn sjaal om. Slecht idee. Het was vanavond koud buiten, maar hij kon niet tegen die lucht. Verbrande heroïne op zilverpapier. Jezus, hij had bijna overgegeven toen de Portugees voor het eerst zijn aansteker onder het bruine bolletje op de folie had gehouden.

Verdomme.

Hij stak een sigaret op en merkte dat de kogel nu echt door de kerk was. Dit trok hij niet meer. Ondanks die stem. Ondanks zijn verliefdheid. Die zou wel overgaan, toch? Vijf jaar nu. Dat zou toch niet lang meer duren? Als ze deze repetitie achter de rug hadden, zou hij Mulle bellen. Het trio nieuw leven inblazen. Als hij tenminste opnam. Vier maanden niets van zich laten horen. Uiteraard begrijpelijk.

Nina. Nina. Nina. Zijn maat was bijna schuimbekkend de repetitieruimte uit gerend.

Verdomme, wat was het koud. En donker. Hoorde het inmiddels geen lente te zijn? Kurt trok zijn mouwen verder over zijn handen en gooide net zijn sigaret op straat, toen er plotseling een gestalte voor hem opdook.

'Sorry. Ben jij... Kurt Wang?' Er stond een jongeman van zijn eigen leeftijd voor hem, een gezicht dat onder een ruime capuchon schuilging, een parka.

'Ja,' zei Kurt, en hij haalde zijn pakje sigaretten uit zijn zak om een nieuwe op te steken. *Hoe wist die vent hoe hij heette. Een fan?*

Hij glimlachte en merkte dat hij daar zelfs een beetje warm van werd, ook al had hij lang geleden besloten zulke dingen aan zijn laars te lappen. *De muziek vóór alles.*

'Waar is je saxofoon?' vroeg de man met de capuchon met een nieuwsgierig gezicht.

'Wat bedoel je?' vroeg Kurt lachend. Duidelijk een fan. Hij moest er natuurlijk niet op ingaan, maar had er juist nu een goed gevoel bij. Herkend worden. Op straat. Dan had hij in elk geval iets goed gedaan. Nee, verdomme, zijn besluit stond vast, hij voelde het nu. *Genoeg is genoeg.* 'Die ligt boven in onze repetitieruimte,' zei Kurt, nog steeds met een glimlach. 'Wil je soms een handtekening? Sorry, maar ik heb het nu een beetje druk, dus als...'

'Geeft niks. Ik heb er een die wel bruikbaar is,' zeiden de ogen onder de capuchon.

'Wat bedoel je?' Verder kwam Kurt niet. Plotseling voelde hij iets nats op zijn gezicht.

'Dit is niet persoonlijk bedoeld,' zei de stem, die binnen een paar tellen plotseling mijlenver weg leek.

Wat krijgen we...? Kurt kon zijn sigaret duidelijk zien, maar hij had hem niet meer in zijn hand. Hij had vleugels gekregen en was nu op weg naar de derde verdieping. Nog altijd rokend bonsde hij op het raam en werd de keuken binnengelaten, waar hij zich vermengde met zilverpapier en in een origamipijp veranderde die op een kolibrie in een boom van honing en schuurpapier leek en vervolgens uit volle borst begon te zingen.

Met een mond waar Portugees uit kwam.

2

17

Toen Munch wakker schrok van de telefoon, wist hij niet meer waar hij was. Even waande hij zich terug in zijn oude huis in Røa, maar hij besefte al snel dat hij dat had gedroomd. Hij was thuis op de bank met zijn kleren aan in slaap gevallen. Op kantoor was het laat geworden en hij was domweg te moe geweest om naar bed te gaan. De klok aan de muur boven het aanrecht wees kwart over zeven aan. Hoelang had hij geslapen – drie uur? De telefoon zweeg en ging toen opnieuw over. Op het display stond ANETTE GOLI. Nog steeds half slapend ging Munch overeind zitten en drukte op het groene knopje.

'Ben je wakker?'

'Niet echt.' Munch schraapte zijn keel. Hij stak zijn hand uit naar het pakje sigaretten op tafel, maar herinnerde zich toen wat hij zichzelf had beloofd: *Niet roken voor het ontbijt.* Zijn pogingen om te stoppen had hij opgegeven, maar hij kon wel proberen wat te minderen.

'Ik heb Wolfgang Ritter gesproken. Hij kan jullie vandaag ontvangen, liefst zo vroeg mogelijk.' Anette klonk alsof ze al lang wakker was.

'Oké.' Munch wreef de slaap uit zijn ogen.

'Ik heb Mia gebeld, zij staat klaar. Ik heb trouwens ook antwoord van Mikkelson gekregen. We krijgen net zoveel teams als we willen. Hij wil ons eigenlijk alles geven waar we om vragen – heel opvallend.'

'Super,' zei Munch, en nu begon er leven in hem te komen. 'Geef Curry de mensen die hij nodig heeft om haar flatje uit te kammen en bij iedereen aan te bellen. Ik weet dat Kripos een paar rondjes heeft gedaan, maar ik wil dat we nog eens met iedereen gaan praten, goed?'

'Komt in orde,' zei Goli. 'O ja, en Lillian Lund wil je nog eens spreken. Bel je haar?'

'Doe ik. Ben jij op kantoor?'

'Ja, ik ben vannacht niet naar huis gegaan.'

'Ik kom later ook,' zei Munch, en hij hing op.

De gezette rechercheur rekte zijn armen in de richting van het plafond. Die bank was veel te hard. Hij was zo stijf als een plank en bepaald niet in vorm. Hij moest echt zorgen dat hij zijn bed in kwam. Dit was een typische beginnersfout: nieuwe zaak, de klok rond werken, vergeten te slapen, vergeten te eten. Hij zou beter moeten weten. Zaken als deze kwamen meestal eerder neer op een marathon dan op een sprint.

Hij nam de tijd om te douchen en had net schone kleren aangetrokken, toen hij weer werd gebeld. Tot zijn verrassing zag hij dat het Miriam was.

Miriam? Weer voelde hij die vaderlijke steek van bezorgdheid. Die angst in dat donkere hoekje die maar niet helemaal wilde verdwijnen. Zo vroeg al? Was er iets gebeurd?

'Ha, Miriam,' zei hij opgewekt. 'Ben je al op? Hoe gaat het ermee?'

Hij wachtte geduldig op antwoord, wetend dat ze tijd nodig had om haar woorden op een rij te krijgen, ze op de juiste manier uit haar mond te krijgen.

'H-het gaat goed, papa. E-en met jou?'

'Kon niet beter,' zei Munch, en nu pakte hij toch een sigaret, want hij had houvast nodig.

Hij was erg trots op haar en het was naar om haar zo te horen praten. Ze vocht zo dapper tegen het letsel dat ze had opgelopen, Miriam ten voeten uit, die koppige meid, ze zou natuurlijk nooit toegeven hoe moeilijk het was. En vooral: wat was het heerlijk om haar weer papa te horen zeggen. Jarenlang had er kwaad bloed tussen hen geheerst en had ze nauwelijks met hem gesproken. De haat die uit haar ogen spatte tijdens hun zeldzame ontmoetingen. Zo fel dat ze bijna had besloten dat hij zijn kleinkind niet te zien kreeg. Die tijd was nu goddank voorbij. Goddank. Wat was hij daar dolblij om. Maar om haar zo te horen worstelen? Het kostte hem moeite zich te beheersen.

'Heb je gisteren nog geoefend?'

'De f-fysiotherapeut is hier geweest. G-ging een stuk beter, vond ik. A-armen nog wat zwaar, maar b-benen zijn veel s-sterker geworden.'

'Geweldig,' zei Munch. 'Fantastisch, Miriam. Dat hoor ik graag. Is Marion er ook?'

'D-die slaapt,' hakkelde zijn dochter.

Munch hoorde dat het praten haar grote inspanning kostte. Eigenlijk wilde hij liever dat ze ophing, zodat ze kon uitrusten, maar ze had duidelijk iets op haar hart, dus hij liet haar doorpraten.

'Z-ze zei dat je een paard wilde kopen?'

'Ja, klopt, gewoon een paard voor haar pop,' zei Munch om het kort te houden.

'J-je... moet haar niet zo verwennen. Ik... Ik probeer haar te leren om niet zo... zo...'

'Sorry,' viel Munch haar in de rede, zodat ze haar krachten niet zou verspillen.

'D-dat is best belangrijk...'

'Natuurlijk, Miriam. Ik zal me inhouden, dat beloof ik. Maar ja, je weet dat ik geen nee kan zeggen.'

Miriam lachte zachtjes. Hij werd er helemaal warm van. Met een glimlach stak hij zijn sigaret op.

'O-oké,' ging zijn dochter verder. 'M-maar daarvoor belde ik niet.'

'Nee?' Op Munchs telefoon verscheen een nieuwe oproep. Ludvig Grønlie. Gelukkig had hij inmiddels geleerd hoe hij die moest wegdrukken zonder dat hij zijn lopende gesprek afbrak. Holger Munch behoorde tot de oude school; hij had pas een smartphone sinds die hem was opgedrongen.

'I-ik heb besloten te trouwen,' zei Miriam rustig.

'Wat zeg je?'

'Ik ga trouwen,' zei Miriam, nu beter verstaanbaar. 'Van de zomer.'

'O ja?' zei Munch. 'Is dat zo?'

Miriam was verloofd geweest met een arts uit Sandefjord, de vader van Marion, Munchs kleinkind. Ogenschijnlijk had het een goede relatie geleken, al had Munch daar weinig over kunnen zeggen, omdat hij niet zo'n goed contact met de man had. Nu waren ze uit elkaar en woonde Marion de ene week hier en de andere week daar. Munch was daar eigenlijk tegen geweest; hij wilde niet dat de kleine meid twee woonplaatsen had, maar zijn kleindochter leek er geen enkele moeite mee te hebben.

Ach opa, iedereen heeft nu toch twee huizen? Wist je dat niet?

Een vroegrijpe zesjarige natuurlijk, net als haar moeder.

Nee, dat wist ik niet, Marion.

Dat is nu heel gewoon, dan ben je namelijk twee keer jarig en krijg je twee keer zoveel kerstcadeautjes, en dat heeft de koning zo beslist.

Juist ja, dat is aardig van de koning.

Ja, hè? En hij woont in het slot en als de vlag daar wappert, dan is dat zodat iedereen meteen kan zien dat hij thuis is en niet in zijn vakantiehuisje.

O ja? Wat handig.

Ja, de koning is slim. Hij heeft geen baan, hij zwaait alleen maar vanaf zijn balkon om de mensen gedag te zeggen. Mag ik een paard, opa?

Een paard? Waarom wil je een paard?

Niet voor mij, opa! Voor Barbie. Ze kan toch geen paardrijkleren hebben als ze geen paard heeft? Niet, toch?

Natuurlijk niet, dat spreekt vanzelf.

'I-ik vraag je niet om toestemming, papa. Ik wou het alleen maar zeggen, goed?'

Levensgevaarlijk gewond of niet, zijn dochter was nog steeds de oude. Ze liet zich door niemand de wet voorschrijven.

'Natuurlijk,' bracht Munch uit. 'Wie is...?'

'Dat was de reden dat ik het wilde zeggen. I-ik wil dat je hem leert kennen. Hij heet Ziggy en ik ben dol op hem,' zei Miriam.

Munch hoorde dat zijn dochter buiten adem raakte. 'Gefeliciteerd, Miriam, ik verheug me er nu al op.'

'Echt?'

'Natuurlijk. Trouw je in het wit? Mag ik je naar het altaar begeleiden?'

Zijn dochter giechelde even. 'D-dat zien we wel. W-we wilden het thuis in de tuin doen.'

'Waar het ook is, ik begeleid je, Miriam. Goed?'

Het werd stil aan de andere kant van de lijn. 'Dank je, papa. D-dat waardeer ik heel erg,' zei zijn dochter ten slotte zachtjes.

'Ga nu maar uitrusten. Ik verheug me erop die Ziggy te leren kennen. Ik kom langs zodra ik kan. Het is hier nu een beetje druk, maar over een paar dagen, goed?'

'Dank je.'

'Rust nu maar uit en tot gauw.'

'Goed, papa. H-het beste en tot dan.'

'Het beste, Miriam.'

Munch had de verbinding nog maar nauwelijks verbroken of er werd alweer gebeld.

'Ben je thuis?'

'Ja.'

'Gaan we er samen heen?'

'Graag,' zei Munch. 'Kom jij naar mij toe?'

'Tot over tien minuten,' zei Mia, en ze hing op.

18

De zesendertigjarige Samantha Berg had gedroomd dat ze ging trouwen. Het was allemaal zo fantastisch gegaan en had zo ongelofelijk veel voldoening gegeven dat ze had overwogen om nog een slaappil te nemen toen ze bij het wakker worden ontdekte dat ze gewoon thuis en nog steeds alleen was. Haar ogen sluiten. Weer onder het warme dekbed kruipen. *Terug naar die plek. Naar dat witte strand.*

God, wat was het volmaakt geweest. Precies zoals ze het voor zich had gezien. Met blote voeten in het zand. Haar witte jurk. Haar sluier wapperend in de wind. Muziek op de achtergrond. Een bloemenboog, zoals in Amerikaanse films. En daar had hij onder gestaan. Haar prins. Samantha wist niet precies wie het deze keer was geweest, maar hij had een beetje op Brad Pitt geleken. Veel jonger natuurlijk, tot in de puntjes gekleed, met fonkelende blauwe ogen die van onder die boog naar haar uitkeken. De ring in zijn hand. Wat hadden ze haar jaloers aangestaard, al die gasten. Aan de ene kant zijn familie en vrienden, aan de andere kant die van haar. Laila Bekkevåg was er ook geweest, dat afschuwelijke mens, haar oude schoolvriendin die altijd foto's van haar volmaakte gezinsleven op Facebook zette en het haar bij iedere ontmoeting inwreef.

'Ben je nog steeds alleen, Samantha? Ach, wat vervelend voor je, en dat terwijl jij altijd zo graag een man en kinderen wilde. Wat vreselijk. Nou ja, je hebt in elk geval je kat.'

De rest van de vriendinnenclub was minder erg, maar ze kon het ook aan hun blikken zien: meewarigheid. Ze vonden haar zielig.

Waarom was zij nou niet snel aan de beurt? Ze vroeg toch maar zo weinig in het leven.

De dominee was een oudere man geweest die haar aan haar opa deed denken, met een grove stem, een lange witte baard en een glimlach die tot in de eeuwigheid reikte. Samantha, neem jij de man naast je tot echtgenoot? Beloof je hem voor altijd lief te hebben, in goede en slechte tijden, totdat de dood jullie scheidt?

Ze had zin gehad om luidkeels te roepen: Ja, ja, ja! Maar ze had zich natuurlijk ingehouden, had alleen een beetje gebloosd en voorzichtig 'Ja' gezegd, zoals het een jongedame betaamde. Even verleidelijk met haar ogen geknipperd toen hij de ring met de diamant om haar slanke vinger schoof. Haar ogen gesloten toen hij zich in de koele zomerlucht naar haar toe boog om haar te kussen. Ach, wat was het heerlijk geweest. Dat warme gevoel toen hij zijn sterke armen om haar heen had geslagen en zijn lippen op de hare had gedrukt.

Toen ze het medicijnkastje had geopend om het witte doosje met slaappillen te pakken was ze met een schok wakker geworden van de ijskoude badkamertegels onder haar voeten. De droom was vervlogen; ze zou hem niet meer terugvinden, hoe hard ze het ook probeerde. Dus had ze het doosje maar teruggelegd en was ze in de keuken beland om zoals altijd haar ontbijt te maken.

Was ze saai? Wilde daarom niemand haar hebben?

Ze deed elke dag hetzelfde, dat wel, maar was dat nou zo erg? Ze vond die routine wel prettig. Zo was het eenvoudiger. De dag doorkomen met behulp van een plan. Om halfacht opstaan als de wekker ging. De keuken in lopen en de radio aanzetten. Ontbijt maken, meestal knäckebröd voor haar en tonijn voor haar kat Rebekka. Dan een douche nemen, en als ze zich overal goed had afgedroogd naar haar slaapkamer gaan om zich aan te kleden. Niet opvallend, maar wel presentabel. Ze moest jurken verkopen; ze ging niet zelf trouwen, dus moest ze één zijn met de achtergrond. Het moest niet lijken alsof ze met de klanten wilde concurreren, maar ze hoorde wel smaak en elegantie uit te stralen. Niet eenvoudig natuurlijk, gezien het kleine budget waarover ze beschikte, maar het lukte haar uiteindelijk wel. Ze hadden nu al... tja, best wel een hele poos niet geklaagd over haar kleding op het werk, en dat beschouwde ze als een goed teken.

De bruidsmodezaak aan de Prinsens gate. Daar werkte ze.

Ze had haar vriendinnen erover horen smiespelen tijdens

hun laatste uitstapje. Laila Bekkevåg zat licht naar voren gebogen met dat akelige lachje op haar gezicht toen Samantha met hun drankjes van de bar terugkwam. 'Ze werkt in een bruidswinkel maar ze kan niemand vinden om mee te trouwen, is dat niet ironisch?'

'Klopt het dat hij in de bak zit?'

'Wie?'

'Die vent met wie ze zo'n beetje verloofd was?'

'Lieve help, wat heeft die een pech.'

Samantha Berg stapte bij Jernbanetorget uit de metro en overwoog haar profiel bij de datingsite Ontmoeting weer te activeren. Ze had het een poosje bij Tinder geprobeerd, maar dat was écht niets voor haar. Ze had maar weinig matches gehad, en die waren, bot gezegd, maar op één ding uit geweest.

Pech. Misschien had ze alleen maar pech gehad? Samantha stak de sleutel in het slot en zette het alarm uit. Een wereld van bruidsjurken. Ze besefte nu dat ze echt van haar werk hield, wat haar vriendinnen er ook van vonden. Ze liep graag de hele dag door die chique ruimtes met overal die mooie jurken om zich heen. Dan was het haar beurt nog maar niet. Die kwam nog wel, geen twijfel aan. Ze moest alleen geduld hebben.

Misschien moest ze deze keer wat nieuwe foto's uploaden? Toen ze op een dag met Rebekka naar het Frogner-park was geweest, had ze een paar selfies genomen waarop niet haar hele lichaam te zien was. Die zagen er prima uit. Het voornaamste was dat ze het niet opgaf. *Wie het opgeeft, heeft al verloren. Het beste aan een regenachtige dag is dat je weet dat achter de wolken altijd de zon schijnt.* Dat was toch zeker zo?

Ze glimlachte bij zichzelf, hing haar jas in de achterkamer en liep de winkel weer in, net toen het deurbelletje ging. De eerste klant van die dag. Een jong meisje met blond haar en een groen petje op kwam naar haar toe lopen. Weer een toekomstige bruid. Samantha merkte dat ze alleen al van het idee helemaal blij werd.

'Goedendag, waarmee kan ik je helpen?'

Het jonge meisje keek haar van onder de rand van haar petje nerveus aan. 'Ik zoek een bruidsjurk.'

'Dan ben je precies waar je wezen moet. Heb je iets speciaals in gedachten?'

Het meisje bleef enigszins besluiteloos midden in de winkel staan.

Zo ging het altijd. Er viel zo ongelofelijk veel te kiezen. Natuurlijk was dat lastig. Ze zou er zelf ook moeite mee hebben.

'Tot ongeveer tienduizend kronen,' zei het meisje.

Samantha glimlachte weer. Het was niet zo gebruikelijk om met de prijs te beginnen, maar ze snapte het best. Ze had genoeg hangende hoofden en teleurgestelde gezichten zien teruggaan naar de paskamer nadat ze te horen hadden gekregen wat die droomjurk waar ze zojuist verliefd op waren geworden wel niet kostte.

'Daar kom je een heel eind mee. Heb je nog een speciaal model in gedachten? Iets klassieks, of wat moderners? We hebben een paar nieuwe van Rosa Clara binnengekregen die ik persoonlijk fantastisch vind. Traditioneel maar toch boeiend, hele zuivere lijnen. Ik vind altijd – en dat meen ik echt – dat de mooiste bruidsjurken uit Spanje komen. Is dat ongeveer wat je voor ogen staat?' Samantha liep met het jonge meisje naar het Rosa Clara-hoekje en haalde een van de jurken van het rek. 'Deze vind ik zelf mooi, die is...'

'Ja, die is prima. Ik neem hem.'

Het meisje met het groene petje knikte even en bleef toen uit het raam staan staren.

Wat is er met haar haar? Het ziet er raar uit.

'Wat bedoel je? Wil je hem niet aanpassen?'

'Nee, dat hoeft niet.'

Heeft ze een pruik op?

'Weet je dat zeker? Ik bedoel, het is toch wel belangrijk dat...'

'Ik neem hem,' herhaalde het meisje. 'Hoeveel?'

'Deze kost achtduizend vierhonderd, en daar komt dan nog zestienhonderd bij voor de kleermaker. Dat lijkt misschien veel, maar het is natuurlijk belangrijk dat die jurk op de grote dag goed zit, vind je ook niet?'

'Ik neem hem.'

'Goed.' Samantha kuchte. 'Zo te zien is het je maat wel. Zoals ik zei, kun je hem het best even passen. De paskamers zijn daar verderop, ik help je graag.'

'Hoeveel zei je?' Het meisje met de pruik stond al bij de kassa.

'Achtduizend vierhonderd, maar zoals gezegd...'

'Kan het cash?'

'Wat bedoel je?'

'Contant.' Het meisje keek haar nu recht aan. Samantha had hierbinnen al vele ogen gezien. Ogen die straalden van vreugde en verwachting. Maar een blik als deze had ze nog nooit meegemaakt. Dit jonge meisje keek bijna bang.

'Zal ik hem dan, eh... gewoon maar in een tas doen?'

'Ja, prima,' zei het meisje, en ze stak haar hand in haar zak. Hij kwam eruit met een envelop vol bankbiljetten. Met trillende vingers telde ze het geld uit en legde het op de toonbank.

'Zal ik een bon uitschrijven?'

'Nee,' zei het meisje.

'Ik bedoel, voor...?'

'Het is goed zo,' zei het meisje, terwijl ze de grote witte tas in ontvangst nam.

'Kom gerust terug als er iets mee is. Zoals gezegd: het is geen probleem om hem in te nemen of uit te leggen.' Samantha zweeg, want ze praatte alleen nog maar tegen zichzelf. Het meisje met het groene petje was de winkel al uit gelopen.

Ze schudde haar hoofd en liep naar de achterkamer om een kop koffie in te schenken.

Zou ze het doen? Nu? Een nieuw profiel aanmaken? Dat mocht eigenlijk niet, ze hielden daar streng de hand aan: niet bellen of internetten tijdens de openingsuren. Maar ze had toch net een jurk verkocht?

Was het al kwart over tien? Een Rosa Clara? Binnen een uur? *Jemig, wat moest je daar nou weer mee?*

Samantha haalde haar telefoon uit haar handtas, liep terug naar de toonbank en begon met een klein lachje te bedenken hoe ze zichzelf deze keer zou presenteren.

19

Psychiatrisch ziekenhuis Blakstad. Dat gele monument op een halfuur rijden van de stad. In een park tussen de bomen, met een grote vijver. Mia had in haar vorige leven, lang geleden, in restaurant Lorry eens een gesprek opgevangen aan het tafeltje naast haar. 'Waarom krijgen gekken eigenlijk het mooiste uitzicht? Ik bedoel, waar je in dit land ook naartoe gaat, het is overal hetzelfde liedje. Bergen, Trondheim, hier in de stad. De beste locaties. Maar dat zal hun natuurlijk een zorg wezen. Klik, en opsluiten die hap. Het doet er toch niet toe waar ze zitten? Wat zouden wij niet met die percelen kunnen doen!'

Mia stapte uit de auto en terwijl ze achter Munch aan naar het grote, massieve gebouw liep, dacht ze onwillekeurig dat die mensen gelijk hadden. Blakstad was vorstelijk gelegen.

'Chef-arts hier, en dan ook nog een privépraktijk in Oslo?' zei Munch, en hij smeet zijn sigaret weg.

Mia haalde een pastille uit haar zak. 'Dat komt toch wel vaker voor?'

'Misschien niet,' mompelde Munch.

'Is ze hier opgenomen geweest?' vroeg Mia toen ze vlakbij waren. Een kast van een gebouw.

'Voor zover ik heb begrepen niet,' zei Munch. 'Privépatiënt. Wat denk je dat die lui verdienen?'

'Wat bedoel je?'

'Een overheidssalaris. Hoofd van een instelling als deze en dan nog een privépraktijk ook? Mag dat eigenlijk wel? Nou ja, blijkbaar wel dus, maar toch...' Hoofdschuddend stak hij zijn hand in zijn jaszak om een nieuwe sigaret te pakken. Halverwege het pad bedacht hij zich en stopte de sigaret terug. Een ziekenbroeder met een strakke paardenstaart en een badge om zijn nek liet hen het grote gebouw binnen.

Mia had een typisch Duitse, lange psycholoog met een baard, een bril, een tweedjasje en een pijp verwacht, maar Wolfgang Ritter was heel anders dan zijn naam deed vermoeden. De man achter het bureau was broodmager, had iets vrouwelijks, en sprak zo zacht dat Mia naar voren moest schuiven om hem te verstaan. De psycholoog droeg een bruine polotrui die zo'n dertig jaar oud leek en de rest van zijn kleding – de hele kamer trouwens – wekte de indruk dat deze man zich vooral met zaken van geestelijke aard bezighield en niet met zijn directe omgeving. Op een vensterbank stond een roze lavalamp te ploppen en de wandklok was vast uit de jaren zeventig afkomstig. Dat was eigenlijk het enige wat associaties met dokter lsd wekte, als hij inderdaad zo werd genoemd.

'Een tragedie, echt een tragedie,' zei Ritter met zijn zachte stem. 'Vivian was een prinses. Werkelijk uniek.'

'Gecondoleerd,' zei Munch.

'Haar moeder is in de rouw, neem ik aan?' vroeg Ritter, en hij duwde zijn stalen montuur wat hoger op zijn neus. Een merkwaardige vraag, maar Mia besloot die te negeren.

'Sorry als ik nogal met de deur in huis val, maar we hebben het druk,' zei ze. 'Hoe luidde Vivians diagnose eigenlijk?'

'Diagnoses, ziekte, normaliteit – wat is nou eigenlijk wat?' zei Ritter, terwijl hij achteroverleunde. 'We zijn toch in de eerste plaats mensen? Ze was iemand met wat meer bagage dan anderen, dat wel, maar moet daar per se een etiket op?'

Munch keek Mia even van opzij aan en ze snapte meteen wat hij bedoelde. Het leek wel of Ritter van een andere planeet kwam.

'Ziprasidon en Zoloft,' zei Munch, die een briefje uit zijn zak haalde. 'Dat moet toch ergens voor zijn. Heb jij die voorgeschreven?' Hij schoof het briefje over het rommelige bureau.

Ritter pakte zijn bril vast en wierp een snelle blik op het papiertje. Toen haalde hij zijn schouders op en liet zich terugzakken in zijn stoel. 'We kunnen allemaal wel een beetje hulp gebruiken, of niet soms? Een suikerpatiënt heeft insuline nodig. Een kind slikt fluortabletten. Dat is niet door Moeder Natuur zo geregeld, hè?'

'Ik geloof dat je ons verkeerd begrijpt,' zei Mia rustig. 'We zijn er niet op uit iemand de bak in te krijgen. We proberen ons alleen een beeld te vormen van wie ze was. Een meisje van twintig slikt toch niet voor de lol zulke zware medicijnen?'

Wolfgang Ritter keek hen van achter zijn brillenglazen een ogenblik zwijgend aan. 'Vivian Berg had wat wij een dissociatieve persoonlijkheidsstoornis noemen,' zei hij ten slotte. 'Op de wereld gezet door een moeder die niet voor haar kon zorgen. Het was begonnen toen ze nog klein was, die behoefte van haar ziel om in een ander bewustzijn op te gaan. De werkelijkheid om haar heen was zo problematisch dat ze die niet aankon. Bedoel je dat? Is dat wat je wilde horen?' Hij schudde bijna onmerkbaar zijn hoofd en keek Mia hooghartig aan. *Ik versta mijn vak, als je dat soms wilde weten.*

'Dissociatieve...?' vroeg Munch.

'Persoonlijkheidsstoornis,' zei Ritter. 'Dat wordt vaak met schizofrenie verward, wat ertoe leidt dat veel patiënten niet de juiste behandeling krijgen. Dat was hier natuurlijk niet het geval. Ik verkies te geloven dat ik weet wat ik doe. Het ging steeds beter met haar, met Vivian. Bijna iedere keer dat ze kwam. Natuurlijk is het een tragedie dat ze niet meer heeft mogen meemaken dat ze weer volledig gezond was.'

'Was ze hier opgenomen?' vroeg Munch.

'Niet op Blakstad. Hier is ze maar kort geweest. Ze was een van mijn privépatiënten.'

'Een meervoudige persoonlijkheid?' vroeg Mia nieuwsgierig.

'Klopt. Daarom is de diagnose er zo vaak naast,' zei Ritter met een knikje. 'De overeenkomst is heel groot. De symptomen zijn vaak hetzelfde: verminderde impulscontrole, emotionele instabiliteit, zelfverminking, derealisatie...'

'Derea...?'

'Een stoornis in het vermogen om de realiteit waar te nemen,' zei Ritter met een lachje.

Munch keek Mia even aan.

'Ze had moeite om aan te voelen wat wel en niet echt was om haar heen?'

'Precies,' beaamde Ritter. 'Iets wat natuurlijk tot aanpassingsproblemen in de echte wereld leidt. Op het werk, onder vrienden en familie.'

'Dus ze dacht dat ze iemand anders was?' vroeg Mia.

Ritter knikte.

'Wie?'

Nu aarzelde Ritter even. 'Tja, ik heb de papieren gezien en ik weet dat jullie inzage mogen hebben in haar dossier, maar het voelt toch' – hij deed zijn bril af – 'niet helemaal juist aan om dat te doen, snappen jullie?'

'Dus je hebt liever dat we iemand laten komen om de informatie uit je computer te halen?' Mia had een beetje spijt van haar harde toon, maar ze was moe en had hier eigenlijk geen tijd voor.

'Natuurlijk niet,' zei Ritter. 'Desondanks...'

'Dat snappen we,' zei Munch. 'Maar het zou ons heel erg helpen, dus als je kunt...'

'Een volwassen man,' zei Ritter zacht.

'Een wat?'

'Vivian dacht soms dat ze een volwassen man was.'

'Wat voor man?'

'Tja, zeg het maar,' zei Ritter, en hij haalde even zijn schouders op.

Er viel een stilte in de kamer.

'Ze had iemand nodig die ze als sterker dan zichzelf beschouwde,' zei Mia ten slotte.

Ze zag aan Ritters reactie dat hij een dergelijk antwoord niet had verwacht.

'Dat is één mogelijke theorie,' zei de psycholoog, en hij stak het uiteinde van een brillenpoot in zijn mond. 'Aangenomen wordt dat dissociatieve verschijnselen ontstaan als verdedigingsmechanisme, tijdens een traumatische ervaring, maar in de meeste gevallen erna. Als belangrijkste etiologische factoren gelden ernstig en herhaald seksueel of fysiek misbruik. Hoe eerder in het leven, hoe ernstiger de verschijnselen zijn.'

'Dus Vivian was misbruikt?' vroeg Munch.

'Dat zei ik niet,' mompelde Ritter.

'Maar waarom had ze dan die...' Munch keerde zich naar Mia.

'Dissociatieve persoonlijkheidsstoornis,' zei Mia langzaam. Ritter had haar tot een wedstrijdje verplassen uitgedaagd en ze wilde dat ze niet zo kinderachtig was geweest om erop in te gaan, maar iets in die toegeknepen blik van hem had gemaakt dat ze het niet kon laten. 'Ze was niet misbruikt. Het was bij associatie ontstaan,' zei ze kortaf.

'Wat bedoel je?' zei Munch.

'Raymond Greger,' antwoordde Mia.

'Hè?' zei Munch niet-begrijpend.

'Ik gok erop dat Karoline Berg door haar halfbroer ergens

aan blootgesteld is, en dat ze haar dochter met haar verdriet heeft opgezadeld. Dat gebeurt toch zo vaak, *dokter*? Een alleenstaande moeder en haar dochter. Rolproblemen. Degene die voor je moet zorgen, doet haar werk niet goed.'

Als Ritter onder de indruk was, liet hij dat niet blijken, maar ze merkte dat zijn toon nu anders was. 'Vivian Berg was niet misbruikt, nee,' zei hij met een kuchje. 'Maar ze was opgegroeid in een onveilige omgeving waarin het wel zo aanvoelde. Dat gebeurt vaker dan je denkt. Een klein kind ziet tegen zijn ouders op in een mate die we eigenlijk niet verdienen. Een kwetsbaar kinderzieltje dat al snel een veilige schuilplaats zoekt als er niet goed op gepast wordt. Ik zeg altijd dat ik om die reden niet in wat voor God dan ook geloof. Als er wel een bestond, had die naar alle waarschijnlijkheid geen ras geschapen dat zichzelf pas na twintig jaar zorg kan redden, maar een ras dat minder makkelijk te beschadigen is, lijkt jullie ook niet? De mens is toch zeker een zwakke diersoort?'

'Dus dan verstop je je in je eigen hoofd?' vroeg Munch.

'Je verstopt je. Je verdwijnt. Je zoekt hulp,' zei Ritter glimlachend.

'Maar,' zei Munch, 'als ze ernstig ziek was, waarom werd ze dan niet voor behandeling opgenomen?'

'Daar hebben we het natuurlijk over gehad,' zei Ritter. 'Maar balletdansen was te belangrijk voor haar. Zolang ze maar vaak genoeg bij mij kwam, konden we het onder controle houden.'

'Ze was aan de beterende hand?'

'Zeker. De pillen hielpen wel iets, maar het voornaamste was natuurlijk de afstand.'

'De afstand?' vroeg Munch, maar terwijl hij het vroeg, wist hij het antwoord al. 'Van haar moeder?'

'Ja. Fysieke afstand tot het probleem is uiteraard niet zaligmakend, maar belangrijker dan misschien wordt gedacht.'

'Wist ze het?' vroeg Mia.

‘Wat bedoel je?’

‘Vivian, toen ze bij je kwam? Wist ze wat haar mankeerde?’

‘Gedeeltelijk,’ zei Ritter. ‘Ze kwam eigenlijk om hulp vragen voor haar symptomen. Daar begint het meestal mee.’

‘Welke symptomen?’

‘Allereerst een verstoorde spijsvertering, maar dat is in haar beroep heel gewoon, en daarom heeft het even geduurd voordat ik begreep wat er eigenlijk aan de hand was.’

Mia bespeurde een zweem van trots in zijn stem. ‘Behandel je veel mensen met dit probleem?’

‘Over andere patiënten kan ik helaas niets zeggen,’ zei Ritter, en hij glimlachte weer met die enigszins verwaande blik.

‘Ik bedoel het niet zo concreet, alleen...’ begon Mia.

‘Zoals gezegd: dat ondertekende papier geeft jullie alleen toegang tot Vivians dossier.’

‘Sprak ze vaak over haar moeder?’ vroeg Munch.

‘Aanvankelijk niet. Op den duur uiteraard wel. Dat was ook onvermijdelijk. Ze had het er heel moeilijk mee. Ze hield van niets ter wereld zoveel als van haar moeder. Zoiets is zwaar, hè? Inzien dat zij in wezen degene is die je de meeste schade heeft berokkend?’

‘Heeft ze het wel eens over Raymond Greger gehad?’

‘Jawel, meermalen.’

‘Op welke manier?’

‘Tja... Woedend, wanhopig, want ze wist alles wat haar moeder had verteld. Het woord “moord” is gevallen.’

‘Moord?’

‘O ja, natuurlijk, dat beveel ik al mijn patiënten aan.’

‘Hoe bedoel je?’ vroeg Munch met een korte blik op Mia.

‘Niet letterlijk natuurlijk,’ zei Ritter met een scheve blik, en hij zette zijn bril weer af. ‘Maar dat is een belangrijk onderdeel van mijn therapie.’

‘Móórd?’

Ritter lachte kort. ‘Een prima manier om van het ongrijpbare beest in onszelf af te komen, toch? Juist met deze methode heb ik veel succes gehad, al zeg ik het zelf.'

'En hoe gaat dat dan in zijn werk, als ik vragen mag?' vroeg Munch geïnteresseerd.

Weer glimlachte Ritter even. 'Dat verschilt. Soms doen we een rollenspel. Soms schrijft de patiënt het op. Een enkeling tekent het. Het hangt er helemaal van af wat het best bij iemand past.'

'En wat deed Vivian?' vroeg Mia.

Ritter zweeg even. 'Tja, zover zijn we nooit gekomen, maar het zat in de planning. Ze had een dans in gedachten.'

'Een moord...dans?' zei Munch met gefronste wenkbrauwen.

'Jij hebt haar nooit zien dansen, hè?' zei Ritter.

'Nee,' zei Munch.

'Jij wel?' vroeg Mia.

'O ja, meer dan eens. Ze was... tja... hoe zal ik het zeggen? Een klasse apart. Uniek. Echt een verlies voor de wereld dat ze er niet meer is. Ze had alles kunnen bereiken. Als je haar op het podium zag... Tja, dat is nauwelijks te beschrijven.'

Munch keek weer naar Mia, die ook nu heel goed snapte wat Ritter bedoelde.

De telefoon op het bureau zoemde al een poosje. Ritter zette zijn bril op en keek er even naar. 'Sorry, maar ik moet dit gesprek afronden. Een paar van mijn patiënten kunnen, eh... niet al te lang wachten, als jullie begrijpen wat ik bedoel.'

'Vooralsnog bedankt,' zei Munch, terwijl hij opstond. 'Krijgen we dit allemaal op schrift?'

'Daar zorgt mijn secretaresse voor,' zei Ritter, en hij gaf hun allebei een hand. 'Bel haar maar als er nog iets is.'

'Wat denk jij?' zei Munch toen ze weer op de parkeerplaats stonden.

'Het valt nu allemaal wat beter op zijn plaats, hè?' zei Mia, die in haar zak naar een pastille zocht.

Munch stak een sigaret op, terwijl het weer licht begon te regenen in de Oslose lente die maar niet echt wilde komen. 'Raymond Greger?'

'We moeten hem zien te vinden,' beaamde Mia met een knikje.

'Inderdaad. Ik zal Larvik bellen om te vragen of ze er meer mensen op willen zetten. Heb je honger?'

'Ik zou wel iets lusten.'

'Mooi. Ik kan slecht denken met een lege maag. Een burger?'

'Misschien iets gezonders?'

'Heeft hij haar zien dansen?'

'Ik weet het,' zei Mia.

'Dacht jij hetzelfde als ik?'

'Ja. Zullen we hem laten schaduwen?'

'Dat is het proberen waard,' zei Munch. Toen hij haar voorging naar de auto, rinkelde zijn telefoon.

Ze kon het aan hem zien, al lang voor het gesprek was afgelopen. 'Waar?'

'Een hotel in de oude stad.'

'Is er een verband?' vroeg Mia, haar hand aan de portiergreep.

Munch gaf geen antwoord, maar knikte alleen somber, waarna hij snel achter het stuur schoof.

20

Hotel Lundgren lag aan het eind van een zijstraatje in de oude stad naast een spoorlijn en was nauwelijks nog een hotel te noemen. Van het oude neonbord was alleen de o nog verlicht en het handgeschreven briefje op de deur, ALLEEN CONTANT, zei genoeg over het soort gasten dat deze vervallen bedoening bezocht. De smalle straat was met patrouillewagens afgezet en Mia zag dat de pers al in aantocht was.

Achter de versperring streek een zwerm gretige meeuwen neer, terwijl zij de roestige deur binnenliepen en in de haveloze receptie door een lichtelijk gestreste Anette Goli werden begroet.

'Weten we wie het is?' vroeg Munch, die de knopen van zijn jas losmaakte.

'Kurt Wang, volgens zijn ID,' zei Anette. 'Iemand meende te weten dat hij jazzmusicus was. Dat trekken we nu na.'

'Wie heeft hem gevonden?' vroeg Mia nieuwsgierig.

'De receptionist,' zei Anette met een knikje naar het achtervertrek, waar het silhouet te zien was van een oudere man met een kop koffie in zijn trillende hand.

'Veel gasten?'

'Nee,' zei Goli. 'Een junk in kamer drie en een Bosnisch meisje dat ontkent dat ze een hoertje is in kamer vijf.'

'Zijn die hier nog?' vroeg Munch.

'We houden ze voorlopig allebei op hun kamer,' bevestigde Anette.

'Hoeveel kamers zijn er?' wilde Mia weten.

'Tien. Onze man zit in kamer negen,' zei Anette, en ze liep voor hen uit de gang in.

Daar troffen ze een technisch rechercheur aan die zwijgend knikte en hun allebei een paar plastic handschoenen aanreikte.

'Onze voeten?' vroeg Munch, en hij wees naar zijn schoenen.

'Doet er niet toe,' mompelde de technicus, en hij liep weg.

Ze begrepen wat hij bedoelde zodra ze op de drempel stonden. De vloer had zijn beste tijd allang gehad en nog een voetafdruk op de half verrotte vloerbedekking zou weinig uitmaken.

'Mogen we even?' vroeg Anette.

De drie mensen van de TR verlieten de kamer.

'Verdomme,' zei Munch toen ze binnen waren en het lijk op het bed zagen liggen.

'Precies zo'n fototoestel,' zei Goli met een knikje naar de camera op het statief. 'Een Nikon E300. Zou dat iets betekenen, denk je?'

Dat laatste was tegen Mia gericht, maar die luisterde niet. Ze was al een tijd niet meer op een plaats delict geweest en was al bijna vergeten hoe dat voelde. De laatste jaren had ze zich achter foto's verscholen en die als bescherming gebruikt, maar ditmaal niet. Ze merkte dat het nu sluipend bezit van haar nam.

Het duister.

'De telefoon op dat tafeltje daar,' zei Anette ergens in de verte, 'is van hemzelf en via Spotify geprogrammeerd om hetzelfde nummer telkens te herhalen. Dat was de reden waarom de receptionist in actie kwam. De wanden zijn hier kennelijk dun.'

'Welk nummer?' Munch, inmiddels even ver weg, ergens vanuit de nevel.

'John Coltrane. "My Favorite Things".'

Mia kreeg zichzelf weer in de hand. Haalde een pastille uit haar zak en gebruikte die zoals altijd als afleidingsmanoeuvre. Een trucje dat ze van een psycholoog had geleerd. Een zoutsmaak op je tong. Die geeft bescherming en staat voor iets goeds. Iets moois. Voel je het, Mia? Lukt het je?

'"My Favorite Things"?' zei Munch.

'Ja,' zei Anette. 'Betekent dat iets?'

'Natuurlijk.' Mia schraapte haar keel. 'Alles wat hij doet heeft betekenis. Niets van dit alles is toeval.'

'Dus het schrift daar op de muur is nieuw?' Goli wees naar iets wat met zwarte viltstift op het bloemetjesbehang boven het bed was geschreven.

WATCH WHAT I CAN DO.

Kijk eens wat ik kan.

'Ongetwijfeld,' zei Mia, en het lukte haar zich te beheersen. Ze had in eerste instantie nauwelijks naar het bed gekeken, uit angst voor wat dat met haar zou doen, maar nu liet ze haar blik op het levenloze lichaam rusten.

Een jonge man. Misschien een jaar of vier-, vijfentwintig. Naast hem een saxofoon.

Schoenen nog aan. Ogen open. Een bange blik. Zijn handen tot vuisten gebald. Alsof hij zich had willen verdedigen zonder het te kunnen.

'Wat zou dat betekenen?' prevelde Anette. 'Die tekst?'

'Die komt uit *Bambi*,' zei Mia. Ze liep naar het fototoestel, dat op een statief stond en op de blauwwitte jongen op het bed gericht was.

'Waaruit?' vroeg Munch onzeker.

'*Bambi*,' zei Mia, en ze bracht haar oog naar de lens. 'Dat zegt het konijn als hij over het ijs glijdt.'

'Maar dat kan toch...' Munchs stem verdween weer in de verte.

Ze had het al bij de TR voelen opkomen, maar toen was ze erin geslaagd het idee van zich af te zetten. Een getal dat in de lens was gekrast. Dat kon toeval zijn, toch? Iets wat er al op had gezeten – een oude, veelgebruikte lens. Het hoefde toch niet echt iets te betekenen?

Mia tastte naar een nieuwe pastille, terwijl haar ogen vonden wat ze zochten, maar het liefst niet zouden zien.

Weer een getal. Zeven.

'Dezelfde wondjes bij de mond,' zei Munch ergens in de verte, terwijl hij met een blauwe vinger wees. 'Hebben we naar zijn borst gekeken? Zit er een gaatje van een naald in?'

'Het leek me beter om het forensisch onderzoek af te wachten,' zei Anette, nog steeds in nevelen gehuld. 'Ze zijn onderweg. Ik heb Lund net gesproken.'

'Weer een getal,' mompelde Mia, die zichzelf weer in de hand kreeg.

De twee anderen keken haar aan. 'Op de lens?' vroeg Munch. Hij kwam naar haar toe.

Mia knikte.
'Wel verdomme,' zei hij van achter het fototoestel. 'Zeven. Vier? Zeven? Wat heeft dat in godsnaam te betekenen? Wat denk jij, Mia?'
Nu kwam de smerige vloer in beweging en vervloeide met de verschoten bloemetjes op het behang. Ze werd er duizelig van.
'Onduidelijk,' zei Mia, en ze beet op haar lip.
'Gaat het wel?'
'Hè?'
Nu staarden ze allebei naar haar. Bevreemde blikken, ergens in de mist.
'Ik heb tijd nodig om na te denken,' zei Mia. Ze liep naar de deur. 'Ondervragen jullie de receptionist?'
'Wat? Ja. Ja, natuurlijk. Ga je ervandoor?'
'Ik moet alles even op een rij zien te krijgen,' prevelde Mia, terwijl ze haar handschoenen uittrok.
'Doe wat je nodig lijkt,' zei Munch. Met gefronst voorhoofd liep hij terug naar de jongen op het bed. 'Stond dat nummer op repeat in zijn telefoon?'
'Ja,' bevestigde Goli.
'Ik bel nog,' mompelde Mia, en ze zocht de frisse lucht buiten op straat op.

21

'Hoe pakken we dit aan?' vroeg Anette nadat Mia de kamer uit was gelopen.
'Waar denk je aan – de pers?' zei Munch.
Een van de technici stak zijn hoofd naar binnen, maar Munch vroeg of hij even wilde wachten.
'Ja,' zei Goli. 'Eén is tot daaraan toe. Twee is iets heel anders. En ik denk dat we er niet onderuit komen om dat te zeggen.'

'Beleg maar een persconferentie,' zei Munch. 'Maar zeg niets over een mogelijk verband. Nog niet. Met het oog op het onderzoek, blabla... Je kent het klappen van de zweep.'

'En Mikkelson?'

'Zit hij je op je huid?'

'Eén keer raden,' zei Anette met een zucht, terwijl de telefoon in haar zak weer trilde. 'Het oude liedje. Denken we aan een seriemoordenaar? Is Munch hier al klaar voor? Is Mia mentaal aanwezig?'

'Alweer? Wanneer geeft hij het nou eens op?'

'Je weet dat ze zich heeft laten opnemen?' vroeg Anette zachtjes. 'Om van de alcohol af te komen?'

'Ik weet dat ze zich beter voelt en er kerngezond uitziet. Wat bedoel je, van de alcohol af komen?'

'In de Vitkoff-kliniek in Jæren,' vervolgde Anette. 'Ze is er vlak na Nieuwjaar naartoe gegaan en een maand gebleven.'

'Ja, en? Mooi toch? En wat dan nog?' Munch merkte dat hij zich begon te ergeren. Zo ging het nou altijd. Mikkelson. Als Mia zaken voor hem oploste en hij in de media de held kon uithangen, plaatste hij nergens vraagtekens bij. En hijzelf? Zou hij nu ook al niet in staat zijn om zijn werk te doen?

'Tja, ik weet het niet,' zei Anette. 'Je hebt haar daarnet toch meegemaakt? Misschien is ze nog niet helemaal waar ze wezen moet?'

'Mia redt zich wel,' zei Munch. Hij kreeg acuut trek in een sigaret.

'En jij?' vroeg Anette vriendelijk.

'Ik? Wat is er met mij?'

'Iedereen zou er begrip voor hebben als dit je te veel werd, Holger. Twee moorden, zo kort na elkaar? Terwijl dat van Miriam nog maar zo kortgeleden is?'

'Aan wiens kant sta jij?'

'Aan die van jou natuurlijk, Holger, ik wilde alleen...'

'Met mij gaat het prima. Mia is er weer helemaal bij. Zeg

maar tegen Mikkelson dat hij zijn snufferd moet houden als hij niets constructiefs bij te dragen heeft. Er is werk aan de winkel. Beleg jij die persconferentie?'

'Natuurlijk, Holger.'

De man van de TR stak opnieuw ongeduldig zijn hoofd om het hoekje, en deze keer wenkte Munch hem naar binnen. Hij zette zijn irritatie van zich af door op straat onder een knipperende neon-O een sigaret te roken, waarna hij naar de kamer achter de receptie liep.

'Hoelang moet ik hier nog zitten?' vroeg de oudere man, zichtbaar aangeslagen door de aanblik van de dode jongeman in kamer negen.

'Holger Munch, eenheid Moordzaken.' Munch gaf hem een hand.

'Jim,' prevelde de oudere man. 'Myhre. Jim Myhre. Sorry.'

Een dun grijs paardenstaartje en ronde brillenglazen. Munch had die blik al heel vaak gezien. Die lichte nervositeit in bijzijn van een gezagsdrager. Niet zo gek natuurlijk. Als dit de eigenaar en uitbater van Hotel Lundgren was, had hij in de loop der jaren vermoedelijk nogal eens met de politie te maken gehad.

'Geeft niet, Jim,' zei Munch. 'Ik zie wel dat je moe bent. Heb je hier de hele nacht gewaakt?'

'Hoe kom ik anders aan mijn geld? Ik kan verdomme niemand anders aannemen. Ik kan hier maar net van rondkomen.'

'Snap ik. Dus jij hebt Kurt Wang ontvangen?'

'Wie?' vroeg Myhre.

'De man in kamer negen. Noteren jullie de naam van de gasten niet?'

'Alleen contant,' mompelde Myhre, terwijl hij even in zijn ogen wreef. 'Mij een zorg hoe ze heten, zolang ze maar betalen.'

'Hoe laat kwam hij?'

Myhre aarzelde even. 'Laat. Misschien rond een uur of elf.'

'En hij was alleen?'

'Ja.'
'Verder niemand, voor noch na hem?'
'Hoe bedoel je?'
'Of er na hem nog iemand anders kwam.'
'Nee,' zei Myhre. Trillend zette hij zijn koffiekop voor zich op tafel.
'En wat voor indruk maakte hij?'
'Hoe bedoel je?'
'Hoe verliep het gesprek?'
'Het gesprek?'
'Ja. Hoe ging dat? "Hallo, ik wil een kamer"?'
'O, op die manier,' zei Myhre, en hij hoestte even. 'Geen idee. Hij kwam binnen met het geld in zijn hand. Wat hij zei weet ik niet zo goed meer.'
'Doe je best,' zei Munch.
'"Ik heb een kamer nodig" – zoiets. Ik bedoel, niks bijzonders. Behalve dat hij eruitzag alsof hij aan het trippen was, maar daar zijn we hier aan gewend. Dit is nou niet bepaald het Grand Hotel, dat weet ik best. We mogen blij zijn met wat we krijgen.'
'Aan het trippen?'
'Ogen als schoteltjes,' zei Myhre. Hij deed een poging zijn koffiekop weer op te pakken, maar dat lukte niet helemaal. 'Zo high als een papegaai, als je het mij vraagt, maar zoals ik al zei: we kunnen hier niet kieskeurig zijn.'
'En de saxofoon?'
'Hè?'
'Zat die in een tas of zo?'
'Wat voor saxofoon? Ik heb er geen gezien.'
'Geen zak of tas of iets dergelijks?'
Myhre schudde zijn hoofd. 'Geen moer. Alleen dat geld in zijn hand.'
'Nou, wat gebeurde er toen? Waarom ben je bij hem naar binnen gegaan?'

'Dat doe ik anders nooit, maar allejezus, de hele nacht hetzelfde nummer? Het is hier erg gehorig. De hele tijd dat gejengel, ik werd er hoorndol van.'

'Dus je bent gewoon maar naar binnen gestapt?'

'Nee, ik heb natuurlijk eerst geklopt, meer dan eens. Ten slotte ging de deur min of meer vanzelf een eindje open. Ik was eigenlijk niet eens van plan om naar binnen te gaan.'

Even dwaalde Myhre af, en met de nodige moeite wist hij zijn kop koffie weer naar zijn mond te brengen. Het was duidelijk dat de aanblik van het bed een schok voor hem was geweest, zelfs in dit deel van de stad.

'En hij heeft met geen van de andere gasten gepraat? Er is verder niemand gekomen of weggegaan?'

'Nee,' zei Myhre. 'Of eigenlijk...' Hij krabde even op zijn hoofd.

'Wie dan?'

'Het drong toen niet tot me door, maar nu ik erbij stilsta...'

'Wat?' zei Munch ongeduldig.

'Die vent van het schoonmaakbedrijf.'

'Ga door.'

'We hebben een afspraak met een stel Vietnamezen,' zei Myhre. 'En die sturen meestal... Tja, hoe noem je dat, in elk geval geen blanke jongens, snap je?'

'Wat wil je daarmee zeggen?'

'Nou ja, het is bijna gratis. Ze zorgen voor goedkope arbeidskrachten, zo werkt dat toch?' zei Myhre met gefronst voorhoofd.

'Maar deze keer was het een etnische Noor?'

'Een blanke,' beaamde Myhre. 'Ik stond er niet echt bij stil. De mensen hebben nou eenmaal werk nodig, hoe ze er ook uitzien, snap je. Mij zal het worst wezen.'

'En die man heeft met Kurt Wang gepraat?'

'Ja, ik zag ze in de gang.'

'Wat gebeurde er toen?'

'Ik stond daar verdomme maar even. Ik zag ze alleen met elkaar praten, dat is alles.'

'Is het een gevestigd schoonmaakbedrijf?'

'Ja. Ik ben er heel tevreden mee, ze zijn goedkoop en efficiënt. Soms laat ik een van die lui hier logeren, dat is de deal die we hebben gesloten. Je bent toch niet van de belastingdienst, hè?'

'Nee,' zei Munch. 'Weet je hoe ze heten? Heb je hun adres?'

'Jawel,' zei Myhre, en hij zette zijn kop weer neer. Hij stond op, liep naar een propvol prikbord achter de tafel en kwam terug met een visitekaartje.

'Sagene Reinigen en Stomen?'

Myhre knikte. 'Een familie uit Vietnam. Heel fijne mensen. Zoals gezegd helpen we hun personeel soms kort aan een onderkomen.' Hij keek zwijgend de andere kant op.

'Het zal me een zorg zijn of je illegale immigranten onderdak biedt,' zei Munch.

'Nee, nee, we...'

'Ik zei al dat ik daar niet mee zit. Maar had je die jongeman al eens eerder gezien?'

'Nee.'

'Maar hij kwam wel van dat bedrijf?'

'Jazeker,' zei Myhre. 'Hij arriveerde met een complete schoonmaakuitrusting. Maar hij leverde verdomd slecht werk.'

'Hoezo?'

'Nou, hij heeft helemaal niet schoongemaakt. Een of ander smoesje dat hij iets moest halen, maar ik heb hem nooit meer teruggezien.'

'Maar je zag hem wel toen hij met Wang praatte? De man van kamer negen?'

'Jazeker.' Myhre knipperde met zijn ogen. 'Mag ik dan nu weg? Ik heb al sinds gisteravond niet meer geslapen.'

Munch stond op. 'Je zult moeten meekomen naar het bureau.'

'Nu?' vroeg Myhre met een zucht.

'Ja,' zei Munch. Hij liep de receptie weer in. Anette Goli was net klaar met telefoneren en kwam op hem af. 'Laat iemand die vent meenemen naar kantoor. Volledige verklaring met handtekening, ja?'

'In orde,' zei Goli. Haar telefoon ging weer over.

22

Sagene Reinigen en Stomen lag – niet erg verrassend – in de wijk Sagene, vlak bij de kerk. Munch kende die buurt nog goed van vroeger, want Marianne en hij hadden hier lang geleden gewoond. In een flat van veertig vierkante meter met een piepklein slaapkamertje en het bad in de keuken. Hij was net begonnen als rechercheur, zij zat nog op de pedagogische academie. Weinig geld, maar ze hadden het fantastisch gehad. Er ging een aangenaam gevoel van nostalgie door Munch heen en hij veroorloofde zich een klein lachje toen hij zijn peuk weggooide en door de glazen deur het bedrijfje binnenliep.

Een schoonmaakbedrijf annex stomerij. Een kleine toonbank waarachter rekken met kleren hingen. Hij werd ontvangen door een glimlachende vrouw op leeftijd, die opstond toen hij binnenkwam.

'Welkom. Iets stomen?' vroeg de Vietnamese, en ze haalde een pen van achter haar oor. 'Vandaag korting op overhemd, bij drie één gratis als voor kostuum en nog één gratis als ook voor kostuum.'

'Politie Oslo,' zei Munch, en hij liet haar zijn ID zien. 'Ben jij de eigenares?'

De oudere dame zette een bril op die aan een koordje om haar nek hing en keek hem onderzoekend aan. 'In problemen?'

'Nee hoor,' zei Munch glimlachend. 'Alles is in orde. Ik heb alleen een paar vragen over een van jullie werknemers. Ga jij daarover?'

'Klein moment,' zei de Vietnamese vrouw en ze verdween achter het rek kleren. Ze kwam terug met een tamelijk jonge, goedgeklede man van ongeveer halverwege de dertig vlak achter haar.

'Dinh Nguyen,' zei de man beleefd, terwijl hij Munch een hand gaf. 'Wat kan ik voor je doen?'

'Ben jij de eigenaar?'

'Bedrijfsleider.'

Een kakibroek met vouw. Wit overhemd onder een zwarte trui. Mooie, goedverzorgde handen met een gouden horloge om de ene pols. Munch had het idee dat de man eerder in de catalogus van een kledingzaak thuishoorde dan achter de toonbank van een stomerij. Sagene Reinigen en Stomen was blijkbaar een goedlopend bedrijf.

'Ik ben op zoek naar informatie over een van jullie werknemers,' zei hij.

'O ja?' zei Nguyen nieuwsgierig. 'Wie?'

'Degene die gisteravond in Hotel Lundgren schoonmaakte. Een etnische Noor van halverwege de twintig.'

'Lundgren? Daar hadden we gisteren niemand. Een etnische Noor? Je bedoelt dat hij wit was?'

'Hij zou wit zijn, ja. Weet jij iemand die aan die beschrijving voldoet?'

'Nee, helaas. Dit is een familiebedrijf, onze werknemers zijn voornamelijk tantes, ooms, nichten en neven,' zei Nguyen met een glimlachje.

'Dus geen mensen van buitenaf?'

'Nee, we...'

De oudere vrouw viel de jonge man in de rede. Er volgde een korte woordenwisseling in wat naar Munch aannam Vietnamees moest zijn.

'Ach, natuurlijk,' zei Nguyen, en hij keerde zich weer naar Munch. 'Sorry, het kan een van onze flexwerkers zijn.'

'Flexwerkers?'

'We willen zo veel mogelijk helpen,' zei de goedgeklede Vietnamees, en hij knikte naar een rij stoelen voor een van de ramen. 'We kunnen maar weinig mensen vast in dienst nemen, maar het komt voor dat zich hier mensen melden om te kijken of we werk hebben.'

'En dat hebben jullie?'

'Dat komt zeker voor.'

'Jullie zijn zowel een stomerij als een schoonmaakbedrijf?'

Nguyen knikte.

'En die flexwerkers, hoe gaat dat dan in zijn werk?'

'Ze komen binnen, gaan daar zitten wachten, en als we een opdracht krijgen waar we niemand voor hebben, krijgen zij die.'

'Schoonmaakwerk?'

'Ja. In de stomerij zijn we met genoeg mensen.'

De oudere vrouw zei weer iets, maar nu negeerde Nguyen haar.

'En wie zijn dat?'

'Die flexwerkers?' Nguyen aarzelde even. Munch begreep wel waarom. Net als de hotelreceptionist was deze jongeman bang dat hij misschien iemand van de arbeidsinspectie of de belastingdienst voor zich had. 'Zoals ik al zei...'

'Luister eens,' zei Munch, en hij krabde even in zijn baard, 'het interesseert me niet wie ze zijn, en of ze een verblijfsvergunning hebben of belasting betalen. Of alles volgens de regels gaat moeten anderen maar controleren.'

Nguyen keek hem van onder zijn fraai gekapte haar een ogenblik aan en gaf toen toe: 'Er zitten veel immigranten bij. Het is lastig om in dit land een baan te vinden. Ik bedoel, het is al erg genoeg voor degenen die hier geboren zijn. Zoals ik al zei: we proberen alleen maar zo behulpzaam mogelijk te zijn.'

Munch stak afwerend een hand op. 'Nogmaals: ik begrijp het helemaal. Ik ga daar niet over. Ik wil alleen weten of de beschrijving die ik gaf misschien op een van die mensen van toepassing is.'

'Ik denk dat ik weet wie je zoekt.'

'Ja?'

Nguyen knikte. 'We krijgen hier niet veel, eh... hoe noemde je ze – etnische Noren? De meesten zijn Afghanen, Somaliërs of Polen. Maar we hebben er inderdaad eentje binnen gehad.'

De vrouw deed weer een duit in het zakje, maar nu snoerde Nguyen haar geërgerd de mond. 'Ze zegt dat ze weet wie het is en dat hij hier niet meer welkom is.'

'Problemen, foei, foei,' zei de oudere vrouw, en ze zwaaide met een gekromde wijsvinger.

'Mama, ik handel dit af,' zei Nguyen met een zucht.

'Over wie hebben we het?'

'Zei je halverwege de twintig? Wit?'

'Ja.'

'Zo iemand hebben we hier gehad, maar ik heb hem al een poosje niet meer gezien.'

'Waarom niet?'

'We kregen onenigheid.'

'Waarover?'

'Om te beginnen hebben de flexwerkers niets in mijn kantoor te maken. En ja, we vragen ze of ze zich willen registreren. Ik wil geen boete krijgen omdat zij zwartwerken. Als ze belastingplichtig zijn, moeten ze een persoonsnummer opgeven.'

'En dat deed deze man niet?'

'Karl,' zei de oudere vrouw hoofdschuddend.

'Je hebt informatie over hem?'

'Niet veel,' zei Dinh Nguyen. 'Zijn naam, zijn adres en zijn telefoonnummer, maar dat persoonsnummer heeft hij nooit gegeven.'

'Geld schuldig,' zei de vrouw.

'Mama, ik handel dit af.'

'Ons bedrogen, voor duizenden.'

'Hij is jullie geld schuldig.'

Nguyen slaakte een lichte zucht. 'Zoals ik al zei: ik wil geen boete omdat ik iemand zwart laat werken. Dat is niet goed voor ons. Dus we betalen normaal gesproken niet uit als ze niet kunnen aantonen dat ze bij de belasting bekend zijn.'

'Te aardig. Stommeling,' zei de oudere vrouw, en ze zette haar bril af.

'Je hebt hem dus toch betaald?'

Nguyen knikte. 'Hij zei dat hij me al zijn papieren zou laten zien, maar dat is nooit gebeurd.'

'En hoelang geleden is dat?'

'Eens kijken... een week of drie.'

'En sindsdien heb je hem niet meer gezien?'

'Nee.'

'Dus jullie hebben gisteren niemand naar Hotel Lundgren gestuurd?'

De Vietnamees schudde zijn hoofd. 'Nee, wij niet.'

'Je zei dat je wat informatie over hem had?'

'Wacht even,' zei Nguyen, en hij verdween naar de achterkamer.

'Stommeling,' zei de oudere vrouw, die op de stoel achter de toonbank was gaan zitten en haar breiwerkje had gepakt.

'Hier,' zei Nguyen, en hij legde een briefje op de toonbank.

'Karl Øverland?'

De Vietnamees knikte.

'En dat is zijn adres?'

'Ja, maar het telefoonnummer werkt niet. Dat heb ik geprobeerd.'

De oudere vrouw schudde haar hoofd en zei weer iets in het Vietnamees, wat naar Nguyens gezicht te oordelen bepaald geen compliment aan het adres van haar goedgeklede zoon was.

'Zou je hem herkennen?'

'Hoezo?'

'Als ik een tekenaar stuur, kun je die dan beschrijven hoe hij eruitziet?'

'Jazeker,' zei Nguyen. 'Ik zou hem er overal uit pikken. Ik ben alleen maar blij dat ik kan helpen. Mag ik vragen waarom je hem zoekt?'

'Helaas, nee. Maar hier heb ik veel aan, dank je.' Hij hield het briefje omhoog en stak het in de zak van zijn duffelse jas. 'Je hoort nog van ons. Vooralsnog bedankt.' Met een knikje naar de breiende vrouw liep hij naar buiten, de prille lentezon in.

23

Mia stond voor haar flat en stelde vast dat de frisse lucht had geholpen. Even was ze door de duisternis overvallen, maar die had zich niet aan haar vastgehecht. Gelukkig. Een kleine hint, meer niet. Van haar ziel. Over wat er zou gebeuren als ze niet uitkeek. Jezus. Daarom had ze die vakantie toch ook geboekt? Om tot rust te komen. *Stel jezelf voorlopig niet te veel bloot aan stress.* Had ze dat niet gezegd, haar therapeute in Jæren? Na een maand in een afkickkliniek had ze zich als herboren gevoeld. Te laat om daar nu bij stil te staan. Deze zaak had al vat op haar gekregen. *Maar pas wel een beetje op.* Ze herinnerde zichzelf eraan dat ze een berichtje naar de Maagdeneilanden moest sturen, aan Viktor moest vertellen dat ze de boot deze keer zou missen. Ze stak de sleutel in het slot en had de deur nog niet geopend, of voor haar dook het gezicht van een medebewoonster op.

Hoe heet ze ook alweer – Fredriksen?

De oude vrouw stond in de gang bij de brievenbussen met haar vuist te zwaaien, haar stok in haar andere hand. Haar pruik een beetje scheef. Een verstikkende, zwoele parfumlucht. Te zwaar aangezette ogen. Een rode, gerimpelde lippenstiftmond, die wijd openstond en zo schel schreeuwde dat Mia meteen wenste dat ze weer op straat was.

'Nou moeten we ze eruit gooien! We hebben handtekeningen nodig! Ben jij niet die politievrouw van de tweede verdieping? Dit kan toch niet? Heb je die afvalcontainers op de binnenplaats gezien? Heb je die stank in de gang niet geroken?'

Mia schudde haar hoofd en sloop de trap op – om voor haar eigen deur op een nieuw, verwachtingsvol gezicht te stuiten.

'Ha Mia, hoe staan de zaken? Alles klaar voor de reis? Mijn zus is heel blij met de flat. Ze vindt hem echt top.'

Haar buurman stak zijn duim omhoog en grijnsde van oor tot oor.

Verdomme, helemaal vergeten.

'Sorry, mijn plannen zijn gewijzigd. Ik ga toch niet weg.'

'O,' zei de blonde jongen teleurgesteld.

'Het spijt me,' zei Mia, terwijl ze de deur wilde openen.

De buurjongen wilde nog iets zeggen, maar merkte plotseling wat er beneden in de gang aan de hand was. 'Nou dat weer. Is mevrouw Vigen weer bezig?' Hij zuchtte geërgerd. 'Ze heeft zich in het hoofd gezet dat de Iraniërs op de derde verdieping weg moeten. Typisch toch? Zo gaat dat tegenwoordig: overal die rottige racisten. Hou nou toch eens op, mevrouw Vigen!'

De jongeman verdween de trap af. Mia verheugde zich er in stilte over dat er nog altijd fatsoenlijke mensen op de wereld waren, en ze draaide haar deur van het slot.

Binnen bleef ze besluiteloos staan. Nee, dit werd niks. Hier kon ze niet nadenken. Ze bleef in de gang wachten tot het eindelijk stil werd. Toen sloop ze voorzichtig de trap af om de wandeling naar Lorry te maken.

'Hallo,' zei een bekend gezicht, duidelijk verrast haar te zien. 'Hetzelfde als altijd?'

De kleurrijke pub achter aan de Hegdehaugsveien was zo'n

beetje haar tweede thuis geweest, inmiddels lang geleden, natuurlijk. Vier maanden droog.

'Nee, voor mij een kop thee en een mineraalwater,' zei Mia, en ze haalde haar notitieboekje uit haar handtas.

'Komt eraan,' zei de sympathieke ober met een knipoog, en hij verdween even stilletjes als hij verschenen was.

Mia kon zich bijna niet meer herinneren wanneer ze dit voor het laatst had gedaan, zo zonder iets gebruikt te hebben diep in de materie duiken. Maar het moest maar. Ze moest in elk geval een poging doen. Ze ging zitten en staarde naar de lege bladzijden voor haar, totdat het vage, verre geroezemoes in het prettige café haar eindelijk de benodigde rust gaf. Ze zette haar pen op het papier en dook in haar eigen hoofd, waarna de wereld om haar heen langzaam vervaagde.

Vivian Berg. Tweeëntwintig. Ballerina. Een bergmeertje ver van de stad. Sporen op de zolen van haar spitzen. Had ze zelf gelopen? Ja. Vrijwillig? Twijfelachtig. De video. De dope. Gehypnotiseerd? Zie ik iets over het hoofd?

Kurt Wang. Jazzmusicus. Ergens in de twintig. Speelt leeftijd een rol? *Watch what I can do*. Bambi. Bambi op het ijs.

Bergmeertje. IJs. Water. Reiniging?

Het getal vier. Het geval zeven. Mia pakte haar theekopje zonder het zelf te merken. 4-7? 7-4? 47? 74?

De gebroeders Leeuwenhart. Ergens is brand. Is brand... Thuis? Nummer 47? Nummer 74? Bijna duizelig greep ze haar telefoon.

'Met Grønlie.'

'Hai, met Mia, even kort. Kun je nakijken of we iets over een brand hebben?'

'Hoezo?'

'Sorry, een gezin dat bij een brand is omgekomen. Kun je kijken of we daar gegevens over hebben?'

'Beetje vaag,' zei Grønlie.

'Ja, sorry. Het huisnummer kan hetzij 47, hetzij 74 zijn. Kun je natrekken of je daar iets over vindt?'

'Jazeker,' zei Grønlie.

'Bedankt,' zei Mia, en ze verbrak de verbinding zo snel mogelijk, want ze wilde de draad niet kwijtraken.

Meisje, tweeëntwintig. Jongen, misschien vijfentwintig. Grote zus? Kleine broer?

Een familietragedie?

Het huis in brand. Wie heeft het overleefd? Schuld? Was het jouw schuld?

Antivries in het hart. Een injectie. Kou. IJs. Warmte. IJs en vuur?

Haar pen vloog nu over het papier. Ze merkte niet eens dat ze breed glimlachte.

IJs en vuur. Daar gaat het om, nietwaar? Zijn ze verbrand? Was het jouw schuld? Antivries? Spijt het je vreselijk? Wil je ze helpen? Door het kouder te maken? Wil je het goedmaken? Is dat wat je ons wilt laten zien?

Dat is het, hè? *Dat het je vreselijk spijt.*

Spijt het je vreselijk? Heb je berouw? Was het niet de bedoeling? Moeten we je helpen? Je vinden?

'Neem me niet kwalijk – Mia Krüger?'

Mia schrok zo dat de pen bijna uit haar hand schoot. Ze was zo ver weg geweest dat haar brein de terugweg naar de realiteit bijna niet kon vinden. 'Eh... ja?'

'Sorry dat ik je stoor, maar heb je een paar minuten?'

Zwart pak, wit overhemd, handschoenen, het haar naar één kant gekamd. De ogen die haar aankeken kwamen haar bekend voor, maar ze kon de man toch niet helemaal plaatsen.

'En jij bent?' vroeg Mia.

'Nogmaals mijn excuus,' zei de goedgeklede man. 'Dit duurt niet lang, maar het is wel enigszins dringend. Mag ik?' Hij wachtte het antwoord niet af, maar trok de stoel aan de andere kant van het tafeltje uit en ging zitten.

'Ik ben eigenlijk bezig,' begon Mia.

'Het duurt niet lang. Maar we zijn zover gekomen dat ik er niet aan ontkom om even met je te praten.'

Dat uiterlijk. Die blik. Mia herkende een politieman van een kilometer afstand, maar toch had ze deze nog nooit gezien.

'Wold,' zei de goedgeklede man, en hij stak zijn hand over de tafel heen. 'Van de rijksrecherche.'

Haar ergernis sloeg om in een soort nieuwsgierigheid. Wold wuifde beleefd een ober weg en richtte zijn blik weer over de tafel heen op haar. 'Ik zie dat je bezig bent, en ik snap natuurlijk waarmee. Twee lijken in vier dagen. Ik zal zo min mogelijk van je tijd in beslag nemen, maar ik moet je domweg spreken. Hopelijk vind je dat niet erg.'

'Ik heb zo het idee dat ik geen keus heb,' zei Mia, en ze pakte haar theekop.

'Sorry als het zo aanvoelt,' zei Wold. Hij keek even om zich heen. 'Maar ja, zoals ik al zei: er is iets wat we met je moeten bespreken.'

Mia keek het tamelijk drukke café rond, maar kwam niets tegen wat een reactie bij haar losmaakte. 'Wie zijn "wij"? De rijksrecherche? Heb ik iets fout gedaan? Alweer?'

Met een scheve glimlach zei Wold: 'Nee, absoluut niet, Mia. Deze keer gaat het niet over jou.' Hij boog zich over het tafeltje naar haar toe. 'Dit lopende onderzoek, mag ik je daar iets over vragen?'

'Het antwoord luidt natuurlijk nee,' zei Mia droogjes. 'Ik kan je niets over een lopend onderzoek vertellen.'

Wold glimlachte en stak voorzichtig zijn hand op. 'Ik had rechtstreeks naar Munch kunnen gaan, of zelfs naar Mikkelson.'

'Waarom doe je dat dan niet?'

Wold aarzelde even. 'Je weet toch wat wij doen?'

'De rijksrecherche? Jullie doen intern onderzoek bij de politie,' zei Mia met een zucht. 'Is dit een quiz of zo? Je ziet toch dat ik nogal druk bezig ben?'

Er trilde iets in zijn jaszak, maar hij nam niet op. 'Oké, Mia, ik zal ter zake komen. Thomas Lorentzen?'

'Wie?' vroeg Mia. *Thomas Lorentzen?* Het duurde een paar tellen voor het muntje viel. De advocaat. De eigenaar van de Mercedes waarmee Vivian Berg was vervoerd.

'Wat is er met hem?' vroeg Mia nieuwsgierig.

'We willen alleen weten of hij centraal staat in jullie onderzoek. Is hij belangrijk? Is hij een van degenen op wie jullie je concentreren?'

'Hoezo?' zei Mia.

'Is Lorentzen erbij betrokken? Dat willen we graag weten. Een simpele vraag. Ik heb maar een kort antwoord nodig, en dan laat ik je met rust.'

Met een lachje leunde Wold naar achteren op zijn stoel. Mia dacht even na en ging toen door de knieën. De rijksrecherche. Als hij iets over de zaak wilde weten, was één telefoontje naar Grønland genoeg. Geen reden om een poosje hier te gaan zitten. Zij wilde dolgraag weer in de materie duiken. Ze had beet. Ze was iets belangrijks op het spoor, dat voelde ze.

'Nee, wij zijn niet in Lorentzen geïnteresseerd,' zei ze kortaf, en ze pakte haar pen weer.

'Ben je niet nieuwsgierig?' zei Wold, zonder aanstalten te maken om op te staan.

'Waarnaar?'

'Naar de reden van onze belangstelling voor hem.'

'Natuurlijk,' zei Mia. 'Maar ik ben dus bezig. Zijn we nu klaar?'

Wold keek wat bedremmeld. 'Sorry, Mia, ik had dit anders moeten aanpakken. Is het goed dat ik...?' Hij leek op het punt te staan zijn jas uit te trekken.

'Luister eens,' begon Mia, maar hij onderbrak haar.

'De waarheid is dat ik je hulp nodig heb.' Dus nu kwam de

aap uit de mouw. 'We zijn vastgelopen. En we hebben hulp nodig. We hebben intensief besproken met wie we moesten gaan praten, en de keus is op jou gevallen. Zo simpel is het.'

'En wie zijn "wij"?' herhaalde Mia, terwijl ze met tegenzin haar pen weer weglegde.

Wold dacht even na. 'Dit blijft onder ons?'

'Luister eens,' zei Mia ongeduldig. 'Jij bent bij mij gekomen. Ik heb hier niet om gevraagd.'

'Natuurlijk.' Wold zocht om zich heen naar een ober. 'Ik kan denk ik wel een kop koffie gebruiken. Wil jij ook iets?'

'Nee, dank je.'

'Zoals ik al zei,' zei Wold toen de ober weer weg was, 'hebben we hier intensief over gedelibereerd. Het onderwerp ligt wat gevoelig, als je begrijpt wat ik bedoel. Maar de keus is dus op jou gevallen.'

'Zeer vereerd,' zei Mia. Ze nam een slokje mineraalwater. 'Dus, wie zijn "wij"?'

'Laat ik liever eerst vertellen wie Thomas Lorentzen is, goed?'

'Oké,' zei Mia met een zucht.

'Heroïne,' zei Wold, en hij bracht zijn kopje naar zijn mond.

'Verklaar je nader.'

'Invoer. Distributie. En witwaspraktijken.'

'Juist ja,' zei Mia, en ze stelde vast dat ze niet meer zo op haar hoede was.

'We hebben nog niet alle puzzelstukjes op hun plaats,' vervolgde Wold, 'maar voor ons is het belangrijk dat hij op dit moment buiten schot blijft. Het zou dingen in de war sturen waar we veel werk aan hebben gehad.'

'Wij onderzoeken hem niet,' zei Mia weer. 'Volgens ons was dit toeval; zijn auto is gestolen. Het had iedereen kunnen zijn.'

'Mooi,' zei Wold met een knikje. 'Prima, maar dat is dus niet alles.'

'Nee, dat zei je al. Waarom ik? Waar kan ik jullie mee helpen?'

Wold leek zijn woorden zorgvuldig af te wegen voordat hij ten slotte antwoordde: 'We hebben reden om aan te nemen dat een van jullie mensen erbij betrokken is.'

'Iemand van ons?'

'Ja.'

Wold keek het café weer rond en boog zich wat dichter naar haar toe. 'Wij denken dat er iemand van de politie centraal staat in het netwerk om hem heen.'

'En jullie denken dat ik dat ben?' vroeg Mia.

Wold lachte kort. 'Nee, absoluut niet. Maar we denken dat jij ons misschien kunt helpen.'

'Waarom?'

'Omdat je hem kent.'

'Wat?' zei Mia. 'Jullie weten wie het is?'

'We denken van wel,' zei Wold. 'Maar we hebben bewijzen nodig.'

'En daar moet ik voor zorgen?'

'Dat was het idee, ja. Zou je je daarin kunnen vinden?' Wold leunde naar achteren in zijn stoel en nam nog een slok koffie.

'Waar heb je het over? Iemand die ik ken verklikken?'

'Verklikken is een groot woord. Zo zou ik het niet noemen. Maar ja, in zekere zin wel. Zoals ik al zei: we zijn vastgelopen. We hebben hulp nodig.'

'Dus die Lorentzen is betrokken bij heroïnesmokkel en jullie denken dat hij hulp van een insider krijgt?'

'Inderdaad.'

'En dat is een politieman van wie jullie de naam weten, en die ik ken?'

'Inderdaad.'

'Je bedoelt uit ons team? Aan Mariboes gate 13?'

'Inderdaad.'

'Allemachtig,' zei Mia hoofdschuddend. 'Ik geloof er niets van.'

'Ik geloofde het eerst ook niet,' zei Wold nonchalant.

'Leg uit,' zei Mia, die nu nog nieuwsgieriger werd.

'Tja, wat zal ik zeggen,' zei Wold schokschouderend. 'Munch staat erom bekend dat hij de allerbesten uitkiest, maar iedereen vergist zich toch wel eens?'

'Ik geloof het niet,' zei Mia behoedzaam.

'Wat niet?'

'Dat een van onze mensen erbij betrokken is. Bij zoiets. Bij ons heerst een enorme transparantie. We zijn bijna een soort familie. Heb jij wel eens een vader opgevangen die zojuist te horen heeft gekregen dat zijn zesjarige dochtertje dood is?'

'Nee, nooit.'

'Dat doet iets met een team, snap je?' zei Mia, nu geïrriteerd.

'Begrijp ik helemaal,' zei Wold. 'Echt. Ik weet wat jullie doen, en je moet beseffen dat we allemaal met het grootste respect over jullie praten. Maar toch.'

'Het is niet iemand van ons,' zei Mia kortaf, en ze pakte haar theekop weer, maar die was inmiddels leeg. Ze speurde het café af naar de ober, maar zag hem niet.

Nee, dit was bullshit. Heroïne. Iemand van het team? Jezus, nee.

'Curry,' zei Wold, zo abrupt alsof iemand de naald van een langspeelplaat had getild.

'Wat?'

'Wij denken dat het Jon Larsen is,' zei Wold ernstig.

'Krijg nou wat,' zei Mia, die onwillekeurig moest lachen. 'Curry? Nee, dat zien jullie verkeerd. Jon is een rare, maar hij zou nooit...'

'We zijn er heel zeker van dat het iemand van de drugsbrigade is,' viel Wold haar in de rede.

'Curry zit niet bij de drugsbrigade,' zei Mia.

'Larsen is daar herhaaldelijk aan uitgeleend,' ging Wold door. 'Bovendien wijzen elementen in zijn privéleven erop dat hij niet lekker in zijn vel zit.'

'Luister eens,' zei Mia.

'Mag ik even?' hield Wold aan. 'Het klopt toch dat Larsen een poosje geleden door zijn vriendin is gedumpt? En zij was degene die alles bezat. De flat waarin ze woonden stond op haar naam. Hij heeft niets meer.'

'Nee, maar dat...'

'Hij woont nu op kamers, is platzak en zit tot over zijn oren in de schulden. Hij zuipt als een ketter en heeft een los-vaste relatie met een meisje van eenentwintig. Luna Nyvik, een barmeid die al eens bij de politie in de kijker is geweest wegens drugssmokkel. Zo pakken ze het aan. Jonge mensen die niet beter weten. Die gebruiken ze als ezels. Zo krijgen ze het de grens over.'

'Het is Curry niet,' hield Mia koppig vol. 'Als je hem zou kennen, zou je het met me eens zijn.'

Wold stak zijn hand op om haar weer te onderbreken. 'Wil je ons helpen? Al is het maar om het uit te sluiten?'

Zijn telefoon trilde weer in zijn jaszak. Deze keer keek hij wel, en hij stond op. 'Sorry, maar ik moet weg,' zei hij. 'Wil je het in elk geval overwegen?'

'Volgens mij zitten jullie ernaast,' zei Mia.

'Dit is mijn nummer,' zei Wold, en hij zette een vinger op het visitekaartje dat hij haar had gegeven. 'Ik bel je morgen, goed?' Hij glimlachte even en gaf haar een stevige handdruk, waarna hij het gedrang in dook en verdween. Mia pakte haar pen op en deed haar best zich weer in het materiaal te verdiepen, maar die kans was verkeken.

Verdomme. *Curry?* Nee. Onmogelijk.

Ze wilde net haar theekop laten bijvullen toen haar telefoon ging. 'Hallo Holger, wat is er?'

Munch klonk nogal merkwaardig. 'Er is iets wat je moet zien,' zei hij zachtjes.

'Wat?' Een uitbarsting van gelach elders in het café, zodat Mia hem bijna niet kon verstaan.

'Je kunt beter zelf komen kijken. Ik stuur je het adres.'

'Oké,' zei Mia, en ze stopte haar aantekeningen snel in haar handtas. Toen liep ze naar buiten om een taxi aan te houden.

24

Mia betaalde de taxi en trof Munch aan voor een zonnestudio met een sigaret in zijn mond en een sombere blik in zijn ogen. 'Wat is er?'

Munch schudde zwijgend zijn hoofd. 'Je weet hoe het zit met de besmetting van een plaats delict?'

'Ja?'

'De receptionist van Lundgren zei dat Kurt Wang met een jongeman had gepraat voor hij zijn kamer in ging. Iemand van een schoonmaakbedrijf.'

'Gisteravond?'

'Ja.'

'Een schoonmaakbedrijf,' zei Mia, en ze haalde een pastille uit haar zak. 'Dat we daar niet eerder aan hebben gedacht. Haren. Nagels. Uitwerpselen. Dus daar heeft hij alles vandaan gehaald. Wat fantastisch, Holger.' Een schoonmaakbedrijf? Maar natuurlijk. Ze voelde iets kriebelen onder haar jasje en glimlachte tegen Munch, die om de een of andere reden lang niet zo opgewonden leek. 'En?' vroeg ze gretig.

'Ik heb een bezoekje aan dat bedrijf gebracht. Ze hadden daar gisteren niemand werken.'

'Maar...?' Mia schudde haar hoofd, want ze begreep niet wat hem dwarszat. 'Maar ze wisten wel wie het was?'

Munch nam een trekje van zijn sigaret en knikte kort. 'Ene

Karl Øverland. Ik heb een adres. Het telefoonnummer dat ze hadden gekregen is afgesloten.'

'Geniaal, Holger. Waar wachten we dan nog op? Wat is er? Wat wilde je me laten zien?'

'Bergensgata 41,' mompelde Munch. 'Dat was het adres dat hij had opgegeven.'

Mia barstte nu van nieuwsgierigheid, ze kon bijna niet stilstaan, maar Munch zei nog steeds niets. 'Wel verdomme, Holger! Wat is er aan de hand? We hebben een naam en een adres, waar wachten we op? Wat wou je me nou laten zien?'

'Dit,' zei Munch zachtjes. Hij gooide zijn sigaret op de stoep, stak zijn handen in de zakken van zijn duffel en ging haar voor de hoek van het flatgebouw om.

De Bergensgata. *Ergens in haar achterhoofd. Wat was hier...*

Waar het trottoir ophield bleef Munch staan en met zijn hoofd gebaarde hij naar de overkant. Toen zag ze het: het roestbruine fabrieksgebouwtje.

Wel alle... 'Wat is dit verdomme, Holger?'

Munch keerde zich naar haar om en knikte. 'Snap je het nu?'

'Dit heeft hij... als adres opgegeven?' Mia werd onpasselijk. 'Jezus, Holger. Weet je het zeker?'

Munch knikte zwijgend.

'Maar dat... Dat kan toch niet kloppen?'

'Hadden we het moeten zien aankomen?' prevelde Munch. 'Die foto's? De camera bij het lijk? Misschien hadden we het verband moeten zien.'

'Klote,' mompelde Mia, en ze moest zichzelf dwingen om nog eens te kijken, ook al stond dat haar nog zo tegen. Het ouderwetse fabrieksgebouwtje in de studentenwijk Bjølsen. Bergensgata 41.

Daar had hij ze gevangengehouden. In zijn werkplaats. *Al die machines. Om ze wakker te houden. Net wakker genoeg.*

'Klaus Heming,' prevelde Munch, terwijl hij de volgende

sigaret uit zijn jaszak haalde. Die bleef in zijn baard hangen zonder dat hij hem aanstak.

'Hetzelfde gebouw?' vroeg Mia. 'Dat kan niet.'

Ze vermande zich. Acht jaar geleden. Klaus Heming. De postbode. Foto's van de slachtoffers. Binnen in de werkplaats gemaakt. *Naar de families gestuurd. Alsof het verlies nog niet genoeg was.*

De postbode. Acht jaar geleden, maar ze kon haar eigen brievenbus nog steeds niet openmaken zonder een golf van onverklaarbare misselijkheid. *Verdomme nog aan toe.*

'De Bergensgata in Bjølsen,' zei Munch, die eindelijk de brand in zijn sigaret kreeg. 'Ik snap niet waarom ik het niet meteen doorhad.'

'Maar hij is toch dood?'

Munch keek haar aan. 'Bij mijn weten wel.'

'Dus wat...?' zei Mia, en met tegenzin keek ze nog eens naar de overkant.

'Copycat?' vroeg Munch schouderophalend.

'Denk je?' zei Mia. 'We hebben toch nooit iets uit Heming gekregen? Aantallen, beschrijvingen? Die rotzak was gewoon...'

'Het was maar een idee,' onderbrak Munch haar. 'Enig verband moet er toch zijn, lijkt je ook niet?'

'Hoe heette die vent?' vroeg Mia. 'Van het schoonmaakbedrijf?'

'Karl Øverland,' zei Munch.

'En?'

'Wat, en?' Munch keek haar geïrriteerd aan.

Deze zaak deed hun allemaal bijna de das om. Holger zat midden in een nieuwe ronde gezinstherapie. Twee jaar geleden gescheiden, en hij had er bij Marianne op aangedrongen om het nog eens te proberen. Uiteindelijk had ze toegegeven. Ja hoor. We proberen het wel. Voor Miriam. En vervolgens kwam Munch niet opdagen.

Klaus Heming. De postbode. Met een eigen fabriek. En eigen machines. *Fuck.* 'Wat doen we nou?' vroeg Mia.

'Ik heb Ludvig gevraagd om alle Karl Øverlands die we kunnen vinden na te trekken,' zei Munch met gefronste wenkbrauwen. 'We komen straks allemaal op kantoor bij elkaar, dan moeten we alleen...' Met een sombere blik bleef hij staan.

'Gemeenschappelijke briefing?'

'Om te beginnen.'

'Ben jij met de auto?'

'Ik sta verderop in de straat geparkeerd.' Munch schudde nog eens zachtjes met zijn hoofd. Toen trok hij zijn beige duffelse jas steviger om zijn forse lijf en schoot zijn half opgerookte sigaret met een knip van zijn vingers in de richting van het roestbruine gebouw.

25

Curry had net zijn whiskyglas naar zijn mond gebracht toen zijn telefoon ging. Hij hoorde de ringtone niet, want de telefoon stond op de trilstand, maar het gezoem voor hem op tafel deed denken aan een boze bij. Hij zag zijn hand al naar de groene knop gaan, maar besefte gelukkig op tijd dat hij niet moest opnemen. Het was pas vijf uur en hij was nu al dronken. Verdomme. Hij had alleen even naar binnen willen wippen. Luna gedag zeggen. Zijn hoofd helder krijgen. Zien of hij iets kon vinden in zijn aantekeningen. Zoals Mia altijd deed. Smoesjes, natuurlijk. Hij had naar een borrel gesnakt. En toen was het er een te veel geworden.

De telefoon kwam eindelijk tot rust. Toen volgden de berichten. Eerst één. Toen nog twee. Hij kon ze in het schemerdonker maar net lezen. Anette Goli. Munch. Er was blijkbaar iets gebeurd. Iedereen werd gevraagd naar kantoor te komen. *Verdomme*. Nee, dat ging dus niet. Niet nu. Zo kon hij zich niet vertonen. Hij leegde zijn whiskyglas en wenkte Luna.

'Nog eentje,' prevelde hij, terwijl hij tegen de zijkant van zijn glas tikte.

Het jonge meisje keek hem met een scheef hoofd aan. 'Weet je het zeker, Jon?'

'Hoezo?' Hij merkte dat hij door zijn neus praatte.

'Gaat het een beetje?' Ze aaide hem even over zijn hoofd.

'Ja, ja. Eentje maar.'

Iemand stopte een munt in de antieke jukebox verderop in de bar en er kroop een oude countrysong langs de bruine muren. Op het biljart tikten de ballen tegen elkaar. Een van de bruinste kroegen in Oslo, zo aftands dat zelfs hipsters er niet kwamen.

Zeemanstatoeages. Bikerjasjes. Eenzame zielen, elk in hun eigen hoekje, prevelende lippen boven vuile bierglazen. Aan de bar zaten twee mannen in trainingsjack die hier niet op hun plaats leken. Ze hadden stiekem naar hem gegluurd en eerst had hij niet begrepen waarom. Een korte aanval van paranoia – *Waren dat goddomme smerissen? Stond hij onder toezicht of zo?* Zoals hij daar zat zag hij er beklagenswaardig uit. Hun blikken waren meewarig geweest. Nog zo'n alcoholist met trillende handen.

Goddomme.

Hoe was het eigenlijk zover gekomen? Hij had zich toch altijd kunnen beheersen? Zo nu en dan een borrel, ja, maar nooit zoals nu. Alsof hij een droge spons was. Een boom die om water schreeuwde. Een paar dagen geleden had hij een advertentie in de krant gezien die hij met belangstelling had gelezen. Behandelingscentrum Sollia. *Ken jij iemand die hulp nodig heeft?* Hij zette de gedachte van zich af toen Luna terugkwam met een nieuwe borrel en een pilsje erbij.

'Zal ik Katrine bellen? Vragen of ze mijn wacht overneemt?' Ze kwam dichterbij en streelde met warme vingers zijn wang.

'Waarom?' Hij probeerde zich te concentreren, maar slaagde er niet helemaal in haar aan te kijken.

'Dan kunnen we naar huis. Wil je dat?'

Curry ging rechtop zitten en wuifde haar weg. 'Niet nodig, het gaat prima, alleen...'

Het ene trainingsjack aan de bar keek weer zijn kant op.

'Zeker weten?'

'Je hebt klanten,' neuzelde hij, en hij deed een poging tot een lachje.

'Het kan echt wel. Je hoeft het maar te zeggen, oké?'

'Alles in orde,' zei hij, maar ze stond alweer achter de bar. Hij zette het glas aan zijn mond en merkte dat hij niet meer zo trilde. Nu de sterkedrank door zijn keelgat naar zijn maag gleed, kreeg hij het warmer.

Niks gegeten. Natuurlijk. Dat was het. Hij kon best tegen alcohol, maar hij had niks gegeten. *Een behandeling – om je rot te lachen.* Hij grijnsde wat bij zichzelf en leegde de helft van zijn glas, terwijl de countrysong wegstierf en plaatsmaakte voor de volgende. Gewoon een beetje te vroeg. Niks in zijn maag.

Weer wierp het ene trainingsjack een blik op hem, en Curry kreeg veel zin om een gekke bek tegen hem te trekken, die vent te laten weten dat hij moest oprotten, maar hij deed het niet. In plaats daarvan keek hij uit het raam. Plotseling zag hij een bekend gezicht, en hij kromp in elkaar.

Allan Dahl? *Jezus.* Die ellendige roddelaar van de drugsbrigade. Gemeenschappelijke briefing op zijn werk, en hij zat hier ladderzat te wezen. Hij dook in elkaar achter zijn tafeltje toen de speurder de straat overstak, maar zijn collega kwam gelukkig niet binnen. Langs de stoep stond een auto te wachten. Allan Dahl stapte in, en weg waren ze, goddank.

Die vent achter het stuur... Had hij dat gezicht niet eerder gezien? Hij pijnigde zijn hersens, maar die werkten niet meer. Ach, wat donderde het ook?

De televisie achter de bar. Het journaal, 24/7. De balletdanseres in het bergmeertje. De jongeman in het hostel. Het ging nergens anders meer over. Twee plechtstatige gezichten in de studio, gevolgd door een fragment met Anette Goli. Hij herkende haar bijna niet; ze had haar politie-uniform aan. Een herhaling van eerder op de dag. De persconferentie. Flitsende camera's, microfoons die vol ijver naar voren schoten. Weer een filmfragment. Nog eens die studiogezichten en vervolgens snel over op live, zo te zien. Hij schrok op toen hij zag wat het was.

Godallemachtig. Hij stond op en zwalkte naar de bar. 'Zet het geluid eens hard.'

'Wat?'

De trainingsjacks keken hem aan met hun hoofd schuin, maar dat moest dan maar.

'Het geluid,' gromde hij weer, wijzend naar de afstandsbediening. Ten slotte begreep Luna wat hij bedoelde.

'We staan nu voor de basisschool van Hedrum in de gemeente Larvik,' zei een vrouw met het logo van TV2 op haar jasje, 'waar de man werkt die volgens de politie de hoofdverdachte is.'

Nu verscheen het op de tickertape, in witte letters op een rode achtergrond: RAYMOND GREGER. Jezus. Die klootzakken bij de plaatselijke politie ook! Iemand had gekletst. Munch zou op tilt slaan.

'Wat is er?' vroeg Luna bezorgd, net toen ergens ver weg zijn telefoon weer ging.

'Ik moet naar mijn werk,' bromde hij, en hij ging op een barkruk zitten, maar die was er niet. Hij zag de vloer op zich afkomen, wilde zichzelf opvangen, maar zijn armen weigerden dienst.

'Gaat het wel?' Het knappe gezichtje hing nu boven hem. De trainingsjacks waren opgestaan.

'Ik moet naar kantoor,' mompelde hij, terwijl hij probeerde op te staan, maar zijn benen werkten ook niet goed mee.

'Ik bel Katrine.'

Een grijze schaduw. Een fluisterende stem. Vanaf de bodem van de zee. Toen viel de countrymuziek abrupt weg en bleef hij alleen op de koude vloer liggen.

26

Parochiepriester Paul Malley zat zich in het biechthokje van de St.-Olafskerk af te vragen of dit wel zo'n goed idee was geweest. De ochtendmis was afgelopen en de kerkgangers hadden kennelijk haast gehad om naar hun werk te gaan. Het was doodstil in het grote kerkgewelf. De klank van het niets galmde hem tegemoet vanuit de prachtige geestelijke ruimte die zoveel voor hem betekende. De St.-Olafsdomkerk. Voor hem leed het geen twijfel: dit was met afstand de mooiste kerk van het land. Hier was hij ruim vijf jaar geleden tot diaken gewijd en maar zes maanden daarna tot priester. Nadat hij een korte tijd was ingevallen als parochiesecretaris in Lillehammer was hij teruggeroepen, en nu was hij zowel parochiepriester als rector van de domkerkgemeente. Paul Malley was honderd procent tevreden met de weg die God voor hem had uitgestippeld. Historisch gezien had de katholieke gemeenschap in Noorwegen zich nooit met de protestantse kunnen meten, maar daar was de laatste tien jaar wat verandering in gekomen. Grotendeels dankzij de immigranten; ze hadden nu iedere week missen in het Pools en het Vietnamees, maar het aantal Noorse kerkgangers was ook aanzienlijk gestegen. Nu celebreerde hij, uiteraard geholpen door de diakenen en de kapelaans, iedere weekdag niet minder dan drie missen: om acht, elf en zes uur. En een week geleden was hij op het idee gekomen daar verandering in te brengen. Niet in de missen zelf. Die tijdstippen waren heel geschikt: een ochtendmis, een tijdens de lunchpauze en een na het werk. Zo konden zijn discipelen zelf bepalen op welk moment van hun drukke werkdag het hun het best uitkwam de Heer op te zoeken.

Nee, 'discipelen' was natuurlijk het verkeerde woord. Paul Malley glimlachte even bij zichzelf. Alleen Jezus had discipelen gehad, maar soms had hij het gevoel dat de kudde van hem persoonlijk was. Het kwam nog maar zelden voor dat hij iemand niet herkende, en zodra hij een nieuw gezicht zag, nam hij altijd de gelegenheid waar om met de persoon in kwestie kennis te maken. Hij was per slot van rekening een van Gods uitverkorenen, de toegangsdeur tot de Heer. Het was belangrijk dat hij betrokkenheid toonde, geen afstand. En daarom, nogmaals, had hij nu besloten verandering te brengen in de dagelijkse gang van zaken.

Die verandering gold de mogelijkheid tot biechten. In het oude programma was de biechtstoel maar een halfuur per dag open, tussen kwart over vijf en kwart voor zes 's middags. Erg veel toeloop was er niet, en hij had het gevoel dat dat kwam doordat het tijdstip verkeerd was. 's Middags je zonden belijden? Nee, dat leek hem geen goed idee, na een lange dag op het werk. Hij begreep het best: dan wilde je alleen nog naar huis en naar je gezin, eten op tafel en misschien thuis tot de Heer bidden. En toen had hij op een dag een inval gehad: waarom niet de mogelijkheid bieden om na de ochtendmis te biechten? De nacht was per slot een periode van duisternis, waarin de ziel eenzaam was. Was de behoefte om je zonden te belijden 's morgens niet het grootst?

Hij was een week geleden begonnen en had geen zin om het nu al op te geven, maar zoals hij daar alleen in de stilte zat en voelde dat hij honger kreeg, was hij daar na aan toe. Hij hees zijn soutane op om zijn schoenveters te strikken. Snoof in het kleine hokje de lucht van pas geboende vloeren en dennennaalden op. Rook hij vandaag een vleugje citroen? De heerlijke geur ontlokte hem een glimlach, maar hij was natuurlijk wel teleurgesteld over zijn verkeerde inschatting. Biechten in de vroege ochtend? Daar had kennelijk niemand tijd voor of behoefte aan. Hij besloot nog een paar minuten te wachten. Of nee, hij had wel wat anders te doen dan alleen in dit benauwde hokje de lucht van de vloer te zitten opsnuiven. Hij had het mis gehad, en het werd tijd om dat toe te geven. Paul Malley zuchtte en trok zijn soutane op om overeind te komen. Toen hoorde hij plotseling voetstappen in het galmende gewelf.

Kwam er iemand...? Was de Maagd hem genadig...? Hij ging snel weer zitten en sloeg een kruis.

Lichte, voorzichtige voetstappen op de harde vloer, helemaal tot bij het biechthokje. Paul Malley glimlachte breed toen iemand de deur opende en een gestalte de besloten ruimte binnenglipte. Hij gaf de pas aangekomene een paar tellen om tot rust te komen en opende vervolgens het luikje. 'Wees gegroet, Maria, vol van genade. De Heer is met U. Gij zijt de gezegende onder de vrouwen, en gezegend is Jezus, de vrucht van Uw schoot. Heilige Maria, Moeder van God, bid voor ons, zondaars. Nu en in het uur van onze dood. Amen.'

Hij sloeg nog een kruis toen hij de ander hoorde herhalen. 'Amen.'

Het klonk voorzichtig. Een jonge man. Hij ving een glimp van hem op achter het rooster, maar zag hem natuurlijk niet. Dat was juist de bedoeling van dit hokje: nabijheid, maar toch zoveel afstand dat het veilig voelde om te biechten.

'Vergeef mij, vader, want ik heb gezondigd. Dit is... de eerste keer dat ik biecht.'

De eerste keer? Malley merkte dat zijn hart sneller klopte onder zijn soutane. Er ging niets boven een nieuw lid van de kudde.

'Ik heb... Ik weet het niet precies,' zei de jongeman, die duidelijk moeite had om de toegangsdeur tot zijn ziel te vinden.

'Neem alle tijd die je nodig hebt, mijn zoon,' zei Malley rustig. 'Hierbinnen ben je alleen met de Heer, Hij veroordeelt niemand en Hij wil je aanhoren, wat je ook wilt zeggen.'

'Bedankt,' mompelde de vreemdeling, en hij zweeg even. Toen leek het alsof hij een aanloopje nam. 'Ik weet niet of het een zonde is... Of eigenlijk gaat het niet om mij, maar om iets waar ik misschien getuige van ben geweest.'

'O ja?' vroeg Malley rustig. 'Mag ik vragen om wie het dan wel gaat?'

'Mijn broer,' zei de stem ten slotte.

De jongeman sprak nu zo zachtjes dat Malley zich dichter naar het roostertje toe moest buigen. 'Je broer? Bedoel je je biologische broer, of een broeder in de kudde?'

Het leek alsof de jongeman wat verbaasd was over de vraag, maar vervolgens kwam het antwoord zonder aarzelen. 'Nee, nee. Mijn broer, mijn grote broer. We wonen bij elkaar. We zijn nog maar met z'n tweeën. Onze ouders zijn er niet meer.'

'Het spijt me om dat te horen,' zei Malley vriendelijk. 'En waar ben je dan getuige van geweest? Is het iets wat je met de Heer wilt delen?'

Het werd stil achter het rooster.

'Mag ik iets vragen?' zei de jongeman zachtjes.

'Natuurlijk, mijn zoon.'

'Ik weet niet eens waarom ik hier ben. Ik had gewoon iemand nodig om mee te praten. Misschien had ik naar een psycholoog of zo moeten gaan. Ik weet niet of ik hier aan het goede adres ben. Ik wil niemands plaats in beslag nemen of zoiets...'

Malley onderbrak nooit iemand die in het biechthokje zat, maar had nu toch het gevoel dat hij daar goed aan zou doen. 'Mijn zoon, grote of kleine dingen, dat maakt niet uit. Wanneer je hier bent om te praten, ben je welkom. Je hoeft je niet te schamen of je schuldig te voelen. Hierbinnen ben je rein, en ik luister graag.'

'Bedankt,' zei de jongeman. Hij klonk opgelucht.

'Je broer dus. Waar ben je getuige van geweest?'

'Ik ben bang voor hem,' zei de vreemdeling.

'Hoezo, bang?'
'Hij is zichzelf niet meer. Ik ben bang dat... hij dingen doet.'
'Om wat voor dingen gaat het?' Malley werd nieuwsgierig.
'Hij praat niet meer met me. Hij verdwijnt midden in de nacht. Als hij thuiskomt, doet hij de deur op slot. Ik mag niet meer op zijn kamer komen. Volgens mij verstopt hij daar iets.'
'O ja? Mag ik vragen hoe oud hij is?'
'Achtentwintig.'
'En wat doet hij voor werk?'
'Hij werkt niet. Hij is ziek geweest, snapt u.'
De vreemdeling zweeg weer. Malley hoorde het houten bankje kraken. De jongeman voelde zich duidelijk niet op zijn gemak.
'Ziek? In welk opzicht?'
'Ik weet niet of ik dit allemaal wel mag zeggen, vader. Ik heb het gevoel dat ik hem in de steek laat. Dat ik...'
'Dit is iets tussen jou en de Heer,' viel Malley hem kalm in de rede. 'Je laat niemand in de steek. De Heer is ons aller vader.'
'Nee, het gaat niet. Dit is verkeerd. Ik ben te bang.'
Malley kon nu bijna niet meer stilzitten. 'Waar ben je bang voor, mijn zoon?'
'Hij is gevaarlijk.'
'Wat?'
'Mijn broer. Hij is gevaarlijk.'
'Ben je bang dat hij je... iets aan zal doen?'
Het werd doodstil. Malley meende een zacht gesnik te horen. 'Mijn zoon, luister.'
'Nee,' zei de jongeman, en hij stond op. 'Ik durf het niet. Het is te erg. Sorry dat ik u heb gestoord, vader.'
Malley hoorde dat een hand de kleine deurklink omdraaide en nam snel een besluit.
'Zoon,' zei hij, nu met een zekere ernst in zijn stem, 'ik heb een voorstel. Wil je het horen?'

Het werkte. De vreemdeling ging moeizaam weer zitten.

'Ik denk dat je terug naar huis moet gaan, dat denk ik echt, maar pas wanneer je een afspraak met de Heer hebt gemaakt.'

'O ja?' zei de bedrukte stem.

'Je torst duidelijk een last met je mee, en ik snap dat dat moeilijk voor je is. Maar nu ben je hier geweest en weet je wie ik ben. Ga naar huis en denk erover na, en dan kom je terug zodra je het gevoel hebt dat dat juist is. Morgen, over een paar dagen, dat maakt niet uit, maar ik wil dat we elkaar beloven elkaar nog eens te spreken. Zullen we het daarop houden?'

Er verstreek enige tijd. Malley kon bijna horen hoe moeilijk de jongeman het had, hoe hij alle kanten op werd getrokken, maar ten slotte deed hij zijn mond open. 'Goed, vader. Ik kom terug. Bent u hier dan?'

'Natuurlijk,' zei Malley warm. 'Iedere morgen ben ik er voor je, daar kun je van op aan. Je komt terug wanneer jij dat wilt.'

'Bedankt,' zei de jongeman opgelucht. 'Dat stel ik erg op prijs. Heel erg bedankt.'

'Tot ziens dan,' bevestigde Malley.

'Tot ziens, vader, en nogmaals bedankt.'

Terwijl de voetstappen over de kerkvloer wegstierven, glimlachte Malley bij zichzelf. *Het was dus toch een goed idee geweest, dat van die biecht in de ochtend.*

Hij zond een warm gebedje op naar de Maagd, stapte het biechthokje uit, vouwde zijn handen en liep rustig naar de sacristie.

27

Gabriel Mørk was op de bank in de koffiekamer in slaap gevallen en werd wakker toen Ludvig Grønlie een kop koffie kwam halen.

'Wat is er?'

‘Kripos is hier. Munch houdt momenteel een briefing. Ik denk niet dat jij erbij hoeft te zijn. Het is in grote lijnen wat we een paar uur geleden hebben besproken.’

‘O, ik kom wel,’ zei Gabriel, terwijl hij een geeuw onderdrukte.

Hij had zo raar gedroomd. Hij was postbode. Op een zeilboot. Onderweg met een grote brief waar de namen van Tove en Emilie op stonden. Hij zag het eiland in de verte, maar wat hij ook deed om de boot de goede kant op te krijgen, hij kwam maar niet dichterbij. Integendeel. Een glimp van de treurige gezichten. De brief die almaar groter werd en hem ten slotte mee de golven in trok.

Een kleine wenk misschien?

Zijn moeder was altijd met dromen bezig geweest. Hoeveel betekenis er feitelijk in school. Meer dan wij denken. Welk beeld met wat in de werkelijkheid samenhing, en dat soort dingen. Ze was de laatste jaren van haar leven een beetje zweverig geworden. Gabriel was daar nooit in meegegaan. Hij had meestal alleen ja en amen geknikt terwijl zijn moeder vertelde wat ze die nacht had meegemaakt, maar nu kreeg hij het gevoel dat zijn brein hem echt iets wilde zeggen.

Hij had de afgelopen dagen zo hard gewerkt dat hij er bijna niet aan toe was gekomen de berichten van thuis te beantwoorden. *Zorg dat je niet op Munch gaat lijken*, had hij gedacht toen het telefoontje van Goli kwam.

Bij de fiscale recherche was het rustig geweest. Negen tot vier. Een kantoorbaantje. Ze hadden ’s ochtends samen ontbeten en ’s avonds samen gegeten en waren iedere nacht bij elkaar gekropen. Maar nu? *Heel andere koek.*

Gabriel wreef de slaap uit zijn ogen en merkte dat de binnenkant van zijn kraag nat was. Postbode. De werkelijkheid was zijn onderbewustzijn binnengedrongen.

Hij was toen nog een puber geweest, maar hij wist het nog heel goed. Klaus Heming. Die zijn slachtoffers gevangen had gehouden en ermee had gespeeld alsof het poppen waren, waarna hij de foto's naar hun gezinsleden had gestuurd.

Het land was geschokt. De mensen weigerden te geloven dat het waar was en hadden collectief hun kop in het zand gestoken terwijl de details van die gruwelijke zaak via de televisie over hen werden uitgestort.

Het naïeve Noorwegen. Hartje Oslo. Nee, dat kon niet waar zijn. Zo slecht was geen mens. Dit moest in de VS zijn gebeurd. In de boze buitenwereld. Niet hier.

Zijn moeder was in een soort depressie geraakt, zoals hij achteraf had begrepen. De buren ook. Sombere gezichten in het trappenhuis, mensen die in elkaar waren gedoken en ternauwernood hun eigen brievenbussen durfden open te maken voor ze snel weer verdwenen en de deur achter zich op slot draaiden.

De tand des tijds. Het was overgedreven en het leven van alledag was langzaam weer teruggekeerd. Typisch Noors. We koesteren geen wrok. We geloven liever in het goede. Maar nu was de duisternis terug. Hij had het in de loop van die nacht bij alle leden van het team gezien. Zelfs Munch, normaal gesproken een goeiige teddybeer, had met een donkere blik en gefronste wenkbrauwen door de gangen gesjokt.

Je moet naar huis bellen. Gabriel onderdrukte nog een geeuw, haalde een blikje cola uit het koelkastje en strekte op weg naar de gang zijn stijve leden.

Munch stond al bij het scherm toen hij de briefing room in kwam. 'Gabriel Mørk,' zei hij kortaf. 'Techniek, databases, sociale media.'

Gabriel beantwoordde de knikjes van de drie gezichten die hij niet kende en ging helemaal achter in de kamer naast Mia zitten.

Kripos. Mensen van de tactische recherche. Twee mannen en een vrouw. Er was die nacht in de gangen wat gemompeld, met even een luidere woordenwisseling tussen Anette en

Munch, maar nu leek hij het prima te vinden dat ze hier waren, ook al was het geheel door Mikkelson georganiseerd.

Meer mensen? Waarom ook niet? Gabriel zag het probleem niet. Een gevecht om de hoogste plaats in de pikorde? Nu? Hij had er bijna iets van gezegd, maar had daar toch maar van afgezien.

'Wil jij iets over die naam zeggen, Mia?' vroeg Munch. Hij keek naar Mia Krüger, die gewoon bleef zitten.

'Karl Øverland,' zei ze. 'Sorry dat ik hier zo laat op kwam, maar schrap de tweede r en verdubbel de eerste l.'

De drie rechercheurs van Kripos keerden zich nieuwsgierig naar haar toe.

'Karl Øve...' begon de vrouw onzeker.

'Karl Løve. Karel de Leeuw. Mijn fout, sorry, ik had het meteen moeten zien.'

'Oké,' zei de ene man van Kripos. Blond haar. Een snor. Een non-descript uiterlijk, zoals altijd bij die lui.

'Dus alweer een verband met *De gebroeders Leeuwenhart*?' vroeg de andere Kripos-rechercheur.

Donker haar. Een baard. Alweer iemand die iedereen kon zijn. Misschien werden ze daarop uitgekozen: op hun vermogen om onopgemerkt in iedere menigte te kunnen opgaan.

'Ja,' beaamde Mia. 'De broers Jonathan en Karel de Leeuw. We waren er eerst niet zeker van, maar nu valt er nauwelijks meer aan te twijfelen dat hij hier bewust gebruik van maakt en met ons speelt.'

'Wie was Karel ook alweer?' vroeg de vrouw.

'Het kleine broertje dat het overleeft,' zei Mia. 'Jonathan redt hem, maar komt daarbij om. De kleine Karel krijgt het gevoel dat de rest van de wereld liever had gezien dat hij dood was gegaan.'

'Dus Karl Øverland is geen bestaande persoon?' vroeg de blonde rechercheur, nu aan Munch.

'Niet in Oslo,' kwam Ludvig Grønlie ertussen met een blik

op zijn aantekeningen. 'Er is er een in Stavanger, maar dus niemand hier in de stad, voor zover we weten.'

'En hoe zit het met Raymond Greger?' vroeg de vrouw, nu ook aan Munch.

'Die wordt nog gezocht,' zei Munch met een zucht. 'Het is natuurlijk erg ongelukkig dat een of andere idioot daar het heeft klaargespeeld die naam aan de pers door te spelen, maar goed. Misschien wordt het daardoor juist wel makkelijker voor ons. Hoe meer mensen het weten, hoe meer oplettende blikken – laten we het zo maar bekijken.'

'Maar de voornaamste theorie is dat dit iets met Klaus Heming te maken heeft?' Dat was de man met het donkere haar.

'Dat is nog de vraag,' zei Munch, en hij haalde een hand door zijn baard.

De blikken gingen weer naar Mia.

'De camera die op de lichamen gericht staat,' zei Mia. 'Het adres aan de Bergensgata dat hij had opgegeven. Ik heb er wat over nagedacht, en ik denk dat je daar op twee manieren naar kunt kijken.'

Stilte in de kamer. Iedereen wachtte af wat ze zou gaan zeggen.

'Óf Klaus Heming leeft nog,' zei Mia.

'Onmogelijk,' zei Munch. 'Ik heb het politierapport met eigen ogen gezien.'

'Óf hij wil ons laten weten dat hij op hem lijkt.'

'Op hem lijkt?' vroeg de blonde snor.

'Dat hij zichzelf met Heming vergelijkt. "Neem mij serieus", snappen jullie?'

Weer werd het stil, terwijl de betekenis van Mia's woorden langzaam tot hen doordrong.

'Heming had geen nabestaanden, toch?' Dat was de vrouw.

'Nee,' zei Munch. 'Geen vrouw, partner, kinderen, zelfs geen broers of zussen.'

'En we weten zeker dat hij dood is?' De blonde snor, en de vraag bleef in de kamer hangen, als een oprisping uit een verleden waar niemand iets mee te maken wilde hebben. In elk geval Gabriel niet. Klaus Heming? Nog in leven? Alsjeblieft niet. Hij was echt niet voor de doodstraf, maar toch had heel Noorwegen een zucht van verlichting geslaakt toen het nieuws bekend werd dat Klaus Heming zelfmoord had gepleegd en zich in een gesloten inrichting aan zijn eigen schoenveters had opgehangen.

Gerechtigheid. Zo had het althans aangevoeld.

'Volgens de Noorse staat en iedereen die ik heb gesproken, is Klaus Heming dood en voorgoed begraven op het Verlossers-kerkhof,' zei Munch.

'Maar...' begon de man met het donkere haar.

'We houden het op theorie nummer twee,' onderbrak Munch hem streng. 'Hij gebruikt Heming om ons iets duidelijk te maken. Wijst ons erop hoe serieus hij is.'

'Jawel, maar...' hield de blonde vol.

Munch negeerde hem en bladerde wat door de aantekeningen voor hem. Hij streek met een hand over zijn voorhoofd en oogde ineens wat moe.

'Het schoonmaakbedrijf,' bracht Mia hem weer op gang.

'Ja, dat is waar ook,' zei Munch. 'De mysterieuze Karl Øverland is een zogeheten flexwerker geweest. Als dit uit de hand loopt en er komen nog meer slachtoffers, kan het zijn dat die afkomstig zijn van plekken waar hij heeft gewerkt. Daar lijkt het wel op – of nee, dat klopt niet helemaal.'

Mia dacht even na. 'Misschien worden de slachtoffers daar niet vandaan gehaald, maar worden die plekken wel op de een of andere manier gebruikt.'

'Het bergmeertje?' vroeg de donkerharige man enigszins sceptisch.

'Wij dachten meer aan de Opera,' zei Mia. 'Werkt dat bedrijf daarvoor? Dat hebben we niet nagetrokken, geloof ik.'

'Dan gaan we dat nu hoe dan ook doen,' mompelde Munch, terwijl hij even in zijn ogen wreef.

'We weten dat Hotel Lundgren klant bij hen was. Doen ze ook de Opera? Nog andere gebouwen? Kunnen we eventuele nieuwe slachtoffers voorkomen?' Mia wierp een blik op de man met het donkere haar.

Die knikte. 'Daar ga ik zeker achteraan.'

'Mooi,' zei Munch, en hij keek de kamer door. 'Ludvig?'

'De gezichtsreconstructie van die Karl Øverland, met de hulp van Hotel Lundgren en het schoonmaakbedrijf.'

'Mooi. Ylva.' Munch keek rond, maar ze was er niet.

'Die slaapt nu,' zei Anette, 'maar ik laat haar alle camerabeelden bekijken. Dat moet toch snel iets opleveren. We hebben toch niet met een spook te maken?'

'Goed,' zei Munch. 'Gabriel?'

'De telefoon en laptop van Kurt Wang, alle verbanden met Vivian Berg natrekken, de sociale media.'

Munch zag er nu erg moe uit en het leek bijna niet tot hem door te dringen wat Gabriel zei. 'Oké, goed. Jon?'

Hernieuwde stilte.

'Van Curry hebben we al een poosje niets gehoord,' zei Anette. 'Geen idee waar hij is. Ik blijf het proberen.'

'Goed. En nu heb ik een sigaret nodig. Anette fungeert als centraal punt. Alles wat we vinden gaat via haar naar mij, oké?'

Hier en daar werd wat geknikt, terwijl alle aanwezigen overeind kwamen.

Gabriel liep naar zijn kantoor en wilde net de deur dichtdoen, toen Mia ineens achter hem aan naar binnen schoot. 'Je moet iets voor me doen.'

'Natuurlijk. Wat?'

'Die psychiater. Ritter. Ik wil zijn database in.'

'Wat bedoel je?'

Mia dempte haar stem en keek even over haar schouder.

'Alles wat hij heeft. Alle andere patiënten. Krijg je dat voor elkaar?'

'Je wilt dat ik zijn systeem ga hacken?'

'Ja.'

'Ik weet het niet,' zei Gabriel, terwijl Munch voorbijliep met een sigaret in zijn mondhoek. 'De psychiatrische instelling Blakstad hacken? Hállo zeg, dat gaat toch tegen alle regels van de autoriteit Databescherming in? Bovendien raak ik dan mijn baan kwijt en draai ik voor tien jaar de bak in, nog afgezien van het feit dat Munch me de nek omdraait. Kunnen we het niet gewoon opvragen?'

'Denk je dat ze ons toegang geven?' vroeg Mia.

'Nee,' zei Gabriel.

'En het gaat niet om Blakstad. Goeie god, dat zou ik je nooit vragen.'

'O nee? Waar dan om?'

'Hij heeft een privépraktijk bij het Ullevaal-stadion. Daar zitten alleen zijn eigen patiënten.'

'Niet Blakstad?'

'Nee, alleen zijn clubje privépatiënten.' Met een lachje hield Mia haar hoofd schuin.

'Ja, maar verdorie, Mia...'

'Bedankt,' zei Mia met een knipoogje en een aai over zijn arm. 'Bel je me als je erin bent?'

'Ja, zeg, ik kan toch niet...' begon Gabriel, maar Mia had haar telefoon uit haar leren jasje gevist en liep de kamer alweer uit.

28

Ellen Iversen zat in haar auto voor de school aan de Morellbakken. Ze had er spijt van dat ze zoveel gasten had uitgenodigd. Veertig jaar – moest dat zo nodig gevierd worden?

Ze wierp een korte, vermoeide blik op haar spiegelbeeld. Ze zag er ook vermoeid uit, met wallen onder haar ogen, een grauwe huid en enigszins roodomrande ogen. Het leek wel of ze een week niet had geslapen. *Verdomme, waarom had ze zich hier zo nodig mee moeten bemoeien? Ze was toch gelukkig?*

Ze had hem in de winkel ontmoet. Een van de leerkrachten. Ze had er niet echt bij stilgestaan. Een doodgewone dag, een doodgewone klant.

'Wat kan ik voor je doen?'

'Ik zoek een paar stoelen.'

'Had je iets speciaals in gedachten?'

'Misschien van die vlinderstoelen van Arne Jacobsen. Heb je die?'

'Jazeker.'

'Trouwens, die in de etalage, van wie zijn die?'

'Die heb ik toevallig zelf ontworpen.'

'O ja?'

De vleier. Was het zo simpel? Hij vond haar stoelen mooi. En haar salontafel. Ook de lampen. Hij had zowat haar hele collectie gekocht. Van een onderwijzerssalaris? Dat was het eerste wat ze had gedacht, want ze moest toegeven dat haar ontwerpen bepaald niet goedkoop waren. Maar toen had hij verteld dat zijn moeder was overleden en dat hij haar geld had geërfd, en toen had ze een slecht geweten gekregen omdat ze zo kleinzielig was geweest.

Uitkijken nu. Zo kan-ie wel weer. Anders loopt het voor iedereen slecht af.

Ellen Iversen keek even op haar telefoon hoe laat het was en merkte dat ze zich begon te ergeren. Tien over halftwee? Die afspraak bij de tandarts was over twintig minuten en de rit erheen duurde minstens een kwartier. Ze hadden toch om halftwee afgesproken? Ze pakte haar iPhone om hem te bellen. Alweer. Hij nam nog steeds niet op. Hoeveel berichtjes had ze al gestuurd – vijftien? En had hij geantwoord? Nee dus. Zo was de jeugd.

Haar zoon Ruben was net veertien, hij had net zo lang gebedeld tot hij het nieuwste – te dure – model telefoon kreeg, maar even reageren als zij belde? Ho maar. Zorgen dat het ding opgeladen bleef, zodat ze hem te pakken kon krijgen? Ho maar. Zijn rekening zelf betalen, zoals ze hadden afgesproken? Ho maar. Dan toch in ieder geval zijn kamer opruimen, haar helpen, het afval buiten zetten, of wat dan ook doen, zodat ze zich geen idioot voelde als ze hem geld gaf? Ho maar.

Ze schudde haar hoofd en deed een nieuwe poging om hem te bellen, alweer zonder resultaat. Pubers!

De tandarts. Waarom lukte het hem niet om zelf te gaan? 'Hoe ging het vandaag bij de tandarts, Ruben?'

'De tandarts?'

Twee weken later hetzelfde gesprek. 'Hoe ging het vandaag bij de tandarts, Ruben?'

'Eh... wat bedoel je?'

Ik neem vrij van mijn werk. Ik haal je van school af. Je staat er om halftwee. Duidelijk? Mag ik het op je hand schrijven?

Met een zucht haalde Ellen Iversen haar lippenstift uit haar tas. Zag ze daar een grijze haar in de spiegel? En nog een? Moest ze alweer naar de kapper – daar was ze toch pas nog geweest? Ach, waar was ze eigenlijk mee bezig? Wat kon het haar schelen of ze een paar grijze haren had? Dat was alleen maar mooi. Heel natuurlijk. En dan die lippenstift. Die gebruikte ze eigenlijk helemaal niet zo vaak. Haar lippen waren toch zeker prima zoals ze nu waren? Ze floot zichzelf terug. *Zit ik hier voor de school om mijn zoon af te halen, en dan ga ik me zitten optutten omdat hij daar werkt? Dat is niks voor jou, Ellen. Je bent getrouwd. Gelúkkig getrouwd.*

Nou ja, je had gelukkig en gelukkig. Ellen Iversen stapte uit de auto en liep naar de school. Ongelukkig was ze niet, maar toch was er iets. Saai? Lag het zo simpel?

Haar hele leven was zo... praktisch geworden. Ze miste de bezieling, de spanning.

Terwijl ze over het schoolplein trippelde, begon het zachtjes te regenen. Ze klopte aan bij de rector.

'Hallo, kan ik je ergens mee helpen?'

'Ik ben op zoek naar mijn zoon, Ruben Iversen.'

'Welke klas?'

'9A.'

'Eens kijken. Die hebben Engels bij Heidi Laukvang, lokaal 104.'

Ellen Iversen bedankte hem en liep de gang in. Klopte en zwaaide even van achter de glazen deur. Heidi Laukvang kwam aanlopen en stak haar hoofd naar buiten. 'Hallo, kan ik je ergens mee helpen?'

'Is Ruben hier? We moeten naar de tandarts, maar dat is hij vast vergeten.'

Laukvang fronste haar wenkbrauwen. 'Nee, Ruben is vandaag niet op school.'

'Wat?' Ellen Iversen merkte dat ze zo kwaad werd dat ze haar kiezen op elkaar moest klemmen.

Dat rotjong. Spijbelen? Ze was er al bang voor geweest, maar toch... Uitgerekend vandaag? Terwijl ze naar de tandarts moesten en zij vrij had genomen? Wat dacht hij eigenlijk wel? Nee, dit was de druppel.

Ze keek naar Martin achter het glas. 'Mag ik Martin even spreken?'

Laukvang wenkte, en de slungelige tiener kwam de gang in schuifelen. Hij viel nog net niet uit elkaar.

'Zou Ruben vannacht niet bij jou logeren?' vroeg Ellen Iversen met opeengeklemde kaken.

'Ja, maar hij kwam niet opdagen.'

'Is dat echt zo, Martin?' vroeg Ellen, terwijl ze voorzichtig een hand op zijn schouder legde.

Heidi Laukvang liep het klaslokaal weer binnen en deed de deur achter zich dicht.

'Duh... Tuurlijk, waarom zou ik daarover liegen?'

'Maar hadden jullie dat afgesproken?'

De jongen knikte.

'Dus dat klopt wel?'

'Alles klopt,' zei Martin, en hij spreidde zijn handen. 'Geen idee waar hij is.'

'Heeft hij je niet gebeld?'

'Nee, dat zeg ik toch. Geloof me nou maar.'

'En je hebt geen contact met hem gehad?'

'Ik heb het vaak genoeg geprobeerd, via Facebook en de app, maar hij reageerde niet. Toen dacht ik misschien dat...'

'Wat dacht je?'

'Dat hij toch niet mocht. Snap je?'

'Wat snap ik?'

'Nou, jij bent wel cool, maar ja, zijn vader...'

'Dank je, Martin. Sorry, het is jouw schuld natuurlijk niet.' Ellen Iversen kwam tot bezinning en slaagde erin nu een normale glimlach op te zetten. 'Dus je hebt er geen idee van waar hij is?'

'Ik zou het niet weten,' zei de tiener schouderophalend.

'Goed, maar waar denk je dat hij heen zou gaan als jullie... laten we zeggen... een dagje vrij van school zouden nemen?'

De jongen keek haar wat onzeker aan. 'Storo misschien?' zei hij ten slotte.

'Het winkelcentrum?'

'Ja. Of, tja... kweenie.'

'Dank je, Martin. Als je iets van hem hoort, zeg hem dan dat ik hem zoek, goed?'

'Oké, mevrouw I.,' antwoordde de slungelige puber met een knikje, en hij verdween het lokaal weer in.

Het winkelcentrum – nou ja, zeg. Midden op de dag. Ik zal hem! Terwijl Ellen Iversen resoluut de gang door beende en op een sukkeldrafje door de regen naar haar auto liep, merkte ze dat ze weer razend werd.

29

Gabriel Mørk stond voor het kantoorgebouw bij het Ullevaal-stadion te denken dat hij eigenlijk een soort vermomming had moeten dragen. Misschien had hij Munch toch op de hoogte moeten stellen. Dit was echt weer Mia in de bocht. Wetten en regels waren er voor anderen. Natuurlijk had hij het moeten melden. Aan Anette, de politieadvocate. Zij zou een aanvraag hebben ingediend om de database van psychiater Wolfgang Ritter te mogen inzien. Het antwoord? Vergeet het maar. Geen denken aan. Vanzelfsprekend niet. Stel je voor. Om hoeveel patiënten zou het gaan? Twintig jaar ontboezemingen van wie weet hoeveel personen – duizend? Tweeduizend? Dat kon je op je vingers natellen, hoe belangrijk het ook was. Voor hetzelfde geld was de rechter zelf een van die patiënten.

Met een kriebelig gevoel onder zijn boord liep hij het gebouw in en nam de lift naar de derde verdieping. Een combinatiepraktijk. Gelukkig, dat maakte het er een stuk eenvoudiger op. Een tandarts, een gynaecoloog. En Ritter. Een receptie achter een glazen deur. Snel keek Gabriel om zich heen. Er leek een gemeenschappelijke wachtkamer te zijn, wat verderop in de gang. Een paar stoelen. Een kleine bank. Hij haalde opgelucht adem, deed de glazen deur open en glimlachte tegen de receptioniste, een oudere vrouw met wit krulhaar en haar bril op het puntje van haar neus. Doen alsof er niets aan de hand was. Weer wenste hij dat hij zich ergens achter kon verstoppen. Met een kuchje liep hij naar de wachtkamer. Een man met zijn hoed op schoot. Een stapel bladen op de tafel. Posters aan de muren. Bij één muur een standaard met folders. Hij knikte even naar de man, die hem niet aankeek, en haalde toen zijn MacBook uit zijn tas. Ging zitten, zette het op zijn schoot en probeerde zo normaal mogelijk te doen, hoe dat er ook uitzag.

Hij had diverse werkwijzen overwogen, maar was tot de conclusie gekomen dat het alleen op deze manier ging. Om in Ritters computer te komen, moest hij toegang zien te krijgen tot een netwerk. Er waren eigenlijk maar drie alternatieven. Thuis bij Ritter. Nou, nee. Ritter schaduwen tot die een keer op een open netwerk inlogde. Daar had hij geen tijd voor. Zijn kantoor – de enige mogelijkheid. Hij zette zijn laptop aan en gluurde even rond. De man keek nog steeds niet naar hem. De vrouw achter de receptie wierp een blik in zijn richting, maar keek toen weer op haar bureau zonder de indruk te wekken dat ze iets verdachts had gezien. Waarom zou ze ook? Een gynaecoloog, een tandarts en een psychiater. De mensen kwamen en gingen hier aan één stuk door.

Hij wachtte een paar tellen.

Wifi. Netwerk zoeken...

Er verschenen er een heleboel. Het probleem was natuurlijk dat dit een kantoorgebouw was. Zijn laptop registreerde alle netwerken op de etages boven en onder hem. Hij zocht snel de lijst af en vond iets waarvan hij aannam dat dit het was: *Samen4*. Een gemeenschappelijk netwerk voor alle kantoren? Schitterend, het kon niet beter. Flink veel internetverkeer. Minder kans dat iemand ontdekte dat hij had ingebroken. Hij haalde een van de programma's op die hij had gedownload na van kantoor te zijn vertrokken.

John the Ripper.

Hij vroeg zich af of de mensen wisten dat zulke programma's bestonden. Zomaar toegankelijk op internet voor iedereen die er behoefte aan had. Hacken zonder er ook maar iets van af te weten, je hoefde het programma alleen te openen en een link op te halen. Eén muisklik en dan ging alles vanzelf. Het zou natuurlijk wat tijd in beslag nemen, en toen de receptioniste over de rand van haar bril nog een blik op hem wierp, kreeg hij de zenuwen.

Het logo, geel op rood over een tekening van Jack the Ripper heen. Misschien luguber, maar het zou wel resultaat opleveren. Hij wilde net het icoon aanklikken toen hij bedacht dat het misschien makkelijker kon. De Ripper was erg goed, maar geen enkel programma kreeg dit binnen een paar seconden voor elkaar. Het zou toch op z'n minst tien minuten duren.

Snel hakte hij de knoop door, zette zijn laptop op tafel en liep naar de receptie. 'Neem me niet kwalijk,' zei hij, terwijl hij zijn onschuldigste gezicht opzette. 'Ik zit op mijn vriendin te wachten. Hebben jullie hier een netwerk waar ik op kan inloggen?'

'Natuurlijk,' zei de oudere vrouw met een glimlach, en ze schreef iets op een briefje. De vriendelijkheid zelve. 'Het heet Samen4.' Een gele Post-it boven de balie. 'We hebben wat problemen gehad, maar ik denk dat die nu wel opgelost zijn.'

'Hartstikke bedankt,' zei Gabriel, en hij kreeg bijna een slecht geweten. Zo'n aardige mevrouw, en hij stond haar hier vierkant voor te liegen.

Niks aan te doen. Het doel heiligt de middelen – zoiets was het toch? Hij liep zo rustig mogelijk naar de bank terug en toetste het in: Samen4. *JgFrPh45*. Ze hadden in elk geval het benul gehad om een wachtwoord te kiezen dat lastig te kraken was. Hadden ze het maar niet aan de eerste de beste gegeven.

Hij zette het van zich af en moest nu onwillekeurig glimlachen toen hij aan het wifilogo boven aan het scherm zag dat hij ingelogd was. Het kriebelende gevoel van vroeger was terug. Hij wist niet precies waar het aan lag, maar hij had dit altijd fascinerend gevonden. Niets beschadigen, zover was hij nooit gegaan, maar wel de zekerheid hebben dat hij het zou kunnen. Inbreken op plaatsen waar hij niet thuishoorde. Zijn hersens gebruiken om ze de baas te worden. De kick. Hij schrok even op toen de glazen deur openging. Een moeder met kind. Normaal gesproken zat hij bij dit soort werk veilig thuis in zijn eigen kelder, maar dit was iets heel anders. Hij voelde zich plotseling merkwaardig kwetsbaar toen hij het toegangsprotocol ophaalde. Er waren vijf computers op het netwerk ingelogd, inclusief de zijne. Plotseling vroeg hij zich af of hij zich beter had moeten verstoppen, zich compleet onzichtbaar had moeten maken, maar daar was het nu te laat voor. Er was een professional voor nodig om te zien dat hij binnen was geweest en zelfs dan zou het heel moeilijk zijn om hem terug te vinden.

De bordjes op de deuren.

De gynaecoloog, Marit Eng. *Mrit_Eng.*

De tandarts, Gert Oversjø Vik. *Gover_V.*

De psychiater, Wolfgang Ritter. *Wolf_Ritt.*

Na een dubbelklik op John the Ripper typte hij in wat het programma wilde weten. Een kwartier later stond hij weer beneden op straat met zijn laptop in zijn tas en een hart dat als een bezetene tekeerging onder zijn trui.

Na een laatste blik op de ramen op de derde verdieping zette hij zijn capuchon op, zocht op zijn telefoon het nummer van Mia en liep met snelle passen naar de taxistandplaats.

3

30

Vroeg in de ochtend. Nog geen zes uur. Misschien wel de saaiste route ter wereld, maar de tweeëndertigjarige Jonas Olsen zat desondanks met een grote grijns om zijn mond in de auto. Hij werd nog helemaal warm als hij aan gisteravond dacht. Bijna niet te geloven dat het zo goed was gegaan. *Een onwerkelijk gevoel.*

April. Het werd nu echt lente. Buiten was het nog donker, maar toch kon hij de groene blaadjes aan de bomen bijna zien. Normaal zou hij daar gedeprimeerd van zijn geworden. De eenzaamheid leek in deze tijd van het jaar altijd erger. Raar eigenlijk. Je zou denken dat het andersom was: dat het donkere jaargetij zwaarder was. Maar dat was blijkbaar niet zo. Hij had erover gelezen in een artikel op internet. Meer dan zeshonderd zelfmoorden per jaar in Noorwegen, en de meeste daarvan vonden in het voorjaar plaats. Hij had het niet helemaal begrepen; het had ermee te maken dat 's winters iedereen somber was, maar dat je zodra de zon terugkwam merkte dat jij anders was. Als het buiten zo licht was, werd het duidelijk dat de duisternis in je eigen lijf zat – zoiets. Hij had dus niet alles begrepen wat er stond.

Jonas Olsen boog zich naar voren en draaide aan de radio, terwijl het om hem heen licht begon te worden. De gepensioneerdenroute. Kjelsås, Grefsen en Maridalen. Fijn als je van nature lui was, grotendeels rustig, weinig stoplichten met veel tussenruimte. In elk geval in de richting waarin hij nu reed: Kamp Skar. De afgedankte kazerne die momenteel deel uitmaakte van een middelbare school. Onnodig ver weg, vond hij altijd. Ver van de stad en de bewoonde wereld. Hij snapte niet goed waarom iemand helemaal hiernaartoe zou rijden om wat krijtjes en een paar gedateerde computers achterover te drukken. Maar dit hoorde bij zijn werk, en vandaag maakte het toch niet uit. Hij zocht een zender op die een leuke song draaide en begon mee te neuriën, terwijl hij opgewekt met zijn vingers op het stuur trommelde.

Eigenlijk had hij het al opgegeven om een vriendin te vinden. Te raar. Te verlegen. Te onhandig. Hij dacht met afschuw terug aan zijn schooltijd. Zijn prille pogingen om met het andere geslacht in aanraking te komen waren over het algemeen slecht afgelopen. Hij had meestal thuis met zijn neus in de boeken gezeten. Maar toen? Het was bijna niet te geloven. Linda. Plaatsvervangend receptioniste. De vaste was met bevallingsverlof. *Linda.* Ze had iets aparts. Hij kon het niet helemaal plaatsen. Maar hij wist dat zijn tijd snel om zou zijn. Die andere zou binnenkort terugkomen. Hij zou de kalender in de koffiekamer het liefst stilzetten. Nog maar een paar dagen. Zolang de tijd stilstaat, gaat ze nergens heen.

Maar toen had ze zomaar eens gevraagd: *Zullen we een keertje koffie gaan drinken?*

Hij was zo verbouwereerd geweest dat hij alleen maar had kunnen uitbrengen: *Ja... misschien wel.*

Of uit eten gaan, als je zin hebt. Zaterdag? Schikt dat? Of heb je iets te doen?

Iets te doen? Nee hoor, zaterdag is prima.

En toen die lachende ogen waarmee ze hem aankeek terwijl ze een briefje over de balie schoof. Met haar telefoonnummer.

Naderhand in de auto had hij het sleuteltje bijna niet in het contactslot kunnen krijgen. Zijn vreugde had meteen plaatsgemaakt voor de gebruikelijke schrik. Die drukte zwaar op hem, alsof hij langzaam verdronk in donker, ijskoud water. Nee, nee, nee. Waar was hij aan begonnen? Dit zou niet goed gaan. Hij moest het afzeggen. Waar moest hij over praten? Ze zou de pest aan hem krijgen als ze doorkreeg hoe dom hij was. Hoe nerveus. Bang. Hij kreeg er geen zinnig woord uit, alleen maar onzin. Hij had het al zo vaak meegemaakt: het gelach, het gefluister achter zijn rug als hij op school door de gang liep, en trouwens ook op zijn werk.

Maar zij vond hem leuk. *Ik vind je heel leuk, Jonas.*

Linda. *Bijna niet te geloven dat het echt was.*

Alsof de wereld had besloten hem vrolijk te begroeten ging plotseling de zon op, die het donker uit de bossen rond het Maridals-meer verdreef. Een nieuwe morgen in het rijk van de lente. Aan alle kanten nu felle, prachtige kleuren. Wat een verschil, dacht hij, terwijl hij de parkeerplaats van Skar op draaide. De natuur in het donker, de natuur in het licht. Een leven zonder iemand, een leven met... Die laatste gedachte durfde hij niet af te maken. Ze hadden per slot van rekening maar één avond gehad. Het was heel goed mogelijk dat hij weer iets stoms zou doen. Hij kon beter niet op de zaken vooruitlopen, maar er nu van genieten. Van dat heerlijke gevoel in zijn lijf.

De parkeerplaats van Skar. Hiervandaan kon je door het bos naar Øyungen klimmen. Om de eendjes te voeren. Misschien een tentje op te slaan voor de nacht om de vissen wakker te zien worden. Op de parkeerplaats stond een auto met draaiende motor, en hij merkte dat hij zich ergerde. Was dat nou echt nodig? Waarom dachten de mensen niet een beetje na? Jonas Olsen zette zijn motor af en stapte uit om het toegangshek te controleren. De ketting zat er nog om. Het slot was intact. Een korte blik op het kazerneterrein. Niets te zien. Alles was zoals het hoorde. Hij wilde net weer in de auto stappen toen zijn oog ergens op viel. Hij bleef staan. Die auto met draaiende motor. Daar was iets... raars mee. Aarzelend liep hij een stukje de parkeerplaats over. Hij was tenslotte beveiligingsbeambte. Hij was er verantwoordelijk voor dat alles klopte. Wat was hier...?

Van een paar meter afstand zag hij het pas goed. De rook die uit het geopende raam aan de passagierskant omhoogkringelde. Niet meer dan een klein grijs sliertje, maar toch.

'Hallo?' Jonas bonsde op het raam, maar er zat zo te zien niemand in de auto. 'Je kunt die auto beter niet stationair laten draaien. Zou je...?' Hij zag zo gauw niemand van wie een reactie te verwachten was. Vreemd. Hij bonsde nog eens op het raam. 'Hallo?'

Geen antwoord. Hij was beveiligingsbeambte. Zijn verantwoordelijkheid – ja toch? Hij bonsde voor de derde keer. Toen deed hij het portier open en zag twee lege stoelen, waar alleen dat waasje rook overheen hing. 'Hallo?'

Toen zag hij het.

Er brandde iets. Op de achterbank. Een klein poppenhuis?

'Is hier iemand?' Nu merkte Jonas dat hij bang werd. Het donkere water. Hij trok zijn hoofd snel uit de auto en liep er een eindje bij vandaan met zijn vingers op het toetsenbord van de portofoon aan zijn borstzak.

'Centrale, JO hier, route KGM, ben bij Skar. *Do you copy*, over.'

Hij liep nog verder bij de auto vandaan en merkte dat zijn hart bonkte.

'Centrale? JO hier. Horen jullie mij? Over.'

Het was hem aanvankelijk ontgaan, maar nu zag hij het. Dat kiertje. Van de kofferbak. Die zat niet helemaal dicht. Hij wilde niet, maar er was geen ontkomen aan.

Nee. Jonas Olsen zag zijn handen bijna met de ogen van een buitenstaander, alsof hij de klep van de kofferbak niet zelf optilde.

'Centrale? Hebben jullie...?'

In de kofferbak lag een jongen.

'Centrale?'

Met zijn ogen wijd open.

'Hallo?'

En prompt werd het hem te veel. Toen er eindelijk een stem uit de portofoon klonk, was Jonas Olsen al flauwgevallen.

31

Mia Krüger werd wakker van de telefoon. Ze had niet eens gemerkt dat ze in slaap was gevallen. De hele nacht had ze op haar matras liggen draaien en ze was herhaaldelijk opgestaan. Beelden van Vivian Berg op haar netvlies. Het tere, witte lichaam, half afgeschermd door het donkere water. De wanhopige ogen van Karoline Berg, een zee van verdriet die nog niet was overgestroomd. De woorden op de muur. De schrik in de ogen van Kurt Wang.

Kom, Mia, kom. De beelden van haar zus die door de akker liep. Opnieuw. Ze waren lang weggeweest, maar nu waren ze terug.

Ze was de kamer met de kartonnen dozen in gelopen. Had overwogen er een open te maken. *Mia's album.* Kijk maar even naar oma. Dat hielp altijd. De vrouw die 's nachts tegen de maan huilde en door de buren voor heks werd uitgemaakt, maar die voor Mia de enige normale persoon in deze gestoorde wereld was geweest.

Je luistert niet, hè? Naar jezelf. Ging jij niet met vakantie? Je weet toch dat je niet gezond bent, Mia? Duistere gedachten in de nacht en een lichaam dat maar bleef trillen. Ten slotte had ze zelfs gedacht: zou Lorry om drie uur 's nachts open zijn? Twee biertjes en een Jägermeister, alleen maar om te slapen. Charlie Bruns travestietentent in Tøyen, die is toch altijd open? Een paar pillen, gewoon om rust te krijgen.

Het was haar blijkbaar toch gelukt, zonder dat ze precies

wist waarom. Haar telefoon op het nachtkastje gaf aan dat het even over halfacht was. 'Ja?'

'Al wakker?' Anette Goli aan de lijn.

De bekwame politieadvocate had een onverwoestbaar motortje, en het leek wel of ze bijna geen eten of slaap nodig had.

'Nu wel,' zei Mia en gaapte. 'Wat is er?'

'Er is er nog een,' zei Goli kortaf.

'Wat?' Mia stond op en merkte dat ze volledig aangekleed was. *Ze had haar kleren dus aangetrokken. Om naar Charlie in Tøyen te gaan? Jezus...*

'Maridalen,' antwoordde Anette. 'In een kofferbak, zo te zien van een gestolen auto.'

'Een meisje?' vroeg Mia, terwijl ze de badkamer in liep.

'Nee,' zei Goli. 'Een jongen, een kind nog.'

Was ze erheen gegaan? Nee, ze was gewoon gaan liggen. Nou ja, ze had in elk geval nog wat geslapen.

'Sporen van een injectienaald in zijn borst.'

Mia spoelde snel met koud water haar gezicht af. Merkte dat ze langzaam maar zeker tot leven kwam.

'Veertien jaar. Ruben Iversen.'

'Dus we weten al wie het is?'

'Ja. Zijn kleren zijn in een zak voor de auto gevonden. Een telefoon en een jongerenbankpasje. Hij lag in de kofferbak met alleen een, eh...'

'Wat?'

'Een zwembroek aan.'

'Wát zei je?' Mia haalde haar jasje van de kleerhanger.

'Hij lag bijna naakt in de kofferbak, met alleen een zwembroek aan, en binnen in de auto stond iets in brand.'

'Wat dan?' vroeg Mia, terwijl ze haar schoenen aantrok.

'Een poppenhuis. Ben je al onderweg?'

'Waar zijn jullie?'

'Maridalen. Op de parkeerplaats voor Kamp Skar.'

'Is de familie al ingelicht?'

‘Zijn moeder heeft hem gisteravond laat als vermist opgegeven. Ik probeer haar nu te bereiken. Kom je hierheen?’

‘Ik ga nu weg,’ zei Mia, en ze verbrak de verbinding.

32

De journalist Erik Rønning stond een eindje achter de afzetting bij Kamp Skar. Hij had er spijt van dat hij onder zijn camel jasje geen dikkere trui had aangetrokken. Had het geen voorjaar moeten zijn? Blijkbaar niet. Doorgaans versloeg hij geen zaken als deze. Hij schreef features en zat het liefst binnen. Als het kon bij de kachel in zijn flat in Frogner, bij voorkeur met een glas cognac en een sigaar naast zijn toetsenbord. Rønning had een paar jaar geleden de Noorse prijs voor uitnemende kritische journalistiek gewonnen met een serie over daklozen in Oslo, en zelfs toen was hij zijn huis niet bijzonder vaak uit geweest. Dat was de reden waarom hij hier stond. Zijn chef Geir Grung van de redactie van *Aftenposten* had hem een paar maanden geleden naar zijn kantoor laten komen om te horen of de geruchten die op de krant de ronde deden waar waren. Of het klopte dat hij er alleen maar een fotograaf op uit had gestuurd om foto’s van mensen in nood te nemen en daarna hun verhalen zelf had verzonnen. Dat hij nepinterviews in elkaar had gezet. Dat al die zielige verhalen die als serie in de zaterdagbijlage van de krant hadden gestaan gewoon bullshit waren. Was daar iets van aan?

Erik Rønning had het noch bevestigd, noch ontkend, iets waar hij goed in was (het was zijn sterkste punt). Hij had politicus kunnen worden als hij belangstelling voor andere mensen had gehad, wat niet het geval was. De zevenentwintigjarige journalist wist heel goed dat het de reputatie van de krant ernstig kon schaden als bekend werd dat hij al die dingen inderdaad uit zijn duim had gezogen, dus hij was eigenlijk niet zo bang geweest. Ze zouden ongetwijfeld hun eigen huid willen redden, en daar had hij gelijk in gehad. Toch werd hij nu bij wijze van straf op pad gestuurd om zaken als deze te verslaan. Lijken in balletkostuum die in bergmeertjes opdoken. In lugubere hotelkamers. Een verband? De politie ontkende het, maar daar kon je niet van op aan. Nu weer een lijk, op een parkeerplaats bij een van de populairste trekkersroutes van Noorwegen. Ze hadden nog niet te horen gekregen wie het was. Het zou wel een junk wezen. Iemand die door een jaloerse geliefde was vermoord. Eigenlijk kon het Rønning geen barst schelen.

Of het zou moeten wezen dat...

Hij trok zijn jasje nog wat dichter om zich heen en had er spijt van dat hij geen muts had opgezet. Hij had het overwogen voor de spiegel thuis, maar had ervan afgezien. Zijn kapsel ging altijd naar de knoppen van een muts. Hij had een dunne kasjmiertrui met een col aangetrokken die goed bij zijn beige jasje stond en een paar bruine handschoenen van lamsleer die precies zo kort waren dat het Breitling-horloge dat hij onlangs had gekocht goed zichtbaar was. Het horloge waar Leonardo DiCaprio reclame voor maakte. Hij was er best wel trots op. Gelukkig was hij zo slim geweest een lange wollen onderbroek onder zijn pantalon aan te trekken. Hij woonde nu eenmaal in Noorwegen. Nog wel. Misschien zou hij naar Monaco verhuizen; dat had hij al in zijn achterhoofd gehad toen hij een paar maanden geleden die aandelen had gekocht.

Mia Krüger? Dan moest Munch hier ook zijn. De kopstukken? Misschien was het lijk op de parkeerplaats dan toch geen doodgevroren alcoholist of een student die zelfmoord had gepleegd. Mia en Munch? Eerst die ballerina, toen de jazzmusicus en nu dit. Was er toch een verband? Rønning glimlachte bij zichzelf en merkte dat het kriebelde onder zijn jas. Zou het echt een... *seriemoordenaar* zijn? Kijk, dát zou iets om het lijf hebben. Dat zou echt iets zijn voor iemand als hij. Misschien had Vrouwe Fortuna hem toch niet in de steek gelaten. Hij baande zich een weg door de menigte en stuitte op Ole Lund, een collega van de concurrent, *Verdens Gang.*

'Wat is er aan de hand?' vroeg Rønning.

'We weten nog niet zoveel,' zei Lund. 'Maar er gaan geruchten dat het een jongen is.'

Rønning haalde een sigaret uit zijn zak. 'Een student?'

'Geen idee,' zei Lund. 'Zou kunnen.'

'Wat is er aan de hand?' vroeg een nieuw gezicht dat zojuist was gearriveerd.

Dagbladet. Vibeke en nog wat. Rønning wist het niet meer precies, maar ze was een haaibaai. Hij had eens iets met haar geprobeerd in de hotelbar van het Grand. Haar rokje had er van achteren strak uitgezien.

'Een student,' loog hij. 'Hoogstwaarschijnlijk zelfmoord.'

'Hè?' zei Vibeke Haaibaai. 'Dat was niet wat ze op de politieradio zeiden.'

'Wat zeiden ze dan?' vroeg Lund nieuwsgierig.

'Een jongen van veertien.' Vibeke keek Rønning aan. 'Had jij iets anders gehoord?'

'Ik weet van niks. Ik ben er net,' zei die, en hij stak zijn sigaret aan.

'Halvezool.' Vibeke Haaibaai schudde haar hoofd en liep door naar de afzetting.

'Weten we al een naam?'

'Ruben Iversen, zeggen ze. Veertien jaar.' Een nieuw gezicht, een jonge vent met een bril. *Dagsavisen.*

'Waar heb je dat vandaan?' vroeg Lund.

'Ik heb zo mijn bronnen,' zei de bril.

Rønning haalde zijn telefoon tevoorschijn en stuurde een kort bericht: *Slachtoffer vermoedelijk ene Ruben Iversen, 14, school zien te vinden? Iemand heen sturen? Familie, klasgenoten, leraren etc.?*

Plotseling kwam er beweging in de menigte.

'Goli!'

'Anette!'

Een zwarte auto reed weg bij de afzetting. Geflits en gretige handen, hijgerige monden boven schouders met camera's erop.

'Goli! Anette! Is er verband met de andere slachtoffers?'

Juist ja. Dus hij was niet de enige die dat dacht. Prima. Een uitdaging. Tijd om te laten zien wie hij was. Hij kon zich hier niet staan prostitueren als de eerste de beste straatjournalist.

Erik Rønning trok zich terug op een plek waar hij een beter overzicht had. Hij mocht dan lui zijn, dom was hij niet. Er was een reden waarom hij Grungs naaste medewerker was geweest. Het lievelingetje van de redacteur. Daar had hij van genoten, werkelijk waar, en Grungs gezichtsuitdrukking toen de oude rot doorkreeg dat zijn prijswinnende troeteldier iedereen belazerd had, had toch wel pijn gedaan.

Nou ja. Geen reden om bij de pakken neer te zitten. Tijd dat hij zich waarmaakte. Hij liep nog wat verder weg om te kijken of hij er op een andere manier kon komen. Munch en Mia – ja, die waren klasse, maar de rest? De huis-tuin-en-keukenagenten? Omhooggevallen winkelcentrumbewakers, het hele zootje, en Rønning betwijfelde of het ze in die korte tijd was gelukt de hele plaats delict af te zetten. Die klojo's stonden nog steeds op een kluitje voor het afzettingslint de weg af te turen.

Stelletje amateurs. Geen wonder dat jullie nooit iets bereiken. Met een lachje gooide Erik Rønning zijn sigaret weg, waarna hij op zoek ging naar een andere toegang tot de parkeerplaats.

33

Toen Mia de parkeerplaats bij Kamp Skar bereikte, kwam Munch haar met een bezorgde blik tegemoet. 'Heb je niet geslapen?'

'Hoezo?'

'Je ziet er niet uit.'

'Je wordt bedankt,' zei Mia.

'Sorry, zo was het niet bedoeld. Alles in orde?'

'Prima. Stand van zaken?'

'Weer een andere auto,' zei Munch met een hoofdgebaar naar het andere uiteinde van de parkeerplaats. 'Gestolen. Van een familie uit Økern. Komen ze terug van vakantie – auto weg.'

'En waarom staan we hier?'

'De forensisch patholoog wil eerst haar werk afmaken.'

'Die nieuwe?' Mia knikte naar de geopende kofferbak, waar een vrouw met donker haar ijverig aanwijzingen gaf en allerlei mensen voor zich liet draven.

'Lillian Lund,' zei Munch.

'Een strenge juf?'

'Ze lijkt me wel een goeie,' antwoordde Munch.

'Injectienaald?'

'Ja.'

Mia zag alweer een camera op een statief, op de achterkant van de auto gericht.

'Heb je het toestel bekeken?'

'Dertien,' zei Munch.

'Jezus!' zei Mia.

'Zegt dat je iets?' Hij keerde zich naar haar toe en stak zijn sigaret aan. 'Vier, zeven, dertien?'

'Jij bent de wiskundige hier,' zei Mia, terwijl ze de slaap uit haar ogen wreef.

'Lottogetallen,' opperde Munch.

'Wat wil je daarmee zeggen?'

'Niks bijzonders. Verdomme, ik merk dat ik geïrriteerd raak.'

'Waarover?'

'Eigenlijk alles. Die getallen. Ik heb er de pest over in dat hij op die manier met ons speelt.'

'Wie heeft hem gevonden?' vroeg Mia.

'Een beveiligingsbeambte. Hij was in shock. Heb 'm naar Grønland gestuurd. Anette doet het verhoor.'

'Hoelang geleden?'
'Een paar uur. Hoezo?'
Mia knikte naar de weg. 'De verzamelde pers, nu al?'
Munch haalde zijn schouders op.
'De wolven ruiken bloed,' prevelde Mia.
Een vrouw van de TR kwam de parkeerplaats over lopen. Ze trok haar mondkapje omlaag en zei met een zucht tegen Munch: 'Heb jij hier groen licht voor gegeven?'
'Wat bedoel je?'
'We mogen er niet bij voor het forensisch onderzoek afgelopen is.'
'Dat duurt vast niet lang.'
'Ja, maar...'
'Hebben jullie het bos doorzocht?' vroeg Mia.
'Daar zijn we nu mee bezig. We waren net met de auto begonnen.'
'Ga dan hier in de omgeving verder,' zei Munch. 'Wij mogen erbij als zij klaar zijn.'
De collega van de TR schudde haar hoofd, en terwijl ze haar mondkapje weer voordeed liep ze onverstaanbaar mompelend naar de andere technici.
'Dat poppenhuis?' vroeg Mia nieuwsgierig.
'Volgens die beveiliger stond het op de achterbank te branden toen hij kwam.'
'Heb je het gezien?'
'Ja, ik denk dat het niet zo moeilijk te vinden zal zijn.'
'Hoe dat zo?'
'Het leek me handwerk. Niet van die lopendebandtroep van Toys"R"Us. Daar heb ik er wel eens een paar van gezien.' Hij glimlachte even.
Kleindochter Marion, Munchs oogappel. Hij had de kleine meid met zoveel cadeautjes overladen dat haar moeder er ten slotte een stokje voor had gestoken.
'Wordt er al aan gewerkt?'

‘Grønlie is ermee bezig.’ Munch nam een trekje van zijn sigaret. Opnieuw kwam er een technicus op hen af. Hij deed zijn mond al open, maar Munch was hem voor. ‘We wachten,’ zei hij kortaf. ‘Het duurt niet lang.’

‘Is het hele gebied afgezet?’

‘Hopelijk wel,’ zei Munch. ‘En Ludvig heeft trouwens niets gevonden. Hij vroeg of ik dat wilde doorgeven.’

‘Huh?’

‘Je had toch gevraagd naar een zaak met een brandend huis erin? Huisnummer 47 of 74?’

‘En?’

‘Hij heeft niets kunnen vinden.’

‘Het was het proberen waard,’ zei Mia.

‘Goeie inval, wel,’ zei Munch.

‘Niet zo moeilijk. Je weet wel: de gebroeders Leeuwenhart. Hun huis brandt af.’

‘Het lijkt erop dat je op het goede spoor was,’ zei Munch met een knikje naar de auto.

‘Brandde het nog toen die man kwam?’

‘Ik geloof het wel,’ zei Munch. ‘Zoals ik al zei, was hij behoorlijk van slag.’

‘Over welk tijdstip hebben we het trouwens?’

‘Kwart over zes, dacht hij zelf.’

‘En hoelang brandt zoiets?’

‘Onmogelijk te zeggen. Als het ergens mee aangestoken is misschien een paar uur?’

‘Dus ergens tussen drie en vier uur vannacht?’

‘Misschien zelfs later.’

‘Pal voor onze neus.’

‘Ik weet het,’ zei Munch, en hij drukte zijn sigaret uit.

‘Hoe is hij hier eigenlijk vertrokken?’

‘Geen idee.’

‘Zeker geen bussen, zo vroeg op de ochtend?’

‘Nee, de eerste is net langsgekomen.’

'Met zijn eigen auto dus?'

'Lijkt me niet waarschijnlijk,' zei Munch, die eruitzag alsof hij overwoog meteen een nieuwe sigaret op te steken. 'Wie zat hier dan achter het stuur?'

'Met de fiets?'

Munch haalde zijn schouders op. 'Langs deze weg hangen misschien wel camera's, een eindje verderop is een Coop. Er wordt aan gewerkt.'

'En zonder kleren?'

'Alleen een zwembroek aan. De kleren zaten in een zak voor de auto.'

'Hij heeft hem hier uitgekleed. Allemachtig, dat...'

'Ik weet het,' zei Munch met een knikje. Hij stak er toch maar weer een op. 'Ik begin te denken dat je het mis hebt. Dat hij zijn slachtoffers helemaal niet op goed geluk uitkiest. Ik denk dat hij precies weet wie hij hebben wil. En wat hij met ze gaat doen.' Munch fronste. Op dat moment ging zijn telefoon. Hij schudde even zijn hoofd en deed een paar stappen opzij voor hij opnam.

'Mia Krüger?' Een vrouw van Munchs leeftijd met donker haar kwam over de parkeerplaats aanlopen, deed haar mondkapje af en gaf Mia een hand. 'Lillian Lund. Forensisch Instituut. We zijn nu zover dat we hem mee kunnen nemen.'

'Jullie hebben Vivian Berg ook onderzocht?'

Lund knikte.

'En Kurt Wang?'

'Ook, ja.'

'Weet je zeker dat we het over dezelfde man hebben?'

'De werkwijze is hetzelfde, ja. Of het een man is weet ik niet. Een naaldgaatje in de borststreek. Verder geen zichtbaar letsel, wat ik opmerkelijk vind.'

'Hoezo?'

Lund keek haar bevreemd aan. 'Sporen van een worsteling, verzet? Waarom zijn die er niet? Dat is toch vreemd? Bij geen van allen.'

'Niets onder hun nagels?'

De patholoog haalde haar schouders op. 'We moeten ermee naar het lab om honderd procent zeker te zijn, maar er is in elk geval niets te zien. Net als bij de anderen.'

'Wondjes om de mond?'

Lillian hield haar hoofd scheef en keek haar onderzoekend aan. 'Had jij dat gezien?'

'Ja.'

'Goeie observatie,' zei Lund. 'Die zijn er hier ook. Deze keer onder een stuk tape.'

'Tape?'

'Ja, over zijn mond. Willen jullie kijken voordat we het lichaam meenemen?'

'Graag,' zei Mia. Munch kwam haastig teruglopen.

'Holger,' zei Lillian Lund met een glimlach.

'Dag Lillian.'

'Wat is er?' vroeg Mia.

'Ze hebben hem gevonden,' fluisterde Munch opgewonden.

'Wie?'

'Raymond Greger. Hij is onderweg uit Larvik.'

'Zal ik hem verhoren?'

'Wij samen. We moeten toch wachten, want hij heeft om een advocaat gevraagd.'

'Willen jullie het lichaam zien?' vroeg Lillian Lund nogmaals, en ze trok haar mondkapje weer voor.

'Jazeker.' Mia liep achter haar aan naar de geopende kofferbak.

34

Munch stond samen met Anette Goli achter de spiegel. Hij had besloten Mia in haar eentje met het verhoor te laten beginnen. Soms leek dat hem het beste. Minder bedreigend. Per slot van rekening waren er geen bewijzen tegen deze man. Raymond Greger. Alleen geruchten. Iets wat in Bodø was gebeurd. Geen technisch bewijsmateriaal. Geen getuigen die hem in de buurt van een van de plaatsen delict hadden gezien. Geen telefoonverkeer, niets geregistreerd via de kabel. Een familieconnectie, maar dat hielp niet als ze hem niet aan het praten kregen.

Toen Mia met het verhoor begon, keerde hij zich naar Anette toe. 'Kan het geluid wat harder?'

Anette knikte en draaide de volumeknop op het paneel bij de deur hoger.

'Het is 12.14 uur,' zei Mia, terwijl ze zich wat dichter naar de microfoon toe boog. 'Eerste verhoor van Raymond Greger. Aanwezig zijn Raymond Greger, advocaat Albert H. Wiik en rechercheur Mia Krüger.'

Het klonk welwillend en zachtaardig. Ze had hen allebei vriendelijk toegelachen toen ze binnenkwamen. Goed gespeeld. Hij had haar daarbinnen diverse keren haar zelfbeheersing zien verliezen, gezien hoe haar emoties de overhand kregen, maar deze keer niet.

'Ik wil om te beginnen zeggen dat mijn cliënt de beschuldigingen aan zijn adres niet begrijpt,' zei de advocaat. Hij schoof de knoop van zijn das recht. 'Als er geen aanklacht ligt, verzoeken we om onmiddellijke invrijheidstelling, en ik kan nu al officieel mededelen dat we een tegenaanklacht tegen het politiekorps overwegen vanwege de beschuldigingen die in de media tegen mijn cliënt zijn geuit.'

Munch schudde zijn hoofd en deed nog een knoop van zijn jas open.

'Er is geen sprake van een aanklacht,' zei Mia, nog steeds met een lachje op haar gezicht. 'En ik kan alleen maar zeggen dat ik het vervelend vind wat er is gebeurd. Zoals jullie ongetwijfeld weten, hebben we achtenveertig uur de tijd, maar we hopen natuurlijk dat we dit zo snel mogelijk uit de wereld kunnen helpen. Als jullie met ons samenwerken en ons vertellen wat we willen weten, kunnen jullie wat ons betreft meteen daarna vertrekken. Naar een vakantiehuisje, geloof ik? Je had je ziek gemeld?'

Greger wierp een korte blik op zijn advocaat, die knikte. 'Het werd me de laatste tijd wat te veel. Gewoon overwerkt. Ik wilde wel aan de slag, maar mijn dokter stelde voor dat ik een paar weken rust nam.'

'Juist, ja,' zei Mia. 'En je had niet meegekregen wat er was gebeurd? Dat je nichtje dood was gevonden?'

'Helaas niet,' zei Greger, en dat leek hij oprecht te betreuren. 'Niet in dat vakantiehuisje. Dat had een vriend me ter beschikking gesteld. Hij houdt van spartaans, om het zo maar te zeggen. Geen internet of tv, alleen maar stroom van een klein zonnepaneel.'

'Dus toen de politie kwam, viel dat rauw op je dak?' Een buurman verderop aan de scherenkust had zich na de onthulling op TV2 gemeld.

'Ik wist inderdaad van niets. Het arme kind. Wat een tragedie.'

'Klopt het dat je de broer van Karoline Berg bent?' vroeg Mia, terwijl ze wat door haar aantekeningen bladerde. Alweer toneelspel. Ze wist heel goed wat erin stond.

'Haar halfbroer,' bevestigde Greger. 'Mijn moeder hertrouwde met haar vader. En ik was bij de koop inbegrepen, zogezegd.'

'Wat is er in 2007 met die meisjes gebeurd?' vroeg Mia plotseling.

Greger ging abrupt verzitten. De advocaat zag eruit als één groot vraagteken. Munch stond zich te verkneukelen en trok zijn jas uit.

'Wat bedoel je?' zei Greger.

Idioot. Munch schudde zijn hoofd. Hij moest toch beseft hebben dat ze die informatie boven tafel zouden krijgen, ook al stond het nergens gedocumenteerd.

'Ik denk dat mijn cliënt hier liever niet op...' begon de advocaat, maar de leerkracht van middelbare leeftijd beduidde dat hij moest zwijgen. Hij zette zijn bril af en wreef over zijn gezicht. 'Dat was ik niet,' zei hij ten slotte met een licht ontkennende hoofdbeweging.

'O nee?' vroeg Mia, en ze bladerde weer in haar papieren. 'Camilla was zeven, Hege was negen. Je hebt ze allebei onderweg van school naar huis meegenomen, bij verschillende gelegenheden. Ze je auto in gelokt. Ze urenlang vastgehouden. Je bent dol op kleine meisjes, hè? Je doet graag spelletjes.'

'Nu denk ik...' prevelde de advocaat, die nu enigszins rood aanliep. Maar Greger viel hem weer in de rede.

'Ik was het niet,' zei hij knorrig.

'Je hebt het niet gedaan?'

'Jawel, maar dat was ík niet.'

'Dat zul je toch even moeten uitleggen,' zei Mia, nu weer met haar vriendelijke lach. 'Twee kleine meisjes. Midden op de dag tegen hun wil meegenomen?'

'Luister eens,' zei Greger, 'ik was... Het was een moeilijke periode voor me. Ik... Nou ja, mijn vrouw had me verlaten. Ze had overal over gelogen, snap je wel? De rechter koos haar kant. Zij kreeg de voogdij. Mijn dochter... Nou ja, ik mocht haar niet meer zien.'

Mia wierp een verstolen blik over haar schouder, op de spiegel.

'Heeft hij een dochter?' vroeg Munch aan Anette.

'Sorry, dat wisten we niet. Mijn fout,' mompelde de blonde politieadvocate. 'Ik ga erachterheen.' Ze haalde snel haar telefoon uit haar zak en liep de kamer uit.

'Je dochter?' vroeg Mia. 'Hoe oud ben je?'

'Zevenenvijftig.'

'En hoe oud is zij?'

'Nina,' zei Greger, 'wordt van de zomer dertien.'

'Dus in 2007 was ze zeven?'

Munch hoorde de irritatie in Mia's stem, en hij had daar

uiteraard alle begrip voor. Onvoorbereid aan een verhoor beginnen? Dit kon hij zichzelf aanrekenen. Amateuristisch.

'Dus wat...?' begon Mia, maar Greger onderbrak haar.

'Luister eens, ik wil niet goedpraten wat ik heb gedaan. Het was verkeerd, dat weet ik. Natuurlijk, ik had alleen... Ik zei al dat ik een moeilijke periode doormaakte. Alles wat ik had opgebouwd werd plotseling onder me vandaan getrokken. Nina, die was, die ís, tja...' Greger deed zijn bril weer af en veegde zo te zien een traan weg.

Toneelspel? Vanaf de plek waar hij stond kon Munch dat niet met zekerheid zeggen.

'Dus je miste je dochter en besloot een paar andere meisjes uit te zoeken om mee te spelen?' vroeg Mia, nu zonder enige warmte in haar stem.

'Ja,' bevestigde Greger, met zijn blik op het bureau gericht.

De advocaat zat er met halfopen mond bij en zei niets. Hij leek nu net zo nieuwsgierig als de rest.

'Je weet hoe dat klinkt, hè? Twee kleine meisjes? Ontvoerd?'

'Ik weet het, ik wéét het. Ik was mezelf niet. Ik heb niets gedaan. We hebben alleen...' zei Greger, en hij liet zijn hoofd in zijn handen rusten.

'Gespeeld?' zei Mia schamper.

'Ik heb zelf om straf gevraagd,' zei Greger snel. 'Ik wilde hun niets aandoen. "Stop me in de bak" – dat heb ik gezegd.'

De deur ging weer open en Anette kwam met een knikje de kamer in. 'Een dochter. Dertien. Zijn ex liet zich in 2007 scheiden en kreeg het kind toegewezen zonder bezoekrecht. Ze beweerde dat hij hen allebei lichamelijk en geestelijk had mishandeld. Ik heb geprobeerd de rechter te vinden die de zaak behandeld heeft, maar ik kreeg haar niet te pakken. Ik heb alleen iemand van het archief gesproken.'

Weer wierp Mia een snelle blik op de spiegel. *Help me even, ja?*

'Dus waarom mocht je haar niet zien – Nina?'

‘Ze loog,’ zei Greger kortaf.

‘Waarover?’

De advocaat had het nu opgegeven. Hij leunde achterover op zijn stoel en liet alles maar op zijn beloop.

‘Ze zei dat ik ze slecht behandelde.’

‘En dat was niet zo?’

‘Hoor eens, ik ben niet volmaakt, echt niet, maar toch...’

Munchs telefoon piepte. Hij viste hem snel uit zijn duffelse jas. Een bericht van Ludvig Grønlie: *We hebben het poppenhuis gevonden! Curry sturen?*

‘Wat doen we?’ vroeg Anette. ‘Is dit onze man?’

Munch schudde zijn hoofd. ‘Hij is nergens mee in verband te brengen, toch?’

‘Daar wijst nog steeds niets op.’

‘Geen contact met Vivian?’

‘Volgens Gabriel niet.’

‘Ga Mia maar halen,’ zei Munch.

‘Het is 12.24 uur,’ zei Mia toen Anette haar hoofd om de deur van de verhoorkamer stak. ‘Het verhoor van Raymond Greger wordt voorlopig gestaakt.’

‘En wat moeten wij...?’ vroeg de advocaat nerveus. Hij leek nog steeds niet helemaal te bevatten wat hij had meegemaakt.

‘Rustig blijven zitten,’ zei Mia, en ze liep de kamer uit. Toen ze de ruimte achter de spiegel binnenliep, spreidde ze haar armen. ‘Wat ís dit verdomme, Holger?’

‘Zeg dat wel,’ beaamde Munch. ‘Mijn fout.’

‘Moet ik hem doorzagen over zijn relatie met Karoline Berg?’

‘Denk jij dat dit onze man is?’

‘We hebben geen bewijs tegen hem, hè?’ vroeg Mia met een blik op Anette, die van nee schudde. ‘Maar toch, met kleine meisjes spelen?’ ging ze verder, en ze keek door de spiegel heen naar Greger.

‘We houden hem vast,’ zei Munch. ‘Kijken of we nog meer

uit hem kunnen krijgen, maar ik denk wel dat we hem vooralsnog van onze lijst kunnen schrappen.'

'Zal ik dat doen?' vroeg Anette.

'En ik dan?' zei Mia.

'We hebben het poppenhuis gevonden,' zei Munch.

'Nu al?'

'Ja. Ludvig. Curry komt hierheen. Je doet dit samen met hem, goed?'

'Is hij op kantoor?'

'Ik geloof het wel.'

'Die kloothommel,' zei Mia hoofdschuddend.

'Anette neemt het over,' zei Munch, en hij gebaarde naar Goli, die knikte. 'Bel je me na afloop?'

'Oké,' prevelde Mia met een laatste blik door de spiegel. Toen ritste ze haar leren jasje dicht en liep naar buiten.

35

Erik Rønning had gefrituurde Noorse kreeftjes met kimchi en dragon besteld, en een glas Petit Chablis. Eigenlijk had hij vooral zin in cola, want na de festiviteiten van de vorige avond had hij een lichte kater. Maar dat zou in dit eerbiedwaardige Grand Café geen goede indruk maken. De ober verdween met de menu's en Rønning kreeg een kriebelig gevoel in zijn maag. Hij was weer in de gratie. En dat was heel snel gegaan.

Aan de andere kant van het tafeltje kon Grung bijna niet stilzitten. 'Nou, waar heb je het?' fluisterde de oude rot in het vak, terwijl hij om zich heen keek.

Met een lachje tikte Erik Rønning even op zijn telefoon.

'En de hele moord staat erop?' vroeg Grung met ogen als schoteltjes.

Rønning knikte. *Wat was het lot hem gunstig gezind ge-*

weest. Hij had het daar bij die parkeerplaats al voelen aankomen.

'Laat eens kijken,' zei Grung nerveus, en hij stak zijn hand uit naar de telefoon.

'Niet hierbinnen,' zei Rønning, en hij stak de telefoon weer in de zak van zijn nette jasje. Gelukkig was hij nog op tijd naar huis gegaan om zich te kunnen omkleden. Dat ritje naar Maridalen was puur goud geweest, maar zijn kleren hadden er wel onder geleden. Hij kon niet in het Grand gaan zitten met vlekken in zijn broek en modder aan zijn schoenen – haha, dat zou me wat moois geweest zijn. Hij had een donkerblauw pak van Ermenegildo Zegna uitgekozen met een simpele zwarte Armani-das en bruine schoenen van Mantelassi.

'Vertel het nog maar eens,' zei Grung toen de ober met het eten kwam. Hij had het filmpje natuurlijk meteen willen zien. *Wát zeg je? Kom onmiddellijk naar kantoor!*

Maar Rønning had natuurlijk wel beter geweten. Naar kantoor? Hij piekerde er niet over. Voor hij het wist zouden er anderen bij betrokken worden. Silje Olsen. Of die idioot van een Ellingsrud. Nee, hij wilde Grung voor zich alleen hebben. En waarom niet een beetje uitpakken, om het te vieren? Per slot van rekening had hij de hele middag samen met een troep idioten in de wildernis doorgebracht. Rønning bracht het glas witte wijn naar zijn mond en was al bijna in een roes. Grung had al in tijden niet meer op die manier naar hem gekeken. Haast vol bewondering.

'Oké, dus ik sta daar bij die afzetting,' begon Rønning.

Grung had het merendeel van het verhaal al over de telefoon gehoord, maar luisterde desondanks geduldig. In zijn zak trilde het aan één stuk door, maar hij maakte geen enkele aanstalten om op te nemen.

'Ze staan daar dus allemaal op een kluitje. Lund, Vikhammer, de hele mikmak.'

'Uiteraard,' zei Grung.

‘Maar toen kreeg ik een idee,’ vervolgde Rønning vol trots. ‘Waarom zou ik hier blijven staan? Hier is geen moer te zien. Ze kunnen toch onmogelijk nu al het hele gebied hebben afgezet?’

‘Slim bedacht,’ zei Grung.

‘Ja, hè? Het bericht was toch pas... ja, wanneer zal het gekomen zijn, nog geen uur daarvoor? Verrassend veel volk op de been, dat moet ik wel zeggen. NRK en TV2 hadden er al televisiebusjes staan.’

‘Die balletdanseres,’ zei Grung met een knikje, terwijl hij in zijn biefstuk tartaar prikte. ‘Iedereen loopt op zijn tenen.’

‘Zeg dat wel,’ zei Rønning. ‘Maar sommigen zitten hier, terwijl anderen nog in de bossen staan te kleumen.’

‘Zijn er nog steeds mensen op de plaats delict?’

‘Geen idee, maar wat maakt het uit?’

‘Ja, ga door. De afzetting?’

‘Ze bleken dus toch de hele omgeving al te hebben afgezet,’ zei Rønning, en hij haalde zijn schouders op. ‘Maar dat ommetje was zoals je al weet toch niet voor niks. Het leek net...’ Hij nam nog een slok wijn en tikte zachtjes tegen zijn neus. ‘... je weet wel, als je iets domweg kunt ruiken?’

Grung pakte zijn glas. ‘Ik snap het niet helemaal,’ zei hij, en nu stak hij zijn ongeduld niet meer onder stoelen of banken. ‘Wat heeft dat met die hoertjes te maken?’

‘Dat is het ’m nou juist.’ Rønning veegde zijn mond af met zijn servet. Hij vond dit prachtig en wilde er zo lang mogelijk van genieten. ‘Ik nam dus een weggetje dat eromheen liep, en kijk eens aan, wie zie ik daar?’

‘Ja, wie?’

‘Ik moet eigenlijk bij het begin beginnen,’ zei Rønning, en hij stak zijn hand op om nog een glas wijn te bestellen.

‘Wat hadden die hoertjes ermee te maken?’

‘Nou,’ zei Rønning, ‘ik herkende een van de gezichten daar. Tussen het publiek.’

'Onder de toeschouwers?'

'Ik zag het meteen aan zijn blik,' zei Rønning triomfantelijk. 'Hij kwam niet kijken, hij kwam de camera's weghalen.'

Grung schudde zijn hoofd. 'Even gas terugnemen. Wie zag je daar dan?'

'Hij heet Pål Amundsen.'

'En wie is dat?'

'Je weet toch wel, die affaire waar we aan werkten?' zei Rønning zachtjes, terwijl hij zich over het tafeltje boog. 'Die tip die we een paar maanden geleden kregen over hoerenlopers die in het centrum meisjes oppikken en die dan meenemen naar die plek om daar, eh... ter zake te komen?'

'Heb je daar camera's geplaatst?' zei Grung streng, en er verscheen een rimpel in zijn neus.

'Nee, nee. Officieel niet, maar ik kreeg wel een tip over een vent die me misschien met dat soort dingen kon helpen. Je weet wel, van die camera's met bewegingssensoren waar ze dierenfilms mee maken.'

'Je weet dat we dat niet kunnen maken, Erik, verdomme nog aan toe.' Grung maakte een geërgerde hoofdbeweging.

'Dat hebben we dan ook niet gedaan. Er is niets wat mij in verband kan brengen met die Amundsen. Maak je niet dik.'

Het leek alsof zijn chef iets wilde zeggen, maar hij zag ervan af.

'We hebben toen een streep onder die zaak gezet,' vervolgde Rønning. 'Je herinnert je vast nog wel dat het niks opleverde. Maar ja, ik zag aan zijn blik...'

'Hij had die camera's laten draaien?'

'De smeerlap,' zei Rønning droogjes. 'Hij zal wel gehoopt hebben iets te scoren wat hij bij wijze van privévermaak mee naar huis kon nemen. Ik zag het onmiddellijk. Zijn slechte geweten dróóp ervanaf. Hij gaf het al na tien seconden toe.'

De ober kwam terug met meer wijn. Rønning wachtte tot die ingeschonken was voor hij verderging: 'En hupla, twintig minuten later zaten we bij hem thuis achter zijn computer, en daar was het filmpje.' Hij grijnsde en legde zijn telefoon weer op het tafeltje.

'Ongelofelijk,' zei Grung. 'En jij hebt het gezien?'

'Natuurlijk,' beaamde Rønning.

'En het... Ja?'

'De hele sessie.'

'Helemaal vanaf... je weet wel...?'

'Alles,' zei Rønning, en hij schoof de telefoon over het witte tafelkleed.

'Mag ik?' vroeg Grung, en hij pakte hem van het tafeltje alsof het een pasgeboren baby was.

'Natuurlijk.'

'Bedankt,' prevelde Grung, terwijl hij de telefoon in de zak van zijn jasje stak.

'*My pleasure*,' zei Rønning. Hij hief zijn glas.

Grung keek nerveus het restaurant rond, alsof hij zo'n beetje verwachtte dat ze door de veiligheidsdienst waren gevolgd en de militaire politie elk moment kon binnenstormen. Toen stond hij behoedzaam op en liep bedaard in de richting van de toiletten.

36

Curry stond al bij de lift toen Mia kwam. De stevig gebouwde buldog drukte op de knop en greep naar zijn voorhoofd. 'Jezus, wat een zware dag,' mompelde hij.

'Ja, voor ons allemaal,' zei Mia, terwijl ze hem aankeek. 'Waar ben je geweest? Iets te diep in het glaasje gekeken?'

'Eentje maar, wind je niet op.' Curry wierp haar een blik toe waaruit ze opmaakte dat hij geen zin had in nog meer vragen.

Hangende schouders. Donkere wallen onder zijn ogen. Er was iets met zijn gezicht wat ze niet goed thuis kon brengen.

Mia moest onwillekeurig denken aan wat Wold haar in café Lorry had verteld, maar ze merkte dat ze het niet opbracht zich daar nu mee bezig te houden. Het moest voorlopig maar wachten.

'Waar gaan we heen?' vroeg ze toen ze bij de parkeergarage kwamen.

'Speelgoed van Kareltje, in Torshov,' zei Curry, terwijl hij een van de auto's opende.

'Ik rij,' zei Mia, en ze ging achter het stuur zitten.

Met een zucht deed Curry zijn veiligheidsriem om. Het kostte hem zo te zien meer dan genoeg moeite om zijn hoofd overeind te houden.

'Hoe hebben we die plek zo snel gevonden?' vroeg Mia toen ze de garage uit reed.

'Grønlie heeft mailtjes gestuurd naar iedereen die hij kon vinden. Speelgoedwinkels, importeurs, de hele mikmak, en hij kreeg meteen antwoord dat dit onze man zou kunnen zijn.'

'Heb je hem gesproken?'

'Niet echt. Hij lag te slapen. Ik zei dat hij zo snel mogelijk moest komen.'

'Was zijn zaak niet open?'

Curry zuchtte en liet zijn hoofd in zijn handen rusten. 'Eh... nee, het is geloof ik zo'n alternatieve zaak. Echt speelgoed. Handwerk. Van materialen die arme kindertjes in ontwikkelingslanden geen schade toebrengen. En van die alternatieve openingstijden, je weet wel. Maar hij zou nu onderweg moeten zijn.' Curry haalde een doosje kauwtabak uit zijn binnenzak en slaagde er na enige tijd in een dot onder zijn lip te schuiven. 'Je hebt zeker geen water bij je?'

Mia moest even glimlachen. 'Je bedoelt of ik een kraantje in mijn zak heb zitten?'

'Weet ik veel,' zei Curry, en hij steunde weer met zijn hoofd op zijn handen. 'Er zijn mensen die altijd een flesje water bij zich hebben, het had toch gekund? Verdorie nog aan toe.'

'Sorry,' zei Mia, en ze sloeg de weg naar Torshov in.

'Een pijnstiller dan?'

'Nee,' zei ze meewarig. 'Moet ik even stoppen?'

'Zou dat kunnen?'

Mia parkeerde langs de stoep en wachtte, terwijl Curry op een sukkeldrafje naar een 7-Eleven liep.

'Bedankt,' prevelde de buldog toen hij weer in de auto zat en vier pillen naar binnen had gewerkt met bijna een hele fles water.

Het leek Mia maar het verstandigst om de rest van de rit niets te zeggen.

Ze hadden de auto neergezet en net het handbeschilderde bordje gevonden, toen een langharige man van middelbare leeftijd met een volle baard over de stoep naar hen toe kwam slenteren. 'Heb jij me gebeld?' vroeg hij, terwijl hij een rammelende sleutelbos uit zijn grote windjack viste.

'Jon Larsen,' zei Curry, en hij gaf de man een hand.

'Thomas Lange,' zei de man met de baard. 'Maar iedereen noemt me Lange Thomas.'

'Geen Kareltje?' vroeg Mia met een knikje naar het bord boven de deur.

De man lachte flauwtjes. 'Wel eens van Kareltjes klimboom gehoord? Zo'n kinderprogramma op de televisie?'

'Die vent die in een boom ligt en de hele dag naar de wolken tuurt?' mompelde Curry.

'Dat ben ik,' zei Lange, terwijl hij de deur van het slot draaide.

'Midden in de stad woont een kereltje, dat heet Kareltje, Kareltje heeft een boom...' zong Curry, en hij slaagde erin alle noten vals te laten klinken. 'Weet je nog? Kareltje ligt in een boom en denkt na over het leven, terwijl zijn opa in het gras de krant zit te lezen?'

'Ja hoor,' zei Mia.

'Zweeds dus weer. Waarom komen alle goeie dingen verdorie uit Zweden? *Emil van de Hazelhoeve*, *De kinderen van de Zoutkreek*, *Lotte van de Kabaalstraat*, *De witte steen*. Herinner jij je nog goeie Noorse series? Nee, alles was verdomme Zweeds.'

'Zullen we?' zei Mia met een gebaar naar de geopende deur.

'*Ronja de Roversdochter*, *Alfons Alfrink*.'

'Na jou,' zei Mia, waarna ze achter Curry aan over de drempel stapte.

'Ken ik jou ergens van?' vroeg Lange toen ze in de winkel stonden.

'Mia Krüger,' zei Mia, en ze gaf hem een hand.

'Aha,' zei Lange. Hij deed zijn lange, veelkleurige das af en legde die op de toonbank. 'Ik wist wel dat ik die naam eerder had gehoord. Kan ik jullie iets aanbieden?'

'Nee, dank je,' zei Mia.

'We willen alleen maar weten of jij dit hebt verkocht,' zei Curry, en hij haalde een foto uit zijn binnenzak.

Lange pakte hem aan. Hij fronste zijn voorhoofd. 'Dat is van mij, ja. Wie heeft mijn huis in brand gestoken?'

'Daar proberen we juist achter te komen,' zei Mia. 'Heb je er hier veel van verkocht?'

'Nee, eentje maar, en dat was dat. Er is vandaag de dag weinig vraag naar fatsoenlijk spul. Jammer, ik had er een heleboel gemaakt. Ik vond ze prima gelukt.' Lange gaf de foto aan Curry terug en verdween naar de ruimte achter de winkel. Hij kwam weer tevoorschijn met precies zo'n wit poppenhuis als ze bij Kamp Skar hadden gevonden. 'Bamboe,' zei hij. 'Het meest milieuvriendelijke materiaal ter wereld. Groeit snel. Heeft weinig nodig. We zouden alles van bamboe moeten maken. Ik heb hier ergens een brochure liggen...'

'Dat hoeft niet,' zei Mia. 'Is dit kortgeleden verkocht?'

'Inderdaad. Aan een heel aardig meisje. Ze deed me zelfs een beetje aan jou denken, alleen was ze blonder.'

'Een meisje?' vroeg Mia.

'Meisje, vrouw, dame... Ik weet niet waar jullie de voorkeur aan geven, maar het was een jonge vrouw, ja. Misschien even in de twintig. Erg aardig. We hebben een hele tijd staan praten. Ze had het idee om naar Goa te gaan. Zijn jullie daar wel eens geweest?'

'Angola?' vroeg Curry.

'Nee, Goa. India. Of het paradijs, zoals ik het noem. Ik overwinter daar meestal, maar dit jaar kwam het daar helaas niet van. De winkel liep minder goed dan anders. Iedereen wil tegenwoordig van dat glimmende plastic, hè? Wat kan het ons verdommen dat deze planeet naar de klote gaat en dat we alle rotzooi aan onze kinderen nalaten? En nou die straaljagers weer. Nou vraag ik je. Honderd miljárd kronen? De mensen verhongeren op straat, kinderen krijgen geen schoolboeken, bejaarden zitten met luiers om in een verpleeghuis zonder dat er naar ze omgekeken wordt, en wij moeten zo nodig Amerikaanse straaljagers kopen? Dit land gaat naar de verdommenis als we niet snel een paar mensen met hersens aan het roer krijgen.'

'Een jonge vrouw?' vroeg Mia verrast. Ze wierp een snelle blik op Curry, die zijn schouders ophaalde.

'Ja, dat was een goede dag,' zei Lange. 'Het is fijn als de mensen je werk op prijs stellen, toch? Handwerk, tot en met het kleinste detail.'

'Heb je hierbinnen toevallig ook een camera hangen?' vroeg Mia.

'*Big Brother is watching you?* Nee, dank je feestelijk.'

'En, eh... een mailinglist of zoiets? Heb je haar naam niet genoteerd?' zei Curry.

'Een mailinglist?' brieste Lange. 'Inbreuk maken op iemands privéleven? Weet je wel hoeveel het grootkapitaal vandaag de dag van ons af weet? Big data. Dacht je dat ze je telefoonnummer en je e-mailadres wilden hebben om je te helpen? Kortere werkdagen? Een beter loon? Welnee, ze willen dat je je geld laat rollen. Natuurlijk hou ik er geen mailinglist op na. Maar ik heb hier wel een potje waarin iedereen een paar kronen kan stoppen voor een school in Rwanda. Mijn vriendin en ik zijn sponsors. Heeft een van jullie iets over voor de mensen die dat het hardst nodig hebben?'

Curry keek naar het potje dat Lange hem voorhield en haalde ten slotte met tegenzin een briefje van vijftig kronen uit zijn broekzak.

'Kun je ons nog meer over dat meisje vertellen?' vroeg Mia.

'Tja,' zei Lange. 'Zoals ik al zei, was ze erg aardig. Even in de twintig misschien, slank, lang haar, een groen petje, een beetje shabby gekleed, zoals ze in Frogner zouden zeggen.' Met een ironisch lachje wees hij in westelijke richting.

'Maar geen naam en adres dus?'

'Big Brother,' zei Lange weer, en hij schudde van nee. 'Geen haar op mijn hoofd.'

'Kun je ons een belletje geven als ze weer opduikt?' vroeg Mia, terwijl ze een visitekaartje uit haar binnenzak haalde.

'Uiteraard,' zei Lange. 'Weten jullie zeker dat jullie niets willen drinken? Ik heb een fantastische Darjeeling-thee met honing, rechtstreeks uit de alternatieve wijk in Trondheim. Het echte spul. Je wordt er heerlijk warm van als het maar geen lente wil worden.' De man met de baard knikte naar het bewolkte stadsbeeld buiten. 'De natuur slaat terug. Binnenkort vriezen we allemaal dood, en daar hebben we dan om gevraagd ook.'

'Heb je er bezwaar tegen dat we een tekenaar naar je toe sturen?'

'Een kunstenaar? Word ik geportretteerd?' zei Lange met een knipoog.

'Om ons een beeld te geven van het meisje dat het poppenhuis heeft gekocht.'

'Ja, dat snap ik wel,' zei de hippie met de baard. 'Zoals ik zei: even in de twintig, lang blond haar, groen petje, maar laat maar komen. Ik ben hier. Of in elk geval in de buurt.'

'Mooi. Bedankt voor de hulp. Bel ons als je je nog iets herinnert,' zei Mia, waarna ze achter Curry aan de winkel uit liep.

Op de natte stoep bleef ze even staan. 'Daar, daar en daar,' wees ze.

'Wat?' vroeg Curry.

'Camera's. Pak jij dat op?'

'Ik? Waar ga jij dan heen?'

'Ik moet iets natrekken. Gaat het trouwens een beetje?'

'Hm?'

'Met jou.'

'Ja, maak je geen zorgen.' De buldog stopte een nieuwe dot kauwtabak in zijn mond. 'Ik neem wel een taxi naar kantoor. We zien elkaar daar.'

'Prima,' zei Mia, en ze ging achter het stuur zitten.

37

Gabriel Mørk zat zich net in zijn kantoortje af te vragen wat hij aan moest met de enorme hoeveelheid informatie die hij op zijn MacBook had staan, toen Ylva plotseling haar hoofd om de deur stak.

'Groot alarm!'

'Wat?'

'De hele club is op weg hierheen.'

'Waarom?'

'Een journalist van *Aftenposten* schijnt een opname van de moord te hebben.'

'Welke moord?'

'Die op Ruben Iversen.'

'Dat meen je niet. Hoe kan dat nou?'

'Dat moet je mij niet vragen,' zei Ylva. Ze verdween de gang weer in.

'Oké,' zei Munch toen ze allemaal in de briefing room zaten. 'Voordat ik begin: we hebben zojuist de tekeningen binnengekregen van de jongeman van het schoonmaakbedrijf die in Hotel Lundgren is gezien.'

'Karl Øverland?' vroeg Curry.

Munch knikte. 'Voordat we het filmpje bekijken,' vervolgde hij, terwijl het scherm achter hem eindelijk tot leven kwam, 'lijkt het me belangrijk dat we deze even bekijken.'

Twee reconstructietekeningen. In de kamer werd wat gemompeld.

'Dat is niet dezelfde man,' zei Ylva verbaasd. Precies wat Gabriel ook al dacht.

De tekeningen waren heel verschillend. De man links had kort haar; de man rechts had een soort Beatles-kapsel met een lok over zijn voorhoofd en bovendien een bril.

'Zoeken we twee verschillende personen die met elkaar samenwerken?' vroeg Curry.

'Ergens heb ik het idee dat hij ons bij de neus neemt,' zei Mia met haar rug tegen de achterwand geleund.

'Hoezo?' zei Ylva.

'Kijk,' zei Mia, terwijl ze naar het scherm wees. 'De ogen zijn even groot. De neus vertoont overeenkomsten. De kin is bijna identiek. Dat soort dingen camoufleer je niet zo makkelijk.' Ze keerde zich naar de anderen.

'Dus hij vermomt zich?' vroeg Goli.

'Ik denk het wel,' was het enige wat Mia zei.

'Serieus?' barstte Curry uit.

'Volgens mij heeft Mia gelijk,' zei Munch. 'En daarom was het ook zo moeilijk om hem op de verschillende camera's te vinden.'

'Hij verandert van uiterlijk?'

'Als dit dezelfde man is,' zei Munch met een knikje naar het scherm, 'dan is er reden om daarvan uit te gaan. En als hij op die manier zijn gezicht verandert, wat verandert hij dan nog meer? Tot nog toe...'

'Het waren allemaal afleidingsmanoeuvres,' onderbrak Mia hem. 'De besmetting van de plaatsen delict. Een vals adres. Het lijkt erop dat hij ons van het kastje naar de muur wil sturen, ons aan het werk houdt.'

'Terwijl hij het volgende onderdeel van zijn plan uitvoert?' zei Goli.

'Dat zou best kunnen,' zei Mia.

Hernieuwd gemompel in de kamer.

'Dus er volgen er nog meer?' vroeg Ylva.

'Luister eens,' zei Munch, 'weten doen we niets, dit is alleen maar een theorie, maar die is het waard om in het achterhoofd te houden...'

'En stel dat het broers zijn?' opperde Gabriel voorzichtig.

Hij deed op deze bijeenkomsten zelden zijn mond open, maar nu kon hij het niet laten.

Munch keek Mia aan.

'Ik bedoel,' ging Gabriel verder, 'misschien klopt het uiterlijk, maar zijn er twee van. Zoals je zelf al zei: die gelaatstrekken die je niet zo makkelijk verandert, de ogen, de neus... Misschien lijken ze gewoon op elkaar?' Hij voelde zijn gezicht een beetje gloeien toen Munch weer naar Mia keek.

'Misschien,' zei Mia uiteindelijk. 'Dat is helemaal zo gek nog niet. Goed bedacht, Gabriel.'

'Broers?' zei Munch. Het was duidelijk dat de leiding de tekeningen nog maar pas had gezien en geen tijd had gehad om ze te bespreken.

'Maar dat filmpje,' begon Curry weer. 'Klopt dat?'

'Wat?' vroeg Munch.

'Dat de hele moord erop staat. Daar bij Kamp Skar? Hoe komen ze daar trouwens aan? Dat is toch hartstikke vergezocht? Ik bedoel, hoe konden ze weten dat daar iets zou gebeuren? Zijn ze van tevoren getipt of zo?'

Munch keek naar Anette.

'Ze verschuilen zich achter hun bronbescherming,' zei Goli geërgerd. 'Maar ik heb er een paar van onze advocaten op gezet. Volgens mij houdt het geen steek, niet in deze zaak, maar het zal hoe dan ook wat tijd kosten om het uit te zoeken.'

'Dagen we een van die lui voor de rechter?' vroeg Grønlie.

'Dat kunnen we proberen,' zei Anette, terwijl ze naar Munch gluurde. 'Maar het gaat echt wel even duren.'

'Niets wijst erop dat ze over voorkennis beschikten,' zei Munch. 'Ik ken Grung. Een betrouwbare kerel. Prima vent. Kan me niet voorstellen dat hij aan zoiets zijn fiat zou geven. Natuurlijk niet. Als ze van tevoren iets hadden geweten, hadden ze dat wel tegen ons gezegd.'

'Maar die journalist dan?' vroeg Curry. 'Erik Rønning. Rare snijboon. Aandachtsgeil type. Heeft hij dat filmpje gevonden? Die is toch overal toe in staat?'

'We hebben zoals gezegd al lijntjes uitgezet om erachter te komen waar het vandaan komt,' zei Munch. 'Ondertussen mogen we onze handjes dichtknijpen dat we het hebben, hoe beroerd dat ook klinkt. Zulke details krijgen we niet elke dag in handen. Dan zijn we maar een stelletje voyeurs.'

'Waar wachten we eigenlijk nog op?' vroeg Curry, en hij spreidde zijn armen. Het leek wel of hij iets had geslikt, want hij neuzelde een beetje.

'Heel verschillende profielen,' zei Munch, en hij knikte weer naar het scherm. 'En de reden dat ik jullie erbij wil hebben, is dat we hem nu te zien krijgen.'

'Op dat filmpje?' vroeg Ylva.

'Ja,' zei Munch. 'Maar deze keer...'

'Vertel me nou niet dat hij er alwéér anders uitziet,' zei Curry met een ongeduldige zucht, zonder te beseffen dat hij blijkbaar de spijker op zijn kop sloeg.

Munch keek eerst naar Mia en toen naar Anette.

'Echt?' zei Curry verbaasd. 'Is er nog een derde man?'

'Het filmpje is niet van topkwaliteit,' mompelde Munch. 'De camera staat nogal ver weg en het beeld is wat korrelig, maar we kunnen toch het een en ander zien wat... laten we zeggen... bruikbaar is. De auto komt aanrijden. Ruben Iversen zit op de achterbank. Tot dan toe zien we het gezicht van de chauffeur niet. Iversen stapt uit en begint meteen zijn kleren uit te trekken. Hij stopt ze in een zak en blijft even naakt op de parkeerplaats staan voordat hij zijn zwembroek aantrekt en achter de auto gaat staan. En hier...'

'... pakt de dader de zak om die voor de auto neer te zetten, en dan krijgen we hem te zien,' stemde Goli in.

'En?' vroeg Curry.

'Weer een ander uiterlijk,' bevestigde Munch ernstig. 'Een baard deze keer.'

'Er zullen toch geen drie broers zijn?' mompelde Curry. 'Dit is toch zeker een soort... hoe zeg je dat... vermommingsdinges? Kun je nou niet gewoon dat filmpje afspelen?'

'Verdomme,' zei Mia, die er nog steeds niet helemaal bij leek.

'Wat?' zei Munch.

'Kun je me een screenshot bezorgen?' vroeg Mia opgewonden aan Ludvig Grønlie.

'Waarvan?'

'Van zijn gezicht op dat filmpje.'

'Jazeker,' zei Grønlie.

'Ik moet even iets nagaan,' prevelde Mia, en ze liep achter de grijze rechercheur de kamer uit.

38

Susanne Hval stond tussen de standbeelden van Bjørnstjerne Bjørnson en Henrik Ibsen voor de trap naar het Nationale Theater toen Mia zich het plein over haastte. Even stak er een ambivalent gevoel de kop op onder haar leren jasje. Het was natuurlijk goed om haar weer te zien. Oude vriendinnen uit Åsgårdstrand. Maar Susanne had altijd het idee gehad dat Mia in hun relatie de toon aangaf. Ze probeerde haar al maandenlang te pakken te krijgen zonder dat ze reageerde. Mia Krüger, rechercheur Moordzaken. Het was net of haar vriendin altijd iets onder handen had wat belangrijker was.

Ze had zomaar opgebeld. *Kun je me ergens mee helpen?*

Stom natuurlijk dat ze zo in elkaar zat. Altijd overal ja op zeggen tegen iedereen, ook al kwam dat niet van twee kanten. Daar was nu niets meer aan te doen. Het scheen belangrijk te zijn.

'Hai Susanne,' zei Mia, en ze omhelsde haar langdurig. 'Sorry dat ik niet reageerde, maar ja, je snapt het wel.'

'Niks aan de hand,' glimlachte Susanne. 'Alles goed met je?'

Mia zag er fantastisch uit. Bij hun vorige ontmoeting had ze eruitgezien als een spook. Graatmager, vermoeid. Net een skelet dat op het punt stond uit elkaar te vallen. Nu leek ze een ander mens. Ze was zichzelf weer. Bijna zoals vroeger.

'Met mij alles goed,' hield Mia het kort. 'Is het gelukt?'

'Wat bedoel je?'

'Heb je hem te pakken gekregen?'

'We hebben er meer,' zei Susanne. 'Maar ik heb er een te pakken gekregen, ja. Is er zoveel haast bij?'

'Een zaak waar we aan werken,' prevelde Mia, terwijl ze langs de trap omhoogkeek. 'Iets wat ik bevestigd wil zien. Of uitgesloten. Zit hij daarbinnen?'

'Zullen we niet eerst koffie gaan drinken?' zei Susanne. 'Of lunchen? We zitten hier midden in de besprekingen. *Die Verwandlung* van Franz Kafka. Gísli Örn Garðarsson. Je weet wel, die IJslander. Die trok hier vorig jaar volle zalen en komt dit najaar weer op het Hoofdtoneel.'

'Niet nodig,' zei Mia. Het leek net of ze elders was met haar gedachten. 'Ik heb geen honger. Heeft hij verstand van dat soort dingen?'

'Wat bedoel je precies?'

Mia wees even naar haar eigen gezicht. 'Maskers. Hoe je je uiterlijk verandert en zo.'

'Jawel,' zei Susanne, terwijl ze haar teleurstelling van zich af zette. 'Iedereen kan hier bijna alles.' Ze liep met haar vriendin de trap op.

'Gaat hij ermee akkoord dat het voor de politie is?' vroeg Mia toen ze bijna bij de kostuumafdeling waren.

'Tja, ik heb hem maar heel even gesproken,' zei Susanne, terwijl ze de deurklink vastpakte. 'Als ik wat meer tijd had gehad, dan...'

'Hij mag niets zeggen over datgene wat ik hem laat zien,' viel Mia haar in de rede. 'Oké? En jij ook niet.'

'Spreekt vanzelf.' Susanne deed de deur open.

Ishmael zat achter zijn bureau en stond op toen ze binnenkwamen.

'Mia Krüger,' zei Susanne. 'Dit is...'

'Ishmael Malik,' zei de jonge theatermedewerker, die niet helemaal wist te verbergen dat hij precies wist wie zij was.

Zo ging het nou altijd. Mia Krüger, rechercheur Moordzaken, Bekende Landgenote. Susanne was altijd een beetje jaloers geweest. Of nee, niet jaloers, vooral trots. Maar ja, toch wel een tikje afgunstig, moest ze toegeven.

'Hallo Ishmael.' Mia haalde iets uit haar handtas. 'Sorry dat ik hier zo ineens mee aankom, maar ik zou graag willen dat je iets voor me bekijkt, is dat goed?'

'Natuurlijk,' antwoordde de jonge Noor van Afghaanse afkomst lachend, en hij maakte een plaatsje vrij op zijn bureau. 'Blij dat ik iets voor je kan doen. Waar gaat het om?'

'Hierom,' zei Mia, en ze legde drie dingen op het bureau. Twee tekeningen en een foto.

Susanne was niet op haar achterhoofd gevallen. Ze begreep best dat dit verband hield met die zaak waar het hele land het over had. Je kwam het momenteel overal tegen, welke televisiezender je ook opzette. Ze had de persconferentie gezien. De blonde politieadvocate die voortdurend haar best deed om alle vragen weg te wuiven en rustig over te komen. *Geen reden tot bezorgdheid.* Ook al keek iedereen in het theater en wie ze verder zoal sprak de laatste tijd zenuwachtig over zijn schouder. Een seriemoordenaar die Oslo onveilig maakte? Zelfs haar moeder had haar eerder die dag nog gebeld. *Weet je zeker dat je niet liever naar Åsgårdstrand komt, Susanne?*

'Waar zoek ik eigenlijk naar?'

'Dit blijft toch onder ons, hè?' zei Mia, en ze legde even haar hand op zijn schouder.

Ishmael knikte, met die blik die zei dat hij haar aanwezigheid hier nog steeds niet helemaal kon bevatten.

'Is dit dezelfde man?' vroeg Mia.

'Moeilijk te zeggen,' zei Ishmael. Hij bestudeerde de gezichten die voor hem op het bureau lagen. 'Dit zijn natuurlijk tekeningen, dus ja, maar...' Hij hield de foto in het licht.

'Die haarlok,' zei Mia. 'En zoals je ziet, hebben we hier een baard en daar een bril. Is dat makkelijk? Ik bedoel, op die manier je uiterlijk veranderen?'

'Zoals gezegd,' – Ishmael legde de foto weg – 'zijn dit alleen maar tekeningen, maar nee, ik denk niet dat het moeilijk is.'

'Niet?'

'Op die manier je uiterlijk veranderen? Nee, absoluut niet. Het kan best dezelfde persoon zijn, als dat is wat je wilt weten.'

'Wij dachten dat het er misschien meer konden zijn.'

'O ja?' zei Ishmael, nog steeds met een kleur op zijn wangen. 'Dat is natuurlijk ook mogelijk, maar ik zou zeggen van niet.'

'Zeker weten?' vroeg Mia.

'Wat ik net zei: het kan natuurlijk wel,' zei Ishmael. 'En nogmaals: dit zijn maar tekeningen, maar de gelijkenis is structureel.'

'Ja? Bedoel je de neus?'

'Nee, nee,' zei de jongeman, nu wat nadrukkelijker. 'Dat kun je allemaal veranderen. Neus, voorhoofd, oren, kin – ik kan binnen een paar uur een dikke ouwe kerel van je maken, bij wijze van spreken dan. Waar je op moet letten, zijn de ogen.'

'O ja?'

'Ja, kijk maar. De ogen kun je niet veranderen.'

'Dus volgens jou is het dezelfde man?' vroeg Mia.

'Nogmaals...'

'Afgezien daarvan dat het geen foto's zijn, dat is duidelijk.'

Susanne merkte dat haar lichte gevoel van teleurstelling nu weer de kop opstak. Ze probeerde Mia al zo lang te pakken te krijgen, gewoon, om wat bij te kletsen. Maar ze zette het van zich af en toverde een glimlach op haar gezicht. Niet dat dat ergens toe diende, want ze leken haar aanwezigheid allebei vergeten te zijn.

'Dus wat jou betreft,' zei Mia, 'is dit een en dezelfde persoon?'

Opnieuw bestudeerde Ishmael de gezichten. 'Ik zou zeggen van wel. Kijk hier maar. Die lijnen. En hier. Als de tekenaar en degene die hem instructies hebben gegeven het goed hebben gedaan, is dat trekje lastig te verbergen.'

Susanne zocht in haar zak naar haar telefoon, gewoon om iets in handen te hebben.

'Hartstikke bedankt. Ishmael was het toch?'

'Ja, en graag gedaan,' zei de jongeman met een knikje en een flauw lachje.

'Je bent goud waard, Susanne.' Ze stonden weer buiten. Mia omhelsde haar vriendin even en ritste haar leren jasje dicht.

'Echt, je hoeft het maar te vragen. Lunchen, of vanavond misschien iets drinken?'

'Zeker! Ik bel je nog,' zei Mia, en ze kuste Susanne vluchtig op haar wang. Toen liep ze op een sukkeldrafje de trap af en ging op in de menigte bij de ijsbaan.

39

Erik Rønning was net geschminkt en vond dat hij er wat merkwaardig uitzag, maar hij was al eerder op televisie geweest en wist dat het zo goed was. Onder de studiolampen zou het er beter uitzien. Hij was ruim een halfuur geleden in de studio van TV2 aan de Karl Johans gate gearriveerd en ontvangen als een soort... tja... held – anders kon hij het niet noemen. Sinds het nieuws over zijn filmpje bij Kamp Skar viraal was gegaan had zijn telefoon niet stilgestaan. Hij had met Grung overlegd of hij zich niet exclusief tot *Aftenposten* moest beperken, maar ze waren het erover eens geworden dat de krant meer aandacht zou krijgen wanneer hij zich door andere media liet interviewen, en daar had Erik Rønning natuurlijk geen enkel bezwaar tegen. Hij had behalve alle kranten tevens NRK TV en NRK Dagelijks Nieuws afgewerkt en er nu ook mee ingestemd voor het journaal op TV2 als deskundige op te treden. Open deuren. Glimlachende gezichten in de wandelgangen. Handen die ernaar snakten de zijne te drukken.

Welkom, Erik.

Allemachtig, wat een scoop.

Hoe heb je dat voor elkaar gekregen?

Goed dat je er bent!

Later op de avond een drankje doen?

'Zijn we hier klaar?' Een elegant geklede jonge vrouw met een koptelefoon om haar hals stak haar hoofd naar binnen en keek hem met een nieuwsgierige, warme blik aan.

'Ik ben zover,' bevestigde Erik.

'Mooi zo,' zei de opnameleider. 'Zo meteen begint de reclame, en daarna kom jij in beeld.'

'Ik kom eraan, ik moet alleen even naar het kleinste kamertje,' zei Rønning, terwijl hij opstond uit de stoel van de visagie. De vrouw met de koptelefoon lachte flauwtjes. 'Niet verdwalen, hoor.'

'Ik doe mijn best,' zei Rønning, en hij liep naar de wc.

Mi-mi-mi-mi.

Mo-mo-mo-mo.

Ki-ka-ko-ki-ka-ko.

Vrr-brr-vrr-brr-vrr...

Hij deed een paar stemopwarmingsoefeningen, zoals hij had geleerd tijdens dat jaar op de volkshogeschool van Romerike, toen hij nog had gedacht dat hij acteur wilde worden, en hij keek nog eens in de spiegel. Hij had alles uit de kast gehaald en had het donkerblauwe pak gekozen dat hij bij Brooks Brothers in Manhattan op maat had laten maken. Eigenlijk was dat een tikje krap geworden, want hij had niet zoveel getraind als had gemoeten, maar het stond hem desondanks fantastisch. Een eenvoudige rode Armani-das en schoenen van Salvatore Ferragamo. Hij verzekerde zich ervan dat er niets tussen zijn tanden zat, waste zijn handen en liep de visagieruimte weer in, terug naar de grote spiegel. Een *belangrijke politicus*, daar leek hij nu op. Dat was misschien wel iets voor hem geweest. Parlementslid Erik Rønning. Minister van Buitenlandse Zaken Rønning. Hij lachte kort bij zichzelf en haalde zijn hand door zijn haar, zodat zijn kuif naar links wees. Zo mocht hij het graag zien: strak en glad. Al die idiote collega's van hem die zich kunstenaars waanden met een kapsel dat alle kanten op stak en die met Crocs aan op het werk rondstiefelden – doe me een lol! *Premier* Rønning? Hij streek met zijn hand over zijn rode das en trok de knoop wat aan. Een rode das – die droegen conservatieve politici altijd als ze *sympathiek en betrouwbaar* wilden overkomen, alsof ze *een hart* hadden. Rønning had een kortstondige relatie gehad met een styliste die voor een pr-bedrijf werkte en zulke dingen voor haar werk deed. Zorgen dat halvezolen net mensen leken. Op televisie sympathiek overkwamen. Daar ging het toch om?

'We gaan live na de reclame. Ben je er klaar voor?'

'Altijd,' zei Rønning. Hij liep achter de vrouw aan de studio binnen, gaf de presentatrice een knikje en ging op de hem aangewezen stoel zitten. De studio was klein. Hij had bijna zijn woonkamer kunnen zijn. Het verraste hem telkens weer hoe anders de televisie was in vergelijking met de werkelijkheid.

'Even een microfoontest,' zei een jongeman, ook met een koptelefoon.

Rønning zei: 'Eén, twee,' en kreeg een opgestoken duim.

'Twintig seconden,' zei de opnameleider, terwijl Rønning zich naar de presentatrice toe keerde en een glimlach terugkreeg.

Hoe heette ze ook alweer? Mossfjord? Mossberg? Veronica Mossberg, dat was het. Hij had haar al bij diverse gelegenheden gezien en ze had hem nooit een blik waardig gekeurd, maar nu was het andere koek.

'Tien seconden,' zei de opnameleider, en ze stak een hand op. 'Vijf.' Haar vingers wezen omhoog. Ze boog ze een voor een om, terwijl de reclame ten einde liep. Het logo. Dynamisch en groots opgezet. De opnameleider sloot haar hand en zwaaide naar Mossberg.

'Welkom terug,' zei de knappe presentatrice. 'Onze studiogast van vanavond is Erik Rønning van *Aftenposten*, de journalist die de afschuwelijke gebeurtenis van vanmorgen op film wist vast te leggen. Maar we beginnen met een kleine samenvatting voor de kijkers die zojuist hebben ingeschakeld. Roger?'

Rønning strekte zijn hals en nam een slokje water. Een klein kereltje met een rood gezicht. Hij had een paar maanden geleden samen met de man in een pokerteam gezeten en mocht hem niet erg. 'Loopt er in Oslo een seriemoordenaar vrij rond?' zei Roger op ernstige en iets te gekunstelde toon. 'Dat is wat heel Noorwegen zich afvraagt nu het derde moordslachtoffer binnen een paar dagen vanmorgen in de kofferbak van een auto in Maridalen is aangetroffen. Lars Ellingsen vertelt er meer over.'

De opnameleider verscheen en gaf het teken om te stoppen. Op een scherm achter hen werd een eerder opgenomen reportage zonder geluid afgespeeld. Die had Rønning vandaag al eens gezien. Vivian Berg, de balletdanseres, blabla. Kurt Wang, de jazzmusicus. Gevonden in een hotelkamer. Ruben Iversen, de schooljongen. Dezelfde moordenaar? Blabla. Was dat nou echt nodig, nu ze hem hier hadden? Hij schudde even zijn hoofd en hoopte dat ze het zagen. Nam nog een slok water uit het glas dat voor hem stond en haalde zijn tong langs zijn tanden.

De opnameleider kwam naast de camera staan en herhaalde haar handbewegingen van daarvoor toen de reportage bijna afgelopen was. Drie-twee...

'Bij ons in de studio is dus Erik Rønning, journalist bij *Aftenposten*. Welkom,' zei Roger, en hij knikte Rønning toe toen ze weer live gingen.

'Dank je,' zei die ernstig.

'Jullie zijn erin geslaagd de hand te leggen op een filmpje waarop de moord op Ruben Iversen te zien is – dat klopt toch?'

'Inderdaad,' beaamde Rønning, en hij vouwde zijn handen in zijn schoot.

'Hoe is dat zo gekomen? Toeval? Of klopt het wat boze tongen beweren: dat jullie van tevoren door de moordenaar op de hoogte waren gesteld?'

Rønning schraapte zijn keel. 'Dat wil ik graag meteen ontkrachten, Roger. Het filmpje dook op in verband met een ander artikel waar we mee bezig waren, en of we nu fantastisch werk hebben gedaan of domweg geluk hebben gehad moeten anderen maar beoordelen, maar gelukkig, gelukkig' – hij keek recht in de camera om contact met de kijkers te maken – 'hebben we de hand gelegd op dit bewijs, waar de politie in deze zaak ontzettend veel aan heeft. Ze waren er heel blij mee.'

'Klopt het...' Dat was Veronica Mossberg, die nu heel anders klonk. Ze leek onder de indruk, en die Roger was alleen maar jaloers. Ging dat zo bij dit medium? Rønning moest stiekem een beetje lachen, want de presentatrice verslond hem bijna met haar blikken, terwijl de dwerg naast haar wat nors voor zich uit staarde.

'... dat dit filmpje zelf nooit in het openbaar vertoond zal worden? Vind je niet dat we in deze kwestie allemaal recht hebben op openheid van zaken?'

'Tja, Veronica,' zei Rønning met een kuchje, 'zoals je weet is het bij een zaak als deze van belang om niet alleen het slachtoffer en zijn familie te beschermen, maar ook, om het zo maar te zeggen, de hele natie.'

'Maar...' begon Roger.

'Dit is...' zei Rønning met een lachje en een ontwapenend handgebaar, '... natuurlijk niet alleen door mij of de redactie van *Aftenposten* zo beslist. We werken uiteraard heel nauw met de politie en de overheid samen, en als je even nadenkt spreekt het toch vanzelf, Roger? Zou jij willen dat de moord op je eigen zoon op de landelijke televisie te zien was? Vast niet.' Rønning wierp Mossberg een knipoogje toe en nam nog een slok water.

'Maar wat vind jij ervan,' vervolgde de presentatrice, 'dat wij hier in het kleine Noorwegen misschien met de tweede seriemoordenaar binnen een jaar te maken hebben? Krijgen we hier straks Amerikaanse toestanden? Wat is er in ons land aan de hand?'

'Tja, Veronica,' begon Rønning, maar hij werd onderbroken door Roger, die een vinger op zijn oortje legde. 'Mag ik er gauw even tussen komen? Via een liveverbinding met Stockholm hebben we gezelschap gekregen van dé Zweedse expert op dit gebied, thrillerschrijver en professor in de criminologie Joakim Persson. Persson, welkom, bedankt dat je erbij kunt zijn.'

'Het genoegen is wederzijds,' zei de Zweed.

Hoofdschuddend nam Rønning weer een slokje water. Wat was dit nu weer? Was dat nou echt nodig? Hij had toch wel wat anders te doen dan op TV2 te zitten wáchten? Een heleboel andere dingen zelfs. Ze mochten in hun handjes knijpen dat hij überhaupt de tijd had genomen om hier te zijn. En dan werd hem het zwijgen opgelegd voor zo'n rottige Zweed?

'Hier in Noorwegen,' vervolgde Roger, 'zijn we niet zo gewend aan het verschijnsel van een lustmoordenaar die zijn slachtoffers ogenschijnlijk willekeurig uitkiest, maar jij als specialist kunt ons misschien beter uitleggen wat dat inhoudt.'

Lustmoordenaar? Hoe kwam hij daar nou weer bij? En het klonk verdomme nog hartstikke goed ook.

'Tja, het is nog vroeg,' zei Persson met een kuchje. 'En ik beschik niet over dezelfde informatie als de politie. Ik kan alleen afgaan op wat de media naar buiten hebben gebracht, maar al met al twijfel ik er niet aan dat we te maken hebben met een dader die elk moment opnieuw kan toeslaan.'

'En waar baseer je dat op?' vroeg Roger.

'Het lijkt goed voorbereid,' antwoordde Persson. 'Dezelfde methode, en alles op de plaatsen delict lijkt in scène gezet te zijn. Typerend voor zulke zaken is dat...'

Rønning luisterde niet meer naar de Zweed en vroeg zich af of hijzelf ook op die toer moest gaan. Een lustmoordenaar?

Over een paar uur zou er een nieuw artikel van hem op internet komen. Bij de krant draaiden ze nu non-stop en besteedden ze bijna geen aandacht meer aan andere dingen. Een eigen reportageteam bezocht de school, buren en vrienden. Volgens een vriendje zou Ruben Iversen bij hem komen logeren, maar hij was verdwenen nadat hij bij een tankstation zijn brommer had bijgevuld.

Wat was het verband tussen de eerste twee slachtoffers en

deze jongen? Tot nog toe had niemand iets gevonden, maar het zou best kunnen dat al die moorden gepland waren, ook al zei de politie vooralsnog van niet.

De Zweed praatte verder over seriemoordenaars en waarom ze in actie kwamen en deden wat ze deden.

Ted Bundy. David Berkowitz. Jeffrey Dahmer. Edmund Kemper. Blabla. Rønning had het allemaal al eens gehoord.

Was Roger de dwerg per ongeluk over de waarheid gestruikeld? Koos de dader zijn slachtoffers op goed geluk uit? Doodde hij mensen gewoon omdat hij... zin had?

Daar zat iets in. Daar kon hij wat mee. Er was toch verder geen enkel verband? Dit was helemaal te gek. Iets seksueels? Willekeurige moorden? *Een lustmoordenaar?*

Hij moest Grung bellen. De Zweed sprak zijn bedankje uit, de opnameleider met de koptelefoon hief haar arm op om af te tellen naar de volgende reclamepauze, en Rønning voelde iets kriebelen.

40

Munch was net het rookbalkon op gestapt toen zijn telefoon ging. Hij keek op het display en besloot om op te nemen. 'Dag Marianne, hoe gaat het ermee?'

'Ik wilde jou net hetzelfde vragen.'

Hij had die toon al zo vaak gehoord: zijn ex die probeerde niet bezorgd te klinken, maar er weinig van bakte.

'Druk,' zei Munch. 'Met Miriam?'

'Steeds beter. Ze kreeg gisteren een pluim van de fysiotherapeut.'

'Mooi,' zei Munch, en hij stak zijn sigaret op in afwachting van wat vermoedelijk komen ging.

'Heb je het gehoord?' vroeg zijn ex.

'Wat?'

'Van de bruiloft.'

'Ze heeft me gebeld,' bevestigde Munch. Hij kreeg een beetje spijt dat hij had opgenomen. De wolken die al de hele dag boven de stad hingen, lieten even een gaatje vallen voor de zon.

'Wat vind jij?' zei Marianne, nog steeds met die lichte bezorgdheid in haar stem.

'Ik zie niet in wat er mis mee is,' zei Munch kortaf.

'Heb je hem al ontmoet?'

'Nee, jij wel?'

'Min of meer.'

'En?' Hij zag dat Grønlie hem achter het raam stond te wenken. Munch knikte en wees naar zijn telefoon.

'Ach, hij lijkt me een prima vent. Ziggy, zoals ze hem geloof ik noemt. Ze bleven buiten op de trap staan. Miriam wil niet dat Marion nu al met hem kennismaakt, krijg ik de indruk. Voorlopig lijkt dat me prima, maar dat ze meteen al gaan trouwen... Vind jij dat ook niet een beetje te vroeg?'

'Jawel,' zei Munch, al luisterde hij niet echt. Hij moest de gelederen opnieuw arrangeren, wat met de poppetjes schuiven. Ze moesten prioriteit geven aan de familie Iversen. En doorgaan met het verhoren van de mensen rond Kurt Wang. Die jazzband. Iets met een Portugees die blijkbaar een strafblad had.

'... doen we nou?' vroeg Marianne.

'Hè?' zei Munch.

'Vinden we het prima?'

'Ze is toch volwassen?' zei Munch, terwijl Grønlie weer opdook. 'Ik zou niet weten wat we tegen haar moesten zeggen.'

'Het gaat toch om ons kleinkind,' zei zijn ex, die nu anders klonk. 'Vind je niet dat we ze best van advies kunnen dienen?'

'Marion is een taaie. Kinderen wennen snel. Het belangrijkste is toch dat het goed gaat met Miriam, na alles wat ze heeft doorgemaakt?'

Grønlie verdween weer, en de zon eveneens. Het wilde maar

geen lente worden. Munch dook wat dieper weg in zijn duffelse jas, terwijl zich op de achtergrond een nieuw telefoontje aandiende.

'Maar dat bedoel ik toch ook. Hoelang geleden is het nu – een halfjaar pas? Ze kan nog niet eens fatsoenlijk praten. Dit is toch een belangrijke beslissing? Vind je niet dat ze beter kan wachten tot ze, eh... weer helemaal de oude is?'

'Luister eens,' zei Munch, terwijl het gepiep ophield. 'Ik moet eigenlijk weg, ik ben ergens mee bezig. Ik heb gezegd dat ik haar hoe dan ook naar het altaar begeleid, oké? Ik vind dat ze dat wel heeft verdiend.'

Het was een ogenblik stil, maar zijn ex maakte duidelijk aanstalten om nog iets te zeggen. 'Moeten we ons zorgen maken?'

'Zoals ik al zei: als ze dit wil, heeft ze mijn steun.'

'Nee, niet dat,' zei zijn ex. 'Wat we op de televisie zien. Daar ben jij nu vast mee bezig. Al die vreselijke moorden.'

'Je weet dat ik niet over mijn werk kan praten, Marianne.'

'Dat weet ik, Holger, maar toch.'

'Er is geen enkele reden tot zorg,' zei Munch, in de hoop dat het overtuigend klonk. Op dat moment klonk het gepiep opnieuw.

'Kun je me geen hint geven? Moeten we uitkijken? Zal ik Marion van school halen?'

'Nee, nee,' zei Munch.

Op dat moment stak Grønlie zijn hoofd naar buiten. 'Kun je Mia's oproep aannemen? Ik heb geprobeerd haar duidelijk te maken dat je aan het bellen bent.'

'Twee tellen,' zei Munch.

'Ben je daar nog, Holger?'

'Luister, Marianne,' zei Munch, en hij nam een trekje van zijn sigaret. 'We laten de beslissing aan Miriam zelf over, zullen we dat afspreken? En wat dat andere betreft gaan we gewoon door met ons leven. Geen reden tot zorg. Oké? Ik moet er nu vandoor. Ik bel je later nog wel. Doe ze allebei de groeten.' Hij hing op voordat ze de kans kreeg om te reageren en schakelde over op Mia.

'Neem je je telefoon niet meer op?' zei die geïrriteerd.

'Dat doe ik nu toch?' zei Munch.

'Volgens mij is het dezelfde man,' zei Mia alleen maar.

'En waar baseer je dat op?'

'Ik heb in de schouwburg met een grimeur gesproken. Volgens hem zijn de ogen hetzelfde.'

'Op de tekeningen?'

'En die filmstill. Het kunnen weliswaar broers zijn,' zei Mia zonder te luisteren. 'De gebroeders Leeuwenhart en zo, maar toch vind ik nog steeds dat we ervan uit moeten gaan dat het dezelfde is.'

'Oké,' zei Munch. 'Kom je hierheen?'

'Nee, ik moet nadenken,' zei Mia. 'Het kan zijn dat ik mijn telefoon uitzet. Die heeft kuren. Ik moet een nieuwe kopen.'

'Laat hem aanstaan, goed?' zei Munch, maar Mia was al weg.

Munch drukte net zijn sigaret uit in de overvolle asbak, toen zijn telefoon weer ging. Ditmaal was het een onbekend nummer.

'Munch?'

'Hallo, Holger,' zei een vriendelijke stem. 'Met Lillian Lund, van het FI. Is het goed dat ik je rechtstreeks bel?'

'Natuurlijk,' zei Munch. 'Wat kan ik voor je doen?'

'Twee dingen, eigenlijk,' zei Lund. 'Ten eerste: wat het verband tussen de slachtoffers betreft klopt alles. Antivries. Deze keer is de dosis iets hoger, maar het staat buiten kijf dat de doodsoorzaak hetzelfde is. Verder niets te vinden op het lichaam. Geen tekenen van verzet, niets onder de nagels, je weet wel. Net als bij Vivian Berg en die jongeman in het hotel.'

'Oké,' zei Munch, en hij stak er toch maar weer een op. 'Heb je nog iets ontdekt over die wondjes om de mond?'

'Ja,' zei Lund, en ze laste een pauze in. 'Ik heb het resultaat van de monsters die ik had opgestuurd net binnengekregen.'

'En?'

'Ik geloof dat ik het weet,' zei Lund zachtjes.

'Wat weet je?'

'Waarom ze zich niet hebben verzet.'

'Ga door.'

'Luister,' zei Lund, en ze schraapte even haar keel. 'Dit is misschien niet helemaal volgens het boekje, maar kunnen we ergens praten? Ik doe dit liever niet via de telefoon.'

'Uiteraard,' zei Munch.

'Hoe denk je erover om een hapje te gaan eten?' vervolgde Lund. 'Ik had met een vriendin afgesproken, maar die heeft op het laatste moment afgezegd. Ik heb een tafeltje gereserveerd, maar ik eet liever niet alleen. Hoe klinkt dat?'

'Prima,' antwoordde Munch. 'Hoe laat, en waar?'

'Eet je wel eens sushi?'

'Eigenlijk niet, maar ik kan een uitzondering maken.'

'Mooi,' zei Lund vriendelijk. 'Alex Sushi, op Tjuvholmen. Over een uurtje?'

'Ik zie je daar,' zei Munch, en hij hing op.

41

Lillian Lund zat al aan een tafeltje bij het raam en stond op toen hij binnenkwam. Het had weinig gescheeld of hij had haar niet meteen herkend. In burger. Alle hoofd- en mondkapjes af. Haar donkere haar hing los over haar schouders en ze had haar witte laboratoriumoutfit verwisseld voor een gele jurk met een grijs wollen vestje erover.

'Hallo, Holger,' zei ze glimlachend. 'Sorry voor deze gang van zaken.'

'Niks aan de hand,' zei Munch, en hij knoopte zijn jas los.

'Alleen eten,' zei Lund, 'is nu eenmaal geen optie voor me. Het voelt verkeerd. Vergaat dat jou niet net zo?'

'Eigenlijk niet,' zei Munch, en hij ging zitten. 'Sommigen zouden misschien zeggen dat ik te weinig problematisch tegenover eten sta.' Hij lachte zachtjes, terwijl er een Japanse serveerster naar hun tafeltje kwam en twee menu's voor hen neerlegde.

'Ik kan de maki's aanbevelen,' zei Lund, alweer met een glimlach. 'Als je niet bij Alex bent geweest, weet je niet hoe echte maki smaakt. Dat zei iedereen tenminste, maar ik snapte het pas toen ik hier voor het eerst kwam. Ben je ergens allergisch voor?'

'Wat? Nee hoor,' zei Munch, die het gevoel kreeg dat hij misschien even langs zijn huis had moeten gaan. Hij had dezelfde kleren aan als gisteren, en misschien eergisteren, en hij kon beter zijn armen niet optillen, anders zouden de andere gasten zich misschien storen aan het luchtje van meerdere dagen werk. Niks aan te doen. Hij had belangrijker dingen aan zijn hoofd.

'Heb je er bezwaar tegen dat ik bestel?' vroeg Lund, en ze wenkte de serveerster terug.

'Absoluut niet.'

'Mooi.' Lund zei iets tegen het jonge meisje zonder naar het menu te kijken.

'En?' vroeg Munch toen ze weer alleen waren.

'Tja,' zei Lund, terwijl ze haar servet op haar schoot uitspreidde. 'Nogmaals sorry, maar het leek me het best om dit onder vier ogen te bespreken.'

'Nogmaals: helemaal goed,' zei Munch. Hij probeerde geen al te nieuwsgierige indruk te maken.

'Die monsters,' zei Lund, en ze nam een slok uit het glas water dat voor haar stond, 'daaruit bleek iets waar ik eerlijk gezegd al een beetje bang voor was.'

'En dat is?'

'Of eigenlijk zeg ik het verkeerd. Bang is misschien te sterk uitgedrukt, maar...' De knappe forensisch patholoog keek even uit het raam. 'Scopolamine, hyosciamine en atropine,' zei ze snel, waarna ze zijn blik weer zocht.

'Ja, en dat wil zeggen?'

'Heb je wel eens van die stof gehoord – scopolamine?'

'Er gaat niet meteen een belletje rinkelen,' zei Munch.

'Duivelstong,' zei Lund.

'Duivels...?'

'Tong,' zei Lund. 'Zo heet het. Scopolamine. Juist over deze stof heerst nogal wat onzekerheid. Er werd vaak gedacht dat het gebruik ervan een fabeltje was.' Ze kuchte even voor ze vervolgde: 'Er is wel gerapporteerd, hoofdzakelijk vanuit Zuid- en Midden-Amerika, dat het door criminelen is gebruikt om hun slachtoffers volledig in hun macht te krijgen. Het staat in Noorwegen niet op de lijst van verboden middelen, maar het schijnt zo sterk te zijn dat het onmiddellijk werkt. Een klein prikje is al genoeg – huidcontact door middel van, bijvoorbeeld, een korte handdruk. Vandaar die naam.'

'Duivelstong? En daar hebben we het hier over?'

'Ja, daar is helaas geen twijfel over mogelijk.'

'Scolo...?'

'Scopolamine. In Noorwegen komt die stof voor in een plant die doornappel heet, en die is zo in de Botanische Tuin te vinden. Als je weet hoe hij eruitziet, natuurlijk. Hij schijnt een buitengewoon hypnotiserende uitwerking te hebben. Gek eigenlijk dat niet meer mensen dat weten. En dat is uiteraard maar goed ook.' Ze keek hem even met een lachje aan.

'En die planten komen hier in het land voor?'

'Ja, open en bloot. Sommige mensen kweken ze, heb ik gehoord.'

'En jij denkt...?'

'Die wondjes om de mond,' zei Lund, terwijl ze zich dichter naar hem toe boog. 'Dat was de reden om die nieuwe proeven te laten doen, nu gedetailleerder. Ik denk dat ze daar misschien op gereageerd hebben.'

'Serieus?'

'Het is toch vergif?' zei Lund. 'Dodelijk, en naar het schijnt extreem gevaarlijk. Als je er te veel van binnenkrijgt. Rechtstreekse blootstelling. Ik denk dat iemand... tja, hoe zeg je dat... het in hun mond heeft gespoten of zoiets. Ik weet het niet.'

'Scopolamine?' zei Munch verbaasd. 'Waarom heb ik daar nooit eerder iets over gehoord?'

'Omdat het dus vrij onbekend is,' zei Lund weer, en ze streek een lok haar achter haar oor. 'Het zou voor zover ik weet een soort hersenverlamming veroorzaken. Er bestaan heel weinig wetenschappelijke studies over, maar er zouden zich gevallen hebben voorgedaan waarbij mensen op straat een onbekende tegenkwamen en meteen daarna in trance leken te verkeren. De overtreder, of welk woord jullie dan ook gebruiken, volgde de slachtoffers dan naar hun huis en haalde dat helemaal leeg. Ging vervolgens met hen naar een geldautomaat om hun rekening te plunderen. De mensen kwamen dagen later weer bij hun positieven, volkomen berooid en zonder zich te herinneren wat er was gebeurd. Snap je? Wel wakker, maar in feite niet aanwezig. Doodgriezelig.'

'En je weet zeker dat ze dat spul hebben binnengekregen?'

'Ja. Vanwege die mix. Scopolamine, hyosciamine en atropine. *Datura*, de Latijnse naam van doornappel.'

'Jezus nog aan toe,' mompelde Munch. 'Waarom zou iemand die willen kweken?'

'Om te kunnen trippen,' zei Lund, en ze schoof haar bril omhoog. 'Het is net zo hallucinogeen als lsd, maar veel sterker.'

'Maar waarom...?'

'Waarom ik dat niet via de telefoon wilde vertellen?'

'Dat is niet wat ik wilde vragen, maar vertel.'

Lund kuchte en keek weer even uit het raam voordat ze nog een slokje water nam. 'Heb je kinderen?'

'Een dochter. Hoezo?'

'Ik heb een zoon,' zei Lund. 'Benjamin. Hij is zesentwintig en... hoe zal ik het zeggen... anders. Heeft wat aanpassingsproblemen in de samenleving, begrijp je wat ik bedoel?'

'Zeker,' zei Munch.

'Benjamin,' zei Lund, en na nog een kuchje hernam ze: 'Hij heeft dus zoals ik zei wat moeite om zich aan de realiteit aan te passen. Is altijd wat meer de artistieke kant op gegaan, snap je wel. Sorry als dit een beetje te persoonlijk wordt.'

'Je hoeft je niet te verontschuldigen.'

'Dank je,' zei Lund, en ze vervolgde: 'Hij ging in het noorden studeren, aan de technische universiteit van Trondheim. Antropologie. Ik geloof dat die keus toeval was, maar goed. Daar trok hij in bij een collectief van, laten we zeggen, alternatievelingen. Types die in een band speelden en dergelijke. Ze hadden geruchten over die plant gehoord en waren naar een botanische tuin gegaan, en daar hadden ze hem gevonden. Onnadenkend natuurlijk, maar ja. Die knullen kwamen weer tot zichzelf aan de andere kant van de stad, zonder te weten wat ze hadden uitgespookt. Hij vertelde me dat hij het zelf niet had genomen, maar je weet hoe dat gaat. Hij wilde waarschijnlijk voorkomen dat zijn moeder zich ongerust maakte.'

Munch kon een kleine grijns niet onderdrukken.

'Hè?' zei Lund met gefronste wenkbrauwen.

'Neem me niet kwalijk,' zei Munch. 'Ik wist niet precies wat ik ervan moest denken dat je dit niet via de telefoon wilde vertellen.'

'Beetje verkrampt?' zei Lund met een lachje. 'Nou en of, met een baan als de mijne. Dat snap je toch?'

'Zoiets ligt gevoelig als je zelf kinderen hebt. Ik snap het,' zei Munch, terwijl de serveerster hun bestelling bracht.

'Kortom,' zei Lund, die haar eetstokjes uit het papiertje haalde. 'Duivelstong.'

'Als je gelijk hebt, beantwoordt dat een heleboel vragen,'

beaamde Munch. 'Ik snap alleen niet waarom ik er nog nooit van gehoord had.'

'Latijns-Amerika, Zuid-Amerika,' zei Lund. 'En dus maar weinig of geen studies over het onderwerp, maar het grijpt om zich heen, in elk geval als je de berichten op internet moet geloven.'

'En het is niet illegaal?'

'Nog niet, maar dat duurt misschien niet lang meer. Je hoeft trouwens niet met stokjes te eten.'

'Weet je dat zeker?'

Lund lachte even. 'Niet als je er geen zin in hebt. Veel Japanners eten met hun vingers. Dit is weer typisch Noors: als de dood om iets verkeerd te doen. Dat groene is wasabi. Dat moet je door de sojasaus mengen.'

'Oké,' zei Munch.

'O, sorry,' zei Lund. 'Ik vergeet helemaal te vragen of je er een biertje bij wilt of iets dergelijks.'

'Ik drink geen alchohol,' zei Munch.

'O nee? Nooit?'

'Nee, ik heb het één keer geprobeerd. Niks voor mij.'

'Nee maar, een man naar mijn hart,' zei de donkerharige patholoog met een knipoog, en ze hief haar waterglas om daarop te drinken.

42

Mia keek even bij Lorry naar binnen, maar bedacht zich toen. Haar tafeltje was bezet en het was te druk binnen. In de straten van Oslo was het donker geworden en ze had nog steeds niet geslapen. Ze was naar huis gegaan, had een nieuwe poging gedaan, maar er kwam maar geen einde aan het circus in het trappenhuis. Het oude liedje. Iets over een zoekgeraakt huisdier. *Heb jij mijn kat gezien?* De buurman was op weg naar buiten geweest met nog steeds iets van hoop in zijn blik. *Hoe staat het met je vakantie?* Ze had de vraag zien aankomen en nog net haar flat in kunnen schieten voor hij hem kon stellen. Even haar hoofd op het kussen, met haar kleren aan. Gebonk op de etage boven haar. Een scheldende mannenstem en een vrouw die even hard terugschreeuwde. De banaliteiten van alledag. Ze had haar ogen dichtgeknepen, maar de gemoedsrust bleef uit. Ze kon de wereld niet buitensluiten. Al die mensen. Ze had altijd al de verantwoordelijkheid gevoeld om te zorgen dat ze veilig waren. Zodat ze hun kat konden zoeken. Hun zus konden helpen. Met hun man konden bekvechten. Dat was haar taak. Zodat ze niet in bergmeertjes eindigden met een balletpakje aan. In bedden in lugubere hotelkamers. Midden in de nacht alleen zonder kleren op parkeerplaatsen, zonder een kans op verweer.

Je wordt ziek van je werk. Heb je door dat je iets heel anders had moeten doen?

De zoveelste goedbedoelende psycholoog. Ze had het van zich af gezet, maar het kwam al sluipend terug toen ze de straat overstak op zoek naar een andere schuilplaats. De kunstenaarspub. Een achteraftentje. Aan de bar een man met een baard achter een drankje en een schetsblok. Drie zwijgende gezichten om een schaakbord, grove handen om glazen lauw bier. Terwijl ze een tafeltje in een hoek uitzocht, ging haar telefoon. Gabriel. Ze zette haar tas op haar stoel en liep de straat weer op om op te nemen.

'Heb je even?'

'Natuurlijk, Gabriel. Hoe staat het ermee?'

'Ik heb alles,' mompelde de jonge hacker. 'Wat zal ik ermee doen?'

'Is het veel?'

'Enorm veel. Ik durf er bijna niet naar te kijken. Het is allemaal nogal persoonlijk, als je begrijpt wat ik bedoel.'

'Is het doorzoekbaar? Kun je in die files op bepaalde woorden zoeken of zo?'

Gabriel lachte zachtjes. 'Nee. Het is geen database. Het zijn gewoon duizenden documenten, gescande pdf's van zijn eigen aantekeningen. Die zijn niet te doorzoeken.'

'Ritter moet toch een manier hebben om dingen te vinden?'

'Hij weet hoe ze allemaal heten, en dan is het niet moeilijk. Als je me een naam geeft, een geboortedatum of een telefoonnummer, kost het me tien seconden.'

'Maak er maar geen tijd aan vuil,' zei Mia snel. 'Ik zei al dat het gewoon maar een idee was dat in Blakstad bij me opkwam.'

'Je hebt dus geen naam of zo?'

'Nee, tenzij er ergens "Karl Øverland" staat.'

'Daar heb ik naar gezocht, maar niks. Het was toch ook een valse naam?'

'Laat maar zitten,' zei Mia. 'Tot we eventueel iets van een verband vinden.'

'Oké,' zei Gabriel. 'Heb je Munch al gesproken? Over die dope die ze gevonden hebben, scopolamine?'

'Ik heb het gehoord,' zei Mia.

'Dus daarom is Vivian Berg zelf het bos door gelopen en heeft geen van de slachtoffers zich verzet.'

'Daar lijkt het wel op,' zei Mia ongeduldig. *Ze moest weer naar binnen.*

'Een griezelig idee, vind je ook niet?' zei Gabriel. 'Dat hij ons allemaal op elk gewenst moment te grazen kan nemen zonder dat we daar iets tegen kunnen doen.'

'Zeg Gabriel, ik ben eigenlijk druk bezig. Ik bel je als ik nog iets bedenk, goed?'

'Goed,' zei Gabriel, en weg was hij.

Mia zou een moord kunnen doen voor wat slaap, maar dat negeerde ze. Ze bestelde koffie en mineraalwater, en haalde haar papieren uit haar tas. De verlokkingen van de biertaps achter de toonbank ging ze uit de weg. Het zou een stuk makkelijker zijn geweest de wereld met een pilsje en een Jägermeister van zich af te houden. Weliswaar laf, maar op dat moment zou het haar goed hebben gedaan, dat moest ze toegeven.

De koffie smaakte naar afwaswater, maar ze goot hem naar binnen. Zette haar pen op het papier voor haar.

Een brandend poppenhuis? Hetzelfde spoor, toch? *De gebroeders Leeuwenhart*. Een huis dat in vlammen opging?

Bamboe? Handwerk? Niet relevant.

Die getallen. Vier. Zeven. Dertien. *Een geboortedatum?* Nee. De vierde van de zevende, dertien. Dat betekende niets.

Tenzij...

Ze goochelde er wat mee op het vel papier, maar zonder enig resultaat. Zeven april, vier juli, de dertiende en nog wat? 74?

Daar kan iets in zitten. De dertiende, *een nieuw slachtoffer*, 1974?

Ze nam nog een slok van de bittere drab. Verdomme. Een klein biertje kon toch geen kwaad? Alleen maar om haar hersens op gang te brengen.

Ze wuifde het idee weer weg en ging voor het mineraalwater.

Een zwembroek. Hetzelfde verhaal weer, ja toch? Water. IJs. *Watch what I can do?*

Misschien zat ze ernaast. Misschien had het niets met Bambi te maken, waarom zou het ook? Een miljoen andere redenen.

Zien jullie mij? Ik lach jullie recht in jullie gezicht uit. Zien jullie wat ik kan, zonder dat jullie me kunnen tegenhouden? *Watch what I can do*. Haar pen ging nu sneller over het papier.

Slachtoffer 1: Vivian Berg. Balletkleren. Gekostumeerd. Waarom? *Dat is belangrijk, ja?*

Slachtoffer 2: Kurt Wang. Muziek via de telefoon. 'My Funny Valentine'. Wat was... het kostuum? De saxofoon? De hele enscenering? *Dit is belangrijk*.

Nu voelde ze het komen. *Ik heb beet.*

Slachtoffer 3: Ruben Iversen. Zijn leeftijd, speelde die een rol? Een zwembroek. Geen symbool? Nee? Geen water?

Concreter? Kijk eens wat hij... aanheeft. Alweer een kostuum? Een mindfuck?

Haar vingers vlogen nu nog ijveriger over het papier.

Wolfgang Ritter? De psychiater? Een dodendans...

Verdomme, dat was ze bijna vergeten. Wolfgang Ritter. Die moesten ze nog eens aan de tand voelen. *Dat moet meer kunnen opleveren.* Ze zette een streep onder zijn naam en stak haar pen in haar mond.

Klaus Heming? *Leeft die nog? Nee, onmogelijk.*

Mia had niet gemerkt dat de deur open was gegaan en ontdekte hem pas toen hij voor haar tafeltje stond. Een gezicht, ver weg in de nevel.

'Doet je telefoon het niet?' vroeg de diepe stem, terwijl hij neerzonk op de stoel tegenover haar.

43

Erik Rønning had de hele avond nog geen drankje zelf betaald en nu werd er alweer een voor hem gezet, gevolgd door het zoveelste gezicht met diezelfde blik erop: half jaloers, half nieuwsgierig. Weer zo'n slordig geklede collega die zich een weg naar hem toe baande en naast hem neerplofte in de hoop hem het laatste nieuws te ontfutselen. Iemand van de digitale krant. Hoe heette hij ook weer? Rønning wist het niet meer en het zou hem ook worst wezen. Met een lachje hief hij zijn gin-tonic naar hem op en richtte zich weer op Veronica Mossberg, die er nog beter uitzag na... *Had hij er al zes op?* Hij had het niet bijgehouden.

Stop Press. Hij kwam hier niet vaak, een beetje te veel 'werkvloer' naar zijn smaak. Te doorsnee. De redacteurs kwamen hier zelden en hij daarom ook niet, maar het was Mossbergs idee geweest.

'Hoe zijn jullie eigenlijk aan dat filmpje gekomen?' vroeg Mossberg met een omfloerste blik. Had ze nog een knoopje van haar blouse opengedaan? Ja, hè? En hij had zich maar heel even omgedraaid om een hand naar iemand op te steken. Hij knipoogde, en met een lachje van achter zijn drankje schoof hij nog wat dichter naar haar toe.

'Ach, je weet wel,' zei hij, en hij legde zijn arm over de rand van de bank. 'Een goeie neus. Hard werken.'

Mossberg schudde giechelend haar hoofd. 'Nee, even serieus, Erik, ik wil het graag weten. Vertel het nou.'

'*My lips are sealed*,' zei hij, terwijl hij met een vinger over zijn mond streek.

'Toe nou, er is verder niemand bij,' zei ze, en ze knipperde met haar ogen.

'Ik dacht het niet,' zei Erik. Hij lachte zijn parelwitte tanden bloot. Die had hij een paar dagen geleden nog laten bleken bij de tandarts op de Rådhusplassen. Hij had zelfs facings overwogen, omdat het iedere keer zo'n gedoe was om ze blinkend wit te krijgen. Dan kon je het beter permanent maken. Als hij vaker op de televisie zou komen, en dat zat er nu zeker in, moest hij hoe dan ook voor een stralend witte lach zorgen. Maar voorlopig had hij ervan afgezien. Een week geleden had hij met een paar investeerders gedineerd, iets met een hotel in Dubai, en de vrouw van een van hen, of misschien zijn minnares, dat was moeilijk te zeggen... Maar hoe dan ook, ze had met haar nieuwe tanden net een paard geleken, dus misschien kon hij het net zo goed bij het oude houden.

Hij schoof nog wat dichter naar Mossberg toe en bracht zijn mond vlak bij haar zachte wang. Nu kon hij haar parfum ruiken. 'Ik weet een rustiger plekje,' fluisterde hij.

'O ja?' kirde Mossberg. Ze stak haar rietje in haar mond.

Op de achtergrond dook weer zo'n figuur op. Vast nog een

drankje. Nog ettelijke nieuwsgierige felicitaties. Zo ging het al de hele dag. Vervelende lui. Dachten ze nou echt dat hij zou onthullen hoe ze aan dat filmpje van de moord waren gekomen? Vergeet het maar.

'Ah, hallo,' zei Mossberg. Ze kwam overeind en gaf de pas aangekomene een kus. 'Erik, dit is mijn man, Konrad. Jullie kennen elkaar nog niet, geloof ik.'

Man? Rønning moest even slikken en onderdrukte een boer. Met tegenzin stond hij op om de kerel een hand te geven.

'Konrad Larsen,' zei de man. Jasje, overhemd met het bovenste knoopje open. Een strakke baard en een bril.

'Aangenaam,' mompelde Rønning, terwijl Larsen ging zitten. Shit. Nu voelde hij het. Had hij er zes op, of al zeven? Het kostte hem moeite om zijn zitplaats weer terug te vinden.

'Mooie scoop, hoor,' zei Larsen. Hij aaide Mossberg over haar schouder. 'Was dat nou toeval of niet?'

Waar kwam die vent ineens vandaan? Wat een vervelende wending. Hij zette een grijns op, mompelde iets bij wijze van antwoord en verontschuldigde zich. Zocht het toilet op en staarde zichzelf in de spiegel aan. Hij had verdomme zijn tijd zitten verdoen met dat geleuter. En hij had nog een paar drankjes weggegeven ook. Wat een bitch! Hij draaide de kraan open om water over zijn gezicht te spetteren. De bar van het Grand misschien? Wat champagne?

Hij sjokte naar buiten en overwoog om domweg het pand te verlaten. Toen zag hij dat hij vanaf de bar werd aangestaard. Een rode mond boven een cocktail. Blond haar. Een strak rokje dat weinig aan de verbeelding overliet. Van zijn leeftijd, misschien iets jonger. Waar dat groene petje goed voor was snapte hij niet helemaal, maar ach, waarom ook niet? Gewoon een sportieve look. Hij trok zijn dasknoop recht en baande zich een weg naar de bar. 'Wat drink je?' zei hij met een knikje naar haar glas.

'Ik sta droog,' zei de jonge vrouw.

'Ai,' zei Rønning met een knipoogje. 'Dat kunnen we niet hebben.' Hij zwaaide naar de bartender, maar die sloeg geen acht op hem. Wist hij wel wie hij voor zich had?

'Vind je het hier trouwens niet wat benauwd?'

'Hè?' vroeg Rønning, en hij draaide zich om.

'Een beetje veel mensen,' zei het meisje.

'Zonder meer.' Rønning ging wat dichter bij haar staan. 'Heb jij een beter voorstel?'

'Jammer dat ik zo ver weg woon. Jij?'

Bingo. 'Een eindje verderop aan deze straat,' zei hij, terwijl hij voorzichtig met een vinger over haar blote arm streek.

'Wat heb je in de aanbieding?' vroeg ze.

'Nou, alles waar je zin in hebt.'

'Geef me twee minuutjes,' zei ze, en ze pakte haar handtas.

'Tuurlijk,' antwoordde Rønning.

'Ben zo terug.' Het meisje met het groene petje kneep hem even in zijn hand. Toen knipoogde ze nog eens en trippelde elegant in de richting van de toiletten.

44

'Sorry,' zei John Wold. 'Ik zie wel dat je bezig bent, maar ik heb eerst geprobeerd je te bellen. Heb je nog nagedacht over wat we hebben besproken?' Hij deed de knopen van zijn jas open, trok zijn leren handschoenen uit en legde die op tafel.

'Luister eens,' begon Mia geërgerd. Ze was op de goede weg geweest. Ze had bijna gevonden wat ze zocht.

'Ik snap het,' zei Wold, die afwerend zijn handen opstak. 'Je hebt het druk. Het is belangrijk.'

'Lees je wel eens een krant?' snauwde Mia, terwijl ze hem strak aankeek.

'Natuurlijk. En ik zou dit niet doen als ik niet dacht dat het nodig was. Kan ik iets voor je halen? Nog een kop koffie? Een biertje?'

'Niks,' zei Mia, en ze schudde haar hoofd. 'Hoor eens...'

'Ik snap het, ik snap het. Vijf minuten maar, dan ben ik weer weg. Ik moet nu echt weten of je meedoet of niet. Ik besef dat zoiets je misschien tegenstaat, Mia. Je eigen team. Misschien zelfs een vriend, ik snap het, maar we hebben het hier over een zaak van wezenlijk belang. De straathandel in heroïne. En ja, ik heb hier ook belang bij, moet je weten. Mia Krüger? Kunnen we daarvan op aan? Is die niet...' Hij lachte flauwtjes.

'O ja?' zei Mia. 'Wat ben ik niet?'

'Je weet wel,' zei Wold. 'Je dossier? Niet bepaald een lichtend voorbeeld, toch?'

'Wat bedoel je?' vroeg Mia koeltjes.

'Ik heb het alleen maar over wat ik heb gelezen,' zei Wold afwerend. 'Wat anderen denken. Ik bedoel maar, een verdachte doodschieten? Diverse schorsingen? Wat schreef hij ook alweer over je...?'

'Wie?'

'Mikkelson. Jullie zijn niet bepaald dikke maatjes, hè?'

'Luister eens...' begon Mia geïrriteerd.

'Mia,' zei Wold sussend. 'Niet mijn woorden, oké? Ik ben juist degene die je heeft voorgesteld, je moet mij de schuld niet geven. Dit ligt heel gevoelig, zelfs in besloten kring. Tegen Mia Krüger zeggen wat we aan het doen zijn? Het risico nemen dat iemand uit haar omgeving hierbij betrokken is? Ik steek behoorlijk mijn nek uit, dat snap je toch wel?'

Mia kreeg op slag zin in dat biertje. 'Goed dan,' verzuchtte ze, en ze nam een slok mineraalwater. 'Wat wou je ook alweer van me?'

'Curry,' zei Wold. Hij wenkte de serveerster en bestelde een kop koffie.

‘Volgens mij zit je fout,’ zei Mia. ‘Wat wilde je weten?’

‘Nou,’ zei Wold, ‘ik wil weten of je je kunt voorstellen dat je met ons samenwerkt. In het gunstigste geval om het uit te sluiten.’

‘Was ik daarnet niet duidelijk?’ zei Mia. ‘Het is Curry niet. Hij is honderd procent politieman, van top tot teen. Hij zou nooit zijn ziel voor zoiets verkopen.’

‘De oude Curry misschien niet,’ zei Wold, terwijl zijn koffie eraan kwam. ‘Maar de nieuwe? Hoe gedraagt hij zich de laatste tijd? Is hij punctueel? Alert?’ Wold bracht het kopje naar zijn mond en trok een gezicht toen hij ervan proefde. ‘Heb je zijn nieuwe vriendin al eens ontmoet?’

Mia schudde haar hoofd.

‘Luna Nyvik, eenentwintig. Dreadlocks. Barkeeper.’

‘Nee dus.’

Wold stak zijn hand in de zak van zijn jas en schoof haar een foto toe. ‘Het vliegveld van Oslo, vorig jaar zomer. Met een vlucht uit Bangkok. We hebben haar erdoor gelaten in de hoop dat ze ons bij iemand zou brengen die hoger in de hiërarchie staat, maar we verloren haar helaas uit het oog.’

‘Dus Curry heeft een nieuwe vriendin, so what?’ vroeg Mia. Ze schoof de foto terug. ‘Toeval. Het klinkt niet alsof jullie veel bewijs hebben.’

‘Hoor eens,’ zei Wold, terwijl hij zich naar haar toe boog. ‘Ik zou het je toch niet vragen als we er niet tamelijk zeker van waren? We zijn er bijna, echt waar. Die advocaat, Lorentzen, is er ongetwijfeld bij betrokken. Hij sluist zwart geld weg naar een firma op de Kaaimaneilanden. We hadden hem allang kunnen oppakken, maar de bazen willen de insider hebben. Iemand bij de politie zit erachter dat de straten bol staan van de heroïne. Fraaie indruk maken we zo, dat snap je toch?’

‘Ik heb genoeg op mijn bord,’ zei Mia. ‘En ik weiger te geloven dat het Curry is, ja? Zoek maar een ander. Nee dus. Zullen we het daarop houden?’

De vlotte agent zweeg even. Hij leek zijn woorden af te wegen. Toen hakte hij de knoop door en deed zijn mond weer open. 'Natuurlijk kunnen we iemand anders kiezen. Maar er is een reden waarom de keus op jou is gevallen, Mia. Begrijp je wat ik bedoel?'

'Nee,' zei Mia.

'Heroïne?' zei Wold, en hij boog zich nog dichter naar haar toe.

Ze kon nu bijna zijn geur opsnuiven. Die deed haar ergens aan denken. Aan zomer. Een platte rots in zee. Een vriendje van vroeger. 'Waar heb je het over?' vroeg Mia.

'Meen je dat nou?'

'Nee, ik snap echt niet wat je bedoelt.'

Wold streek even over zijn kaak. Keek haar met een scheef oog aan. Zijn ogen waren ook een beetje hetzelfde: een soort warme nieuwsgierigheid. Zijzelf in badpak. Geginnegap op een handdoek terwijl ze aan de scherenkust in de zon lagen te bakken. Hoe heette hij ook alweer?

'Luister,' zei Wold weer. 'De overigen waren ertegen, die zeiden dat we iemand anders moesten nemen. Grønlie. Goli. Ik was degene die besloot om het aan jou te vragen.'

'Goh, wat fijn. Vriendelijk bedankt,' zei Mia sarcastisch.

'Zo bedoelde ik het niet,' zei Wold. 'Ik dacht alleen... Tja, jij leek me de juiste persoon. Omdat je er al bij betrokken bent.'

'Wát?'

'Wist je het niet? Van je zus?' vroeg Wold oprecht verbaasd.

Vanuit haar buik kwam iets omhoogkruipen. 'Nee,' zei haar kurkdroge mond, terwijl de gelagkamer om hen heen plotseling kleiner werd. De schakers stonden op en vertrokken. De tekenaar aan de bar keerde zich naar haar om.

Kom, Mia, kom.

'Mia, gaat het een beetje?'

'Ja,' mompelde ze, en ze leegde het flesje mineraalwater.

'Kan ik iets voor je halen? Is alles goed met je?'

'Prima,' prevelde ze.

'Wist je het niet?'

'Wat zou ik moeten weten?' vroeg Mia.

'We hebben redenen om aan te nemen dat zij een van de eersten was,' zei Wold, terwijl hij zijn handen op het tafeltje in elkaar schoof.

'De eerste wat?'

'Mollen,' zei Wold. 'Dat is de reden. Snap je?'

'Dat je mij hebt uitgekozen?'

'Ja.'

'Ik geloof je niet,' zei Mia kortaf.

'Dat moet je natuurlijk zelf weten,' zei Wold. 'Maar denk eens na. Hoe is Sigrid overleden? Heeft ze die overdosis echt zelf ingespoten?'

Mia richtte haar blik op de tap.

'Markus Skog. Ze importeerde het spul voor hem. Wij denken dat het allemaal met elkaar in verband staat. Ik dacht dat je dat wist. Dat ik daarom juist jou opzocht.'

Een biertje. 'Nee,' zei Mia. 'Dat wist ik niet.' Ze keek naar haar pols.

'Je wist er echt niets van?'

Een Jägermeister. Ze moest nu iets drinken. 'Waarvan?' vroeg ze.

'Van dat sieraad.'

'Hè?' zei Mia zachtjes, terwijl ze haar hand optilde. Ze voelde de armband over haar huid kriebelen. Een hartje, een ankertje en een letter. *Wil jij de mijne hebben? Dan krijg ik de jouwe.* 'Dit? Wat is daarmee?' vroeg ze.

'Er gaat een gerucht,' zei Wold ernstig. 'Over een van de andere koeriers van destijds. Ze heet Cecilie. Zij schijnt erbij te zijn geweest.'

'Waarbij?'

'De dood van je zus. Ze schijnt door de stad rond te lopen

met net zo'n armband als jij. Zo een als die daar.' Wold knikte naar haar pols. 'Op zoek naar iets. Ze wil hem te gelde maken, of zoiets.'

'Hoe zei je dat ze heette?' vroeg Mia. Ze merkte dat het vertrek om haar heen wegviel.

'Cecilie. Roepnaam Cisse. Meer weten we niet. Een junkie. Tegen de veertig. Blond. Een rood gewatteerd jack, dat is helaas alles wat we hebben. Ik kan er nog steeds met mijn verstand niet bij dat niemand je...'

Pillen. Verdoving. Wat dan ook. Het deed er niet meer toe.

Mia stak met een afwerend lachje haar hand op. 'Het is goed. Dank je. En het zou fijn zijn als je nu weg zou willen gaan.'

'Natuurlijk,' zei Wold met een knikje. Hij stond op. 'Maar je doet mee?'

'Jazeker.'

'Je hebt mijn nummer?'

'Ja.'

'Jij neemt contact op?'

'Zodra ik iets heb.'

'Fijn, dank je wel. Dat stel ik erg op prijs. Blij dat je meedoet. Heel erg.'

'Super,' zei Mia, en ze nam de hand aan die voor haar neus opdook.

Wold deed zijn jas dicht, tikte met twee vingers tegen zijn slaap en liep naar de deur. Mia wachtte tot hij helemaal weg was. Toen haalde ze met onhandige vingers haar telefoon uit haar jasje om het nummer van Charlie Brun op te zoeken.

4

45

Na afloop van de ochtendmis kon parochiepriester Paul Malley bijna niet wachten om in het biechthokje te gaan zitten. Toen hij dat gisteren had gedaan, had hij er twee uur in zijn eentje gezeten. De jongeman was niet teruggekomen, maar dat was natuurlijk geen reden om het nu al op te geven. Een beetje teleurgesteld was hij wel geweest. Dinsdag had hij zo'n goed gevoel gehad. Hij had die ingeving gekregen, en niet alleen had iemand van de gelegenheid gebruikgemaakt – nee, er was ook iemand gekomen die *hem echt nodig had*. Een nieuw lid van de kudde. Iemand die zelfs nog nooit had gebiecht.

Het gaat om mijn broer.

Hij had zich ook voorbereid. Die avond was hij lang opgebleven om in de Heilige Schrift te zoeken naar passages die over broers gingen. Over naastenliefde. Over jezelf opofferen voor een ander. Die wanhopige jonge stem had hem tot in zijn dromen achtervolgd. Toen hij wakker werd, had het licht op zijn gezicht geschenen en had hij het merkwaardige gevoel gehad dat er iemand tegen hem sprak. Was dat de Heer? Niet erg duidelijk, maar ja, eigenlijk wel. De Heer had hem geprezen om wat hij had gedaan, dat arme lam dat goddelijke bijstand nodig had, en op de achtergrond had de Heilige Maagd met een harp en een brede glimlach op een wolk gezeten, en blijkbaar was hij toch nog niet wakker geweest, want niet lang daarna was de wekker gegaan, maar na afloop, met zijn hoofd op het witte kussen, had hij zich als herboren gevoeld. Van pure spanning had hij bijna niet kunnen ontbijten.

Maar er was niemand komen opdagen.

Iedere morgen ben ik er voor je, daar kun je van op aan. Je komt terug wanneer jij dat wilt. Waarom was hij de volgende dag niet gekomen? Ja, Malley was teleurgesteld geweest, dat moest hij toegeven. De ochtendmis was vandaag goed verlopen, al was hij er zelf niet helemaal bij geweest met zijn hoofd. Die jongeman. Zou hij vandaag komen?

Toen had hij een minder positieve gedachte gehad: als hij vandaag ook niet komt, hoelang zal ik dan wachten? Hij trok de mouw van zijn soutane op om op zijn horloge te kijken. Misschien was het dom geweest dat hij zich op die manier had vastgelegd.

Malley zuchtte en trommelde zachtjes met zijn vingers op zijn dij. Het houten bankje was hard en oncomfortabel, en bovendien had hij honger. Hij zat hier nu al bijna een uur. De drieënveertigjarige priester had net besloten dat het welletjes was, toen hij plotseling voetstappen op de kerkvloer hoorde. Aan de andere kant van het rooster glipte een gestalte naar binnen.

'Vader,' prevelde de jongeman, terwijl hij het deurtje voorzichtig achter zich sloot.

Trompet- en bazuingeschal. Hij is er weer. 'Mijn zoon,' zei hij met zijn diepste priesterstem. 'Je hebt de weg terug gevonden?'

Achter het rooster was het even stil. 'Ik heb erg getwijfeld. Maar ik geloof dat het juist is, vader. Bedankt dat u mij hier laat komen.'

Bedankt? Malley glimlachte bij zichzelf en werd weer helemaal warm onder zijn soutane. 'Dank de Heer en de Heilige Maagd,' zei hij zacht. 'We zijn allemaal dienaren van het goddelijke. Zelf ben ik niemand, ik ben er alleen voor jou.'

'Toch bedankt,' zei de jongeman. 'Ik heb lang nagedacht. En ik heb een besluit genomen.'

'Ja?' zei Malley behoedzaam.

'Ik zal alles vertellen,' zei de stem.

'Je kunt me vertrouwen,' zei Malley rustig. 'Hier zijn het alleen de ogen van de Heer die je oordelen.'

'Oordelen?' vroeg de jongeman.

Malley kuchte. 'Niet oordelen – *zien*, bedoelde ik. Hierbinnen ziet alleen Hij ons.'

'En als het de Heer niet bevalt wat hij ziet?'

'Luister,' zei de priester, en hij schoof wat naar voren. 'Er wordt hier niet geoordeeld. Dat was een verspreking. Alleen wij zijn hier. Verder niemand. Zo beter?' Hij leunde naar achteren en wachtte gespannen af.

'Dat is prima, vader,' zei de onbekende stem ten slotte. 'Ik moet dit vertellen, denk ik. Hopelijk klinkt het niet stom. En kan het geen kwaad.'

'De Heer is blij dat je het wilt vertellen,' zei Malley, die hoopte dat hij niet al te gretig klonk. 'En Hij wil dat je weet dat Hij vol liefde en begrip zal luisteren, welke last je ook torst.'

Aan de andere kant werd het weer stil, maar toen kwam het er ten slotte uit. 'Vergeef mij, vader, want ik heb gezondigd. Ik weet dingen waarover ik heb gezwegen, maar nu kan ik dat niet meer. Mijn hart is zo bezwaard dat ik het kwijt moet.'

Helemaal zeker was Malley er niet van, maar hij meende achter het rooster iets van gesnik te horen. 'Ik ben blij dat je bent gekomen,' zei hij rustig. 'Wat jij wilt vertellen, wil de Heer aanhoren. Een licht hart tilt zwaar aan een duistere last.' Hij vroeg zich af of dat nu wel of geen Bijbelcitaat was, maar het gaf een goed gevoel.

'Ja, vader, bij ons thuis heerst duisternis,' prevelde de onbekende. 'Maar dat is toch niet mijn schuld?'

Nu vloeiden er duidelijk tranen. Gesnik en trillende lippen. 'Absoluut niet, mijn zoon,' zei Malley, en hij boog zich weer naar het rooster. Het liefst had hij het luikje geopend om die dappere jongeman eens stevig te omhelzen, hem duidelijk te maken dat hij niet alleen was. Hij hoopte dat die arme knul evenveel zou hebben aan de warmte van een andere stem vlak bij hem.

'Hoeveel tijd heb ik?' prevelde de stem huilend.

‘Net zoveel als je wilt,’ zei Malley. ‘Ik hoef nergens naartoe.’

‘Bedankt,’ snotterde de jongeman. Toen zweeg hij weer. ‘Ik weet niet zo goed waar ik moet beginnen,’ zei hij ten slotte. ‘Het is nogal naar.’

‘Wat is naar?’ vroeg Malley.

‘Om het te vertellen. Van mijn broer. Ik heb ergens het gevoel dat ik hem laat vallen, maar ik breng het na al die jaren niet meer op, snapt u, vader?’

‘Zeker.’

‘Waar moet ik beginnen?’

‘Wat lijkt jou het best om mee te beginnen?’

Hernieuwde stilte achter het houten roostertje, maar nu leek de onbekende een aanloop te nemen. ‘Met de brand misschien,’ zei zijn stem.

‘Ja?’ zei Malley, en hij merkte dat zijn hart wat sneller begon te kloppen.

‘Of met die ree,’ zei de jongeman aarzelend. ‘Ik weet het niet…’

‘Neem de tijd, mijn zoon. Om welke brand gaat het?’

‘We zijn die dag allemaal gestorven, maar een paar van ons leven nog,’ zei de stem kalm. ‘Kan ik u vertrouwen, vader? Kan ik u alles vertellen?’

‘Natuurlijk, mijn zoon,’ zei Malley. En hij schoof nog verder naar voren.

46

Eerst was hij thuis. Daarna toch weer niet. Eerst was het meisje met het groene petje er. Toen werd ze een… aapje? Erik Rønning deed de televisie uit, maar wat hij vasthield was niet de afstandsbediening. Het was… een banaan? Het meisje met het groene petje was veranderd in een aapje dat hem een banaan gaf. De wanden om hem heen verschoten plotseling van kleur. Zijn flat was een discobal. Nee, dat klopte niet. Hij was niet thuis, hij was ergens anders. Ja, hij was wel thuis, maar het was niet nú. Het was lang geleden – 1999. Hij was pas veertien. Aan de muur hing een poster van de Backstreet Boys. Nick, Kevin, A.J., Howie en Brian. Zijn longen deden pijn. Hij was vast ziek. Het meisje met het groene petje was weg. Ze was uit zijn flatje vertrokken, zwaaiend met een toverstokje, als Hermelien Griffel uit *Harry Potter*. Simsalabim. Was mama thuis? Was dat mama die daar in de keuken aan het rommelen was? Zat zij met een bivakmuts op aan het voeteneinde van zijn bed? Met het padvindersmes dat hij van oom Tore had gekregen? *Quit playing games with my heart*. Het was vrijdag, clubavond in het jeugdhonk in Asker. Dansen. Waarom was hij zo misselijk? Waarom leek alles om hem heen zo wazig? Als in een film die met woeste vaart om hem heen tolde en alles overhoophaalde? Had mama hem daarom vastgebonden – zodat hij niet naar beneden zou vallen nu zijn bed aan het plafond hing? Hij wilde iets zeggen, maar zijn mond zat dichtgeplakt met een grote zeilboot naast de steiger voor hun huis, waar hij altijd vanaf dook. Rønning deed zijn ogen open.

Een man met een bivakmuts op zat aan het voeteneinde van zijn bed. 'Ben je wakker?'

'Wat?' zei Rønning, maar er kwam geen geluid over zijn lippen. Tape over zijn mond. Eerst snapte hij het niet. Wat er aan de hand was. Dat was waarschijnlijk de reden dat hij niet bang was. Maar toen... *kwam het.*

'Ben je wakker?' vroeg de man met de bivakmuts weer, terwijl hij iets in Rønnings voetzool stak.

O god... De pijn voelde hij niet eens, zoveel moeite kostte het hem om zijn paniek te onderdrukken. *O god... O god...*

Iemand had hem aan zijn eigen bed vastgebonden. Aan handen en voeten. Hij was naakt, op een boxershort na. Er zat tape over zijn mond. Zijn voetzolen staken naar voren. In de richting van een man met een bivakmuts op en een groot mes in zijn ene hand.

'Kun je me horen?' zei het zwarte gezicht, en hij prikte hem weer.

O jez... Hij jammerde zo hard dat zijn hoofd bijna ontplofte, maar er kwam nog steeds geen geluid uit.

'Ben je nu wakker?'

Rønning knikte.

'Mooi,' zeiden de ogen kalm. 'Je praat graag? Beetje aandachtsgeil?' De man maakte een handpoppetje met zijn handschoen en liet het praten. 'Kijk mij eens. Ik ben op televisie. Ik ontdek geheimen. Volgens mij ben ik iemand.'

O god.

'Weet je wat we in Afghanistan deden met mensen die te graag praatten?'

Rønning voelde de punt van het mes tegen zijn voetzool. Zijn lichaam schokte en de kamer begon weer te draaien. *Jezus.*

Hij moest even van zijn stokje zijn gegaan, want toen hij zijn ogen opendeed, stond de man met de bivakmuts over hem heen gebogen. Hij rook de lucht van de handschoen die hem wakker had geslagen. En iets zuurs.

'Wel bij de les blijven, oké?' De bivakmuts was terug bij het voeteneinde. Donkere ogen achter de gaten. 'Knik als je bij bewustzijn bent.'

Rønning knikte zoals hij nog nooit had geknikt.

'Goed zo. Nou niet meer in slaap vallen, hè?'

Rønning knikte ijverig. Hij rook zijn eigen stank. De angst die van onder zijn oksels dampte. *O god. Jezus.*

'Mooi,' zei de bivakmuts. 'Maar jij bent nu mijn bitch. Ik kán improviseren, snap je. Ik plan alles liever, dat is mijn sterke punt, maar als ik wil kan ik echt wel improviseren, toch?'

Rønning wist niet of het de bedoeling was dat hij op dat laatste reageerde, maar hij knikte toch maar. Het licht van de plafondlamp stak in zijn ogen. Zijn lichaam was nog nooit zo gevoelig geweest. Het leek net alsof hij het koude lemmet van het mes tegen zijn voet voelde, ook al zag hij duidelijk dat de man het omhooghield.

'Ben jij mijn bitch?'

Rønning knikte nadrukkelijk, terwijl de walm die van hem opsteeg steeds sterker werd. Hij werd er onpasselijk van.

'Goed zo,' zeiden de ogen. 'Normaal gesproken had ik je gewoon vermoord, maar toen dacht ik: die bitch is misschien nog ergens goed voor. Improvisatie. Slim, hè?' In het gat aan de onderkant van de bivakmuts verscheen iets van een glimlach.

Rønning knikte zo goed en zo kwaad als het ging.

'Ik weet het,' zei de man. 'Ik bén slim. Ze dachten dat ze ermee wegkwamen, hè? Maar lijkt het daar nu nog steeds op?'

Zijn brein werkte op volle toeren, maar het leek wel of hij door stroop waadde. *Afghanistan? Wegkomen? Waarmee?* Voor alle zekerheid schudde hij zijn hoofd.

'Lashkar Gah,' zei de stem zacht. 'Weet je waar dat is?'

Rønning schudde heftig zijn hoofd.

'Nee, hè?' zei de man met de bivakmuts schouderophalend. 'Je hebt je leven over voor het vaderland, en wat is je dank? Kom ik in het nieuws? Met een ridderorde op mijn borst? Ergens een parade gezien? Kinderen die met een vlaggetje zwaaien, een fanfareorkest? Nee. Ze hoopten waarschijnlijk dat het in vergetelheid zou raken. Mij in een kelder opbergen! Doen alsof hun neus bloedt!' De man kneep zijn ogen tot spleetjes en spuugde demonstratief op de vloer. 'Nee. Nu is mijn tijd gekomen.' Hij stak zijn handschoen in de zak van iets wat op een legerjasje leek en hield een vel papier omhoog. 'Zie je dit?'

Rønning kon niet zien wat erop stond, maar hij knikte.

'Dit ga jij namens mij aan hen geven, oké? En dan bedoel ik niet je werkgevers. De hoogste instanties. Helemaal aan de top. Duidelijk?'

Rønning knikte weer en merkte nu dat zijn maaltijd van gisteren omhoogkwam.

'Mooi,' zei de mond. De man stond op, draaide zich even naar de muur om en stak het mes dwars door het papier heen. Erik Rønning zag het heft bij het behang trillen. De bivakmuts kwam naar hem toe en maakte zijn ene arm van het bed los. Zijn oren vingen nog net het slaan van de voordeur op, ergens ver weg, voordat hij met onvaste vingers de tape van zijn mond trok en zich met een ruk over de rand van zijn bed boog.

En de vloer onderkotste.

47

Gabriel zat in de kleine briefing room met Ylva en Ludvig Grønlie. De oudere rechercheur had in die korte tijd indrukwekkend veel materiaal opgehangen. Een heleboel foto's, allemaal voorzien van een briefje met een naam en zo opgehangen dat het onderlinge verband te zien was. Daarin school natuurlijk precies het probleem, en daar waren ze al sinds gistermiddag mee bezig, zonder erg veel verder te komen.

Het verband. Dat leek er niet te zijn.

'Het zóú toeval kunnen zijn,' verzuchtte Ylva, en ze deed haar bril af, wreef in haar ogen en gaapte even.

'Ik kan er ook niks anders van maken,' mompelde Grønlie, die maar weer eens naar de kleurrijke wand keek. 'Dit is nog steeds het enige wat we hebben, toch?' Hij wees naar de rode draad die Vivian Berg met Raymond Greger verbond.

'Wie zijn dat ook alweer naast Kurt Wang?' vroeg Ylva.

'De leden van zijn band,' antwoordde Grønlie. 'De vocaliste Nina Wilkins, en de drummer, een Portugees die Danilo Costa heet.'

'Sorry,' zei Ylva, en ze wreef nog eens in haar ogen. 'Ik zit hier al zo lang naar te staren dat mijn hersens net een stofnest lijken.'

Ze waren geen van allen thuis geweest. Ylva had op de stoel achter haar computer geslapen. Zelf had hij wat liggen dommelen op de bank in de pauzekamer. Slapen was het woord niet. Uitsluitend rusteloze droombeelden, foto's en gebeurtenissen die maar geen samenhang wilden vertonen.

Munch kwam binnen met een kop koffie. Zijn haar zat in de war en hij zag er niet uit alsof hij zelf veel had geslapen.

'Hoe staat het?' vroeg hij, terwijl hij op een van de stoelen neerplofte. 'Enig verband? Waar dan ook? Niets?'

'We blijven zoeken,' zei Grønlie, die op zijn lip beet. 'Maar het is lastig om iets te vinden.'

'Oké,' zei Munch, en hij krabde in zijn baard. 'Laat nog eens horen wat jullie tot dusver hebben.'

'Moorden, plaatsen delict, de directe omgeving van de slachtoffers,' zei Grønlie. Hij wees. 'Daar verderop is de tijdlijn. Hier op deze wand de elektronische gegevens van iedereen. Telefoons, laptops, plaatsen waar ze zijn geweest. Degenen waar we iets van weten dan.'

'Heeft iemand Mia trouwens gezien?' vroeg Munch. 'Of Curry?'

'Niet sinds gisteren,' zei Grønlie.

'Sorry, ga door,' zei Munch. Hij nam een slok koffie.

'De telefoons en de sociale media hebben ook niets opgeleverd. Alles van Vivian Berg lag nog bij haar thuis, dus zijn er nergens signalen opgevangen. De telefoon van Kurt Wang is geregistreerd vanaf Grünerløkka tot Gamlebyen en de tijden komen overeen met het tijdstip van zijn verdwijning tot het moment dat hij werd gevonden.'

'Was dat niet na een repetitie?' vroeg Munch, en hij onderdrukte een gaap.

Ylva knikte.

'Maar hij heeft hem niet gebruikt?'

'Niet sinds de laatste keer dat hij is gezien, nee.'
'En Iversen?' zei Munch.
'Opnames uit het winkelcentrum Storo bevestigen dat hij daar is geweest, of in elk geval voor zover we ze te pakken konden krijgen. Volgens de berichten op zijn telefoon was hij inderdaad van plan bij zijn vriend te gaan logeren, maar hij is ergens onderweg verdwenen.'
'Weten we ook waar?' vroeg Munch.
Grønlie liep naar de grote kaart bij de deur. 'Zijn telefoon was hier voor het laatst actief. In Grefsen.'
'Dus niet ver van huis?'
'Hier woont hij. Hier woont zijn vriend, ik weet niet precies meer hoe hij heet.'
'Martin,' zei Gabriel.
'Oké, dus de theorie die we hadden klopt?'
'Voor zover we weten wel,' zei Ludvig. 'Het lijkt erop dat hij rechtstreeks naar zijn logeeradres wilde. Hier is hij te zien op zijn brommer bij het tankstation van Statoil, maar het ziet ernaar uit dat hij onderweg is onderschept.'
'Hebben we dat nergens op camera?'
'Woonwijk.' Grønlie schudde zijn hoofd. 'Twijfelachtig of we iets vinden.'
'Dus Berg werd uit haar huis geplukt, Wang van zijn repetitie en Iversen van de straat. Geen overeenkomsten. Geen verband.'
'Nee,' verzuchtte Ludvig.
Die conclusie hadden ze eigenlijk al lang geleden getrokken, maar het leek alsof Munch er nog steeds niet helemaal aan wilde. Gabriel werkte nog niet zo lang bij de politie, maar hij begreep best waarom. Willekeurig uitgekozen slachtoffers? De nachtmerrie van iedere rechercheur.
'De sociale media? Nog steeds niets?' vroeg Munch, en hij nam weer een slok koffie.
'Vivian Berg, heel bescheiden profiel,' zei Gabriel. 'Weinig

vrienden, weinig posts. Kurt Wang was wat actiever; hij hield onder andere een pagina van de band bij die aardig wat volgers heeft.'

'En de jongen?'

'Zoals de meeste tieners uitermate actief, vooral op Snapchat. Minder op Facebook en Instagram, die zijn meer voor oudere doelgroepen,' zei Gabriel.

'Snap...?' zei Munch.

'Je maakt een foto en die stuur je naar anderen toe. Die kunnen er een poosje naar kijken, en dan is hij weer weg,' legde Ylva uit.

'Weg?' zei Munch. 'Wat heeft het dan voor zin om een foto te nemen?'

Gabriel onderdrukte een glimlach toen Ylva het begon uit te leggen, maar Munch wuifde het ten slotte weg. 'Oké, goed, dus Snap...'

'...chat. Daar was hij ongelofelijk actief – lange *streaks* met een heleboel anderen.'

Munch zag eruit alsof hij weer iets wilde vragen, maar hij liet het achterwege. 'En nog steeds wijst niets erop dat ze elkaar kenden? Elkaar ergens hadden ontmoet, noch op internet, noch in het echt?'

'Tot dusver helaas niet,' zei Grønlie.

'Sport? Hobby's? Politieke activiteiten? Dezelfde webwinkels? De zoekgegevens van hun computers?'

'Ik heb de browsergeschiedenis van alle drie zorgvuldig doorzocht,' zei Gabriel, 'en alles wat ze de laatste weken hebben gegoogeld, maar de enige overeenkomst is de NRK.'

'Ja?' zei Munch optimistisch.

'Het nieuws voor Berg en Wang. Een jongerenprogramma voor Iversen. Verder helaas niets.'

'Trouwens,' zei Ludvig, 'vanmorgen kreeg ik een telefoontje van de oom van Ruben Iversen.'

'O ja? En?'

‘Hij vroeg zich af of we ze kunnen helpen. Hun huis wordt door journalisten belegerd. Ze worden vierentwintig uur per dag gek gebeld. Dat geldt ook voor de school; de leerlingen worden geen moment met rust gelaten.’

Munch zuchtte. ‘Daar kunnen we helaas niets tegen doen.’

‘Weet ik,’ zei Grønlie. ‘Dat heb ik ook gezegd.’

‘Arme mensen,’ zei Munch hoofdschuddend.

Op dat moment ging de deur plotseling open, en een snuivende Anette Goli kwam de kamer binnenstormen. ‘Neem jij je telefoon niet meer op?’ De ogen van de normaal zo kalme politieadvocate puilden uit en haar gezicht was krijtwit.

‘Hè?’ zei Munch. ‘Dit zit in mijn jas. Wat is er?’

Goli wierp een korte blik op de andere drie. ‘Je kantoor. Nu.’

‘We zitten net midden in...’

‘Nee, nu. Als de bliksem,’ zei Goli streng, en ze draafde voor hem uit de gang op.

48

‘Wat is er?’ vroeg Munch nieuwsgierig toen Anette de deur achter hen had dichtgedaan.

‘Ik heb net een telefoontje van hogerhand gekregen,’ zei Goli toen ze weer op adem was.

‘Mikkelson?’

De politieadvocate schudde haar hoofd. ‘De hoogste instantie. Het ministerie van Justitie. Of eigenlijk Defensie, denk ik, maar zo werd het aangekondigd.’

‘Defensie?’ zei Munch.

‘Weet je nog, die journalist?’ zei Goli. ‘Rønning? Die heeft vannacht bezoek gekregen. Van iemand die naar hun mening onze man is.’

‘Wát?’ zei Munch met een blik op de wandklok, die al halfeen aanwees. ‘Vannacht? En dat krijgen we nu pas te horen?’

'Dat is wel onze minste zorg, Holger,' mompelde Goli.

'Onze man,' kapte Munch haar geërgerd af. 'Hoe kunnen ze dat goddomme weten?'

'Holger,' zei Anette.

'Stelletje halvezolen.'

'Holger,' zei Anette weer, en ze stak haar handen op. 'Er is een lijst.'

'Wat?' zei Munch.

Anette zweeg even, alsof ze zich schrap moest zetten om het te kunnen zeggen. 'Een lijst met namen.'

'Wat voor namen?'

'Een dodenlijst,' zei Goli.

'Hè?'

'Met vijftig namen,' prevelde ze. 'Vivian Berg. Kurt Wang. Ruben Iversen. Zoals je vast wel weet, hebben wij geen namen bekendgemaakt, maar ze staan desondanks alle drie op die lijst. Ik ben zojuist door het departement gebeld.'

'Nee, dat moet een grap zijn. Dit is toch...' begon Munch, maar Anette viel hem weer in de rede. Hij had haar nog nooit zo ernstig zien kijken. 'De premier heeft dreigingsniveau 5 afgekondigd. Er is al sprake van om de koninklijke familie in veiligheid te brengen.'

'Wel verdomme,' mompelde Munch.

'Vijftig willekeurig uitgekozen mensen,' zei Goli hoofdschuddend.

'Hebben wij die lijst?'

'Nee, die is geclassificeerd.'

'Wel verdomme,' zei Munch weer. 'Hoe moeten wij dan...?' Hij keek haar aan, en nu zag hij het: ze verzweeg iets voor hem. 'Wat?' zei hij toen ze de andere kant op keek. 'Wij worden opzijgezet, hè? Zij nemen het over.'

'Nee, nee,' zei Goli. Ze beet op haar lip. 'Wij doen mee. Dat wil zeggen...'

'Vertel op.'

'Alleen jij en ik,' zei Anette ten slotte met tegenzin. 'Alleen degenen met een top-veiligheidsclearance. Ze zijn nu bezig een team van leidinggevenden samen te stellen. Ze zouden me binnen een uur terugbellen.'

'Maar verdorie, Anette. Niet... Mia?'

'Wat zou jij in hun plaats hebben gedaan?' vroeg Anette schokschouderend. 'Je weet toch wat er allemaal heeft gespeeld? Waar ze allemaal mee heeft geworsteld? Ze vertrouwen haar niet. Ze heeft geen groen licht gekregen. Ik bedoel maar, vijftig mensen? Willekeurige slachtoffers?' zei Goli. 'Stel je voor dat dit naar buiten komt.'

'Dus wie zitten erbij?'

'Jij en ik.'

'Ja, maar waar bestaat dat team dan uit?'

'Defensie dus, de politiële veiligheidsdienst, gok ik, en ongetwijfeld stafmedewerkers van justitie.'

'Mikkelson?'

'Geen idee,' zei Goli. 'Voor zover ik weet niet.'

'En nogmaals: niet... Mia?'

'In geen geval,' zei Anette. Haar telefoon ging over. 'Handel jij dat af? Of zal ik het doen?'

'Nee, ik doe het wel,' verzuchtte Munch, terwijl haar telefoon nog eens ging.

'Met Goli,' zei de blonde politieadvocate, en ze liep de kamer uit.

49

De tweeënveertigjarige Jon Ivar Salem was loodgieter, maar dat was natuurlijk niet waar hij hier in Ullersmo om bekendstond. Omdat hij de maximale straf van eenentwintig jaar moest uitzitten, was hij een van de oudgedienden op afdeling 2, en alleen al daarom hadden de andere gevangenen genoeg respect voor hem om hem met rust te laten. Tot dat groepje Kosovo-Albanezen was gekomen. Die pipo's lazen geen kranten, keken geen televisie en dachten dat ze met het systeem konden fucken. De keuken en de telefoon konden inpikken en bepalen wie er wat moest doen. Jon Ivar Salem had besloten dat het tijd was om daar iets tegen te ondernemen.

Eigenlijk zou het hem worst wezen. Doorgaans bemoeide hij zich niet met de interne rechtspraak van Ullersmo, om de eenvoudige reden dat de andere gedetineerden het toch nooit waagden een vinger naar hem uit te steken of hem iets te weigeren. Gewone mensen konden er misschien met hun verstand niet bij dat volwassen mannen die onder de tatoeages zaten vochten om banale dingen als een pakje worstjes of een kans om te douchen, maar zo ging dat hier. Hij zat al zeven jaar vast en had er nog veertien te gaan. Als hij twee derde van zijn straf had uitgezeten, kon hij om proefverlof vragen, maar dat duurde nog eens zeven jaar, dus had hij geen reden om zich fatsoenlijk te gedragen. Nog niet.

Binnenkort zou de vlam weer in de pan slaan en daar verheugde hij zich op.

Hij was ouder dan de meeste anderen hier en beschouwde zich zelfs als een soort vader van de rest. Het eten hier was precies zo slecht als je kon verwachten; ze boften als ze hachee kregen, of iets wat in de verte op vis leek. Meestal werden ze afgescheept met rotzooi die smaakte naar kamelenstront. Gelukkig hadden ze de mogelijkheid om hun eigen eten te bestellen, dat ze uiteraard zelf moesten betalen, en hij had daar het initiatief en de verantwoordelijkheid voor genomen. Had een clubje maten bij elkaar verzameld en het beheer over de keuken naar zich toe getrokken, en nu voelde hij zich net een kok met een eigen restaurant. Hij wilde niet beweren dat de maaltijden die hij dagelijks serveerde van het geld dat de rest hem min of meer vrijwillig had gegeven verrukkelijk waren, maar ze waren in elk geval te eten.

Ah, die vlammen. Als een man in de woestijn. Jarenlang zonder water. Maar nu zou hij binnenkort weer kunnen drinken.

Die Kosovo-Albanezen. Ze waren maar met drie man, veroordeeld voor het smokkelen van cocaïne en heroïne, en de jokers die dit circus runden, hadden die lui natuurlijk alle drie op dezelfde afdeling geplaatst. En ze waren nog piepjong ook. Even in de twintig, spijkerharde gangstertronies met de onvermijdelijke tatoeages. Hier in huis was de naam van je meisje op je bovenarm niet genoeg – nee, het moesten zo nodig doodskoppen en tranen zijn, liefst midden in je gezicht, desnoods overal langs je hals en uiteraard op je vingers, LOVE, HATE, KILL, FUCK. Aanvankelijk had Salem ze gewoon genegeerd, zoals alle groentjes hier, degenen die minder dan tien jaar hadden, maar toen waren ze beneden in de stookruimte op een paar van de kids losgegaan, hadden ze ze verrot geslagen met hun vuisten en tonijnblikjes in een sok, en daarna de douches en de keuken overgenomen, dus nu moest er domweg orde op zaken worden gesteld.

Vlammen. Zijn hele lijf kriebelde. Jeuk die vanuit zijn tenen optrok via zijn kruis. Hij had al dagen niet geslapen.

Die idioten hadden zichzelf een heleboel kunnen besparen, alleen al door televisie te kijken. Door te weten wie hij was. Er had veel voorkomen kunnen worden. Dan hadden ze allicht hun dertigste verjaardag nog meegemaakt. Dat zou nu uiteraard niet meer gebeuren. Ook omdat ze geen Noors spraken, maar vooral omdat die pipo's in 2006, toen alles op zijn hoogtepunt was, pas dertien, veertien jaar waren geweest. Hij voelde zijn glimlach breder worden en moest zich beheersen om het hoofd koel te houden.

O, wat zou het fantastisch zijn. Die vlammen. Eindelijk. Het idee benam hem de adem.

Hij werd wakker van het gerammel van het postkarretje, waarna Muffins grijnzend de gang door kwam. Een van zijn beste maten hier. Een knul vol tatoeages uit Trøndelag die een straf uitzat voor hetzelfde als de meeste andere jongeren hier: dope, geweldpleging en bij voorkeur allebei.

'Voor mij?' vroeg Salem verrast met een blik op het pakje dat hij zojuist van Muffins had gekregen.

'Yes,' antwoordde die, terwijl hij met een vuile vinger tussen zijn tanden peuterde. 'Heb je tegenwoordig een meisje?'

'Voor zover ik weet niet,' zei Salem terug. Hij merkte dat hij nieuwsgierig werd. Hij had al zolang hij zich kon herinneren niets meer van iemand daarbuiten gekregen.

Het pakje was natuurlijk opengemaakt, maar hij zag desondanks niet wat erin zat, want ze hadden het weer dichtgeplakt en net als altijd met blauwe hanenpoten GECONTROLEERD op het bruine papier geschreven.

'Die hebben zich in het wachthokje eens flink op hun hoofd gekrabd,' zei Muffins, en hij keek even de gang door.

'O ja?'

'Haha, ja, een hoop heen-en-weergepraat of je het wel zou krijgen, denk ik.'

'O ja, en wat is het dan?'

'Geen idee natuurlijk, je dacht toch niet dat ik zoiets te zien kreeg? Ik kom het alleen maar afleveren. Gaat het trouwens door?' Dat laatste fluisterde hij met zijn kaken op elkaar en een blik over zijn schouder. Niet dat dat nodig was, want in de gang was geen cipier te bekennen. Die kwamen hier zelden als de tent niet open- of dichtging of er iemand na sluitingstijd naar de plee moest. De financiële middelen van het koninkrijk Noorwegen werden elders ingezet. Hier was je vrij wild. Wat hem betrof kon het niet beter. Ze moesten die lui nu pakken. Hoog tijd.

Vlammen over huid.

'Jazeker,' zei Salem, zonder zijn blik van het pakje af te wenden.

'Na de lunch? De stookruimte?'

'Yep. Die pipo's spelen tot één uur basketbal. Daarna pakken we ze.'

'Ha, dat wordt lachen. Hoever gaan we – tot we in de isoleer moeten?'

Met strenge blik keek Salem naar de jongeman uit Trøndelag op. 'We gaan natuurlijk tot het bittere einde.'

'Fuck, Jon, ik heb nog maar zestien maanden te gaan. Je snapt toch wel dat ik niet voor moord wil opdraaien?'

'Wie zegt dat jij het moet doen?'

Nu zette de jonge drugsdealer grote ogen op. 'Ga jij het doen?'

'Jullie staan op de uitkijk, ik handel het af.'

'Moordvent,' zei Muffins, en hij stak zijn hand omhoog voor wat vermoedelijk een high five of zo'n andere idiote groet tussen toffe jongens onder elkaar had moeten worden, maar Salem deed alsof zijn neus bloedde.

'Het wordt hooguit een paar dagen isoleer.'

'Dat trekken we wel, *no stress*.'

'Verdomme nog aan toe, Muffins, gaan jullie trouwen of zo? Krijg nou wat.'

Ongeduldige kreten verderop in de gang. Voor de meesten op afdeling 2 was het feest als de trolley langs kwam rammelen.

'Relax, ik ben onderweg. Jemig!' Muffins zuchtte, knipoogde nog een keer en rolde het karretje verder naar de wachtenden.

Een pakje? Salem trok zijn celdeur dicht en ging gretig op de stoel achter het bureautje zitten. Trok het papier er voorzichtig af, maar begreep er niet zoveel van toen hij zag wat erin zat. Een gouden ring en een briefje.

Beste Jon Ivar Salem. Je kent mij niet, maar ik wil je toch vragen om me een dienst te bewijzen. Bewaar deze ring goed, dan wordt die binnenkort door iemand opgehaald. Je zult beloond worden. Bedankt voor de hulp. Geen ondertekening.

Wat was dit in hemelsnaam? Merkwaardig. Als zijn naam er niet op had gestaan, was hij er zeker van geweest dat dit een vergissing was. Salem haalde de ring uit het doosje. Die blonk in het licht van zijn bureaulamp. Hij draaide het pakpapier een paar keer om, maar dit was alles. Rare zaak, maar whatever. Hij kon zo'n klotering best bewaren. En dan nog een beloning ook? *No problem.*

Binnenkort gaat de brand er weer in. Morgenvroeg.

Jon Ivar Salem grijnsde bij zichzelf, stopte de gouden ring onder zijn kussen en ging op bed liggen om wat uit te rusten.

50

Mia werd wakker van een welbekende, zangerige stem en sjokte gapend van het vreemde bed naar de keuken.

'Manestraal,' zei Charlie Brun, en hij omhelsde haar langdurig. 'Dat was nog eens slapen. Ontbijtje?'

'Wat heb je me gegeven?' vroeg Mia. Enigszins daas ging ze op een stoel zitten.

Charlie was zoals gebruikelijk de oude, vandaag in een wijde groene jurk met een schort ervoor waarop KISS THE CHEF stond. 'Eieren? Spek?' vroeg hij charmant, terwijl hij de koekenpan van het gas tilde.

'Voor mij niets,' mompelde Mia. 'Hoe laat is het?'

'Niets? Maar je moet iets eten. Je bent bijna vel over been.' Charlie kwam aandansen om haar bord te vullen. 'Ik heb ook worst. Wil je die?'

'Voor het ontbijt?' zei ze gapend.

'Waarom niet? De Engelsen gaan er prat op. Had ik je al verteld dat ik vorige week in Londen ben geweest? Naar een musical? *The Lion King*. Zeker niet overschat. Echt geweldig. Tranen met tuiten gehuild. Merkwaardig.'

'Wat?' vroeg Mia, terwijl ze een stukje spek in haar mond stak.

'Dat een volwassen man kan huilen om iets wat eigenlijk voor kinderen bedoeld is.'

'Als het om jou gaat, kijk ik nergens van op, Charlie.' Mia glimlachte. Ze voelde zich langzaam maar zeker weer mens worden.

Iets om te slapen. Ze was pardoes zijn club binnen komen vallen, wanhopig op zoek naar verdoving, een borrel, wat dan ook, en hij had het haar rustig uit haar hoofd gepraat. *Gelukkig maar*. Geen druppel alcohol. *Alleen maar iets om te slapen.*

Ze stak haar armen omhoog, rekte zich uit en keek het gezellige flatje rond. 'De boel een beetje opgefrist?'

'Ja,' zei Charlie met een brede lach. 'Alles nieuw. Vloerkleed, meubels, andere kleur muurverf. Feng shui. Zo nu en dan moet je je omgeving veranderen, anders ga je vanbinnen dood, ja toch?' Naast de koelkast tikte Charlie met een vinger tegen zijn slaap. 'Wat wil je drinken? Eens kijken, ik heb *juice*, een smoothie?'

'Alleen water graag. Tenzij je koffie hebt?'

'Koffie? Ja hoor, die heb ik. Splinternieuw apparaat. Hypermodern. Ik en George Clooney, weet je wel? Dát vind ik nou een leuke man. Wist je dat hij van dezelfde kleren houdt als ik, zoiets als dit?' Charlie knipoogde en hield een tray met capsules voor haar op. 'Arabica, Linizio, Kazaar?'

'Iets donkers,' prevelde Mia.

'Ristretto,' zei Charlie. 'Een combinatie van de beste Zuid-Amerikaanse arabicabonen en een vleugje robusta om het extra intens te maken.' Hij hield de capsule met een overdreven houding en een tuitmondje voor haar omhoog.

'Verkoop je ze?' vroeg Mia, terwijl ze een boterham onder het spiegelei schoof.

'Het nieuwe gezicht van Nespresso,' beaamde Charlie, en hij hield zijn hoofd schuin. 'Wat vind je ervan?'

'Perfect,' zei Mia met een lachje.

'George en ik,' zei Charlie, terwijl hij verleidelijk zijn wenkbrauwen optrok.

'Dat verzin je maar, toch?'

‘Wat?’

‘Dat hij ook graag vrouwenkleren draagt.’

‘In mijn dromen, Mia,’ zei Charlie. Hij drukte op het knopje van het Nespresso-apparaat. ‘Maar desondanks mag ik hem graag zoals hij is. Zei je water?’

‘Dolgraag.’ Ze had een droge mond. En een waas voor haar ogen, maar dat begon weg te trekken. Hij had het haar uit haar hoofd gepraat. Alleen iets om te slapen. *Goddank*. Charlie Brun was een engel in mensengedaante, en niet anders.

‘Je hebt je familie ook opgehangen, zie ik,’ zei Mia toen de koffie voor haar werd neergezet.

‘Ja,’ zei Charlie enigszins aangedaan, terwijl hij naar de muur achter haar staarde. ‘Het is allemaal niet zo makkelijk voor ze geweest, snap je. Die kleine Charlie, zo’n veelbelovend jongetje... Weet je dat ik ijshockey speelde?’

‘Jij?’ zei Mia.

‘Jazeker. Bij Storhamar. Forward. Ik was er nog goed in ook.’

Vier foto’s, keurig ingelijst. Glimlachende volwassenen met een jongetje tussen zich in, uit een vervlogen tijd. ‘Mooie herinneringen,’ zei Charlie ietwat treurig.

‘Heb je nog steeds geen contact met ze?’

‘Ik heb mijn vader een poosje geleden een brief geschreven. Hij is nu een oude man, weet je. Krijgt graag post. Geloof ik. Ik ging er althans van uit. Weten deed ik het niet. Het is zo zoetjesaan al een poosje geleden sinds de vorige keer.’

‘En?’

‘Helaas geen reactie,’ zei Charlie met een zucht. ‘Ach ja, het was het proberen waard. Smaakt de koffie?’

‘Perfect,’ zei Mia. Op dat moment viel haar blik op de klok boven het fornuis. ‘O jee. Is het al bijna halftwee?’

‘Ja,’ zei Charlie.

‘Ik ben veel te laat,’ zei Mia. Ze schoot overeind en voelde aan haar broekzak. ‘Waar is mijn telefoon?’

‘Die heb ik,’ mompelde Charlie, en hij liep weg.

Verdomme. Had ze zo lang geslapen? Ze dronk haar koffie staande op, terwijl Charlie terugkwam. 'Drukke tijd?'

'Helaas wel,' zei Mia. Meer dan tien oproepen, de meeste van Munch. Ze belde haastig terug.

'Mia?' bromde Munch aan de andere kant door zijn baard heen. 'Waar zit je?'

'Sorry,' mompelde ze. 'Ik sliep. Maar nu kom ik eraan.'

'Nee, nee,' zei Munch. 'Ik kom wel naar jou toe.'

'Hè?'

'Ik kom naar jou toe,' herhaalde Munch op een eigenaardige toon. 'Waar ben je?'

'Dit adres?' zei Mia met een hand over de microfoon.

'Tøyenbekken 9.'

'Tøyenbekken 9,' zei Mia.

'Bij Grønlandsleiret?'

'Ja. Is er iets gebeurd?'

Munch zweeg.

'Holger?'

'Ik kom eraan, oké?' Munch hing op.

'Ga je al weg? Maar je hebt nog bijna niets gegeten!'

'Ik moet ervandoor,' zei Mia. Ze stak haar telefoon in haar zak.

'Beloof me dat het de volgende keer niet meer zo lang duurt voor je weer komt.' Charlie pakte haar zachtjes bij haar schouders en kuste haar op beide wangen. 'Hou je taai, Manestraal. Je weet dat ik altijd klaarsta als je iemand nodig hebt.' Nu keek hij haar ietwat bezorgd aan; hij wilde haar eigenlijk niet loslaten.

'Het gaat prima,' zei Mia. 'Heel erg bedankt, Charlie. Je bent goud waard, weet je dat?'

'Ach, ik doe mijn best.'

'Mijn jasje?'

'Beneden in de gang. Bel me, ja? En pas goed op jezelf.'

'Komt in orde, mama, nogmaals dank,' zei Mia, en ze omhelsde hem nog eens langdurig. Toen keerde ze zich op haar hakken om en draafde de trap af.

51

Munch voelde zich een idioot, maar daar kon hij op dat moment niets mee. Hij schudde even zijn hoofd en parkeerde zijn Audi langs de stoeprand. Mia stapte in en deed haar gordel om, klaar voor de start. 'Waar gaan we heen?'

'Zeg,' begon Munch, en hij stelde vast dat hij net zo goed meteen in het diepe kon springen.

'Wat?' vroeg Mia met een frons. Ze hoorde het blijkbaar aan zijn stem. Ze werkten ook al zo lang samen.

'Heb je nog steeds zin in vakantie?'

'Hè?' vroeg Mia.

'Sorry,' mompelde Munch, terwijl hij met zijn hand over zijn gezicht streek. 'Orders van bovenaf.'

'Waarover?'

'De defensiestaf zit op de zaak. Ze hebben het roer overgenomen.'

'Overgenomen? Waar heb je het over?'

'De zaak is ons uit handen genomen,' begon hij, maar ze viel hem in de rede.

'Jemig, Holger, wat krijgen we nou?'

'Zeg dat wel,' beaamde Munch. 'Ik...'

'Maar dat kan toch niet, verdomme nog aan toe!' brieste Mia. 'Je neemt me zeker in de maling? Defensie? Wat hebben die hier in godsnaam mee te maken?'

'Een lang verhaal.' Munch krabde in zijn baard. 'Er is vannacht iets gebeurd. Weet je, ik heb mijn best gedaan, maar het is niet anders.'

Hij zag dat het nu tot haar doordrong wat hij probeerde te

zeggen. Haar blik sloeg binnen een seconde om van vragend in woedend.

'Ik... lig erúít?'

'Alleen voorlopig,' zei Munch afwerend. 'Tot we alles weer op een rij hebben.'

'Godallemachtig,' gromde Mia. 'En wie zijn "we" dan wel?'

'Ze stellen een leidinggevend team samen. Defensie en de veiligheidsdienst van de politie.'

'Niemand van ons? Wat krijgen we nou?'

'Anette en ik zitten erbij,' zei Munch gauw. 'Voorlopig dus, totdat we...'

'Verdomme nog aan toe, Holger,' zei Mia teleurgesteld. 'Hoelang is het geleden dat je me meesleepte naar Justisen? Me vroeg of ik me over deze zaak wilde buigen? Ik had verdomme vliegtickets. Er lag een zeilboot op me te wachten.'

'Zijn die nog geldig?' vroeg Munch voorzichtig, maar hij had meteen spijt. Mia keerde zich bijna schuimbekkend van hem af. 'Sorry,' zei hij. 'Ik wou alleen...'

'En waarom ik niet?' Haar scherpe blik was weer op hem gericht. Ze wist wat het antwoord op haar vraag was, maar wilde hem dwingen het hardop te zeggen.

Munch schraapte zijn keel. 'De veiligheidsclearance.'

'Omdat ik een labiele idioot ben?'

'Mia...'

'Die wel bruikbaar is als het zo uitkomt, maar niet wanneer het echt belangrijk wordt – bedoel je dat soms?'

'Hoor eens, Mia... als het aan mij had gelegen... Dat weet je toch?'

'De klootzakken!' gromde Mia. Ze maakte haar veiligheidsriem los en greep geërgerd het handvat van het portier vast.

'Ze hebben een lijst gevonden,' zei Munch snel voordat ze het opendeed.

'Wat voor lijst?' vroeg Mia.

Orders van bovenaf of niet, Munch merkte dat het hem geen

bal kon schelen. Hij was in de allereerste plaats verantwoordelijk voor zijn eigen mensen. Het departement kon zijn rug op, hij was het zat. Al heel lang, eigenlijk. Hij was het zat hoe ze Mia de laatste jaren hadden behandeld. Op de vingers getikt, geschorst, alleen maar weer in een warm bad gestopt als het hun zo uitkwam – nee, zo was het verdomme wel genoeg.

'Rønning heeft vanmorgen bezoek gehad,' zei hij zonder aarzelen.

'Die journalist?'

'Ja. Van een ex-militair. Een Afghanistan-veteraan, denken ze.'

'Waar?'

'In zijn eigen huis. Ik ken niet alle details, maar hij is wel flink te grazen genomen, geloof ik. Hij kreeg een lijst. Met slachtoffers. Hun theorie is dat dit een soort wraakactie is.'

'Waarvoor?'

'Dat weten we niet. Er is daar ongetwijfeld iets gebeurd, haat tegen de Noorse staat, weet ik veel, maar luister...'

'Een lijst?'

'Een dodenlijst. Met willekeurige slachtoffers.'

'Wát?'

'Goeie vraag.'

'Hoeveel?' vroeg Mia onthutst.

'Vijftig.'

'Mijn god.'

'Dus we hebben zwijgplicht, dat snap je wel.'

'Past hij in het profiel?' Ze keerde zich naar hem toe en zag er nu gelukkig minder geërgerd uit. Een mildere gezichtsuitdrukking met een naar binnen gekeerde blik.

'De leeftijd lijkt wel te kloppen,' zei Munch.

'Nummers?'

'Vivian Berg was nummer vier op de lijst. Dat is tot dusver alles wat ik weet. Ze spelen geen open kaart.'

'Willekeurige slachtoffers dus,' zei Mia. Ze staarde door het raampje naar buiten.

'Willekeurig uitgekozen uit een lijst van vijftig, lijkt het,' bevestigde Munch.

'Jezus,' prevelde Mia, terwijl ze inwendig het rekensommetje maakte.

Dat had hij ook gedaan. Het profiel. De getallen. De willekeurig gekozen slachtoffers.

'Heb je die lijst gezien?'

Munch schudde zijn hoofd. 'Anette onderhoudt het contact. Ik geloof dat daar de uitzonderingstoestand heerst. Er is sprake van dat ze de regering en misschien ook de koninklijke familie in veiligheid gaan brengen.'

'Serieus?'

'Zoals ik al zei: ze zijn niet scheutig met details, maar dat is wat Anette dacht.'

'Maar dat kunnen ze toch niet maken? Hoe leggen ze dat dan aan de bevolking uit? De koning is ondergedoken, maar er is geen reden tot zorg, doe maar alsof er niks aan de hand is? De idioten!'

'Ik geloof niet dat het zover zal komen, maar desondanks, het leger, de reservisten, de burgerbescherming... Ik gok erop dat alles zo stilletjes mogelijk in paraatheid wordt gebracht. Daarom zullen ze...'

'Alle maatregelen geheimhouden?' maakte Mia zijn zin af, die er nu na aan toe leek om in de auto te gaan overgeven.

'Luister nou, Mia,' begon Munch, maar ze maakte een afwerend gebaar. 'Moet ik je ergens naartoe brengen?'

Ze schudde haar hoofd en deed resoluut het portier open.

'Ik hou je op de hoogte, oké?' riep hij haar zachtjes na toen ze weer op straat stond. Mia wierp hem nog een laatste gefrustreerde blik toe voordat ze het portier dichtsmeet en zonder om te kijken wegbeende over de stoep.

Goddomme. Eigenlijk wilde hij haar achternalopen, maar zover kwam hij niet, want zijn telefoon ging over in zijn jaszak. 'Ja?'

'We gaan van start,' zei Anette.

'Waar?'

'Aan Bankplassen, over twintig minuten.'

'Ik kom eraan,' zei Munch, en hij draaide het contactsleuteltje om.

52

Mia liep op goed geluk door de straten, geërgerd, verontwaardigd, geschokt; ze wist niet goed wat ze met al haar emoties aan moest. Haar gedachten maalden door haar hoofd. Het eerste wat ze vandaag had gedacht was: *Stel dat hij me belazert? Dat het allemaal lulkoek is?* John Wold, gisteravond in de pub. Hij moest toch gezien hebben hoe sceptisch ze keek? Ze had het verdorie ronduit gezegd: *Het is Curry niet. Ik ben niet van plan jullie ergens mee te helpen.* Slim hoor: een of ander flauwekulverhaal verzinnen waarvan hij wist dat het zou blijven hangen. Haar aan het twijfelen brengen. Haar zover krijgen dat ze meedeed. *Er hangt ergens een junkie rond. Je zus heeft er iets mee te maken.* Sigrid. *De rotzak.* En het had nog gewerkt ook. Vanzelfsprekend. Haar verdriet na het verlies. Het gemis. Hij had toch zeker misbruik gemaakt van haar diepste gevoelens? Alleen maar om haar zover te krijgen dat ze ja zei.

Ze vloekte binnensmonds en stak weer over. Het deed er niet toe waar ze heen ging, zolang haar benen maar in beweging bleven. Dat was toch wat er was gebeurd? Hij had haar besodemieterd. Cisse? Een rood jack? Vager kon het niet. Dat had ze meteen al door moeten hebben, maar ze was onvoorbereid geweest. Ze streek even over haar armband en bleef abrupt staan toen een taxi luid toeterend langs haar dijbeen schampte. Verdomme.

Haar dag was zo mooi begonnen. Met een buitengewoon helder hoofd uit dat lekkere bed bij Charlie Brun opgestaan. Curry? Natuurlijk had Curry er niets mee te maken. Mia kende haar poedeltje nu al tien jaar. Hij mocht er dan uitzien als een gangster, maar achter dat harde gezicht ging een ziel schuil die geen vlieg kwaad zou doen. Nee, het moest iemand anders zijn.

Iemand bij de politie. Het kon iedereen wel zijn.

En nu dit weer.

Ze wilde weer oversteken, maar ze werd plotseling tegengehouden doordat een hand haar bij haar leren jasje pakte. Naar het rode licht wees, terwijl er weer een auto toeterend voorbijsuisde. Ze bedankte het vriendelijke gezicht met een kort knikje en stak haar hand in haar zak om een pastille te pakken.

Vijftig personen? Een van die mensen hier? De vrouw met de gele jas die haar hond uitliet? De jongen met het skateboard? *Verdomme.*

Ze kalmeerde wat toen het licht op groen sprong en de menigte mensen rustig de straat overstak. Op weg naar huis. Naar hun werk. Net van school. Glimlachend, vrolijk, vermoeid. Met boodschappentassen, achter de kinderwagen. Een doodgewone dag in Oslo met de lente om de hoek.

Gloeiende godverdomme.

Oké. Gebruik je hersens. Cisse? Cecilie? Een junkie in een rood gewatteerd jack? Zo simpel als wat. Zie het af te strepen. Omdat het bullshit is.

Zo groot was de stad niet. De scene was eigenlijk best klein, en ze wist precies wie ze moest bellen.

'Opvangcentrum Prindsen?'

'Hallo, met Mia Krüger. Kan ik Mildrid Lind aan de lijn krijgen?'

'Een ogenblikje.' Ze werd in de wacht gezet. Een knul met een tatoeage kwam uit een gebouw recht voor haar de trap af, haalde een grote, rammelende sleutelbos uit zijn broekzak en stak een sleutel in de deur. Op weg om te lunchen. Een doodgewone dag.

'Ze is momenteel aan het bellen, maar ik denk niet dat het lang gaat duren. Zal ik haar vragen of ze je terugbelt?'

'Graag, dank je.' Mia stak de telefoon in haar jasje en wilde net weer verder lopen toen ze in het raam voor haar iets ontdekte.

Wel heb ik...

Een tatoeagetent. Rijen foto's achter het vuile glas. *Nou ja, zeg...* Wat een poeha. Een logo van Motörhead op een bovenarm. Een grote adelaar op een borst. Een mager been vol met rode en gele vlammen.

En daar. Midden in de rij. Dat kon niet. Mia's mond viel open, en ze liep langzaam dichter naar de etalage toe. Hè? Zij? Een naakte, witte rug. Midden tussen de schouderbladen. Dat lange donkere haar. Die blauwe ogen. Nee, dat kon toch niet...?

Het kon wel degelijk. Daar tussen de harten, vredesduiven en brandende doodskoppen: een tatoeage van haar gezicht. *Goeie god, wat...?*

Een geluid ergens ver weg. Het trilde in haar zak. 'Met Mildrid Lind. Je had gebeld?'

53

Er deden al langer geruchten de ronde over dit nieuwe, topgeheime zenuwcentrum. De veranderende wereld. Een vijandbeeld dat niet langer uit Oost tegen West en generaals met vingers op dure rode knoppen bestond, maar uit terreurdaden met behulp van zelfgemaakte spijkerbommen, gekaapte vliegtuigen en gestolen vrachtwagens. Burgers als doelwit, een paar jaar geleden nog bijna ondenkbaar en bijna onmogelijk te voorkomen. Zelfs al was Noorwegen tot nog toe verschoond gebleven van dit soort religieus gefundeerde acties, de aanslag op de overheidsgebouwen en vooral de tragedie waarover

Munch het niet opbracht om te praten hadden zelfs naïeve Noorse politici van de ernst van de situatie doordrongen. Hij had eigenlijk niet verwacht dat ze daadwerkelijk iets zouden doen. Het zou wel zoals gebruikelijk bij woorden blijven, actieplannen op papier van stroperige parlementaire commissies, maar toen hij uit de lift was gestapt en de hypermoderne operatiecentrale was binnengestapt, moest hij toegeven dat hij ernaast had gezeten.

De kelder diep onder het ministerie van Defensie aan Myntgata 1 stond stijf van de ongeëvenaarde veiligheidsmaatregelen. Als hij minder nuchter was geweest en niet in principe sceptisch tegenover hoge pieten had gestaan, was hij zelfs zover gegaan te zeggen dat hij onder de indruk was. Liften met ellenlange codes. Controlepunten waar je werd gefouilleerd. Deuren met nog meer codes, metaaldetectoren, bewaakt door jonge soldaten in uniform. Ten slotte kwamen ze bij een grote metalen deur waar ze bevel kregen hun telefoons af te geven, iets waar Munch zich over opwond, maar er zat natuurlijk niets anders op dan te gehoorzamen. De goedgeklede jongeman toetste weer een code in op een paneeltje, dat groen oplichtte, en toen waren ze eindelijk binnen.

Een grote ovale tafel. Mannen met ernstige gezichten, een paar in uniform, de meeste in pak, neutrale dassen op witte en lichtblauwe overhemden. Munch keek snel de ruimte rond om na te gaan of hij ook iemand kende, maar hij zag niemand.

'Generaal Edvardsen,' zei een lange, gedistingeerde man met een grijze bos haar die op hen af kwam lopen. Een grote vuist kwam op hem af. Een stevige handdruk.

'Munch dus. En Goli?'

Munch knikte. Anette Goli ook. Als ze het niet prettig vond om de enige vrouw in het vertrek te zijn, liet ze dat niet blijken. Vrouwen waren over het algemeen in alle hogere echelons van dit land vertegenwoordigd, maar de emancipatie was duidelijk nog niet tot de kelder aan Myntgata 1 doorgedrongen. De generaal stelde met hoofdknikjes de aanwezigen rond de tafel voor en liep toen terug naar het enorme scherm dat de hele muur achter hem besloeg. De defensiestaf. De veiligheidsdienst van de politie. Een vertegenwoordiger van het bureau van de premier. Diverse generaals van de verschillende legeronderdelen. Munch kreeg plotseling het gevoel dat hij er wat sjofel bij stond. Er zaten vlekken op zijn corduroy broek en zijn duffelse jas had zijn beste tijd allang gehad.

'Beste mensen,' zei Edvardsen, terwijl het licht in de grote ruimte werd gedimd. 'Jullie weten allemaal waarom jullie hier zijn. Sommigen weten meer dan anderen, en dat blijft ook zo; alle informatie in deze zaak gaat op NTK-basis. Eventuele vragen beantwoord ik aan het eind. Eerst wil ik het verloop van de gebeurtenissen doornemen zoals dat zich vandaag heeft voorgedaan, en vervolgens de diverse maatregelen die zijn getroffen.' Om de tafel heen werd wat geknikt.

Op het enorme scherm verscheen een foto.

'Vandaag kregen we kort na elf uur 's ochtends een waarschuwing van deze man, Erik Rønning van *Aftenposten*. Gelukkig voor ons heeft deze journalist zijn hoofd erbij gehouden en rechtstreeks contact met het departement opgenomen, en ons later tijdens een verhoor verteld dat deze informatie niet via zijn leidinggevenden in het mediagebouw is gegaan. Het ziet er dus naar uit dat we voorlopig alles in de hand hebben. Ik hoef er niet op te wijzen dat dit van het allerhoogste belang is. Zoals ik al zei werken we op een NTK-basis en zullen we doen wat we kunnen om de goegemeente erbuiten te houden. Wat niet weet, dat niet deert. Het laatste wat we nu kunnen gebruiken is paniek op straat.'

'NTK?' fluisterde Munch, terwijl hij zich naar Goli toe boog.

'*Need To Know*,' mompelde Anette zonder hem aan te kijken.

'Rønning heeft bezoek gehad van naar wij aannemen een van onze mannen en een lijst met vijftig namen van hem gekregen.'

Een nieuw beeld op het scherm en beweging aan de tafel,

waar een stapeltje papieren werd rondgedeeld. Munch wierp een nieuwsgierige blik op het scherm en keek naar de lijst voor hem. Hij zocht even naar bekende namen, maar zag er gelukkig niet één. Miriam Munch. Marion Munch. Misschien egoïstisch en onprofessioneel, maar het was een automatisme.

'Zoals jullie allemaal duidelijk zal zijn, zijn er de laatste week dingen gebeurd die de authenticiteit van deze lijst onderbouwen. Onze vrienden van de eenheid Moordzaken aan de Mariboes gate weten dat beter dan wie ook, en dat is natuurlijk de reden waarom ze hier zijn, mocht iemand hier zich afvragen waarom de politie van Oslo erbij is.' Er werd nu even naar hen gekeken. Munch knikte beleefd.

'Misschien kunnen we een kort verslag krijgen voor iedereen die niet van alle details rond deze moorden op de hoogte is?' Edvardsen wierp hun een blik toe.

'Ja,' zei Munch met een kuchje. Hij overwoog om op te staan, maar bleef bij nader inzien maar zitten. De generaal maakte toch al een ongeduldige indruk daar bij het scherm.

'Er zijn drie slachtoffers,' zei hij, en hij schraapte opnieuw zijn keel. 'Vivian Berg. Tweeëntwintig, balletdanseres, gevonden in een bergmeertje, een paar uur hiervandaan.'

'Samen met een getal, dat klopt toch?'

'Inderdaad,' zei Munch. 'Het getal vier, gekrast op...'

'We zien,' onderbrak Edvardsen hem, 'dat deze Berg nummer vier op de lijst is.'

'Eh... ja,' vervolgde Munch. 'Het tweede slachtoffer was ene Kurt Wang.'

'Nummer zeven op de lijst,' bevestigde Edvardsen. 'En de laatste?'

'Ruben Iversen, veertien jaar. Gevonden in een kofferbak bij Kamp Skar.'

'Met het getal?'

'Dertien,' zei Munch.

'Wat ook klopt met de lijst die Rønning heeft gekregen.'

Edvardsen knikte naar het scherm. 'Hebben jullie een verband tussen de slachtoffers gevonden?'

'Nee,' zei Anette Goli. 'Dat verbaasde ons nog het meest: de willekeur. Totdat we, tja...' Ze maakte een hoofdgebaar naar het papier voor haar.

'Vijftig namen,' zei Edvardsen gedecideerd. 'Willekeurige Noorse burgers. Drie van hen zijn al geliquideerd. Er is dus geen reden om te denken dat deze dreiging niet reëel is, en op grond daarvan hebben we nu op last van het bureau van de premier maatregelen getroffen.' De generaal nam een slok uit een waterglas dat voor hem op tafel stond en hernam: 'Volgens Rønning droeg de dader ten dele militaire kleding. Hij had het over Lashkar Gah, Afghanistan, en het motief lijkt duidelijk. Dit is hoogstwaarschijnlijk een wraakactie. Op de oorzaak kom ik nog terug, maar tot mijn genoegen kan ik melden dat er al een verdachte is geïdentificeerd.' Er verscheen een nieuwe foto op het scherm en Edvardsen draaide zich om.

Een verdachte? Nu al? Munch keerde zich naar Goli, die haar wenkbrauwen optrok. Hij moest bekennen dat hij die lui niet mocht, maar dit was toch wel petje af. Rønning was pas een paar uur geleden thuis wakker geworden.

'Ik herinner jullie er nog eens aan dat het hier om uiterst gevoelige informatie gaat. Dit is in de allerhoogste graad vertrouwelijk en dient volledig binnenskamers te blijven. Onder geen beding – ik herhaal: *onder geen beding* – mag datgene wat jullie nu gaan horen verder komen dan deze ruimte.' Edvardsen keek hen niet rechtstreeks aan, maar er viel niet aan te twijfelen voor wie dit bedoeld was. 'Hebben wij actieve troepen in Afghanistan? Officieel niet. Onze manschappen nemen alleen deel aan passieve operaties onder VN-vlag. Officieus? Natuurlijk. Wij blijven niet aan de zijlijn staan wanneer onze bondgenoten in oorlog zijn. En nogmaals: wat jullie nu te horen krijgen, komt deze kamer niet uit, is dat duidelijk?' Nu keek Edvardsen op, alsof hij er zeker van wilde zijn dat ze doordrongen waren van de ernst van de situatie. Goli knikte, en ten slotte deed Munch dat met tegenzin ook.

'Mooi,' bromde de generaal, terwijl er een nieuw beeld op het scherm verscheen. Een jongeman in uniform die met licht toegeknepen ogen naar de fotograaf keek, tot de tanden toe bewapend. Op de achtergrond een woestijnlandschap. 'Dit is onze man, denken wij,' vervolgde Edvardsen.

De volgende foto. Dezelfde soldaat, nu op een archiefbeeld. 'Hij heet Ivan Horowitz.' Edvardsen keek op. 'In 1988 in Gjøvik geboren. Begon zijn carrière bij de krijgsmacht in het Telemarksbataljon en werd later voor Alfa gerekruteerd. Voor wie niet weet wat dat is: beter kan het simpel gezegd niet. De Amerikanen hebben de Green Berets, de Russen de Spetsnaz en wij hebben Alfa.' De generaal kon een zekere trots in zijn stem niet onderdrukken toen hij verder klikte.

'Afghanistan, de noordelijke regio. De Amerikanen waren een grootschalige operatie genaamd Operation Endurance begonnen en wij deden mee met een groepje van zes soldaten, allemaal van Alfa. Een van hen was onze man, Ivan Horowitz. Ik zal niet in details treden, want dit is zoals gezegd NTK, maar er is hoe dan ook reden om aan te nemen dat hetgeen hier is gebeurd de oorzaak is van de huidige situatie. Een wraakactie, een soort haat tegen de Noorse natie, of hoe je het ook wilt noemen. In elk geval zullen jullie zien waarom we er tamelijk zeker van zijn dat we onze man al hebben.' Edvardsen nam nog een slok water.

Nog meer woestijnlandschap. Bruin geblakerde bergtoppen. 'Voorjaar 2010. Alfa was bezig met wat eigenlijk een routineopdracht had moeten zijn, toen de groep plotseling in een hinderlaag liep. Vijf van hen kwamen om. De enige overlevende was Ivan Horowitz. Het is nog steeds niet helemaal duidelijk wat er precies gebeurd is, maar volgens Horowitz zelf kwam hij na de explosie bij zonder te weten waar hij was. Scherven in borst en buik, een gebroken been. De volgende tien dagen brengt Horowitz door in een grot in de bergen. Hij drinkt zijn eigen urine, hij eet... tja, dat is onduidelijk, maar hoe dan ook, hij weet zich uiteindelijk naar een nabijgelegen weg te slepen, waar hij door een patrouille wordt opgepikt.' Edvardsen keek de aanwezigen ernstig aan en vervolgde: 'Na een debriefing en een verblijf in het lazaret wordt Horowitz naar Noorwegen teruggestuurd. Zijn actieve carrière bij het leger is voorbij. We geven hem een medaille, we proberen hem te helpen omschakelen en bieden hem een kantoorbaan aan, maar Horowitz is zichzelf niet meer. Hij probeert in contact te komen met de media: dit klopt niet, hij is al zijn kameraden kwijt, de mensen moeten weten wat er aan de hand is. Jullie snappen het wel. Ten slotte zijn we gedwongen hem te laten gaan. We volgen hem natuurlijk nauwlettend om hem te kunnen helpen, maar ook om hem in het oog te kunnen houden.' Edvardsen drukte weer op de knop.

'2011. Horowitz wordt opgenomen op de psychiatrische afdeling van Blakstad. Daar wordt hij begin 2012 ontslagen. Daarna verdwijnt ieder spoor. Er wordt geen geld meer van zijn rekening opgenomen. Er worden geen elektronische activiteiten geregistreerd. Het lijkt wel of Ivan Horowitz door de aardbodem verzwolgen is. Er wordt aan zelfmoord gedacht, maar er is nooit een lichaam gevonden. We sluiten het dossier af. Maar nu gebeurt dit dus.'

'Een nieuwe identiteit?' Een droge stem boven een blauwe das.

'Dat ligt het meest voor de hand,' zei Edvardsen.

'En die haat is reëel?' Een nieuwe, rustige stem; deze keer was de das grijs.

'Ik vrees van wel,' bevestigde Edvardsen. 'Uit de rapportages van onze eigen psychologen blijkt dat Horowitz daar al snel na thuiskomst tekenen heeft vertoond van... tja, wat wij zorgwekkend negatief gedrag noemen.'

'De klok tikt,' bracht een oudere man aan het eind van de

tafel plotseling in het midden, en hij knikte bijna onmerkbaar naar Munch en Goli.

'Ja,' mompelde Edvardsen. 'Munch en Goli, toch?'

Munch knikte.

'We hebben natuurlijk een grootscheepse zoekactie naar Ivan Horowitz in gang gezet, en nu willen we graag dat jullie het volgende doen.' Zijn stem veranderde en klonk nu ineens bevelend. 'We gaan met Horowitz naar de media. Foto's, jullie krijgen alles wat jullie nodig hebben. Hij is de hoofdverdachte in deze zaak, maar de achtergrond komt niet naar buiten.'

'Hoor eens...' begon Munch, maar hij kreeg de kans niet om uit te praten.

'Mooi,' zei een mond boven een nieuwe das. 'Iemand moet hem toch gezien hebben, ook al verstopt hij zich? Niemand kan volledig onzichtbaar blijven. Ik bedoel, misschien een nieuwe baan, vrienden, buren?'

'Precies,' beaamde Edvardsen. 'Dat is precies wat we hopen: dat iemand hem herkent. Met een beetje geluk gebeurt dat snel, voordat, eh... hij eraan toekomt een nieuwe naam op de lijst te prikken.'

'Bieden we iemand van de lijst bescherming aan?' vroeg een man met een bril, terwijl hij het papier oppakte.

'Daar hebben we uiteraard naar gekeken,' zei Edvardsen. 'Maar zoals jullie zien zijn de meeste namen tamelijk algemeen. Nils Olsen, Janne Andersen – over hoeveel mogelijke slachtoffers hebben we het dan? Daar hebben we de capaciteit niet voor, helaas. Zoiets is eenvoudigweg onuitvoerbaar.' Dat laatste werd gezegd met iets wat voor het eerst op een soort menselijkheid leek.

'Dus,' vervolgde de generaal, en hij keek hen aan, 'de politie. Ivan Horowitz is nu officeel de verdachte. Dat is momenteel de best mogelijke draai die we eraan kunnen geven zonder verontrusting te wekken. Verdacht van een drievoudige moord. Daarvoor wordt hij gezocht. We denken dat dat wel genoeg is. En hopelijk levert dat op wat nodig is om hem te vinden. We zetten uiteraard ook al onze eigen middelen in, maar daar komen we later nog op terug.'

'Maar,' zei Munch. Hij werd alweer onderbroken.

'Sorry. Goli, is het zo geregeld?'

Anette knikte.

'We sturen jullie wat jullie nodig hebben. Verder is het business as usual, oké?'

'Bedoel je dat ik mijn team hier niets over kan vertellen?' vroeg Munch.

'Alleen dat hij verdacht wordt.'

'Hoe moet ik dan...?'

'Jullie krijgen het wel voor elkaar,' zei Edvardsen, die duidelijk naar het volgende agendapunt toe wilde.

De jongeman die hen naar de kelder had begeleid, kwam bijna onopgemerkt de kamer weer binnen. 'Ik breng jullie naar buiten,' zei hij met een beleefd lachje, en hij knikte naar de grote openstaande deur.

54

Mia stond voor het gele bakstenen gebouw aan de Storgata, enigszins huiverig om naar binnen te gaan. Ze was hier al eens geweest, maar dat was inmiddels lang geleden. In vroeger dagen. Een ander leven. De aanblik van het gebouw wekte ongewenste herinneringen bij haar op. Opvangcentrum Prindsen. Een toevlucht voor drugsverslaafden die gerund werd door de gemeente Oslo. Nachtopvang. Spuitkamers. Artsen die een behandeling boden. Psychologen. Verpleegkundigen. Een tandarts. Hulp om naar huis te reizen. Daarom was ze hier geweest: om Sigrid op te halen.

Fuck, dit is goed waardeloos. Haar zus had in elkaar gedoken op de grond gezeten met haar armen om zich heen. Ze had ontzettend klein geleken.

Sorry, Mia.

Jemig, Sigrid, je had me toch kunnen bellen?

Ik wilde je niet lastigvallen.

Je valt me niet lastig, Sigrid. Natuurlijk help ik je. Wat is er gebeurd?

Vriendelijke maar afgepeigerde gezichten. Die diverse kille kamers in en uit liepen. Papieren die ondertekend moesten worden.

Het gaat niet goed met me, Mia.

Wil je met mij mee naar huis?

Denk je dat ik dat aankan?

Natuurlijk, Sigrid.

Ik beloof je dat ik je niet voor de voeten zal lopen.

Jij loopt me nooit voor de voeten, Sigrid.

Andere mensen. Nieuwe roosters. Het bijna doorschijnende lichaam van haar tweelingzus op de passagiersstoel met een plaid om zich heen.

Mia schrok op toen er vlak achter haar een tram voorbijklingelde. Ze riep zichzelf tot de orde. Liep door het zwarte smeedijzeren hek naar de receptie.

'Hallo, waarmee kan ik je van dienst zijn?' Een opgewekt maar vermoeid gezicht achter de glazen ruit.

'Mia Krüger. Ik heb een afspraak met Mildrid Lind.'

'Prima. Ga daar maar zitten, ze komt er zo aan.'

'Bedankt.'

Mia was nog maar net gaan zitten, of de deur ging al open en de sociaal dienstverlener, een vrouw van middelbare leeftijd, kwam binnen. 'Hallo Mia, dat is lang geleden. Leuk om je weer te zien.'

'Dank je, insgelijks.'

'Zullen we naar mijn kantoor gaan? Het lijkt me het best om het daar te bespreken.'

Mia liep achter haar aan de gang in en de met grind bedekte binnenplaats over. Een eenvoudig kantoortje met een bureau en posters over hulpverlening aan de wand.

Mildrid Lind schoof haar bril omhoog en ging zitten. 'We staan hier wat sceptisch tegenover de politie, weet je, maar ik heb een paar van de mensen hier gesproken. Het was een beetje vaag.'

'Ik weet het,' zei Mia verontschuldigend. 'Maar meer gegevens had ik niet. Cecilie, Cisse. Een rood gewatteerd jack. Ze zou tegen de veertig moeten lopen.'

'Ik heb hier en daar in huis wat rondgevraagd, en ik denk dat ik iemand heb gevonden die je verder kan helpen.'

'O ja?' zei Mia verrast. 'Dus ze bestaat?'

'Wat bedoel je?'

'Nee, laat maar, ik dacht alleen...'

'Zoals gezegd: ze staan hier wat sceptisch tegenover de politie,' vervolgde Lind. 'Wat niet zo vreemd is.'

'Dit is zuiver privé,' zei Mia snel. 'Niets officieels. Geen onderzoek. Niemand wordt ergens van beschuldigd. Ik probeer haar alleen maar te vinden.'

'Ik snap het,' zei Lind met een knikje. 'Zo had ik het ook begrepen. Zelf ben ik ook niet zo dol op het politiekorps, als ik eerlijk mag zijn. Maar jou ken ik natuurlijk.'

'Bedankt. Dat stel ik erg op prijs.'

Lind pakte de telefoonhoorn. 'Hallo, met Mildrid, is Synne daar? Mooi, kun je vragen of ze even bij me wil komen? Het gaat om degene over wie we het laatst hadden. Prima, dank je.'

Ze bleven zwijgend in het kantoortje zitten, totdat er op de deur werd geklopt.

'Hallo?' Een jong meisje van misschien een jaar of achttien, negentien, mager en slungelig en met een ontwijkende, nerveuze blik, stak voorzichtig haar hoofd naar binnen.

'Ha Synne, kom erin. Alles goed?'

'Eh... ja,' zei het jonge meisje met een snelle blik op Mia.

'Dit is Mia Krüger,' zei Lind.

Een dunne hand in haar richting. 'Hallo Synne,' zei Mia, terwijl ze overeind kwam. 'Prettig om kennis te maken.'

'Eh... oké,' zei het magere meisje. Ze bleef midden in de kamer staan, niet wetend wat ze met zichzelf aan moest.

'Ga hier maar zitten,' zei Mildrid. Ze stond op. 'Ik moet toch even iets doen. Gaat het lukken? Jullie redden je wel zonder mij?'

'Ja hoor,' zei Mia met een glimlach. 'Dat wil zeggen, als jij er ook zo over denkt.'

'Ze heeft toch niks gedaan?' vroeg het jonge meisje.

'Wie?' zei Mia.

'Cisse,' zei het meisje.

'Nee hoor. Dit heeft niets met de politie te maken. Ze is gewoon... tja, belangrijk voor me. Heb je daar iets aan?'

Mildrid Lind glimlachte en verliet de kamer.

'Ik weet het niet,' zei het magere meisje. 'Waarom is ze belangrijk voor je?'

'Ze heeft misschien iets wat van mij is,' zei Mia.

Het meisje ging zitten, er nog steeds niet van overtuigd dat ze niet op slinkse wijze ergens bij betrokken werd. 'Wat dan?'

'Dit,' zei Mia, en ze stak haar arm uit. 'Of althans, iets wat erop lijkt.'

Synne keek even naar het zilverkleurige armbandje en lachte flauwtjes. 'Zo een had ik er ook.'

'O ja?'

'Ja. Of nou, niet precies zo een, maar een met drie bootjes eraan. Zeilscheepjes. Die had ik van mijn broer gekregen voor hij de oorlog in ging.'

'Is je broer de oorlog in gegaan?'

Het magere meisje trok haar aftandse wollen jasje dichter om zich heen en knikte behoedzaam. Draaide wat heen en weer op de kantoorstoel. Wierp een nerveuze blik op de binnenplaats achter het raam. 'Dat is inmiddels lang geleden.'

'Welke oorlog?'

'Nou, dat weet ik niet. Hij ging bij... hoe heet dat... het vreemdelingenlegioen.'

Mia knikte.

'Hij wou stoer zijn, geloof ik, maar we hebben daarna niks meer van hem gehoord. Mama heeft nog geprobeerd om hulp te bellen. Maar als je vrijwillig bent gegaan is dat niet zo simpel. Ben jij wel eens op de Lofoten geweest?'

'Jammer genoeg niet,' zei Mia.

'De bergen thuis lopen recht uit de hemel omlaag de zee in,' zei het meisje, nu met een lachje.

'Dat klinkt ontzettend mooi.'

'Dat is het ook.'

'Dus je kent haar – Cisse?'

'Ja,' zei ze na een pauze. 'Maar ik geloof dat ze er niet meer is.'

'Hoe bedoel je?'

'Dood. Dat zeggen ze,' zei het meisje. 'Maar ik weet het niet. Ze zeggen zoveel, hè? Je weet nooit wie er hier in de stad de waarheid spreekt.'

'Heb je haar al een poosje niet gezien?'

'Nee, niet sinds, eh... misschien ergens voor Kerstmis.'

'Kende je haar goed?'

'Tamelijk goed. Of nou ja, we trokken wel eens met elkaar op. Ze was aardig. Deelde haar shots altijd, ze was nooit zo inhalig. Leende je ook geld, als ze het had tenminste.'

'Alleen Cisse? Meer weet je niet? Hoe ze heette of waar ze woonde?'

'Ik geloof niet dat ze ergens woonde,' zei Synne. 'En ik weet ook niet hoe ze verder heette, nee. Heb je al met Kevin gepraat?'

'Met wie?' vroeg Mia.

'Kevin. Ze waren altijd bij elkaar. Ik dacht eerst dat ze zijn moeder was, maar dat was toch niet zo. Ze waren gewoon dikke vrienden, denk ik, maar hoe dan ook, als je Kevin weet te vinden, kan hij je vast meer vertellen.' Synne hoestte wat en dook nog dieper weg in haar jasje.

'En waar vind ik die Kevin?' wilde Mia weten.

'Dat moet je mij niet vragen. Hij is zo'n beetje overal en nergens. Net als de rest van ons. Of nou ja, weet ik veel...'

'Dus je kunt niet zeggen waar hij meestal uithangt? En of hij een telefoon heeft?'

'Nee, geen idee,' zei het jonge meisje.

'Hoe oud is hij? Hoe ziet hij eruit?'

'Nog niet zo oud,' zei Synne. 'Misschien iets ouder dan ik. Toen ik hem de vorige keer zag had hij zijn gele muts nog, die draagt hij altijd, maar daar heb je misschien niks aan, want hij kan hem best kwijtgeraakt zijn, weet ik veel...'

'Dat kan best, ja, maar die gele muts, daar ga ik toch maar eens achteraan,' zei Mia. Op dat moment ging de deur open en stak Mildrid Lind haar hoofd naar binnen.

'Synne, de dokter heeft nu spreekuur. Alles in orde?'

'Ja hoor,' zei het jonge meisje, en ze stond op.

Lind keek Mia aan. Die knikte even.

'Trouwens,' zei Synne toen ze bij de deur was, 'hij heeft rare wenkbrauwen.'

'Wie, Kevin?'

'Ja, ze zijn zo'n beetje... tja, niet aanwezig, als je begrijpt wat ik bedoel. Een soort afwijking, geloof ik.'

'Hij heeft geen wenkbrauwen?'

'Hij heeft wel wat, maar niet veel.'

'Kom, we moeten opschieten. Er staat vandaag een lange rij bij de dokter,' zei Mildrid Lind met een vriendelijk lachje.

'Natuurlijk,' zei Mia, en ze stond ook op.

'Hopelijk vind je wat je zoekt.'

'Bedankt voor de hulp, Synne.'

Het jonge meisje glimlachte even en stak aarzelend haar

hand op bij wijze van groet. Toen sloeg ze haar armen om haar magere lijf en liep achter Lind aan de gang door.

55

Kevin zat in het achterkamertje van het 7-Eleven-winkeltje aan de Hegdehaugsveien met een bult op zijn voorhoofd, niet omdat iemand hem een klap had gegeven, maar omdat hij honger had. Meestal kon hij dagen zonder eten. Na een shot heroïne had hij verder niets nodig, of alleen wat water, maar nu had hij al dagen niet gespoten en plotseling zin gekregen in een SNICKERS.

'Die fucking junk zit hier al een hele tijd binnen,' zei een stem ergens ver weg.

Kevin probeerde zijn blik scherp te stellen om te zien wie dat zei, maar het lukte niet.

Niet zo slim. Dat had hij zelf ook al gedacht. Geld voor een fatsoenlijk shot had hij niet en ook niet kunnen scoren. Hij was te moe. Of eigenlijk ziek, aan het einde van zijn krachten. Daarom hadden ze maar iets anders ingespoten, hij en Jimmy. Pillen gesmolten, ritalin en rohypnol. Up en dan down. Jimmy had van iemand gehoord dat het een goede vervanger voor echte horse was, maar op het moment dat de naald zijn huid binnendrong had Kevin gedacht: *Niet zo slim.* En sindsdien herinnerde hij zich niet zoveel meer.

'Hé, zombie,' zei een andere stem, en hij kreeg een duw tegen zijn schouder.

'Watte?' zei Kevin. Hij deed zijn ogen open en vroeg zich af of hij dat hardop had gezegd.

'Slaap je?' vroeg de man, die nu een beveiliger bleek.

Ineens was Kevin klaarwakker, hij sprong bijna boven op zijn stoel, maar toen ging het licht plotseling weer uit en werd hij doezelig.

Niet zo slim.

Het gerucht ging dat Jimmy een ex-wiskundeprof was die was doorgedraaid en aan de drugs was geraakt, en dat hij veel af wist van hoe de wereld in elkaar stak en zo, maar dit was helemaal fout gegaan.

Wanneer was het eigenlijk gebeurd?

Hij had overgegeven zonder iets anders in zijn maag dan maagzuur. En dat van plus en min is nul, of wat Jimmy dan ook in godsnaam had bedoeld met die combinatie van een upper en een downer, had niet het beoogde effect gehad. Het ene ogenblik was hij klaarwakker en had hij het idee dat hij heen en weer naar de maan kon rennen, het volgende was hij compleet van de wereld.

Nu was hij op weg naar beneden.

Dat was het. Het werd beter. Hij zou er nu snel vanaf zijn. Moest het alleen tot het einde zien vol te houden. Hij wist nog dat hij honger had gehad. Hij was op die 7-Eleven gestuit en had die SNICKERS gezien. Fantastisch nieuws. Hij was recht tegen een lantaarnpaal gelopen en knock-out gegaan, en in deze kamer bijgekomen. Niet zulk goed nieuws, maar wie kon het wat verdommen? Zo'n rottig stuk chocola. Het belangrijkste was dat dit nu snel over zou zijn. *Fucking hell.*

'En kijk hier eens,' zei het meisje, en ze wees op iets wat op tafel lag.

Kevin was nu bij zijn positieven, maar snapte toch niet waar ze het over had.

'Heeft hij geld gestolen?' vroeg de beveiliger.

'Uit de kas,' zei het meisje. 'Hier zaten minstens twintigduizend kronen in en nu is daar nog maar de helft van over.'

'Heb jij dat geld bij je?' vroeg de beveiliger, en hij gaf Kevin weer een duw tegen zijn schouder.

'SNICKERS,' prevelde die, en hij merkte dat hij een droge mond had, maar zijn stem had hij in elk geval terug.

'Heb je alleen maar zo'n reep gepakt?'

Kevin wilde knikken, maar hij was een beetje bang dat zijn hoofd er dan af zou vallen, dus bleef hij maar stilletjes zitten.

'Hij liegt dat hij barst,' zei het meisje, en ze wees weer naar de kassa. 'Ik heb hem op heterdaad betrapt. Hij komt hier vaker. Kijk maar, bijna al het geld is weg.'

Beter nu. Kevin kon nu horen en zien wat er gebeurde. Wat een opluchting. God nog aan toe, hij was echt even bang geweest dat hij doodging, of was dat eerder op de dag geweest?

'Waar is het geld?' De beveiliger greep zijn schouder hardhandig beet. 'Als je dat niet teruggeeft, moeten we de politie bellen.'

'Wat voor poen?' mompelde Kevin verward.

'Uit de kassa.' Het meisje wees er voor de derde keer naar, alsof de vorige twee keer nog niet genoeg waren geweest. 'Hier zat minstens twintigduizend in, en kijk nou eens: niet meer dan de helft.'

Het was nu gelukkig over. O god, nee, het kwam weer opzetten. Kevin klampte zich vast aan de rand van de stoel, bang voor wat er komen ging, maar het was vals alarm. Hij was er nog. Dit was de laatste ronde. Inwendig moest hij lachen. Fucking Jimmy. Zoiets deed hij nooit meer. Hij moest eens ernstig met Lotte praten. Ze waren een stel, dus moesten ze dingen samen doen en er geen geheimen op na houden.

Ik ben over een week terug.

Waar ga je heen?

Kan ik niet zeggen.

Waarom niet?

Doe me een lol en vraag dat nou niet, Kevin. Vertrouw op me, ja?

Ja, maar verdorie, kun je geen hint geven?

Ik moet iets halen.

Wat dan?

Vraag nou maar niks meer. Als ik terug ben, gaan we er samen vandoor, dat beloof ik. Oké?

Ervandoor? Waarheen?

We gaan uit dit verdomde gat weg. Jij en ik. Dat klinkt toch goed?

Fuck, natuurlijk klonk dat goed. Kevin merkte dat hij weer alert werd. Tijd om verder te gaan. Hij was zijn telefoon kwijt. Geen wonder dat hij niets van Lotte had gehoord. Hij moest een nieuwe zien op te duikelen.

'Nou, waar is het?' zei de beveiliger, die nu bozer klonk.

'Wat?' vroeg Kevin.

'Het geld uit de kassa.'

'Ik heb alleen maar een SNICKERS gepakt,' zei Kevin.

De beveiliger keek naar het meisje, dat haar hoofd schudde. Kevin had een paar tellen nodig om te snappen wat er aan de hand was. Zoals die meid in haar 7-Eleven-uniform keek... Fuck. Takkewijf. Ze had zelf een greep in de kassa gedaan. Haar kans schoon gezien toen hij hier zat. Natuurlijk. Een half bewusteloze junk. De perfecte gelegenheid. Het geld achteroverdrukken en hem de schuld geven.

'Dan moeten we hier maar blijven zitten tot de politie komt,' zei de beveiliger.

Er kwam er nog een binnen, weer zo'n nepkoddebeier. Van die types die het niet tot de politieacademie schopten, maar toch graag macht wilden hebben. In die bijna zes jaar die hij nu al in Oslo op straat leefde, was Kevin de meesten van hen wel eens tegengekomen. In winkelcentra. In parkeergarages. Trappenhuizen. Ze zaten overal waar je naar een beetje warmte zocht, een dak boven je hoofd.

'Er heerst complete chaos. Er moet iets gebeurd zijn, ze komen niet,' zei nummer twee tegen nummer één.

'Ja, maar verdorie, hier moet toch aangifte van worden gedaan?' zei grietje Grijpgraag, en ze vouwde haar armen voor haar T-shirt.

Luister nou, mensen. Hallo? Geen wonder dat jullie de politieacademie niet in zijn gekomen. Een volle kassa? Een junk? Waar-

om zou ik de helft laten liggen als ik degene was die het gegapt had? Tienduizend? Waarom zou ik tienduizend kronen laten liggen? Kevin moest om zijn eigen slimheid grijnzen en wilde net zijn mond opendoen toen er op straat voor het winkeltje plotseling een misselijkmakende klap klonk. Gekrijs van metalen wielen, gevolgd door een menselijk gehuil dat niet van deze wereld was.

'Wat krijgen we nou?' Beveiliger twee stak zijn hoofd buiten de deur en schrok zich het lazarus. 'Jezusmina.'

'Wat?'

'Er is iemand onder de tram gekomen.'

De verwarring sloeg toe. Binnen een tel stond Kevin tussen beveiliger één en twee met zijn gezicht tegen het raam aan de straatkant, waar een oudere man op de grond lag. Daarna kwam het moment waarop mensen niet precies weten wat ze moeten doen. *Dit staat niet in het script.* Je loopt over straat en bent met jezelf bezig. Maar ineens klinkt er een klap. Een man ligt pal voor je neus dood te gaan. Er valt iemand flauw. Sommige mensen klampen zich aan elkaar vast. Anderen huilen. Iemand belt een ambulance. Iemand pakt zijn telefoon om alles te filmen. Er is zelfs iemand die probeert te helpen. Hij drukt met zijn handen op de borst van de gewonde. Geeft mond-op-mondbeademing. Probeert het bloeden te stelpen. Kevin deed niets van dat alles. Hij liep rustig het achterkamertje binnen. Stak de resterende tienduizend kronen in zijn zak. En zette het op een lopen in de richting van het centrum.

56

Hege Anita was pas zeven, maar ze begreep toch meer dan de grote mensen dachten. Zo waren de mensen van de kinderbescherming gevaarlijk. Ze pakten kleine meisjes van hun mama's af. Als zij kwamen, moest je muisstil zijn en de deur niet opendoen, hoe vaak ze ook aanbelden. Als het te eng werd, en dat gebeurde soms, moest je gewoon je vingers in je oren stoppen en aan iets leuks denken. Bijvoorbeeld aan de witte kat die altijd op de speelplaats voor het flatgebouw zat. Of je ging in gedachten een liedje zingen. Misschien 'Alle vogels', of 'O dennenboom', al was het nog lang geen Kerstmis. Dan zouden ze naar oma gaan, al had mama dat de vorige keer ook gezegd en was er toen niets van gekomen.

De meester had haar vandaag na school nog even in de klas gehouden. Hij had weer vragen gesteld, maar Hege Anita wist al wat ze moest antwoorden, dus was het ook nu weer goed gegaan. De meester heette Tore en had een soort ziekte, want hij had alleen haar vlak boven zijn oren en niet op zijn hoofd, maar hij was erg aardig. Hege Anita vond het niet leuk om te jokken, maar je kunt niet alles hebben, dat wist ze best, dus moest ze zich er maar doorheen zien te slaan.

Kun je tegen je mama zeggen dat we graag met haar willen praten?

Knikken, lief lachen en ja zeggen.

Ze is niet op de ouderdag geweest, zie je, en ze neemt niet op als we bellen.

Weer knikken, even aan je been krabben, aan iets anders denken, misschien aan de andere kinderen die buiten op weg naar huis waren, waar mama's en papa's woonden die niet de hele tijd weg waren of overdag sliepen.

Heb je haar de brief gegeven die je had meegekregen?

Een beetje draaien op je stoel, doen alsof je moest plassen, dat hielp meestal wel.

Hege Anita haalde de sleutel die om haar nek hing tevoorschijn en deed de deur van de flat open. 'Hallo?'

Niets te horen.

Maar mama's schoenen stonden er en de jas die ze altijd aanhad lag op de grond, dus werd ze toch blij. *Mama was thuis.*

Hoera, wilde ze roepen – niet te hard natuurlijk, mama vond het niet leuk als je haar wakker maakte. Ze sliep vaak als ze niet werkte. Of nou ja, het was misschien geen werk, maar ze deed in elk geval dingen voor geld; daarom was ze de hele tijd zo moe en bijna nooit thuis.

Nog niet zo lang geleden was het ouderdag geweest op school, en toen hadden een paar andere mama's over hun werk gepraat. Eentje was er dokter en die maakte zieke mensen beter. Een tweede was tandarts en hielp kinderen met gaatjes in hun gebit. Eentje werkte er met computers en een andere werkte thuis, bijna net als mama, had ze gedacht. En mama had best ook kunnen gaan, al had ze nee gezegd en had ze een beetje om haar moeten lachen toen ze het had gevraagd.

'Hallo?' fluisterde ze voorzichtig, terwijl ze haar laarzen uitschopte. Op een drafje liep ze de gang door naar de woonkamer, maar daar was niemand. De deur naar de slaapkamer was dicht.

Niet storen. Dat wist ze best, maar toch... Misschien mocht het vandaag wel, na al die leuke dingen die er waren gebeurd?

Tore had haar geprezen. Haar tekening aan de hele klas laten zien en er zulke mooie dingen over gezegd dat ze haast een kleur kreeg. Ze had opa in zijn auto getekend, met oma ernaast. En de hond natuurlijk, en daarachter had ze een vissersbootje op zee en een meeuw getekend. Eigenlijk had ze er niet zo over nagedacht, tot hij bij haar tafeltje was komen staan.

Een tien met een sterretje. Haast niet te geloven. Haar klasgenoten hadden het ook gezegd.

'Wauw, wat mooi.'

'Wauw, wat goed van je.'

'Wauw, kun je dat aan mij leren – om zo te tekenen?'

In de pauze daarna wilde iedereen met haar spelen, en dat was lang niet altijd zo. Ze had als eerste de bal mogen trappen toen ze gisteren busje-trap speelden, en bij slagbal was ze zelfs tot aanvoerder van het ene team gekozen. Wat een heerlijke dag!

De tekening zat in haar schooltas. Hege Anita haalde haar er voorzichtig uit en ging weer voor de deur staan. *Die is voor jou, mama, alsjeblieft.*

Ze deed het toch maar niet. Dat was vast het beste. Hege Anita stopte haar tekening in haar tas terug, liep de keuken in en glimlachte even toen ze zag wat er op het aanrecht stond. Honey Smacks. En in de koelkast stond melk. Mama had weer geld gekregen – zeker van de man met het legerjasje, die nooit binnenkwam maar alleen maar buiten in de gang stond. Niet zo raar dat ze moe was. Tevreden nam ze het pak en de melk mee naar de woonkamer en zette de televisie aan.

NRK Super, daar keek ze het liefst naar, maar op kanaal 3 was nu iets anders. *Extra uitzending*, stond er boven aan het scherm.

Hege Anita goot melk in de kom en zette het geluid harder. 'De politie heeft vandaag beelden vrijgegeven van de hoofdverdachte in de driedubbele moordzaak...' Op het scherm werd de foto van een man zichtbaar.

Odd Squad, dat vond ze het leukst. En die tekenfilm over de meisjes die hun eigen paarden hadden. Nu waren er geen paarden te zien, alleen een man met een geweer en een helm op.

Ze maakte het rode pak open en strooide wat Honey Smacks in de melk. Dat was het leukst, want dan kon ze de Smacks onderdompelen en doen of het bootjes vol mensen waren die ze dan met haar mond kon redden. Hege Anita stak net haar lepel in de kom toen er plotseling een nieuwe foto op het scherm verscheen. Haar ogen werden groot.

'De politie zoekt tevens deze vrouw...'

Wát? Op het televisiescherm was een foto te zien van...

Mama? Nee...

Eerst één foto. Toen nog een.

Ja, ze was het echt. Ze kwam net een winkel uit. Met haar groene petje op.

De vrouw praatte nog steeds, maar ze hoorde het niet meer. Een tekening nu. En toen nog een foto.

Mama? *Maar waarom...?*

Hege Anita stond gauw op en rende zo snel als dat op haar sokken ging over de gladde vloer. Even bleef ze met bonzend hart voor de drempel staan. Toen nam ze een besluit en begon hard op de gesloten slaapkamerdeur te bonken.

5

57

Holger Munch zat laat te ontbijten in Freddy Fuegos Burrito Bar aan de Hausmanns gate. Hij had slecht geslapen en van pure ergernis bij uitzondering eens geen trek gehad toen hij wakker werd. Zijn humeur werd er door de keiharde bankjes niet beter op, maar hij kreeg nu tenminste iets naar binnen. Hij had Starbucks overwogen, wat dichterbij was, maar tegen de drukte opgezien. Vandaag niet. Aan de vergadering in de operatiecentrale had hij geen goed gevoel overgehouden en dat was in de loop van de avond nog verergerd. Arrogante betweters, het zij zo, maar wisten ze echt zo zeker dat ze de juiste man hadden? Het had de hele nacht aan hem geknaagd. Hij was herhaaldelijk opgestaan en had voor het raam staan roken als een schoorsteen, waarna hij enigszins misselijk en met een rothumeur wakker was geworden.

Hij verfrommelde het papier en dronk net zijn cola op, toen Anette Goli binnenkwam. Hij had haar sinds gistermiddag niet meer gesproken en kon wel wat hulp gebruiken om zijn gedachten op een rijtje te krijgen. Meestal deed hij dat met Mia, maar die nam haar telefoon niet op. Heel begrijpelijk.

'Hallo,' zei Anette, die lichtelijk bevreemd rondkeek.

Munch veegde zijn mond af met het servet. 'Sorry, maar ik moest het gebouw even uit. Ik kreeg ineens het idee dat die lui alles kunnen zien en horen wat we zeggen.'

'Wie?' Goli ging zitten.

'Je weet wel,' zei Munch. 'De generaals.'

Anette lachte flauwtjes, rechtte haar rug en streek haar haar achter haar oor. Hij wist dat ze sinds de bijeenkomst van gisteren achter elkaar in touw was geweest, maar als ze al moe was, dan liet ze dat niet merken.

'Koffie?' vroeg Munch. 'Een burrito?'

‘Nee, dank je,’ zei Anette. ‘Ik moet zo snel mogelijk terug.’

Ze hadden in Grønland een geïmproviseerde telefooncentrale ingericht. Twintig lijnen met de bijbehorende mensen. Naar buiten treden met de verdachte? De reactie van het publiek liet uiteraard niet op zich wachten.

‘Hoe gaat het daar?’

‘Ach, je kent dat wel,’ zei Anette. ‘De telefoons staan niet stil. Het is lastig om het overzicht niet kwijt te raken, maar we sorteren alles zo goed mogelijk.’

‘Al iets zinnigs?’

‘Moeilijk te zeggen. De helft kunnen we niet eens natrekken. Iemand heeft hem bij de buren gezien. Op Gran Canaria. Zonet nog in de metro. Op rolski’s bij het Sognsvann-meer. Er belde zelfs iemand die dacht dat het de trainer van zijn dochters voetbalteam was – nee, die leek niet erg op de foto’s, maar hij gedroeg zich érg militair.’

‘Juist, ja,’ zei Munch.

‘Waar wilde je het over hebben?’ vroeg Anette. Ze negeerde haar telefoon.

‘Hierover,’ zei Munch. Hij sloeg de map die voor hem lag open, haalde de tekeningen van Karl Øverland eruit en legde die naast de foto van Ivan Horowitz. ‘Denken we nu echt dat dit dezelfde man is?’

Goli wierp een korte blik op de twee. ‘Holger...’

‘Ik meen het,’ bromde Munch. ‘Kijk hier eens.’

‘Luister, ik weet dat het je niet bevalt dat ze op die manier de controle overnemen. Dat bevalt mij ook niet erg, maar wat doen we eraan?’

‘Ik meen het,’ hernam Munch. ‘Ik zie de overeenkomsten, maar is dat voldoende om van onze kant nu alles maar weg te smijten? Ons door die lui te laten commanderen alsof we hondjes zijn?’

‘Maar deze twee lijken toch ook niet op elkaar?’ Ze raakte de tekeningen om beurten met haar vinger aan. ‘We hebben al vastgesteld dat hij verstoppertje speelt, zich vermomt, of wat dan ook.' Haar telefoon ging weer. Ze wierp een korte blik op het scherm. 'Mikkelson. Ik moet opnemen.'

'Laat hem toch wachten,' gromde Munch. 'Dus jij vindt dat de gelijkenis groot genoeg is om ze hun gang te laten gaan?'

'Het zijn per slot van rekening maar losse schetsen...'

'Weet ik,' zei Munch. 'Maar ik heb Curry op pad gestuurd.'

'Waarheen?'

'Naar degenen die hem in levenden lijve hebben gezien.'

'Het hotel in de oude stad?'

'En het schoonmaakbedrijf in Sagene,' zei Munch.

'Goed denkwerk,' zei Goli. 'Hoewel ik hem er eigenlijk bij had willen hebben in de centrale.'

'Al was het maar om het bevestigd te krijgen, toch?'

'Dat het dezelfde vent is?' Anette glimlachte. 'Natuurlijk, Holger. Daar ga jij over, zelfs wanneer ik...'

'Heb jij vertrouwen in ze?'

'Ik zie niet in waarom niet. Waarom zouden ze ons de verkeerde man aanwijzen? Ons geclassificeerde informatie geven als dat niet nodig was? Ik bedoel, je hebt toch zelf alles gezien wat ze hebben? Wij hebben nog geen fractie van de middelen waarover zij beschikken. Ik kreeg bijna het gevoel dat de CIA daar achter die doorkijkspiegel stond. Hoelang heeft het geduurd voor ze op Horowitz kwamen? Twintig minuten?'

'Ja hoor.'

'Het is uiteraard jouw beslissing, Holger. Maar als je het mij vraagt, zitten we op het juiste spoor. Bedenk wel dat die foto's van Horowitz al drie jaar oud zijn. En nogmaals...'

'... schetsen, ik weet het,' mompelde Munch. 'Maar ik wil gewoon zekerheid.'

'Uiteraard,' zei Anette, terwijl ze opstond.

'Nog één ding,' zei Munch, en hij beduidde haar om weer te gaan zitten. 'Heb je gemerkt dat ze ons die lijst met die vijftig namen niet hebben gegeven?'

‘Geclassificeerd,’ beaamde Anette. ‘NTK, was het toch?’

‘NTK *my ass*,’ prevelde Munch, en hij haalde nog een papier uit de map.

‘Je hebt hem meegenomen?’ vroeg Anette verrast.

‘Dat spreekt vanzelf,’ zei Munch. ‘Er zijn grenzen. En kijk hier eens.’ Hij wees kort naar een van de namen op de lijst. ‘Ann-Helen Undergård? Tom-Erik Wangseter?’

‘Ik volg je niet.’

‘Ze zeiden dat wij de capaciteit niet hadden, hè? Om op die arme mensen te passen? Ze op z’n minst te waarschuwen?’

‘Holger,’ zei Anette licht hoofdschuddend.

‘Hoezo? Ik meen wat ik zeg. Hoeveel mensen heten zo? Anton Birger Lundamo? Ik zie wel dat hier veel namen op staan waar er meer van kunnen zijn, maar deze? Iemand van hen? Waarom doen we niks?’

‘Holger,’ zei Anette weer.

‘Nee, echt. Ik overweeg om daar mensen op te zetten.’

‘Om contact met ze op te nemen? Nee toch,’ mompelde Goli.

‘Waarom niet?’

Nu boog ze zich over de tafel heen naar hem toe, keek tersluiks over haar schouder en fluisterde toen: ‘En wat had je willen zeggen? Er loopt een gek vrij rond die willekeurige slachtoffers vermoordt en jouw naam staat op zijn lijst? Hoelang denk je dat het duurt voor je dat op het nieuws ziet? Dan barst de hel pas goed los.’

‘Ja, maar verdomme, Anette, als het een van jouw dierbaren was die hierop stond?’

‘Wie moeten we dan op de zaak zetten?’ fluisterde Goli. ‘Gabriel? Ylva? Zelfs Kripos is aan het werk gezet. En heel Grønland ook. Zo ongeveer iedere verkeersagent is bezig tips na te trekken. Dit is ons boven het hoofd gegroeid, Holger. De nationale top? De rust onder de bevolking zien te bewaren? Om er nog maar van te zwijgen dat ze jou ogenblikkelijk zullen lozen. Voor je het weet zit je op Spitsbergen ijsberen te tellen.’

'Kan me niet verdommen,' mompelde Munch.

'Ga je gang maar,' zei Anette, terwijl haar ongelofelijk irritante telefoon weer zoemde. 'Ik vertrouw erop dat ze de juiste keuzes maken. Op het bureau van de premier. Bij justitie. Er is een reden waarom die lui daar werken. Ivan Horowitz. Ik ben ervan overtuigd dat een van al die bellers iets weet; ze hoeven alleen de onzintelefoontjes er nog uit te zeven. We zijn er bijna. Straks hebben we beet. Ik voel het gewoon. Maar nu moet ik terug, goed?' Anette stond op en pakte haar handtas van de tafel.

'Ik hoop dat je gelijk hebt,' zei Munch zachtjes, en hij borg de papieren terug in de map. 'Laat je het me meteen weten als er iets gebeurt?'

'Je staat boven aan de lijst, Holger,' zei Goli, en terwijl haar telefoon alweer overging, liep ze op een drafje naar de deur.

58

Curry ging naar binnen bij Sagene Reinigen en Stomen en schrok op toen een belletje zijn komst aankondigde. Shit. Hij had zijn zenuwen niet helemaal in bedwang. Drie pils en een kleintje whisky de vorige avond, meer niet. Hij was zelfs enigszins trots geweest, maar zijn lijf was het daar kennelijk niet mee eens.

'Ja?' zei een oudere Vietnamese vrouw, die van achter de receptie naar hem opkeek zonder haar breiwerk weg te leggen.

'Politie,' zei Curry. 'Eenheid Moordzaken. De bedrijfsleider?'

'Alles,' zei de oudere vrouw, zonder aanstalten te maken om op te staan.

'Hè?' vroeg Curry.

'Alles hier geweest,' herhaalde de Vietnamese vrouw. Uit de achtergelegen kamer dook een jongeman op.

'Ze zegt dat jullie hier al eens zijn geweest,' zei de goedgeklede man vriendelijk, terwijl hij zijn handen op de toonbank legde. 'Kan ik je ergens mee helpen?'

'Jon Larsen,' zei Curry, en hij liet zijn ID nog eens zien. 'Klopt het dat jullie hier een werknemer hadden die Karl Øverland heette?'

De vrouw rolde met haar ogen en mompelde iets.

'Geen werknemer,' zei de jongeman. 'Een flexwerker. Waar gaat het deze keer om?'

'Hierom,' prevelde Curry, en hij stak zijn hand in zijn jaszak. *Maar drie. Beslist niet meer. Of vier – waren het er vier geweest? Nee, drie, hij had zich toch beheerst? Drie pils en maar één whisky, of misschien twee. Hij kon zich niet meer goed herinneren dat hij bij Luna onder het dekbed was gekropen, maar ze had hem in elk geval vanaf haar kussen toegelachen toen hij wakker werd. Alles onder controle.*

'Dit is de tekening op grond van jullie beschrijving, toch?' Hij streek het opgerolde papier glad op de toonbank.

'Dat klopt,' zei de jongeman. 'Hoezo? Is er nog meer gebeurd?'

'En deze?' prevelde Curry. Hij moest even in zijn zakken graven voor hij de foto van de soldaat vond. Horowitz.

'Wie is dat?' vroeg de jonge Vietnamees, terwijl hij naar de foto tuurde.

'Is dit de man die bij jullie in dienst was?'

'Tja, eens kijken...' Hij fronste zijn wenkbrauwen en bestudeerde de foto een poosje. De breiende vrouw schudde haar hoofd en zei iets wat hij niet verstond.

'Wat zegt ze?'

De jongeman glimlachte verontschuldigend. 'Ze zegt dat hij is aangekomen.'

'O ja? Maar is het dezelfde? Degene die jullie, eh... die voor jullie werkte?'

'De flexwerker,' zei de Vietnamees weer, en hij keek nog

eens goed naar de foto. 'Hij ziet er jonger uit, maar dit is Karl Øverland, denk ik.'

'Zeker weten?' vroeg Curry.

De breiende dame schudde haar hoofd weer en mompelde iets.

'Dezelfde, ja, voor zover ik kan zien.'

'Helemaal goed, dank je,' zei Curry. Hij stopte de tekening en de foto weer in zijn jaszak. *Was Sagene Lunchbar hier niet vlakbij? Een klein pilsje? Alleen maar om zijn hoofd helder te maken?*

'Zeg het maar als we nog meer kunnen doen. We zijn jullie graag van dienst.'

'Dit is ruimschoots voldoende. Nogmaals bedankt.' Curry trok de deur open, ditmaal voorzichtig om het lawaaiige belletje te vermijden.

Ivan Horowitz.

Karl Øverland.

Dezelfde man.

Munch was al sinds die ochtend in een afschuwelijk humeur. Curry had hem in geen tijden zo meegemaakt. Maar nu was dit in elk geval uit de wereld geholpen.

Een soldaat. Afghanistan-veteraan. Hij had er geen flauw idee van waar deze nieuwe verdachte vandaan was gekomen, maar hoe dan ook, het stond nu vast: dezelfde man. Hij liep de laatste tijd toch al op eieren en had zo'n gevoel dat dit hem absoluut niet zou helpen om bij Munch weer in een goed blaadje te komen. Dat had hij wel nodig. Het had hem de nodige moeite gekost om te verklaren waar die buil op zijn voorhoofd vandaan kwam en waarom hij niet op het werk was verschenen.

Sagene Lunchbar. Heel even binnenwippen?

Eerst Munch bellen. Om hem het goede nieuws te melden. Hij haalde zijn telefoon uit zijn zak en wilde net het nummer opzoeken toen hij plotseling zelf werd gebeld. Verrast bleef hij op het trottoir staan toen hij de naam op het display zag. Hij vergat bijna om op te nemen.

'Hallo Mia,' mompelde Curry nadat hij eindelijk zijn vingers stil had gekregen. 'Waar zit je? Ze zijn naar je op zoek.'

'Links van je. Vijftig meter verderop. Vlak bij de kerk. Een grijze Subaru, zie je die?'

'Hè?' zei Curry. Hij keek om.

'Blauwe jas. Zie je die?'

'Eh... ja,' antwoordde Curry.

'Overkant van de straat. Voor de 7-Eleven. Een bellende vrouw. Grijze jas. Bruine laarsjes. Zie je haar?'

'Waar heb je het over?' vroeg Curry, terwijl hij zich omdraaide.

'Doe alsof er niks aan de hand is. Ga lopen.'

'Wat is de bedoeling?'

'Lopen. Laat niet merken dat je ze hebt gezien. Loop naar het park.'

Ze hebt gezien? Curry snapte er niets van, maar deed toch wat ze zei. Verplaatste zijn voeten over het trottoir. Wat is er aan de hand?'

'Die twee rode telefooncellen, zie je die?'

'Eh... ja.'

'En zie je een bankje?'

Curry begreep er minder dan niets meer van. Hij wierp nog een blik op de vrouw met de grijze jas voor de 7-Eleven en ontdekte plotseling dat ze naar hem keek. Niet lang, hooguit één tel. Toen keerde ze zich weer naar de etalage.

'Mia, wat is hier precies gaande?'

'Luister nou maar naar mij, Jon. Doe wat ik zeg.'

'Oké.' Curry liet zijn benen verder lopen over het asfalt.

'Dat bankje. Zie je dat?'

'Ja.'

'Ga aan de kant van de kerk zitten.'

Curry keek weer naar de vrouw met de grijze jas. Ze had zich naar hem omgedraaid en volgde hem met haar blik.

‘Je bent er. Ga zitten.’

De man met de blauwe jas stapte nu uit de Subaru langs het trottoir.

‘Voel onder het bankje.’

Overschakelen op de automatische piloot. Een hand onder het hout, waar iets aan vastzat. Een stuk papier.

‘Over een uur, oké?’

‘Ik snap niet...’ begon Curry, terwijl de vrouw met de grijze jas rustig de straat overstak en ten slotte voor een andere etalage bleef staan, recht voor hem.

‘Ga de 7-Eleven in.’

‘Eh... oké.’

‘Laat je ID zien. Ze hebben een achterdeur. Heb je het briefje gevonden?’

De man met de blauwe jas liep nu het park in.

‘Ja.’

‘Zet je telefoon uit. We zien elkaar over een uur,’ zei Mia. En ze was weg.

59

Dolores Di Santi was er tamelijk zeker van dat de duivel haar leven was binnengedrongen. Ze was opgegroeid in het havenstadje Portoscuso op Sardinië als dochter van de dorpsslager en een uiterst vrome vrouw. Haar moeder was iedere dag begonnen met een kruisteken onder het mompelen van *Non oggi né Dio – vandaag ook niet, God.* Als jong meisje had ze altijd haar hoofd geschud om haar moeders overdreven geloof in hemel en hel, maar nu ze op die koude bank in de St.-Olafskerk aan de Akersgata zat, deed ze het zelf ook. *Non oggi né Dio.* Ook al wist ze vrij zeker dat het al te laat was.

In haar jonge jaren had ze ervan gedroomd om architect te

worden, maar daar was het nooit van gekomen. Hij was op een zeilboot komen aanvaren en had haar volkomen overrompeld. Salvatore Di Santi, zoon van een rijke familie uit Milaan. En sindsdien waren de jaren simpelweg verstreken zonder dat ze precies wist waar ze gebleven waren. Eerst een dochter, toen een zoon. Haar moeder was huisvrouw geweest, en ze had zichzelf beloofd dat haar zoiets nooit zou overkomen, maar het was toch gebeurd.

Maar het was best een goed leven geweest, ze mocht niet klagen. Haar dochter en haar zoon hadden allebei een goede opleiding gehad; zij was nu arts, hij ingenieur. Salvatore had altijd politieke ambities gehad en was uiteindelijk beloond. Ze hadden vijf jaar in Zuid-Afrika gewoond, hij als ambassadeur van Italië, zij als ambassadeursvrouw, en daar was datgene gebeurd wat haar nu tot de overtuiging bracht dat de duivel haar leven had overgenomen. Een onschuldige affaire, in feite. Hij was jong geweest, veel jonger dan zij. Ambassademedewerker.

L'introduzione del diavolo – de binnenkomst van de duivel.

Dolores sloeg weer een kruis toen de kerkgangers opstonden. De vroegmis was afgelopen. Haar blik zocht vader Malley, maar ze zag hem nergens. De mis was vandaag door iemand anders opgedragen – best wel jammer, want ze was gekomen om met vader Malley te praten. Ze moest haar zonden belijden. Dat was de enige manier. Ze moest een einde maken aan die narigheid, het ging domweg niet meer.

Zuid-Afrika was warm geweest. Kleurrijk, levendig. De uithoek waar ze nu naartoe waren verhuisd was het tegenovergestelde. Ambassadeur van Italië in Noorwegen. Ze had het niet voor mogelijk gehouden hoe koud het van de winter was geweest. En het werd maar niet lichter. Die eeuwige duisternis. Volgens de kalender had het nu lente moeten zijn, maar er was nog steeds niets te merken van de warmte die ze zo dringend nodig had. *Il diavolo*. Hij was overal om haar heen en ze moest definitief haar zonden belijden. Naar huis, naar Italië. In dit ijskoude land hield ze het niet meer vol.

Voorzichtig liep ze naar de sacristie en ze knikte de priester toe. 'Pater Malley?'

'Die hebben we al een poosje niet gezien,' zei de jongeman in dat hakkelende taaltje waar ze zo weinig van verstond. 'Misschien is hij ziek. We hebben hem helaas niet te pakken gekregen.'

'Pater Malley?' herhaalde ze, maar hij leek niet te begrijpen wat ze wilde.

'Hij komt vast gauw weer opdagen,' zei de priester met een glimlach, maar ze kon hem nog steeds niet volgen.

Daarom wilde ze met vader Malley praten. Hij sprak een beetje Italiaans, had in Rome gestudeerd. Zij sprak een beetje Engels. Samen kwamen ze er wel. Malley had haar uitgelegd dat hij de biechttijden had uitgebreid. 's Morgens vroeg, later op de ochtend – eigenlijk altijd wel, je hoefde alleen maar te komen.

Langzaam liep ze naar het bruine biechthokje aan het uiteinde van de kerk. Misschien had de nieuwe priester dat bedoeld. Ze ging op een bank zitten wachten. Twintig minuten later was ze het zat. Het zag ernaar uit dat hij niet zou komen. Ze pakte haar handtas van de kille vloer en wilde net opstaan toen ze zag dat de bruine deur op een kier stond.

Was hij er toch? Wat had de priester gezegd? Je kunt gewoon naar binnen gaan?

Dolores zette een paar aarzelende stappen in de richting van het met houtsnijwerk versierde hokje. '*Scusa?* Pater Malley?'

60

Curry liep café Mistral in de wijk Majorstua binnen, waar hij Mia aan een tafeltje in een hoek aantrof. 'Wat is er in vredesnaam gaande?' gromde de buldog terwijl hij op de stoel tegenover haar neerplofte.

'Heb je ze afgeschud?' vroeg Mia, met een blik die hij niet goed kon plaatsen. Het indianenmeisje met de blauwe ogen maakte een hyperactieve indruk. Ze kon haar handen bijna niet stilhouden en tikte verwoed met haar nagels tegen haar koffiekopje, terwijl ze aan één stuk door het café rondkeek. Als hij niet beter had geweten, zou hij hebben gedacht dat ze iets had geslikt.

'Ik geloof het wel,' mompelde hij. 'Maar wat is er in godsnaam aan de hand? Het lijkt wel of je dolgedraaid bent.'

'Heb je je telefoon uitgezet?'

'Ja.'

'Mooi,' zei Mia met een knikje. 'Ze volgen ons namelijk. Via gps. Ze weten elk moment waar we zijn. Zo doen ze het, dat moet wel. Wees je goed bewust van wat je doet.'

'Wat krijgen we nou?' zei Curry.

'Sorry,' zei Mia, en ze legde snel haar hand op de zijne. 'Ik had je hier eerder over moeten benaderen. Maar nu ben ik er, ja?'

Aan de bar kreeg een oudere man een biertje voorgezet. Het water liep Curry in de mond, maar hij weerstond de verleiding. 'En wie zijn "ze" dan wel niet?'

'De speciale eenheid – een lang verhaal,' zei Mia, terwijl ze haar haar achter haar oor streek. 'Maar hoe dan ook, ik had dit meteen moeten doen. Sorry.'

'De speciale eenheid? Van de politie? Wat heeft dat met mij te maken? Wat heb ik gedaan?'

'Luister,' zei Mia, en ze boog zich dichter naar hem toe. 'Een paar dagen geleden werd ik benaderd door een agent, ene Wold. Herinner je je die advocaat, Lorentzen?'

'Nee.'

'Dat was de eigenaar van die gestolen auto. De Mercedes die was gebruikt om Vivian Berg naar het meertje te brengen. Om kort te gaan, Wold wilde weten of wij hem in de kijker hadden.'

'Die advocaat? Waarom?'

'Heroïne,' zei Mia. Ze nam een slok koffie. 'Ze menen te weten hoe dat spul het land binnengesluisd wordt. En dat hij daarbij betrokken is.'

'Dope?' zei Curry. Mismoedig schudde hij zijn hoofd. 'En wat heb ik daar verdomme mee te maken?'

'Ze denken dat die lui hulp krijgen van een insider,' zei Mia zachtjes. 'Bij de politie. Iemand van ons. En ze wilden dat ik zou helpen om dat te bevestigen.'

Het drong langzaam maar zeker tot hem door waar ze het over had. Hij voelde dat hij kwaad werd. 'Ik?' snauwde hij, zo hard dat de oudere man aan de bar zich omdraaide.

'Sst,' zei Mia.

'Ik?' brieste Curry, zachter nu.

Ze knikte.

'Godsamme!'

'Zeg dat wel.'

'Jezus, hoe komen ze daar nou bij?'

'Lang verhaal,' herhaalde Mia. Ze maakte een sussend gebaar, maar hij was nu goed nijdig.

'Wat zou ik dan goddomme gedaan hebben?' Hij sloeg zo hard met zijn vlakke hand op het tafeltje dat haar kopje rammelde. De barkeeper schrok op achter de bar en wierp een bezorgde blik op hen.

'Rustig nou,' zei Mia. 'Dat doet er toch niet toe? Ik heb bij herhaling gezegd dat jij het niet was. Je bent het toch ook niet, Jon?' Ze keek hem aan met haar hoofd schuin. Nu zag hij hoe moe ze was.

'Natuurlijk niet,' zei hij. 'Waarom zou ik in hemelsnaam?'

'Zie je wel?' zei Mia. 'Dus je hoeft je nergens druk om te maken.'

'Maar allemachtig,' mompelde Curry. Meer wist hij niet uit te brengen. *Heroïne? Hij?*

‘Zeg,’ zei Mia, en ze boog zich nog dichter naar hem toe. ‘Ik heb hulp nodig.’

‘Wat?’ mompelde Curry, die nog steeds moeite had om te bevatten wat hij had gehoord. *Een insider? Dope, what the fuck? Hoe kon iemand in godsnaam denken...?*

‘Hallo?’ zei Mia om zijn aandacht te trekken.

Nu was het hem duidelijk. Shit. Hij had het aangezien voor hyperactiviteit. Helemaal mis. Het tegenovergestelde was het geval: zijn kwetsbare collega was zo uitgeput dat ze bijna niet recht op haar stoel kon blijven zitten. ‘Gaat het een beetje, Mia?’

Ze haalde diep adem, sloot haar ogen en leek weg te zakken.

‘Mia?’

‘Alles in orde,’ mompelde ze. ‘Alleen...’

‘Heb je wel geslapen?’

Ze schudde haar hoofd.

‘Hoelang al niet?’

‘Bijna vierentwintig uur. Maar niks aan de hand,’ zei ze met een wegwerpgebaar.

‘Waar zijn ze in vredesnaam mee bezig?’ zei Curry, terwijl hij zich over het tafeltje heen boog. ‘Denkt de speciale eenheid dat ik een overloper ben? En jij ziet eruit alsof je een spook hebt gezien. Waarom heb je niet geslapen? Wat heb je dan gedaan?’

‘Over straat gelopen.’ Mia wreef in haar ogen. ‘De stad door.’

‘Waarom?’

‘Hoor eens,’ zei Mia, die haar zelfbeheersing hervond. ‘Ik heb je hulp nodig, oké? Ik weet niet aan wie ik het anders moet vragen.’

‘Natuurlijk, Mia. Je hoeft het maar te zeggen.’ Hij zag haar dankbare blik. Ze streek haar haar weer achter haar oor en glimlachte vermoeid tegen hem. Verdomme, ze zat echt niet lekker in haar vel.

'Het gaat om Sigrid,' zei ze ten slotte.
'Je zus.'
'Ja... Ik...'
'Maar die is toch...?'
Het indianenmeisje deed haar blauwe ogen weer dicht, en even was Curry bang dat ze helemaal van de wereld zou raken, daar achter het tafeltje in elkaar zou klappen waar hij bij zat. 'Je moet me helpen om iemand te vinden.'
'Natuurlijk, Mia. Wie?'
'Jij kent de scene, toch? Je hebt toch lang bij de drugsbrigade gezeten?'
'Zeker,' beaamde Curry. 'Wie zoek je?'
'Hij heet Kevin,' zei Mia zachtjes. 'Ik ben vannacht overal geweest, maar...'
'Een junk?'
Ze knikte.
'Hier in de stad?'
Haar hoofd zakte weer naar voren, en nu kon ze het bijna niet meer optillen.
'Natuurlijk help ik je, Mia,' zei Curry snel, en hij legde zijn hand voorzichtig op de hare. 'Weet je nog meer van die gast? Heb je alleen maar een naam?'
'Cisse,' prevelde Mia. 'Kevin en Cisse. Eentje, maar liefst allebei. Help je me?'
'Natuurlijk,' zei Curry. 'Mag ik vragen waarom, of is dat...?'
Mia knipperde met haar ogen en haalde een hand over haar vermoeide gezicht. 'Ze heeft iets wat van mij is.'
'Die andere junk, Cisse?'
'Ja.'
'Ik ga erachteraan. Dat spreekt toch vanzelf, Mia? Maar dan moet je me één ding beloven.'
'Wat dan?'
'Dat je wat slaap ziet te krijgen.'

Mia lachte gelaten. 'Nee, dat...'

'Ik meen het, Mia. Kevin en Cisse? Ik pak het op. Kleine moeite. Maar dan ga jij nu wat slapen, oké?'

Het was lange tijd stil. 'Oké,' zei Mia ten slotte.

'Mooi zo,' zei Curry, en hij haalde zijn telefoon uit zijn zak.

61

Munch passeerde de afzetting en liep de trap van de St.-Olafsdomkerk op. Daar werd hij opgevangen door de leidinggevende politieman, Torgeir Bekk, die hij nog van vroeger kende. Ze hadden samen een paar keer geschaakt, en Munch had tijdens die partijen gemerkt dat hij nog het een en ander te leren had.

'Het forensisch team is er al,' zei Bekk.

'De TR?'

'Onderweg. Heb jij er enig idee van wat er nu eigenlijk aan de hand is?'

'Hoe bedoel je?' vroeg Munch, terwijl hij zijn sigaret uitdrukte.

'Overal heerst toch complete chaos? Je krijgt geen hond te pakken,' zei Bekk, en hij krabde op zijn hoofd.

'Ivan Horowitz,' zei Munch.

'Ja, maar dan nog. Het complete korps?'

Die laatste vraag negeerde Munch. Hij liep de grote deur binnen. De kerk was zwak verlicht. Zijn voetstappen weerkaatsten door de grootse ruimte. Hij zag dat Lillian en haar mensen al bezig waren bij het bruine biechthokje achterin.

'Wie heeft hem gevonden?'

'Een Italiaanse vrouw,' zei Bekk. 'Ze zit in het kantoor van de priester, helemaal over haar toeren. Huilt aan één stuk door. Er is nu een attaché van de ambassade bij haar. Ze is de vrouw van de Italiaanse ambassadeur, geloof ik.'

'Aha,' zei Munch.

'Moeten we haar hier houden?'

'Heb je haar ondervraagd?'

'Min of meer. Ze kwam biechten en dacht dat hij daarbinnen zat. Wat tot op zekere hoogte ook zo was,' zei Bekk met opgetrokken wenkbrauwen.

'Neem haar gegevens op en laat haar dan maar gaan,' zei Munch. Hij liep naar Lillian Lund.

'Hallo Holger,' zei Lund glimlachend nadat ze haar mondkapje omlaag had getrokken.

'Wat hebben we?' vroeg Munch. In feite een volstrekt overbodige vraag, want hij kon nu zo het biechthokje in kijken, waar de priester aan de ene kant achterovergeleund zat met een hevig geschrokken blik op zijn gezicht.

'Een camera daarbinnen,' zei Lund, wijzend.

'Aan de andere kant?'

Ze knikte. 'Het lijkt erop dat de persoon in kwestie zijn zonden kwam belijden en de priester een dosis heeft toegediend, hoogstwaarschijnlijk door het rooster heen. Waarna hij naar de andere kant is gelopen en... tja, heeft gedaan waarvoor hij kwam.'

'Heb je erin gekeken?'

'Ik kon het niet laten,' zei Lillian.

'En?'

'Negenentwintig,' zei ze zachtjes.

'Jezus,' zei Munch.

'Ja, die is hier wel op zijn plaats,' zei Lund zonder een spoor van ironie in haar stem.

'Wondjes om de mond?'

'Voor zover ik kan zien niet, maar dat hoeft niets te betekenen. Mensen reageren verschillend op verschillende stoffen.'

'Maar wel een gaatje van een injectienaald?'

'Op dezelfde plek,' bevestigde Lund. Ze trok haar mondkapje weer voor toen Anette Goli over de galmende vloer kwam aandraven.

'Wat weten we?' vroeg ze toen ze weer op adem was.

'Nummer negenentwintig,' zei Munch zachtjes. Hij haalde de lijst uit zijn jaszak. 'Paul Malley. Parochiepriester.'

'Verdomme,' mompelde Anette, terwijl ze het papier aanpakte.

Munch keek haar aan. 'Ben je het nog steeds niet met me eens?'

'Waarover?'

'Paul Malley. Misschien wordt het tijd om mensen te waarschuwen?'

Anette Goli beet op haar lip, maar gaf geen antwoord. Munch schudde geërgerd zijn hoofd, stak zijn handen in zijn zak en liep naar de drom mensen bij het altaar.

62

Het antwoord liet niet lang op zich wachten. Luna had hem een paar keer raar aangekeken, maar Curry had volgehouden.

'Geen biertje?'

'Nee, alleen maar koffie.'

Hij zag aan haar glimlach dat ze daar bepaald geen bezwaar tegen had. Het was rustig in de bar – alleen een paar oude zwervers bij de jukebox –, maar Curry had toch een paranoïde gevoel. Hielden ze hem in de gaten? Waren ze...?

Natuurlijk waren het geen politiemensen. Hij had ze hier al vaker gezien, zo zat dat ze nauwelijks wisten waar ze waren. *Verdomme.* Hij kon er niets aan doen, hij was echt wel een beetje op zijn pik getrapt, of eerlijk gezegd heel erg. Hoe kon iemand denken dat hij niet deugde? Wat had hij in vredesnaam gedáán? En hoeveel mensen liepen er met dat idee rond? Mensen die hij kende. En hoelang al? Eigenlijk vond hij er wel iets in zitten, nu hij weer tot bedaren was gekomen en over de kwestie had nagedacht. Die kerels met hun sportjasjes die aan de bar hadden gezeten die middag dat hij zo'n pech had gehad, te veel had gezopen en was vergeten te eten. Ze leken niet op hun plaats, dat had hij destijds toch ook gedacht? Het was verdomme een opzetje geweest.

Op zijn telefoon verscheen een onbekend nummer. Niet opnemen, een paar minuten wachten en dan een ander nummer bellen. Jimbo.

Waarom wist hij niet, maar dat was wat hij wilde. Hij had uiteraard geen seconde getwijfeld wie hij zou bellen toen hij eenmaal had begrepen wat Mia wilde. Jimbo Monsen.

Een bekwame politieman die hij al kende sinds de academie. Ze hadden samen bij de drugsbrigade gezeten, maar toen was Jimbo undercover gegaan en dat was zo gebleven. De anderen van hun jaar waren geleidelijk in rang gestegen, maar Jimbo was liever straatagent gebleven. Hij had hem een paar jaar geleden achter een biertje gevraagd waarom, maar geen duidelijk antwoord gekregen. 'Ik doe het graag,' had Jimbo schouderophalend gezegd, en ze hadden er niet meer over gepraat.

Jimbo Monsen. Natuurlijk. En nu was zijn antwoord er al.

Hij wachtte tot hij vond dat er genoeg tijd verstreken was en toetste toen het nummer in dat hij eerder die dag opgestuurd had gekregen.

'Curry?' vroeg de zware stem.

'Heb je beet?' vroeg Curry gespannen.

'Bingo,' zei Jimbo. 'Het was toch Kevin? Jonge vent, rare wenkbrauwen?'

'Ja,' zei Curry. 'En Cisse?'

'Die kan ik niet vinden,' zei Jimbo. 'Ik weet om wie het gaat, maar ze zeggen dat ze weg is. Door een spuit.'

Sinds hij undercover was gegaan, was niet alleen zijn uiterlijk veranderd, maar ook zijn taalgebruik. Bij hun vorige ontmoeting had Curry hem bijna niet herkend, hem voor een dakloze aangezien en hem bijna weggewuifd.

'Dood dus?'

'Niet zeker, maar dat zeggen ze.'

'Maar die Kevin?' vroeg Curry. 'Weet je waar hij is?'

'Dat zei ik toch? Je wou die knakker spreken?'

'Graag, ja. Kan dat?'

'Alles kan,' antwoordde Jimbo hoestend. 'Heb je poen?'

'Poen? Wat bedoel je?'

'Ik kan wel een ontmoeting regelen,' zei Jimbo. 'Maar ik durf te wedden dat-ie er niet op ingaat als het niks schuift, snap je? Je krijgt algauw een *bad rep* als je met smerissen praat.'

'Jawel, tuurlijk. Over hoeveel hebben we het?'

'Voor één shot, da's wel genoeg.'

'Duizendje?'

'Zeg maar twee, dan hoeft-ie een paar dagen niet te scoren. We moeten helpen waar we kunnen, vind je ook niet?'

'In orde,' mompelde Curry. 'Hoe pakken we het aan?'

'Meld me nog,' zei Jimbo kortaf, en weg was hij.

'Nog een kopje?' Luna kwam glimlachend naar hem toe met de kan.

Curry knikte en overwoog meteen Mia te bellen. Nee. Hij kon beter wachten en haar laten slapen. Hij had haar al in geen tijden zo moe meegemaakt.

Het was verdomme een opzetje geweest. Wat was er eigenlijk gaande? Waarom had hij niks gemerkt? Die ellendige drank. Daar kwam het door. Nee, dit was te erg. Een corrupte agent? Van zijn leven niet. Hij was een goeie politieman. Verdomd goed zelfs.

Voortaan droog blijven. Dat zou hij doen. Curry vloekte binnensmonds, bracht de kop koffie naar zijn lippen en staarde door het smerige raam naar buiten.

63

Gabriel Mørk zat in de kleine briefing room met zijn laptop op schoot, maar hij kon zich niet goed concentreren. De wand voor hem was nu bijna helemaal bedekt met het kunstwerkje van Ludvig Grønlie. Foto's, papieren en briefjes in alle kleuren. En op het stuk muur bij de deur, helemaal in zijn eentje: Ivan Horowitz.

Munch was vaag geweest en Goli al net zo ontwijkend. De ochtendbijeenkomst was merkwaardig verlopen, maar hij had zijn dag desondanks besteed aan datgene wat hij te horen had gekregen. Horowitz, de nieuwe verdachte. Al onvindbaar sinds 2012, maar zou het kunnen dat hij ergens op internet toch sporen had achtergelaten?

Veel had hij niet gevonden. Eigenlijk niets recents, alleen een oude Facebookpagina. Wat foto's van Horowitz die in uniform met een automatisch geweer in zijn handen naar de zon tuurde. Laatste post voorjaar 2011. *Nu gauw met verlof naar huis*, smiley. *Tot dan, Ivan!* Maar één reactie, van ene Caroline, die hij zelfs had opgebeld, maar die net zomin iets wist als enig ander. Helaas, niet gezien. Geen idee. Ze wekte niet de indruk dat het haar veel kon schelen, al was ze natuurlijk wel nieuwsgierig. Spannend hoor, iets om aan haar omgeving te vertellen. *Ik ken Ivan, we waren Facebookvrienden. Je weet wel, die seriemoordenaar naar wie ze op zoek zijn. De politie heeft me gebeld. Ik ben belangrijk.*

Het was Gabriel halverwege het gesprek tegen gaan staan en hij had het afgebroken.

Ivan Horowitz. Geboren in Gjøvik, 21 november 1988. Van

zijn eigen leeftijd. Gabriel schudde even zijn hoofd en wierp een blik op de rest van zijn aantekeningen.

Moeder: Eva Horowitz, overleden 2007 (auto-ongeluk). Vader: Anatol Horowitz, overleden 2007 (idem). Enig kind. Vervolgopleiding na de middelbare school, Gjøvik, 2006-2008. Leger, Telemarks-bataljon, 2008-?. Afgezwaaid in 2010. Opgenomen in psychiatrische kliniek Blakstad 2011-?

En dat was hem opgevallen. Als psychiatrisch patiënt in Blakstad? Hij wist nog hoe nerveus en gespannen hij was geweest in dat kantoorgebouw bij het Ullevaal-stadion, en om het hier dan bij te laten?

Hij was wel teleurgesteld, moest hij toegeven. Allemaal voor niets. Ook al was hijzelf degene die er geen idee van had hoe hij in al dat materiaal moest zoeken. Maar toch, moest hij er dan verder gewoon maar van afzien? Hij had zin gehad om Mia te vragen of ze misschien wat dieper moesten graven. Bij elkaar moesten gaan zitten om te kijken of er toch nog iets in zat. Maar daar was het niet van gekomen. Hij had haar al een poosje niet gezien. Niet op de bijeenkomsten en ook nergens anders. Mia was plotseling verdwenen zonder dat het Munch of wie dan ook iets leek te kunnen schelen. Vreemd, maar het ging er op kantoor sowieso eigenaardig aan toe sinds die hoofdverdachte was opgedoken. Zomaar uit het niets. Munch noch Anette had iets uitgelegd; ze wisten alleen dat dit nu de man was die ze zochten. Honderd procent focus. Bronnen die heel diep weggestopt zaten in de inlichtingendienst van het leger, dat was alles. Geen vragen stellen.

De media stonden nu bol van de jacht op Horowitz. De militair. De seriemoordenaar. Die nog vrij rondliep in Oslo.

Hij was eerder op de dag even naar huis gegaan en had het van de gezichten van de mensen kunnen aflezen. Ze haastten zich van a naar b met hun armen beschermend om hun kinderen heen geslagen; buren met wie hij normaal gesproken een kletspraatje hield, hadden hem ontweken en waren bijna op een holletje weggelopen om zich achter hun rode deuren in veiligheid te brengen.

Hij snapte ze best. Hij had Tove met Emilie naar haar moeder in Hadeland gestuurd.

'Serieus, Gabriel?'

'Het gaat vast wel goed, maar doe het nou voor mij.'

'Oké, ze zal wel blij zijn om ons te zien.'

Een vluchtige kus en weg waren ze, en hij was ontzettend opgelucht geweest toen hij de rode lichten van de Volvo had zien verdwijnen.

'Tjonge, wat spannend.' Een ironische Ylva kwam met haar laptop de kamer in en liet zich op de stoel naast hem zakken. 'Verder nog iets gehoord?'

'Niet sinds de bijeenkomst.'

'Maar er moet toch meer te doen zijn dan alleen maar hier zitten?' Zuchtend wreef de jonge IJslandse in haar ogen. Gabriel knikte, want hij begreep haar heel goed. Het doorgaans zo drukke kantoor waar de telefoons voortdurend rinkelden en de mensen door de gangen draafden was in een doods landschap veranderd. Alleen zij tweeën waren hier nog. Ludvig was naar Grønland, Munch en Anette naar de kerk – weer een slachtoffer, ditmaal een priester. Gabriel had zo'n beetje gehoopt dat ze binnen zouden komen – een nieuwe briefing, nieuwe informatie –, maar nee, ze hadden blijkbaar wat anders aan hun hoofd. En van Mia had hij dus al een tijdlang geen spoor meer gezien.

'En, wanneer was je van plan het me te vertellen?' vroeg Ylva met een lichte por tegen zijn schouder.

'Waar heb je het over?'

'Mij hou je echt niet voor de gek,' zei ze plagerig. 'Dat klusje. Maak het nou! Je bent zo doorzichtig als een glazen ruit. Was het voor Mia?'

'Wat?' zei Gabriel, die voelde dat zijn wangen begonnen te gloeien.

'O, gaat dat zo?' zei het IJslandse meisje gepikeerd. 'Geheime opdrachten? En ik mag het niet weten? Kom nou, zeg! Wat heb je uitgevoerd?'

Gabriel zuchtte. Waarom ook niet? Munch zou het ongetwijfeld een zorg zijn. En ze deden er toch niets meer mee. 'Ik heb de database van Wolfgang Ritter gehackt,' zei hij snel.

'Wat?' zei Ylva. 'Zonder toestemming?'

'Wat heet toestemming,' mompelde Gabriel. 'Opdracht van Mia.'

'Allemachtig,' zei ze. 'Hoe heb je dat aangepakt, ben je op zijn kantoor geweest? Rechtstreeks zijn computer in gegaan?'

'Ik zat in de wachtkamer.' Gabriel dook een beetje in elkaar op zijn stoel. 'Vind jij dat ik het niet had moeten doen?'

'Natuurlijk wel! Maar dat doet er nu verder niet toe. Wat heb je gevonden? Staat het daar?' Ze schoof haar stoel dichterbij en wierp een gretige blik op zijn scherm.

'Ik kan er niks mee,' zei Gabriel kortaf. 'Maar het gekke is dat ik er daarnet juist aan zat te denken. Weet je dat Horowitz' – hij knikte even naar Ludvigs aantekeningen – 'in de psychiatrische kliniek Blakstad opgenomen is geweest?'

'Waarom kun je daar niks mee?' vroeg Ylva nieuwsgierig. 'Stel dat Ivan Horowitz ook een patiënt van Ritter was? Misschien is daar wat over te vinden.'

'Heb ik al nagetrokken,' zei Gabriel hoofdschuddend. 'Hij stond er niet bij.'

'Hoe weet je dat?'

'Omdat ik alles doorgenomen heb.'

'Zei je net dat je er niks mee kon?'

'Het zijn de handgeschreven aantekeningen van de psychiater, die gescand en in een pdf gezet zijn, snap je? Dus je kunt niet in het document zoeken.'

'Hoezo niet?'

'Met de hand geschreven en vervolgens gescand, ja?' Ze leek het nog steeds niet te begrijpen. 'Stel dat ik naar het woord “brand” wil zoeken. Of “*De gebroeders Leeuwenhart*”. Dat kun je niet machinaal zoeken. Je hebt iets nodig wat die tekens herkent, ja?’

‘Oké,’ zei Ylva.

‘Om al die geschreven teksten te kunnen doorzoeken, moet ik de computer eerst met zijn handschrift bekend maken. Een a ziet er zo uit, een b zo enzovoort, maar dan zou het nog steeds lastig zijn. Hoe zijn de letters aan elkaar geschreven, een l aan een k, een n aan een m enzovoort, ja?’

‘O!’ zei Ylva, die eindelijk begreep wat hij bedoelde.

‘Het is zonder meer mogelijk,’ ging Gabriel verder, ‘maar zoiets gaat weken duren...’

‘Maar hoe...?’ begon Ylva, en ze duwde haar bril hoger op haar neus.

‘Hoe wat?’

‘Hoe weet je dan zo zeker dat Horowitz er níét bij staat?’

‘Vanwege de titels,’ zei Gabriel.

‘Wat bedoel je?’

‘Kijk,’ vervolgde Gabriel, terwijl hij een document ophaalde. ‘Hij heeft ze benoemd. Zie je? Naam en geboortedatum. En daar kan ik natuurlijk op zoeken – geen probleem. Net als met alle andere filters die ik hier heb.’

‘Maar stel nou dat...?’ zei Ylva, en ze dacht even na.

‘Dat wat?’

‘We weten de leeftijdsgroep toch? Dan kunnen we op de geboortedatum zoeken. Die staat er toch in?’

‘Ja, maar ik weet toch al dat hij niet een van deze patiënten is? Zijn naam staat hier niet bij.’

‘En Karl Øverland?’

‘Staat er ook niet in, heb ik nagekeken.’

‘Oké, maar kijk daar eens.’ Ylva wees naar de wand voor hen. ‘Die tekeningen.’

‘Ja?’

‘Je ziet vast wel dat ze niet hetzelfde zijn.’

'Waar wil je...?'

'De moordenaar is duidelijk een... tja, wat zal ik zeggen... Hij lijkt erg berekenend, toch? Er wordt niets aan het toeval overgelaten. Ik bedoel, daar heeft hij een bril, daar een ander kapsel. Stel dat Horowitz toch in die dossiers staat? Onder een andere naam, of weet ik veel.'

'Maar dat slaat nergens op,' verzuchtte Gabriel. 'Waarom zou hij onder een andere naam naar de psychiater gaan? En kan dat eigenlijk wel? Moet je niet, eh... Nee, zo werkt het niet, of wel?'

'Nee, je hebt gelijk,' zei Ylva, en ze zette haar bril af. 'Waarom zou hij?'

'Precies.'

'Waarom in vredesnaam?' Ze wreef in haar ogen en zette haar bril weer op. 'Ja, ja...'

Ze bleven zwijgend zitten met hun blik op de veelkleurige wand gericht.

'Tenzij...' begon Ylva.

'Wat?'

'Nee, daar kunnen we niks mee,' zei het meisje uit IJsland. Ze liet haar hoofd in haar handen rusten. 'Verdomme nog aan toe. Het zou zo mooi geweest zijn om die ouwe rotten iets onder de neus te kunnen wrijven. Ik bedoel maar, ze laten ons als een stelletje figuranten hierboven zitten. Ik heb er een hekel aan om niets te kunnen bijdragen.'

'Ik weet precies wat je bedoelt,' beaamde Gabriel.

'Maar toch... Blakstad? Een psychiatrische inrichting? Jij dacht het ook, hè? Hij moet ergens met de slachtoffers in contact zijn gekomen. Ik bedoel maar, púúr toeval? Echt niet! Hij moet ergens door getriggerd zijn. En Vivian Berg? Zij was de eerste, hè? Het eerste slachtoffer. Een patiënte van Ritter. Je kent Mia toch?' zei Ylva. Ze stond op, nu vol vuur. 'Waarom wilde ze dat jij in die database zou inbreken als ze niet een of ander vermoeden had? Zei ze waar ze daar in Blakstad over hadden gepraat? Toen ze hem verhoorden – Ritter?'

'Nee.'

'Verdorie, Gabriel,' zei Ylva. 'Er moet toch iets mee aan de hand zijn geweest?'

'Jawel, maar wat dan?'

'Ik mag hangen als ik het weet, maar we weten hoe oud hij is, toch?'

'Horowitz? Vijfentwintig,' zei Gabriel.

'Plus of min een paar jaar, oké?'

'Wat bedoel je?'

'Nou, kijk eens naar die foto's. Die tekeningen. De beschrijvingen van degenen die hem in het echt hebben gezien. Laten we zeggen... drieëntwintig tot... tja, zevenentwintig – in die richting?'

'Ik snap niet waar je heen wilt.'

'Je had zijn geboortedatum, zei je toch?' Ylva kwam naast hem staan en zette haar vinger op zijn scherm. 'Wat wordt het dan? 19...86 tot 1990. Probeer dat eens.'

Gabriel begreep niet helemaal waar ze op uit was, maar toetste het in.

'Hoeveel hits?'

'Tweehonderdvijfenzeventig,' antwoordde Gabriel.

'Kijk eens aan,' zei Ylva, en vergenoegd gaf ze hem een por tegen zijn schouder.

'Wil je dat we die allemaal gaan lezen? Heb je enig idee hoelang dat gaat duren?'

'Waarom niet? Heb jij iets anders te doen?'

Nergens was een geluid te horen. Gabriel hoorde auto's rijden ergens buiten op straat. Het gezoem van een ventilatiesysteem waarvan hij het bestaan niet eens had geweten. 'Ach ja, waarom ook niet?' mompelde hij ten slotte.

'Mooi,' zei Ylva, en ze gaf hem nog een por. 'Ik neem de a tot... welke letter wordt dat?'

'De n,' zei Gabriel.

'Prima. En dan doe jij de rest. Stuur je de files naar me toe?' Ylva sprong op. Ze deed nu nog het meest aan een schoolmeisje denken, zoals ze enthousiast in haar handen klapte en grijnsde van oor tot oor. 'We zien elkaar hier weer als we klaar zijn, goed? Of als er iets boven tafel komt.'

'Dat kan dagen duren,' verzuchtte Gabriel.

'Dat moet dan maar. Krijg ik de files?'

'Ze zijn onderweg,' prevelde Gabriel, terwijl hij ze aan een mailtje hing en dat naar haar stuurde.

64

Mia zweefde tussen droom en werkelijkheid en kon nergens heen. Fysiek was ze uitgeput, maar haar hoofd draaide nog op volle toeren. Deze keer had ze Charlies magische slaapdrank geweigerd; ze wilde niet het risico lopen dat ze helemaal wegraakte. Curry kon ieder moment bellen. Ze moest wakker blijven, aanwezig, horen wat hij te zeggen had. Toen ze onderweg was naar Tøyen, had Munch haar herhaaldelijk gebeld, maar ze had niet opgenomen. Zo liet ze zich niet behandelen. Ze konden allemaal de pot op. Ze had het bericht dat hij had gestuurd even bekeken. *Nieuw slachtoffer. Paul Malley, priester. Nog een camera, nummer negenentwintig.* De woorden waren samen met haar in het zachte kussen weggezakt en daar langzaam opgegaan in haar lichamelijke behoefte aan rust.

Die getallen. Vier, zeven, dertien, negenentwintig. Een dodenlijst? Iets te simpel, hè? Waarom dan telkens een camera neerzetten met het getal in de lens gekrast? Op iedere plaats delict een ander? Er waren toch honderd andere plaatsen om een getal achter te laten? Op de muur, op het lichaam. Dat was toch ook *meer op zijn plaats*? Waarom die camera? Er ontging haar vast iets belangrijks. Die getallen zitten... op het fototoestel. Oké. Nee, nee, *concentreer je*. Ze zitten ín het toestel. Een groot verschil. In de lens. Niet buitenop. Vergeet die camera nou. *De foto*. Vasthouden die gedachte, Mia, niet wegzakken. Dit is belangrijk. Je drukt op de sluiter en het getal wordt... een deel van de foto? Ze moest toch zijn ingeslapen, want plotseling stond Sigrid voor haar op straat in Oslo. Niet meer dan een schaduw zonder gezicht, maar ze was het, en terwijl haar tweelingzus haar langzaam verder wenkte over het donkere, vochtige asfalt, rinkelde de armband zwaar om haar pols. *Kom, Mia, kom*. Ineens een knul met een gele muts, gebogen over een vrouw met een rood gewatteerd jack, maar ze verdwenen weer, gingen op in de mist. Even was ze haar kwijt. Bleef staan terwijl haar hart in haar keel bonsde en haar stem haar mond niet uit wilde. Plotseling een glimp van mama, en toen van papa. Voor het graf op het kerkhof. Ook zij niet meer dan huilende, trieste schaduwen, en toen stond Sigrid plotseling weer voor haar en begreep ze waar ze was. Dit was die kelder. De matras op de vloer. Het smerige hok waar ze was gevonden. Haar zus ging voorzichtig liggen en trok de rubberen band strak om haar dunne arm. Mia wilde wanhopig graag naar haar toe. Haar armen beschermend om Sigrid heen slaan, maar haar lichaam weigerde dienst. Haar benen zaten vast. Ze kon zich niet verroeren. Mia wilde roepen, jammeren, schreeuwen, maar ze had geen stem. Een gestalte achter haar nu; er waren meer mensen in deze ruimte. Armen die haar grepen, vasthielden, een vreemde hand voor haar ogen. Paniek toen haar zus de naald op haar huid zette en door de nevel heen treurig tegen haar glimlachte.

De dood is niet erg, Mia.

Kom je?

Mia schoot overeind in bed en hapte naar adem. Haar gezicht droop. Ze krabbelde overeind en sjokte op blote benen naar de keuken, haar lichaam nog zwaar van het dromen.

Verdomme. Op goed geluk trok ze een kastdeurtje open, vulde een glas met water en dronk het leeg. Vulde het nog eens en bleef trillend bij de spoelbak staan, terwijl rondom haar de realiteit weer terugkeerde. *Jezus.* Ze liet zich langzaam op een stoel zakken en slaagde er eindelijk in haar ogen te openen. De keuken van Charlie Brun. Oké. Prima. Een veilige plek. Ze was moe geweest. Had haar lichaam moeten verbieden om in te slapen. *Die getallen.* Een fototoestel. *Dat op het slachtoffer gericht was.* In de lens gekrast. Kijk dan, Mia, verdomme, kijk nog eens goed. Door de camera. Wat zie je, Mia?

Snap je het nu?

Ze wierp een blik op de familiefoto's aan de muur boven de keukentafel. Die arme Charlie. Herinneringen aan een leven dat niet makkelijk was geweest.

Wat krijgen we nou...? Ze liet het waterglas bijna op de grond vallen. Dat kon toch niet...?

Wel degelijk.

Vier. Een balletdanseres.

Zeven. Een jazzmusicus.

Dertien. Een jongen met een zwembroek.

Negenentwintig...

God nog aan toe, dat...

Ze stond zo snel op dat haar knie tegen de harde tafel klapte, maar de pijn die door haar heen vlijmde toen ze naar de slaapkamer terugholde en als een bezetene haar kleren begon aan te trekken voelde ze niet eens. Ze wist niet meer waar ze Charlies sleutels had neergelegd, maar dat was dan jammer. Ze schoot haar jasje aan terwijl ze de trap af holde en liet de deur gewoon achter zich openstaan.

Buiten. Mensen. Taxi...? Daar. Ze wierp zich op de achterbank met haar ene laars nog maar half aan. 'Sofies plass 3.'

'Is dat niet in Bislett?'

'Rij nou maar. Het heeft... haast.'

'Druk?'

‘Rijden nou, ja? En snel graag.’

‘Oké,’ zei de stem achter het stuur, en de auto draaide van de stoeprand weg.

65

Curry keek op naar de flat boven hem. Intussen begon de regen op zijn voorruit te roffelen. Kloteweer. Die gure, donkere winter, en nu wilde het maar geen voorjaar worden. Hij haalde een nieuwe dot kauwtabak uit zijn jas, stopte die onder zijn bovenlip en keek weer door het raampje. Kyrre Grepps gate. Was hij hier niet al eens geweest? Eerst had hij het niet begrepen, dat bericht van Jimbo. *Kevin wacht je op in Kyrre Grepps gate 15. Derde verdieping, flat C, om zes uur. Neem poen mee.* Hij was op een holletje naar Mariboes gate gegaan, had verwacht dat Munch precies zou willen weten waarvoor hij een auto nodig had, maar er was gelukkig bijna niemand geweest. Alleen Ylva en Gabriel, over een computer in de briefing room gebogen. Hij had een van de sleutelbossen van de muur gepakt zonder dat ze zelfs maar hadden gemerkt dat hij binnen was. Ook goed. Hij bracht het momenteel niet op om het uit te leggen. Weer keek hij naar de flat op de derde verdieping. Hij had hier nog niet zo lang geleden samen met Allan Dahl gezeten, toen het heuglijke nieuws was gekomen dat de eenheid weer ging draaien. Lotte – heette ze zo niet, die junk aan wie ze om onbegrijpelijke redenen hun tijd moesten verdoen? Hij pakte zijn telefoon en probeerde Mia weer te bereiken, maar ze nam nog steeds niet op. Het klokje op het dashboard naderde angstaanjagend snel de zes. Zou hij dan maar alleen naar boven gaan?

Nee, hij moest op haar wachten, toch? Hij wist verdomme niet eens wat hij aan die Kevin moest vragen. Ja, die armband, daar kon hij mee beginnen. Hij belde nog maar weer eens, maar aan de andere kant bleef het stil. *Verdomme.* Nou ja. *What to do, what to do?* De regen kletterde nu nog harder op de voorruit, de ruitenwissers konden het bijna niet aan, en het klokje voor hem sprong op zes. Was er maar zo'n kort tijdvenster om die vent te spreken? Zou hij het anders laten afweten en op een wolkje wegzweven? Curry probeerde Mia nog eens, maar het lukte ook nu niet. Weer dat standaard-voicemailbericht: *Het nummer dat u hebt gebeld...*

Hij borg zijn telefoon weer weg en nam een besluit. Snel opende hij het portier, trok zijn jasje over zijn hoofd en holde de straat over, terwijl de regen op het asfalt om hem heen plensde. *Takkeweer.*

Hij schudde zich uit en keek naar de reeks bellen. Derde verdieping. Mia nog eens proberen? Nee, ze moest hem later maar bedanken.

Hij glimlachte flauwtjes bij zichzelf en drukte op de bel naast 3c.

66

Mia gaf de taxichauffeur al het geld dat ze bij zich had zonder zich te bekommeren om de verbijsterde blik waarmee ze werd nagekeken. Ze opende met trillende vingers de buitendeur en liep de trap op. Niemand in de gangen, gelukkig. Niet dat het er iets toe deed. De volgende sleutel. Ze duwde de deur open, rende naar haar slaapkamer en bleef buiten adem voor die ene kartonnen doos staan. Met haar sleutel sneed ze de tape door, ze haalde het album uit de doos en plofte op de grond.

Mia's album. Opnieuw die onvaste handen. Ze trilde over haar hele lijf toen ze het voorzichtig opensloeg en begon te tellen.

Bladzij één.

Bladzij twee.

Bladzij drie.

Ze kreeg haar emoties bijna niet in bedwang toen ze de foto zag. Daar. *Op bladzij vier*. Sigrid in haar balletpakje. Nog heel jong, misschien vier jaar. Naast haar een al even onzekere Mia, die naar de camera tuurde.

Tussen hen in: *de balletjuf*. Een jong meisje nog, misschien net in de twintig. Volledig in kostuum, met spitzen aan en oorknopjes met parels. Ze had haar armen om hen allebei heen geslagen en glimlachte breed tegen de fotograaf.

God nog aan toe. Weer trillende vingers, maar ze slaagde erin om verder te bladeren. Bladzij zeven. Papa, met haar op schoot tijdens een openluchtconcert. Met opgestoken duim grijnzend naar de camera. Op de achtergrond iemand op een podium, een jazzsaxofonist. Daaronder in mama's krullerige handschrift: *Papa's lievelingslied. 'My Funny Valentine.'*

Dat kon toch niet...

Ze moest zichzelf dwingen om door te gaan. Bladzij dertien. Een platte rots aan zee bij Åsgårdstrand. Zomer. Zij in badpak, turend naar de zon met haar ogen tot spleetjes geknepen, een jaar of veertien. Naast haar een buurjongen. Met een zwembroek aan. Waterdruppels op zijn magere lijf. Sigrid zwaaiend op de achtergrond met een handdoek omgeslagen. *Eindelijk zon. De jeugd vermaakt zich.*

Mia bladerde nu werktuiglijk verder. Bladzij negenentwintig. In de kerk. De tweeling met dezelfde jurk aan. Sigrid met een brede lach. Zij met gesloten mond omdat ze haar beugel niet aan de fotograaf wilde laten zien. In het midden de geestelijke. *Trotse confirmanten!*

Vier.

Zeven.

Dertien.

Negenentwintig.

Een camera op een statief. Getallen in de lens gekrast. Kijk, Mia. Kijk door de camera.

Waarom in hemelsnaam...?

Nu kwam de misselijkheid die zich in haar had opgebouwd omhoog en het zweet brak haar uit. Ze strompelde naar de badkamer en hield haar hoofd boven de wastafel, maar er zat niets in haar maag. Ze hield haar handen onder de kraan en plensde het koude water over haar gezicht.

Zij. Geen dodenlijst, maar *Mia's album. Het ging om haar*. Ze haalde haar hand over haar gezicht, liep op een sukkeldrafje terug naar de kamer en ging op haar knieën zitten, terwijl ze haar hersens weer bij elkaar probeerde te krijgen. Jezus.

Oké. Foto's in mijn eigen album. Ze bladerde behoedzaam terug naar de eerste.

Toen ontdekte ze het: iemand had eraan gezeten. De foto eruit gehaald en hem weer vastgelijmd. De randen zagen er anders uit. Haar vingers gehoorzaamden haar nog steeds niet helemaal, maar uiteindelijk wist ze de foto los te peuteren. Voorzichtig draaide ze hem om.

Iemand had iets op de achterkant geschreven. In zwierige letters, met een blauwe pen.

Gefeliciteerd.

Ze vermande zich en bladerde snel verder.

Knap, hoor.

Op de automatische piloot nu, weer verder, de jongen op de platte steen. Nu trok ze de foto haastig los.

Wil je nog een laatste hint?

Haar handen trilden nu hevig. Ze kon de bladzijden bijna niet omslaan. De geestelijke die in de camera lachte, Sigrid en zij met eenzelfde jurk. Hetzelfde handschrift. Een blauwe pen op de oneffen achterkant.

Salem. Natuurlijk. Jezus nog aan toe.

Mia liet het album geopend op de grond liggen, kwam duizelig overeind en draafde al van de kamer naar de gang om haar leren jasje te zoeken, toen ze besefte dat ze het aanhad.

Salem. Jon Ivar Salem. De gebroeders Leeuwenhart. Het brandende huis.

Ze viste onhandig haar telefoon uit haar jaszak en belde Ludvig Grønlie.

'Mia? Waar ben je? Munch heeft...'

'De pyromaan,' was het enige wat Mia zei. Ze voelde de kamer heen en weer deinen.

'Hè?'

'Jon Ivar Salem, weet je nog?'

'Natuurlijk,' zei Grønlie ergens heel ver weg.

'Waar zit hij? Kun je dat nagaan, Ludvig? Nu meteen? Waar zit hij?'

'Gaat het wel goed met je, Mia?'

'Prima. Maar wil je het alsjeblieft voor me nagaan? *Please?*'

'Natuurlijk, wacht even...'

In de verte hoorde ze zijn vingers op het toetsenbord.

Grønlie was terug. 'Ullersmo.'

'Zeker weten?'

'Ja, ja,' zei Grønlie. 'Wat is er aan de hand, Mia?'

Ze nam niet de tijd om te antwoorden, maar drukte hem gewoon weg en holde de gang in. De sleutels van de Jaguar. Verdomme. *Ha, daar.* Ze haalde ze van het haakje bij de deur, bekommerde zich er niet om dat die achter haar open bleef staan en stormde in volle vaart de trap af.

67

Curry had net op de bel van het appartement op de derde verdieping gedrukt, toen het tot hem doordrong dat er iets niet klopte. Zijn hoofd werkte traag, maar nu kwam alles langzaam vanuit de diepte bovendrijven. Er had een auto aan de overkant van de straat gestaan. Die had hij toch al eens eerder ergens gezien? En was het niet een beetje erg toevallig dat dit dezelfde flat was die hij destijds met Allan Dahl had zitten observeren, terwijl dat nergens goed voor was? En waar had hij die auto dan eerder gezien?

De deur ging open. In de deuropening dook een gezicht met een ontwijkende blik op. 'Ja?'

'Kevin?'

'Ja, waar gaat het om?'

'Jon Larsen. We hadden een afspraak. Via Jimbo.'

'O ja,' zei de jongen, die nauwelijks ouder dan twintig kon zijn. Hij deed de ketting eraf en liet hem binnen. Rare wenkbrauwen. Min of meer afwezig. Niet helemaal jofel, die gast. Nu alleen nog een gele muts op en dan leek hij precies op Mia's beschrijving.

'Heb je de poen?' mompelde de junk, en hij sloeg één arm om zijn magere lijf.

'Jazeker.' Curry wierp een snelle blik in de flat en zag zijn vermoedens bevestigd. Niets te zien van wat normale mensen een thuis noemden. Een spoor van afval vanaf de gang tot de matrassen in de kamer. Een groene jarenzeventiglamp naast een raam waarvoor een smerig laken gespannen was.

'We hadden tweeduizend afgesproken, geloof ik,' zei Curry. Hij stak zijn hand in zijn zak.

'Eh... ja, tuurlijk,' zei Kevin met een verstolen blik over zijn schouder.

Die auto op straat. Verdomme, wat werkten zijn hersens traag. Dat was toch dezelfde auto die hij door Luna's raam had zien staan? Toen hij op zijn bek was gegaan en bang was geweest dat iemand hem zou zien?

Het geld dat naar die magere uitgestoken hand ging. Zijn lichaam, dat dingen deed voor zijn hoofd kon zeggen dat hij dat moest laten.

Allan Dahl.

Zijn brein was nog stroperig, maar het zat eraan te komen. *Een politieman? Binnen het korps?*

Die man achter het stuur. Hij wist dat hij dat gezicht eerder had gezien. De advocaat. Lorentzen. Verdomme.

Natuurlijk. Hij zag het nu ook aan de blik van de junk, die traag het geld aannam en nerveus naar iemand keek die plotseling achter hem opdook.

O god... Curry stak instinctief zijn armen omhoog om zijn hoofd te beschermen, want hij wist wat er komen zou. Maar het was te laat.

Een man uit de schaduwen. Metaal tegen zijn slaap. Curry was weg, lang voordat zijn lichaam op de grond neerkwam.

68

Een ijskoude regenbui had de hoofdstad schoongespoeld, maar Mia merkte niet eens dat het droog was geworden toen ze verward het grote hek van de strafgevangenis Ullersmo uit liep. Jon Ivar Salem. Hij had even verbaasd geleken als zij toen ze hem van de BPG hadden opgehaald, de afdeling voor beheersproblematische gedetineerden. Hij had een van de andere gevangenen aangevallen; de details waren haar ontgaan. *Verdomme.* Wat had ze dan verwacht? Ging het niet de hele tijd al zo? Overal dwaalsporen? Raymond Greger, Klaus Heming. Ze was recht op hem afgelopen in het kamertje, emotioneel, onprofessioneel, strak van de adrenaline. *Heb je iemand betaald, om te moorden? Omdat ik je opgepakt heb? Was het daarom? Mijn foto's? Mijn album? Wie is er in mijn flat geweest?* Hij had haar met grote ogen aangestaard. Alsof zij de patiënt was en hij degene die gezond was. *Verdomme nog aan toe.*

De beruchtste pyromaan van Noorwegen: Jon Ivar Salem. Die afschuwelijke vent had bijna vijf jaar lang overal in het oosten van Noorwegen huisgehouden. Het ene huis na het andere. Ogenschijnlijk volkomen toevallig. Hij had ze 's nachts in brand gestoken. Niet met een jerrycan met benzine en een aansteker – nee, op een cynische manier, veel doortrapter. Als loodgieter wist hij ook het nodige van elektrische leidingen af. Tijdens de rechtszaak bleek dat hij in alle huizen wel eens werkzaamheden had uitgevoerd. Een gesprongen leiding. Een wc die verstopt zat. Een nieuwe boiler. En hij had eindeloos veel geduld gehad. Had gewacht tot hij zeker wist dat hij niet meer op de lijst stond van mensen die als verdachten in aanmerking zouden komen. Een nachtelijke inbraak. Een verkeerd aangesloten elektrische leiding, het liefst met oude kleren of vodden erbij die hij in de kelder had gevonden. En vervolgens was hij in zijn auto gaan zitten. Met uitzicht op de vlammen. Vierentwintig eengezinswoningen. Vierentwintig gezinnen. Dertien doden. En niemand had het verband gezien, totdat een jonge, onervaren Mia Krüger op een dag op de zaak was gezet.

In de rechtszaal had ze het aan zijn gezicht gezien. Eerder nieuwsgierig dan vol haat iedere keer dat hij zich naar haar toe had gekeerd. Wie was dat mens eigenlijk dat hem na veertien jaar te pakken had gekregen?

Jon Ivar Salem. *Er is brand.* Natuurlijk. Maar toch ook weer niet... Er was toch geen verband?

Salem had er geen flauw idee van gehad wat er aan de hand was. 'Iemand heeft me een ring gestuurd,' had hij uiteindelijk gemompeld. 'Ik zou een beloning krijgen.' Dat zoetsappige lachje van achter de tafel toen de bewaker de ring uit zijn kamer ging ophalen.

'Van wie?'

'Geen idee. Ik weet alleen dat ik iets zou krijgen. Heb jij het – mijn cadeautje?'

Een gouden ring. Die had ze onder veel misbaar van zijn kant in haar zak gestoken, maar de bewaker had hem overmeesterd. Handboeien omgedaan. Terug naar de BPG.

Een gouden ring?

De middagzon kroop achter een wolk vandaan en werd weerspiegeld in het water op de parkeerplaats. Mia haalde een pastille uit haar zak en probeerde alles op een rijtje te krijgen.

Oké. Diep ademhalen, Mia. Die foto's. In het album. *Mia's album.* Daar zitten alle moorden in. Reconstructies.

Gefeliciteerd. Knap, hoor. Salem.

Mia was zo diep in gedachten verzonken dat ze niet merkte dat er iemand achter haar kwam staan. Nu zag ze hem vanuit haar ooghoeken – een bewaker natuurlijk. Strafgevangenis Ullersmo. Een aantal van de zwaarste criminelen van het land, strenge veiligheidsregels, zowel binnen als buiten.

'Pardon?' De stem kwam dichterbij. Er rinkelde een sleutelbos. Een grote zaklamp die niet aan was, want het werd pas over een paar uur donker.

'Sorry, politie,' prevelde Mia, terwijl ze haar ID uit haar binnenzak haalde en naar voren stak.

Salem. *Jon Ivar Salem? Wat kon het verdorie anders betekenen?*

De veiligheidsbeambte pakte haar ID aan, keek erop en gaf het terug. 'Knap, hoor.'

'Hè?' Ze draaide zich om, nog steeds niet helemaal bij de les, en plotseling begon het weer te regenen, nu midden in haar gezicht.

'Knap, hoor, Mia.'

Wat krijgen we...?

Ze opende haar ogen en staarde in een jong gezicht dat breed glimlachte. Weer kwam die uitgestoken arm in uniform op haar af, niet met een zaklamp, maar met *een waterkan.* Voeten die wilden wegrennen, vingers die in haar handpalmen drongen toen haar hoofd plotseling begreep wat dat water was. Maar het was al te laat.

'We gaan met jouw auto. Die is zo mooi.'

Een sleuteltje in het contactslot, haar armen ergens ver weg, een laatste poging om haar bewegingen onder controle te krijgen, maar het enige wat ze nog meekreeg was dat het weer ging regenen.

Lieflijke, milde druppels die behoedzaam over de voorruit biggelden, terwijl de auto langzaam de parkeerplaats af reed.

6

69

Munch had zijn auto net in de parkeergarage aan de Mariboes gate gezet toen zijn telefoon ging. Hij hoopte Mia's naam op het display te zien, want hij had haar al een paar keer gebeld.

'Met Anette,' zei Goli. 'We hebben hem.'

'Wat?' zei Munch.

'Ivan Horowitz.'

'Serieus?'

'Drie afzonderlijke tips over precies hetzelfde,' zei Goli buiten adem. 'Ik heb ze aan Edvardsen doorgegeven. Ze zijn al onderweg.'

'Wie is er onderweg, en waarheen?'

'Hij heeft een vakantiehuisje,' ging Goli door. 'Niet al te ver van de plek waar Vivian Berg gevonden is. Een uurtje van de weg af, in tegenovergestelde richting.'

'Horowitz?'

'Ja, zoals gezegd: drie bellers die alle drie hetzelfde vertelden. Hij had zich daar al een tijd geleden teruggetrokken,' zei Goli. 'Zei dat hij de mensheid zat was en in zijn eentje in de natuur wilde leven. En sindsdien heeft niemand hem meer gezien.'

'Jezus!' barstte Munch uit. Hij draafde naar zijn auto terug. 'Wie is erheen?'

'Het leger,' zei Anette. 'Ze sturen de eenheid erop af waar ze het al eerder over hebben gehad. Edvardsen wil dat we komen.'

'Naar het zenuwcentrum?'

'Ja.'

'Waarom?'

'Dat moet je niet aan mij vragen,' verzuchtte Anette. 'Om

op te scheppen? Het ons in te wrijven dat zij beter zijn dan wij? Weet ik veel. Maar hoe dan ook, we hebben hem. Het is nu gauw voorbij. Gelukkig.' Munch kon de opluchting in haar vermoeide stem horen. 'Kom je?'

'Ik ben al onderweg,' zei Munch, terwijl hij snel in zijn auto stapte.

70

Toen Mia Krüger wakker werd, wist ze niet waar ze was. Het leek wel of ze nog droomde. Diffuse beelden gleden door haar hoofd en ze kon niet uitmaken wat echt was en wat niet. Ze bevond zich in een vakantiehuisje. Ze zag panelen van grenenhout. Een afgedekt raampje. Oma zat aan het voeteneinde van haar bed. Ze legde glimlachend een plaid over haar heen. Oma was er niet. Haar armen waren aan een klein bed vastgeketend. Haar ene voet ook. Het rook naar bomen. En naar vogels. Haar voorhoofd was warm. Mama zat aan het voeteneinde van haar bed. Ze had een dienblaadje met sap en een koud washandje bij zich. Mama was er niet. Papa stond voor het huisje. Hij was net terug van zijn werk. Hij had de auto gerepareerd. De oude, jadegroene Jaguar van opa. Die zij op een dag zou erven. Sigrid zat aan het voeteneinde van haar bed. Ze hield een fotoalbum vast. Mia wilde haar armen naar haar uitstrekken. Haar vasthouden. Stevig, zodat ze niet weer zou verdwijnen.

Doodgaan is niet zo erg.

Oma was terug. Sigrid glimlachte tegen haar. Kom je, Mia?

Mia deed haar ogen open en haalde moeizaam adem. *Wat is dit in vredesnaam?* Ze probeerde overeind te komen, maar dat lukte van geen kanten. Voelde de paniek opborrelen, maar onderdrukte die. *Rustig nou, Mia. Rustig.*

Haar armen aan een bed vastgebonden. Een van haar benen

ook. Niets voor haar mond. Ze speurde haar omgeving af. Die leek nog steeds diffuus, maar ze zag nu wat wel en niet echt was. Panelen van grenenhout. Een deur naar een andere kamer. Kasten aan de ene muur. Van een ouderwets design. Een vakantiehuisje. Een afgedekt raam. Een lichtkoepel in het dak. Ze ademde diep in en probeerde een hand los te trekken. Nee. Haar voet ook niet. Oké.

Niet in paniek raken, Mia. Hij houdt je gevangen, maar hij heeft je niet vermoord. Dat moet toch iets betekenen?

Terwijl het haar langzaam maar zeker weer duidelijk werd wat er was gebeurd, voelde ze zich kotsmisselijk worden. De camera. De foto's. Ze moest naar de motieven vragen, niet naar de camera zelf. De foto's bij Charlie Brun aan de muur. De getallen. *Mia's album*. Deze moorden hielden verband met haar. Salem. In Ullersmo. De gouden ring.

Verder kwam ze niet. Het deurtje ging plotseling open, en er dook een glimlachend gezicht op met iets in zijn handen.

Iets brandends.

Kaarsjes? Een taart?

'Hartelijk gefeliciteerd, schat. Ik weet natuurlijk dat je niet jarig bent, maar ik vond toch echt dat we het moesten vieren. Zal ik de kaarsjes uitblazen, of wil je dat zelf doen?'

71

Curry had er nooit over nagedacht hoe hij dood zou gaan. Het had hem in wezen nooit beziggehouden. Misschien van ouderdom. In een verre toekomst, op een of andere veranda met uitzicht op zee. In ieder geval niet zo: in een smerige flat, gevangen en aan een stoel gebonden, met een kap over zijn hoofd.

Hij gaf weer een ruk, maar het leek nog steeds of hij aan die harde keukenstoel vastgelijmd zat. Het touw sneed in zijn polsen. Hij kon wel janken, maar hij klemde zijn kaken op elkaar. Zijn hoofd deed zeer. Hij voelde het opgedroogde bloed op zijn nek. Ze hadden hem murw geslagen. Zijn hersens werkten niet meer. Jimbo?

Nee, niet Jimbo, verdomme.

Jimbo had een ontmoeting geregeld. Met de junk Kevin. Die een relatie had met die Lotte, de koerierster van Allan Dahl. Zo moest het in elkaar steken. Daarom hadden ze hier die ochtend in de auto gezeten. Dahl was er geweest om een oogje op zijn grietje te houden. Op zijn heroïne, zijn geld...

Aan een stoel vastgebonden met een kap over zijn hoofd. Verraden door een klootzak die eigenlijk aan zijn kant hoorde te staan. Jezus nog aan toe. Nee, zo had hij het niet voor zich gezien.

Hij hoorde niets meer. Er had een poosje grote activiteit geheerst. Keiharde stemmen die gebroken Engels spraken. Hier en daar een woord in het Noors. Hij had hem gehoord, die gore zak van een Dahl.

'*What to do with him?*' Wat doen we met hem?

En Dahl had iets geantwoord. *Kill him?* Afmaken? Of had hij gezegd: *We leave?* We gaan ervandoor? Het was hem ontgaan.

Curry trok nog eens aan de touwen, maar het enige wat hij bereikte was opnieuw die snijdende pijn in zijn polsen. Hij ging rechtop zitten op de stoel en voelde dat zijn hart sneller begon te kloppen onder zijn doorzwete, bebloede overhemd.

Verdomme. Voetstappen. Er kwam iemand aan. De deurklink bewoog. Verdomme.

Een fel licht bescheen hem, hij kon het zelfs door die kap heen zien. Een gestalte in de deuropening. Een grote, zwarte schaduw. Hij hoorde het geluid van een wapen. Dat ontgrendeld werd. Verdomme.

Instinctief boog hij zijn hoofd. Oké. Zo zou het dus gaan.

Hij sloot zijn ogen, merkte dat hij nu zat te trillen en prevelde met zijn droge lippen voorzichtig een paar laatste woorden.

Jammer dan, mensen. Bedankt voor alles.

72

Munch zat aan het uiteinde van de ovale tafel. Hij voelde de kamer bijna zinderen. De generaal had geprobeerd het te verbergen, maar Munch had de grijns om zijn lippen gezien. Goli had het bij het rechte eind gehad. Ze waren hier alleen als toeschouwers. Hij had bij hun eerste bezoek al gemerkt hoe neerbuigend ze keken. Politiemensen. Burgers. Nu zouden ze eens te zien krijgen wie er echt de baas was in dit land. Wie er echt verantwoordelijk was wanneer de veiligheid van de natie op het spel stond.

'Op ieder scherm is een rechtstreekse video-opname vanaf een soldatenhelm te zien.' Edvardsen zag er bijna uit als een klein jongetje met die afstandsbediening in zijn hand. 'Die sturen we door naar het hoofdscherm al naargelang het uitkomt.' Een jongetje dat een videospelletje speelde. Dat vermoedelijk miljarden kronen kostte. Munch werd er enigszins onpasselijk van, maar het deed er niet meer toe. Ivan Horowitz. De seriemoordenaar. In een vakantiehut in het bos. En nu zou het snel voorbij zijn.

Ze hadden Team Delta kunnen sturen, dat altijd paraat was. Maar Edvardsen had natuurlijk zijn eigen mensen gekozen. Om de aanwezige politici te laten zien hoe goed het belastinggeld besteed werd. Misschien konden ze er in het budget van volgend jaar een paar miljoen kronen bij doen. Wat donderde het ook? Nu moest hij ophouden. Het belangrijkste was dat ze die gestoorde figuur voorgoed inrekenden. Munch was lang sceptisch gebleven, maar sinds die priester was hij overtuigd. Paul Malley, nummer negenentwintig op de lijst.

Een schrapend geluid op het scherm. 'Eén en drie hebben het doel in zicht, over.'
'Drie en één, wachten, over.'
De camera's bewogen zich het bos in als bij een spelletje; daar leek het althans veel op. Soldaat één. Lichte nevel tussen de dichte boomstammen. Soldaat twee. Een glimp van een huisje, een soort hutje, een eind verderop. De loop van een automatisch geweer. Soldaat drie. Lopend door de hei, ineengedoken achter een struik. Het huisje was nu niet meer zo ver weg.
'Eén en vier, klaar voor de *breach*, over.'
'Vier en één, wacht op go, over.'
Digitale oorlogvoering. Live uit de donkere bossen. Munch merkte dat hij zijn blik niet van het scherm kon losmaken nu verscheidene soldaten de grijze deur naderden.
'Team, dit is één, radiostilte, wacht op go.'
Plotseling werd het stil in de kamer. Nieuwe geweerlopen over de hei. Een opgestoken duim voor een van de camera's vlak bij de grijze deur.
Nieuwe armbewegingen. Een gemaskerde soldaat wisselde van plaats met een andere. Twee man bij de deur nu, de anderen ieder voor een raam. Een hutje. Midden in het bos. Ivan Horowitz.
Zo meteen was het voorbij. Eindelijk.
'Go!'
En toen explodeerde de scène voor hem abrupt. Rookgranaten. Splinters van een deur. Brekend glas. De eerste soldaat liep het huisje in; de camera, nu met belichting, zocht verwoed om zich heen. Een tweede drong door het raam naar binnen. Rook. Chaos. Ze zagen niet meer wat er gebeurde. Totdat de radiostilte plotseling verbroken werd en de rook wegtrok.
'We hebben hem.'
'O, jezus.' Een handschoen door de lucht in de richting van een levenloos lichaam dat aan de zoldering hing.

'Eén en drie, we hebben hem. Maar hij is hier al een hele tijd.'

'Drie en één, een identiteitsbewijs?'

Dezelfde handschoen ging omhoog naar de hals van het bijna vergane lijk. Er werd een militaire halstag zichtbaar. 'Eén en drie, dit is onze man. Horowitz. Maar zoals jullie zien is het volkomen onmogelijk dat hij ook maar iets van al die dingen heeft gedaan. Hij is al lang dood.'

De camera dook plotseling naar de grond: de soldaat moest overgeven van de lijklucht.

'Eagle hier,' zei Edvardsen ernstig.

'Eagle, *come in*.'

'Weten we het zeker?'

'Nog eens, Eagle?'

'Weten jullie zeker dat het Horowitz is?' vroeg Edvardsen, nu hoorbaar gestrest.

'Twee en één, dubbelcheck het ID.'

Een nieuwe soldaat liep met zijn hand voor zijn neus naar het lijk om het naamplaatje rond de hals te bekijken. 'Horowitz,' zei hij.

'Eagle en één, we hebben de man in kwestie gevonden. Maar hij kan niet degene zijn die jullie zoeken.'

'Verdomme,' zei Edvardsen, nu rood aangelopen. Hij draaide zich langzaam naar de aanwezigen om.

'Nu hebben we toch echt onze telefoons nodig,' bromde Munch geërgerd. Hij stond op en liep de kamer uit.

73

'Ik dacht dat je nooit meer wakker zou worden,' zei het lachende gezicht. 'Al dat wachten, en nu is het eindelijk zover, vind je dat niet fijn?'

De beelden op Mia's netvlies vertoonden geen enkele samenhang. Alexander? Haar buurman? Hoe kon...?

De blonde jongeman stond op en pakte iets van een tafeltje. 'Kijk.' Een hand achter haar hoofd. Een glas naar haar mond, de helft over haar hals en haar trui, maar wat ze binnen kreeg, smaakte verrukkelijk.

'Waarom...' kraste Mia, maar haar stem was te schor.

'Je snapt er vast niets van, en ik wacht al zo lang om het te kunnen vertellen,' zeiden de grote, lachende ogen. 'Zullen we gewoon maar beginnen? Zoveel tijd is er niet meer voor we op reis gaan.' Alexander streek voorzichtig met een hand over haar wang. Mia kromp automatisch in elkaar en de knoop om haar pols werd pijnlijk strak.

'Of wil je liever raden? Dat is je uiteindelijk gelukt, maar misschien begrijp je nog niet waarom?'

'Je hebt al die mensen vermoord... om mij?' Haar stem leek van een andere planeet te komen.

'De foto's in je album. Elegant, vind je ook niet?' Alexander grijnsde even en bracht het glas water weer naar haar mond.

Mia speurde de kamer af. Een deur. Open. Naar een woonkamer. Daarbinnen geluiden. Geknetter. Een radio. Nee, een politieradio. Nee, meer dan één. Niemand te horen. Fuck. Ver van de bewoonde wereld. Heel ver.

'Het was leuk om je te volgen,' zei de jongeman. 'Ontzettend spannend. Ik heb je telefoon al heel lang geleden gekraakt. Je bent erg lief als je slaapt, wist je dat?' Enthousiast sprong hij op, verdween en kwam terug met haar pastilles. Stopte er een in haar mond. 'Hier, zout. Dat helpt. Arme schat, voel je je nu wat beter?'

Hij streek nog eens met een vinger over haar wang en liet die even op haar lippen rusten. 'Het lot, hè? Hoelang kennen we elkaar nu al niet, Mia? En dan zie ik ineens, hállo, dat de flat pal boven jouw gang... te koop staat? En raad eens wie daar een bod op deed? Stel je voor, Mia: wij als buren. Snap je hoe blij ik werd? Maar toen...' Hij schudde zijn hoofd. 'Je zegt me nauwelijks gedag. Ik bedoel, na al die jaren? Wat een teleurstelling, Mia. Ontzettend egoïstisch. Als wij tweeën niet voor altijd bij elkaar hadden gehoord, zou ik bijna gezegd hebben dat... Nou ja...' Hij lachte flauwtjes en legde het washandje weer op haar voorhoofd.

'Ben je bij mij binnen geweest?' Mia schraapte haar keel. Opnieuw liet ze haar blik door de kamer gaan, maar nu zag ze weer alleen maar schaduwen. Haar ogen zakten langzaam dicht, maar hij gaf haar een por om haar wakker te houden.

'Nee, nu niet meer slapen, liefste. Vergeet niet dat we maar weinig tijd hebben.' De jongeman pakte haar zachtjes bij haar kin en schudde haar. 'De grote rechercheur Mia Krüger,' riep hij plotseling, en hij sprong op. 'Heeft ze oog voor de grote liefde vlak voor haar neus? Nee! Dus hoe moet zo'n arme, versmade geliefde dan bij haar in een goed blaadje komen? Wat houdt haar bezig, deze grote detective? Maar natuurlijk!' Hij stak een vinger op en grijnsde.

Mia kreeg het gevoel dat ze getuige was van een soort morbide circusnummer. Die ogen. Die glimlach. Hij was niet hier; deze knul was heel ver heen.

'Nu zie je me wel, hè Mia?' Haar buurman lachte en spreidde demonstratief zijn armen. 'Nu ben ik niet onzichtbaar meer, hè? Wat? Nee? Ja? Je ziet me nu toch?' Ineens schaterde hij het uit. 'Geniaal, toch? Dat zul je moeten toegeven. O ja,' zei hij. 'Ik heb alles gelezen. Alles gezien. Ik weet alles van je af, Mia. De foto's. Je dagboek. Een paar keer toen je sliep. Is het niet merkwaardig hoe mooi zoiets kan zijn?' Hij grijnsde nogmaals en ging weer op het bed zitten. Legde zijn hand opnieuw tegen haar wang. 'Je hebt mijn leven gered,' zei hij, plotseling ernstig. 'Of nee, eigenlijk niet, maar ik zeg het toch. Je hebt hem gepakt. Salem, die pyromaan.'

Mia schudde haar hoofd, tenzij ze knikte. Ze wist het niet meer. Ze voelde noch haar armen, noch haar benen.

'Rook in huis,' zei de jongeman. Hij stond weer op. Opnieuw dat circusnummer, maar nu serieuzer. 'In mijn kamer.

Het laatste wat ik me herinner. Toen ik bijkwam, waren ze dood. Papa. Mijn broer Kyrre. Allebei. Door de vlammen verzwolgen. Ons huis in Fredrikstad. En alsof dat nog niet erg genoeg was, dacht zij dat het door mij kwam. Door mij, Mia. Ze dacht dat het mijn schuld was.'

Een brand. *De gebroeders Leeuwenhart.* Een omgekomen grote broer. Ze had gelijk gehad.

'Ik had met lucifers gespeeld, toch, Mia?' De jongeman hield zijn hoofd een beetje scheef, een lachje om zijn mond, maar zijn blik was elders. 'De zomer daarvoor. Ze had me op heterdaad betrapt. In de tuin. Het was alleen maar een hamster, en verder die kat, maar toch dacht ze dat ik het was. Dat ik het huis in brand had gestoken.'

Mia wilde iets zeggen, maar het lukte niet.

'Daarna,' vervolgde Alexander ijverig, alsof dit een ingestudeerd verhaal was dat hij al heel lang had willen afsteken, 'wilde ze niets meer met me te maken hebben. Alsof ik een teken op mijn voorhoofd had. Alsof ik de zoon van de duivel was. Ze wilde me niet meer zien. Sloot me op in de kelder. Liet me naar school gaan, maar meer ook niet. Een televisie en een oude videorecorder. Met maar één film. Telkens opnieuw. Bambi op het ijs. Ik alleen met die film. Wat denk je dat zoiets met een kind doet, Mia?' De blik boven de dunne lippen was nu heel ernstig, maar hij keek niet meer naar haar, hij was ver weg.

'Maar toen, op een dag, Mia: *Wil je naar het vakantiehuisje, Alexander?* Snap je hoe blij ik was, Mia? Ergens naartoe? Met mama? Ik weet nog hoe heerlijk het was om in de auto te zitten met de radio aan. Een haardvuur. Etensgeuren vanuit de keuken. Het was midden in de winter. Toen haalde mama iets van de muur en bond het om mijn hoofd. Een reeëngewei. Ze wees naar het water. Naar het ijs, dat blonk als een spiegel. *Daar is Bambi.* Dat zei ze, Mia. *Daar is Bambi, Alexander, en als je het ijs op gaat met dit gewei op je hoofd, dan krijg je hem in het echt te zien...*'

Mia trok haar voet langzaam naar zich toe en voelde dat er iets van leven in zat. Als ze nu nog haar arm los zou kunnen krijgen...

'Luister je, Mia?' vroeg de treurige blik.

'Ik luister,' zei Mia met een kuchje. Ze deed haar best om te glimlachen. 'Je ging het ijs op om te kijken...'

'Of Bambi daar was. Ik was tien jaar en ik zou Bambi te zien krijgen, snap je? Ik was natuurlijk dol op Bambi. Dus zat ik daar op het ijs, urenlang. Tot ik blauw zag. Maar Bambi kwam niet. En toen ik het ten slotte opgaf en door de sneeuw naar het vakantiehuisje terugploeterde, was daar niemand meer.'

'Hè?' mompelde Mia.

'Mama was weggegaan.' De jongeman zweeg even. 'Maar toen kwam jij. Mia Krüger. Vanuit het niets. Een pyromaan, mama. Ik was het niet. Een pyromaan. O Mia, je had moeten zien hoe ze keek in haar ziekenhuisbed toen ik met die krant aankwam. Weet je nog, die voorpagina?'

Een vage herinnering. VG en *Dagbladet.* Meteen nadat ze hem had opgepakt.

'Ze begreep het, Mia. Ze keek me liefdevol aan. Na al die jaren. Vlak voor ze stierf. Die ogen. Ze streelde mijn hand, Mia. En ze begreep het, snap je wel?' De jongeman glimlachte en streelde zichzelf over zijn wang. 'Mama...'

Behoedzaam trok Mia haar voet weer naar zich toe, maar verder kwam ze niet, want ineens was hij terug.

'Toen is het natuurlijk gebeurd. Mia Krüger. Het lot. Mijn eeuwige liefde. Wij tweeën, voor altijd. Het is geen toeval, hè Mia? Dat jij degene bent die me heeft gered.'

'Gefeliciteerd,' zei Mia, die er nu eindelijk min of meer in slaagde om te glimlachen.

'En nu gaan we samen op reis.' De jongeman leek gelukkig wat rustiger. 'Maar eerst...' Hij liep de kamer weer uit en kwam grijnzend terug met iets in zijn handen.

Een... bruidsjurk?

'Denk je dat hij past?' vroeg de jongeman. 'Jij en ik, liefste. Voordat we op reis gaan?' Hij hield de jurk met een verlegen lachje voor haar op.

'Waar... gaan we heen?' vroeg Mia voorzichtig.

'Hè?' vroeg hij ietwat verrast.

'Je had het over een reis. Waar gaan we...?'

Hij keek haar eigenaardig aan. 'Naar Kyrre natuurlijk. En naar Sigrid. Dat wil je toch? Dit allemaal achter je laten? Samen met mij naar Nangijala?'

Plotseling was ze er weer helemaal met haar hoofd bij, want nu begreep ze waar hij het over had. Haar dozen met blocnotes. De aantekeningen die ze had gemaakt van die eeuwige gesprekken met psychologen. *Haar zelfmoordgedachten*. Haar tweelingzus die zachtjes door het goudgele graan liep. *Kom, Mia, kom.*

'O, dat zou ik bijna vergeten!' De jongeman klapte in zijn handen. Hij draafde enthousiast naar de woonkamer en kwam terug met zijn armen achter zijn rug. 'Kijk eens!' Blij hield hij haar het glanzende sieraad voor.

Ze zag de letter, maar het drong nog niet tot haar hoofd door. Een M. M voor Mia. Dat was... Sigrids armband? Allemachtig...

'Voor jou, liefste,' zei Alexander glimlachend, en hij legde de armband zorgvuldig naast haar op het bed.

74

'Gezien, hier is niemand.'

Curry kwam abrupt weer bij zijn positieven toen iemand de kap van zijn hoofd trok. Het licht was nu nog feller en stak in zijn ogen.

Gestamp van laarzen door de gang. 'Gezien, alles leeg, ze zijn weg.'

Een hand onder zijn kin die zijn gezicht omhoogdraaide. 'Ik ben John Wold. Ben jij Larsen? Curry?'

Hij kreeg zijn mond nauwelijks open.

'Dahl? De advocaat, Lorentzen? Zijn die hier geweest?'

Curry knikte traag.

'Zijn ze al lang weg?' Een politieradio, ergens verderop.

'Ik...' begon Curry, maar zijn mond werkte niet mee.

'Ze zijn ervandoor,' zei de stem, Wold, tegen iemand die hij niet kon zien. 'Laat een opsporingsbericht uitgaan. Ze kunnen niet ver zijn.'

God nog aan toe. Hij trilde nog steeds. Het wilde maar niet ophouden.

'Maak hem los,' zei een andere stem. Vingers over zijn benen. Zijn armen. Hij voelde het bloed naar zijn handen terugstromen.

'Niemand hier?'

'Niemand, op deze kerel na.'

Nog meer laarzen op harde vloeren.

'Verdomme. Oké.'

De radio knetterde weer, verder weg nu.

'Verstuur het bericht. Alles afzetten.' Die Wold weer, ver weg in de nevels.

'Gaat het? Kun je staan?' Helpende handen, benen die hem niet wilden dragen.

En toen wist Curry van niets meer.

75

Mia werd weer wakker, nu voor een spiegel. Ze was opnieuw weggezakt. Hij had haar verplaatst. Diende hij haar nog steeds verdovende middelen toe? Een stoel. In de woonkamer. Nu met handboeien om. Niets om haar benen.

'Dat hij zo goed zou passen, liefste!' Een glimlach, ergens in de spiegel. Tegelijkertijd voelde ze iets in haar haar. Een borstel. Hij borstelde haar haar.

Haar gezicht. Hij had haar opgemaakt. Iets om haar vinger. Een gouden ring. En iets eigenaardigs aan haar lijf. De bruidsjurk. Hij had haar aangekleed. Haar mooi gemaakt. *Fuck.*

Mia voelde de aandrang om op te staan, zich los te rukken, maar ze kon zich niet verroeren.

De weerspiegeling van zijn gezicht werd duidelijker nu haar hersens weer langzaam op gang kwamen.

'Hoe wil je het hebben, liefste?' Ze voelde zijn akelige vingers onder haar haar. 'Moet ik het opsteken?' Hij glimlachte en vlijde zijn gezicht in de spiegel tegen het hare. 'Of zal ik het gewoon los laten hangen? Ik vind je het mooist als het recht omlaaghangt, maar vandaag kan ik het misschien beter opsteken. Wat vind jij?'

Tijd winnen. Ze wist haar gedachten zo'n beetje op een rij te krijgen. 'Opgestoken, denk ik,' prevelde ze, en ze trok een gezicht dat naar ze hoopte blijdschap uitdrukte.

'Vind ik eigenlijk ook.' Hij deed een stapje naar achteren.

Zie hem ergens over aan de praat te krijgen. 'Hoe...?' begon haar droge mond.

'Wat is er, liefste?' Weer een vinger over haar wang.

'Waar heb je die armband vandaan?'

'O, puur toeval. Hij was voor jou bestemd. Een vriendin van je zus, Cisse, had hem aan onze huisdeur gehangen, maar jij had hem niet gezien. Ik wel. Ze heeft vaak voor de flat gestaan. Bij het stadion. Om je te bespioneren.' Nu lachte hij even, waarna hij de borstel weer door haar haar liet glijden. 'Je had trouwens gelijk.' Ineens klonk zijn stem vlak bij haar oor. 'Markus Skog, die vent die je hebt doodgeschoten? Hij heeft haar vermoord. Sigrid. Ik had haar binnengevraagd, die Cisse, je weet hoe die junkies zijn. Haar geld gegeven voor een verzetje. Zij heeft me alles verteld.'

'Waarom...?' Mia merkte dat ze weer wegzakte.

'O, iets heel banaals, geloof ik,' zei de jongeman en hij haalde de borstel nog eens door haar haar. 'Sigrid was een koerierster. Ze leverde heroïne, maar nadat ze was afgekickt wilde ze niet meer.'

Mia kon niet meer reageren.

'Ze kwam gezond en wel naar de stad terug, jawel hoor. Klaar voor een nieuw leven. Ze zinspeelde er geloof ik zelfs op dat ze uit de school zou klappen als ze haar niet met rust lieten. Dat konden Markus Skog en een of andere advocaat niet hebben, nee toch?'

Nu nam het duister bezit van haar.

'Die junk was erbij – Cisse. Weggekropen op een of andere bank, maar ze had het wel allemaal meegekregen. Een shot in haar arm, en Sigrid was er geweest. Ze droegen haar naar een kelder in de buurt. Dooie junk, wie zou daar iets van denken, hè?'

Mia had al bijna het bewustzijn verloren.

Nee. Niks daarvan. Ze klemde haar kaken op elkaar. 'Hoe...?' prevelde ze. 'Ivan... Horowitz?' Met haar laatste krachten keek ze op, en ze slaagde erin hem in de spiegel aan te kijken.

'O ja, dat was wel slim, hè?' Hij legde glimlachend de borstel weg. 'We zaten samen in Blakstad. Zes maanden. We kenden elkaar op den duur heel goed. Hij had in de oorlog gediend. Een volslagen wrak. En ik was... tja, ik was ik.' Een klein lachje. 'Ik kon me niet door Jan en alleman voor de voeten laten lopen. Alleen jij en ik, dat was de bedoeling. Een geniaal plan toch, om al die dwaalsporen uit te zetten? Een dodenlijst. Vijftig willekeurige mensen.' Nu lachte hij luid, hield zijn hoofd iets schuin en raapte de borstel van de grond op. 'Nee, we steken je haar boven op je hoofd op, vind je ook niet? Ik bedoel, dit is toch een grote dag?'

Het beetje kracht dat Mia bij elkaar had verzameld, ebde weg. Ze kon haar hoofd bijna niet meer rechtop houden. Sigrid? Godver... Dit kon ze niet meer aan.

Op reis gaan? Waarom niet? Deze boze wereld. Haar zus op de akker. Het beeld bleef haar maar achtervolgen. *Kom, Mia, kom*. De dood in. Naar Nangijala.

'Of laat je het toch liever loshangen?'

Fuck die hele zooi. Ze was er klaar voor.

'Doe maar wat,' zei Mia. En daar voor de spiegel liet ze haar ogen langzaam dichtzakken.

76

Ze stonden nog niet op straat of er werd weer gebeld. Munch pakte zijn telefoon en zag dat Anette hetzelfde deed.

'Waar was je nou, Holger?' Gabriel Mørk.

'Ik heb het druk, Gabriel,' zei Munch. 'Er is hier iets aan de hand. Ik bel je wel terug.'

'Heb je het niet gehoord?' hijgde Gabriel.

'Wat?'

'Hij is het niet.'

'Wie?'

'Horowitz. Hij is het niet. We hebben hem gevonden. Het is haar buurman. Hij heet Alexander Sørli.'

'Hè?' zei Munch.

'We hebben de files doorgenomen,' vervolgde de jonge hacker ijverig. 'Ylva en ik. Daar hebben we iets gevonden. Hij was in behandeling. Bij Ritter, die psychiater. Bezeten van Mia. Was zijn broer kwijtgeraakt bij een brand. Daar moet hij haar gezien hebben, het eerste slachtoffer. Vivian Berg.'

'Kalm aan,' zei Munch, en hij vergat helemaal zijn sigaret aan te steken. 'Waar heb je het over? Welke files?'

'Mia's buurman,' zei Gabriel met stemverheffing. 'We hebben al mensen naar haar flat gestuurd. Waar zat je?'

'Jullie hebben...'

Anette was klaar met haar telefoongesprek en beduidde hem dat hij moest ophangen.

'Dat heeft Ludvig geregeld. We hebben er mensen heen gestuurd. Komen jullie gauw?' vervolgde Gabriel.

'Wat geregeld?'

'De flat ernaast. Alexander Sørli. Hij is het. We hebben foto's bij hem op de muur gevonden. Van diverse kostuums. Kunstgebitten. Pruiken. Brillen. Hij heeft overal foto's van haar, zelfs bij zijn bed. Komen jullie nou snel?'

'Foto's van wie?' vroeg Munch, terwijl Anette weer heftig tegen hem gebaarde.

'Mia,' hijgde Gabriel. 'Het heeft met Mia te maken...'

Anette kwam naar hem toe. Ze knikte nadrukkelijk. 'Ze hebben het meisje gevonden.'

Munch legde zijn hand over de microfoon. 'Wie?'

'Met het groene petje. Haar dochtertje had iets ingesproken. Had haar moeder op de televisie gezien. Ze wordt nu op Grønland verhoord. We zijn compleet de mist in gegaan, Holger. Hij heet Sørli, Alexander Sørli.'

Verdomme.

Munch richtte zich weer tot Gabriel. 'Zijn jullie daar geweest?'

'We zijn er nu,' zei Gabriel. 'Je zou zijn flat moeten zien, het is compleet... En haar deur staat open...'

'Blijf daar, Gabriel, ik kom eraan,' mompelde Munch, terwijl hij zijn sigaret op het asfalt smeet.

77

Opgestoken haar. Een wijde, witte bruidsjurk. Een gouden ring aan haar vinger. Niets aan haar voeten, maar dat merkte Mia niet; ze voelde helemaal niets meer toen hij haar meenam, het huisje uit en het bos door. Pistolen in haar rug. Twee stuks. Glocks.

Die jij zo fijn vindt, Mia. Dezelfde als jij hebt, toch?

De wind fluisterde over haar gezicht toen hij een tak optilde en haar verder mee naar beneden leidde, naar het water.

Het moest maar zo. Ze was toch flink geweest? Geen drank. Geen pillen. Flinke meid. Heel positief.

Niets meer hoeven. Haar pillen op tafel, in Hitra. In het huis dat ze had gekocht om te verdwijnen. Aan de kust van Trøndelag.

Hij had haar tegengehouden. Munch. Was opgedoken met een map. Een dood meisje. Van zes jaar. Opgehangen in een boom met een bordje om haar hals. *Ik reis alleen.*

Een oude zaak. Dus had ze het uitgesteld. Zich zoals altijd door hen laten gebruiken. Ze konden allemaal barsten.

De jongeman duwde haar verder het bos door, helemaal tot het water.

Die duisternis. Dat afschuwelijke kwaad. Ze kon het niet meer aan. *Kom, Mia, kom.*

Hij liep nu voor haar het water in met de pistolen voor zich uit. 'Hier is het, Mia.' Een stem die ze al bijna niet meer hoorde. 'Dit meertje. Toen was het natuurlijk bevroren.' Een lach op zijn jonge gezicht. 'Hier zat ik met een reeëngewei op mijn hoofd te wachten op Bambi. Maar die kwam natuurlijk niet.'

Mia deed haar ogen weer open toen de jongeman de pistolen op haar richtte. 'Zullen we gaan?'

De wind door de bomen. Een zachte ademtocht.

'Samen? Naar Nangijala?'

Vogels. Wiekslagen over het water. *Kom, Mia, kom.*

Mia keek op en voelde zich plotseling merkwaardig wakker. Het lachende gezicht bij de oever. Een stalker. Zo'n ellendige stalker. Die het in zijn hoofd had gezet dat zij een engel was. Die namens haar had gemoord. Ze had er al zoveel meegemaakt. Van die stille kinderen die niemand opmerkte. Het kwaad verstopt achter onschuldige maskers. Op die manier sterven? Nooit van zijn leven, Mia.

Niet zo. 'Nee.'

'Wat?' zei de jongeman verrast, zijn hoofd een klein beetje schuin. 'Wil je niet?'

'Nee,' zei Mia ernstig.

'Weet je het zeker?' vroeg hij, en hij deed een stapje verder het water in.

'Ja.'

'Je wilt niet mee?'

'Nee.'

De wind door de bomen.

'Je wilt blijven leven?'

Ze knikte traag naar de gestalte in het water.

'Oké,' zei hij glimlachend, en hij stak haar een Glock toe. Een van de twee. 'Daar ben ik blij om, Mia,' zei die afschuwelijke mond. Hij deed nog een paar stappen het koude water in. 'Maar dan wil jij mij die dienst wel bewijzen, hè?'

'Hè?'

'Schiet me dood.' Weer dat lachje. 'Dat wil je toch wel voor me doen?'

Ze was niet op de knal voorbereid. Vogels schoten uit de takken op. 'Schiet me dood,' zei hij, en hij haalde de trekker nog eens over.

Deze keer schrijnde het. Even, over haar dijbeen, voordat de kogel met een dof geluid tegen de stenen achter haar sloeg.

En toen nog eens. Nu door de bruidsjurk, bij haar heup. Ze zag het bloed door het wit heen schemeren.

'Je moet me doodschieten, Mia.' De jongeman deed weer een stap verder het water in en haalde de trekker nog eens over.

De kogel schampte haar been.

Mia richtte de Glock op zijn lachende gezicht. 'Alexander,' zei ze behoedzaam.

'Jij of ik?' Er verscheen een kring in het donkere water. 'Ik hou van je, Mia.' Met een glimlach op zijn gezicht bracht hij het pistool weer omhoog. Nu was het recht op haar gezicht gericht, met zijn vinger om de trekker.

Mia nam snel een beslissing. Ze bracht de Glock in de aanslag en schoot de jongeman midden tussen zijn ogen.

7

Juni 2013

78

De zon stond hoog aan de hemel en straalde een welkome warmte uit die Munch lang had gemist. Hij stond met een sigaret in zijn mond onder de groene bomen in de tuin in Røa en zag Marianne met een brede lach op zich afkomen.

'Wordt het niet eens tijd dat je ermee stopt?'

'Waarmee?'

Zijn ex-vrouw kwam vlak naast hem staan en gaf hem een stevige knuffel. 'Met roken.'

'Ik stop vandaag nog.' Opgewekt gooide Munch zijn peuk weg, terwijl het volgende goedgeklede stelletje het hek binnen kwam lopen.

'Hallo,' zei het meisje vriendelijk, en ze stak haar hand uit. 'Ik ben Kathy, wij zijn vrienden van Ziggy.'

'Welkom,' zei Munch. 'De drankjes staan binnen. De ceremonie begint over een paar minuten.'

Beschenen door de zon liep het stel de trap op en het huis binnen.

'Ons meisje is groot geworden,' zei Marianne, en ze pakte aarzelend zijn hand.

'Zeg dat wel,' beaamde Munch.

'Ben je gelukkig? Gaat het goed met je, Holger?'

Munch kneep even in haar hand en glimlachte. 'Ja, Marianne. Het gaat heel goed met me.'

'Mooi,' zei zijn ex, terwijl een nieuw koppel het grindpad op stapte.

'Daar naar binnen. Drankjes op de tafel,' deelde Munch de pas aangekomenen mee. Op dat moment liep Mia het hek door.

'Gefeliciteerd,' zei het indianenmeisje met de blauwe ogen. Ze omhelsde Marianne. 'Waar moet ik mijn cadeautje neerleggen?'

'Ze wilden juist geen cadeaus,' mompelde Munch.

'Ja, zo gaat het nou altijd,' zei Mia. 'Is ze binnen?'

'Ze zijn in de woonkamer,' zei Munch.

'Oké, dan ga ik ze gedag zeggen. We praten straks nog wel.' Mia sloeg even een arm om Marianne heen en verdween toen het huis in.

'Opa!' Kleine beentjes over het grind, en een mooi aangeklede Marion stortte zich op hem.

'Ha lieverd, alles goed? Weet je nog wat je allemaal moet doen?'

'Nou, opa,' zei de kleine meid, en ze trok een ernstig gezicht. 'Ik ben toch geen vijf meer? Hoe moeilijk kan het zijn? Ik heb een mandje bloemen. Ik heb mijn mooie kleren aan en strooi ze onder het lopen achter ze op de grond. Hallo, zeg! Je hebt me gisteren al precies hetzelfde gevraagd, opa!'

'Fijn zo, Marion, ik wilde het alleen zeker weten.'

Met een lachje kneep Marianne in zijn hand.

'Maar weet je, opa,' zei Marion, terwijl ze hem aanstaarde. 'Barbie is niet zo blij met haar paard.'

'O nee?'

De kleine meid trok haar roze jurk op en krabde even aan haar voet. 'Nee, of jawel, maar hij voelt zich zo eenzaam...'

'Voelt het paard zich eenzaam?'

'Ja, opa, want hij is toch alleen? Zielig, hè? Hij staat daar maar hooi te eten en hij springt over hindernissen en zo, maar hij is helemaal alleen.'

Marianne keek hem hoofdschuddend aan.

'Dus hij heeft een vriendje nodig, bedoel je dat?'

'Ja, opa, hij heeft een vriendje nodig. Kunnen we niet nog een paard gaan zoeken? Zwart deze keer? Dan kan hij Pijl heten en zo hard rennen dat het andere paard hartstikke blij wordt.'

'We zullen zien, Marion.'

'Hoera! Vandaag, opa?'

'Nee, Marion, vandaag gaat mama trouwen.'

'Morgen dan?'

'Binnenkort,' zei Munch met een lachje, terwijl het hek weer openging.

'Welkom,' zei Marianne.

'Hallo,' mompelde Curry, die niet op zijn gemak leek in zijn nette pak. 'Dit is Luna.'

'Kom erin, Luna.' Munch schudde de uitgestoken hand. 'De drankjes staan binnen. De samenkomst is in de achtertuin en, eh... kan elk moment beginnen.'

'Bedankt voor de uitnodiging,' zei Curry beleefd, en hij liep met zijn vriendin de trap op.

Munch viste net een sigaret uit zijn zak toen er een piepje op zijn telefoon klonk. Een bericht van Lillian.

Gefeliciteerd met deze mooie dag, Holger! En nog bedankt voor het uitje van zaterdag. Doen we het nog eens? Ik heb kaartjes voor het concertgebouw op donderdag, misschien eerst een hapje eten?

Snel typte Munch: *Jazeker, Lillian. Verheug me erop. Heel erg.*

Plotseling dook er op de trap een ietwat gestrest gezicht op, een vriend van Miriam die de rol van ceremoniemeester had. 'Het gaat nu beginnen. De band speelt al. De bruid loopt zo meteen het middenpad door. Komen jullie?'

'Natuurlijk,' zei Munch.

'We komen.' Marianne kneep nog eens in zijn hand. Toen liep ze voor hem uit de trap op en het witte huis in.

79

Mia Krüger stapte uit de auto en liep met de bloemen het prachtige kerkhof over. Ze ging op haar knieën zitten om de oude, verlepte weg te halen. Zette de nieuwe in de vaas voor het graf en streek met een hand over de letters op de steen.

Sigrid Krüger.

Zuster, vriendin, dochter.

Geboren 11 november 1979. Overleden 18 april 2002.

Innig geliefd. Intens gemist.

Haar tweelingzus in het goudgele korenveld. Wenkend. *Kom, Mia, kom.*

'Nee, Sigrid.' Mia stak haar hand in de zak van haar jasje. Ze liet de verzilverde armband op haar handpalm rusten en deed daarna die om haar eigen pols af.

Een M voor Mia.

Een S voor Sigrid.

Een kuiltje in de bruine aarde, en toen waren beide armbanden weg. De smekende stem van haar zus, heel diep vanbinnen.

'Nee, Sigrid,' zei Mia. 'Ik moet nu proberen mezelf te zijn. Te leven. Dat wil ik. Begrijp je dat?' Als antwoord op het stilzwijgen van de witte steen stond ze op. 'Goed?'

Niets te horen, alleen de wind.

'Ik heb mijn baan opgezegd. Ik ga weg, oké?'

Ze bleef voor het graf staan. Haar zus in het goudgele korenveld. Even een vaag gezicht tegenover haar. Toen was het verdwenen.

Mia dook weg in haar jasje en liep het grindpad af. Met een laatste blik op de witte steen stapte ze in de jadegroene Jaguar.

En ze draaide de smalle weg op.